2017年第4卷

第52卷

刑法论丛

CRIMINAL LAW REVIEW VOL. 52

高铭暄/学术顾问

赵秉志/主　编

阴建峰/副主编

苏明月　张　磊　彭新林/专业编辑

北京师范大学刑事法律科学研究院/主办

中文社会科学引文索引（CSSCI）来源集刊

法律出版社
LAW PRESS CHINA

目录

〔外国刑法〕

CONTENTS

〔腐败犯罪专栏〕

新形势下民营企业家腐败犯罪预防进路

——以新型政商关系为视角*

操宏均**

目　　次

所谓政商关系,即政治市场和经济市场二者之间的互动过程。① 一般认为其包括宏观、中观、微观三个层面的具体关系,即政治与经济

---

* 本文是作者参与的2016年国家社科基金年度重点项目"非公经济组织腐败犯罪统计调查与合作预防模式研究"(16AFX010)、主持的国家检察官学院2016年度科研基金资助一般项目"新形势下检察机关参与民企反腐实践路径"(GJY2016C18)前期研究成果。

** 国家检察官学院讲师、法学博士,兼任中国犯罪学学会副秘书长。通信地址:北京市昌平区百沙路9号国家检察官学院科研部,邮编:102206,电话:18811475973,邮箱:hongjuncao1@163.com。

① 参见张琬喻:《政商网络的建立必然使企业获利吗?》,载《管理学报》2005年第2期。

的关系、政府与市场的关系、官员与商人的关系。考察现代企业制度的演变历程,不难发现,尽管企业制度是生产社会化、市场化的必然产物,但是在现代企业制度演进过程中,从企业制度的产生,再到发展成熟直到现代企业制度的形成,在很大程度上都受制于官方推行的经济制度。如在19世纪美国工业化、城市化迅速发展过程中,整个美国开始由农业国家向工业国转变,西进运动也在如火如荼的进行,整个社会充满了原始的、粗犷的开创精神,适者生存式的达尔文竞争主义受到追捧,这一时期整个社会实际上处于政经抱合状态,即"经济与政治权力合一的制度比起两者分立的制度,处于更为发达的阶段"。[①] 正是美国采取这样的经济制度,才让"资本家在社会形态中享有威权"。[②] 所以在19世纪美国的一些企业巨人(如安德鲁·卡耐基、捷·古尔德、J. P. 摩根、约输·D. 洛克菲勒)都或多或少的涉及贿赂、欺诈、哄抬价格、股票操作、剥削劳工等多种不法行为,但是他们大多人并没有被官方认定为"不法"。因此,在一定程度上,可以说有什么样的经济制度,就会形成什么样政商关系,科学合理的制度促使健康的政商关系形成,而欠科学的制度则导致畸形的政商关系形成,这就需要透过民营企业家腐败犯罪事实,深刻认识当前非正常政商关系的症结所在。

一、当前我国政商关系事实解读:以民营企业家腐败犯罪为视角

长期以来,言及腐败犯罪,人们一般理所当然地联想到政府官员、国有企业家等公领域的相关主体,而往往忽视了私营领域发生的腐败犯罪。然而,实践表明,自党的十八大以来,随着反腐力度的不断推进,伴随一大批涉腐官员被查处,民营企业家腐败犯罪以"集群式"样态频

① [英]伯特兰·罗素:《权力论:新社会分析》,吴友三译,商务印书馆1991年版,第92页。

② 转引自黄仁宇:《现代中国的历程》,中华书局2011年版,第256页。

频出现，不断冲击人们对传统腐败犯罪的认识。相关统计显示，[①]当前我国民营企业家腐败犯罪数量呈现增长势头，形势较为严峻，并且这类犯罪中以利益交换为基础的贿赂型腐败犯罪尤为突出，这种犯罪结构直接反映出当前我国政商关系形态。

（一）民营企业家往往通过向公权力行贿补足不平等市场地位“短板”

近几年，该中心先后连续对外公开发布了《2012 年中国企业家犯罪分析报告》[②]（以下简称 2012 年报告）、《2013 年中国企业家犯罪分析报告》[③]（以下简称 2013 年报告）、《2014 年中国企业家犯罪分析报告》[④]（以下简称 2014 年报告）、《2015 年中国企业家犯罪分析报告》[⑤]

① 近几年，由张远煌教授带领的全国首家研究企业家犯罪现象的专业学术机构——北京师范大学中国企业家犯罪预防研究中心（以下简称中心）在《中国企业家刑事风险分析报告（2016）》中专门就 2014 ~ 2016 年三年发生的企业家腐败犯罪进行了统计，显示 2014 年民营企业家腐败犯罪 240 人，占当年民营企业家犯罪总数的 26.84%；2015 年民营企业家腐败犯罪 273 人，占当年民营企业家犯罪总数的 36.35%；2016 年民营企业家腐败犯罪 516 人，占当年民营企业家犯罪总数的 32.43%。由此可见，民营企业家腐败犯罪频发，快速增长。

② 参见张远煌、陈正云主编：《企业家犯罪分析与刑事风险防控》（2012 ~ 2013 卷），北京大学出版社 2013 年版，第 1 ~ 63 页。凡是无特别说明的，下文有关 2012 年企业家犯罪的相关数据均来源于此报告。

③ 参见张远煌、陈正云、张荆主编：《企业家犯罪分析与刑事风险防控报告 2014 卷》，北京大学出版社 2014 年版，第 1 ~ 56 页。凡是无特别说明的，下文有关 2013 年企业家犯罪的相关数据均来源于此报告。

④ 参见北京师范大学中国企业家犯罪预防研究中心编：《2014 中国企业家犯罪分析报告》（2014 年 12 月 21 日），载企业家刑事风险防控网：http://www.cecpc.cn/newsshow-22-73-1.html，最后访问日期：2015 年 1 月 4 日。凡是无特别说明的，下文有关 2014 年企业家犯罪的相关数据均来源于此报告。

⑤ 参见北京师范大学中国企业家犯罪预防研究中心编：《2015 中国企业家犯罪分析报告》（2016 年 4 月 9 日），载企业家刑事风险防控网：http://www.cecpc.cn/newsshow-22-55-1.html，最后访问日期：2016 年 4 月 10 日。凡是无特别说明的，下文有关 2015 年企业家犯罪的相关数据均来源于此报告。

(以下简称2015年报告)和《中国企业家刑事风险分析报告(2016)》(以下简称2016年报告),这些报告显示,在企业家腐败犯罪结构中,受贿罪连续多年成为国有企业家犯罪的高频罪名,而国有企业家鲜有涉行贿犯罪的。例如,2014年国有企业家触犯受贿罪95次,占当年国有企业犯罪总数的39.4%;2015年国有企业家触犯受贿罪89次,占当年国有企业犯罪总数的43.20%;2016年国有企业家触犯受贿罪102次,占当年国有企业犯罪总数的34.8%。而国有企业家触犯行贿罪这几年基本上年均1次,占比0.4%左右。与之相反,民营企业家几乎"包揽"行贿犯罪,这种不良现象也在一定程度上起到反面示范作用。[①] 例如,2014年民营企业家触犯行贿犯罪(行贿罪、单位行贿罪、对非国家工作人员行贿罪)36次,占当年民营企业犯罪总数的3.6%,2015年民营企业家触犯行贿犯罪(行贿罪、单位行贿罪、对非国家工作人员行贿罪)63次,占当年民营企业犯罪总数的8.6%;2016年民营企业家触犯行贿犯罪(行贿罪、单位行贿罪、对非国家工作人员行贿罪)148次,占当年民营企业家犯罪总数的8.6%。由此可见,在"行贿—受贿"这一对合犯罪中,从利益输送流向不难发现,这种罪名结构的差异,实际上折射出两种不同所有制经济市场地位的不平等,即一个由于具有先天的支配优势而通过"出租"手上的权力资源攫取财富,而另一个由于先天弱势而不得不通过四处"寻租"输送利益来换取市场份额,而其"寻租"的对象理所当然就是享有控制市场资源的公权力部门或者个人。

固然贿赂犯罪在民营企业家腐败犯罪中最为突出的这种状况,与此类犯罪的刑事立法有一定关系,即贿赂犯罪包含的具体罪名较多,但是这仅仅是一种表面现象,因为这种现象进一步说明民营企业家在企业经营过程基于利益追求,以及成本—收益的计算,天然就具有这种利益交换的倾向,所以反映在整个民营企业家腐败犯罪中就会出现以利益交换为基础的贿赂型腐败犯罪较为突出而其他类型腐败犯罪相对较

① 王立峰、潘博:《"法不责众"的博弈心理与法治对策》,载《国家检察官学院学报》2016年第3期。

少的状况。民营企业家触犯贿赂犯罪较为突出，也在一定程度上暗指当前经济运行过程中通过“市场来配置资源”的市场运行机制尚未完全建立，如天则经济研究所相关研究指出，尽管国企创造了巨额的财富，但是国企的利润主要是由垄断企业实现的。[①] 这种利用垄断市场资源优势来获取经济利润的资源配置方式，其本身就埋下了权力出租与寻租的祸根，以致通过权力寻租来分得市场资源“一杯羹”就必然成为民营企业发展的一种主要手段，进而也凸显出当前民营经济发展仍然存在一些壁垒阻力，急需破除。在我国市场经济运行初期以及之后相当长的一段时期内，民营企业家贿赂犯罪一般发生在民营企业家与政府官员、国有企业管理人员等国家工作人员之间，但是最近几年统计数据显示发生在民营企业家与非国家工作人员之间的贿赂犯罪也出现急剧增长。这种现象说明，随着市场经济的科学性不断被认可，国家已经开始打破有些行业领域完全被国家垄断的局面，那么具备准入条件的非公企业自然就具有分享相关市场资源的合法性，加之，我国当代民营经济起步较晚，历史积淀不足，发展水平参差不齐，所以不具备相关资质的民营企业为了获取市场资源就会与已经取得资质的民营企业进行利益勾兑，进而构成非国家工作人员之间的贿赂犯罪。这种现象也进一步说明，新形势下民营企业家贿赂犯罪无论是在表现形式上，还是在行为方式上都呈现出更为复杂的情形，已经完全打破“公与私”之间的单一贿赂犯罪样态，出现了“公与私”之间、“私与私”之间等多元的贿赂犯罪样态，进一步凸显在我国经济转型期，随着市场的不断开放，一些抢占先机的民营企业家往往也会成为市场资源出租的重要主体的状况。

---

① 天则经济研究所课题组：《国有企业的性质、表现与改革》(2011 年 5 月 29 日)，载天则经济研究网：http://www. unirule. org. cn/in dex. php? c = article& id = 295，最后访问日期：2014 年 10 月 7 日。

(二)民营企业家与官员腐败犯罪伴生现象折射权力与资本非正常结合

几乎被媒体曝光的官员腐败犯罪案件背后都能找到民营企业家的“身影”,诚如中纪委案件审理室主任王和民指出,1998～2003 年 109 件省部级官员违纪违法案件中涉及私人企业的刑事案件比例高达 88.2%。① 腐败官员和涉案民营企业家这种紧密关系折射出当前我国政商关系呈现一种特有的“政经抱合”样态,即二者“一荣俱荣一损俱损”,民营企业家通过依傍一些政府官员获取相关资源分配上的倾斜与“照管”,或者是为了获得“安全感”。与之相对,一些政府官员则通过其信任或者其认为“可靠”的民营企业家来提升政绩或者聚敛财富。诚如有学者指出,在政府官员贪腐犯罪的背后,往往存在企业家利益输送的推波助澜;而在企业家腐败犯罪的背后,往往潜藏着政府官员滥用权力的支撑与庇护。② 这种伴生现象反映出权力与资本的不正当结合关系,尤其是在政府与市场的边界不够清晰的情况下,企业家经营活动对政府权力极为依赖。

(三)民营企业家需要花大量时间与官员打交道来获取资源

据世界银行发布的年度世界发展指标(World Development Indicators,WDI)显示,在发展中国家中,民营企业家与官员打交道的时间(management time dealing with officials)占其管理时间的平均比例高达 19.8%;而在发达国家中,这一平均比例仅为 1.91%。由此可见,在

① 王和民:《从落马高官看官商勾结》,载《瞭望新闻周刊》2004 年第 24 期。

② 张远煌:《民营企业家腐败犯罪的现状、危害与治理立场》,载《河南大学学报》(社会科学版)2014 年第 6 期。

企业家与官员打交道的时间上,发展中国家是发达国家的10倍。① 具体到国内情形来看,在2015年李克强总理主持召开经济形势座谈会上,财经作家吴晓波指出,当前有些企业家花50%的时间做企业,50%的时间用来和政府磨嘴皮,甚至有些还要用2/3的时间来处理与政府的相关事务。② 从理论上讲,正常的政商关系应该是以民营企业家为代表的商界人士基于现代企业家精神致力于创新、创业,而政府官员一方则应该恪守市场经济运行规律做一只"看不见的手",尽可能少地干预市场经济。而实践中则恰恰相反,这种不正常的现象不仅是当前官员腐败与民营企业家腐败伴生现象的一个注脚,而且更加凸显出民营企业家腐败犯罪有其深层次的制度原因。诚如布坎南所言:"寻租活动的原因在于制度规则,而不在寻租者个人。"③正是由于这种制度环境,导致一些民营企业家不得不通过"傍高官"来获取资源、利益,因为"只要有利益的地方,就有腐败的空间和可能"。④

(四)民营企业家热衷于通过参政议政换取利益交换的筹码

民营企业家参与政治在当前已经成为一种普遍现象,而且在欧美、日本、韩国等地区与国家也较为常见,当前我国民营企业家参政议政人数也日益增多。据统计,自2002年党的十六大首次出现了7位民营企业家代表之后,2007年党的十七大民营企业家代表人数增至17位,

---

① 其中发展中国家包括中国,而中国2003年这一比例为18.3%。转引自李晓敏:《为什么中国企业家会"不务正业":基于新制度经济学的视角》,载王振中、胡家勇编:《政治经济学研究》,社会科学文献出版社2013年版,第106~107页。

② 穆柏:《李克强:中国经济正处"衔接期"》,载《新京报》2015年4月15日,第A06版。

③ [美]詹姆士·布坎南:《寻求租金和寻求利润》,陈国雄译,载《经济社会体制比较》1988年第6期。

④ [美]冯格利特·利瓦伊:《统治与岁入》,周军华译,社格致出版社2010年版,第13页。

2012 年党的十八大民营企业家代表人数增至 34 位。[①] 而自 2003 年重庆市民营企业家尹明善当选为重庆市政协副主席,成为中国民营企业家担任省级高官第一人后,越来越多的民营企业家成为各级人大代表、政协委员、工商联成员等,全国工商联 2008 年的调查显示,全国仍有 205 名民营企业主进入地方各级党政领导机构,其中担任省级党委委员的有 4 人,担任县乡两级政府副职领导的有 61 人。[②] 有些地方政府甚至为民营企业家参政议政设置了一些量化指标,如广东省阳春市人民政府出台的《关于加大招商引资力度促进民营经济发展的若干规定》[③]直接将民营企业纳税额度成为企业家参政级别的门槛,等等。

显然,民营企业家积极参政议政肯定与一些利益相关,因为“人们奋斗所争取的一切,都同他们的利益有关”。[④] 尤其是在社会结构处于重大调整时期,民营企业家参政议政的动机更加复杂,目前学界一般认为,民营企业家参政议政的动机主要包括四个方面,即提高个人社会地位,产生有利于企业持续发展的公共政策结果,规避制度风险和履行社会责任。[⑤] 大量的研究表明,当前民营企业家参政议政主要目的是维护其经济利益,寻求反映其利益的渠道和保护其利益的场所。如有学

---

① 郭芳、赵磊、邹锡兰:《红色企业家:老板们是怎样当选十八大代表的》,载《中国经济周刊》2012 年第 43 期。

② 孙荣飞:《民营企业家政治身份扩张路线图》,载《凤凰周刊》2011 年第 32 期。

③ 该规定第 9 条就“投资者社会待遇”进行了明确规定:民营企业的企业家,经市委统战部、市工商局、市公安局、市质监局、市国税局、市地税局、市劳动保障局、市总工会共同确认政治合格(指诚信守法、依法纳税、善待工人等)的,可享受如下社会待遇:(1)一年内实际纳税额(含国税、地税,下同)超过 200 万元(含 200 万元)的民营企业家,符合《代表法》或政协章程有关规定的,可推荐为我市人大代表候选人或政协委员人选。(2)一年内实际纳税额超过 600 万元(含 600 万元)的非阳春籍企业家,由市政府提请市人大常委会授予“阳春市荣誉市民”称号,对于符合《代表法》或政协章程有关规定的阳春籍企业家,可推荐、提名为市级和上一级人大代表候选人和政协委员人选。(3)一年内实际纳税额超过 1000 万元(含 1000 万元)的企业家,由市政府聘请为市长经济顾问。并且媒体报道江西省湖口县委也有类似的规定。

④ 《马克思恩格斯全集》(第 1 卷),人民出版社 1976 年版,第 82 页。

⑤ 参见高子平:《民营企业家人力资本形成研究》,上海社会科学院学出版社 2010 年版,第 95 页。

者通过对我国浙江地区115位民营企业家参政动机进行实证分析，发现促进企业发展是目前民营企业家参与政治的最为重要的动机。① 也有学者以民营企业的实际控制人是否当选为人大代表或者政协委员来表示民营企业家的政治身份，对浙江地区百强民营企业进行案例研究和计量模型分析，结果表明拥有这些政治身份的民营企业家其企业往往更加容易获得金融业准入资格。② 还有学者以32个当选为第十届全国人大代表或者政协委员的民营企业家经营的企业为样本，采用事件研究法和财务指标法研究民营企业家参政议政对民营企业绩效的影响，结论均为正相关的关系。③ 由此可见，在当前的大环境下，参与政治能够为民营企业带来资源和增强企业的竞争实力等实惠。而民营企业家腐败犯罪中不乏一些拥有这些较高社会身份的行为人，显然这些民营企业家在一定程度上是将这种政治身份作为利益交换筹码而并非个人荣誉来看待的。在理想的状况下，作为市场经济的重要主体，民营企业家只需按照市场经济的基本规则从事经营活动即可，但是一大批民营企业家却热衷于对拥有一些政治身份的追求，其本身就背离了企业家的本质。这种现象进一步折射出当前我国民营企业家在公平获取相关市场资源上确实存在一定的障碍，因而不得不"曲线救国"，即通过与政治联姻来实现市场资源配置的话语权。

由此可见，通过对民营企业家腐败犯罪进行纵向的沿革梳理和横向的结构分析，不难发现，民营企业家腐败犯罪在很大程度上成为非健康政商关系的显性表征，当前我国经济领域中这种非健康的政商关系所反映出的深层体制性或制度性问题值得人们深思。

---

① 参见邬爱其、金宝敏：《个人地位、企业发展、社会责任与制度风险：中国民营企业家政治参与动机的研究》，载《中国工业经济》2008年第7期。

② 参见胡旭阳：《民营企业家的政治身份与民营企业的融资便利——以浙江省民营百强企业为例管理世界》，载《管理世界》2006年第5期。

③ 罗英光：《民营企业家参政议政与企业绩效》，汕头大学2008年硕士学位论文。

二、非健康政商关系形成的原因分析

考察中国的民营经济,更应该放在国有经济、计划经济改革的大背景中进行分析。因为中国企业制度的建立是以改组国有企业为基础的,在很大程度上是为了满足国企改革和脱困,在一定程度上民营经济是作为这一改革的衍生物的。因此,民营经济(当然包括民营企业家)的发展在很大程度上受制于官方所确立的经济制度。尽管我国市场经济体系已取得长足进展,官方干预经济已经从全面直接介入(计划经济时期),转变到直接干预与间接干预相结合(计划经济与市场经济相结合时期,以党的十三大为标志),再到市场经济过渡时期的以宏观调控、间接干预为主的模式。但是,有些方面的市场化程度仍然不高。具体到本文,主要是在以下几方面促使这种非健康政商关系的形成。

(一)反腐认识不足诱发政商关系定位偏差

不难发现,当前人们对民营企业家腐败犯罪的认识,还存在一定的误区。这种落后的观念将直接诱导人们错误界定官员与民营企业家二者间的关系,进而影响反民营企业家腐败犯罪实践的开展。因此,有必要对这些错误的认识进行梳理,正本清源,找出问题之所在。

1. 反民营企业家腐败犯罪边缘化

对于腐败犯罪,"现在通行观点:腐败都是官员的事,与平头百姓无关。老百姓无职无权,跟腐败沾不上边;官员们沆瀣一气,官官相护,搞腐败很正常,不搞腐败倒反常"。[①] 应该说人们形成这样的一种较为普遍的观点,既与现代舆论媒体基于吸引公众眼球而聚焦于官员贪腐行为的报道有关,也与长期以来官方所推行的"腐败——公职人员"线性思维模式有关。所以在实践中,人为地将反腐败犯罪的主战场锁定在社会的公权领域,而对私营领域的腐败犯罪置若罔闻,于是民营企业

① 高波:《走出腐败高发期:大国兴亡的三个样本》,新华出版社 2012 年版,第 421 页。

家腐败犯罪并未进入公众视野之中。

然而,这两个方面仅仅是人们形成"反民营企业家腐败犯罪边缘化"观念的表层现象,其更为深层的原因在于:一是中国民营经济起步较晚,从其正式获得国家认可到现在也才仅仅二三十年的时间,这种先天历史积淀不足和官方推行的"摸着石头过河"的市场经济改革模式其本身就隐含着一些不确定性,于是充当改革"试验品"的可能性也就很大了。加之,受根深蒂固抑商文化的影响,就注定了官方不会对民营经济放开手脚,于是政府"父爱式"监管模式(见图1)成为中国民营经济发展常态。

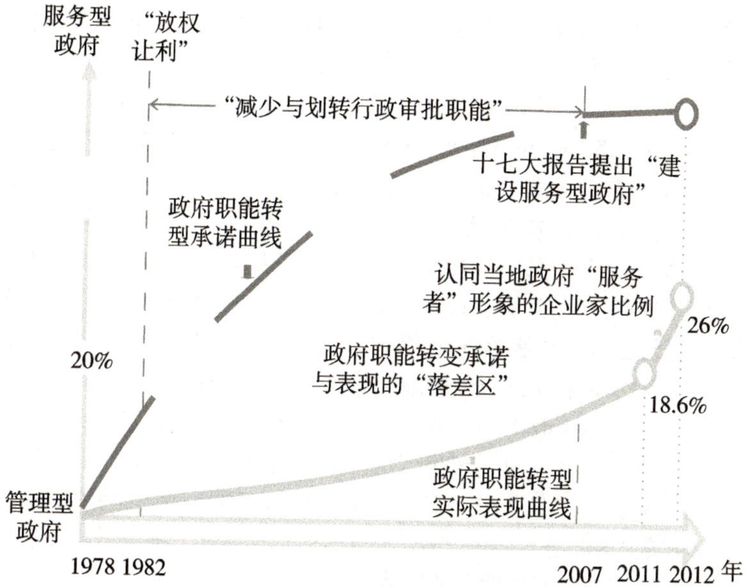

资料来源:2012 年中国企业家生存环境指数调查。

图 1　政府处理与民营企业关系时的理念与行为表现落差①

---

①　转引自亚布力中国企业家论坛:《2012 年企业家生存环境调查报告》,载中国企业家论坛:http://www.cefco.cn/EnvironmentalIn dex_Info.aspx,最后访问日期:2014 年 12 月 5 日。

同时,由于新兴民营企业多数“本小利微”,它们不但要面临被激烈市场竞争淘汰的风险,还要面临资金不足、融资难等困难。正是这些因素导致民营经济长期游走于社会生活的边缘,多处于“自生自灭”的悲怆境地。因此,在民营经济本身都被边缘化的大前提下,人们当然不会过多关注私营领域的腐败犯罪问题。尽管当前中国民营经济已经成为中国经济的“中流砥柱”,但是长期以来形成的思维定势仍然制约人们对该领域相关问题(这其中就包括私营领域的腐败犯罪问题)的认识。

二是在历史的长河中,很长时间中国社会实施的是一种中央集权性质的政治体制,过分强调集体、国家利益而忽视个体的正当的、合法的诉求,个体长期处于一种压抑状态。于是当这种状态最终随着帝国王朝的轰然倒塌时,个人的诉求得到极大释放与追求,然而这一转变过程中却出现了矫枉过正的情形,于是就走向了另一个极端,公德丧失殆尽,任意被践踏。诚如1902年梁启超先生在《论公德》一文中一针见血地指出,“我国民所最缺者,公德其一端也……吾中国道德之发达……偏于私德,而公德殆阙如”。① 而在现实生活中,一个地方的公民共同体越有公德,其民主政府也越有效率。如一脉相承的北欧与南欧地区尽管在政治法制等方面十分接近,然而在廉政、社会风气上二者相差甚远。时至今日,处于转型中的中国也面临着这样的问题,丧失“公德心”的事情无时无刻不在上演,而公德心的丧失直接导致“没有人去关心公共事业,本来应该应用于公共事业的钱却进了贪赃枉法者的腰包”。② 这种情结折射到私营领域的腐败犯罪问题,就是“事不关己高高挂起”的心态。

2. 反民营企业家腐败犯罪依附化

自我国2005年批准加入《联合国反腐败公约》以来,以及伴随着

① 梁启超:《论公德》,载21世纪孔夫子网:http://www.confucius2000.com/confucian/lungongde.htm,最后访问日期:2014年12月5日。

② [美]林肯·斯蒂芬斯:《新闻与揭丑》(Ⅰ),展江等译,海南出版社2000年版,第143~144页。

民营经济的快速发展,人们对于私营部门腐败犯罪[1]也逐渐有了一定的认识,如官方在2012年4月17日至18日,在广州市召开了全国"非公有制企业防治腐败座谈会"。[2] 在2006年2月8日,中共中央办公厅、国务院办公厅印发了《关于开展治理商业贿赂专项工作的意见》,对治理商业贿赂做出了总体部署,公安部也成立了"打击商业贿赂犯罪专项工作领导小组办公室",并且根公安部经济犯罪侦查局刘冬副局长介绍,"2001~2008年,全国公安机关共查办商业贿赂案件6400起(其中对非国家工作人员行贿案1401起,非国家工作人员受贿案4999起,涉案金额8.97亿余元)。2009年上半年,共查办532起(其中对非国家工作人员行贿案145起,非国家工作人员受贿案387起),较上年同期增加2.7%"。[3] 而在民间,作为全国人大代表的民营企业家尤小平和作为全国政协委员的民营企业家苏如春等人都多次于全国"两会期间"提案建议加强民营企业腐败犯罪防治,而且实践中,阿里巴巴集团、浙江富春江通信集团、北京联东投资集团等民营企业已经在企业内部开展防治腐败工作。由此可见,在反腐实践中,官方和民间已经开始注意到开展反私营部门腐败犯罪工作的重要性。

然而,就现有已经开展的私营部门反腐实践来看,在整个反腐败体系中,人们还是多停留在将私营部门腐败犯罪定位为公职人员腐败犯罪、公权领域腐败犯罪的附属位置的观念上。换句话说,尽管我们已经

---

① 在国际上,通常用"私营部门腐败犯罪"指代发生在私营领域的腐败犯罪(corruption in the private sector),与公职人员腐败犯罪相对。但是在我国相关文献中,研究人员根据自己研究偏好和重点,对于这一类腐败犯罪的表述形式较多元化,如非公有制领域职务犯罪、非公企业腐败犯罪、私营企业腐败犯罪、民营企业腐败犯罪,私营领域商业贿赂犯罪,等等。应该说它们在外延上并不完全一致,但是主要内容都相差无几,本文无心陷入这些纷争,涉及国际层面的笔者统一采用"私营部门腐败犯罪"的表述,其他无特别说明笔者一律采用"民营企业家腐败犯罪"的表述。

② 粤纪宣:《非公有制企业防治腐败座谈会在广州召开》,载《中国纪检监察报》2012年4月19日,第1版。

③ 刘冬:《内地公安机关在治理私营机构腐败工作中打击商业贿赂犯罪情况及对策》,载澳门廉政公署、中华人民共和国监察部、香港廉政公署编:《"私营领域防治腐败的现状与前瞻"三地专题研讨会文集》,第99~100页。

开展了一些私营领域反腐工作,但是更多是为了配合或者推动反公权领域腐败工作,尤其是在当前大力反腐实践中暴露出来的较为频繁的"政经抱合"现象,导致人们更加倾向于将其定位为"拉拢、腐蚀、滋生"公权领域腐败的境地,这种"戴着有色眼镜"来看待两个领域腐败犯罪的做法,其潜意识里无不折射出人们对于两种腐败主体的差异化对待。

显然,之所以出现将反民营企业家腐败从属化、附属化看待的情形,其根源还是长期以来我们对于两种不同所有制性质经济保护不平等。我国民营经济诞生于计划经济改革,尽管在宪法上我国民营经济(非公有制经济)地位不断得以强化,[①]但是,在我国刑法对不同所有制经济"一体保护"的法意还没有形成,并没有充分体现宪法修正案对非公有制经济地位、作用加以重新定位后的基本精神和要求。[②]

而无论民营企业家腐败犯罪,还是官员腐败犯罪,对其行为进行差异化评价的基础应该是行为本身的社会危害性,而不是主体的身份,因为"衡量犯罪的唯一和真正的标尺是对国家造成的损害"。[③] 显然,对

① 自我国现行《宪法》(1982年《宪法》)颁布实施以来,从1988年到现在先后颁布了4个《宪法》修正案,其中有3个都是针对《宪法》第11条进行的重要修正。1982年《宪法》第11条:"在法律规定范围内的城乡劳动者个体经济,是社会主义公有制经济的补充。国家保护个体经济的合法的权利和利益。国家通过行政管理,指导、帮助和监督个体经济。"1988年《宪法》修正案第1条:"在宪法第十一条增加规定:国家允许私营经济在法律规定的范围内存在和发展。私营经济是社会主义公有制经济的补充。国家保护私营经济的合法权利和利益,对私营经济实行引导、监督和管理。"1999年修正案第16条:"将宪法第十一条修改为:在法律规定范围内的个体经济、私营经济等非公有制经济,是社会主义市场经济的重要组成部分。国家保护个体经济、私营经济的合法的权利和利益。国家对个体经济、私营经济实行引导、监督和管理。"2004年修正案第21条:"将宪法第十一条第二款修改为:国家保护个体经济、私营经济等非公有制经济的合法的权利和利益。国家鼓励、支持和引导非公有制经济的发展,并对非公有制经济依法实行监督和管理。"这3次重要修正,一次比一次更明确、更开放、更具有根本性,非公有制经济在国家经济体系中的地位不断提高。

② 张军:《非公有制经济刑法规制与保护论纲》,中国人民公安大学出版社2007年版,第45页。

③ [意]切萨雷·贝卡里亚:《论犯罪与刑罚》,黄风译,北京大学出版社2008年版,第20页。

民营企业家腐败犯罪的认识,在高度上还不够,与当前建立健全惩治和预防腐败体系并不相适应。

3. 反民营企业家腐败犯罪表面化

当前,人们对于民营企业家腐败犯罪的另一种刑事观念就是表面化倾向突出,即认识不深刻,没有触及根本,仍然停留在表面。诚如有学者指出,“(对于腐败犯罪,笔者注)或指公共权力未受制约,政经不分、党政一体而容易被人利用谋取私利;或责经济体制转型而出现价格双轨(计划价和市场价),刺激倒卖‘寻租’;或怪传统文化、封建特权、西方腐朽生活方式,等等”。[①] 这种表面化倾向具体表现为:一是忽视民营企业家腐败犯罪制度原因,而仅仅着眼于法理强调在刑法层面要同等打击国有企业家腐败犯罪与民营企业家腐败犯罪,这显然是对我国刑法基本原则之一即“刑法面前人人平等原则”的表面化、机械化理解,因为“平等的完整要求是,相同的人和相同的情形必须得到相同的或者至少是相似的对待”。[②] 言外之意,与国有企业相比,当前我国民营企业受到的制度性制约更为突出,而这往往导致民营企业家实施“破坏性的创造”,[③]所以对于民营企业家腐败犯罪的认识需要将其放在经济制度环境中予以考察。

二是,对于民营企业家腐败犯罪的严重社会危害认识表面化,直接导致反腐策略上出现对这类腐败犯罪的包容现象。然而,事实表明,民营企业家腐败犯罪也会造成十分巨大的损失,如美国著名经济学家 Andrei Shleifer 和 Robert W. Vishny 早在 1993 年就指出:“……从私营部门的角度来看,腐败就等于榨取,其对企业发展的损害远大于税捐等合法手段”,[④]而美国国际战略研究中心(CSIS)2014 年发布《腐败的代

---

① 转引自冯象:《政法笔记》(增订版),北京大学出版社 2012 年版,第 10 页。

② [美]E. 博登海默:《法理学:法律哲学与法律方法》,邓正来译,中国政法大学出版社 2004 年版,第 282 页。

③ Schumpeter J., *The Theory of Economic Development*, Harvard University Press, 1934.

④ Andrei Shleifer and Robert W. Vishny, “Corruption”, *The Quarterly Journal of Political Economy*, Vol. 106, No. 3, 1993, pp. 599 – 617.

价》(The Costs of Corruption)更是用数字来强化了这一论断,该研究报告指出“发展中国家私营部门的腐败正在增长,每年至少耗费 5000 亿美元,是 2012 年所有对外援助资金的三倍”。[①] 除了较为直观的经济损失之外,民营企业家腐败犯罪的深层危害还在于:作为创造财富和享有受人尊敬地位的社会阶层,民营企业家在社会发展和社会建构过程中日益拥有话语权和示范效应,他们滥用职权谋取私利的行为,不仅侵犯了法的权威性与安定性,容易引发社会规范的失范效应,而且更破坏了正当、诚实与信用这些维系社会存在和发展根基的核心价值观。[②] 因此,无论从哪一个角度来看,民营企业家腐败犯罪的危害都是不可“容忍”的。

(二)行政垄断催生权力出租与寻租

市场经济是为民营企业量身定制的,是符合经济规律的,过度调控反而制约其发展。目前官方对于经济活动的干预,在政治生态中表现为行政垄断,它诞生于计划经济,其目的不在于谋取利润,也不在于促进市场竞争,而在于对经济实行有效的控制,利用行政手段干预行业进入、产品定价、流通和分配。行政垄断表面上是对市场资源的垄断,本质上是对权力的垄断。[③] 据有关统计显示,在经济转型过程中,政府控制……造成中国租金总量占 GDP 的比重在 20% 以上。[④] 这种巨额租金的存在,直接诱导一些民营企业家积极进行寻租活动。显然,在这种

---

① “The Center for Strategic and International Studies, The Costs of Corruption”, Feb. 21, 2014, available at http://c sis. org/publication/costs-corruption.

② 张远煌:《民营企业家腐败犯罪的现状、危害与治理立场》,载《河南大学学报》(社会科学版)2014 年第 6 期。

③ 皮艺军:《民企参政与越轨行为》,载张远煌、陈正云、张荆主编:《企业家犯罪分析与刑事风险防控报告》,北京大学出版社 2014 年版,第 286 页。

④ 李晓敏:《为什么中国企业家会“不务正业”:基于新制度经济学的视角》,载王振中、胡家勇编:《政治经济学研究》(2013 年卷总第 14 卷),社会科学文献出版社 2013 年版,第 107 页。

制度安排下，民营企业实际上处于一种高度管控的市场环境中，为了适应这种环境，必然出现权钱交易、以权谋私等腐败行为。

（三）欠科学的地方激励机制为官商间利益输送创造条件

以GDP为核心的地方激励机制，使一些民营企业能够“一美遮百丑”，为民营企业家腐败犯罪的形成提供了成长土壤。三十多年来，我国地方政府激励机制主要有两大块：一是财政激励，二是政治激励。在这种激励机制下，GDP的增长始终处于第一位，于是一些地方政府就会想方设法通过招商引资来实现经济发展，那么政府在招商过程中可能会不择手段，给企业家的很多优惠政策是违背国家法律的，甚至在某些情况下会默许或支持民企违法。[①] 于是“在以GDP为核心的考核机制下，地方政府就会在一定程度上依赖于对当地财政收入有重大贡献的企业。因此，当这些企业或者企业负责人有违法行为之际，就会通过各种途径对其予以‘保护’”。[②] 这样由于受政绩和个人经济利益驱动，一些官员往往对参与资源配置有强烈的兴趣，甚至直接干预经济活动。[③] 这势必为官商之间进行利益输送创造条件，进一步促成腐败犯罪形成。

（四）不健全的市场经济制度诱发民营企业家向官员寻租

我国市场经济以公有制为基础，并且伴随官方干预而非自发形成，直接导致国有经济与非国有经济在制度上存在差异。因为“以私有制

① 邱格屏：《民营企业家的犯罪生态》，载张远煌、陈正云、张荆主编：《企业家犯罪分析与刑事风险防控报告》，北京大学出版社2014年版，第290页。

② 周振杰：《GDP考核对企业家犯罪预防的消极作用》，载张远煌、陈正云、张荆主编：《企业家犯罪分析与刑事风险防控报告》，北京大学出版社2014年版，第323页。

③ 杨兰品：《中国行政垄断问题研究》，经济科学出版社2006年版，第147～149页。

为基础的市场经济在某些国家已有成功先例,而以公有制为基础的市场经济却史无前例,公有制与市场经济可否相容至今未得到证实,这给我国经济立法提出了许多特殊课题"。[①]而"我国市场在建立市场经济的过程中就是以公有制为基础,由计划经济转化而来的市场经济,是发展中大国压缩发展阶段的市场经济"。[②] 于是实践中,这种"以公有制为基础"的经济制度就决定了民营经济在整个经济体系中处于从属被支配地位,发展空间逼仄,必将处于仰人鼻息的境地。同样,"压缩发展阶段"则意味着人为地将原本需要一定历史积淀[③]而发展演变过来的市场经济压缩在二三十年内完成。于是就会出现应当先形成的因素尚未成熟,而应当后出现的因素却已早产的情况。所以在这种经济制度安排下,民营经济实际上处于非充分竞争的市场环境中,于是,在现实中,与国有经济存在诸多不公平:政策不公平、追责不公平、信息不对称、评优不公平、科研经费不公平、政治地位不公平。[④] 可想而知,在这种经济生态下,民企为了求得生存,就会通过寻租交租、贿选买官等途径来获取市场"大蛋糕"的一部分。

由此可见,当前我国社会中存在的非健康政商关系,不仅与人们对腐败犯罪的认识密切相关,更与我国经济、社会制度等深层次的体制性因素相关。

---

① 王兴全:《经济法基础理论专题研究》,中国检察出版社2002年版,第91~98页。

② 郭哲:《政府与市场》,湖南大学出版社2010年版,第178页。

③ 一般来讲,西方国家的市场经济具有漫长的发展过程,其中经历了物商品化(生活资料商品化→生产资料商品化)→劳动力商品化→产权商品化→信息商品化等若干阶段,一般是在前一阶段完成的基础上进入后一阶段,循序渐进,顺其自然。而在我国,计划经济中断了历史上以私有制为基础的商品经济的延续,计划经济转向市场经济的经济体制改革,则要求将市场经济的不同发展阶段压缩在二三十年内完成。参见郭哲:《政府与市场》,湖南大学出版社2010年版,第179页。

④ 皮艺军:《民企参政与越轨行为》,载张远煌、陈正云、张荆主编:《企业家犯罪分析与刑事风险防控报告》,北京大学出版社2014年版,第285页。

三、新型政商关系对民营企业家腐败犯罪走向的影响

所谓新型政商关系，即习近平总书记在2016年3月4日看望参加政协会议的民建、工商联委员时首次提出以“亲”“清”为核心内容的政商关系。申言之，新型政商关系，是指建立在制度化法治化基础上的平等、独立、合作和互补的民营企业与政府之间的关系，与完善的市场经济相适应，具有鲜明的非人格化特征。与之相反，传统的政商关系，是建立在非正式的人际关系基础上的，尤其是建立在官商个人利益基础上的政商关系，依存于不完善的市场经济，具有浓厚的人格化特征。[①] 显然，这是就“新旧”对比对照层面展开的思考，回到“亲”“清”上，有学者围绕政商关系中的两个具体对象即官员与民营企业家，进一步指出，所谓“亲”，对领导干部而言，就是要坦荡真诚同民营企业接触交往，特别是在民营企业遇到困难和问题的情况下，更要积极作为，对非公有制经济人士多关注、多谈心、多引导，帮助其解决实际困难。所谓“清”，就是领导干部同民营企业家的关系要清白、纯洁，不能有贪心私心，不能以权谋私，不能搞权钱交易。对民营企业家而言，所谓“亲”，就是积极主动同各级党委和政府及部门多沟通多交流，讲真话、说实情、建诤言，满腔热情支持地方发展。所谓“清”，就是要洁身自好、走正道，做到遵纪守法办企业、光明正大搞经营。[②] 应该说，正是基于这种新型政商关系的定位，在协调推进“四个全面”战略布局和“五位一体”总体布局总体引领下，尤其是在更加强调“使市场在资源配置中起决定性作用”和全面推进依法治国的语境下，民营经济发展环境正在面临着深刻的变革，此时民营企业家也必须顺应时代变革要求，摒弃企图通过政商联姻而获取资本的老路。具体而言，新型政商关系必然会影响既有的民营企业家腐败犯罪生态，表现为以下几个方面。

---

① 孙丽丽:《关于构建新型政商关系的思考》,载《经济问题》2016年第2期。

② 竺乾威:《什么样的政商关系才算既“亲”又“清”》,载《人民论坛》2016年第28期。

(一)政策上:持续推进简政放权,优化政府和市场关系

围绕处理好政府和市场关系这一经济体制改革的核心问题,针对民营企业长期以来面临的税收较高、行业准入门槛高、融资贷款困难、政府干预过多、市场地位不平等等较为突出的问题,政府紧紧围绕"使市场在资源配置中起决定性作用"这一要求,不断厘清政府和市场的边界,严格按照市场经济规律,最大限度减少政府对市场的干预,进一步激发市场活力。按照经济学界共识,市场经济国家地位的市场化指数临界值为6.0,即市场化指数达到6.0,即可认为该国具备市场经济地位。① 有学者研究表明,我国经济体制市场化进程指数不断提升,从1978年的0.74逐年递增,到2003年这一指数就已经达到8.20。② 从近几年的《政府工作报告》不难发现,简政放权力度不断加大,商事制度不断完善,凡是能够用市场解决的问题一律留给由市场解决,尤其是在大众创业、万众创新("双创")驱动下全社会创业创新热情日益高涨。

(二)制度上:建章立制,突出规则意识,强化腐败零容忍

1.通过《刑法修正案(九)》破除"重受贿、轻行贿"的误区

长期以来,受贪污贿赂犯罪设置影响,我国刑法第164条也设置了行贿犯罪的"特别自首制度",即"行贿人在被追诉前主动交代行贿行

---

① The World Bank, *The Chinese Economy*: *Fighting Inflation*, *Deepening Reforms*, Vol. 1, Report No. 15288 – CAN. Washington. D. C., World Bank, 1996.

② 张宗益等在前人研究的基础上,以四个方面、13个二级指标为基础构造了改革开放以来我国经济体制市场化进程的市场化指数。参见张宗益、康继军、罗本德:《中国经济体制市场化进程测度研究》,载《经济体制改革》2006年第3期。

为的,可以减轻处罚或者免除处罚”。在实践中助长了“重受贿、轻行贿”的不良思想,导致行贿犯罪处于一种被放纵状态,不利于反腐败的开展。[①] 立足于当前反腐败实践,2015 年通过的《刑法修正案(九)》第45 条将“特别自首制度”修改为“行贿人在被追诉前主动交代行贿行为的,可以从轻或者减轻处罚。其中,犯罪较轻的,对侦破重大案件起关键作用的,或者有重大立功表现的,可以减轻或者免除处罚。”同时,严密惩治行贿犯罪的法网,增加对有影响力的人行贿罪。这些直接为有力打击行贿犯罪提供法制保障。

2. 通过完善刑法关于贪污贿赂犯罪的相关规定和建立健全党内相关法规,强化党政干部廉洁风险防控

新出台的《刑法修正案(九)》和“两高”《关于办理贪污贿赂刑事案件适用法律若干问题的解释》,进一步强化腐败零容忍,对重大贪污贿赂犯罪设立了终身监禁制度,修改贪污受贿犯罪的定罪量刑标准,不再以具体数额作为唯一标准。此外,还完善了预防性措施的规定,即对因利用职业便利实施犯罪,或者实施违背职业要求的特定义务的犯罪被判处刑罚的,设立了职业禁止等资格刑。同样,为了强化党风廉政建设和深入推进反腐败工作,近年来,党中央先后制定出台《中国共产党党内监督条例》《关于新形势下党内政治生活的若干准则》《中国共产党纪律处分条例》《中国共产党廉洁自律准则》等一系列党内法规,为党员领导干部依法依规从政划定“红线”、敲响廉洁从政“警钟”。正是通过严格党纪国法,进一步明确了党政干部廉洁风险,让领导干部知畏、知止,权力寻租空间不断被压缩,为其正确处理与民营企业家关系划定界限。

---

① 关于行贿犯罪的特别自首制度弊端的具体分析,请参见刘仁文、黄云波:《建议取消行贿犯罪特别自首制度》,载《检察日报》2014 年 4 月 30 日,第 3 版。

(三)实践中:坚持腐败犯罪系统治理,促进良性政商关系建立

1.加大对民营企业家行贿犯罪查处力度,切断腐败犯罪源头

随着国家反腐败力度的加大,以及党的十八大报告、《建立健全惩治和预防腐败体系2013~2017年工作规划》等中央文件明确提出要"加大对行贿行为的惩处力度"的要求后,国家对行贿犯罪惩治力度也不断提升,如自2010年最高人民检察院在其工作报告中开始披露查办的行贿人数,2010年5月7日最高人民检察院印发了《关于进一步加大查办严重行贿犯罪力度的通知》,2014年最高人民检察院为扭转"重受贿轻行贿"局面就重点查办行贿犯罪工作连续召开几次会议进行部署安排,①等等。正是通过对行贿犯罪强有力的打击,震慑了潜在的行贿人。

2.通过对公职人员开展高压反腐,促进政商关系良性发展

近年来,全国各级检察机关在党中央反腐败总体部署指引下,坚持对腐败零容忍政策,以"侦防工作一体化"机制为基础,综合运用多种手段,②发挥部门合力,严厉查处一大批国家工作人员利用职务之便,向非公企业索贿、受贿或滥用职权、徇私舞弊、枉法裁判,以及侵犯非公企业及其员工财产、人身、民主权利等案件,进一步净化市场环境,改善政治生态,促进政商关系良性发展。同时,还充分利用法律监督职权,督促公安机关依法及时查处涉企犯罪,及时受理非公企业的投诉、举报和控告,尤其是企业作为被害方时,最大限度为其挽回损失,降低不良社会影响,为非公企业营造良好的改革发展环境。

---

① 如2014年4月24日,最高人民检察院召开了全国检察机关反贪部门重点查办行贿犯罪电视电话会议;2014年5月14日,最高人民检察院召开新闻发布会通报检察机关第一季度查办职务犯罪情况。

② 参见胡志风:《大数据在职务犯罪侦查模式转型中的应用》,载《国家检察官学院学报》2016年第4期。

3. 一些非公企业主动开展非公领域腐败防控探索，推动企业合规经营

在建立健全惩治和预防腐败体系的总体要求下，把非公有制企业纳入反腐败顺应时代要求。实践中，一些民营企业已经在企业内部开展防治腐败工作。如著名电商企业“京东”通过高管轮岗来防止内部腐败，又如广东唯美陶瓷公司在2008年率先在民营企业党组织中成立纪委和纪检监察部，并通过加强企业廉政文化建设、强化内部审计与监督、完善企业制度体系、引入民主管理、加强厂务公开、实施信息透明、营造良好的商业环境等举措防治公司内部腐败。由此可见，在反腐实践中，民营企业也大有可为，不仅契合当前政治生态语境，也是确保自身安全的一项重要举措。

四、新形势下民营企业家腐败犯罪预防总体思路

在新型政商关系引领下，民营经济运行环境发生着深刻的变化，民营企业家必须按照新型政商关系的内涵要求来正确定位自己与政府、官员的关系，强化自身腐败犯罪预防，为民营企业持续健康稳健发展奠定基础。必须通过“观念—行动”双驱动引领新形势下的民营企业家腐败犯罪预防。在观念上，必须将民营企业家腐败犯罪预防纳入反腐败体系予以整体规划，同时坚持公私财产平等保护的刑事观念。在行动上，从当前民营企业运行的环境场域来看，在这一场域之中至少涉及民营企业、政府和社会组织三大主体。因此，开展新形势下民营企业家腐败犯罪预防也应该有效整合这几方力量，形成合力。

（一）民营企业家腐败犯罪预防应该纳入反腐败体系

无论是公职人员腐败犯罪，还是民营企业家腐败犯罪，它们都对社会肌体造成了深度的危害，必须进行治理。并且在新形势下，尤其是在

全面深化改革和中国经济新常态①的社会大背景下,我国民营经济活力将得到空前的激发,作为民营经济发展中最为重要生产要素的民营企业家,其创造性才能不仅可能用于生产性的活动,也有可能用于破坏性的活动。当前我国社会的急剧转型,为民营企业家进行腐败犯罪等破坏性的活动提供了机会,所以面对当前民营企业家腐败犯罪高发态势,必须将其纳入反腐败体系予以规划。

同时,民营企业家腐败犯罪与官员腐败犯罪、国有企业家腐败犯罪存在较为明显的伴生现象,也决定了必须将民营企业家腐败犯罪纳入反腐败体系,因为如果忽视二者间的这种紧密联系,势必会出现“按下葫芦浮起瓢”的尴尬境地,诚如香港律政司副首席检察官沈仲平指出:“不可能有一个腐败的社会,却有一个廉洁的政府;也不可能有一个腐败的政府,却有一个廉洁的社会,社会与政府二者是互相关联的。”②同时,在“全面推进惩治和预防腐败体系建设”这一重要目标指引下,这就要求只有坚持全面反腐的刑事观念,将民营企业家腐败犯罪纳入反腐败体系之中,才能对当前高发的民营企业家腐败犯罪进行有效回应,进而克服反腐败斗争中的短板,促进反腐败斗争协调推进。

最后,我国民营企业规范化运行普遍缺失的现实,也要求必须坚持全面反腐的刑事观念。因为通过全面开展民营企业家腐败犯罪治理,可以倒逼民营企业进行自我内部治理结构优化,进而实现民营企业家腐败犯罪源头治理的效果。中心发布的年度报告现实,民营企业家腐败犯罪连续多年发生于财务管理环节、贸易环节、工程承揽等环节,这无不折射出民营企业内控机制缺失,为腐败犯罪的发生创造了机会与

---

① 2014 年 12 月 9 日至 11 日,在北京召开的“2014 年中央经济工作会议”指出,我国经济发展进入新常态,正从高速增长转向中高速增长,经济发展方式正从规模速度型粗放增长转向质量效率型集约增长,经济结构正从增量扩能为主转向调整存量、做优增量并存的深度调整,经济发展动力正从传统增长点转向新的增长点。参见新华社:《中央经济工作会议在北京举行习近平李克强作重要讲话》,载中国政府网:http://www.gov.cn/xinwe n/201 4 -12/11/content_2789754.htm,最后访问日期:2015 年 1 月 31 日。

② 沈仲平:《香港反商业贿赂及其惩治》,载中国刑事法律网:http://www.criminallaw.com.cn/Article/default.asp? id =8770,最后访问日期:2015 年 1 月 31 日。

条件。同时,有统计显示,近5年退出市场的企业平均寿命为6.09年,寿命在5年以内的接近60%,企业成立后第3年死亡数量最多。[①] 因此,通过将反腐活动延伸至民营领域,可以倒逼我国民营企业建立现代企业制度。

综上,无论是从当前高发的民营企业家腐败犯罪形势来看,还是从"建立健全惩治和预防腐败体系"的反腐败战略布局来看,还是从推进我国民营企业建立现代企业制度的角度来看,都要求我们必须将民营企业家腐败犯罪纳入反腐败体系之中,必须坚持将民营企业家腐败犯罪与公职人员腐败犯罪一起治理的全面反腐的刑事观念。

(二)坚持公私财产平等保护的刑事观念

无论是为保护国有财产对国有企业家腐败犯罪的刑事追究,还是为保护私有财产对民营企业家腐败犯罪的刑事追究,都体现了刑法的"法益保护机能",即刑法具有保护法益不受犯罪侵害与威胁的机能。[②] 同时,我国宪法在第12条和第13条[③]对公有财产和私有财产采用分条规定的形式无不体现国家在宪法层面对两种不同性质财产同等重视的价值取向。因此,从根本大法和刑法原理的角度来看,刑法对于同属于"财产"这一类别的国有财产和私有财产应该进行平等保护,而不是因为财产性质不同而区别对待。

然而,事实表明,国有企业家腐败与民营企业家腐败犯罪二者在罪名结构的差异显示,前者与官员腐败犯罪无异,属于权力型犯罪,而后

① 参见国家工商总局:《全国内资企业生存时间分析报告》,载国家工商总局:http://www.saic.gov.cn/zwgk/tjzl/zxtjzl/,最后访问日期:2015年1月31日。

② 参见张明楷:《刑法学》(第4版),法律出版社2011年版,第25页。

③ 《宪法》第12条规定:"社会主义的公共财产神圣不可侵犯。国家保护社会主义的公共财产。禁止任何组织或者个人用任何手段侵占或者破坏国家的和集体的财产。"第13条规定:"公民的合法的私有财产不受侵犯。国家依照法律规定保护公民的私有财产权和继承权。国家为了公共利益的需要,可以依照法律规定对公民的私有财产实行征收或者征用并给予补偿。"

者多属于压力型犯罪。这种不同身份企业家腐败犯罪的差异化刑事处遇,直接导致公私财产平等保护的观念流于形式,难以发挥宪法作为部门法之母法的引领功能,同时也架空了刑法基本原则在具体刑事立法、司法中的指导意义。从这一现象的根源来看,不难发现我国现行《刑法》("1997年刑法")是诞生于国家确立社会主义市场经济初期(1992年),当时国家经济实际上还具有较为浓厚的计划经济色彩,因此,当时国有经济、集体经济等公有经济在整个国民经济中实际上还处于主导地位,而非公有制经济则因为"摸着石头过河"而处于发展的边缘地带,"公尊私卑"成为我国经济发展的基调。而刑法在规定犯罪时必须鲜明地反映出统治意志的需要,这就注定了其在规制经济领域相关行为时,也对两种不同性质的经济主体进行了不平等的制度安排。

然而,面对当前我国经济发展新常态,尤其是在"使市场在资源配置上起决定性作用""积极发展混合所有制经济"和"支持非公有制经济健康发展"已经成为国家经济改革重要内容的大背景下,作为部门法的刑法,必须与时俱进,打破思维定势,顺应深化市场经济体制改革的内在要求和切实体现"公私财产平等保护"宪法精神,切实担当起新时期刑法为经济发展保驾护航的重要使命。

此外,刑法作为必要之"恶",①应该最大限度地防止这种"恶"的扩散,而刑法基于对国有财产和私有财产的不平等保护,对国有企业家腐败犯罪与民营企业家腐败进行的差异化刑事处置,其本身就制造一种"恶",背离了刑法本应该坚守的公平正义职能。因为"在法律领域没有什么比对相同事件依不同法律进行评价更难忍受"(Nihil in lege intolerabilius est, quam eandem remdiverso jure censeri)。② 因此,在将民营企业家腐败犯罪纳入反腐败体系予以整体考虑的前提下,还必须坚持公私财产平等保护的刑事观念。

---

① [日]西原春夫:《刑法的根基与哲学》,顾肖荣等译,法律出版社2004年版,第3页。

② 转引自张明楷:《刑法格言的展开》,北京大学出版社2013年版,第75页。

（三）民营企业（家）通过强化自律，构筑反腐“防火墙”

1. 转变思维方式，恪守企业家精神

应该说以往政商联姻式的政商关系，在很大程度上反映出一些民营企业家普遍存在通过“傍官”获取资源财富、守规则不如守住官员、不计成本风险的野蛮发展理念。这些错误发展理念在昔日我国市场经济运行机制、反腐制度还不是很成熟的情形下也许能够起到“短平快”的作用，但是目前在全面深化改革的大背景下，这些错误的发展理念必然会受到极大冲击，而成为革新除旧的对象。因此，作为市场经济的“弄潮儿”，民营企业家应该具有发现这些深刻变革的敏锐性，果断从观念上肃清这些错误的理念，切实树立规则规范意识、风险意识，树立靠实力赢得市场、占领先机的理念，恪守企业家精神。而不是想当然将一切不好的结果都归结到市场运行机制不健全、官员腐败等因素上。

2. 开展合规计划，完善企业内控机制

道德心理学实证研究表明，多数人的行为动机是具有自利性的，因此其伦理行为需要外界的强制性制约，而这种制约主要是通过包括法律法规在内的正式制度来实现的。[①] 因此，如果说树立正确理念强调的是自省，那么在人性恶的假设前提下，还需要通过强有力的外部制约机制，尤其是当前我国大多数民营企业内部治理机构较为混乱的情形下，[②]通过企业自律来规范商业运行行为在西方国家越来越受重视，目

---

① See Kohlberg, Lawrence, “Moral Development and the Education of Adolescents”, in Ellis D. Evans ed., *Adolescents: Readings in Behavior and Development*, New York: Dryden Press. 1970.

② 如有研究发现，中国上市公司董事会治理指数基本符合正态分布，绝大多数上市公司董事会治理指数处于不及格的区间，占比高达 88.46%，董事会治理质量令人担忧。参见高明华、方芳、苏然：《中国上市公司董事会治理指数研究（2013）》，载张远煌、陈正云主编：《企业家犯罪分析与刑事风险防控》（2012 ~ 2013 年卷），北京大学出版社 2013 年版，第 121 页。

前最为流行的就是开展“企业适法计划”(Corporate Compliance Programs),即“企业为预防、发现违法行为而主动实施的内部机制。基本的构成要素包括正式的行为规则、负责官员以及检举制度”,①并且美国《组织判刑准则》规定,如果可以确定一个企业有效实行了“企业适法计划”,那么任何非法行为都可以看作是公司内部无赖之徒所为,就可以大大(高达 95%)减轻刑事罚金和刑事处罚。② 域外的这一做法,对于我们通过完善公司内部治理结构来实现反腐败具有很大启发意义,这不仅激发了企业大力开展预防腐败犯罪的积极性,也在一定程度上起到了从根源上遏制腐败犯罪的作用,更为重要的是促进现代企业制度的形成。

(四)政府通过输出良性制度,为反民营企业家腐败犯罪提供制度保障

1. 建立政府服务民营企业相关制度

新形势下,在市场经济进一步放开运行的大背景下,尤其是治理语境下,政府角的色定位也必须从“全面监管”向“全面服务”转变。这就要求政府必须创新服务方式,建立服务于民营企业发展的相关制度,为民营企业放开手脚大力发展搭好台。具体而言,一是建立向民营企业家开展腐败警示教育、法治宣传、廉政教育等方面的平台或者机

---

① “企业适法计划”(Corporate Compliance Programs)发端于美国,目前在日本、英国、澳大利亚、意大利、芬兰等国家越来越受决策者的重视,并且也逐渐成为完善企业内部治理、强化自律的一个重要举措。相关具体内容请参见周振杰:《企业适法计划与企业犯罪预防》,载《法治研究》2012 年第 4 期。

② 美国《组织判刑准则》第八章概述了衡量“有效遵约方案”的七个主要标准:能够合理地减少犯罪活动机会的遵约标准与程序;高层人员的监督;授予重要自由裁量权时应有的注意;向各级雇员有效传递信息;实现遵约的合理措施,包括监测和审计制度及举报可疑不法行为的制度;始终不渝的执行,包括惩戒机制;侦察违犯行为时采取应对和预防再度发生类似犯罪行为的合理措施。参见[英]让 - 弗朗索瓦 · 阿维、罗纳德 · 贝伦贝姆:《东亚地区私企反腐败》,李长山、陈贻彦、臧惠娟译,中国对外翻译出版公司 2004 年版,第 40 页。

制，定期深入非公企业开展法治宣讲，增强其法制意识，提供其对非公领域腐败风险的认识。二是加快信息服务体系建设，畅通政府与民营企业的沟通渠道，促进二者良性互动。深入企业，积极主动倾听他们的心声，了解他们的需求与困难，以及可能存在的腐败风险点，提供政策咨询和法律服务，或者协调解决生产经营中遇到的实际困难和问题，减少企业经营中的各种法律风险，真正为企业排难解忧，进而吸引企业家主动积极与政府沟通交流，形成讲真话、说实情、建真言的互动局面。三是着力于营造良好市场运行环境，不断完善市场经济运行相关制度。这就要求必须紧紧围绕使市场在资源配置中起决定性作用深化经济体制改革，完善非公有制企业财产权保护制度，消除对非公领域歧视性政策，打破行业垄断和地区壁垒，确保民企与其他企业享受同等待遇；通过深化政治体制改革，转变政府职能，推进政务公开，提高行政效能，规范行政行为，形成权责一致、分工合理、决策科学、执行顺畅、监督有力的行政管理体制，以及通过深化社会体制改革，全面推进行政权力运行制度、公共资源交易、行政绩效管理、行政权力电子监察、民意诉求反馈等方面建设，为非公企业营造公平竞争和开放透明的市场环境。

2. 推进政府诚信制度建设

党的十八大提出“加强政务诚信、商务诚信、社会诚信和司法公信建设”，党的十八届三中全会进一步提出“建立健全社会征信体系，褒扬诚信，惩戒失信”。而在整个社会诚信体系中，政府诚信是基础和核心，对整个社会诚信体系的构建具有重要的推动作用和示范效应。在《社会信用体系建设规划纲要(2014—2020年)》中更是对政务诚信进行了具体规定。对应到构建新型政商关系上，就要求政府在与民营企业相处时应该言而有信，有关市场经济相关政策、规章制度的建立不能朝令夕改，或者搞突然袭击，该广泛征求意见的必须广泛征求，该听证的必须听证，通过建立台账、时间进度表等机制，敦促有关部门依法按时兑现承诺，履行职责，切实提升政府公信力，进而引导民营企业家恪守商务诚信，自觉抵制腐败对诚信基石的毁损。

3. 建立企业自律制度

企业作为一个具有高度纪律性、严密结构化、强大经济实力的组织,其成员的腐败犯罪往往在很大程度上与之相关,这就导致完全割裂私营部门个体腐败犯罪行为与企业组织的关系并不可取。正是基于此,英美国家一般通过设立"商业组织预防贿赂失职罪"(Failure of commercial organizations to prevent bribery),①即与商业组织具有关联的人,基于特定的目的实施了贿赂犯罪,该商业组织只有在证明其已经全面推行有效的预防贿赂机制的情况下才能避免被定罪。英国《2010反贿赂法》在第7条专门就这一犯罪进行了规定,美国也在《反海外腐败法》进行了类似的规定。应该说,设置这一罪名,强化了企业自律,能够促使企业自发反腐,而不是外在强力干涉,这对于反腐败更具根本性。那么,我国是否也应该增设"企业预防腐败失职罪"呢?

笔者认为,当前我国还不具备增设"企业预防腐败失职罪"的现实条件,因为该罪名设置与企业是否建立现代企业制度有着密切的关系,而当前我国民营企业普遍存在企业内部治理结构不完善的现实困境,如"监事会形同虚设""独立董事不独立"等问题,②在这种现实状况下,如果贸然设置这一罪名,不但不利于反私营领域腐败犯罪的协调推进,而且势必会束缚民营企业家的创新活力。笔者认为,在当前我国并不具备设置"企业预防腐败失职罪"的基本条件的状况下,同时,考虑到建立现代企业制度和完善的企业治理结构,对推动反私营领域腐败犯罪具有一定促进作用。因此,笔者建议,在现有条件下,我们完全可

---

① 当然有学者将其译为"预防商业机构贿赂失职罪",参见《英国反贿赂法》,王君祥编译,中国方正出版社2013年版,第33页;也有学者将其译为"商业组织不履行预防贿赂义务罪",参见周振杰:《英国刑法中的商业组织不履行预防贿赂义务罪研究——兼论英国法人刑事责任的转变与发展方向》,载张远煌、陈正云主编:《企业家犯罪分析与刑事风险防控》(2012~2013年卷),北京大学出版社2013年版,第226页。

② 参见韩晶:《公司治理监督机制缺失的法律风险》,载张远煌、陈正云主编:《企业家犯罪分析与刑事风险防控》(2012~2013年卷),北京大学出版社2013年版,第382~390页。

以通过司法解释,[①]增设"企业预防腐败"这一酌定情节。具体而言,对于企业积极实施了一些较为有效预防腐败措施方案,且民营企业家仍然实施腐败犯罪的,则可以将这一情节作为量刑中的酌定加重情节来考虑。反之,对于企业没有实施预防腐败措施方案,且民营企业家实施了腐败犯罪的,则可以由检察机关对该企业出具相应的检察建议,或者由法院出具相应的司法建议,敦促其完善内部治理结构,建立预防腐败机制。

(五)社会组织通过强化外部监督,助力企业建立腐败犯罪风险预警机制

工商联和商会作为凝聚民营企业家的重要民间组织,也是连接党、政府与民营企业家的重要桥梁,其在民营企业家腐败犯罪防控中的作用不可小觑。因为在行业内部,企业通过与其他企业发生交互关系实现目标,久而久之,在这种交互过程中他们往往容易形成这一群体所特有的行为方式,即通过社会交往习得了包括犯罪在内的行为方式。一旦所谓的潜规则形成,就会导致腐败行为被同行默认或者支持,进而得以形成并扩散。因为"违反了法律条文(legal code)并不意味着必然违反商业规则(business code),声望会因为违反了商业规则而失去,但是不会因为违反了法律条文而失去,除非法律条文和商业规则保持一致。"[②]而这种所谓的"商业规则"(潜规则)已经背离了正式制度的规定,与主流意识形态背道而驰。[③] 因此,工商联和商会必须强化监督,防止潜规则形成,帮助企业建立腐败犯罪风险预警机制。具体而言,工商联和商会可以联合检察机关组织社会专业力量介入,指导民营企业

---

① 参见刘艳红:《刑法解释原则的确立、展开与适用》,载《国家检察官学院学报》2015 年第 3 期。

② Sutherland E. H. , *White Collar Crime*, New York: Dryden Press, 1949, pp. 219 - 220.

③ 吴思:《潜规则:中国历史中的真实游戏》,复旦大学出版社 2010 年版,第 193 ~ 194 页。

建立起企业内部的刑事风险长效预警机制，定期进行法律风险评估，如在企业需要作出重大决策事项时，由咨询专家提供意见建议，在论证可行性的同时进行法律风险评估，分析其可能存在的后果，为民营企业家经营决策提供参考。例如，早在2010年10月，湖北省工商联就将检察机关的专业预防与工商联的资源优势进行了有机结合，共同研究制定《关于共同做好涉及非公有制企业的受贿、行贿犯罪预防工作的指导意见》，每年共同召集一至两次预防职务犯罪联席会议，主动邀请辖区内知名非公有制经济人士，外地驻鄂商会、行业商会的会长参加会议，适时通报非公有制企业发展状况、检察机关查办贿赂犯罪情况，为非公有制企业开展腐败风险预防提供参考。

On the Prevention of Corruption Crime of Private Entrepreneurs

——From the Perspective of New Type Relationship between Politics and Commerce

Cao Hongjun

[**内容摘要**]政商关系往往在一定程度上能够反映出一个社会政治经济的运行状况。而当前我国民营企业家腐败犯罪现状折射出现有政商关系处于非健康状态，这既与当前大力倡导的“亲”“清”新型政商关系格格不入，也与国家治理体系和治理能力现代化的总目标背道而驰。因此，民营经济必须走出以往主要通过以“傍官”为主的发展模式，以构建新型政商关系为契机，综合运用民营企业家、官方和社会三方力量，从观念、制度与实践等方面多管齐下，进而有效预防民营企业家腐败犯罪。

[**关键词**]新型政商关系；腐败犯罪；民营企业家腐败犯罪；犯罪预防

Abstract: To some extent, the relationship between politics and commerce can reflect the operation status of political economy. However, The present situation of corruption crime of private entrepreneurs in

Chinareflects that the relations between government and business are not healthy, which is contrary to the new type relationship between politics and commerce vigorously advocated by the authorities, but also draw further apart from the general objective of the modernization of national governance systems and governance capacity. Therefore, the private economy must be out of the development model of "near the official" in the past. Through construct the new relationship between government and business as an opportunity to utilize the private entrepreneurs, the government and the people to prevent corruption of private entrepreneurs from the aspects of concept, system and practice.

Key words: New Type Relationship between Politics and Commerce; Corruption Crimes; Corruption Crime of Private Entrepreneurs; the Prevention of Crime

司法责任制改革背景下 司法渎职犯罪立法反思与前瞻*

陈　伟**　赵　赤***

目　　次

党的十八大特别是自十八届三中、四中全会以来，我国进入新一轮司法改革周期，2014 年《中共中央关于全面推进依法治国若干重大问题的决定》提出"明确各类司法人员工作职责、工作流程、工作标准，实行办案质量终身负责制和错案责任倒查问责制。"①此后，最高人民法院、最高人民检察院（以下简称"两高"）于 2015 年分别出台《关于完善

---

* 本文系 2016 年度国家法治与法学理论研究重点课题"刑法立法方法研究"（16SFB1004）的阶段性研究成果。

** 西南政法大学教授，博士生导师。通讯地址：重庆市渝北区回兴镇宝圣大道 301 号，西南政法大学法学院，邮编：401120，电话：13206151785，邮箱：wsxfcw@ qq. com。

*** 西南政法大学博士研究生，重庆市渝北区人民检察院助理检察员。通讯地址：重庆市渝北区回兴镇宝圣大道 301 号，西南政法大学法学院，邮编：401120，电话：13648306066，邮箱：27397022@ qq. com。

① 《中共中央关于全面推进依法治国若干重大问题的决定》，人民出版社 2014 年版，第 23 页。

人民法院司法责任制的若干意见》和《关于完善人民检察院司法责任制的若干意见》(以下简称《意见》),对司法责任制的目标原则以及司法责任主体、追究责任情形、责任承担方式等予以明确,从而从制度层面对审判人员和检察人员的司法责任作了改革安排。根据《意见》,司法责任最终可能落脚于对办案主体法律责任甚至刑事责任的追究,①因此在应然层面上,其不单是一个司法制度问题,同时也牵涉实体法律问题;不仅涉及个案中司法人员应否对其渎职行为承担刑事责任的判断问题,同时也涉及立法对于司法渎职行为罪与罚的设定问题。如果说专门的司法惩戒制度乃是司法责任制中最为关键的命题,②那么司法渎职行为的刑事责任问题则无疑是司法责任制中最为敏感的命题。可以预见的是,司法责任制改革作为一项顶层设计,将对司法渎职犯罪立法产生一定的示范和引领效应,同时也有赖于刑法对改革推进发挥保障作用。因此,有必要结合改革背景,对以下问题进行客观的评析和科学的预估:(1)司法责任制改革体现了责任追究理念上的哪些重大调整和转向?(2)对照之下现行司法渎职犯罪立法存在哪些滞后和不足?(3)改革将对司法渎职犯罪立法产生哪些潜在影响?就上述问题,本文抛砖引玉试作分析。

一、印象概览:司法渎职犯罪立法的历史与现状考察

(一)司法渎职犯罪的立法静止与社会变革

欧洲法社会学的巨擘埃利希在阐释法社会学原理时曾指出:"在当代以及任何其他的时代,法的发展的重心既不在于立法,也不在于法

① 最高人民法院《意见》第37条、最高人民检察院《意见》第44条分别规定:对于经调查后认为应当追究相关人员司法责任的,按照有关法律规定分别作出人事处理、纪律处分或者移送司法机关处理。

② 参见赵信会、陈永军:《美国联邦法官纪律制裁制度及其启示》,载张卫平、齐树法主编:《司法改革论评》2016年第21辑,厦门大学出版社2016年版。

学或司法判决,而在于社会本身。"①易言之,社会环境的发展变化是法的发展——包括立法发展的原动力。

我国司法渎职犯罪最早的立法雏形见于中央人民政府法制委员会于1950年起草的《中华人民共和国刑法大纲草案》(以下简称《草案》)第86条,就当时的社会环境而言,当务之急是解决全面废除国民党时期法律后"无法可依"的困境,因此仓促立法,相关规定极不成熟。②1954年,我国首部《宪法》以及"两高"组织法正式颁布,提出了"司法体制的建设是民主的、正规严肃的",明确了人民法院独立审判等重要制度原则,相关刑事立法随之有了明显的发展。如1954年9月起草的《中华人民共和国刑法指导原则草案》(以下简称《刑法指导原则草案》)第71条首次规定了"司法人员"概念,且"处理案件"之表述明确了司法的办案属性,可谓一大突破;③1956年11月全国人民代表大会常务委员会办公厅法律室起草的《中华人民共和国刑法草案》则第一次就司法渎职犯罪作了较为明确、详备的规定,该草案规定了枉法追诉、枉法裁判、非法逮捕、刑讯逼供、私放在押人员和虐待被监管人等罪名,并以"有追诉职务的人员""有审判职务的人员""有逮捕、拘留人犯职务的人员"等作为主体要件,④明确了根据结果和目的可以加重刑罚

---

① [奥]欧根·埃利希:《法社会学原理》,舒国滢译,中国大百科全书出版社2009年版,作者序。

② 《草案》第86条:"国家工作人员,利用职权地位,非法逮捕、拘禁、处罚或拷打、虐待、侮辱他人的,处四年以下监禁。犯前项之罪因而致人死或者重伤者,处五年以上十年以下监禁。因而致人自杀的,处一年以上五年以下监禁。"从内容上看,相关规定显然极不成熟,不但主体宽泛,着眼点也基本停留在人身权保护层面,故还不能成为严格意义上的司法渎职犯罪。本节所引用各刑法草案条文规定均参见高铭暄、赵秉志主编:《新中国刑法立法文献资料总览》,中国人民公安大学出版社1998年版。

③ 《刑法指导原则草案》第71条:"司法人员出于陷害、报复、贪污或者其他个人目的,故意颠倒黑白处理案件的,判处五年以下有期徒刑或者劳役;因而造成严重后果的,判处五年以上有期徒刑。"

④ 如《刑法草案》第182条:"有追诉职务的人员,对明知是无罪的人而使他受追诉或者对明知是有罪的人而不使他受追诉的,处五年以下有期徒刑。"第183条规定:"有审判职务的人员,故意作枉法裁判的,处一年以上七年以下有期徒刑。"

或从重处罚的条款，不但罪名体系完备，条文的明确性和科学性亦明显进步。但是，1957 年的"反右"以及 1958 年至 1962 年的"大跃进"运动，使司法机关和司法职能被大幅削弱、一些重要的司法原则被批判和否定，司法渎职犯罪的刑事立法随之呈现限缩趋势，罪名仅存徇私枉法、刑讯逼供和私放罪犯。随后十数年国家法制进一步遭受破坏，司法荒废、立法停滞，直到 1978 年 12 月起草的《中华人民共和国刑法草案》（以下简称《刑法草案》），才重新增加了虐待被监管人罪，使罪名体系定格为四个。四罪名体系为我国 1979 年的首部刑法典所吸纳，后随着改革开放带来的社会环境变化，法律关系、犯罪形态不断丰富，至 1997 年《刑法》修订时，对司法工作人员渎职犯罪进行了丰富，从而形成了现行刑法规范体系。

表 1 "司法工作人员渎职犯罪"罪名体系的立法演变①

规范名称	具体罪名	罪名数量
1954 年草案	枉法裁判、非法逮捕、私放罪犯	3
1956 年草案	枉法追诉、枉法裁判、非法逮捕、刑讯逼供、私放在押人员、虐待被监管人	6
1962 年草案	徇私枉法、刑讯逼供、私放罪犯	3
1979 年《刑法》	徇私枉法、刑讯逼供、私放罪犯、虐待被监管人	4
1997 年《刑法》	徇私枉法、民事、行政枉法裁判、刑讯逼供、暴力取证、私放罪犯、失职致使在押人员脱逃、徇私舞弊减刑、假释、暂予监外执行、虐待被监管人	8
2002 年《刑法修正案（四）》	增设执行判决、裁定失职罪和执行判决、裁定滥用职权罪	10

① 在司法责任制改革语境中，"司法"专指有案件裁量权的主体将相关法律适用于具体案件的专门化活动，因此就本文的研究重点而言，主要针对徇私枉法罪等裁判、起诉环节的渎职犯罪，但从文本分析的角度，由于我国刑法典和多个刑法草案中均明确了"司法人员"或"司法工作人员"的概念，故在此对《刑法》第四章、第九章中以"司法工作人员"为主体要件的十种纯正身份犯整体纳入考察，以便于全面分析立法规定和规律。

不难看出,不同社会历史时期,司法权及司法活动在国家政治生活中的地位变化对司法渎职犯罪立法发挥着持续的影响,并体现于相关罪名数量的消长之中。但自 1997 年《刑法》实施后,我国司法渎职犯罪立法便进入“休眠期”,先后九次刑法修订将立法资源持续向经济犯罪以及暴恐犯罪、网络犯罪等新兴领域倾斜,我们在肯定刑事立法积极回应社会发展的同时,却又不得不将视线转至司法渎职犯罪领域,因为在相关立法走向静态化的过程中,社会生活的面貌却在以下几个方面发生深刻变革:

其一,在宏观的国家治理层面,改革重心由传统经济领域逐步转向政治领域,权力监督和惩治腐败的法治实践不断深入,尤其是在《刑法修正案(九)》对贪贿类犯罪已有立法回应的背景下,渎职犯罪作为贪贿犯罪的“孪生兄弟”,引起立法重视已数题中之意。另外,十八届四中全会“决定”首次从中央决策层面提出“确保依法独立公正行使审判权和检察权”“推进严格司法”“实行办案质量终身负责”“错案责任倒查问责”等命题,因此,基于现实和改革两个方面的需求,司法渎职犯罪的立法完善在渎职罪立法中又具有紧迫性和必要性。

其二,在司法权运行层面,我国自 20 世纪 90 年代以来已经推进多轮司法改革,[①]在此基础上的新一轮司法体制改革尤其是司法责任制改革以“落实办案人员主体责任”为导向,有望扭转长期以来的“审者不判、判者不审”“地方和部门保护主义”“领导违规干预案件”等积弊,从而破除对司法人员追责的现实障碍。[②] 在相关障碍被扫清、追责基础得以确立之后,接下来依法追责、依“善法”而追责就跟进成为落实司法责任的内在需求,而涉及司法人员实体权利的司法渎职刑事立法则有必要走出“宣誓性立法”“象征性立法”的窠臼,成为真正引导责任

① 1997 年 9 月,中共十五大提出“推进司法改革,从制度上保证司法机关依法独立公正地行使审判权和检察权”以来,司法改革拉开序幕,成为司法机关每年向人大报告工作的重要内容。此后的党的十六大、十七大也都提出了相应的改革要求。参见曹全来:《历史、理论与实践:中国国情与司法改革》,人民法院出版社 2011 年版,第 42 页。

② 参见汤维建:《人民法院司法责任制的构建与完善》,载《人民法院报》2015 年 10 月 21 日,第 5 版。

落地的现实指南。

其三,在社会认知层面,司法的人权保障功能被唤醒,民众对司法的认识和期待不断深化,司法需求比较旺盛,已经进入“诉讼社会”。[①]伴随一批冤假错案被揭露,“司法公正”“错案追责”等成为社会敏感词汇。立法从来不是一成不变的,在司法权本身及其运行土壤发生深刻变化的当下,司法渎职犯罪立法如一潭静水般波澜不惊的现状或许与社会现实渐生裂隙,因应社会变革而主动回应调整也成为立法应有之义。

(二)司法渎职犯罪的立法扩张与司法衰微

梳理中华人民共和国成立以来的立法文件可以发现,我国司法渎职犯罪立法经历了从笼统到规范、从粗疏到细化的演变。[②] 在总体趋势上,罪名不断扩张、刑罚趋于严厉,具体而言:一是犯罪主体宽泛,将行使侦查、检察、审判、监管等职责的主体均予以囊括;二是司法程序和诉讼环节全覆盖,如针对侦查取证环节设置了刑讯逼供、暴力取证等罪名,针对刑事追诉和审判环节规定了徇私枉法、民事、行政枉法裁判等罪名,针对监管环节规定了私放在押人员等罪名,《刑法修正案(四)》又进一步针对执行环节增设了两个罪名,从而基本实现了对诉讼过程的全覆盖;三是犯罪主观方面兼顾故意与过失,刑法以惩罚故意为原则,但鉴于渎职犯罪通常具备较为严重的危害,多数国家都有惩罚过失犯的规定,[③]1997 年《刑法》以前,我国均未专门就司法渎职规定过失犯罪,后逐渐增设了过失致使在押人员脱逃罪和执行判决、裁定失职罪;四是在法定刑上,立法从 1979 年《刑法》开始走向严厉,徇私枉法

① 曹全来:《历史、理论与实践:中国国情与司法改革》,人民法院出版社 2011 年版,第 305 页。

② 刘志高:《司法工作人员渎职犯罪基本问题研究》,上海社会科学院出版社 2008 年版,第 35 页。

③ 如《德国刑法典》第 345 条规定有“对无罪人执行刑罚罪”;《奥地利刑法典》第 312 条规定有“折磨或忽视人犯罪”等。

等多数罪名设置有十年以上的刑罚。

表 2 枉法裁判罪的法定刑变化

	罪名	法定刑
1954 草案	枉法裁判	五年以下有期徒刑或者劳役;造成严重后果的,五年以上有期徒刑
1956 草案	枉法追诉	五年以下有期徒刑
	枉法裁判	一年以上七年以下有期徒刑
1962 草案	徇私枉法	七年以下有期徒刑
1979 刑法	徇私枉法	五年以下有期徒刑;情节严重的,五年以上有期徒刑
1997 刑法	徇私枉法	五年以下有期徒刑或者拘役;情节严重的,五年以上十年以下有期徒刑;情节特别严重的,十年以上有期徒刑
	民事、行政枉法裁判	情节严重的,五年以下有期徒刑或者拘役;情节特别严重的,五年以上十年以下有期徒刑

主体身份、行为场合、责任形态上的"全覆盖"理应有效指引刑事司法实践,使刑法成为规制司法渎职行为的利器,然而对实践效果稍加考察,不难发现另一番景象:一方面,相关犯罪的查处率和罪名的适用率低、"犯罪黑数"大;①另一方面,犯罪处罚过于宽缓,宣告刑与法定刑反差过大,引发社会舆论非议。

例如,有研究者曾对 1997 年至 2014 年年底 37 起得到平反的冤假错案样本进行分析,其中侦查机关存在刑讯逼供的 34 起,所占比例

① 有学者从个案分析入手,将徇私枉法罪的特点归纳为六个方面:一是犯罪多、查处少,犯罪黑数巨大;二是枉法与行贿形成钱权交易,常常交织一起;三是枉法形式呈现多样化;四是审判委员会带头枉法;五是上下级司法机关、不同司法机关连环枉法成为主流;六是消极枉法和积极枉法常常集于一身。参见侯国云:《当前徇私枉法案件的特点、原因与对策——从一个典型案例谈起》,载李希慧、刘宪权主编:《中国刑法学年会论文集(第二卷):实务问题研究》(上册),中国人民大学出版社 2005 年版,第 207 ~ 210 页。

92%。[①] 但落实到责任追究层面,据同一时期新闻报道,只有寥寥数起启动追责程序,真正以刑讯逼供追究刑事责任的仅有"赵作海案"一起。[②] 被认为追责较为彻底的"呼格案",虽有20余名公检法人员被给予记过、警告等处分,但真正移送司法程序的只有1人,且是因涉嫌其他职务犯罪。[③] 在刑罚层面,立法上颇为严厉的规定在实践操作中同样遭遇"窘境",笔者从中国裁判文书网上随机检索出近年判决的8起审判人员渎职犯罪案件,其中判决无罪2人、免予刑事处罚3人、缓刑2人,判处实刑的仅有北京市西城区法院判决的刘某滥用职权案一例。[④] 另根据不同媒体的报道和研究者的统计,结论基本一致,如某地级市检察院自2008年1月至2014年6月,共立案查处司法工作人员职务犯罪案件73件92人,其中不起诉的38人,占立案总人数的41%;被判有罪的52人中34人被判缓刑或免于刑事处罚,占判决总人数的65.4%;其中贪污贿赂类案件被判缓刑13人,占缓刑、免刑判决总人数的38.2%,渎职侵权类案件被判处缓刑或免予刑事处罚21人,占61.8%。[⑤]

渎职侵权犯罪查办数量少、司法适用率低且量刑严重失衡、法律控制陷于低效甚至无效的尴尬境地,这种现象被有学者称为"渎职侵权犯罪的司法衰微"。[⑥] 应当说,犯罪本身的复杂性和司法环境的不理想是产生该现象的重要原因,但正如论者所言:"司法不仅没有强大的建构规则和解决社会政策问题的能力,而且在面临转型期的特殊问题的

① 参见方福建、钱文杰:《刑事错案的成因及对策——以37起典型错案为样本》,载《江苏警官学院学报》2015年第2期。

② 参见《十起冤案追责盘点:赵作海案等三起已追责》,载人民网,2014年12月18日。

③ 参见《呼格案追责结果引质疑》,载《京华时报》2016年2月2日,第13版。

④ 案号:2015西刑初字第208号。

⑤ 参见《银川晚报》,2014年6月3日,第8版。

⑥ 张光君:《渎职侵权犯罪的司法衰微及立法回应》,载《渎职侵权犯罪理论与立法完善研究》,中国犯罪学会2011年度论文集,第396页。

时候,能力非常有限。”[①]因此,渎职犯罪司法衰微的背后,首先应当检视的仍然是刑事立法。

(三)司法渎职犯罪的立法供给不足与打击越限

虽然司法渎职犯罪的罪名不断丰富,已经涵盖从侦查到执行、从民事到刑事的全领域,但是立法资源毕竟有限,细加考察不难发现,很多具体的司法渎职行为仍然缺少专门的刑法规定。例如,仅就司法属性最强的审判和刑事追诉活动而言,就可能存在“裁判和追诉环节重大失职”“违反管辖、回避等诉讼程序规定”“拒不立案”等情形,类似行为不但具有浓烈的司法职权属性,属于不折不扣的司法渎职行为,并且在司法实践中不可谓鲜见,危害不见得不大。但是,鉴于“立法不可能穷尽所有现实的可能”,因此为避免法律空白,便在各具体罪名之外,规定了滥用职权和玩忽职守两个“一般渎职罪名”。[②]

“为了应对客观现实的无限性,在某种程度上,法律当然会保持一定的模糊性与弹性,以适应迅速变化的社会。”[③]以滥用职权罪和玩忽职守罪对司法渎职行为进行刑法规制,具有一定的逻辑必然性,从立法技术层面来讲也无可厚非。但是,其负面价值不容忽视,这些负面价值包括“对刑法安定性的松动”“增加刑法‘人治’风险”“稀释刑法的保障法属性”“影响刑事立法的信用”等,[④]一言以蔽之,如果法律适用者因为种种因素(个人偏好、领导意志、舆论影响等)未能坚守刑法的谦抑价值,或者未能掌握正确的法律解释方法,就极有可能造成实践中刑

① 关仕新:《多元化纠纷解决机制:协调性理念的融入》,载《检察日报》2011年5月24日,第3版。

② 对于渎职罪有“一般渎职罪”和“特别渎职罪”的划分,前者即《刑法》397条规定的滥用职权罪和玩忽职守罪,后者则指第398条到第419条所规定的各具体渎职犯罪。参见卢海霞等:《渎职罪规范研究》,中国检察出版社2013年版,第6页。

③ 张文显:《二十世纪西方法哲学思潮研究》,法律出版社2006年版,第116页。

④ 参见刘杨东:《刑法兜底条款研究》,华东政法大学2015年刑法学博士学位论文,第47~49页。

法介入的越限。体现到司法渎职犯罪中,以下案例或可说明问题:

案例一:“王某玩忽职守案”。被告人王某系河南省某基层法院刑庭庭长,其在主审一起诈骗案时,由于工作疏忽错误采纳了程序违法的无效证据,从而判处被告人有期徒刑10年,该案于2011年经再审认定无罪,而被告人已实际服刑2085天,产生国家赔偿20余万元。随后,王某以玩忽职守罪被判处有期徒刑1年9个月。

案例二:“莫某玩忽职守案”。法官莫某在审理一起民事欠款纠纷案过程中,原告李某持借据向法院起诉,要求被告清偿债务。审理过程,被告辩称借据系在原告李某和冯某持刀胁迫之下所写,但无法提供被胁迫的证据。莫某根据已有证据宣判被告人应偿还原告李某借款1万元。宣判后,被告自杀。公安机关传唤原告李某和冯某二人,李、冯遂承认借条确系其持刀胁迫被告所写。此后,莫某以玩忽职守罪被起诉,该案经一审、抗诉、二审等程序,最后宣判无罪。

案例三:“胡某玩忽职守案”。2001年12月,河南省开封市龙亭区法院副院长胡某在审理案件时,根据开封市公安局的鉴定意见,对嫌疑人冷某决定逮捕,后经过多个鉴定部门鉴定发现涉案笔迹不是冷某所写,便释放了已经被错误羁押了81天的冷某,胡某则以玩忽职守罪被提起公诉,后被法院宣告无罪。

类似案件引发极大社会争议,在实践中,大量司法工作人员——特别是审判人员的渎职行为往往以玩忽职守等一般罪名来规制,相关罪名的适用率远胜于为司法人员“量身定制”的徇私枉法等罪名,可谓一“怪现象”。一般罪名由于缺乏特别罪名的明确指向性,因此具有更大的适用风险,无论检察机关追诉和审判机关判决的情况如何、二者是否一致,都可以肯定办案者需要面对法律不确定性所带来的各种风险,这一方面使检察机关打击司法渎职犯罪时顾虑太多、难以放开手脚,另一方面又造成了一些案件的处理往往引发司法人员的“群体性反弹”。从客观方面来讲,立法在这一问题上的粗疏和司法的激进形成了“叠加效应”,使刑法有“见缝插针”介入司法裁判领域的可能,令办案者自身成为案件结果的“利害攸关方”,从而丧失其中立、超然的诉讼地位,影响到司法的独立和权威。从本质上来看,一般罪名的大量适用意味着立法供给与司法需求的错位,折射出司法渎职犯罪立法供给的“有效性”不足的尴尬现实。

二、立法反思:司法渎职犯罪立法映射出的两难之境

司法渎职犯罪立法的演变过程和实践效果勾勒了这样一幅图景:一方面,刑法文本的静态化与社会发展、司法改革的动态化不相适应;另一方面,立法规定与司法效果形成“两张皮”,刑罚似严不严、法网似密不密,造成责任追究不严与不当相互杂糅、刑法介入不足与过度并存并生。立法效果的差强人意自然可以从立法技术层面查找原因,但笔者认为,单纯通过增设罪名、强化刑罚等并不足以解决当下司法渎职犯罪立法的实际问题。“立法是在立法理念的统摄下进行的,立法理念是立法工作的指导思想和灵魂”,①因此,相关现实反映出的立法理念上的困境和障碍,是首先需要反思的问题。

(一)立场之困:全面追责抑或相对豁免

1. 全面追责的现实意义和刑法体现

首先需要明确的是,此处从立法理念层面探讨的“全面追责”,并非指对于所有的司法渎职行为都在事实上作为犯罪行为打击,而是指立法意欲对于各种类型的司法渎职行为“宁滥勿缺”、尽量使其不游离于刑法规制范围之外的立法冲动。简言之,对于各种司法渎职行为“不是必须适用刑法,但保留适用刑法的空间和可能”。

对司法人员的渎职行为是否全面追责?这在我国传统认识中并不成为一个问题,因为基于各种历史和现实因素,我国长期以来都认同全面追责的正当性和必要性。首先,全面追责有利于彰显司法价值、宣誓维护司法公正的态度,“一次不公正的审判,其恶果甚至超过十次犯罪。因为犯罪虽无视法律——好比污染水流,而不公正的审判则毁坏

① 参见陈兴良:《立法理念论》,载《中央政法管理干部学院学报》1996年第1期。

法律——好比污染水源”，出现司法渎职行为而不严肃处理，难以体现社会公平正义。其次，全面追责有助于增强司法人员的责任意识、贯彻权责一致的原则，现实生活中因司法人员不负责任、马虎大意而造成严重后果的并不鲜见，强化追责能够促使其以临渊履薄的态度对待每一个案件、每一份证据、提高案件质量。再次，全面追责符合重典治吏等传统思想，在我国，司法渎职行为历来受到刑法重视，早在西周时期的《吕刑》就规定有追究司法官员渎职犯罪行为的“五过之疵”，[①]集中华法系之大成的唐律更是几乎涵盖所有可能发生的司法渎职行为类型，包括“出入人罪（含故意和过失两种）”“擅自断罪”“断罪不以律”等均要受刑罚。[②] 最后，全面追责也有相当广泛的民意基础，其不但符合民众对于公平正义价值的正当需求，也一定程度迎合了“仇官”等扭曲的社会心理。

我国的刑事立法在诸多方面体现出全面追责的态度立场。例如，刑法对于渎职犯罪规定有滥用职权罪和玩忽职守罪，原则上可以适用于所有司法渎职行为，只要滥权、失职到一定程度“致使公共财产、国家和人民利益遭受重大损失”，就可追究刑事责任，这与域外国家严格限制追责事由的做法有明显不同。再如，根据我国《刑法》第399条第1款的罪状表述，追诉活动中构成徇私枉法罪的情形有两种：“对明知是无罪的人而使他受追诉”“对明知是有罪的人而故意包庇不使他受追诉”，可见限于“有罪作无罪、无罪作有罪”的情况，对此亦有学者认为：“故重故轻的枉法行为囿于刑法没有明确将其规定为犯罪，不能因其社会危害性严重就纳入刑法规制的范围，而应通过立法来解决”；[③]“对于故轻故重的枉法追诉行为是否属于徇私枉法罪不能一概而论，

---

① 高绍先：《中国刑法史精要》，法律出版社2001年版，第42页。

② 彭炳金：《唐代官吏职务犯罪研究》，中国社会科学出版社2008年版，第82～83页。

③ 参见马松建：《徇私枉法罪争议问题研究》，载李希慧、刘宪权主编：《中国刑法学年会论文集（第2卷）：实务问题研究》（上册），中国人民大学出版社2005年版，第328～334页。

故重追诉的行为不能构成徇私枉法罪”。[①] 但是,司法解释则增加了故意“使罪重的人受较轻的追诉”“使罪轻的人受较重的追诉”“应当采取强制措施而不采取强制措施”等情形,[②]体现了全面追责立场。

2.相对豁免的理论基础和域外实践

司法人员的责任豁免有绝对豁免和相对豁免之分,前者指司法人员对于司法职权范围内的一切行为均不受追究,如1981年英国议会颁布的《最高法院法》规定司法行为的言语或者行为不当等均可免责,案件被改判也不影响法官业绩。[③] “在20世纪中叶以前的法律制度中,法官的豁免基本是绝对的和不可置疑的,当今则在人权保障这一价值的激励下,防止体制过分保护司法者,反而更加导致制度的脆弱,从而对豁免权进行了限制,形成了法官豁免的有限性。”[④]所以,相对豁免是当今司法责任豁免的主要存在形式。

对于豁免权的理论基础学者有诸多研究,如有论者认为法官豁免权的正当性基础可以归为新宪政理论和有限性理论;[⑤]有论者从制度背景出发,将确立豁免制度的根据归结为政治上权力制衡的需求、法律上救济程序的完善和司法人员认识能力的有限性等。[⑥] 虽各自有所侧重,但均普遍承认豁免权最重要的存在基础之一即在于确保法官依据内心确信作出裁判而不必担心自身利益与案件结果发生瓜葛,以此确保司法独立和公正价值的实现。

值得注意的是,对于司法责任豁免的内涵理解学界有较大争议,大抵可以划分为程序和实体两个解释路径。从程序豁免的角度理解,主

---

① 参见何承斌:《徇私枉法罪行为构造研析》,载李希慧、刘宪权主编:《中国刑法学年会论文集(第2卷):实务问题研究》(上册),中国人民大学出版社2005年版,第355~360页。

② 参见2006年《最高人民检察院关于渎职侵权犯罪立案标准的规定》。

③ 王利明:《司法改革研究》,法律出版社2001年版,第36~54页。

④ 敦宁:《法官豁免权的存在空间及其限度——基于两大法系的比较视角》,载《山东师范大学学报》(人文社会科学版)2013年第6期。

⑤ 同上。

⑥ 参见谭世贵、孙玲:《法官责任豁免制度研究》,载《政法论丛》2009年第5期。

要指司法人员在丧失司法主体身份之前具有不被交付刑事审判的特权。如朱孝清副检察长撰文指出:"至于刑事责任,英美国家只是暂时的纯粹程序上的豁免,在法官职务被弹劾后仍应予以追究;大陆法系国家则一般不予豁免。"①此即主要从程序角度理解豁免权。而从实体的角度,可以将豁免理解为"立法对追责事由的限制",即一些行为虽然也属于司法渎职行为,或者客观上造成了司法不公的后果,但出于司法惩戒与保障的平衡,并不将其纳入追责尤其是追究刑事责任的范围,对此大多数国家都予以认可,只是程度有所区别。如美国联邦法律规定法官受弹劾只限于叛国罪、贿赂罪或其他严重犯罪,也即普通的失职渎职行为并不受到弹劾,自然也就不可能被追究刑事责任;法国刑法针对法官的特殊违规,出现严重职业犯法,如腐败、执行公务的人员违法等可以拒绝裁判;②德国、俄罗斯等国家的刑法典则对于审判和追诉环节的司法渎职行为只规定有故意犯罪类型(对执行等环节规定有过失犯罪),如《德国刑法》第 399 条规定的枉法罪、第 344 条规定的对无罪的人追诉罪、俄罗斯刑法规定的故意作出不公正判决、裁判罪等;③《意大利刑法》中虽规定有滥用职权罪,且理论上也可适用于司法人员,但明确列举了三种罪状,从而相对明确不致引发适用混乱。④

(二)定位之难:平行补充抑或交叉混同

1. 域外国家刑事追究与司法惩戒的平行补充关系

在近现代西方国家,渎职行为的规制主要通过专门的司法惩戒而

① 参见朱孝清:《错案责任追究与豁免》,载《中国法学》2016 年第 2 期。

② 参见怀效锋主编:《司法惩戒与保障》,法律出版社 2006 年版,第 129 页。

③ 刘志高:《司法工作人员渎职犯罪基本问题研究》,上海社会科学院出版社 2008 年版,第 47 页。

④ 三种情形包括:(1)不实行回避的;(2)有意为自己或其他人获取不正当的财产利益的;(3)对他人造成非法损害的。参见刘海渤:《中意两国渎职罪刑事立法的比较研究》,载《中国刑事法杂志》2011 年第 10 期。

非追究刑法责任来实现,[①]刑法与司法渎职行为保持一种"若即若离"的状态。总体来看,刑事责任与司法责任、或者刑事处罚与司法惩戒的关系面貌较为复杂,但仍有一定规律可循:

一是司法惩戒自成体系,为实现限制司法权和保障司法权的微妙平衡发挥着首要作用,而无需过多借助刑法的力量。如在惩戒措施的内容上,各国根据法官违法违纪行为情节的轻重,主要设置有训斥、谴责与警告,降职降薪,剥夺法官职位和弹劾等;在惩戒程序方面,以最为严厉的弹劾程序为例,往往以类似于诉讼的方式进行,包括"参众两院分别诉审弹劾(美国)""国会混合诉审弹劾(日本)""国会与宪法法院共同弹劾(德国)"等模式,[②]其他惩戒方式也都要求遵循正当程序原则迅速、公平地处理。完善的实体和程序设计保证了惩戒制度的有效性和生命力,司法人员单纯因职务行为被刑事追究的凤毛麟角。

二是在追责要件和事由上,刑事立法与惩戒制度各自设计、各有侧重,但前者范围较后者大幅限缩。如在惩戒方面,德国、法国实行的是不当行为与错误判决的二元论作为法官惩戒事由,"不当行为"包括各种会使公众对司法的信心造成损害的行为,"错误判决"则既包括故意、又包括重大过失导致的错判,[③]但需要承担刑事责任的刑法只规定有枉法罪、对无罪人的追诉罪等几类严重的故意犯罪。

三是责任的承担方式上,惩戒制度主要围绕司法人员的职业身份和职业待遇设计,从而与刑罚拉开距离。如强行调动职位、停止部分职务等属于"限制司法职务"的惩戒,强制退休、罢免、弹劾等属于"剥夺司法职位"的惩戒,此外还有罚款、减薪等惩戒措施。需要指出的是,惩戒一般针对已经取得之职业身份和待遇,而刑罚则不限于此,如法国刑法典对于拒绝作出裁判罪规定了"7500欧元罚金并且在五年至二十

① 参见熊秋红:《法官责任制的改革走向》,载《人民法院报》2015年7月22日。

② 参见最高人民法院司法改革领导小组办公室编著:《〈最高人民法院关于完善人民法院司法责任制的若干意见〉读本》,人民法院出版社2015年版,第271~272页。

③ 参见蒋银华:《法官惩戒制度的司法评价》,载《政治与法律》2015年第3期。

年内禁止担任公职"的法定刑,①显得更为严厉。

四是在相互衔接上,惩戒一般具有程序上的优先性,刑法属于靠后位置,当然,对渎职行为的刑法评价也能够对具体适用何种惩戒措施产生影响。典型的如美国,联邦法官在被弹劾之前可以免于刑事追究,经过弹劾程序后如果被认定为有罪,则将被免职,并在被免职后交由联邦最高法院进行刑事审判。

综上所述,域外国家的司法渎职犯罪立法与司法惩戒制度并行不悖、泾渭分明,但相比之下惩戒制度处于优位,刑法的作用空间受到挤压,这强化了司法人员的履职保障,也促使刑法的谦抑价值得到最大限度的彰显。

2. 我国刑事法律责任与其他司法责任形式的交叉混同

长期以来,我国并未建立起统一、规范、科学的司法责任体系,不存在像西方国家那样较为完备的司法惩戒制度,因此,刑事责任在司法责任体系中的定位问题也未引起重视,司法渎职行为治理的"刑法依赖"较为明显,司法渎职行为的刑事责任与人事处理、纪律处分等其他责任在追责事由、责任后果等方面大多体现出一定的交叉重合。

首先,在"违法性要件"上,刑事责任与纪律责任各自针对哪些渎职行为类型?虽然刑法和其他责任制规定各有侧重,但相互之间开有"口子",采取一种"模糊化"的处理。具体而言,在刑法层面,如上文所述只要是司法渎职行为造成严重后果的,无论具体的行为方式和事由,都存在以一般渎职罪名追究刑事责任的可能。同时,各种责任制规定也将刑法"融会贯通"于其中,例如,1998 年最高法颁布的《人民法院审判人员违法审判责任追究办法(试行)》第 32 条第 3 款规定"有犯罪嫌疑的,移送有关司法部门处理";2009 年的《人民法院工作人员处分条例》第 5 条规定"人民法院工作人员违纪违法涉嫌犯罪的,应当移送司法机关处理";1998 年的《人民检察院错案责任追究条例(试行)》、2007 年的《检察人员执法过错追究条例》也都有类似规定。"涉嫌犯罪

① 刘志高:《司法工作人员渎职犯罪基本问题研究》,上海社会科学院出版社 2008 年版,第 58 页。

依法移交司法机关处理”的表述旨在提供刑法的介入依据,明示一种层次递进的责任关系,因此有其合理性,但问题在于,这种方式放弃了从责任制层面限制刑法不当扩张的努力,从而将保持刑法谦抑的任务完全交付刑事立法本身,有舍本逐末之嫌。

其次,在“有责性要件”上,刑事责任的主观方面是故意和过失,而司法人员承担纪律责任的主观要件也主要是故意和过失,①并且2015年“两高”《意见》将应当承担司法责任的情形归纳为“故意或者重大过失”,从而造成了司法责任在主观要件上甚至要严于刑事责任的印象(因为前者的起点是“重大过失”、后者的起点是“过失”)。对此,有学者撰文指出“错案责任中‘重大过失’的理解和把握应当从严而绝不能宽泛”“主观上的‘重大过失’……仅是错案责任的起点,对达到起点的,一般应先考虑追究纪律责任,而绝不能因为他是‘玩忽职守’‘重大过失’就认为符合犯罪的构成要件,从而直接追究刑事责任。”②笔者认为,强调司法责任限于“重大过失”而排除一般过失,体现了司法履职保障的要求,是一大进步,但在司法责任内部,刑事责任还需进一步体现与纪律责任等其他责任形式在主观要件上的程度差别。

再次,在“责任后果”上,刑罚与其他制裁措施在功能定位上也存在交叉混同的“蛛丝马迹”。例如,司法渎职犯罪作为特定主体的犯罪,司法人员的主体身份和职务要素在犯罪过程中起到至关重要之作用,然而立法上所有司法渎职犯罪均以自由刑作为唯一刑种。立法对资格刑“留白”暗含的逻辑在于:当司法人员因犯罪被判处刑罚后,其从事公职的资格自然会依相关规定而丧失,并且也再无担任相关职务之可能,此时若资格刑难免显得多余而无必要。然而,同样是公职被剥夺,刑事实体法上的宣告和纪律层面的处分意义大相径庭,不但责任内涵和法律后果不尽一致,从一般预防以及刑罚的合目的性考量也有所区别,将刑法后果与纪律处分后果相互混同忽视了刑罚的独立价值。

---

① 如2009年的《人民法院工作人员处分条例》设有专节对失职行为的纪律责任进行了明确。

② 参见朱孝清:《试论错案责任》,载《人民检察》2015年第16期。

最后，在追责程序上，还存在刑事追究程序“前置化”的问题，即不需要由专门机构（如监察部门、惩戒委员会）对司法人员应否承担司法责任先行确认，也不必由人民代表大会免除司法人员的法律职务，便可直接启动刑事追诉。

对于司法渎职刑事责任与其他责任的这样一种交叉混同关系，笔者认为应当理性看待：其一方面有相应的客观存在基础，在司法渎职行为高发、司法责任制不健全的情况下，强化刑法的存在有利于增强对违法犯罪行为的威慑力，同时提升渎职行为的违法代价，避免处罚过轻、追责不严的问题，进而有助于解决司法不公的燃眉之急。但另一方面，将追责与追刑责“统一”起来，也有违刑法的谦抑，削弱了刑法的正当性，不利于司法人员的履职保障。为此，“未来的司法改革必须明确责任的边界，建立科学的法官惩戒制度”，[①]在此基础上妥善安排刑事责任在司法责任体系中的功能和定位，使“清晰的责任体系和严格的追责机制，如悬于头顶的‘达摩克利斯之剑’，形成有效倒逼，促使司法人员心怀对法纪的敬畏，以严谨认真的态度办理每一起案件”。[②]

（三）取向之争：结果避免抑或行为规制

1. 结果责任模式与行为责任模式

有学者将司法责任制度归结为三种模式：（1）结果责任模式，即在案件出现错误的情况下对存在过错司法人员追责；（2）程序责任模式，即在办案过程中存在程序违法并造成严重后果的情况下追责；（3）职业伦理责任模式，即因违反职业伦理规范而承担责任的模式。[③] 就上述三种责任模式而言，职业伦理责任一般不涉及刑事评价，且被“两

---

① 参见徐昕、黄艳好、王小棠：《中国司法改革年度报告 2014》，载《政法论坛》2015年第3期。

② 郑青、谢振中：《检察机关完善司法责任制需要重点把握的几个问题》，载中国检察学研究会检察基础理论专业委员会编：《司法体制改革中司法责任制的发展与完善》，中国检察出版社 2016 年版，第 17 页。

③ 参见陈瑞华：《法官责任制度的三种模式》，载《法学研究》2015 年第 4 期。

高”的司法责任制《意见》明确排除在外,[①]因此,在此主要探讨结果责任与行为责任的问题。

司法责任制语境下的结果责任主要是指“错案责任”,1992 年最高人民法院首次提出“错案责任追究制”,此后围绕“错案”概念一直存在较大争议。学界的主流观点认为错案概念是不科学的,因此也不应当追究所谓的错案责任。如熊秋红教授认为,如果仅以错误判决追究责任,将会导致法官为了避免被追责而转移裁判责任,从而消解改革者为改变司法行政化所做的一切努力;[②]王晨光教授认为,错案是个政治用语,应该使用违法违规违纪审判的说法;龙宗智教授认为,错案与错案责任要分离,错案不一定要追究责任,但是有过错要追究责任。[③] 也有学者认为,“错案是客观存在的,衡量判决是否是错案具有一定的标准。”[④]笔者认为,不同观点之间并不存在根本的对立,反对错案和错案责任的观点,大多是主张错案标准难以明确、案件结果不能以简单的“对错”来衡量,进而反对单纯以错案结果作为追责要件;而赞同错案责任的观点,也基本都强调将错案结果作为追责要件之一,与主观要件结合起来考虑行为人的责任问题,故实则几乎所有学者均反对纯粹的结果责任。

但是,在是否将行为责任作为唯一的司法责任事由这一点上,理论界还是有较大争议的,域外国家也形成了两种截然不同的做法:英美国家在追责时根本不考虑法官判决的对错,而以是否存在不当行为作为追责的唯一标准,大陆法系国家则实行二元标准,将错误判决作为追责

---

① “两高”《意见》集中针对故意违法办案和重大过失导致错案等情况,而将办案瑕疵归入业绩考评的范围、将违反职业道德准则和纪律规定的行为归入纪检监察的范围。参见最高人民检察院司法体制改革领导小组办公室编:《人民检察院司法责任制学习资料》,中国检察出版社 2015 年版,第 81 页;最高人民法院司法改革领导小组办公室编著:《〈最高人民法院关于完善人民法院司法责任制的若干意见〉读本》,人民法院出版社 2015 年版,第 24 页。

② 参见熊秋红:《法官责任制的改革走向》,载《人民法院报》2015 年 7 月 22 日。

③ 最高人民法院司法改革领导小组办公室编著:《〈最高人民法院关于完善人民法院司法责任制的若干意见〉读本》,人民法院出版社 2015 年版,第 225 页。

④ 参见朱崇坤:《重视司法责任追究中的错案问题》,载《人民法治》2016 年第 6 期。

的一个条件,统筹考察不当行为和错案结果两方面因素。① 我国的司法责任制改革基本按照大陆法系国家的模式,确定了"违法办案责任""过失错案责任""监督管理过失责任"三种类型,其中,违法办案责任可以理解为单纯的行为责任,只要有故意违反法律法规的行为即应追责;过失错案责任针对"因重大过失导致案件处理错误并造成严重后果"的情形,属于"行为+结果"责任。

刑事实体法领域的"不法行为""危害结果"虽然与司法责任中的"不当行为""错案结果"不是同等概念,但二者仍有着密切的关联。概言之,结果责任模式和行为责任模式体现出对司法渎职行追究责任的不同取向,这种差别决定了刑事实体立法关注的侧重点也会有所不同,其对应关系可简单概括如图1:

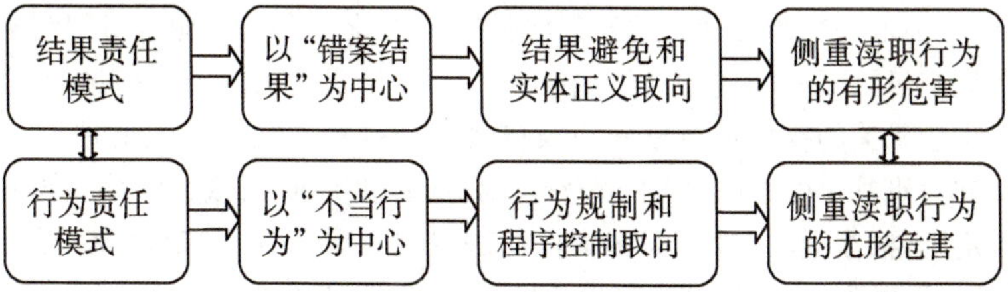

图1　两种责任模式的差异

综上,在结果责任模式下,决定司法人员责任轻重的主要是渎职行为所造成的具体后果,包括"错案"本身以及由于错案所进一步导致的人身、财产等物质利益损失;在行为责任模式下,决定司法人员责任轻重的主要是渎职行为的严重程度,侧重于行为本身给司法权的运行秩序以及司法信赖利益所造成的损失。②

① 参见朱孝清:《错案责任追究是致错的故意或重大过失行为——再论错案责任》,载《人民检察》2015年第21期。

② 一般认为,渎职行为的危害体现为无形危害和有形危害两个方面,前者指侵犯了公权力的合法、公正、有效执行以及国民对此的信赖,后者指渎职行为造成的具体的人身、财产等物质利益损失。参见魏颖华:《渎职罪定罪事实暨证据研究》,中国人民公安大学出版社2011年版,第58页。

2. 我国刑事立法的结果主义倾向

对于刑事责任而言，不存在完全的结果责任，也不存在完全的行为责任，必须同时考虑行为和结果，但明确何者处于主导地位，罪与罚究竟主要围绕渎职行为本身还是人身、财产损失等具体结果来设定，能够一定程度反映立法的取向。

总体而言，我国刑法"重结果避免轻行为规制""重有形危害轻无形危害"的倾向较为明显。如在罪名归类问题上，同样是以"司法工作人员"作为必要犯罪主体要件，同样产生于司法活动之中，刑讯逼供、暴力取证、虐待被监管人三个罪名被设置在侵犯公民人身权利、民主权利罪一章。显然，第九章的渎职罪在犯罪客体上完全能够涵盖人身、财产以及公共利益等内容，纳入渎职罪体系中能够更加全面评价刑讯逼供、暴力取证行为的社会危害，分则将相关罪名划归为侵犯人身权利犯罪概基于以下考虑：相关行为主要是侵犯了当事者的人身权利，相比之下司法机关的权力运行秩序以及国民的信赖利益则处于次要地位。[①] 又如，《刑法》第399条第1款对徇私枉法罪和民事、行政枉法裁判罪的法定刑：根据刑法规定，刑事案件枉法裁判不需达到"情节严重"即可够罪，而民事、行政案件则要求"情节严重"；刑事案件枉法裁判最高刑期可达十年以上，而民事、行政案件最高为五至十年，这当中无疑也体现着对司法渎职犯罪立法"重结果、轻行为""重有形、轻无形"的逻辑，亦即认为刑事案件由于关乎当事人人身、自由权利，因此对其中渎职行为的处罚应当比民事、行政案件中的渎职行为更重。对此笔者认为，以案件类型为区分，对刑事案件和民事、行政案件的司法渎职行为分别设置不同入罪标准和刑罚标准的做法，其正当性、合理性值得反思：其一，案件类型的不同并不必然带来危害结果的差别，无论刑事案件还是民事、行政案件，均可能造成人身或者财产等利益的损失，对其完全可以

---

① 笔者认为，这种考虑有一定合理性，但随着司法人权保障理念的强化，刑讯逼供等行为的"无形危害"逐渐得到重视，尤其随着刑讯逼供等造成冤假错案屡屡被媒体所揭露，引起社会震动，应当认为司法公信力所遭受损失与行为造成的当事人人身权利损害之间，可能并不存在立法者臆测的大小轻重之别。

在司法个案中评价,而无须在立法中预设前提;其二,渎职犯罪尤其是司法渎职犯罪的处罚理应更多考虑犯罪行为的无形危害,而任何案件中的渎职行为给司法权运行秩序和国民信赖利益造成的损失并无实质区别,宜一视同仁;其三,对相同主体的相同行为给予不同处罚也有悖于刑法的基本原则。

三、影响前瞻:司法改革对司法渎职犯罪立法的观念重塑

"立法的一个重要特征是指向未来,并通过制定一个新规则去改变现行状况,而这个规则将在此后被适用于那些受其权力管辖的所有或部分对象。"[①]从这个意义上讲,立法与改革的向度是统一的,都是对现有存在进行反思基础上的观念与制度革新,因此,改革透露出的理念转向应当为刑事立法所借鉴,以此进一步完善司法渎职犯罪立法,使之与司法责任制改革形成合力。

(一)严格责任理念的坚持与转向

笔者认为,在建立和完善司法责任制的浪潮之下,严格追究司法渎职行为的责任包括刑事责任,乃是改革题中之意,主张大幅削弱甚至消除刑法作用的观念于当下中国并不可取。首先,从司法责任制体系的完整性来看,最高人民检察院(以下简称高检)《意见》第44条、最高人民法院(以下简称高法)《意见》第37条均分别规定,对于经调查后认为应当追究相关人员司法责任的,按照有关法律规定分别作出人事处理、纪律处分或者移送司法机关处理,追究刑事责任既然是司法责任的重要内容之一,就理所应当正视刑法的作用和影响;其次,刑事立法对于严格司法责任具有重要的保障作用,司法渎职行为不仅侵犯当事人

① [美]E.博登海默:《法理学——法律哲学与法律方法》,邓正来译,中国政法大学出版社2004年版,第432页。

的合法权益,而且损害司法公信力、损害法律的尊严和权威、损害国民对公平正义的信心,[①]这种巨大的负面影响,在一起起冤假错案中一再得以凸显,刑事责任作为最严厉的责任形式,可以说是对司法渎职行为所造成的严重社会危害的正面回应,亦是保障司法责任制度得以充分落实的重要途径;再次,从我国当下的社会现实来看,对司法渎职行为的惩治不是太强而是太弱,刑法具有宣誓意义和导向作用,如果没有刑事立法的跟进和强化,恐将为社会传递错误信号、引发思想观念的混乱;最后,在司法改革纵深推进的背景下,国民对于司法公平公正的期待更高、追究司法责任的外部阻力消减、司法渎职的行为方式、危害形式、责任划分等在司法制度层面逐渐明晰,对从严追责提供了有利的外部环境。

综上,严格责任理念无疑应当坚持,其体现了司法责任制改革的精神,但在理念内涵的把握上,有必要注意两个方面:

1."罪"的层面:从严格追究到严格追究与严格认定相结合

严格司法责任包括"严格认定"和"严格追究"两个维度,其中严格认定是前提和基础,严格追究应建立在严格认定的基础之上。严格认定司法责任包括刑事责任,不仅是个案裁判者的任务,更是刑事立法需要重点关注的问题,因为立法对于犯罪圈的合理划定、对于犯罪构成要件的明确勾勒,均是立法者的"认定"活动,并且要发挥比个案判断大得多的影响。因此,应从以下几个方面体现"严格司法责任"的要求:首先,立法对司法渎职犯罪罪名体系的设计应力求精准和完善,从而减少对滥用职权、玩忽职守等一般罪名的依赖,并尽可能在立法上实现二者的剥离。有学者主张可以针对裁判、追诉等活动中的严重失职行为以及常见多发的司法渎职行为增设专门的罪名,如"追诉、裁判失职罪""拒不立案罪"等,[②]对此笔者认为,出于强化司法权保障等方面的考虑,针对司法裁判等行为增设过失犯罪应当特别慎重,但对于严重

① 参见朱孝清:《试论错案责任》,载《人民检察》2015 年第 16 期。

② 刘志高:《司法工作人员渎职犯罪基本问题研究》,上海社会科学院出版社 2008 年版,第 356～358 页。

的、多发性的、社会反映强烈的故意渎职行为，可以进一步严密法网，使刑事责任追究事由和标准尽量固定化、明确化。其次，立法对于司法渎职犯罪的构成要件设置应更加科学合理、易于把握，罪状表述更加明确、内涵更加确定。例如有论者认为，徇私枉法罪中的“徇私”“徇情”等要件既无必要、也不可行，国外也基本没有相似规定，应当删除，以突出“枉法性”这一本质特征。① 另有论者指出，将枉法追诉、枉法不追诉与枉法裁判规定在一个条文和罪名中不科学，“故重故轻”的追诉行为排除在立法规定之外属于重大遗漏，应当分别设立滥用追诉职权罪和枉法裁判罪。② 虽然学者提出的立法完善方案不尽一致，有进一步讨论的空间，但致力于刑法规范的确定性与严谨性无疑是应当提倡的。

2. “罚”的层面：从刑罚的严厉性到不可避免性

严格责任在刑罚理念上的转向在于从法定刑的“严厉”到刑罚适用的“严格”。“刑罚的威慑力不在于其严厉性，而在于其不可避免性”，如上文所述，法定刑的严苛并不能当然转化为刑罚的现实效果，使犯罪行为有罪必罚、罚当其罪才是最重要的刑罚命题，立法对司法渎职行为设置刑罚不能一味从重。同时，刑罚的严格并不一定要依赖于自由刑体现。综观国外刑法中所规定的渎职犯罪，大多都适用了罚金刑和资格刑，特别是对于利用职务之便进行的贪利型渎职犯罪，都规定了经济性的罚金刑；对于滥用职权的行政性的渎职犯罪，对规定了资格刑。③ 奉行司法责任豁免原则的国家，司法人员通常并不因其职务行为受追诉并被科处自由刑，而是通过专门的弹劾和司法惩戒兑现司法

① 参见侯国云：《当前徇私枉法案件的特点、原因与对策——从一个典型案例谈起》，载李希慧、刘宪权主编：《中国刑法学年会论文集（第2卷）：实务问题研究》（上册），中国人民大学出版社2005年出版，第215～218页。

② 参见赵丙贵：《徇私枉法罪的立法缺陷与重新整合》，载李希慧、刘宪权主编：《中国刑法学年会论文集（第二卷）：实务问题研究》（上册），中国人民大学出版社2005年出版，第335～340页。

③ 张俊霞、郝守财主编：《渎职罪的理论与司法适用》，中国检察出版社2002年版，第58页。

责任,①相关制裁措施虽围绕“职务身份”展开,但其同样被认为是“严格”的。当然,在我国由于法官、检察官职业身份和职业待遇并不像西方国家尤其是英美国家那样显赫和优厚,因此尚不具备围绕职业身份和待遇设置惩戒制度的客观条件,但从刑罚的效果和合目的性出发,应当考虑增设资格刑和财产刑,从而使刑罚与其他惩戒措施既各有侧重,又互相补充,更好发挥效果。

(二)审慎追责原则的确立与外化

强调对司法渎职行为审慎追责的理论依据大抵可分为两个层面,一是从司法活动规律出发,强调对司法权独立运行的保障;二是从刑法的谦抑性出发,强调刑法的介入的不得已和有限性。

从司法权保障的角度来讲,首先,司法活动是高风险的专业性活动,司法权的本质是判断权,司法活动的实质是根据现有证据材料对已发生之事实的“推断”,其中既要受到认识规律和认识能力的局限,又要克服成文法的模糊性、滞后性等带来的解释和适用法律过程中的不确定性;其次,司法结果具有不唯一性,这也是多数学者反对“错案”概念的原因之一,诚然“亡者归来”“真凶再现”一类的案件是不折不扣的错案,但毕竟只是极少数极端情况,而多数情况是:案件事实、证据可作不同的分析判断,有的法律条文含义不明或学理上有多种学说,致使公、检、法对同一法律规定有时“各有各的理解,各有各的把握”;②最后,司法具有被动性、中立性的特点,司法人员没有“拒绝裁判权”,“有诉求必有裁判”是司法的常态,面对证据材料“强行”裁判,就必然带来职业风险。为此,刑法介入的标准应当明确而慎重,“见缝插针”将不利于司法权的有序运行。从刑法的“保障法”定位来看,刑事责任理应是补充性的责任形态,只有超出纪律责任或其他法律责任的评价范畴,

① 参见严仁群:《美国法官惩戒制度论要——兼析中美惩戒理念之差异》,载《法学评论》2004年第6期。

② 沈德咏:《推进以审判为中心的诉讼制度改革》,载《中国法学》2015年第3期。

才有承担刑事责任之必要。随着司法责任制改革的推进，出于建立统一、规范的追责体系的需要，刑事责任在司法责任中的地位得到明确，根据高法《意见》第37条、高检《意见》第44条：其一，刑事责任只是司法责任的承担方式之一，刑法不能全面介入司法渎职领域；其二，刑事责任是最严重的司法责任形式，因此只能针对最严重的司法渎职行为适用；其三，刑事责任建立在司法责任认定的基础上，因此对是否应负司法责任的判断应优先于是否应负刑事责任的判断。

司法责任追究尤其是刑事责任的追究理应审慎，该理念不仅应贯穿于司法，也应在立法中充分体现，并以合理形式外化于法律文本。笔者认为，可以从"入罪"与"出罪"两个维度合理构建刑事责任追究的范围，并结合刑事追责的程序控制，全面体现审慎追责的要求。

其一，从"入罪"的角度，刑法规范应当将可以追究刑事责任的司法渎职行为类型明确化、体系化，体现罪刑法定原则的要求。对此上文已有所提及，在此不赘述。

其二，从"出罪"的角度，要在贯彻司法责任豁免原则的基础上，进一步在刑事立法中体现责任豁免的精神。"实现法官豁免与法官责任的博弈正当化，是两大法系国家的共同做法。"[①]在我国，司法责任的相对豁免原则为多数学者所提倡，也体现于我国司法责任制改革文件中。例如有学者指出"在办案过程中的认识问题不应作为追究司法责任的理由，只要其根据法律和案件证据确信被追诉人有罪就是依法履职的表现，对此不应追究责任"；[②]"属于认识领域问题，不可因判断有异而加以惩罚，以免损害司法上的独立人格之培养"；[③]高检《意见》第33条规定："司法办案工作中虽有错案发生，但司法人员履行职责中尽到了必要注意义务，没有故意或者重大过失的，不承担司法责任"；高法《意

① 参见敦宁：《法官豁免权的存在空间及其限度——基于两大法系的比较视角》，载《山东师范大学学报》(人文社会科学版)2013年第6期。

② 参见卞建林、张璐：《结合实践深入研究刑诉法难点问题》，载《检察日报》2015年1月6日，第3版。

③ 参见张建伟：《法官错案责任的抚今追昔》，载《人民法院报》2014年1月24日，第5版。

见》第28条则明确“因对法律、法规、规章、司法解释具体条文的理解和认识不一致”等八种情形之一导致案件再审改判的不得作为错案进行责任追究。从司法责任与刑事责任的相互关系来看,行为不承担司法责任则当然意味着无刑事责任,但出于刑法的补充性、严厉性特点,刑事责任的豁免事由应当较其他的司法责任(如纪律责任等)更为宽泛,尤其是要进一步限缩以“重大过失”追究刑事责任的空间。笔者认为,在刑法文本中,可以借鉴司法责任制规定,探索在分则条文中设置相应的注意性规定,明确“对于裁判、追诉中的失职行为追究刑事责任应当特别慎重”。

其三,从程序的角度,以“刑事一体化”为视角,可以在刑事立法中强化对司法渎职行为责任追究的特殊程序性控制。根据西方国家的法治实践,法官责任的豁免在很大程度上是一种“程序性特权”,即通过专门机构的弹劾、审查或特殊审理程序而非普通刑事追诉程序来进行责任追究。[①] 我国虽暂不具备相应的制度基础,但随着司法惩戒委员会的建立,可规定对司法人员的刑事责任追究以司法惩戒委员会的专业化认定为基础,在惩戒委员会认定法官或检察官应当承担司法责任基础之上,方能付诸司法程序。

(三)行为中心主义的提倡和完善

以行为为中心构建司法渎职犯罪的罪名和刑罚体系,并非否定人身、财产等具体危害结果对于定罪量刑的作用,更不是以行为为定罪量刑的唯一依据。事实上,正如学者所言:渎职罪一方面侵犯了公权力的合法、公正、有效执行以及国民对此的信赖,体现为一种“无形危害”;另一方面“为了限制处罚范围,刑法条文大多将造成有形的侵害结果作为构成要件要素”;[②]“公共财产、国家和人民利益遭受重大损失是判

① 参见敦宁:《法官豁免权的存在空间及其限度——基于两大法系的比较视角》,载《山东师范大学学报》(人文社会科学版)2013年第6期。

② 张明楷:《刑法学》,法律出版社2016年版,第1240页。

断渎职行为社会危害性程度的具体标准,是区分行政违法与犯罪程度的界限"。[①] 可见,具体危害结果是定罪量刑不可或缺的条件,也往往成为实践中评判某一渎职行为是应当承担刑事责任还是其他责任的标尺。既然如此,为何要提倡行为中心的责任模式?笔者认为主要有以下原因:

第一,基于司法的程序性特点的考虑,司法具有程序性的特点,程序正义即"看得见的正义"是司法活动遵循的首要价值,其与"实体正义"一道组成了司法目标之二维,"法官行为的正当性是可以为法官判决结果的正当提供正当性的",[②]这就决定了"程序违法"与"错案结果"一样,均应属于立法防范的重点。第二,结果主义模式在实践操作中存在结果本身难以确定的问题,一份判决究竟造成多大的人身权利和经济利益损失,从不同立场上评估结论大相径庭,无论是以国家赔偿的数额还是以当事人的实际损失作为标准都不尽科学。第三,即使结果能够确定,也存在因果关系判断难的问题,"渎职罪因果关系的复杂性突出表现为多因一果",[③]司法渎职犯罪尤其如此,一份"错误"的判决,往往是侦查机关、起诉机关、一审、二审审判机关共同提供"原因力",并且夹杂承办人、部门负责人、单位领导等各方面因素,这就导致了责任分散的问题,也是实践中普遍存在"重罪轻判"的重要原因,"如果司法问责局限于结果导向思路,则审判信息不对称所造成的法官权责失衡依然难以避免"。[④] 第四,事实证明,以结果为导向其效果不尽如人意,从实践情况看,以具体危害作为标准的结果是大量的司法渎职

---

① 邓文莉:《论滥用职权罪的罪过形式》,载李希慧、刘宪权主编:《中国刑法学年会论文集(第二卷):实务问题研究》(下册),中国人民大学出版社 2005 年出版,第603 ~ 604 页。

② 孙笑侠:《法律人之治——法律职业的中国思考》,中国政法大学出版社 2005 年版,第 233 页。

③ 魏颖华:《渎职罪定罪事实暨证据研究》,中国人民公安大学出版社 2011 年版,第 199 页。

④ 参见陈杭平:《在司法独立与司法负责之间——美国州法官考评制度之考察与评析》,载《当代法学》2015 年第 5 期。

行为游离在刑法规制之外,未造成后果的鲜有以“未遂”论罪,已造成后果的因果关系又难以证明,妨碍了刑法作用的发挥。第五,司法环境的持续改善和法治理念的进步为行为责任模式提供了土壤,历史地看,我国长期以来有“重实体、轻程序”“重结果、轻过程”的观念传统,司法活动的程序正义价值被忽视,人们关注司法渎职行为的重点也往往聚焦于“错案”结果,时过境迁,这一状况已在一定程度得以改观。第六,从域外国家的经验来看,刑法关注的重点普遍在于司法渎职行为给司法秩序和公信力造成的损害,美国、英国建立了不以判决结果而以不当行为为唯一依据的法官惩戒制度,体现了对司法人员行为和执法过程的控制。第七,认为行为中心主义会导致刑法介入过度,与司法权保障背道而驰的观点不能成立,伴随司法责任制的推进,司法责任豁免制度有望为司法人员提供可靠的“防火墙”,而刑事责任的追究也必然要奉行主观责任和客观责任相统一的原则,而非有论者所认为的“采用客观效果的归责原则,只要检察官的行为造成公众对司法公信之损害即可处罚,而对其主观过错在所不问”。①

综上,相对于结果导向,以行为为中心构建司法渎职行为的刑事责任体系,不但在标准上更具科学性、合理性和可操作性,也更符合司法权的运行规律、司法责任追究的实际和司法履职保障的要求。

至于刑事立法如何体现结果责任向行为责任模式的转变?笔者认为,首先,应借鉴司法责任制规定,丰富司法渎职犯罪的“故意违法行为”类型,完善立法表述和罪名体系。根据现行刑法的规定,司法渎职领域的故意犯罪主要包括“明知无罪而追诉”“明知有罪而不追诉”“违背事实和法律作枉法裁判”“违法采取诉讼个保全措施、强制执行措施”“私放在押人员”“徇私舞弊减刑、假释、暂予监外执行”“刑讯逼供”“暴力取证”“虐待被监管人”等。从相关规定来看,一是行为类型归纳不完整,如遗漏了“轻罪重诉”“重罪轻诉”等行为;二是罪名划分

---

① 参见罗堂庆:《论我国检察官惩戒制度之完善——以检察官办案责任和职业保障的平衡为中心》,载中国检察学研究会检察基础理论专业委员会编:《司法体制改革中司法责任制的发展与完善》,中国检察出版社2016年版,第610页。

不科学,如将刑讯逼供等行为排除在渎职犯罪一章之外;三是行为本质特征体现不充分,如同属枉法裁判,但民事行政领域的枉法裁判行为和刑事领域的枉法裁判行为被区别对待。在司法责任制改革背景之下,应强化对严重的故意渎职行为的刑法规制,防止立法出现重大疏漏或者与责任制规定出现脱节。

其次,应确立"重大过失行为"的刑法标准。相对于故意行为,严重失职行为的表现形式更需要明确化和具体化,以限制玩忽职守等罪名的适用,同时要注意与司法惩戒、领导干部行政问责以及国家赔偿法中所规定的"重大过失"加以区分,避免相互混同而降低刑事责任的门槛。例如,高检《意见》第 36 条、高法《意见》第 27 条均规定有"监督管理责任":对案件负有监督管理职责的人员因故意或重大过失,怠于行使或不当行使监督管理权导致案件错误等严重后果的,应当承担司法责任。笔者认为此处的"监督管理重大过失"一般不应作为刑事责任追究事由。此外,高检"意见"还列举了检察人员应承担司法责任的重大失职行为包括造成举报控告材料和其他案件材料遗失、严重损毁、信息泄露等;高法《意见》明确了汇报案情因重大过失遗漏主要证据、重要情节等典型的失职行为类型,相关行为在满足司法责任追究条件的基础上,哪些可以进一步作为刑事责任的追究事由,应进一步加以论证和明确。

Reflections on the Legislation of Judicial Malfeasance in the Context of the Reform of Judicial Responsibility System

Chen Wei & Zhao Chi

[**内容摘要**]随着刑法文本静态化与司法改革动态纵深发展,立法罪刑扩张与司法惩办不力、法律供给不足与刑法介入过限的矛盾得以呈现,进而促使司法渎职犯罪的立法调整具有必要性。司法责任制改革的价值目标应该映射到立法层面,借以反思当前司法渎职犯罪立法理念及制度上的不足。应当以规范性与科学性为司法渎职犯罪的立法取向,厘清刑法介入司法渎职领域的态度和界限、刑事责任在司法责任

中的定位和作用,以及刑法介入的方式和方法等问题,通过立法调整推动责任追究与履职保障有机统一、刑事责任与其他责任有效衔接、结果责任向行为责任的逐步转向,有序护佑司法责任制改革的顺序推进与目标实现。

[**关键词**]司法责任制;司法渎职犯罪;刑事立法

Abstract: With the development of criminal law text tends to be static while the judicial reform depth development, the contradiction between the legislative expansion and judicial punishment ineffective, the shortage of law and the excessive involvement of criminal law to be present, so it is necessary to adjust the legislation of judicial malfeasance crime. The value and goal of the reform of the judicial responsibility system should be mapped to the legislative level, in order to reflect on the current legislation of the crime of dereliction of duty legislation and institutional deficiencies. The legislation of judicial malfeasance crime should be based on the normative and scientific orientation, to clarify the criminal law involved in the field of judicial misconduct, the boundaries of the criminal responsibility in the judicial responsibility of the positioning and role, as well as the way and methods of criminal law intervention. Through legislative adjustments to promote accountability and judicial protection, criminal responsibility and other responsibilities, the responsibility for result and for behavior effective convergence, to ensure the smooth progress of the reform of judicial responsibility system.

Key words: Judicial Responsibility System; Judicial Malfeasance Crime; Criminal Legislation

物质主义与腐败犯罪的相关性分析及启示

彭德才*

目　　次

“利”是影响社会个体的心理和行为选择的重要变量。《史记·货殖列传》有言:“天下熙熙,皆为利来;天下攘攘,皆为利往。”“利”的范围固然广泛,但物质利益无疑是其重要内容之一。在不同的国家(地区)、不同的时代,人们对待物质利益的观念存在很大差异。物质主义(materialism)是一种强调物质财富重要性的价值观,影响社会个体对待金钱、财富的态度和观念,进而作用于行为的动机。在日常话语中,人们常说“恋财是罪恶之源”。但是,“恋财”与腐败犯罪到底有没有相关性、有多大的相关性,却缺少相应的实证研究予以回答。本文从文化的视角,借助数据和实例分析,对物质主义与腐败犯罪之间的相关性问题加以研究,从中提出治理中国当前腐败犯罪问题的几点启示。

---

* 北京师范大学法学院刑法学博士研究生,研究方向:腐败犯罪问题。

一、文献综述

腐败犯罪是一个非常古老的历史现象,且从它产生时起,人们就没有停止过与它的斗争。在当今世界各国,腐败犯罪仍然是普遍存在的问题。20世纪90年代以来,一场世界性的腐败犯罪和反腐败犯罪飓风席卷全球,上至总统下至普通公务员,无以计数的官员被指控犯有腐败罪行。近期,巴西前总统卢拉、韩国前总统朴槿惠以及我国香港特区前行政长官曾荫权皆涉嫌贪腐,中国内地腐败犯罪形势也依然严峻复杂。面对腐败犯罪问题,许多学者从政治学、经济学、社会学、人类学、法学等专业进行不同的阐释。正如犯罪是文化的一个侧面,腐败犯罪也不过是文化的另一个侧面,腐败犯罪的发生有自己的规则和文化准则。文化因素对腐败犯罪影响引起了一些学界的关注,他们运用数据分析或实验研究的方法,阐述影响腐败犯罪的诸多基本文化因素。例如,浩克和马蒂(Hauk E., Saez-Marti M.)提供了一个解释腐败犯罪文化的"迭代模型"框架,分析了价值观的代际传播,证明文化价值观是决定腐败犯罪程度的重要力量。① 哈斯特德(Husted B. W.)论述了权力距离文化、集体主义文化、男性气质文化、不确定性规避文化与腐败犯罪之间的关系,发现大权力距离文化、集体主义文化、男性文化和低不确定性规避文化更可能导致腐败犯罪。② 波尔塔(Porta R. L.)等人实证性地揭示了宗教、法律传统与腐败犯罪之间的关系,发现天主教和穆斯林人口较多的国家、法语或成文法典体系的国家,与新教、普通法系国家相比,倾向于低劣的政府绩效和更多的腐败犯罪。③ 特雷斯曼(Treisman D.)研究文化与腐败犯罪之间的关系,认为低腐败犯罪水平

---

① Hauk E., Saez-Marti M., "On the Cultural Transmission of Corruption", *Journal of Economic Theory*, 107(2), 2002, pp. 311－335.

② Husted B. W., "Wealth, Culture, and Corruption", *Journal of International Business Studies* 30(2), 1999, pp. 339－359.

③ Porta R. L., Lopez-De-Silanes F., Shleifer A., et al., "Law and Finance", *Journal of Political Economy*, 106(6), 1998, pp. 1113－1155.

国家往往是新教、前英国殖民地、普通法系、单一制国家。[①] 物质主义作为一类重要的文化价值观,其对人类行为(包括腐败犯罪行为)的影响问题引起了部分学者关注。

(一)物质主义的内涵

物质主义有多重定义。它最初是一个哲学概念,指的是“除了物质和它的运动之外什么都不存在”。此后,物质主义衍生出一种社会文化心理概念,拉苏里和霍兰德(Rassuli K. M. ,Hollander S. C.)把物质主义描述为一种“心态”,是一种对于“获得”和“消费”的兴趣。[②] 沃德和沃克曼(Ward S. ,D. Wackman)将物质主义定义为强调财产和金钱对个人幸福和社会进步重要性的一种导向。[③] 在当代通俗用法中,根据《牛津英语词典》的定义,物质主义更多是指对“为物质需求和欲望献身,忽视精神上的事情,完全以物质利益为基础的生活方式、观念或倾向”。[④] 综合学者们的论述,物质主义是一种强调物质财富重要性的价值观,是一种以高水平的财富占有和物质消费为目标的生活方式。物质主义不同于微观上社会个体对待金钱的态度,而是宏观上整个社会普遍流行的对待物质财富的价值观。在物质主义盛行的社会,人们以占有物质财富的多寡来定义其是否获得了成功。在极端的物质主义社会,物质财富在人的一生的占有中心地位,物质兴趣居于首位而其他社会目标均居于其下,人们相信物质财富是获得满足感的最大的来源。

---

① Treisman D. ,“ The causes of corruption: a cross-national study” ,*Journal of Public Economics*,76(3),2000,pp. 399 –457.

② Rassuli K. M. ,Hollander S. C. ,“Desire-Induced, Innate, Insatiable?”, *Journal of Macro-marketing* 6(2),1986,pp. 4 –24.

③ Ward,Scott,D. Wackman,“Family and Media Influences on Adolescent Consumer Learning”, *American Behavioral Scientist* 14. 3,1971,pp. 415 –427.

④ Richins M. L. ,Dawson S. ,“A consumer values orientation for materialism and its measurement: Scale development and validation”, *Journal of Consumer Research* 19(3), 1992,pp. 303 –316.

物质主义本质上具有文化性,它是在一定的文化中产生的,受制于社会的宗教观、价值观、家庭与学校教育等各种文化和亚文化因素。虽然一些人类需求与人的自然属性和生物冲动相关,但却不是由它们决定的。从物质方面的需要来看,一切衣、食、住、行,并非是纯物质的。什么样的生活算是美满?什么样的饮食算是美味?什么样的服饰算是美丽?什么样的体型算健美?什么样的人生算成功?这些都要依据人们当时当地的文化而定。美国社会学家默顿(Merton R. K.)指出,个人的许多欲望是文化引起的,受文化限定的目标、目的、兴趣是社会结构和文化结构的成分之一。[①] 在不同的国家(地区)或者不同的历史阶段,有着不同程度的物质主义。比如,第二次世界大战以后,西方各国经济得到快速增长,物质财富极大丰富,工业社会迎来辉煌时期,与此相对应,物质主义也成为社会主流价值观,人们尽情享受物质带来的快感;而自20世纪80年代以来,西方国家逐渐开始从物质主义向后物质主义转变,人们更强调"生活质量""自我价值""公民自由""生态保护"等理念,摒弃了单纯对物质财富和经济增长的迷恋,这种价值观的代际更替深刻影响到社会政治和经济生活,改变了人们对物质追求的态度;相反,正处于转型期的亚洲、非洲许多国家,至今尚未过渡到后物质主义阶段,仍然处于无约束、无克制的纵欲的统治之下。

(二)物质主义的影响

物质主义对人类心理和行为具有深刻的影响。经济学、社会学、人类学、心理学等都对物质主义有所研究。在心理学看来,物质主义表现为一种获得欲和占有欲,贝尔克(Belk)实证研究了三个特性,占有、吝啬和嫉妒,发现这些特性与物质主义非常紧密地联系在一起。[②] 物质

---

① [美]罗伯特·K.默顿:《社会理论和社会结构》,唐少杰、齐心等译,译林出版社2008年版,第225页。

② Belk, Russell W., "Materialism: Trait Aspects of Living in the Material World", *Journal of Consumer Research* 12.3, 1985, pp. 265-280.

主义最基本的影响是导致幸福感和满意度的丧失。有学者将物质主义者比作吸毒成瘾者，正如吸毒成瘾者需要越来越大的剂量来维持“幸福”，物质主义者需要越来越多的财富来满足自己的欲望。①

物质主义与腐败犯罪的关系也为一些学者所关注。有学者通过问卷调查，从心理学的角度，研究了自尊、物质主义与腐败犯罪动机之间的关系，研究结果表明：“自尊与物质主义负相关，高自尊的人通常有较低的物质主义价值观，相反，低自尊的人可能会用更多的钱来弥补他们受损的自尊，用声望和许多财产来使自己获得认同；自尊又与腐败犯罪动机负相关；因此，物质主义可以调节自尊对腐败犯罪动机的影响，限制物质主义能够起到控制腐败犯罪的效果。”②还有学者通过对211名全职白领的问卷调查，研究了收入、恋财、薪酬满意度、组织归属感与不道德行为之间的关系，研究结果表明：“收入与滥用职权负相关，恋财与不道德行为正相关。”③克拉夫脱索瓦（Kravtsova M.）等人研究了后物质主义与“贿赂合理化”之间的关系，研究结果表明：“两者的关系不是线性的，而是倒U型的。在物质主义与后物质主义两极，存在三种状态：纯粹物质主义状态、物质主义与后物质主义混合状态、纯粹后物质主义状态，从纯粹物质主义状态到混合状态，人们更倾向于将贿赂合理化；从混合状态到纯粹后物质主义状态，人们更反对贿赂行为。在统计学上，纯物质主义群体与纯后物质主义群体对腐败犯罪态度没有发现显著差异。”④

---

① Fournier, Susan, M. L. Richins, “Some theoretical and popular notions concerning materialism”, *Journal of Social Behavior & Personality* 6. 6, 1991, pp. 403 - 414.

② Liang Y., Li L., Tan X., et al., “The Effect of Self-Esteem on Corrupt Intention: The Mediating Role of Materialism”, *Frontiers in Psychology*, 2016, p. 7 (e0123859).

③ Tang L. P., Chiu R. K., “Income, Money Ethic, Pay Satisfaction, Commitment, and Unethical Behavior: Is the Love of Money the Root of Evil for Hong Kong Employees?”, *Journal of Business Ethics*, 46 (1), 2003, pp. 13 - 30.

④ Kravtsova M., Oshchepkov A. Y., Welzel C., “Corruption and Social Values: Do Post-materialists Justify Bribery?”, *Ssrn Electronic Journal*, 2014.

二、研究假设

前述文献给我们以一定的启示,但是,物质主义与腐败犯罪之间的关系的研究还十分欠缺,有待进一步深入。如何衡量一个国家(地区)的物质主义程度?物质主义对腐败犯罪的有什么影响?物质主义是怎样作用于腐败犯罪的?该影响对中国的腐败犯罪治理有哪些启示?等等,这些问题都有待深入分析。根据物质主义对社会个体心理和行为的影响,本文提出如下假设,以分析物质主义与腐败犯罪之间的关系。

(一)物质主义与腐败犯罪动机的假设

所有的人类行为,都被动机所促动,动机是“活动的根由”。犯罪动机是“刺激犯罪人实施犯罪行为以达到犯罪目的的内心冲动或内心起因”,[①]是犯罪的根本推动力量。在犯罪动机的深处,潜藏着“需要”这一更为基础的原因,行为人的需要是产生犯罪动机的根源和基础。美国著名心理学家马斯洛提出的需要层次理论(生理需要,安全需要,归属和爱的需要,尊重的需要,认知、审美和自我实现的需要)是解释犯罪动机的重要根据。总体来讲,需要可以分为物质方面的需要和精神方面的需要。人本身是自然的一部分,具有自然属性,不得不依赖物质方面的支持,这是人类生活必须经历的一个阶段,衣、食、住、行的需要,即属于物质方面的需要;人同时还是社会的一部分,具有社会属性,归属于一定的社会群体,与其他人发生着关系,归属和爱的需要、尊重的需要、实现自我价值的需要,属于精神方面的需要。如果个人所有的物质需要和精神需要都能够及时得到满足,那将不存在犯罪和越轨行为。

物质需要与物质主义紧密相连。物质主义以获得财富作为生活的中心、以占有财产的多寡来定义是否成功。在物质主义社会,物质财富

---

① 高铭暄、马克昌:《刑法学》,北京大学出版社 2005 年版,第 127 页。

占有的目标对社会成员构成心理压力，促使他们为实现该目标而努力，刺激他们对物质财富占有的欲望。欲望总是无限的——旧的欲望获得了满足，新的欲望又随之产生；同时，人们实现物质欲望的合法途径也是有限的，社会中并非人人都能以合法手段实现满足自己的无限的物质欲望。这样，“无限的物质欲望”与“有限的满足物质欲望的合法途径”之间的矛盾，容易导致社会个体产生心理紧张状态。该紧张状态一旦达到无以化解的程度，将激发社会个体犯罪的动机，成为犯罪的直接的、具有决定性的推力。具体到腐败犯罪行为，也是此理。腐败犯罪的根本动机是“谋取私利”，腐败犯罪与“利”相关，是典型的贪利性犯罪。物质主义体现了人们对“利益”（主要是物质利益）的观念，关系到贪利性动机。物质主义盛行的社会，人们赋予世俗财物极高的重要性，社会完全以物质兴趣为基础，在这样的社会中，人们的物质欲望被强化，一旦该欲望无法以合法途径得到满足，便会激发腐败犯罪的动机。故此，美国社会学家默顿指出：“当过于强调了文化目标而与制度化手段相脱节的时候，欺诈、腐败犯罪、堕落、犯罪，简而言之，全部所禁止的行为就会变得日益普遍。”①

据此，提出假设一：物质主义降低社会个体对生活的满意度，物质主义越盛行，社会个体的生活满意度越低，越容易产生紧张心理，继而促使公职人员产生腐败犯罪动机，使得腐败犯罪越严重。

（二）物质主义与腐败犯罪合理化的假设

将犯罪行为合理化，是犯罪人常用的心理防御机制。犯罪人为战胜反对动机、逃避自我谴责而需要在主观上对其违法犯罪行为予以“合理”的解释，其目的在于调节自我心理冲突、保持心理平衡、维护自尊以及试图逃避惩罚。犯罪人可能在意识水平或潜意识水平上使用这

① Merton R. K.，“Social structure and anomie”，*Mid-American review of sociology* 3 (4)，1938，pp. 91 –96.

种心理防御机制。[①] 犯罪学"中和技术理论"也主张,许多犯罪人在实施犯罪行为前,会为自己的犯罪行为寻找合理化的理由,从而调节自我心理冲突,中和自身行为的犯罪性,消除自身心理上的罪恶感。[②] 具体到腐败犯罪,许多公职人员之所以实施腐败犯罪,是因为一些人并不认为自己的腐败犯罪是非法的或不道德的,在他们看来,腐败犯罪是符合群体规范的,因为其他人也这么做,在腐败犯罪严重的社会尤其如此。故此,罗斯 · 艾克曼(Rose-Ackerman)指出:"人们通过腐败的流行,来证明他们自己的腐败行为的正当性。"[③]魏德安也指出:"不断蔓延的腐败会培植出一种这样文化,即腐败变成官员潜意识中可接受的东西,因为他们会认为,既然每个人都这样做,那我为什么不能用我的权力换取利益,分得我的一杯羹呢?"[④]

在物质主义盛行的社会,人们沉醉于发财致富的美梦。对大多数人来说,发财致富的合法手段总是有限的,因而,违法手段就有了一定程度的合理性。美国"镀金时代"[⑤]的欺诈和腐败犯罪泛滥现象为此提供了例证。当时,全美国欺骗、投机之风盛行,而社会文化却将这个时代描述成"黄金时代",使人们觉得美国的繁荣永无止境,每个人发财致富的机会都是无限的,只要生财有道,每个人都可以成为百万富翁。然而,马克 · 吐温在《镀金时代》小说中指出,美国人民所处的不是什么"黄金时代",而是一个铜臭弥漫、腐败犯罪遍地、"空气中都充满阴谋的味道"的"镀金时代"。在这种文化中,政党分赃、官商勾结、以权谋私的现象在全国蔓延,无论是政党、政府,还是国会、军队,都成为腐败犯罪的主体。从联邦政府、到州政府再到市政府,都存在程度不同的

---

① 参见林崇德等主编:《心理学大辞典》,上海教育出版社 2003 年版,第 304 页。

② 参见吴宗宪:《西方犯罪学史》,中国人民公安大学出版社 2010 年版,第 953 ~ 954 页。

③ Rose-Ackerman S. ,"Trust and Honesty in Post-Socialist Societies",*Kyklos* 54(2 - 3),2011,pp. 415 - 443.

④ [美]魏德安:《双重悖论》,蒋宗强译,中信出版社 2014 年版,第 184 页。

⑤ 从南北战争之后到 20 世纪初,是美国腐败犯罪的高发期。这段时期,被称为美国的"镀金时代"。

腐败犯罪,市政府气氛肮脏,州政府充斥着秘密交易,华盛顿当局的杂乱无章、尸位素餐和腐败犯罪也被一再揭露。[①] 其原因之一在于,社会文化把腐败犯罪看作经济发展的"润滑剂"和个人谋取利益的"创新型"的手段,为腐败犯罪的合理化提供了文化辩解,降低了腐败犯罪的不可接受程度。

据此,提出假设二:物质主义影响社会成员对腐败犯罪的评价,物质主义越盛行,人们对腐败犯罪的否定程度越低,继而降低了腐败犯罪的不可接受程度,使腐败犯罪越严重。

(三)物质主义与社会参与监督的假设

无论人们如何定义腐败,总是不能离开"权力"这一核心。"滥用权力"是腐败的基本表现,权力是腐败的促成因素,监督是腐败的控制因素,权力集中而监督缺失,将给予腐败动机发泄的机会;权力分散而监督有力,则能抑制腐败动机转化为腐败行为。监督形式多种多样,其中,来自公权力组织系统之外的社会监督是规范权力运行的关键之举。社会监督的有效性来自民众强烈的参与意识,解决腐败问题的一个必备要素是民众在政府治理中的积极参与。如果民众具有较高的参与意识,积极参与公共决策活动,就能够比较充分地获得相关政务信息,对公职人员的决策行为进行监督,使公职人员感受到社会监督的强大压力;相反,如果没人有动力参与公共事务,主动收集关于一个政府活动的有价值的信息,政府就能不受约束地运行。考虑到社会参与的重要意义,《联合国反腐败公约》第13专条规定了"社会参与",根据该条的规定,各个缔约国都应该根据本国法律的基本原则,尽力采取适当措施推动社会参与。

物质主义与社会参与的程度密切相关。物质主义导致社会个体以自我为中心,物质主义者倾向于保留资源为自己所用,不太愿意同他人

① Wilson W.,"The Study of Administration", *American Political Science Review* 2(1),1937,pp. 197-222.

分享他们的金钱和财产,也不太愿意参与到为了公共利益的社会共同行动之中去。20 世纪 70 年代,英格尔哈特(Inglehart·R)发现,关注个人自主性、生态事务等态度和立场的社会个体数量在增长,这些态度和立场与传统的关心物质福利与身体安全问题的态度和立场背道而驰。这些新的态度和立场成为后物质主义价值观,并发现后物质主义导致更高比率的政治行动,特别是,后物质主义者反对既定的社会秩序,支持市民横向参与到政府的决策过程之中。[①] 坎蒂约克和马丁(Cantijoch M. ,Martin J. S.)以西班牙为例,研究后物质主义价值观的提升与政治参与水平之间的关联。通过与欧洲其他国家(特别是南欧国家)的比较,运用世界价值观调查数据,他们发现:1980 年至 2000 年,西班牙的社会、文化、经济出现了重大变化(特别是西班牙于 1986 年加入欧共体以来),经济的增长导致个人收入不断增长,民众的生活方式越来越接近其他欧洲邻邦。这为后物质主义价值观的增长创造了条件,进而导致西班牙政治参与的变化。[②] 一般认为,有效的政治参与是控制腐败犯罪的重要条件之一,政治参与文化越成熟,对公权力运行的监督制约越有力。

据此,提出假设三:物质主义影响民众社会参与的热情,物质主义越盛行,社会参与度越低,出于维护公共利益的目的而对腐败犯罪进行监督的概率就越低,使腐败犯罪越严重。

三、实证分析

为了对上述假设进行验证,本文选取两类的数据,一类是第六轮世界价值观调查数据,借助该调查数据对不同国家(地区)物质主义程度、社会个体生活不满意度、腐败犯罪的不可接受度、社会参与度进行

① Inglehart, R. , *The silent revolution. Changing values and political styles among Western publics*. Princeton University Press, Princeton, 1977.

② Cantijoch M. , Martin J. S. , "Postmaterialism and Political Participation in Spain", *South European Society & Politics* 14(2), 2009, pp. 167 – 190.

测量;[①]另一类是透明国际发布的2016年全球清廉指数,借助该指数对不同国家(地区)的腐败犯罪程度进行测量[②];然后,通过世界价值观调查数据与全球清廉指数之间的对比,分析不同组数据之间的相关性。需要指出的是,世界价值观调查是一个全球性的社会调查,它揭示不同国家(地区)民众的价值观和信仰,以及它们的变化和对社会、政治发展的影响。它通过大量的数据建立指标模型,用于不同维度的文化分类。截至目前,该调查分共开展了六轮。该调查活动组织严格,各个国家(地区)从事世界价值观调查的研究人员被要求遵循世界价值观协会的要求,所调查的样本数不能少于1000人,调查对象必须是随机选择的年满18周岁的人,调查中所提的问题不能偏离初始设定的问卷,从而确保了跨国研究时数据的可比较性。在跨文化研究领域,世界价值观调查的数据广受关注。借助世界价值观调查的相关问题,可以直接或间接测量一个国家(地区)的民众的价值观和社会文化心理。

(一)相关数据选择

1.衡量物质主义程度的参照数据——“追求财富指数”。物质主义是一种把物质财富的获取和占有当做个人幸福和满足之终极保证的心理和社会文化态度。[③] 为了测量不同国家和地区的物质主义程度,一些学者选取了不同的数据。有学者通过测量民众的“时间分配偏好”来测量物质主义,因为物质主义影响时间资源的分配,一个物质主

① 本文所引用的世界价值观调查数据均来自世界价值观调查网站:http://www.worldvaluessurvey.org/WVSContents.jsp。

② 本文所引用的全球清廉指数数据均来自透明国际官方网站:http://www.transparency.org。

③ Richins M. L.,“Valuing Things: The Public and Private Meanings of Possessions”, *Journal of Consumer Research* 21(3),1994,pp.504-521.

义者为了挣钱会选择把更多的时间用来工作,而不是用来休闲娱乐。[①]考虑到追求物质财富是物质主义的根本特征,人们对财富越偏好,表明物质主义越盛行。笔者选择第六轮世界价值观调查 V71 号问卷的调查结果,对不同国家和地区的物质主义程度进行测量。该问卷如下:

有一些人把下列目标看得非常重要,请看这张卡片,您觉得自己和这些人相像吗?是很像、像、有些像、只有一点像、不像,还是完全不像?(出示答案卡,逐项提问)

"追求财富,想拥有大量金钱和贵重品"

笔者根据调查结果,统计出不同国家(地区)受访者中回答"觉得自己'很像、像、有些像''追求财富,想拥有大量金钱和贵重品'的人"的比例,组成"追求财富指数",指数越大,表明越偏向物质主义。从调查结果看,纳入统计范围的 59 个国家(地区),追求财富指数存在较大差异,最小值为 6.4%(日本),最大值为 81.4%(尼日利亚),平均值为 41%,马来西亚、津巴布韦、黎巴嫩、巴基斯坦、吉尔吉斯斯坦、卢旺达、南非、巴林、加纳、尼日利亚等地追求财富指数较高;荷兰、乌拉圭、新西兰、巴西、中国台湾地区、墨西哥、澳大利亚、美国、瑞典等地追求财富指数较低(见表 1)。

2. 衡量社会个体生活不满意度的参照数据——"生活不满意度指数"。第六轮世界价值观调查 V23 号问卷可以测量民众的生活不满意度。该问卷如下:

把所有的情况都考虑进去,总的来说,您对自己目前的生活满意吗?(出示答案卡)这个量表中的数字从 1 到 10,表示由非常不满意到非常满意的不同程度。请在量表上标出您的满意程度。

笔者根据调查结果,统计出不同国家(地区)受访者中选择数字 1 到 5(倾向于对生活不满意)的人员比例,组成"生活不满意度指数",指数越大,表明该地民众的生活不满意度越大。从调查结果来看,纳入

① Richins M. L., Dawson S., "A consumer values orientation for materialism and its measurement: Scale development and validation", *Journal of Consumer Research* 19(3), 1992, pp. 303 – 316.

统计范围的 59 个国家(地区),“生活不满意度指数”存在较大差异,最小值为 7%(荷兰),最大值为 59.1%(亚美尼亚),平均值为 26.4%,墨西哥、哥伦比亚、厄瓜多尔、乌兹别克斯坦、阿根廷、卡塔尔、乌拉圭、新西兰、瑞典等地“生活不满意度指数”较低,格鲁吉亚、埃及、摩洛哥、突尼斯、津巴布韦、也门、白俄罗斯、乌克兰、伊拉克、阿尔及利亚等地“生活不满意度指数”较高(见表 1)。

3. 衡量对腐败犯罪的不可接受度的参照数据——“对受贿完全不能接受指数”。由于受贿行为是最常见、占比最大的腐败犯罪行为,因此,根据民众对受贿完全不能接受的程度,可以直接测量民众对腐败犯罪的不可接受度。第六轮世界价值观调查 V202 号问卷可以测量民众对受贿接受度(或不接受度)。该问卷如下:

请您告诉我,您多大程度上能接受下列做法?这个量表中的数字从 1 到 10,表示从完全不能接受到完全能接受的不同程度,请在量表上标出您的看法。(出示答案卡,逐项提问)

“接受贿赂”

笔者根据调查结果,统计出不同国家(地区)受访者中选择数字 1(对受贿完全不能接受)的人员比例,组成“对受贿完全不能接受指数”,指数越大,表示民众对受贿越不能接受。从调查结果来看,纳入统计范围的 59 个国家(地区)中,受访者中对受贿完全不能接受的比例平均值为 69.7%,卢旺达、印度、南非、菲律宾、巴林、黎巴嫩等地受访者对受贿完全不能接受的比例较低,显示了对受贿相对较高的接受度;波兰、巴西、罗马尼亚、突尼斯、土耳其、特多、阿塞拜疆、卡塔尔、格鲁吉亚等地受访者对受贿完全不能接受的比例较高,显示了对受贿相对较低的接受度(见表 1)。

4. 衡量社会参与度的参照数据——“参加过请愿活动指数”。民众是否参加过请愿活动,能体现他参与政治事务、向管理机关表达诉求的兴趣和热情。第六轮世界价值观调查 V85 号问卷可以测量民众是否参加过请愿活动,该问卷如下:

人们可能采取不同的行动表达自己的意愿,请问您是否参加过下列活动,如果没有参加过,您是有可能参加,还是在任何情况下都不会

参加?(逐项提问)

“在请愿书上签名”

笔者根据调查结果,统计出不同国家(地区)受访者中回答曾经在请愿书上签名的比例,组成“参加过请愿活动指数”,指数越大,表示参加过请愿活动的民众比例越大。从调查结果来看,纳入统计范围的53个国家(地区),“参加过请愿活动指数”平均值为18.9%,可见多数人从未曾在请愿书上签字;在不同的国家(地区),该比例存在较大差异,最小值为1.8%(埃及),最大值为79.7%(新西兰),马来西亚、哈萨克斯坦、加纳、吉尔吉斯斯坦、阿塞拜疆、摩洛哥、约旦、也门受访者中曾在请愿书上签名的比例较低;中国香港、荷兰、德国、巴西、美国、瑞典、澳大利亚、新西兰受访者中曾在请愿书上签名的比例较高(见表1)。

表1　第六轮世界价值观调查相关数据指数

国家和地区	追求财富指数	生活不满意度指数	对受贿完全不能接受指数	参加过请愿活动指数	国家和地区	追求财富指数	生活不满意度指数	对受贿完全不能接受指数	参加过请愿活动指数
日本	6.4	23.8	79.2	28	乌兹别克斯坦	40.8	10.5	77.7	
荷兰	8.8	7	79.1	35.4	菲律宾	41.7	27.7	39.6	10.5
乌拉圭	13.9	13.1	79.5	23.1	白俄罗斯	43.6	45.9	56.6	
新西兰	14.1	13.3	76.8	79.7	埃及	43.8	56.1	67.1	1.8
巴西	14.8	17.4	84.5	44	也门	44.1	46.5	78.7	4.5
中国台湾	16.3	23.3	71	15.3	阿塞拜疆	44.6	27.9	87.7	3.7
墨西哥	18.4	8.7	72.9	18.3	哈萨克斯坦	44.8	19.5	64.6	2.1
澳大利亚	18.4	18.3	77.9	70.1	俄罗斯	48	35.9	60.5	11.1
美国	19.3	16.7	74.1	60.1	泰国	49.8	17	66.9	11.5
瑞典	20.3	13.3	65.4	68	中国	53.2	23.9	51.6	4.5

续表

国家和地区	追求财富指数	生活不满意度指数	对受贿完全不能接受指数	参加过请愿活动指数	国家和地区	追求财富指数	生活不满意度指数	对受贿完全不能接受指数	参加过请愿活动指数
斯洛文尼亚	20.5	18.9	81.8	31.5	突尼斯	53.5	4901	86.5	5
秘鲁	22.6	24.1	59.7	13.7	新加坡	54.8	16.5	52.2	
阿根廷	23.1	10.9	76	18.6	科威特	56.9	24.2	60.3	
西班牙	23.6	22.3	78.6	22.1	伊拉克	57.3	39.4	65.2	12.9
罗马尼亚	23.9	28.2	85.4	10.4	约旦	57.3	28.8	82	4.1
哥伦比亚	24.5	8.9	74.9	23.8	土耳其	58.4	18.3	86.7	9.8
韩国	24.7	30.9	74.1	26.4	印度	59.4	31.9	80	13.7
爱沙尼亚	28.2	35.3	74.7	17	阿尔及利亚	59.8	38.4	59.6	6.2
特多	28.6	19.7	87.1	22.2	卡塔尔	60.1	12.1	87.7	
亚美尼亚	30	59.1	81.7	6.5	马来西亚	62.1	17.7	62.7	1.9
波兰	30.3	22.4	82.6	29.9	津巴布韦	64.4	47.7	54.1	13.4
塞浦路斯	30.8	20.4	80.5	23.4	黎巴嫩	64.4	31.4	50.1	8.7
中国香港	31	22.9	67.3	33.9	巴基斯坦	64.9	16	69.5	20.7
乌克兰	34.4	42.4	61.8	8.8	吉尔吉斯斯坦	65.9	26	66.5	3.5
摩洛哥	36.6	53.6	74.2	3.7	卢旺达	68.5	23.6	28.6	8.6
德国	37.3	17.3	71.4	42.7	南非	69.6	28.8	33.5	11.3
智利	37.5	15.7	67.6	21.4	巴林	76.9	18.5	41.6	
厄瓜多尔	37.7	10.2	64.6	10.2	加纳	77	37.9	67	2.1

续表

国家和地区	追求财富指数	生活不满意度指数	对受贿完全不能接受指数	参加过请愿活动指数	国家和地区	追求财富指数	生活不满意度指数	对受贿完全不能接受指数	参加过请愿活动指数
格鲁吉亚	38.1	57	87.9	9.5	尼日利亚	81.4	35.6	52	8.2
利比亚	38.4	27.3	80.4	5.9					

5. 衡量腐败犯罪严重程度的参照数据——“全球清廉指数”。透明国际发布的清廉指数是被国际社会广为接受的衡量一个国家和地区腐败犯罪严重程度的数据库。由于腐败犯罪是“暗室交易”，一个国家和地区的实际腐败犯罪率是无法获得的，刑事起诉或媒体报道的腐败犯罪案件只能表明被揭露的腐败犯罪数量，而非真实存在的腐败犯罪的程度，因此只能通过间接的方式来测量一个国家的腐败犯罪程度。清廉指数所反映出来的一国腐败犯罪情况，与大家的主观认识基本相吻合，因而成为腐败犯罪问题研究中被广泛采用的权威数据。2017 年 1 月，透明国际公布了 2016 年全球清廉指数。笔者根据第六轮世界价值观调查的国家样本，选取出相应国家(地区)的清廉指数，以作为数据分析的样本(见表 2)。

表 2　部分国家(地区)2016 年度清廉指数

序号	国家和地区	2016 年度清廉指数	序号	国家和地区	2016 年度清廉指数	序号	国家和地区	2016 年度清廉指数
1	利比亚	14	6	尼日利亚	28	11	阿塞拜疆	30
2	伊拉克	17	7	乌克兰	29	12	俄罗斯	29
3	也门	14	8	哈萨克斯坦	29	13	巴基斯坦	32
4	乌兹别克斯坦	21	9	吉尔吉斯斯坦	28	14	阿根廷	36
5	津巴布韦	22	10	黎巴嫩	28	15	白俄罗斯	40

续表

序号	国家和地区	2016年度清廉指数	序号	国家和地区	2016年度清廉指数	序号	国家和地区	2016年度清廉指数
16	厄瓜多尔	31	31	土耳其	41	46	中国台湾地区	61
17	菲律宾	35	32	南非	45	47	爱沙尼亚	70
18	墨西哥	30	33	罗马尼亚	48	48	智利	66
19	亚美尼亚	33	34	加纳	43	49	卡塔尔	61
20	阿尔及利亚	34	35	科威特	41	50	乌拉圭	71
21	埃及	34	36	马来西亚	49	51	日本	72
22	秘鲁	35	37	巴林	43	52	中国香港特别行政区	77
23	摩洛哥	37	38	格鲁吉亚	57	53	美国	74
24	哥伦比亚	37	39	约旦	48	54	澳大利亚	79
25	中国	40	40	卢旺达	54	55	德国	81
26	巴西	40	41	韩国	53	56	新加坡	84
27	泰国	35	42	西班牙	58	57	荷兰	83
28	突尼斯	41	43	斯洛文尼亚	61	58	新西兰	90
29	印度	40	44	塞浦路斯	55	59	瑞典	88
30	特多	35	45	波兰	62			

（二）数据分析验证

使用数据分析工具对上述5组指数进行分析，可以发现不同指数之间的相关系数，进而对假设是否成立进行验证（相关系数分析见表3）。

1.“追求财富指数”与“生活不满意度指数”正相关，相关系数 r =

0.28;同时,“生活不满意度指数”与“清廉指数”负相关,相关系数 r = -0.38。这表明:物质主义越盛行,民众对经济状况和整体生活的不满意度越高,而民众对生活越不满意,清廉指数越低,腐败犯罪程度越严重。验证了假设一。

2.“追求财富指数”与“对受贿完全不接受度指数”负相关,相关系数 r = -0.52;同时,“对受贿完全不接受度指数”与“清廉指数”正相关,相关系数 r = 0.14。这表明:物质主义越盛行,民众对腐败犯罪的否定程度或者说不接受程度越低,腐败犯罪越容易获得合理化解释;而民众对腐败犯罪行为的否定程度或者说不接受程度越低,清廉指数越低,腐败犯罪程度越严重。验证了假设二。

3.“追求财富指数”与“参加过请愿书活动指数”负相关,相关系数 r = -0.59;同时,“参加过请愿书活动指数”与“清廉指数”正相关,相关系数 r = 0.74。这表明:物质主义越盛行,民众的社会参与度越低,越不容易为了公共利益而积极参与对公职人员用权行为的监督;而民众的社会参与度越低,清廉指数越低,腐败犯罪越严重。验证了假设三。

4.“清廉指数”与“追求财富指数”负相关,相关系数 r = -0.45。这进一步强化了对假设一、假设二、假设三的验证,表明物质主义越盛行,清廉指数越低,腐败犯罪程度越严重。

表3 不同指数的相关系数分析

	追求财富指数	生活不满意度指数	对受贿完全不接受指数	参加过请愿活动指数	清廉指数
追求财富指数	1				
生活不满意度指数	0.28	1			
对受贿完全不能接受指数	-0.52	-0.05	1		
参加过请愿活动指数	-0.59	-0.49	0.22	1	
清廉指数	-0.45	-0.38	0.14	0.74	1

四、结论与启示

上述数据实证分析启示我们，从国际比较的视野看，一个国家和地区腐败犯罪的严重程度与其物质主义程度负相关。物质主义作用于腐败犯罪的途径在于：物质主义影响社会成员对生活的满意度，物质主义越盛行，越容易造成公职人员内心的紧张，从而激发其腐败犯罪的动机；物质主义影响社会成员对腐败犯罪的评价，物质主义越盛行，人们对腐败犯罪的否定程度就越低，腐败犯罪能获得一定的合理化辩解，成为一定程度上被社会成员所接受的行为，从而降低了腐败犯罪者的道德成本；物质主义影响社会成员对公共事务的参与，物质主义越盛行，社会参与程度就越低，对腐败犯罪行为的社会监督力量就越乏力，为腐败犯罪提供了机会。可见，物质主义是腐败犯罪的基本驱动力量之一。这为我们分析中国当前的腐败犯罪现象、提出治理对策提供了启示。

（一）重视中国当前的物质主义现状

按照第六轮世界价值观调查的数据来衡量，53.2%的受访者认为自己"很像、像或是有些像'追求财富，想拥有大量金钱和贵重品'的人"，比平均值高出12.2%。另外，根据市场咨询公司益普索（IPSOS）对20个国家进行的一项调查显示：71%的中国受访者表示会根据自己拥有的物质财富衡量个人成功，这一比例比排名第二位的印度高13%，明显高于其他被调查国家的比例，比20个国家的平均值高出37%。[①] 可见在当代中国物质主义盛行。除了数据证明中国民众追求经济成就的目标强烈之外，许多社会现象也为此提供了证明。一段时间以来，金钱成为中国社会热议的话题，报纸上、电视上、广播上、网络上，充斥着关于金钱的报道，金钱成为衡量单位、个人工作效果的重要

① 参见第一财经日报：《国际调查："金钱等于成功"中国人同意率最高》，载凤凰网，http://news.ifeng.com/shendu/dycjrb/detail_2013_12/20/32284049_0.shtml。

标准,“金钱可以万能”“有钱可以任性”“金钱等于成功”“宁愿坐在宝马车里哭,也不愿坐在自行车上笑”等理念获得很高的认同。这些观念使人们在精神上走向堕落,在行动上走向腐败犯罪,也激发公职人员产生腐败犯罪的动机。

公职人员作为生活在现实社会的个体,必然受到全社会物质主义价值观的影响。然而,除了工资收入之外,他们缺乏其他合法途径满足其物质欲望。公职人员的收入来源主要依赖于相对固定的工资,这些工资收入仅足以维持其基本生活所需,要想达到社会认可的成功人士的经济财富量,仅凭其工资收入,是永远也不可能的。物质主义盛行与“当官发财两条道,当官就不要发财,发财就不要当官”的制度限制,使公职人员面临强大的心理压力。为调适“现实远不及目标”的心理压力,要么辞去公职、投身商业,通过合法手段实现致富的文化目标;要么保有公职,坚定理想信念,锤炼意志品质,放弃追求财富的梦想;要么利用职务上的便利,通过非法途径实现追求财富的文化目标。对于许多公职人员而言,这一心理压力是促使他们走上腐败犯罪之路的直接心理动力和核心致罪诱因。另外,物质主义还使得公职人员在社会交往中容易感受到心理失衡,从而助推腐败犯罪。许多走向腐败犯罪的工作人员,原本都是工作中的佼佼者,有的还做出过不小的贡献,但通过与人比较,极易心理失衡。特别是与那些家资千万元甚至上亿元的商人相比,他们更容易感受到心理扭曲。四川理工学院原院长曾黄麟忏悔:“在我的脑袋里,总有一个‘攀比’和‘贪’字在作怪。我的博士同学中任何一个人,不管他在国内还是海外,没有一个人不是千万富翁。而我奋斗了一辈子,夫妻俩合伙的收入存款才不到200万元。”①类似的例子,不胜枚举。可见,在当代中国,在物质主义文化的刺激下,公职人员内心所产生的无以化解的紧张是他们实施腐败犯罪的重要驱动力量,促使他们想腐败、能腐败、敢腐败。

---

① 张贵峰:《存款不到200万就任性贪腐?》,载《中国纪检监察报》2015年4月11日,第2版。

(二)防范物质主义的不良影响

应当承认,物质主义并非完全是负面的,对于物质的渴望将使社会成员努力工作,提高自己的收入和生活水平,进而促进社会经济发展和物质繁荣;然而,物质主义的泛滥则具有巨大的破坏性,一种只致力于积累物质财富的文化,是滋生腐败犯罪的温床。故而,西方学者对物质主义的评价偏向于否定。由于物质主义是社会经济发展到一定阶段的产物,在工业化过程中,物质主义几乎是伴生的价值观。已经进入后物质主义的国家(地区),都已经实现了社会生产力的高度发达,建立了较为完善的社会保障制度,这些是后物质主义的基础。中国实行改革开放以来,随着改革不断深入、经济高速发展以及经济全球化的影响日益加深,物质主义的影响力也不断增强。如今,中国尚处于全面建成小康社会的阶段,物质主义将在较长时间内持续,我们不可能期待在中国工业化过程中消灭物质主义或者避免出现物质主义。这就需要正视物质主义正反两方面的影响,防范其负面功能。

一方面,应从更宏观、更广泛的层面思考腐败犯罪的致罪因素,在全社会倡导正确的金钱观、财富观。以往,在探索腐败犯罪治理的对策上,管理层多从公职人员这一个体出发。其实,公职人员之所以腐败犯罪,很大程度上是受整个社会文化价值观的驱动,而并非简单的、单纯的个体思想道德观念滑坡所致。公职人员是普通的社会一员,其金钱观、公私观,都受到社会文化的深刻影响。因此,是否腐败犯罪的问题,就不仅是个体自律的问题,更是整个社会文化的问题;不仅是补个人精神之“钙”的问题,更是补社会文化之“钙”的问题。物质主义泛滥引发的“一切向钱看”的狂潮,使金钱交换的理念侵入政治生活、文化生活、学术研究等各领域。公职人员深处这一旋涡的中央,要想做到心无旁骛、不为所动,何其难也!因此,要治理腐败犯罪,防止公职人员产生贪利性腐败犯罪动机,首先应当通过加强政治文明建设和思想道德教育,在全社会宣传积极、健康、向上的金钱观、财富观,最大限度地进行揭露和抵制“金钱拜物教”,净化社会风气和生活环境,降低公职人员的紧张度。

另一方面,应考虑建立合理的激励机制,平衡"欲望与合法途径"之间的矛盾。不可否认的是,在中国公职人员队伍当中汇聚了许多优秀的人力资源,他们期望有着较高的物质生活水平。然而现实情况是,公职人员的实际平均工资仅处在全社会各行业的中等水平,使其容易感受到心理失衡和相对剥夺。[①] 关于公职人员的收入与腐败犯罪之间的关系,国外学界多有论述。瑞奇根和韦德(Rijckeghem C. V., Weder B.)发现:"公共部门的工资水平低于制造业部门的工资水平的国家,腐败犯罪率明显要高。"[②]阿宾克(Abbink K.)指出:"当公职人员的工资低于其他具有可比性的岗位,腐败犯罪的道德成本就降低了,与获得相对公正的工资水平的公职人员相比,低收入的公职人员可能发现收受贿赂是不应受谴责的。"[③]帕尔米尔(Palmier L.)指出:"低工资是腐败犯罪的重要因素,'足够的薪酬"应当成为反腐败犯罪改革的重要组成部分。要使官员保持忠诚不走向腐败犯罪堕落,政府必须提供或保障他们的物质利益,这是一个'隐性契约'。"[④]毛罗(Mauro P.)指出:"如果公务员工资过低,他们将被迫使利用职权收受贿赂,以此作为收支平衡的一种办法,特别是当被抓的预期成本较低时。"[⑤]新加坡和香

---

① 公职人员工资相对较低,已经是一个不可否认的事实。按照京东集团CEO刘强东的说法,北京干满3年的快递员拿到手月收入没有低于7000元的,这是扣掉五险一金和个税的收入,在江苏宿迁的快递员拿到手的收入是6000多元,保证快递员的收入比县长收入要高。参见:《刘强东:保证京东快递员的收入要比县长高》,载新浪网-微博:http://weibo.com/2803301701/Ey70kh7Ah?c=spr_qdhz_bd_baidusmt_weibo_s&type=comment。

② Rijckeghem C. V., Weder B., "Bureaucratic corruption and the rate of temptation: do wages in the civil service affect corruption, and by how much?", *Journal of Development Economics* 65(2), 2001, pp. 307-331.

③ Abbink K., "Fair Salaries and the Moral Costs of Corruption", Bonn Econ Discussion Papers, 2000.

④ Palmier L., *The Control of Bureaucratic Corruption: Case Studies in Asia*, Allied Publishers, New Delhi, 1985.

⑤ Mauro P., "Why Worry About Corruption?", *Imf Economic*, 1997, pp. 1-15.

港反腐败犯罪的成功,其中一个重要原因就是给予公职人员较高的薪资水平。1985 年 3 月,时任新加坡总理李光耀在国会解释为什么要提高内阁部长的薪水时指出,为了确保廉洁政府,政治领导人应该得到他们应得的最高工资。如果他们的报酬过低,他们就会屈服于诱惑,沉迷于腐败犯罪(Quah J. S. T.)。① 但是,当前中国尚不具备实行“高薪养廉”的社会心理基础。在这种情况下,应实行公职人员工资动态增长机制,建立合理的工资激励机制,尽量保障公职人员通过工资收入能够享有社会中等偏上水平的生活。此外,应适当放开对专业技术类公职人员增收渠道的限制,缓解“物质欲望与合法实现欲望的途径”之间的矛盾,减少包括腐败犯罪行为在内的越轨行为的发生。

On the Correlation Analysis between Materialism and Corruption and Its Enlightenment

Peng Decai

[内容摘要]物质主义是一种强调物质财富重要性的价值观,不同国家(地区)的物质主义程度存在差异。通过世界价值观调查的相关数据和透明国际发布的全球清廉指数,可以对物质主义与腐败之间的相关性进行验证。分析表明,物质主义通过影响社会成员对生活的满意度、影响社会成员对腐败的否定评价度、影响社会成员对公共事务的参与度,进而影响腐败的严重程度,在物质主义盛行的国家(地区),腐败通常越严重。物质主义与腐败的相关性以及物质主义影响腐败程度的路径,为我们分析中国当前腐败的原因、提出有针对性的治理对策提供了启示。

[关键词]物质主义;腐败;世界价值观调查;全球清廉指数;相关性

① Quah J. S. T., “Corruption in Asia with Special Reference to Singapore: Patterns and Consequences”, *Asian Journal of Public Administration* 10(1), 1998, pp. 80-98.

Abstract: Materialism is a kind of value that emphasizes the importance of material wealth. We can verify the correlation between materialism and corruption through the *World Values Survey's data* and *Corruption Perception Index*. Materialism affects the public's life satisfaction and the public's attitude towards corruption and the level of social participation, and then affects the level of corruption. The more materialistic, the more serious corruption. The correlation between materialism and corruption and the path that materialism affects the extent of corruption provide a reference for the controlling corruption in China.

Key words: Materialism; Corruption; World Values Survey; Corruption Perception Index; Correlation

〔中国刑法〕

网络空间秩序与刑法介入的正当性

敬力嘉*

目　　次

一、问 题 提 出

如同电气化是工业时代的标志一样，网络是信息时代的主要标志。网络深刻影响着人们的生活方式、思维观念，并逐渐改变着社会组织形式。① 网络已成为独特的公共空间，连接着全球网民，②有观点甚至认

---

* 武汉大学法学院博士研究生。通讯地址：湖北省武汉市武汉大学法学院刑法学教研室，邮编：430072，电话：15002748060，邮箱：444391263@ qq. com。

① 于志刚、郭旨龙：《"双层社会"与"公共秩序严重混乱"的认定标准》，载《华东政法大学学报》2014 年第 3 期。

② 参见[美] 乔纳森·罗森诺著：《网络法——关于因特网的法律》，张皋彤等译，中国政法大学出版社 2003 年版，前言第 2 页。

为,现实社会与网络虚拟社会平行并存的“双层社会”,[①]在当下已经成型。而在我国,网络技术的飞速发展,在成为“互联网+”时代经济飞速发展引擎的同时,似乎也在给社会公共秩序创设越来越多的新型风险,给我国整个社会管理机制,特别是法律对网络空间的规制机制,提出了众多新的、严峻的挑战。作为应对,有学者提出,“法律和网络应当相互促进,共同成长”。[②] 设想很美好,但现实中,笔者却很遗憾地发现,只能频繁见到诸如“网络寻衅滋事罪”[③]等适用为代表的、刑法对网络空间中失范行为的积极回应,较少看到法律规制机制体系性的成长。这样的背景下,有的学者大力强调网络时代犯罪形势的特殊性,“双层社会”理论为其中颇具影响力的代表。还有学者大力提倡刑法保护前置的必要性,要让“法益的内涵由物质向精神扩张,让法益的范围蔓延至超个人法益,让法益的基点扩展至非人本思维,从而达到法益的内涵与刑事政策内容结合,将法益从核心刑法中解放出来,并赋予法益时代精神的目的,勾勒出一个全方位适应刑事立法权扩张需要的法益”。[④]这些都是在为刑法对网络空间秩序的积极介入寻找正当依据,奠定理论基础。

“两高”颁布的《关于办理利用信息网络实施诽谤等刑事案件适用法律若干问题的解释》,成为此种努力方向的法定依据和最佳注脚,这在所谓风险社会的语境下似乎无可厚非。但对于何为“风险”,以及“风险”的程度是否需要刑法介入,笔者认为仍需理性思考辨别。因为“风险并非完全实在意义上的概念,而是既具有实在性,又具有建构性的一面”。[⑤] 基于管理中的实然挑战,和建构意义上公众舆论及文化感知的影响,信息技术的高速发展,也给网络空间秩序带

① 于志刚、郭旨龙:《“双层社会”与“公共秩序严重混乱”的认定标准》,载《华东政法大学学报》2014年第3期。

② 于志刚:《网络犯罪与中国刑法应对》,载《中国社会科学》2010年第3期。

③ 潘修平、赵维军:《网络寻衅滋事罪的定性》,载《江西社会科学》2015年第8期。

④ 舒洪水、张晶:《法益在现代刑法中的困境与发展——以德日刑法的立法动态为视角》,载《政治与法律》2009年第7期。

⑤ 劳东燕:《风险社会与变动中的刑法理论》,载《中外法学》2014年第1期。

来了“风险”。

但既然风险社会之“风险”并非全然客观，那么针对网络空间秩序所面临的、飞速发展的网络技术带来的新型风险，如果盲目扩张刑法的适用范围，将刑法防线前置，而忽略刑法介入的边界及正当性，就可能对公民的合法权利造成不当侵害，同时也造成公民对刑法规范信仰的减损，从而减损刑罚权的效力。因此，厘清刑罚权行使的边界及其正当性，是确保刑罚权的效力，以及有效维护社会秩序（包括网络空间秩序）的前提。本文拟根植于网络空间的结构特征，明确网络空间秩序的内涵，进而探讨在网络时代，厘清刑罚权介入的边界与正当性，对于维护网络空间秩序的必要性和可行性。

二、网络空间秩序概念再审视

明确网络空间秩序的含义及特征，应当是本文探讨破坏网络空间秩序犯罪的逻辑前提。是否存在独立于现实秩序的虚拟网络空间秩序？这是本文首先需要厘清的问题。“双层社会”论是目前学界明确主张存在独立的网络空间秩序且影响较大的理论，笔者拟首先对其进行分析，明确独立的网络空间秩序是否存在。

（一）“双层社会”论及其否定

所谓“双层社会”论，认为“虚拟空间中已经逐渐形成了‘现实社会’，网络实现了由‘信息媒介’向‘生活平台’的转换，成为人们日常活动的‘第二空间’。网络开始由‘虚拟性’向‘现实性’过渡，网络行为不再单纯是虚拟行为，它被赋予了越来越多的社会意义，无论是电子商务还是网络社区，网络已经逐渐形成自身的社会结构……互联网的代际发展逐步使它本身从虚拟性的空间转向虚实结合、虚拟向现实过渡的空间……网络空间与现实空间正逐步地走向交叉融合，‘双层社会’

正逐步形成"。[①] 基于此,"网络已经由犯罪对象、犯罪工具发展到如今的需统一规制的犯罪空间,开始出现了一些完全不同于第二阶段的犯罪现象,它成为一些变异后的犯罪行为的独有温床和土壤。一些犯罪行为离开了网络,要么根本就无法生存,要么根本就不可能爆发出令人关注的危害性……此类犯罪行为本质上仍然是传统犯罪,但是它属于传统犯罪的网络异化,虽然有可能套用传统的罪名体系,但是如果不进行较大强度的扩张解释,传统的罪名根本无法适用于滋生在网络空间中的此类犯罪行为",[②]并由此提出"公共秩序的概念包含网络空间秩序和现实公共秩序两个部分"。[③] 以之为理论基点,对于"两高"2013 年颁布的《网络诽谤解释》中对网络谣言的规制,该理论进行了所谓"双层社会的双层次台阶式评价模式"[④]的解读,即"仅仅影响网络空间的,设定常态的定量评价标准;如果犯罪行为、危害结果、实际影响等走出网络空间'落地',造成实体的危害后果或者说影响的,则要'迈上一个台阶',给予额外的从严制裁和评价"。[⑤]

笔者认为该理论不乏新意,为刑法积极应对网络技术飞速发展所带来的挑战作出了实质努力,但对其观点无法赞同。

首先,应当明了是否形成了稳定的网络空间,这是独立的网络空间秩序存在的基础。应当承认,随着信息技术的进步与发展,已经逐步形成了网络空间。根据 2017 年中国互联网络信息中心(CNNIC)在京发布的第 39 次《中国互联网发展状况统计报告》显示,截至 2016 年 12 月,我国网民规模达 7.31 亿,互联网普及率为 53.2%。

① 于志刚:《"双层社会"中传统刑法的适用空间——以"两高"〈网络诽谤解释〉发布为背景》,载《法学》2013 年第 10 期。

② 于志刚:《网络犯罪的发展轨迹与刑法分则的转型路径》,载《法商研究》2014 年第 4 期。

③ 于志刚:《"双层社会"中传统刑法的适用空间——以"两高"〈网络诽谤解释〉发布为背景》,载《法学》2013 年第 10 期。

④ 于志刚、郭旨龙:《"双层社会"与"公共秩序严重混乱"的认定标准》,载《华东政法大学学报》2014 年第 3 期。

⑤ 同上。

基于极高的互联网普及率和网民数量,电子商务、电子支付蓬勃发展,各类聊天社区、QQ 群、微信群迅速兴起,三网融合的发展趋势不可逆转,“使得互联网由‘联’字当头向‘互’字当头过渡,网络成为了人们的基本生活平台,普通网民成为了网络的主要参与者”。[①] 该理论注意到了目前网络的蓬勃发展,以此为基点,认为“网络进入平台化时代之后,各类网络综合平台使人们能够借由网络的互联性满足诸多现实生活中的需求,网络空间和网络社会开始形成,现实社会与网络社会同时存在的‘双层社会’成为新的社会结构。网络在网络犯罪中的地位也从作为犯罪对象、犯罪工具进入了一个全新的阶段——犯罪空间。网络空间成为一个犯罪的空间,成为了一个全新的犯罪场域”。[②] 但网络空间的稳定性真的可以由此证成了吗?笔者认为未必,有以下两方面原因:

第一,从宏观层面考察,自工业革命以来,人类社会一直朝着突破人身对地域的依附方向发展。工业社会实现的是地理上突破地域的限制,而当这样的趋势进一步延伸到网络空间,在信息技术以及网络的发展中,网络空间“不仅彻底地打破了地域的限制,而且正在突破领域、族阈的限制。可见,信息流动跨越了地域、领域以及族阈的界限,实现了在网络覆盖范围内的自由流动”。[③] 在信息的高速流动中,“所有的边界都是可以穿过的,因此,所有划出的边界在本质上都是无效的,至少是临时的和可更改的。所有的边界都是脆弱的、不坚固的、有漏洞的”。[④] 的确如此,在过去的“硬件”时代,权力与知识都附属于地域,是“地方性的”,所存在的空间范围稳固;而网络空间则是覆盖全球范围,具有流动性。

---

① 于志刚:《网络犯罪与中国刑法应对》,载《中国社会科学》2010 年第 3 期。

② 于志刚:《网络思维的演变与网络犯罪的制裁思路》,载《中外法学》2014 年第 4 期。

③ 张康之、向玉琼:《网络空间中的政策问题建构》,载《中国社会科学》2015 年第 2 期。

④ [波]齐格蒙特·鲍曼:《被围困的社会》,郇建立译,江苏人民出版社 2005 年版,引言第 15 页。

第二,从具象层面而论,网络使人类进一步延伸,提供了一种革命性的连接方式。飞机、高铁使相隔千里的人可以迅速相聚,网络进一步突破了距离的阻隔,使人们能够做到“千里瞬息如晤”,所谓网络空间,实质是在网络为工具的帮助下构建的现实空间。但同时,网络也并没有为人们搭建起一个恒定的公共空间,每一个网民都可以自由选择接入或者退出互联网端口,登入或者登出互联网,以及与谁进行连接沟通。例如,所有的网络社交空间组成都是在不断变化的。网络空间是流动的现实空间,时刻处在变化之中,而非恒定的虚拟空间。

与该理论的主张相反,笔者认为网络平台能够满足众多的现实需求,并不能用来论证网络空间的稳定存在。目前世界各国都在投入对大脑连接方向的研究,有科学家甚至认为互联网发展的最终极方向将是脑联网,大脑之间将实现完全的网络连接,甚至出现真正的虚拟空间。如果科技真的到了那样的程度,我们才可以认为网络已经超脱了工具的属性,成为了独立于现实社会的虚拟空间,反之则不然。人类的互联网水平没有真的发展到“思维互联”,①就还没有创设出真正稳定的网络空间,而依现有科技水平的发展程度,实现这个目标仍为时尚早。

那么,如上文所论证,网络空间是在网络为工具的帮助下构建的、流动的现实空间,而非稳定的虚拟空间。稳定空间才能产生稳定的秩序需求,在网络空间这一流动的现实空间中,独立的虚拟网络空间秩序缺少存在的现实基础。

其次,在否定“双层社会”存在的前提下,应探讨以之为理论根基的“信息秩序”是否存在。该理论基于网络空间是稳定的虚拟空间的认识,创制了“信息秩序”的概念,认为“在信息时代,正常的社会生活秩序包括获得他人善意发布的真实信息的约定与共识,这是对于在信息时代保障社会正常进行极为重要的‘信息秩序’……利用突发公共事件造谣危害政府公信力、诋毁道德楷模、恶意攻击慈善制度等行为,属于在网络公共空间恶意制造虚假的、新的社会热点,使不特定或者多

---

① 参见刘锋:《互联网进化论》,清华大学出版社 2012 年版。

数人在获得或者传播信息的活动不能自由、有效地进行,造成网络秩序严重混乱的有害行为。”该理论视野中需要刑法介入的独立网络空间秩序,指的是这样的“信息秩序”。

该观点是否成立?所谓“信息秩序”,按照文义理解,是指网络空间内信息流动中所应遵的秩序。存在需要刑法介入的信息秩序,需要满足以下两个条件:存在独立的信息秩序,以及刑法可对此信息秩序进行直接的统一规制。对这两个问题答案的探寻,应当基于对网络空间结构的进一步考察。从一般意义上来说,网络空间具备以下三点独有特性:多层次性,即由硬件、软件和内容方能构成;终端对终端,即其运转不依赖于中心控制系统;内容的中立性,即互联网上的数据信息不可以被选择性发布。①

首先,网络空间这一流动空间的运转,并不依赖于中心控制系统,相反,还具有显著的去中心化特征,这决定了网络空间中并不存在统一、独立的信息秩序。所谓的去中心化,最先是由乔姆斯基于1971年和福柯的电视辩论中提出。乔姆斯基从实质合法性与形式合法性并不一致,提倡保留公民最大限度的自主权,以防止国家权力不当侵害的角度,提出了去中心化的观点。他认为,“一个去中心化的权力体系和自由结社体制肯定会碰到这样的问题,就是不公平这一具体的问题,比如一个地区比另外一个地区更富裕等。希望这些人本能的进步,比寄希望于来自中心化的权力机构所取得的进步要更安全些。这些中心化的机构几乎不可避免地服务于它最有权力的部分的利益”。② 他的“去中心化”表述,指向的是瓦解公民对国家的绝对服从、扩大公民自主权利与个体意见发表的民主价值观,拒绝在发展进步的名义下,使公民陷入“自由即服从”的悖论。而网络技术革新推动的网络空间结构“去中心化”变革,为他的洞见作了最好的注脚。

在实然层面,去中心化的网络结构不仅带来了网络空间的易流变

① See Andrej Savin, *EU Internet Law*, Eldward Elgar Publishing, 2013, pp. 4 - 7.

② [美]诺阿姆·乔姆斯基、[法]米歇尔·福柯等:《乔姆斯基、福柯辩论录》,刘玉红译,漓江出版社2012年版。

性,同时解构出了网络空间中活动的自主化和多元化。在技术根基上,互联网唯一的标准——TCP/IP协议直接决定了其体系结构上的去中心化特征。英国学者安德鲁·查德威克在其专著《互联网政治学:国家、公民与新传播技术》一书中,对TCP/IP协议与互联网技术的四点基本价值观进行了分析解读:其一,每个不同的网络必须代表它自己,当它接入互联网时不应该被要求进行任何内部调整;其二,网络传输应该基于最小努力的基础上,如果数据包不能抵达最终目标,那么这个数据包应从其来源之处迅速被再次传输;其三,以"黑盒子"来连接网络(这些"黑盒子"后来被称为网关和路由器),信息流动数据包通过网关时不应该有信息滞留,因此,要使信息数据包简单化,避免复杂匹配,能够复原各种失败信息;其四,在运行方面不应有全球层面的控制。①

一言以蔽之,构建互联网空间的根基,就是互联网去中心化特征的根源所在,也是人们高呼"互联网是去中心化的"的理论基础。这一理论基础是互联网先驱从技术上奠定的,并融入了他们所倡导的价值理念。

互联网先驱的设计,保障了很难以中心权力对互联网进行控制,或者对它进行全局性、破坏性影响。而在当下,网民更是会依照自己的兴趣选择浏览不同的网站,使用不同的社交软件,进入不同的网络社区,现在的互联网已经让中国社会从一个大群体分裂成了无数个可变的小群体,在这个群体里关注度极高的事件,在另外的群体里或许根本无人知晓。以传播学的视角来看,网络空间中的信息获取与传播一定是分散而非集中的,个体行为对信息传播的影响也不可能是全局化的,并不存在该学者所谓独立的信息秩序。换言之,互联网的蓬勃发展,使人类传播与获取信息的能力得到飞速提升,打破了国家对大量信息收集和管理的垄断,逐步形成了尽管只有少数人可以掌握信息源,但大多数人

① 参见[英]安德鲁·查德威克:《互联网政治学:国家、公民与新传播技术》,任孟山译,华夏出版社2010年版,第7、55页。

可以自由获取与传播信息的开放型信息社会,[①]基于人们不同的价值取向、关注取向所形成的信息群,构成了这一开放型信息社会的基本单元。我们应认清以下事实,那就是开放型信息社会中,存在的是自主型、去中心的信息秩序,而非依附于权力中心的统一信息秩序,没有刑法进行统一规制的现实基础。也就是说,作为独立法益的信息秩序并不存在,它只是一个概括的集合体概念,需要对它进行进一步解析。

其次,网络空间的多层次性,决定了网络信息流动形成的“秩序链”会关涉多方主体,刑法无法对它们进行统一规制,应该区分层次,对各方主体进行均衡的综合治理。网络空间的多层次性决定了由其内三类主体的存在:网络信息内容提供者,网络中介服务提供者和用户。笔者试以网络中介服务提供者为例,来对法律规制的复杂性进行说明。网络的出现,究其本质是为人类社会提供了一种革命性的连接方式,进而将消极的信息接收个体变为积极的信息交互主体,创造了巨量的信息流动。作为流动空间的网络空间,其根基在于连接与交互,承担这个基本功能的是网络服务提供者。从广义的角度来看,网络服务提供者是指专营为社会公众提供网络信息通信服务,并保存任何经由其构建的网络空间“收费站”之用户所留下的信息流动轨迹的“守门人”。[②]因此,它是维护自主型信息秩序重要的主体。而所谓网络服务提供者(Internet Service Providers)也要分为很多不同的类型。传统上,一般根据提供服务内容的不同,将网络服务提供者分为两大类:第一类是网络信息内容提供者(ICP),指自己组织信息通过网络向公众传播的主体。第二类是网络中介服务提供者,指为传播网络信息提供中介服务的主体。[③]

随着信息技术的高速发展,网络服务提供者的类型又在进一步分

---

① 参见[英]卡尔·波普尔:《开放社会及其敌人》(第1卷),陆衡等译,中国社会科学出版社2016年版,第21页。

② Christoph Demont-Heinrich, “Central Points of Control and Surveillance on a ‘Decentralized’”, *Net, INFO*, Iss. 4, 2002, pp. 32, 33.

③ 参见刘文杰:《网络服务提供者的安全保障义务》,载《中外法学》2012年第2期。

化。第一,本属于网络中介服务提供者的网络平台,其功能已远远超出"单纯通道"或技术保障,成为了网络空间信息交互的综合平台,网络平台提供者的角色也早已不具备被动性、工具性和中立性的特质,而是具备充分的能力,并且也已经积极参与到了对平台内信息流动的控制中,成为了网络空间中那只"无形之手"。① 第二,互联网的触角能够延伸到的广度在逐步以"摩尔定理"的速度增加,网络服务提供者所能影响法益的层次也必然愈加复杂,法律保护的力度就不能"一刀切"。如果不对法律想要禁止的最终危害进行分类,也就很难对其想要禁止的行为分类。② 在基本功能界分的框架下,还应当根据网络服务提供者所需保护法益的重要性,作出第二层次的划分。因此,《网络安全法》第三章至第六章中采用了"关键信息基础设施运营者"和"网络运营者"的划分。

我国通过在《刑法修正案(九)》中增设以网络服务提供者为主体的新罪名,以及在《网络安全法》等行政法规中进行专门的规定,在这条网络信息流动形成的"秩序链"中,对各类网络服务提供者的权利、义务以及责任都进行了规范。当然,这还只是刚刚起步,有待进一步完善。论及于此,应当已经足以认识到,以"双层社会"理论为基础构建的、网络空间中独立的信息秩序,不是明确的、刑法应当予以保护的对象。

再次,基于以上两点认知,若欲认可在刑法规范视域中存在独立的信息秩序,违背了刑法规范明确性的基本要求。可以说,任何部门法都没有同刑法一般如此强调法律规范的明确性。③ 因为刑法涉及对公民

---

① See Anne Cheung, Rudolf H. Weber, "Internet Governance and The Responsibility of Internet Service Providers", *Wisconsin International Law Journal*, Vol. 26, Nr. 2, pp. 406 - 408.

② [美] 乔治·弗莱彻:《对刑法的反思》,小布朗出版公司1978年版,第133页。转引自[美] 道格拉斯·胡萨克:《过罪化及刑法的限制》,姜敏译,中国法制出版社2015年版,第249页。

③ 张明楷:《明确性原则在司法实践中的贯彻》,载《吉林大学学报》2015年第4期。

自由最为严厉的限制与剥夺,因此,刑法条文必须清楚地告诉人们,什么是禁止的,以便让大家能够以此规束自己的举止。"对犯罪构成要件各个特征同样地也要描述得如此具体,使对它们的意思含义和意义含义可以通过解释的方法来获取。"[①]那么,认可存在刑法可规制的独立信息秩序,前提是法律中对此已经有了明确的认定。但经过上文的论证,这个要求很显然不能得到满足。

最后,以应然意义而论,该学者所主张的对"信息秩序"的保护难免有过度介入公民自主权的过当法律家长主义嫌疑。不特定或者多数人是否能够自由而有效地进行获得或者传播信息的活动,这取决于公民自主的决定。国家应当尊重或训练公民的基本理性,只有行为有损害刑法保护的现实法益,或对此现实法益有危险时刑法才得介入,无须国家的普遍掌控。

总体而言,笔者不认同有单独的"信息秩序"存在,也不应该出于刑事政策的考量认可它的存在。认可它的结论罔顾了目前网络空间的体系结构,也忽视了网络空间所关涉法益层次的复杂性,是以归罪为逻辑导向的不恰当结论。基于网络空间为流动的现实空间,以及不存在独立"信息秩序"的基本认识,笔者否定所谓"双层社会"论,和以其为支撑的网络空间秩序具有独立性的论断。

(二)网络空间秩序概念的厘定与刑法介入的边界

既然笔者否定"双层社会"和"信息秩序"的存在,那笔者所认可的、刑法可以介入的网络空间秩序的含义是什么呢?

基于上文的探讨,似乎"归根结底,'网络秩序'这个概念是不存在的;网络天生是一片乱哄哄的众说纷纭,没有什么'秩序'可言"。[②] 并

---

① [德]约翰内斯·韦塞尔斯:《德国刑法总论》,李昌珂译,法律出版社2008年版,第20~21页。

② 张千帆:《刑法适用应遵循宪法的基本精神——以"寻衅滋事"的司法解释为例》,载《法学》2015年第4期。

不存在的独立“信息秩序”不是刑法应当关注的,因为刑法规范的适用不可能不考虑现实的法益侵害可能性,毕竟“就刑法规范的根基来说,存在论与规范论并不是悖反的,而应当是在不同层面并存”。[①] 但网络也不是法外之地,刑法应当规制的是对现实的[②]法益有侵害或危险的类型性行为。网络空间中的行为对于受刑法保护的、现实的秩序型法益的侵害,才应当是刑法的关注点。

笔者认同欧洲理事会在《关于网络犯罪的公约》中对于网络犯罪的分类:“侵犯计算机数据和信息安全的网络犯罪为一类;然后在滥用计算机技术、网络技术实施的其他犯罪中,根据它们的客观方面的特征,如犯罪行为、犯罪对象,将它们分为与计算机相关的犯罪、与内容相关的犯罪和侵犯著作权及其邻接权的犯罪。”[③]这样的分类当然还不尽细致和科学,但基本的标准和体现的认知是清晰的:目前的网络犯罪仍然是以计算机、网络为犯罪对象和为犯罪工具两类并存,后者应当根据侵犯的法益不同具体实施保护。那么,经过梳理与论证,应当可以得出如下结论:刑法视野中的网络空间秩序,应当是以网络为连接手段所附着的现实秩序,在现有的技术水平下,认可网络空间的现实存在,并不妨碍网络本身在秩序型犯罪中作为犯罪工具的性质。如网络赌博,网上聚众吸毒等行为,应当认可网络已经弥合了地理上的距离,构成了相应的行为空间,但这也是网络作为连接手段所构成的现实空间。换句话说,刑法应当介入的网络空间秩序是指一类由刑法明文规定保护的、现实的秩序型集体法益,“网络空间秩序”这个概念本身,只是这一类法益的功能性集合,而非刑法所保护的独立法益。那么,这些具体由刑法保护的秩序型法益,就构成了刑法介入网络空间秩序的边界。

---

① 许玉秀:《当代刑法思潮》,中国民主法治出版社 2005 年版,第 27、28 页。

② Vgl. Hefendehl, *Kollektive Rechtsgüter im Strafrecht*, Köln, 2002, S. 28. 转引自杨萌:《德国刑法学中法益概念的内涵和评价》,载《暨南学报》(哲学社会科学版)2012 年第 6 期。

③ 皮勇:《网络犯罪比较研究》,中国人民公安大学出版社 2005 年版,第 19 页。

三、刑法介入网络空间秩序的正当性

刑法规范的效力，取决于公民由刑罚权的正当行使而产生的普遍信仰，毕竟，“由命令和服从构成的每一个社会活动系统的存在，都取决于它是否有能力建立和培养对其存在的普遍信念……换言之，任何统治只有被人们认为有‘正当’理由时，才具有合法性”。[①] 那么，刑法介入网络空间秩序的正当性，是公民对刑法规范普遍信仰的源泉。接下来需要进一步探讨的，便是如何在法益保护的边界内，对刑法介入网络空间秩序的正当性进行明确，以保障刑法规范的效力。

（一）法益保护边界内的刑法介入正当性

网络的发展给传统刑法研究带来了很大的困惑。传统意义上自由法治国刑法的基本形态，是在法益侵害事实发生后才被动介入的“事后干预性刑法”，此种模式下，已经发生了的不法，是对犯罪行为人进行刑事归责的客观基础，法益是刑法介入的应然边界。而在犯罪风险预防的考量下，以社会转型时期的需要等理由否定刑法的最后手段性，运用刑法积极介入社会治理的价值取向，[②]如今在学界已经变得相当有力，明确刑法介入网络空间秩序的边界与正当性的需求。已被强烈的安全需要模糊了。因此，首先应当进一步明晰的，是刑法规制网络空间秩序的法益保护边界所在，继而论及正当性的问题。正如上文所述，网络空间秩序本身，只是基于网络连接手段的各类社会公共秩序的集合体，那么刑法视野内的网络空间秩序，指的是一类以网络作为连接手

---

① 参见张康之：《合法性的思维历程：从韦伯到哈贝马斯》，载吉林大学理论法学研究中心：http://www.legaltheory.com.cn/info.asp? id=6916，最后访问日期：2015 年 11 月 29 日。

② 参见周光权：《转型时期刑法立法的思路与方法》，载《中国社会科学》2016 年第 3 期。

段且为我国刑法所保护的集体法益。我国刑法分则的条文中除了第四章侵犯公民人身权利民主权利罪和第五章侵犯财产罪之外,其他条文所保护的法益,均可认为是在网络空间中可能受到侵害的秩序型法益,本文难以尽表。笔者拟选择网络言论入罪在下文进行深入探讨。而论及刑法介入网络空间秩序的正当性,笔者拟从法益概念本身的解构入手。

关于法益的内涵争议颇多,且目前仍未被我国的司法实践所认可,但它已成为刑法学研究中不可或缺的一个核心概念。就我国而言,目前通行的法益观以张明楷教授的观点为代表,即"根据宪法的基本原则,由法所保护的、客观上可能受到侵害或者威胁的人的生活利益"。[①] 这是实定法意义上的法益概念,多有持结果无价值论的学者持这类观点,如黎宏教授认为"所谓法益就是法律保护的利益"。[②] 而有认可法益概念立法批判功能的学者,未把法益定义为实在法意义上的利益,如罗克辛教授就将法益描述为"是所有那些为个体的自由发展及其基本权的实现,以及为按此目标建立的国家制度的运转所必需的现实存在或目标设定"。[③] 国内也有学者明确强调,对于刑法视野中的法益之益来说,其应然的价值层面具有决定性意义。[④] 笔者认同法益概念应当具有的价值评价维度。

回到法益概念本身,个人法益和集体法益的界分与关系,更加明确地体现出了法益概念本身应当具备的价值批判功能。关于法益的界分,个人法益(Individualrechtsgut)与超个人法益(Überindividualrechtsgut)[⑤]的划分由来已久,甚至始于法益概念最初产生之时。其划分依据是法益的享

① 张明楷:《法益初论》,中国政法大学出版社2000年版,第167页。

② 黎宏:《法益侵害说和犯罪的认定》,载《国家检察官学院学报》2006年第6期。

③ Claus Roxin, *Strafrecht Allgemeiner Teil* (*Band I*, *Grundlagen. Der Aufbau der Verbrechenslehre*) ,4. Auflage, Verlag C. H Beck,2006: 16,Rn7.

④ 熊琦:《论法益之"益"》,载赵秉志主编:《刑法论丛》(2008年第15卷),法律出版社2008年版。

⑤ 超个人的法益还有另外数种表达,如集体法益(Kollektivrechtsgut)、普遍法益(Universalrechtsgut)、共同法益(Gemeinschaftsrechtsgut)等。

有者,或者更确切地说,是对法益的处置权。①

关于个人法益和集体法益的关系,学界主要有一元论和二元论之争。一元论者并不满足于只是将法益划分为个人法益与集体法益,而是想寻找到一个共同的上位概念,得出对法益概念的精确阐述。他们以人为本位,认为只有在服务于个体的自由发展时,集体法益才可能是合法的。换言之,个人是出发点,是任何国家制度和法律制度的最高价值,国家相对于个人而言,只具有服务的功能,由此才能保障个体的自由空间,才能通过限制立法权限保障公民对抗国家的权利。② 二元论是指把个人法益与超个人法益视为质、量不同的两个种类,给予其同等对待。二元论代表观点则认为,个人法益与集体法益是互不约束、各自独立、权利平等的两个种类。③ 在如今所谓"风险社会"的语境下,集体法益的去实质化④趋势将法益的内涵抽空,实质是以二元论的理解为指导,这使得法益的构成要件限定的刑法解释论功能已经形同虚设,遑论立法批判功能。这样一来,法益在犯罪论体系中的地位自然与犯罪客体并无二致,即只具有刑事政策意义上指导立法的作用,刑法解释和立法批判的功能全都丧失了,这也直接导致了我国司法实践中判断恣意性较强的社会危害性,成为了危害行为入罪与否的唯一实质考量标准。这完全忽视了行为的应受刑罚处罚性,即刑罚权启动的正当性。

法益概念本身的价值引导与批判的功能不被承认,那么立法和司法所遵从的价值导向必然会左右法益概念的界定和解释。对于具有深厚宪政基础的国家,如德国。虽然德国联邦宪法法院只承认法益有构

---

① 参见杨萌:《德国刑法学中法益概念的内涵和评价》,载《暨南学报》(哲学社会科学版)2012 年第 6 期。

② M. Marx, *Zur Definition des Begriffs "Rechtsgut"-Prolegomena einer materialen Verbrechenslehre*, Kolen, 1972.

③ K. Tidermann, *Tatbestandfunktionen im Nebenstrafrecht-Untersuchung zu einem rechtstaatlichen Tatbestandsbegriff*, entwickelt am Problem des Wirtschaftsstrafrechts, Tübingen, 1969.

④ Claus Roxin, *Strafrecht Allgemeiner Teil* (*Band I, Grundlagen. Der Aufbau der Verbrechenslehre*), 4. Auflage, Verlag C. H Beck, 2006, S. 41.

成要件的解释功能,不承认它具有批判立法的功能,认为这样的权力只属于立法者,但通说认为宪法作为公民达成的具象的社会契约,其规定的基本权利和原则体现了基于社会共识的、需要法律体系予以保护的价值,[①]而基本权利则是要通过具体的部门法实现。因此,在司法实践中,即使法益说批判立法的功能并不被承认,其基本法就为德国刑法奠定了保障公民个体权利和自由的价值根基。[②] 换言之,基本法为法益概念价值引导与批判功能的发挥提供了规范依据。在德国的刑事立法和司法中,很好贯彻了基本法对公民基本权利的保障。德国宪法法院曾在其判决中作出了明确的论述:“任一刑罚都必须与犯罪行为的严重性(Schwere)和犯罪行为人的罪责(Schuld)成比例”,[③]其中的比例原则,就是基本法所保障的基本权利及其蕴含的共同价值,对具体的定罪量刑过程发挥引导与批判作用的切入点。例如,2008 年 2 月 26 日,联邦宪法法院第二审判庭以绝对多数肯定《德国刑法典》第 173 条第 2 款第 2 句处罚“有血缘关系的兄弟姐妹的相奸行为”的合宪性,[④]就是德国基本法发挥对刑事立法价值引导与批判功能的具体体现。

而对于我国这样法治基础薄弱的国家,国家的政策导向就成为了法益的价值指导。代议制的民主国家中,政府似乎被抽象成为了人民群众、公共利益的代表。然而,政府在诸多的因素影响下,要绝对地保持其中立性或者社会公共利益性是不可能的。因为“政府其实不外是各种利益集团组成的集合体,这些利益集团代表的利益各异,有时体现为企业的利益,有时体现为消费者的利益,有时体现为用人单位的利益,有时体现为劳动者的利益,有时体现为中央利益,有时体现为地方利益。这些利益都有其合理性,作为法律制度,不必要也不可能基于一

---

① 参见谢立斌:《宪法解释》,中国政法大学出版社 2014 年版,第 19 页。

② 同上书,第 20 页。

③ Vgl. BVerfGE 45,187,227ff.

④ 载 http://www.bundesverfassungsgericht.de/entscheidungen/rs20080266_2br039207.html,最后访问日期:2015 年 11 月 29 日。

个先验的社会公共利益标准，去保护一个利益而限制或剥夺另一个利益。”①笔者认为，立法机关亦不可能全然中立理性，也同样受到各种利益诉求的影响。如我国刑法中的骗取贷款罪，拒不支付劳动报酬罪等罪名的设置，便是对强势的金融机构诉求，或者民情沸点的刑法回应，②很难认为是理性的立法。但“法律应当被信仰，否则它将形同虚设”，③刑法条文也不可能随意修改，笔者因此赞同应当认可法益具有的立法批判功能，并认可哈赛默(Hassemer)主张的一元论④的人本法益观，⑤亦即集体法益仅仅是一种媒介，是派生的被保护利益。只有当集体法益间接地也是个人利益时，才能得到认可。共同利益以及国家利益都是从个体出发行使功能的，反推则不允许。核心刑法除了保护个人法益，当然还需要保护某些集体法益，这些集体法益是个人权利空间的保障，如果对其造成损害，则被视为应受刑事处罚。

也就是说，刑法介入网络空间秩序的第一个正当性要求，笔者认为内蕴在法益概念中，那就是以对个人法益的保护为前提，这源自对人性的审视。由于人性无法通过经验实证，只能来自内心确信，相较于霍布斯所设想的“一切人对一切人的战争”⑥的人类自然状态，笔者更倾向于洛克所设想的人与人之间自由而和平的自然状态。⑦ 霍布斯设想的自然状态中对人类最大的威胁在于无序可能产生的暴力，而对洛克而

---

① 张霞:《对社会公共利益概念的质疑———社会公共利益作为一种法益的修正》，载《云南行政学院学报》2008 年第 3 期。

② 何荣功:《社会治理“过度刑法化”的法哲学批判》，载《中外法学》2015 年第 2 期。

③ 参见[美] 伯尔曼:《法律与宗教》，梁志平译，商务印书馆 2015 年版。

④ Vgl. O. Hohmann, *Das Rechtsgut der Umweltdelikte*. Grenzen des strafrechtlichen Umweltschutzes, Frankfurt, 1991.

⑤ Vgl. Hassemer, *Theorie und Soziologie des Verbrechens-Ansätze zu einer praxisorientierten Rechtsgutslehre*, Athenäum Fischer Taschenbuch Verlag, 1973.

⑥ See Thomas Hobbes, *Leviathan*, Richard Tuck ed., Cambridge, Cambridge U. P., 1989, p. 90.

⑦ See John Locke, *Two Treatise of Government*, Peter Laslett ed. Cambridge, Cambridge U. P., Ⅱ, § 28(emphases in original).

言,则是饥饿。洛克认为自然状态中人们是和平而具有理性的,通过劳动获得食物以供生存,这是不需要获得他人同意的,生存是人的天赋权利。而合意建立社会契约,让渡权利的目的在于更好地保障通过劳动获得的食物,让财产发挥自己最大的效用。① 那么前者赋予秩序本身的存在以正当性,后者则强调秩序的正当性来自于人们达成的以下合意,那就是更好发挥自己生存所依赖财产的效用,促进所有公民个体更好的生存。也就是说对于刑法而言,它不仅是"犯罪人的大宪章",更应当是保护一般公民个体自由与权利的大宪章,公民个体自由与权利的保障应当是刑罚发动的正当性根基。

以此观之,对于刑罚正当性的探讨似乎很容易走向形而上的道德判断。然而明确性是现代刑法,特别是大陆法系刑法的原则性要求。将刑罚权发动的正当性求诸于刑罚的道德界限,并且强调只有一般社会公众才有权力判断行为是否"造成利益倒退而且侵权",②这是在英美法系注重"经验智慧"(practical wisdom)③传统语境下的选择,且有陪审团制度作为保障。作为当下日渐继受德日大陆法系传统的我国刑法学而言,无可能全然放弃犯罪构成的体系判断,抑或放弃法益概念的中心地位。那么,一元论的人本法益观应当成为我国的适当选择。对于网络空间秩序所表征的集体法益,应当以是否至少间接地保护个人法益为基准,对相关刑法条文进行解释适用。虽然关于是否有必要单独保护不真正集体法益,也就是可以还原为个人法益的集体法益,尚有不同意见,④但笔者认为基于实定法,对它应当作以侵犯个体法益为前提的解释。这是法定边界内法益概念内蕴的刑罚正当性要求。

① Martin Loughlin, *Sword & Scales: An Examination of the Relationship between Law and Politics*, Hart Publishing, Oxford and Portland Oregon, 2000, p. 164.

② See. Joel Feinberg, *Harm to Others*, New York/Oxford: Oxford University Press 1984, pp. 51 -55.

③ Martin Loughlin, *Sword & Scales: An Examination of the Relationship between Law and Politics*, Hart Publishing, Oxford and Portland Oregon, 2000, p. 11.

④ 参见[德]克劳斯·罗克辛:《对批判立法之法益概念的检视》,陈璇译,载《法学评论》2015年第1期。

(二)法益冲突与刑法介入的正当性

笔者认为,刑法介入网络空间秩序正当性的第二个要求在于对法益冲突的考量。如笔者所论,法益有应然和实然两个层面,在应然的层面,一元的人本法益观为法益冲突提供了个体法益为本的正当性价值导向;在实然层面,因为法益是"根据宪法的基本原则,由法所保护、客观上可能受到侵害或者威胁的人的生活利益"。① 则法益冲突的实质即利益衡量。② 因为"法律不仅由规则或规范一般化构成,它也包括规则的适用",③所以探讨刑法规范视野中利益衡量的具体适用,也是刑法规范研究中非常重要的命题。

在刑法理论研究与司法适用中,较普遍地认为利益衡量只存在于正当防卫和紧急避险场合,对于实定法层面的立法和司法而言,依照待入罪行为的社会危害性严重与否,即可判断是否进行刑事规制。其实不然。对于一个法益是否需要保护,以及采用多大的强度进行保护,不是对该法益单独的考察可以决定的,而是应当在与之相冲突的法益衡量之后,依照价值评价的标准作出恰当的抉择。普遍意义上说,刑法主要通过禁止性规定表明,禁止特定类型的行为所保护的利益,要优越于通过该行为实现的利益。例如,意大利刑法学家杜里奥·帕多瓦尼所举的例子,"刑法通过规定盗窃的犯罪构成来强调,与任何企图通过盗窃行为来实现或满足的利益相比,合法拥有的动产都具有优先地位"。④ 这是非常明确的。但需要优先考虑与所需适用的刑法条文保护的法益相冲突的法益时,真正棘手的问题方才出现,这就是各种违法阻却事由出现的情形。而对于刑法中某些类型的犯罪,问题则更加尖锐,对其适用保护其目标法益,同时会造成其他与之相冲突的、同样值

① 张明楷:《法益初论》,中国政法大学出版社 2000 年版,第 167 页。

② 由于是在实然层面上探讨法益的冲突,因此本部分不再区分法益和利益的用语。

③ 参见[美] 伯尔曼:《法律与宗教》,梁志平译,商务印书馆 2015 年版,第 126 页。

④ [意] 杜里奥·帕多瓦尼:《意大利刑法学原理》,陈忠林译,法律出版社 1995 年版,第 142 页。

得保护的利益乃至宪法权利的减损,两者之间注定此消彼长,言论型犯罪即是如此。本文探讨的网络型寻衅滋事罪或编造、故意传播虚假信息罪的适用,同时会侵犯由我国公民所应具有的言论自由这一基本权利,它由我国《宪法》第35条明文规定,此时更加需要进行实质的利益衡量,将两者的损失都限制在正当的限度内。

目前学界所关注的都是现代性发展所催生的实然风险,而没有意识到已进入反思性现代化(reflexive modernization)阶段的当代社会中,法律规范体系,包括刑法规范面临的最大风险,是随着个体差异性权利的扩张,共同体被解构,"我们"的共享习俗和共享意义逐渐失灵了,个体之间失去了价值共识。而正如海德格尔所说,当价值共识中断时,人类才变为主体,开始出现主客体对立的思维模式,对于产生的冲突更多地祈求于客观的法律规则代表的第三方权威。① 但刑罚的具体适用,也就是刑事归责,是一个动态的价值评价过程,无法以僵硬的规则来规范;同时,人类的理性是有限度的,不可能完全达到实质个案正义,赋予法官过宽的自由裁量权会有恣意裁判的危险。因此,只能以更高的价值原则来进行指导,才能避免刑事归责彻底走向实用主义。

正如笔者在本文所强调,法律规范是国家权力(包括刑罚权)的运作框架,②刑罚权行使的正当性使公民产生的对刑法规范的信赖,是刑法规范效力的本质保障,而不是强制暴力。因此,无论是强调所谓"常识,常理,常情",③抑或重视"公共理性",④都是在突出刑罚权的正当边界对于保障刑罚权本身效力的关键作用。

就刑法而言,纯粹的客观主义和主观主义是危险的两极,鉴于人类不可能具备绝对理性,但必须认可其具备作为存在而非目的的自由意志,刑法注定要在两极之间游走,寻找恰当的平衡点。那么,宪法作为

---

① M. Heidegger, *Sein und Zeit*, 16 Auflage, Tübingen: Max Niemeyer Verlag, 1986, S. 76 - 82.

② See Martin Loughlin, *Sword & Scales: An Examination of the Relationship between Law and Politics*, Hart Publishing, Oxford and Portland Oregon, 2000, p. 11.

③ 陈忠林:《刑法散得集》,法律出版社2003年版,第342页。

④ 张千帆:《刑法适用应遵循宪法的基本精神——以"寻衅滋事"的司法解释为例》,载《法学》2015年第4期。

具象化的社会契约，承载了社会所共同认可的价值，是保证实定法的安定性，与保持对实定法的批判性之间最佳的平衡点。宪法所规定的基本权利、原则蕴含之社会共同体认可的基本价值，应为刑法适用所依据的具体价值共识。刑法的适用不与之相冲突，才能弱化刑罚权的社会强制意味，逐渐将刑法规范培育成价值与利益冲突的动态平衡机制，有强制力保证且被公民普遍信仰，消解刑法的工具属性。

以此观之，我国简单的国家利益优于社会利益、社会利益优于个人利益的利益层级模式，显然没有以保障公民个体的权利与自由为出发点，过于粗陋。法律所保障的利益层级，应当是以公民个体的需求层次为根据进行划分。“一切追求危害最小化的法律制度，必须比较不同种类利益的重要性，并且做出综合判断，以便能够将那些为了保护某人较低层级的利益而侵扰他人较高层级利益的行为宣布为不正当(unjustified)。公民的需求和利益分为四类：偶然的需要、工具性需要、安宁利益、焦点目标。危害原则中的危害，指的是对上述所形成利益网络中工具性需要、安宁利益和焦点目标的危害。只有是制止危害这些利益所必须时，才能适用危害原则予以刑事制止。犯罪行为实质是对刑法所认可的利益顺序的违反。”①笔者认为，目前的状况无法要求法官做到如此细致公正的评价，但应当有最基本的两个要求：(1)依照人本的法益观，以个体法益的保护为基本出发点；(2)在利益衡量中作出合比例的处罚抉择。

以本文欲深入探讨的网络言论入罪而言，司法实践中的做法没有达到这两个基本要求。“言论自由是指，公民以语言或者其他方式表达、传播、交流思想和情感不受任意干涉的自主性权利。”②笔者认同言论自由应当受到合理限制，我国《宪法》第51条就明文规定“中华人民共和国公民在行使自由和权利的时候，不得损害国家的、社会的、集体的和其他公民的合法自由和权利”。但这只是原则性的规定，对自由和权利之具体界限的划分，是由具体的部门法完成。“就言论自由而

① Joel Feinberg, *Harm to Others*, New York/Oxford: Oxford University Press, 1984, pp. 35, 55 - 61.

② 唐煜枫：《言论自由的刑罚限度》，法律出版社2010年版，第19页。

言,无论是民法中关于保护名誉权、人格尊严的规定还是刑法中规定的若干煽动型犯罪及侮辱、诽谤、诬告陷害等主要以言论作为其基本行为方式的犯罪,都显示出为了维护其他权利或者公共利益的需要,而对言论自由作出的限制。由于这些限制性规定指向的,是言论自由这种基本自由,对于民主政治和社会健康发展至关重要。为了避免强调对其他法益的保护而忽略了言论自由的实现,应当对这种限制本身给予限制。"[①]因为"历史表明,限制的滥用与自由的滥用一样有害,甚至更为有害"。[②] 而这样的限制不仅应存在于言论自由,同时在对其他公民基本权利进行限制时都应该给予充分考虑。[③]

四、网络言论入罪的边界与正当性

因为网络空间秩序所蕴含的集体法益较多,难以尽表,接下来,笔者将基于本文所持观点,具体探讨对于不当网络言论对社会公共秩序造成的妨碍,如何确定刑法规制的边界以及正当性根基。

依本文主张的考量标准,首先应当明确不当网络言论可能侵犯的秩序型集体法益,这是刑法规制网络言论的法定边界;若刑罚权的介入在边界之内,则应以一元论的人本法益观,以及对所欲保护的集体法益,与适用刑法可能侵害的个人基本权利之间进行利益衡量,作为正当性要求,来确定刑法应对不当网络言论妨碍社会公共秩序的限度。

所谓网络言论入罪,应当包括妨碍名誉型犯罪,主要包含侮辱罪和诽谤罪;煽动型犯罪,包含煽动分裂国家罪、煽动颠覆国家政权罪、煽动民族仇恨、民族歧视罪、煽动暴力抗拒法律实施罪、及煽动军人逃离部队罪;网络型寻衅滋事罪;《刑法修正案(九)》新增的编造、故意传播虚假信息罪;编造、故意传播虚假恐怖信息罪。对本文而言具备探讨价值

---

① 高金桂:《利益衡量与刑法之犯罪判断》,台北,元照出版公司 2003 年版,第 218 页。

② 侯建:《言论自由及其限度》,载北大法律评论编委会编:《北大法律评论》(2000 年第 3 卷第 2 辑),北京大学出版社 2000 年版,第 114 页。

③ 高金桂:《利益衡量与刑法之犯罪判断》,台北,元照出版有限公司 2003 年版,第 218 页。

的,是网络言论妨碍社会公共秩序可能构成的相关罪名,即日趋体现出口袋罪趋势的寻衅滋事罪,以及《刑法修正案(九)》新增的编造、故意传播虚假信息罪。先结合董某案,对所谓“网络型寻衅滋事罪”进行分析,案情简述如下:“昆明市五华区人民法院经审理查明,2011 年 3 月至 2013 年 5 月,被告人董某、侯某通过编造虚假信息、帖文,为他人提供信息网络有偿服务。董某在湄公河中国船员遇害事件发生后,编造虚假信息在网络上散布,恶意攻击、诋毁国家机关和政府形象,宣称‘湄公河案件不是一场杀人案,刑事案,而是一场政治案’,并在腾讯,天涯等多个网络社区传播,严重扰乱公共秩序,造成极其恶劣的社会影响,其行为还构成寻衅滋事罪。对被告人董某应当数罪并罚。最终以非法经营罪,判处被告人董某有期徒刑 6 年,并处罚金人民币 350,000 元,以寻衅滋事罪,判处其有期徒刑 1 年,决定执行有期徒刑 6 年零 6 个月,并处罚金人民币 350,000 元。”①

该案与其他众多的微博“大 V”涉嫌寻衅滋事罪被逮捕及判刑一样,此类案件多见于微博“大 V”在网络上发表言论而被以寻衅滋事罪起诉定罪,主要的法律依据是最高人民法院、最高人民检察院颁布的《关于办理利用信息网络实施诽谤等刑事案件适用法律若干问题的解释》(以下简称《解释》)。该司法解释第 5 条围绕寻衅滋事罪的适用问题进行了规定。② 首先,应明确本罪保护的法益是什么。“可以肯定的是,刑法规定寻衅滋事罪旨在保护公共秩序或社会秩序。”③寻衅滋事罪保护的法益是社会公共秩序这一点应无疑义。但关于本罪法益的解

① 人民网:《网络大 V“边民”董某被判刑六年半,处罚金 35 万元》,载新华网:http://news.xinhuanet.com/legal/2014-07/23/c_126788094.htm,最后访问日期:2015 年 11 月 29 日。

② 《关于办理利用信息网络实施诽谤等刑事案件适用法律若干问题的解释》(以下简称《解释》)第 5 条规定:“利用信息网络辱骂、恐吓他人,情节恶劣,破坏社会秩序的,依照刑法第二百九十三条第一款第(二)项的规定,以寻衅滋事罪定罪处罚。编造虚假信息,或者明知是编造的虚假信息,在信息网络上散布,或者组织、指使人员在信息网络上散布,起哄闹事,造成公共秩序严重混乱的,依照刑法第二百九十三条第一款第(四)项的规定,以寻衅滋事罪定罪处罚。”

③ 张明楷:《刑法学》(第 4 版),法律出版社 2011 年版,第 935 页。

释,存在的问题主要有二:(1)对于“公共场所”的解释;(2)对“公共场所秩序”及“公共秩序”的解释。

对于第一个问题,通过新闻发布会,我国最高人民法院明确了“公共场所秩序”可包含“网络秩序”,以此为基点,明确了利用信息网络实施寻衅滋事犯罪的认定问题。最高人民法院认为,“信息网络具有两种基本属性,即‘工具属性’和‘公共属性’。人们把信息网络作为获取信息、买卖商品、收发邮件的有效途径,说明信息网络具有‘工具属性’。同时,信息网络也是人们沟通交流的平台,是现实生活的延伸,是社会公共秩序的重要组成部分,具有很强的‘公共属性’。”①有学者与最高院的解释路径一致,基于“双层社会”理论,认为网络空间是独立于现实空间的独立的公共场所,因此造成网络空间秩序混乱的是基本犯,落实到现实空间造成现实社会公共秩序混乱的,属于加重犯。②但通过本文第一部分的分析可以明确,这个结论的逻辑前提不成立,根本不存在双层社会。网络空间应当属于公共场所,但它是以网络作为工具达成的现实公共场所,要构成所谓网络型寻衅滋事罪,只能以造成现实公共场所秩序的混乱为构成要件结果。

这就切入了第二个问题,因为《解释》和刑法条文的用语表述不同,需要对“公共场所秩序”和“公共秩序”进行一定的辨析。“公共秩序”一般泛指维护和保障社会公共生产、生活正常运行的秩序。“社会管理秩序”“生产秩序”“工作秩序”“交通秩序”和“公共场所秩序”都是公共秩序的下位概念。道德秩序及国家形象属于思想领域,对于他人价值观、思想产生影响,但并不涉及公共秩序的问题。③ 所谓的道德秩序和国家形象不属于公共秩序的范畴。基于公共场所秩序等于网络空间秩序的认识,有学者主张将“公共场所秩序”直接扩张解释为“公

---

① 《惩治利用网络实施寻衅滋事将有新依据》,载中国法院网:http://www.chinacourt.org/article/detail/2013/09/id/1081089.shtml,最后访问日期:2015 年 11 月 29 日。

② 参见于志刚:《“双层社会”中传统刑法的适用空间——以“两高”〈网络诽谤解释〉发布为背景》,载《法学》2013 年第 10 期。

③ 潘修平、赵维军:《网络寻衅滋事罪的定性》,载《江西社会科学》2015 年第 8 期。

共秩序”,继而可以将寻衅滋事罪的适用扩展到网络空间,[①]这当然只能被视作为了归罪所进行的类推解释。而寻衅滋事罪所保护的是“现实的”[②](real)公共场所秩序。强调网络上信息传播极其迅速、影响非常广泛,来论证通过网络传播的不当言论必然会对社会公共秩序产生侵害,[③]这只是忽视网络空间结构,且以归罪为取向主观臆断。笔者坚定认为,《解释》的“公共秩序”只能是“公共场所秩序”,而非“社会公共秩序”。

其次应当考量的,是适用寻衅滋事罪规制妨碍社会公共秩序的不当网络言论,其正当性何在。

先以一元论的人本法益观作为法益内蕴的应然价值标准,考察适用本罪的正当性。《解释》第5条结合信息网络的两种基本属性,明确了利用信息网络实施寻衅滋事犯罪两种基本的行为方式:一是利用信息网络辱骂、恐吓他人,情节恶劣,破坏社会秩序的;二是编造虚假信息,或者明知是编造的虚假信息,在信息网络上散布,或者组织、指使人员在信息网络上散布,起哄闹事,造成公共秩序严重混乱的。

董某案中,昆明市五华区法院即是依据该《解释》第5条第2项的规定,认定其编造湄公河案阴谋论的行为严重扰乱了网络秩序,造成了恶劣的公共影响,以《刑法》第293条第1款第4项规定处罚,构成寻衅滋事罪。

以造成虚拟网络秩序混乱为由入罪,基于上文的探讨,此处已不值一驳。基于一元的人本法益观,笔者认为,公共场所秩序,并不是真正的所谓抽象意义上的“公共法益”(Universalrechtsgüter),[④]作为现实的

---

① 潘修平、赵维军:《网络寻衅滋事罪的定性》,载《江西社会科学》2015年第8期。

② 杨萌:《德国刑法学中法益概念的内涵和评价》,载《暨南学报》(哲学社会科学版)2012年第6期。

③ 于志刚:《“双层社会”中传统刑法的适用空间——以“两高”〈网络诽谤解释〉发布为背景》,载《法学》2013年第10期。

④ Claus Roxin, *Strafrecht Allgemeiner Teil* (*Band I, Grundlagen. Der Aufbau der Verbrechenslehre*),4. Auflage, Verlag C. H Beck,2006,S. 38.

法益,它应当是特定公共场所中个体法益的集合。[①] 而这种集合的关系,指的是公共场所秩序间接地也是其中个体法益,是个体权利空间的保障,[②]而非简单的个体法益之和,有单独予以保护的必要。侵害此类集体法益,要以侵害其相关的个体法益为前提。具体到董某案中,便是他在网上散布所谓诋毁政府形象言论的行为,应侵害了"不特定或多数人在公众场所从事活动的自由与安全",才可以定寻衅滋事罪,更具体来说,公民个体在公共场所从事活动的自由与安全被侵害,是不特定或多数人在公共场所从事活动的自由与安全被侵害的前提,公共场所秩序作为法益存在的唯一正当性,在于保护个体在公共场所的相关自由与权利。笔者认为,并无任何个体法益受到侵害与威胁时,而处之以寻衅滋事罪,"这种法益概念的'去实质化趋势'(Entmaterialisierungstendenz)实质是对法益的滥用"。[③] 其实质是二元论法益观指导下法益批判功能丧失所导致的必然后果。

此外,刑法学用语上的抽象危险犯,一般认为是指依据科学知识和经验法则能够得出、由法律拟制确定需要适用刑法规制的、对法益不具有迫切危险的行为。[④] 本文是在日常用语的层面指称抽象危险,即与法益侵害结果较远的、对法益并不急迫的危险。如董某的行为,至多只能视作对现实社会不特定或多数人在公众场合从事活动的自由和安全造成了抽象危险,自然也没有对作为集体法益的公共场所秩序造成实害,不能适用寻衅滋事罪进行处罚。寻衅滋事罪要求实行行为造成了实害结果,没有规定对危险犯的处罚。在网络发布的非恐怖信息的虚假信息及攻击性言论,本身虽然造成了不好的公众影响,但很难将这种恶劣影响认定为一种实害结果,至多认为他的传播行为造成了危害公

① Claus Roxin, *Strafrecht Allgemeiner Teil* (*Band I*, *Grundlagen. Der Aufbau der Verbrechenslehre*),4. Auflage, Verlag C. H Beck,2006,S. 38.

② Vgl. Hassemer, *Theorie und Soziologie des Verbrechens-Ansätze zu einer praxisorientierten Rechtsgutslehre*, Athenäum Fischer Taschenbuch Verlag,1973.

③ Claus Roxin, *Strafrecht Allgemeiner Teil* (*Band I*, *Grundlagen. Der Aufbau der Verbrechenslehre*),4. Auflage, Verlag C. H Beck,2006,S. 37.

④ 参见高巍:《抽象危险犯的概念及正当性基础》,载《法律科学》2007年第1期。

共场所秩序的危险，在刑法并未将这种行为纳入处罚范围的前提下，处以治安处罚足以，为了适用刑法对之进行处罚，而错误地适用寻衅滋事罪的做法缺乏正当理据。虽然在风险社会的语境下，法定犯，危险犯的设定在大量增加，①但危险犯处罚的基本前提是要以刑法明文规定为依据。如我国《刑法》第 143 条规定生产销售不符合安全标准的食品罪，便应当视作危险犯的规定。我国刑法第 143 条规定，“生产、销售不符合安全标准的食品，足以造成严重食物中毒事故或其他严重食源性疾病的，处三年以下有期徒刑或拘役，并处罚金……”即只要足以有引发规定结果的危险，即可处罚，无须发生实害结果。而前述司法解释中第 5 条第 2 款的表述“……造成公共秩序混乱的……”其中的“公共秩序”应当认为是现实社会中的公共场所秩序，且要求具有实害结果，直接以网络具有公共性为由将网络秩序等同于公共秩序，是在混淆概念，悄然将刑法的防卫界限过度提前。对董某案、及类似的“大 V”网上传播不利于社会和谐稳定的言论的行为适用寻衅滋事罪，没有正当理据。

公共秩序的抽象化，必然导致对构成要件的解释缺乏实质性的限制，从而使构成要件丧失应有的机能。维护秩序的存在本身并不天然具有正当性，只有秩序的存在是以保障公民个体自由与权利为目的时，才是正当的。因此，提倡一元人本的法益观，对公共场所秩序这一集体法益进行人本的具体判断实属必然。

另外，对如董某案一般，以不当网络言论妨碍社会公共秩序为由适用寻衅滋事罪，可能会侵犯公民的言论自由这一基本权利的情形，应在本罪保护的公共场所秩序和公民言论自由之间进行衡量，作出合比例的处罚选择，作为法益内蕴的、考察刑法介入网络言论正当性的实然标准。关于言论自由本文不拟展开，笔者认为我国目前虽然无法做到如德国一般，对于在公共领域发表的言论，因为对民主制度的发展有不可或缺的作用而绝对免责，②但应当对于公民有关公共事务发表的意见性言论报以最大的容忍态度。如董某案中这样涉及对政府机关、社

① 劳东燕：《风险社会与变动中的刑法理论》，载《中外法学》2014 年第 1 期。

② 谢立斌：《宪法解释》，中国政法大学出版社 2014 年版，第 45 页。

会慈善机构的主观评价,这是民主社会中应有的言论自由。在刑法条文的具体适用中,应避免行政管理式的思维,回归刑法规范的严谨分析。

因此便需要检视《刑法修正案(九)》新增的编造、故意传播虚假信息罪,本罪规定在《刑法》第291条之一第2款中。[①]《刑法修正案(九)》颁布之前,我国《刑法》第285条和第286条所规制的,实质是以计算机为犯罪对象的计算机犯罪。仅有第287条[②]的规定,可以视为规制以网络技术为工具的网络犯罪,结合相关的单行条例,刑法的规范供给仍显贫乏。必须要肯定,面对网络空间犯罪的条文仅有第287条的现实,立法者意识到了规范供给的严重不足,通过《刑法修正案(九)》新增了拒不履行信息网络安全管理义务罪、非法利用信息网络罪、帮助信息网络犯罪活动罪以及本文探讨的编造、故意传播虚假信息罪,并且取消出售、非法提供公民个人信息罪和非法获取公民个人信息罪罪名,修改为侵犯公民个人信息罪,完善了我国应对网络犯罪的罪名体系,使刑罚权在网络空间的适用进一步有法可依,这当然是积极的进步。但新的条文也需要合理的学理解释指导适用。本文关注的是网络空间秩序的刑法规制,所以重点探讨编造、故意传播虚假信息罪。

首先,编造的虚假信息内容限定为了四类,即险情、疫情、灾情、警情,这应当作严格的文意解释,超出这四类的范围,不能构成本罪。言论的范围当然不止这四类,因此仍有寻衅滋事罪适用的空间。并且编造及故意传播的虚假信息应当是虚假的事实陈述,而不应当包括行为人的主观评价和判断。

其次,对言论内容的限定还远远不够。如上文对董某案的探讨及

---

① 我国《刑法》第291条之一第2款规定:"编造虚假的险情、疫情、灾情、警情,在信息网络或者其他媒体上传播,或者明知是上述虚假信息,故意在信息网络或者其他媒体上传播,严重扰乱社会秩序的,处三年以下有期徒刑、拘役或者管制;造成严重后果的,处三年以上七年以下有期徒刑。"

② 我国《刑法》第287条规定:"利用计算机实施金融诈骗、盗窃、贪污、挪用公款、窃取国家秘密或者其他犯罪的,依照本法有关规定定罪处罚。"

相关案例①可知,司法实践中将网络上传播不当言论入罪,往往只根据言论的内容是否具有对社会的敌意,主观臆断地认为基于网络传播的广泛性和不可控性,这样对社会带有敌意的言论的社会危害性不证自明,②这样的认识当然不符合现代刑法的基本精神。那么,最重要的是应当明确对本罪条文中"严重扰乱社会秩序"和"造成严重后果"的理解。基于上文的探讨应当可以明确,此处的"社会秩序"应当解释为刑法所明文规定保护的一类社会公共秩序,指的是这一类由刑法明文规定所保护的秩序型集体法益。基于一元的人本法益观,所谓"严重扰乱社会秩序",应当是指严重侵害了由刑法明文规定所保护的秩序型集体法益,而这样的侵害又要以相关个体法益的侵害为前提。而"造成严重后果"则依相应条款的结果加重犯解释,绝不能将本罪理解为"造成网络空间秩序混乱的为基本犯,造成现实秩序混乱的为结果加重犯",因为根据本文的分析可知,根本不存在独立的网络空间秩序,这样的解释只能为不正当的任意归罪留下广阔空间。

五、结　　语

随着网络技术的发展,网络空间的"公共属性"愈发明显,各类异见人群的声音都能够得到广泛传播,并可能对现实社会产生巨大影响,这自然给社会秩序的稳定带来了风险。鉴于我国对网络空间法律治理体系的建设才刚刚起步,若完全抵制刑事立法回应防控此类风险的社会需求,则无法有效防控相关犯罪。因此,刑事立法应以审慎的态度,对此类犯罪风险防控的需求进行适度回应,在我国当前的国情下,具备一定的正当理据;另外,面对可能的风险时,一味以"一刀切"的封堵思

---

① 孙万怀、卢恒飞:《刑法应当理性应对网络谣言——对网络造谣司法解释的实证评估》,载《法学》2013 年第 11 期。参文中关于网络谣言以寻衅滋事罪入罪案件的实证研究数据。

② 于志刚、郭旨龙:《"双层社会"与"公共秩序严重混乱"的认定标准》,载《华东政法大学学报》2014 年第 3 期。

维适用刑法进行处罚,何尝不是增加了为安全而牺牲自由的风险。在风险社会的语境下,适用刑法仍应当坚持刑法的罪责原则及其谦抑性原则,清醒地面对刑法防线前置化带来的诱惑,明确刑法介入网络空间秩序的边界在于刑法所明文保护的、现实的秩序型集体法益,认识到法益概念内蕴的价值批判功能,从应然层面的一元论人本法益观的价值取向和实然层面的法益衡量考量刑法介入网络空间秩序的正当性,才能够正确保持维护社会安全和保障公民自由之间的平衡,维持网络空间秩序的良性稳定。

Order in Cyberspace and Legitimacy of Criminal Law's Intervention

Jing Lijia

[内容摘要]所谓"双层社会"并不存在。网络空间秩序,是刑法保护的一类秩序型现实集体法益的集合,刑法保护的具体法益是刑法介入网络空间秩序的边界。刑法介入网络空间秩序的正当性,即在于所处罚的行为不仅破坏网络空间秩序,也对其指向的个体法益具有危险或造成实害,以及对刑法保护的该集体法益和与之相冲突的行为人基本权利进行衡量,继而作出的合比例处罚选择。鉴于刑罚权的效力来自其正当行使所获得的公民对于刑法规范效力的认可,只有以宪法为纲,承认法益说本身具有的批判功能,才能在形式合法性与实质合理性之间找到平衡点,维持网络空间秩序的良性稳定。

[关键词] 网络空间秩序;现实集体法益;边界及正当性;利益衡量

Abstract: The society where human being live isn't comprised of real and virtue layer. Order in cyberspace is an aggregation of series of real collective legal interests centering on the protection of social order which are clearly stated in criminal law, the margin of state penal power in governing cyberspace order is shaped by these precise protected legal interests. Meanwhile, the legitimacy of criminal law's intervention in governing the cyberspace order should be based on the damages or threat of itself as well as the individual legal interests involved in it, in addition to the proportional punishments which have been made after the balance between the collective legal interests that are protected by criminal law and the fundamental rights contradicted with them. Only if the constitution can be chosen as the guideline for the application and interpretation of criminal law, and the function of criticizing of theory of legal interest can be accepted, will the balance between legality and legitimacy of criminal law be found and a sound stability of cyberspace is maintained.

Key words: Order in Cyberspace; Real Collective Legal Interest; Margin and Legitimacy; Balance of Legal Interest

聚众淫乱罪的保护法益及处罚限定

王　琦*

目　　次

一、问题的提出

在旧刑法时代，聚众淫乱行为是按照流氓罪的规定予以定罪处罚的，现行刑法将其规定在第301条第1款中，即“聚众进行淫乱活动的，对首要分子或者多次参加的，处五年以下有期徒刑、拘役或者管制”。自此之后，聚众淫乱罪并不是“沉睡”的罪名，时而出现在司法判决中。[①] 早先，学界和司法实践关于本罪的讨论主要围绕何为“淫乱活

* 清华大学法学院博士研究生，通信地址：北京市海淀区清华大学明理楼法学院，邮编：100084，电话：13811134297，邮箱：wangqi200706@126.com。

① 如“刘某某聚众淫乱案”，被告人刘某某和周某等四名男女在夜市摊饮酒至晚上12点，随后去周某家楼顶天台进行集体性行为，法院对被告人刘某某判处聚众淫乱罪，参见广西壮族自治区钦州市钦南区人民法院（1999）钦南刑初字第181号刑事判决书。

动”以及如何认定首要分子或者多次参加者,[①]而鲜有人从保护法益的角度去质疑处罚聚众淫乱行为的正当性。2009 年轰动一时的“南京副教授换妻案”使聚众淫乱罪为公众所熟知,在案件尚未宣判时,公众已在网络上展开了关于是否应当判处马某某有罪的热烈讨论,学者们也纷纷表态。南京市秦淮区人民法院判处被告人马某某等 22 人构成聚众淫乱罪。[②] 本案的关键事实是,多次聚众淫乱活动都发生在马某某家中,马某某却从始至终不认为自己有罪。诚然,从字面含义来看,无论在私密场合还是公开场合聚集多人进行集体淫乱活动,形式上都符合条文的规定。此案之所以引起很大风波,除了涉及人数之多、马某某的社会地位较高以外,也说明了近年来中国社会对于性自由和个人隐私的观点更加多元化。自这场喧嚣之后的八年来,聚众淫乱罪反复被法院适用,司法判决中可见到的情况绝大多数实施于私密场合。[③] 不仅实践做法一再引人注目,学界对此也争论不休。

我国有学者明确主张废除聚众淫乱罪,如著名性社会学家李银河教授认为中国对性观念的变化与全世界的主流趋势相同,是性的多元、平等和自由。[④] 公民有权按照自己的意愿使用、处置自己的身体,多个

---

① 参见苏彩霞、时延安主编:《妨害风化犯罪疑难问题司法对策》,吉林人民出版社 2001 年版,第 379 页。

② 参见江苏省南京市秦淮区人民法院(2010)秦刑初字第 66 号刑事判决书。

③ 例如,2013 年 10 月至 11 月,被告人刘某、黄某数次组织并参与聚众淫乱行为(均发生在登记入住的宾馆房间内),法院判决两被告人犯聚众淫乱罪,分别判处有期徒刑 9 个月和 7 个月。参见广东省深圳市福田区人民法院(2014)深福法刑初字第 730 号刑事判决书。2013 年 11 月至 2014 年 10 月,徐某某等三名被告人在不同宾馆所登记入住的房间内数 3 次实施聚众淫乱行为,法院判决三名被告人犯聚众淫乱罪,分别判处有期徒刑 6 个月到 7 个月。参见上海市宝山区人民法院(2015)宝刑初字第 505 号刑事判决书。2016 年 6 月 13 日上午,被告人张某某与白某某在张某某甲饮酒时,张某某将王某甲、王某乙二女子约到家中,四人交叉进行手淫、口淫和性交行为,法院判决张某某犯聚众淫乱罪,判处有期徒刑 1 年 2 个月。参见辽宁省沈阳市中级人民法院(2017)辽 01 刑终 157 号刑事裁定书。

④ 参见李银河:《性规范在现代的变化》,载李银河博客:http://blog. sina. com. cn/s/blog_473d53360100id7d. html,最后访问日期:2017 年 6 月 11 日。

成年人自愿地在私人场所进行性行为也是这项权利的体现。[①] 还有学者主张,受正常社会交往模式的影响,行为人往往在隐蔽的环境下实施聚众淫乱活动,而不会肆无忌惮的不择场合实施,因此,聚众淫乱行为并不侵犯他人权利,不应纳入刑法的框架之内。[②] 这种见解预设了聚众淫乱行为均发生在私人或隐蔽的私密性场所,但是,为什么一概否定了其公然实施的可能性,令人不解,实践当中也曾出现过数人在白天的公园里实施聚众淫乱活动的情况。[③]

司法实践却表现出了与上述认为聚众淫乱行为一概不可罚的见解截然对立的立场,其是按照字面含义去理解"聚众进行淫乱活动的",即只要是多人在同一时间同一地点聚集在一起实施了淫乱活动,首要分子和多次参加者就成立聚众淫乱罪,而不问该行为是否影响到了参与者以外的人。如"南京副教授换妻案"的判决书提到:"刑法所保护的公共秩序不仅仅指公共场所秩序,公共生活也不仅仅指公共场所生活,《中华人民共和国刑法》将聚众淫乱罪归类在扰乱公共秩序罪这一大类中,说明聚众淫乱即侵害了公共秩序",故"无论聚众淫乱行为发生在私密空间还是在公共场所,不影响对此类行为性质的认定"。[④] 但问题在于,公共秩序是抽象概念,在没有明确其内涵的前提下,就说聚众淫乱行为侵害了公共秩序,似乎论证并不充分。该判决书的逻辑是只要某行为字面上符合规定在扰乱公共秩序类罪名之下的某条文内容,该行为就对公共秩序造成了侵害,这样理解的公共秩序就沦为抽象的规范或国家命令本身,与纯粹的道德、权威仅一纸之隔。

---

① 参见李银河:《关于在刑法中取消聚众淫乱罪的提案》,载李银河博客:http://blog.sina.com.cn/s/blog_473d53360100id7d.html,最后访问日期:2017年6月11日。

② 参见陈伟:《聚众实施性行为的非犯罪化考量——徘徊于去留之间的聚众淫乱罪》,载《中国人民公安大学学报》(社科版)2012年第6期。

③ 如1997年9月至1998年3月,赵某某等五被告人多次在家中或某市公园内共同进行淫乱活动,最后一次白天在公园东北角树林中进行集体性交时,被游客举报,随即被抓获。参见余剑主编:《妨害社会管理秩序罪》,法律出版社2000年版,第177～178页。

④ 江苏省南京市秦淮区人民法院(2010)秦刑初字第66号刑事判决书。

我国《刑法》第2条和第13条都说明了刑法的任务是保护法益，具体到某一犯罪时，应当首先明确其保护法益是什么，司法适用即对该犯罪构成要件的解释必须以本罪的保护法益为指导，形式上符合刑法的这项条文文字内容但没有侵犯该具体法益的行为并不构成本罪。[①] 本文认为，我国刑法体现了“法益侵害原理”的立场，即应从对他人利益的侵害当中寻求刑法的干预根据。[②] 公开场合下实施的聚众淫乱行为因对自愿参与者以外的人造成了冒犯，侵害了他们健康、平稳的心理情感状态，才具备成立聚众淫乱罪的前提条件；私密的场合没有对他人的利益造成任何侵害，所以刑法不得干预。

二、聚众淫乱罪的保护法益

在条文用语可能的射程范围内，对分则条文的解释的出发点和落脚点都是保护法益，[③]因此要明确聚众淫乱罪的处罚界限首先应当确定刑法规定这个罪名到底在保护什么法益。对此，学理上可分为婚姻家庭说、社会性道德观念说以及性非公开化的公共秩序说，以下分别进行检讨。

（一）婚姻家庭说之否定

“婚姻家庭说”认为，“共同善”对社会的个体成员追求良善生活而言是至关重要的，当不道德行为对“共同善”造成严重破坏时，个体的自我实现和成就就受到阻碍，国家就有必要通过刑法确认并推行真正有价值的行为，使人们追求美德；另外通过刑法惩罚严重破坏“共同善”的行为，对行为人进行威慑，从而使他们远离罪恶。婚姻家庭以及

---

① 参见张明楷：《刑法学》（上）（第5版），法律出版社2016年版，第65页。

② 参见黎宏：《日本刑法精义》（第2版），法律出版社2008年版，第509页。

③ 参见黎宏、王琦：《刑法解释方法的适用规则——以“冒充军警人员抢劫”的“冒充”之解释为例》，载《人民检察》2016年第21期。

生育使生命在动态上得以延续和保护,是"共同善"最重要的形式,因而国家要确认并鼓励个体履行家庭责任,聚众淫乱行为违反了家庭中夫妻双方的道德义务,贬损、破坏了婚姻家庭和生育的社会价值,国家要用强制的手段对这种行为进行阻碍。[①] 我国《宪法》第 49 条第一款规定了"婚姻、家庭、母亲和儿童受国家的保护"。对婚姻家庭的保护符合宪法学"制度性保障理论"的条件,即婚姻家庭是受绝对保护的,是任何立法活动不得废弃和触碰的核心。无论是私密性还是公开性的聚众淫乱行为都颠覆了现行的婚姻家庭观念,对婚姻家庭的核心功能,包括生育、约束、纽带、情感和经济功能,足以造成毁灭性的危害,甚至会危及人类自身的生存,所以国家应采取刑罚手段制裁聚众淫乱行为以履行宪法义务。[②]这种见解有以下几方面缺陷:

首先,其自身论据薄弱。虽然为刑法处罚聚众淫乱行为寻找宪法上的根据符合"规范位阶理论",即一个法规范的有效性来源于另一个处于更高位阶的法规范的授权。[③] 但是,施密特提出的"制度性保障理论"是为了区分制度和基本权利,以对抗魏玛宪法时代基本权利条款被立法机关任意揉捏的局面。而德国基本法颁布后,基本权利已经取得了直接约束立法的效力。所以,用一个早已因时代的变迁而被弃用的理论支撑自己的论点,并没有说服力。[④] 事实上,国家对婚姻家庭的保护首要意义在于,让人们在隔绝国家干预的、以自由为基础的自治领域内,实现家庭成员的自由发展。国家的任务只是确保外部条件,让人们能够自由选择是否进入婚姻和家庭生活以及如何具体发展,而不是

① 郑玉双:《法律道德主义的立场与辩护》,载《法制与社会发展》2013 年第 1 期。

② 参见欧爱民:《聚众淫乱罪的合宪性分析——以制度性保障理论为视角》,载《法商研究》2011 年第 1 期。

③ 参见[奥]凯尔森:《法与国家的一般理论》,沈宗灵译,中国大百科全书出版社 1996 年版,第 11 章。

④ 有公法学者提出,当今制度性保障理论可由基本权利核心领域不得侵犯的原则、比例原则所取代。参见王锴:《婚姻、家庭的宪法保障——以我国宪法第 49 条为中心》,载《法学评论》2013 年第 2 期。

指导个人该过怎样的婚姻家庭生活。①

其次,结论经不起立法和司法的双重拷问。婚姻家庭的确是人类得以繁衍生存的必要保障,也是社会共同体的纽带,但是性行为方式的选择与婚姻家庭的平稳延续是两个不同问题,说聚众淫乱行为会对婚姻家庭的各项核心功能造成致命性的伤害只能是凭空想象的、缺乏证明力的,在夫妻双方共同参与的、夫妻一方参与另一方同意甚至支持的场合,更加不会“使夫妻之间出现感情隔阂,甚至反目为仇”;②在未婚者参加的场合,因缺少可侵害的客体,也谈不上破坏婚姻家庭。而刑法立法上并没有根据行为人婚姻状态做区分,司法也是不可操作的,因为另一方是否同意根本无法准确认定。

最后,会造成刑法内部体系的不协调。理论上,如果某罪名规定以一种类型化的行为方式保护A法益,那么侵害A法益的其他类型的行为方式也应受到刑法的评价。如放火罪保护的法益是公共安全,那么和放火行为对公共安全侵害程度相当的其他行为类型,如决水、爆炸、投放危险物质等行为也应规定在刑法中,这样才符合法益保护的周延性。既然说聚众淫乱行为对婚姻家庭和谐稳定造成了侵害,所以应当纳入刑法规制的范围,那么其他侵害婚姻家庭健康状态的行为如通奸、乱伦、卖淫嫖娼等刑法都应规定为犯罪。但以上这些行为在我国刑法中都没有规定,如果只将聚众淫乱行为规定为犯罪,势必会造成极大的保护漏洞。

或许有人会说,我国刑法规定了重婚罪,重婚罪的保护法益即是一夫一妻的婚姻制度,说明我国刑法对婚姻家庭的健康稳定是有所表态的。但为什么刑法规定了重婚罪,却对通奸甚至姘居视而不见,值得深入思考。虽然在破坏婚姻家庭方面,重婚行为与通奸行为观念上看有一定的相似性,但两者最大的不同在于重婚以“结婚”为要件,是同一

---

① 参见钟宏彬:《法益理论的宪法基础》,台北,元照出版有限公司2012年版,第211页。

② 欧爱民:《聚众淫乱罪的合宪性分析——以制度性保障理论为视角》,载《法商研究》2011年第1期。

时间内的“婚外婚”或“重复婚”,理论上如果后婚姻为“以夫妻名义同居生活”的事实婚姻,也应当认定为重婚罪。① 即使是事实婚姻也是公开以夫妻名义长期共同生活,而通奸是指男女双方没有夫妻关系(一方或双方已有配偶)而发生性行为,相比于事实婚姻最大的特点是具有隐蔽性。重婚状态表面上看是侵犯了一夫一妻婚姻制度,但究其根本还是对个体权利的伤害,正如美国法学会在《模范刑法典》草案的评注中所言,重婚是对原初配偶的公开侮辱和挑衅,也因为在婚姻幌子下的同居往往导致遗弃、不抚养,以及离婚,这些都被认为是对个体权利的伤害。② 重婚罪体现了刑法要保护婚姻中各方当事人享受一个有效婚姻的实质内容以及一个有效婚姻的所有表象。完全不同于强制执行性道德的企图。③ 所以处罚重婚不是因为它背离道德,而是由于它对个体利益有现实的侵害或潜在的侵害危险,这也是为什么我国将重婚罪规定在刑法分则第四章侵犯公民人身权利、民主权利罪中。

然而,将通奸规定为犯罪则体现了刑法对道德规范的强制推行。在 2015 年韩国宪法法院宣布通奸罪违宪之前,《韩国刑法》第 241 条规定了通奸罪,通奸罪是亲告罪,通奸一方的配偶若纵容(事前承诺)或者宥恕(事后宽恕)通奸行为,则不得进行追诉,但这只是在诉讼法层面上阻止告诉权,并不阻却通奸行为本身的违法性。韩国学者认为韩国社会十分重视婚姻关系的维系以及男女的贞操观念,夫妻之间的忠诚伦理根深蒂固,通奸罪是“介于法和道德之间的道德规范”。④ 日本废除通奸罪的理由是只处罚与他人通奸的女性而不处罚男性,违法了宪法中的男女平等原则。然而,如果认为这样的规定仅仅是违反了平等原则,完全可以通过修改刑法或者刑事诉讼法的方式达到平等处罚,

---

① 参见张光君:《重婚罪的司法衰微及理论回应》,载《中国刑事法杂志》2010 年第 11 期。

② 参见[英]哈特:《法律、自由与道德》,支振锋译,法律出版社 2006 年版,第 41 页。

③ 同上书,第 43 页。

④ [韩]吴昌值:《韩国刑法上的通奸罪考察》,载《中国刑事法杂志》2003 年第 6 期。

而无须废除该罪名,所以实质理由正如韩国宪法法院所言,国家用刑法来处罚通奸行为侵犯了公民的基本权利。[①]

(二)社会性道德观念说之否定

聚众淫乱罪规定在我国《刑法》分则第六章第一节扰乱公共秩序罪中,理论上往往将本罪的保护法益概括为与社会风尚有关的公共秩序。[②] 然而,什么是良好的社会风尚,对其理解却聚讼不已,甚至南辕北辙,这是因为良好的性风尚之类的表述是极为抽象的概念。既可以说只要是三人以上共同实施性行为就是良好的性风尚所反对的,而无论在什么场合下实施,无论是否对参与者以外的他人造成现实的影响;[③]也可以说社会性风尚的具体指向是"性行为非公开性",因此只有多人共同实施的淫乱活动发生在公开场合才是对社会性风尚的侵害。[④] 在聚众淫乱罪中把社会风尚的公共秩序具体化为社会性道德观念,意味着任何聚众淫乱行为都违反了社会性道德观念因而刑法具有干预的正当性。其论证思路是,国家先预设了健康良善的性道德是维系社会所必不可少的公共道德,就像连接单个个体的凝合剂,道德的松弛总是社会瓦解的第一步,所以就像镇压叛国行为一样,禁止恶行同样是法律的任务。"说法律与不道德本身无关,或试图为法律禁止恶行的功能划定严格界限,都是错误的。"[⑤]共同体瓦解了,"皮之不存毛将

---

① 参见单士磊:《废除"通奸罪"引发韩国社会大讨论》,载《法制日报》2015 年 3 月 3 日,第 9 版。

② 参见高铭暄、马克昌主编:《刑法学》(第 7 版),北京大学出版社、高等教育出版社 2016 年版,第 550 页。

③ 参见全国人大常委会法制工作委员会刑法室编:《中华人民共和国刑法:法条说明、立法理由及相关规定》,北京大学出版社 2009 年版,第 620 页。

④ 参见俞小海:《聚众淫乱罪客观行为之界定》,载《福建警察学院学报》2010 年第 4 期。

⑤ [英]帕特里克·德富林:《道德的法律强制》,马腾译,中国法制出版社 2016 年版,第 19 页。

焉附",其成员利益也会受损,所以要通过法律强制公民改善、变好。聚众淫乱罪的设置最佳地体现了刑法道德化的基本面向。① 德日早期的行为无价值一元论("旧规范违反说")也持相同态度,其认为刑法处罚的是偏离社会伦理秩序的行为,刑法的根本任务是维护社会道德的有效性。② 但是这种立场经不起推敲。

首先,围绕道德讨论刑法的任务和目的,会造成刑法处罚的恣意性。道德的范围无法限定,什么才是维系社会必不可少的道德更是模糊不定。比如英国1967年《性犯罪法》、德国1973年《第四次刑法改革法》废除了成年人之间私下进行的同性性交罪,有人可能会说是因为公众的观念发生了转变,③所以现在国家并不认为同性性交违反道德,禁止同性性交对于共同体的维系也并非必不可少。可为什么道德观念会出现转变,为什么共同体的稳定存续面对同性性交的免疫力提高,似乎也是无法说清的事。具体到聚众淫乱罪,支持处罚者当然可以说,社会观念还不能认可三人以上一起性交或实施与性有关的行为,刑法不允许冲击社会普遍认可的风俗,处罚这种违反一般人性观念的行为的刑法规范当然具有合理性;相反,支持不处罚者会说,社会观念已经对这类行为有了宽容态度,如我国社会学家潘绥铭教授就以其做过的《中国人的性行为与性关系:历史发展2000~2006》调查报告为根据,认为聚众淫乱罪不合民意。④ 从历史上看,具有干涉型、恣意性和身份性的封建刑法就是将法律观念与道德观念捆绑在一起,使意识形态凭借政治权能消灭异己,也容易使刑法干涉人们的内心思想,走向主观主

① 参见郑玉双:《法律道德主义的立场与辩护》,载《法制与社会发展》2013年第1期。

② 参见周光权:《新行为无价值论的中国展开》,载《中国法学》2012年第1期。

③ 参见[德]罗克辛:《对批判立法之法益概念的检视》,陈璇译,载《法学评论》2015年第1期。

④ 参见潘绥铭:《聚众淫乱罪不合民意》,载潘绥铭博客:http://blog.sina.com.cn/s/blog_4dd47e5a0100hjpm.html,最后访问日期:2017年6月11日。

义,这几乎是现代所有刑法学者所反对的。[①] 因此,“伦理的恰当对象并非都是立法的恰当对象”[②]已成为近代以来刑法的最基本理念。

其次,违背了个人自治的宪法精神。该说认为,虽然参与聚众淫乱活动能够满足参与者的性需求,但有违健康常态的性道德,会对参与者身心造成不利影响(如感染艾滋病概率大大提高),所以刑法为了矫正其偏离常态的性行为方式,引导其回归健康的性道德观念,规定了聚众淫乱罪以强化或维持社会性道德观念,也就一概否定了行为人实施聚众淫乱活动的自由。其基本立场是,个人是否理性或是否真正意义上的自治,由国家或社会根据公共道德标准来判断。详言之,真正的个人自治要能经得住批判性审查,个体进行选择时必须具备相当的知识和能力,选择一种价值的前提是对其他反对价值有充分的认识。[③] 有必要以家长之名干涉任何缺乏自治能力的人从而保留了其未来自我发展的机会。[④] 个人只有在共同体中才能发挥自主性,个人的信念、追求和行动不能脱离共同体的信念和追求,个体价值来自于共同道德的实践。[⑤] 在此意义上,参与聚众淫乱虽然是个人意愿,但这种意愿与良善不符,是未经反省的个人自治,并非真正的个人幸福观的体现。[⑥]

但是,这种对个人自治的理解和实质法治国的宪法精神和宪政理念是相背离的。例如,德国宪法法院就表示,国家必须预设人民是成熟

---

① 参见黎宏:《刑法总论问题思考》(第2版),中国人民大学出版社2016年版,第23页。

② [英]边沁:《道德与立法原理导论》,时殷弘译,商务印书馆2000年版,第351页。

③ See Danny Scoccia, “Paternalism and Respect for Autonomy”, *Ethics*, Vol. 100 (2), 1990, p. 328.

④ id., p. 330.

⑤ 参见郑玉双:《法律道德主义的立场与辩护》,载《法制与社会发展》2013年第1期。

⑥ 参见郑玉双:《不道德行为的惩罚及其限度——对南京换偶案的法哲学分析》,载《西部法学评论》2014年第3期。

理性的,在没有对他人造成危险的情况下,只要人民没有因为精神衰弱而丧失理智,以至于对自己的人身或经济造成重大损害,国家就不得为了"改善"他而限制他的人身自由。[①] 我国《宪法》没有直接规定国家目的为何,[②]但可以从诸多表述中推导出国家目的。序言第5自然段提到"中国人民掌握了国家的权力,成为国家的主人",其规范内涵应解释为"人民应当掌握国家的权力,人民应当成为国家的主人";[③]第2条规定的"中华人民共和国的一切权力属于人民",第33条第3款规定的"国家尊重和保障人权",都可以解读出国家之所以存在就是为了保障公民基本权利。不仅如此,我国《宪法》第38条规定"公民的人格尊严不受侵犯",有学者认为,"人格尊严"这一用语在语义脉络上同德国基本法第一条的"人的尊严"可相互比拟,也具有基础性价值原理,统领着整个基本权利体系。[④] 宪法上的"尊严"是个高度抽象的概念,其最低共识就是强调人在道德理性上的平等,人反思和选择自己的生活最终都是为了成为自己希望的样子,故尊严的核心意思是"不受支配的自由",又包括自我选择、自我决定于表现以及隐私权等。[⑤]

刑法的一切活动都是宪法的演绎,故刑法应以尊重和保护公民的

---

① BVerfGE 22,180. 转引自钟宏彬:《法益理论的宪法基础》,台北,元照出版有限公司2012年版,第217页。

② 我国《宪法》序言第7自然段指出,"国家的根本任务是,沿着中国特色社会主义道路,集中力量进行社会主义现代化建设。中国各族人民将继续在中国共产党领导下,在马克思列宁主义、毛泽东思想、邓小平理论和'三个代表'重要思想指引下,坚持人民民主专政,坚持社会主义道路,坚持改革开放,不断完善社会主义的各项制度,发展社会主义市场经济,发展社会主义民主,健全社会主义法制,自力更生,艰苦奋斗,逐步实现工业、农业、国防和科学技术的现代化,推动物质文明、政治文明和精神文明协调发展,把我国建设成为富强、民主、文明的社会主义国家"。但这个表述应当视为实现国家目的的方式或途径,国家目的才是国家之所以存在的最根本理由,也是管理国家公权力的合法性基础。参见陈玉山:《论国家根本任务的宪法地位》,载《清华法学》2012年第5期。

③ 陈玉山:《论国家根本任务的宪法地位》,载《清华法学》2012年第5期。

④ 参见林来梵:《人的尊严与人格尊严——兼论我国宪法第38条之解释方案》,载《浙江社会科学》2008年第3期。

⑤ 参见王旭:《宪法上的尊严理论及其体系化》,载《法学研究》2016年第1期。

自我选择和自我决定为安身立命之源，把什么是良善、什么是道德交给理性个体，刑法的存在只是为了保障个体充分行使自我决定权。在这种意义下，个人自治具有王牌效力，有自我管理能力的人在其个人事务领域内，就像政治国家一样有独立主权。① 只要没有影响到他人的利益，多人在一起的淫乱活动就和行为人与配偶性交、自我猥亵一样是行动自由的表现，完全属于其自治范围内。而对公民向"善"的引导应以扶助、辅导或以制裁手段轻微的行政管理等手段呈现。综上，认为强化或推行道德规范在我国刑法中能够找到一席之地的观点是没有充分把握和贯彻宪法精神的。

最后，不符合我国刑法立法的自身特性。正如前文所述，处罚通奸行为就是刑法推行道德规范的体现，德国刑法典曾把风化犯作为独立的一章，2008 年宪法法院审查"兄妹和奸案"时也没有认定《刑法》第 173 条亲属间的性交罪违宪，②可以说，以刑法强化或指引性道德观念一直是德国立法者不愿放弃的。而通奸、乱伦等仅仅违反性道德观念而没有侵害他人利益的行为在我国都不是犯罪。日本学者平野龙一认为相比于德国，日本刑法在家庭以及性道德领域表现得非常克制，其中原因之一在于法律根基当中的伦理是儒教以及佛教，总体来讲是讲求实际，而不像基督教那样关心人的内心。③ 这一猜测在我国更具备现实性。

传播淫秽物品罪与聚众淫乱罪在保护客体上有很大相似性，都与性秩序有关。在日本，从法益侵害原理中寻求散布淫秽物品罪的处罚根据是日本的有力说，即只有从该行为侵害了不愿目睹的人的性方面自己决定自由，以及对性发育尚未健全的青少年给予特殊保护的角度出发，才成立散布淫秽物品罪。但这种观点作为对日本现行法的解释，

---

① See Joel Feinberg, *The Moral Limits of the Criminal Law Volume* 3：*Harm to self*, Oxford：Oxford University Press, 2003, p. 28.

② BVerfGE 120, 224(2008), See, Markus D. Dubber and Tatjana Hörnle, *Criminal Law A Comparative Approach*, Oxford：Oxford University Press, 2014, p. 124.

③ 参见［日］平野龙一：《刑法的基础》，黎宏译，法律出版社 2016 年版，第 142 页。

难免牵强。[①] 因为日本《刑法》第 175 条对罪状的规定是“散布、贩卖以及公然陈列淫秽文书、图画以及其他物品的”,即散布淫秽物品罪是行为犯,一旦实施了这一行为就成立该罪。与日本不同的是,这种观点在我国刑法语境下不存在障碍,甚至得到了完美的印证。我国《刑法》第 364 条规定的传播淫秽物品罪,其罪状为“传播淫秽的书刊、影片、音像、图片或者其他淫秽物品,情节严重的”,除行为方式以外还有情节的要求。相关司法解释规定“向他人传播淫秽的书刊、影片、音响、图片等出版物达 300 ~ 600 人次”属于“情节严重”。[②] 其蕴含了法益侵害原理的思路:散布对象达到广泛的程度,受众便不可控,很可能会落入到“自律不能充分表达”的青少年和不想看的人手中,基于软家长主义[③]的立场,即只有当行为人伤害自己的行为非出于自愿(包括判断能力不充分的人)且防止该种行为得到的利益高于由于丧失自律性所伴随的不利时刑法才可以干涉,[④]刑法就应当制止淫秽物品传播至规范意义上的“非自愿者”手中。

德国、日本刑法仅以“行为方式”作为犯罪构成要件的描述,而我国刑法分则在犯罪的规定方式上往往要求“情节或结果”要件,这是与我国刑法和治安管理处罚法交叉的二元处罚模式相协调的,治安管理处罚法和刑法规定的行为形态很大程度上相一致,司法解释和实践中往往通过结果的严重程度区别适用。[⑤] 行政法与刑法的规范目的不

---

① 参见[日]西田典之:《日本刑法各论》(第 6 版),王昭武译,法律出版社 2013 年版,第 406 页。

② 最高人民法院《关于审理非法出版物刑事案件具体应用法律若干问题的解释》第 10 条。

③ 与软家长主义相对的是硬家长主义,其认为行为人的利益优先于自愿性,只要能给行为人带来好处,刑法可以违背具备完全判断能力的人之意愿,干涉仅与行为人自己有关的行为。See Richard J. Arneson, “Joel Feinberg and the Justification of Hard Paternalism”, *Legal Theory*, Vol. 11(3), 2005, p. 259.

④ 参见[日]曾根威彦:《刑法学基础》,黎宏译,法律出版社 2005 年版,第 33 ~ 34 页。

⑤ 参见黎宏:《结果无价值论之展开》,载《法学研究》2008 年第 5 期。

同,行政法主要强调维持秩序的高效性,在惩罚力度和对公民个人的人权侵害程度上,刑罚与行政处罚不可同日而语,而且我国很多职业要求"无犯罪记录",社会观念更是对"判过刑"和"受过行政处罚"有本质上的不同态度。所以,特殊的立法模式决定了相对于德日刑法,我国刑法更加强调对他人造成现实具体可视的法益侵害,而非行为一旦违反了规范(包括道德规范)就成立犯罪。

(三)性非公开化的公共秩序说之提倡

通过上文分析可得,如果行为没有影响到实施者以外的其他人的利益,那么该行为就不是犯罪,除此之外,国家不得对国民预设何谓良善,更不得以刑法强制推行所谓的公共道德或良善。在这种意义上讲,"没有法益侵害就没有犯罪"中的"法益"必须是涉及他人的、现实可视的具体利益。在把刑法制裁限定在制造伤害的举动上,法益侵害原理与英美法系的伤害原则(harm principle)有相似性。① 伤害原则最初由约翰·穆勒提出,即"人们若要干涉群体中任何个体的行动自由,无论干涉出自个人还是出自集体,其唯一正当的目的乃是保障自我不受伤害。违背其意志而不失正当地施之于文明社会任何成员的权力,唯一的目的也仅仅是防止其伤害他人"。② 既然给他人造成了伤害是刑法正当化的唯一根据,那么就必须明确什么是伤害,但这一点穆勒本人却未能清楚地阐释。美国当代学者范伯格提出,伤害是"不法侵权且造成损害利益的行为",其中不法侵权行为是指故意(过失、轻率)以道义上可责的方式(没有正当化事由和宽恕理由)妨害他人法律或道德权

① 参见[德]罗克辛:《对批判立法之法益概念的检视》,陈璇译,载《法学评论》2015 年第 1 期。

② [英]约翰·穆勒:《论自由》,孟凡礼译,广西师范大学出版社 2001 年版,第 10 页。

利的作为或不作为;[①]利益损害可以视作大陆刑法体系框架内没有违法阻却事由情况下的行为“不法”,利益特指福利性利益,即人类获得并维持最低水平的身心健康、物质来源、经济水平和政治自由。[②] 英国学者赫尔希将伤害原则中的利益定义为当事人有权请求保持其完整性的“资源”,即在通常情况下,以一般人的标准,对增进人类的非瞬间性的生活质量有某种价值的手段或能力。资源是前实证的概念,确定什么是资源不依存于法律规定,并非因为某种行为被禁止,这种行为所侵犯的才是资源,否则便是循环论证。[③] 易言之,当今的伤害原则限于给他人造成“利益侵害”,不包括短暂的失望、轻微的身体心理伤害以及令人不愉悦的情感状态。

冒犯行为使处在一定空间里且无法离开的人被控制了注意力,因不快、焦虑、厌烦等情绪而不能愉快地工作或休闲,甚至不得不以影响自己手头上的事情为代价,来应对所发生的状况。这就造成了对他们的骚扰(nuisance),给他们带来社会生活上的不便,从立法者角度说,这些行为需要刑法加以禁止。[④] 此外,尊重和保护个人隐私内含两种意思,排除他人进入私领域以及不得使他人不情愿地进入私领域。所以冒犯行为侵害了不情愿观看或感知的人的隐私权。[⑤] 这就是冒犯原则(offense principle)的基本立场。虽然冒犯原则与伤害原则有不同的涉猎范围和各自的管辖领域,但在刑法处罚的是行为给他人造成了现实具体的不利影响这一点上,两者没有本质差别,冒犯原则可以视为伤害原则的变体。

---

① 参见[美]乔尔・范伯格:《刑法的道德界限》(第 1 卷),方泉译,商务印书馆 2013 年版,第 116 页。

② 同上书,第 59 ~ 60 页。

③ 参见[英]安德鲁・冯・赫尔希:《法益概念与“损害原则”》,樊文译,载陈兴良主编:《刑事法评论》(第 24 卷),北京大学出版社 2009 年版,第 192 ~ 194 页。

④ 参见[美]乔尔・范伯格:《刑法的道德界限》(第 2 卷),方泉译,商务印书馆 2014 年版,第 24 页。

⑤ See Simester A. P. and Von Hirsch, Andrew, “Rethinking the Offense Principle”, *Legal Theory*, Vol. 8(3), 2002, p. 275.

性具有繁衍生息的生理属性，社会存续的基础是人的生命，而生命的孕育和产生又是基于两性关系，但性作为原始的冲动，其无序性会对社会结构的安定和完整造成扰乱，因此性和社会常处于相互冲突的地位。① 且两性关系曾经一度具有相当的危险性，它可能导致疾病、意外怀孕、身体伤害以及威胁婚姻家庭、共有财产等制度规范。所以，性欲虽是人的自然生理需要，与性有关的物品在个人领域总有市场，但社会却对性或色情有天生的抵触心理。世界各地的传统文化都把性奉为神圣，无论是圣经中的上帝造人还是中国古代神话中的女娲造人，都刻意规避人类的出现与性有关。随着避孕技术和医疗卫生水平的提升，人们对性的焦虑情绪已有所缓解，公开谈论性有关话题也广为接受，但性行为的实施是绝对隐私的和封闭的，在公共场合见到性交或与性有关的淫秽行为令人极度焦虑与不安。之所以说这种状态是对观者的冒犯，原因复杂而难以解释，首先，即使毫无诱因，人们都要花费一定的精力在压制性幻想与性欲上，性有关的行为会强烈的吸引人的注意力，无端挑起人们的性欲。为摆脱并抑制这种被激起的欲望，恢复清晰的思考，相当于额外地附加给人们需要耗费时间和精力的事由，这种吸引力和抑制力的内在冲突，让人的心理从激动转向难过和焦虑。其次，集体观看这种人们并不愿承认对其有吸引力和诱惑力的场景，一想到自己也是被众人观看的一部分，唯恐暴露自己的真实感受，也让人不自主地陷入尴尬。② 由此可以得出，让他人看到自己在实施与性有关的行为是对不情愿者的冒犯，也是广义上的侵害他人利益，③所以聚众淫乱罪的保护法益是性行为非公开化的公共秩序。

① 参见费孝通：《生育制度》，天津人民出版社1981年版，第45页。

② 参见[美]乔尔·范伯格：《刑法的道德界限》(第2卷)，方泉译，商务印书馆2014年版，第19~22页。

③ 需要注意的是，这里所指的广义上的侵害他人利益，主要是为了与当今英美刑法上的“伤害原则”中的“利益受阻”相区别。

三、聚众淫乱罪的处罚限定

(一)不成文的构成要件要素:公开性

通过以上对保护法益的分析可得,单纯有人得知某行为正在(或可能在)秘密地私下进行就感到被冒犯并不是真正的“不法冒犯”。[①]如果说单纯意识到有人实施了聚众淫乱活动就感到被冒犯,便处罚行为人的话,相当于仅仅有人反对个人的所作所为而对其施以刑罚。这样延展下去,剩下的自由就只能是做没人反对的事情,[②]这显然是荒谬的结论。因此,私密场合下的聚众淫乱行为没有侵害性行为非公开化的公共秩序,尽管符合条文字面含义也不能认定为聚众淫乱罪;相反地,公开的聚众淫乱行为因为会冒犯可观察到或感知到的人,让人产生不良心理感受,损害他们的健康、平稳的心理情感状态,即侵害了性行为非公开化的公共秩序,应认定为聚众淫乱罪。也就是说,公开性应当是聚众淫乱罪的不成文的构成要件要素。[③] 对此结论,可能会面临以下质疑。

首先,有人认为,聚众淫乱行为往往会伴随或导致其他犯罪或治安违法行为,[④]亦即从预防犯罪角度,认为聚众淫乱活动可能成为引起其

---

① 参见[美]乔尔·范伯格:《刑法的道德界限》(第 2 卷),方泉译,商务印书馆 2014 年版,第 39、103 页。

② 参见[英]哈特:《法律、自由与道德》,支振锋译,法律出版社 2006 年版,第 46 页。

③ 许多国家或地方的刑法规定了“公然猥亵罪”,如《德国刑法典》第 183 条和第 183 条 a,日本刑法典第 174 条,我国台湾地区“刑法”第 234 条,《意大利刑法典》第 527 条以及美国的《模范刑法典》第 251.1 条等,就是基于公然实施的猥亵行为对他人造成了冒犯而具有处罚正当性。但是我国《刑法》并没有类似的规定,对于《刑法》第 301 条第 1 款的解释无论如何不能超出字面含义,因此对于两人以下公开实施性行为,在公共场所露阴或实施鸡奸、兽奸等性变态行为,都不构成聚众淫乱罪。

④ 参见苏彩霞、时延安:《妨害风化犯罪疑问题司法对策》,吉林人民出版社 2001 年版,第 372 页。

他犯罪(比如强奸罪、强制猥亵罪等)的原因,所以刑法应当处罚。但为了减少其他犯罪的滋生而处罚聚众淫乱行为,犹如处罚预备行为的预备,就好像有人想故意杀人,为了买刀打工挣钱;有人想强奸妇女,为了既遂看黄色录像带学习性交方法。显然,这种理由是荒谬的。况且,如果实施聚众淫乱行为是为了满足性欲,那么禁止这种行为只会让其欲望得不到满足,这样看来,是预防了其他犯罪还是促进了便不得而知。在此,有必要再次强调我国刑法整体的基本立场彻底贯彻了法益侵害原理,没有强制推行道德规范或硬家长主义的存在余地。相反地,诸如像《德国刑法典》第173条规定的血亲和奸罪,我国台湾地区《刑法》239条通奸罪、262条吸用烟毒罪等,若要坚持法益侵害原理,只能说立法上缺乏正当性。

其次,有人认为,只处罚公开场合而不处罚私密场合的聚众淫乱行为,在实践中不无疑问,一方面无法准确判断何为“私密”,另一方面参与人数和范围也缺少认定标准,如二十多人甚至更多人参与,很难认定为“私密性”。[①]但这并不是支持私密场合也应当处罚的有力理由,完全可以设立一种实务中可操作的实质认定标准来区分私密和公开,详见本文后述。若说实践上的可操作性,反倒是处罚私密的聚众淫乱行为的致命伤。如果行为人实施的聚众淫乱行为是完全私密性的,即与参与者之外的他人无涉,那么案发只能依靠侦查机关的主动“排查”,即只能通过对公民的通信、住宅及行动等私生活的监控完成,这样一来不仅对公民的个人隐私造成极大的侵犯或危险,还会造成偶然处罚,或者为选择性执法提供机会;因为“排查”的低效性,若想尽量做到处罚公正,就会形成对执法资源的巨大浪费。[②]

最后,或许有人认为本文的立场无法处理特殊情形。按照本文思路,之所以处罚公开的聚众淫乱行为,是因为对参与者以外、可观察到或感知到的人造成冒犯。倘若聚众淫乱行为发生在公开场合,但偶然

① 参见庄绪龙:《聚众淫乱罪不宜废除的解释性论证》,载《贵州警官职业学院学报》2013年第3期。

② 参见劳东燕:《刑法中目的解释的方法论反思》,载《政法论坛》2014年第3期。

观看到这一幕的他人并没有产生厌恶、焦虑等不良的心理感受,是不是就意味着该行为并没有冒犯到他人,没有侵害法益,因而不可罚呢？若是认为这种场合下依旧应当处罚,是不是证伪了冒犯原则？如有加拿大学者就提出,那些经常被冒犯原则拿来举例的规范,其实并非为了阻止冒犯行为,比如禁止在公共场所实施性行为的规范,其正当性来源不是因为对他人造成冒犯。一对情侣在公共场所性交,在场的 20 个旁观者对此津津乐道,如果说该情侣的行为应当处罚,那么其处罚根据就在于行为违反了规范本身,而与在场观众是否感到自己的情感受到了冒犯无关。①

本文认为,这类行为确实应当处罚,但这并不是对冒犯原则的颠覆和否定。根据罪状的描述,聚众淫乱罪应当被理解为抽象危险犯,即侵害法益的危险不需要司法上的具体判断,只要以一般的社会生活经验为根据,认定行为具有发生侵害结果的抽象危险即可。② 处罚聚众淫乱行为的根据在于可能对参与者以外的人造成冒犯,而不是具体地对某个人造成了冒犯,一方面,公共秩序法益本来就是抽象法益,并不会因为个人的承诺放弃而失去法的要保护性;另一方面,聚众淫乱活动实施在公开场合,参与者以外的第三人随时有看到的可能性,不同的人对此类行为的敏感程度有所不同,既可能是毫无厌恶感,甚至"津津乐道",也可能是厌恶至极,淫秽景象在脑海中久久挥之不去,甚至严重滋扰正常的生活。换言之,公开实施的淫乱活动对他人的冒犯既可能是紧迫的危险,也可能是缓和的危险,还可能是现实具体的实害结果,立法上难以预测、司法上难以具体判断,故刑法拟制性地保护潜在的"一般人"。抽象危险犯不是行为犯③,不是一旦实施法所禁止的某行为就立刻构成犯罪,即使是抽象的危险,也绝非毫无危险。私密实施的

---

① See Larry Alexander, Harm, "Offense and Morality", *Canadian Journal of Law and Jurisprudence*, Vol. 7(2), 1994, pp. 211 - 212.

② 参见张明楷:《刑法学》(上)(第 5 版),法律出版社 2016 年版,第 167 页。

③ 这里采取通说的定义,行为犯"是指法定犯罪行为的完成作为既遂标志的犯罪",参见高铭暄、马克昌主编:《刑法学》(第 7 版),北京大学出版社、高等教育出版社 2016 年版,第 149 页。

多人淫乱行为没有任何冒犯参与者以外的第三人的可能性,故而不成立聚众淫乱罪。

以上讨论的前提是参与聚众淫乱活动的人均是成年人,而未成年人心智尚未健全,没有完全的判断能力,意志自由和自主决定不能充分表达,国家应充当家长的角色,指引并推动未成年人建立健康常态的性观念。所以含有未成年人在内的聚众淫乱行为也具有违法性,应受刑法否定评价。因此,《刑法》第301条第2款规定的“引诱未成年人聚众淫乱罪”的保护法益与未成年人的身心健康有关,而不同于聚众淫乱罪的保护法益。有未成年人参与的聚众淫乱行为,无论是私密场合还是公开场合下实施的,均成立引诱未成年人聚众淫乱罪,并不以行为符合聚众淫乱罪的构成要件为前提,即无须“公开性”要件以及“首要分子或多次参加”要件。以下具体讨论定罪量刑时应注意的问题:

首先,有未成年人参与的聚众淫乱行为发生在私密场所,一种情况是参与者全是未成年人,在满足其他构成要件要素的前提下,16~18周岁的参与者成立引诱未成年人聚众淫乱罪。但考虑到同样的行为处罚未成年人反倒不处罚成年人的做法不易被国民接受,根据《刑法》第17条第3款“已满十四周岁不满十八周岁的人犯罪,应当从轻或者减轻处罚”的量刑原则,倾向于免予刑事处罚。另一种情况是参与者有未成年人也有成年人,对于16周岁至18周岁的未成年人,仍按照前一种情况处理;对于成年人,若明知参与者中有未成年人,则成立引诱未成年人聚众淫乱罪,如果确实不明知或有合理理由相信参与者均系成年人,虽然该行为依旧具备违法性,但不符合主观要件因而不成立犯罪。其次,有未成年人参与的聚众淫乱行为发生在公开场所,该行为实际上侵犯了两个法益,一是未成年人的身心健康,二是性行为非公开化的公共秩序。对参与者应当认定为引诱未成年人聚众淫乱罪,在其他情节相似的情况下较之于私密实施的场合在量刑上加重处罚。

(二)“公开性”的认定标准

从形式上理解“公开性”,最容易想到的是公共场所,我国《刑法》

第291条对公共场所有列举性的描述,包括车站、码头、民用航空站、商场、公园、影剧院、展览会、运动场等。一般认为,公共场所即向社会开放,一般社会公民可以自由出入、往来的场所。但是公共场所可以一概评价为"公开"吗?如商场在夜晚闭门不营业的时间内、被人包场一段时间的体育馆等特定时间和特定状态下的上述场所还是公共场所吗?一个只有本楼住户刷卡才能进入的居民住宅楼,不向社会开放,一般社会公民不能自由出入,这个楼的走廊、大厅等公共区域是公共场所吗?既然本罪的保护法益是"性行为的非公开化",就应当从行为是否侵害了被置于观看到聚众淫乱行为的人的性羞耻心上进行实质判断。

本文认为,公开性意味着聚集多人在一起的淫乱活动发生在有被不愿观看者观看到的现实可能性的地方。被冒犯的人在身处该地方之前,并不知道那里会发生什么,当他按照正常的社会生活方式支配行动时,便无法回避地看到他不愿看到的与性有关的行为。在美国的一个判例中,被告人Baus在早晨7点与另一男子在公共公园的矮树林中口交被巡警发现,法院判决认为,行为发生在阳光明媚的早晨7点,这个公园每天都有很多人在此遛狗、散步,其他人有高度的可能性看到矮树林里发生什么,事实上被告人的行为就是被开着巡逻车的巡警不经意间发现的,因此可以认定为公开实施。① 在另一判例中,被告人Doe晚上8点45分与另一男子在公共公园的灌木丛中口交被巡警发现,但这个灌木丛树木丛生,距自行车道有10英尺,距离最近的停车场50英尺,即使是白天,如果不是特意走进灌木丛也不能观察到灌木丛中有什么,而巡警当时正在极力搜索毒品犯罪的证据,他是有特定职责和特殊目的的人,不同于不经意的旁人(casual observers),事实上也是巡警特意从自行车道走进茂密的灌木丛中才看到了被告人。所以法院判决认为,本案并不能认定为公共实施。② 对比两个很相似的案件,正是以未料想的、不经意的、无辜的他人是否随时可以观看到特定行为来区分该行为是否发生在公共场所的。

① People of the State of Illinols v. Daniel Baus. 16Ill. App. 3d 136(1973).

② United States of America v. John Doe. No. 93 CR 948 (RJD)(1995).

以此实质标准,不仅是公共场所,即使是在绝对私人的场所,倘若有非自愿者在场,也可以评价为公开场合,比如公民住宅内,三人或三人以上临时起意实施淫乱活动,而不顾在场的其他人反对,也会冒犯非自愿参与者。只是认定这种情况属于公开需要特别谨慎,如果非参与者容易回避,比如在行为人准备实施淫乱活动时其可以自行离开而选择观看的场合,就缺少被冒犯的被害人,不构成聚众淫乱罪;相反,如果非参与者不能回避则满足“公开性”要素,比如被拘禁或猝不及防地观看到的场合就是其例。美国有判例就肯定了这种情况也属于“公开”,被害人兄妹二人去邻居的房车内做客,同样来主人家做客的其他客人Wisneski 酒后对被害人说了几句淫秽的话后,突然在被害人面前脱下自己的裤子,露出生殖器,并手握生殖器指向被害人。法院判决认为,虽然猥亵行为发生在私人住所,但只要有任何不想看的人在场,也可以评价为公然猥亵行为。①

再来看实践中出现的案例就可以清楚地认定是否为公开实施的多人淫乱活动,如 1999 年 12 月某日下午,江苏省仪征市金某与朋友李某、丁某酒足饭饱后,在几名卖淫女的同意下,包下某家浴室三男两女同池洗“鸳鸯浴”,其间,金某与一名卖淫女在浴池蒸房内发生性行为。江苏省仪征市人民法院判处被告人金某聚众淫乱罪,②但是按照本文观点,包场的洗浴中心应该是私密场所,本案不具备公开性要素,不成立聚众淫乱罪。又如,本文第一部分提到的“刘某某聚众淫乱案”,晚上十二点多在居民楼的楼顶,因为没有被不经意的、无辜的他人观看的可能性,也不应评价为公开。再如,1996 年 7 月 13 日晚 9 时许,被告人郑某甲及蔡某甲带两名卖淫女毛某和董某到温州市瓯海区仙岩街道竹溪村山上一坟地里欲发生性关系,随后郑某甲又召集郑某乙(已被劳动教养)、陈某、蔡某乙、莫某、黄某甲(均已判)至山上。期间,郑某甲及蔡某甲先后同卖淫女毛某发生性关系,黄某甲及陈某、郑某乙、莫某

---

① Gerald Wisneski v. State of Maryland. 169 Md. App. 527(2005).

② 参见赵桂民:《扰乱公共秩序和司法活动犯罪司法适用》(下),法律出版社 2006 年版,第 616 页。

先后与卖淫女董某发生性关系。尚未轮到的人员,均在一旁围观他人发生性关系,后蔡某乙又召集林某等6人加入其中。直至次日凌晨1时许,二名卖淫女同多人发生性关系后未得到嫖资欲离开时,仍被林某、黄某等人纠缠,后逃离现场并报案。案发后,被告人郑某甲和黄某潜逃国外,2011年11月到案。法院判决两被告人郑某甲和黄某犯聚众淫乱罪,分别判处拘役6个月和免予刑事处罚。① 根据判决书中对案情的描述,本案聚众淫乱行为发生在农村山上的坟地里,且时间是晚上9点至凌晨1点,除非是特意相约或对此知情,否则没有人会"误入现场",即没有被参与者以外的无辜的他人看到的可能性。事实上,本案案发也是因为参与聚众淫乱活动的人没有按约定付嫖资,卖淫女才报的案。单就实施聚众淫乱活动而言,卖淫女和所有参与者都是自愿行为,实施场所不能评价为"公开",故本案不成立聚众淫乱罪。

信息网络虽然是虚拟的空间,但多人一起实施裸聊行为如果侵犯了性行为非公开化的公共秩序,在符合其他构成要件要素的情况下,也是可以成立聚众淫乱罪的。网络裸聊行为能否评价为"公开性",同样可以遵循"是否容易地被不经意的、无辜的他人看到"这一实质判断标准。如果三人以上同时在一个开放的网络视频"聊天室"内裸聊,而"聊天室"没有设置任何进入条件,如密码、口令、"管理员"的确认等,不知道该聊天室内正在进行淫乱活动的无辜网络用户可以自由点击进入其中,就可以评价为公开实施;如果"聊天室"并非所有网络用户都可以进入,而是必须经过组织者的直接或间接的确认,前者如网络用户提出申请后需要组织者的"同意"指令,后者如组织者提前设置好密码。在这种场合下,参与者显然是知情的,没有冒犯到无辜第三人的可能性,故不属于公开实施。例如,2005年8月22日,李某某与多名男女通过登录"E话通"建立视频聊天室,在聊天室暴露生殖器,实施手淫等淫乱行为。该聊天室设有密码,李某某还担任管理员,负责将陌生人"踢出去"。北京市石景山区人民检察院以聚众淫乱罪向北京市石景山区人民法院提起公诉,后在案件审理过程中,检察院以事实、证据有

① 参见浙江省温州市中级人民法院(2013)浙温刑终字第404号刑事判决书。

变化为由撤回了起诉。[①] 本案中,聊天室设有密码,进入其中的网络用户都知道该聊天室是供聚众裸聊的平台,所有观看到聚众淫乱活动的人都是自愿的,故没有冒犯可能性,不符合聚众淫乱罪要求的“公开性”要件。

需要说明的是,将聚众淫乱罪的成立限定在公开场合下实施,并不会造成聚众淫乱罪和刑法分则第六章妨害社会管理秩序罪规定的其他聚众型犯罪相矛盾。换言之,除聚众淫乱罪以外,对于刑法分则第六章的其他聚众型犯罪,都应当解释出公开性这一不成文的构成要件要素。具体而言,刑法第六章规定的聚众型犯罪分别是第290条“聚众扰乱社会秩序罪、聚众冲击国家机关罪”、第291条“聚众扰乱公共场所秩序、交通秩序罪”、第292条“聚众斗殴罪”以及第317条“聚众持械劫狱罪”。除聚众斗殴罪以外,其他几个罪名顾名思义就可以得出行为一定不是在私密的场所进行的。关于聚众斗殴罪,也并非只要两伙人[②]实施了斗殴行为就成立本罪,只有斗殴行为让非参与斗殴的人即无关的他人看到或切身察觉到,让他们感到恐惧才能认定侵害了本罪所保护的公共生活的安宁状态。如果两伙人相约在封闭的空间内(如包下了一个室内篮球场),或者在第三人无法得知或观看到斗殴行为的地方(如深山老林)实施斗殴行为,且行为完毕后“清理了现场”,没有留下打斗痕迹,在没有造成人员重伤或死亡结果的情况下,因为斗殴行为从开始至结束并没有影响到自愿参与人员以外的任何人,就不能成立聚众斗殴罪。在“常熟4·2聚众斗殴案”中,虽然斗殴发生在公司的办公室内,但结合案情当然可以认定为公开实施,根据在办公室打砸的声音巨大,有员工看到对方十来个人来势凶猛,手里都拿着刀冲进了公司大楼,斗殴结束一方撤离后办公室被砸,地上有血迹,路过该公司的路人见到公司门口围了很多人,听到了里面有打架的打闹声和玻璃碎

---

① 参见于同志:《主持聊天室“裸聊”的行为认定》,载《人民司法》2007年第16期。

② 至于是否要求斗殴双方都达到三人以上,理论和实务上均有争议,但这并非本文探讨的范围。

的声音等情节,①足以认定斗殴行为让他人感到恐惧,侵害了公共生活的安宁状态。

四、结　　语

聚众淫乱罪的保护法益不是婚姻家庭的健康稳定状态。婚姻家庭说会导致刑法对同一保护法益处罚范围的不协调,也不具备司法上的可操作性。聚众淫乱罪的保护法益也不是社会的性道德观念。社会性道德观念说不仅违背了当代法治国个人自治的宪政理念,更加有悖于我国二元处罚模式下的刑法立法特性。刑法不是强制推行道德规范的手段,应从对他人利益的侵害当中寻求刑法的干预根据。公开实施性有关的行为,会让他人产生不良心理感受,损害他人的健康、平稳的心理情感状态,这种冒犯行为也是对他人利益的侵害。因此,聚众淫乱罪的保护法益应当是性行为非公开化的公共秩序。

据此理解,聚众淫乱罪的处罚范围限于公开场合下三人以上在一起实施的淫乱活动,即行为发生在容易被未料想的、不经意的参与者以外的他人观看到的场所。司法实践不对实施场所加以区分而一律处罚多人淫乱行为的做法显然没有恰当的理解聚众淫乱罪的保护法益。不仅是聚众淫乱罪,所有保护公共秩序的犯罪只有对其保护法益具体化、可视化为与个人利益相关时,才能说明处罚的正当性。

The Legal Good and Limiting Punishment Scope of Crime of Assembled Pruriency

Wang Qi

[内容摘要]我国刑法体现了法益侵害原理的立场,刑法不是强制推行道德规范的手段。聚众淫乱罪的保护法益应当是性行为非公开化的公共秩序。只有当聚众淫乱行为以公开的方式实施,才使非自愿参

① 江苏省常熟市人民法院(2011)熟刑初字第0430号刑事判决书。

加或观看的人产生不良心理感受,侵害了性行为非公开化的公共秩序,才能认定为聚众淫乱罪。"公开性"应当是聚众淫乱罪的不成文的构成要件要素,以多人的淫乱行为"是否容易地被不经意的、无辜的他人看到"作为实质的认定标准。

[**关键词**]聚众淫乱罪;保护法益;性非公开化;公开性

Abstract: Chinese Criminal Law revealing the principle of infringement of legal good. Criminal Law cannot be a mechanism to enforce or strengthen moral norms. The legal good of the crime of assembled pruriency is sexualized behaviors' non-public character. Only on the occasions when assembled pruriency behaviors conduct in public, can the reluctant participants or observers will suffer from unpleasant psychological receipt and undermine the public requirement of sexualized behaviors' non-public. In turn, only in this way, can the doers be convicted of crime. "Publicly" should be an unwritten offense element of the crime of assembled pruriency. The essential criterion of "publicly" is group pruriency can be seen by casual and reluctant observers easily.

Key words: the Crime of Assembled Pruriency; Legal Good; Sexualized Behaviors Cannot Conduct in Public; Publicly

我国犯罪化立法的教义学边界
——以犯罪构造为中心*

满　涛**

目　次

1997年《刑法》施行至今，不到20年的时间里，已经历九次修正，其动作不可谓不频繁。在这九次刑法修正活动中，不论是提交审议的草案还是颁布施行的正式修正案，涉及并重点讨论的都是犯罪化的问题。“犯罪化”，①也就当仁不让地成为了历次刑法修正活动的焦点问题。至于应当如何看待这一焦点问题，“赞歌式”地一味迎合，不利于

* 本文系国家社会科学基金项目“刑事政策实现效果评估体系研究”（15BFX085）的阶段性成果。

** 中国人民大学法学院博士研究生。

① 犯罪化，是指将以往不是犯罪的行为，作为刑法上的犯罪，使其成为刑事制裁的对象。参见张明楷：《司法上的犯罪化与非犯罪化》，载《法学家》2008年第4期。需要说明的是，笔者并不赞同张明楷教授将犯罪化分为“立法上的犯罪化与司法上的犯罪化”的观点，而是主张“犯罪化”一词仅是从刑法立法学的角度而言的，司法上的定罪活动是行为性质的认定与法律适用的过程，不宜冠以“犯罪化”称谓。

发现存在的问题，自不可取。但是，想当然地简单批判，也极有可能导致认识错觉以致推演出假问题，而把真问题抛诸脑后。当前对于我国犯罪化立法问题的讨论，某种程度上即是陷入了真假问题难辨的模糊境地。

一、我国犯罪化立法的假问题与真问题

（一）假问题：过度犯罪化？

频繁的刑法修正活动，集结为九项刑法修正案的立法文本，其引发的最为直观的感受莫过于：刑法典越来越“厚”，刑法管的事越来越“多”，刑法的触角也越来越“广”。集中梳理九项修正案中涉及犯罪化的条款，大致可以得出，现有的犯罪化方式主要包括两种：一是直接增加新罪，二是对已有犯罪的构成要件进行修改。① 直接增加新罪，就是将某类之前的非罪行为直接规定为犯罪，并配置相应的刑罚。九项修正案中，除《刑法修正案（二）》外，其他刑法修正案均采用了“增加新罪”的犯罪化方式。例如，《刑法修正案（一）》增加隐匿、故意销毁会计凭证、会计账簿、财务会计报告罪一个新罪；《刑法修正案（三）》增加帮助恐怖活动罪和编造、故意传播虚假信息罪两个新罪；《刑法修正案（四）》增加走私废物罪等四个新罪；《刑法修正案（五）》增加妨害信用卡管理罪等三个新罪；《刑法修正案（六）》增加大型群众性活动重大安全事故罪等十个新罪；《刑法修正案（七）》增加利用未公开信息交易罪等八个新罪；《刑法修正案（八）》增加危险驾驶罪等七个新罪；《刑法修正案（九）》增加的新罪数量则达到了最大值，共增加准备实施恐怖活动罪等十九个新罪。修改构成要件，则是指采用“扩充或降低”的方式，将某种特定犯罪的覆盖范围加以扩大，从而使某些原本并非该种犯罪涵盖的行为与主体得以进入该罪的惩罚范围。从《刑法修正案（一）》到《刑法修正案（九）》，几乎所有刑法修正案均涉及对犯罪构成

① 参见刘志伟：《〈刑法修正案（九）〉的犯罪化立法问题》，载《华东政法大学学报》2016 年第 2 期。

要件的修改。在修改式的犯罪化立法中,扩充构成要件中的行为类型,是修正案中较为常见的方式之一。例如,《刑法修正案(一)》第 4 条和《刑法修正案(七)》第 2 条对 1997 年《刑法》第 180 条第 1 款的修正,增加了处罚“期货内幕交易、泄露期货内幕交易”和“明示、暗示他人从事上述交易活动”的规定,使上述两种行为类型被纳入内幕交易、泄露内幕信息罪的成立范围,从而将上述两类行为予以犯罪化。同时,扩充构成要件中的行为对象范围,也是刑法修正中实现犯罪化的重要方式。典型的是《刑法修正案(九)》第 13 条修正的“以暴力、胁迫或者其他方法强制猥亵他人”,就是将原有的“强制猥亵妇女”的犯罪对象从“妇女”扩充到“他人”,从而使强制猥亵十四周岁以上男性的行为得以犯罪化。还有的修正条款,则是径直降低或删除某些特定的构成要件内容,降低入罪门槛,扩大本罪处罚范围。例如,《刑法修正案(四)》第 1 条将《刑法》第 145 条原条文中的“对人体健康造成严重危害的”修改为“足以严重危害人体健康的”,删除了实害结果要件并代之以危险性要素,使生产、销售不符合标准的医用器材罪从实害犯变成危险犯,即构成本罪无须出现实害结果,只要具有“足以严重危害人体健康的”的危险即可。《刑法修正案(六)》第 18 条对开设赌场罪的修正,即是删除了“以营利为目的”的特定主观要件,使成立开设赌场罪无须行为人具有营利目的的特定主观要件要素。

无论是新罪数量的增加还是已有犯罪的范围扩大,都已清晰地表明,我国刑法立法犯罪化呈现出整体攀升态势。在构建国家治理体系与治理能力现代化的进程中,刑法立法的犯罪化是刑法参与社会治理的重要渠道。① 但是,刑法频繁修正中的犯罪化扩张,实在地惹起了学界的不少质疑甚至批判。有的学者指出,由于我国刑法立法的异常活性化,当前的社会治理明显染上了“刑法浪漫主义”色彩,从而进一步强化了具有根深蒂固历史传统的政策导向型工具刑罚观;②有的学者指出,我国刑法立法导向上出现了刑法泛化和迷信刑法万能的问题;③

① 参见赵秉志:《当代中国刑法法典化研究》,载《法学研究》2014 年第 6 期。

② 参见何荣功:《社会治理“过度刑法化”的法哲学批判》,载《中外法学》2015 年第 2 期。

③ 参见于志刚:《刑法修正何时休》,载《法学》2011 年第 4 期。

有学者则从“释法”优于“造法”的角度，提出应当限制当前犯罪化的刑法立法的主张；[①]有的学者更是直截了当地呼吁，我国应当停止犯罪化的刑事立法；[②]也有学者从新近的《刑法修正案（九）》文本出发，指摘出当前刑法立法反映出的情绪性立法的重刑主义色彩，警告刑法立法应当力戒情绪、保持理性；[③]还有学者从整体上肯定了新近犯罪化立法是符合经济社会发展需求的，但是仍然认为相当部分的犯罪化条款属于应急而生的匆忙立法，从而形成了犯罪化立法的过度问题。[④] 可以肯定的是，上述学者的担心与隐忧是十分必要的。古人有训，治国之要，刑非所先。[⑤] 在国家治理体系中，刑法应当保持谦抑特性，严守次要规范与司法法的特有地位，这也是近代法治国家治理的原则性要求。但是，最大限度地限制刑法处罚范围果真是刑法谦抑性的真实内容吗？答案，未必尽然。很简单，如果将“谦抑”平行解释为“最大限度地限制”，则无疑可以将其延伸理解为否定论，即社会治理无须刑法参与。显而易见，这种解释是无法获得现实支撑的。对于谦抑的正确理解，绝非全盘地限定刑法范围，而应是落脚于刑罚权发动的合理性层面，即刑法应当由“限定的处罚”转向“妥当的处罚”。[⑥] 正如日本刑法学家前田雅英所言，“科处刑罚的原因在于，其对全体国民而言是必要的。并不是‘越限定处罚就越增进国民利益’，而是必须具体地、实质地探求为保全国民利益所必需的最小限度的刑罚”。[⑦] 因此，主张刑法保持谦抑，只能是抵制刑法无节制与泛滥的理由，绝不可能成为批判正常犯罪化立法的“合理”抗辩。进一步来讲，刑法的谦抑性更多的是在理念层

---

① 参见杨柳：《释法抑或造法：由刑法历次修正引发的思考》，载《中国法学》2015年第5期。

② 参见刘艳红：《我国应当停止犯罪化的刑事立法》，载《法学》2011年第11期。

③ 参见刘宪权：《刑事立法应力戒情绪——以〈刑法修正案（九）〉为视角》，载《法学评论》2016年第1期。

④ 参见齐文远：《修订刑法应避免过度犯罪化倾向》，载《法商研究》2016年第3期。

⑤ 参见鲁嵩岳：《慎刑宪点评》，法律出版社1998年版，第2页。

⑥ 参见张明楷：《网络时代的刑法理念——以刑法谦抑性为中心》，载《人民检察》2015年第5期。

⑦ ［日］前田雅英：《刑法总论讲义》（第5版），东京出版会2011年版，第5页。

面之上对立法者发挥指导作用,其不能直接转化为限制立法权的规则工具,也无法对犯罪化立法的具体范围、操作产生具体的限定作用。从某种意义上讲,辅助性(谦抑性)原则更属于一种政策意义上的准则,抑或社会政策性的决定,而不是一种强制性规定。① 因此,刑法谦抑与犯罪化立法并不是水火不容、截然对立的,其实质内涵也并不反对适应并促进社会发展的、必要的犯罪化立法,借口刑法谦抑性批评当前的犯罪化立法也就难免有想当然的嫌疑。

"积极的犯罪化立法违背刑法谦抑性"这一指摘并不是上述批判论者的最终目标,借口对谦抑概念的无限扩张理解,明示或暗示"我国当前的刑法立法出现了过度犯罪化问题",也许才是各种批判论的真实意图与集中论点。过度犯罪化,②是一个在国外尤其是英美法系国家时髦、流行的话题,大意是指刑法超出自身的合理功能并逾越其与其他法律规范之间适当边界的情形。③ 一般地,过度犯罪化是对一国刑法立法中犯罪化整体数值的考量,也是宏观把握犯罪化值域的一种整体判断。单就个罪而言的犯罪化,指涉的是对该类行为予以犯罪化是否合理,因而并不存在个罪意义上的过度化问题。在英美法系国家,约摸从 20 世纪六七十年代开始,刑法的社会保护与预防功能被极度强调,刑法立法中犯罪化条款数量激增,延宕至今,已经呈现出明显的过度特征,这也成为了困扰各国刑法科学立法的重大问题。以英国刑法为例,在工党执政的十年间(1997 ~ 2006 年),英国刑法新增罪名三千余项,其中,基本法律中新增 1169 项罪名,附属刑法中新增 1854 项罪名。④ 更令人担忧的是,目前英国刑法中的罪名总数已经超过一万,涉

---

① 参见[德]克劳斯 · 罗克辛:《德国刑法学总论》(第 1 卷),王世洲译,法律出版社 2005 年版,第 24 页。

② 过度犯罪化,源于英语中的"overcriminalization"一词,其与"过度刑法化""刑法泛化""泛刑法主义"等表述意思相同,可以替换使用。

③ See Andrew Ashworth, "Conceptions of overcriminalisation", *Ohio State Journal of Criminal Law*, Vol. 5, 2008, p. 407.

④ See Andrew Ashworth and Lucia Zedner, "Defending the Criminal Law: Reflections on the Changing Character of Crime, Procedure, and Sanctions", *Criminal Law and Philosophy*, Vol. 2, 2008, p. 22.

及犯罪与刑罚的法律(制定法)更是多达八千余部。[①] 不难判断,英国刑法中的过度犯罪化问题已然显现并且十分严峻。由此及彼,反观我国刑法立法中的犯罪化规模,截至目前,我国现行刑法仅有四百六十八个罪名,尽管犯罪化总量呈现逐年攀升趋势,但将其类比成"过度犯罪化",恐怕也是有失偏颇的。当然,中英两国违法制裁体系的差别是形成罪名数量巨大差异的一个原因,但即便考虑到我国"违法—犯罪"二元制裁体系的因素,其犯罪化规模仍然难以与英国刑法罪名逾万的情形相"比肩"。总的来看,我国刑法立法犯罪化并未出现"过度化"的问题。"过度犯罪化"的判断应是一个假问题,其实质上指涉的应当是目前的积极犯罪化趋势。因此,反思刑法频繁修正的"幕后"真问题,其判断背景应当定位在当前的积极犯罪化趋势,而非不假思索地转接为国外流行的"过度犯罪化"问题。

(二)真问题:犯罪化边界何在?

从当前积极犯罪化趋势来看,刑法立法犯罪化即便不存在"过度"的困扰,但其仍显现出明显且亟待解决的问题,如行政违法行为的犯罪化处理是否正当,法益保护提前的犯罪化应对是否合适,共犯行为正犯化的犯罪化操作是否可行等。这些问题集中表现为,刑法立法犯罪化的边界不清。换言之,我们的犯罪化立法似乎并未真正厘清"犯罪化边界何在"这个前提性问题,而这也正是我国当前刑法立法犯罪化的真问题所在。尽管不同历史时期、不同国家的实际情况和惩罚需要都会具体地影响"犯罪化边界在哪里"这一诘问,[②]但是,这也并不能否定法治原则下关于犯罪化边界的一般性、普适性认识的存在。至少,基于现代意义上犯罪构造的共识性理解,基本可以框定出犯罪化立法的教

---

① See David Ormerod, *Smith and Hogan's Criminal Law* (13th Edition), Oxford University Press, 2011, p. 3; A. P. Smister, G. R. Sullivan, J R Spencer QC, and Graham Virgo, *Smith and Sullivan's Criminal Law: Theory and Doctrine* (4th Edition), Hart Publishing Ltd., 2010, p. 44.

② 参见周光权:《转型时期刑法立法的思路与方法》,载《中国社会科学》2016 年第 3 期。

义学边界。

从根本上讲,刑法立法犯罪化是以现实的、规定犯罪的条文呈现出来的。厘清犯罪化之边界,应当首先落脚于实体法规范意义上的犯罪构造。如何理解犯罪构造,这是近代刑法教义学理论发展的重要领地。时至今日,刑法教义学远非“李斯特时代”那般被框定在既有刑事法规范之下,对立法本身的妥当性无能为力的情形,[①]而是实现了从政策到教义、从教义到政策的双向契合式贯通。恰如卡尔·拉伦茨所言,“如果一部法律要有较强的生命力,那么立法者事先就必须对有待规范的生活关系、对现存的规范可能性、对即将制定的规范所要加入的那个规范的整体、对即将制定的这一部分规范必然施加于其他规范领域的影响进行仔细的思考和权衡……对于这些前期工作而言,显然,法学的帮助是不可或缺的,无论是法律社会学、法律教义学、比较法学还是法的一般原理——如果所涉及的是对法学基本范畴的正确运用”。[②] 刑法教义学,自然应当具备指导、引领和帮助刑法立法的功用,而这一点,在提供犯罪化正当性根据与划定犯罪化边界等问题上尤为突出。因此,借助刑法的教义学知识展开犯罪化边界研究,是可行的,当然也是必要的。尤其是在厘定犯罪化边界的问题上,则必须首先借助刑法教义学中关于犯罪构造的知识成果,实现立法层面上教义学限定的基本目标。

依照不同的刑法教义学知识谱系,犯罪的构造或是犯罪的成立,在理论上至少存在阶层论、平面要件论和二元抗辩论三种学说,不同学说之间、同种学说内部之间观点各异、学派鲜明。笔者无意在教义学知识内部再次展开犯罪论体系的争辩,只是试图将各种犯罪成立理论“解剖麻雀”,分散成犯罪成立所需的必要因素,从而择取各种学说的“公约数”,并将“公约数”中的各项因素作为理解犯罪构造的基本内容。至于如何将这些因素逻辑性地排列组合,事关法律适用中的犯罪认定问题,并不妨碍此前刑法立法上的犯罪化工作。因此,笔者于此在所不问,而是留给刑法教义学的内部研究去继续“伤脑筋”。

---

① 参见车浩:《刑事立法的法教义学反思——基于〈刑法修正案(九)〉的分析》,载《法学》2015年第10期。

② [德]卡尔·拉伦茨:《论作为科学的法学的不可或缺性——1966年4月20日在柏林法学会的演讲》,赵阳译,载《比较法研究》2005年第3期。

在阶层犯罪构成理论中,一般将犯罪定义为该当构成要件、违法且有责的行为。[①] 将该种体系化的犯罪构造还原为单个犯罪构成要素,则主要包括行为、法益侵害结果、因果关系、主体、违法阻却事由、故意(过失)与责任阻却事由等。与阶层理论不同,平面要件理论的犯罪构成主要涵盖了犯罪客体、犯罪客观方面、犯罪主体与犯罪主观方面四个要件,[②]具体到构成要素则为客体(法益)、行为、结果、因果关系、主体、故意与过失等。二元抗辩的犯罪证成逻辑[③]多为英美法系国家的刑法理论所主张,其认为犯罪的成立可以逻辑地划分为犯罪本体要件和责任充足要件这一"双层次体系"。由于第二层次上的责任充足实质上是阻却犯罪成立的抗辩事由,因此,从正面积极论证犯罪成立的任务也就落在了犯罪本体要件之上了。具体而言,犯罪本体要件可以析分为犯行(actus reus)和犯意(mens rea)两大部分,其中,犯行主要是指犯罪行为及其引发的侵害后果,犯意则包括蓄意、明知、轻率与疏忽等主观心态。[④] 综观上述三种犯罪构成理论,各有各的思维特点,互不相同。但是,离开体系性架构后的具体要素内容,三者并没有明显的差异,几近相同。毕竟,犯罪构造的刑法教义学展开,仅是思维路径上的区别,其面对的犯罪事实从客观现象上来讲都是一样的,其具体的构成要素无非就是行为、结果、因果关系、主体、主观罪过等内容。在将各种犯罪构造教义理论要素化后,我们可以发现,行为、法益侵害与责任构成了犯罪构造最为核心的内容,这是诸教义学体系的共识性结论。因此,从刑法教义学的犯罪构造到刑法立法学的犯罪化,映射出的"行为—法益—责任"框架,也就成为了厘清犯罪化教义学边界的基本指向。

---

① 参见[日]松原芳博:《刑法总论重要问题》,王昭武译,中国政法大学出版社2014年版,第32页。

② 参见高铭暄、马克昌主编:《刑法学》(第6版),北京大学出版社、高等教育出版社2014年版,第55页。

③ 由于英美法系国家并不存在严格意义上的"犯罪构成理论",因而此处并未使用"犯罪构成理论"的特定表述。

④ 参见[英]J. C. 史密斯、B. 霍根:《英国刑法》,李贵方等译,法律出版社2000年版,第35~37页。

二、行为是犯罪化的基础

马克思曾言,对于法律来说,除了我的行为,我是根本不存在的,我根本不是法律的对象,我的行为才是我同法律打交道的唯一领域。[①]在刑法中,将犯罪限定为行为,这也是法治发展抛弃主观问罪、承继“任何人不因思想而受处罚”这一罗马法格言的基本结论。近代以来,刑法教义学更是始终将行为视为犯罪的基础,这一点是决计不可动摇的。虽然不同学派在如何理解行为本身的问题上存在争论,如古典学派认为行为是直观的现实存在,新派认为行为是行为人人格的征表,但是,其在“以行为为基础来确立犯罪”这一点上,二者已经达成共识,不存争议。行为之于犯罪概念基础地位的确立,是近代刑事法治发展的一次飞跃。如何固守这一准则,应当是刑法教义知识具体展开的基本前提。笔者重申这一基本共识,意在强调不论是在刑法教义学之下还是在犯罪化理论之中,都应当保障行为在犯罪概念里的基础地位,而这,也是对所谓的“行为不要论”的直接回应。

(一)德国的“行为不要论”

在德国,刑法学知识从来都不是一成不变的——也许昨天还在积极捍卫的见解,今天却正在被学人们悄然抛弃,其对“无行为则无犯罪”这一格言也不例外。[②] 行为基础地位的消解,根源于德国传统刑法理论对“行为”(handlung)一词的意思性和目的性限定,其与“举动”(werhalpen)的区分,更是使部分客观事实只能归入“举动”的范畴。例如,长途司机A为了按时赶到送货地点,深夜时分不停车休息,仍坚持疲劳驾驶,途中困意难耐,在驾驶过程中睡着了,未能控制汽车方向,与

---

① 《马克思恩格斯全集》(第1卷),人民出版社2006年版,第16-17页。

② 同样,在意大利刑法教义学中,行为要件被“事实”所取代,构成要件也就成了典型事实,其大致可以概括为一种生活中以人的行为为核心的事实。虽然,行为仍是核心话语,但可以明显感觉到一种“超行为”的存在空间。参见[意]杜里奥·帕多瓦尼:《意大利刑法学原理》,陈忠林译,法律出版社1998年版,第100页。

迎面行驶车辆相撞,导致对方驾驶员死亡、车辆严重毁损。在这个案例中,A深夜疲劳驾驶的行为肯定不能认定为犯罪,因为疲劳驾驶这一行为本身并未造成任何损害后果。即便说疲劳驾驶是有认识的、有意图的,由于疲劳驾驶并不符合任何犯罪的构成要件,所以无法将其认定为犯罪。同时,A睡着后继续驾车并将人撞死的客观事实,就是一个典型的符合构成要件的"行为"。但是,睡着后的A继续驾车并制造交通事故时,并不具备任何犯罪意义上的意图,从这个意义上来讲,其甚至连过失都谈不上,怎么能将其认定为犯罪?如果坚持"无行为则无犯罪"的基础命题,则对于A是无法定罪处理的。因为,A的疲劳驾驶确实是刑法意义上的行为,但是并不符合任意罪名的构成要件,因而不构成犯罪;A睡着后发生交通事故的情形,又并不存在刑法意义上的"行为",也不构成犯罪。按照该种逻辑推演,A似乎是无法定罪的,而本案若不当犯罪处理在国民法感情上又是令人无法接受的。因此,有学者指出了问题的"根源"所在,即"无行为则无犯罪"的命题并非坚若磐石,而是存在漏洞的。基于填补处罚漏洞的考虑,行为的基础地位必然遭遇弱化直至消解,而这也直接影响了犯罪概念的实质理解。对于前述案例中的汽车司机A而言,其受到刑事处罚的原因不在于实施了违反规范的行为,而是因为没有实施符合规范的行为。在该案中,正是A没有实施符合规范的行为,从而引发了符合构成要件的结果的出现,从而论证出A构成犯罪。这就是部分德国刑法学者提出的精神性(ideell)犯罪概念,即认为犯罪是对受到违反的规范的效力质疑、蔑视或是否定。① 在这个意义上,对于犯罪的理解不再依靠行为的基础地位,"无行为则无犯罪"的格言效力也就遭遇了无声消解,代之而起的则是以规范效力及其确证为核心的犯罪观。照此,A成立犯罪,考察的关键并不在于所谓"行为"的确证,而只需证明其未能实施符合(满足)规范期待(要求)的行为即可,而这一点在A案中是清晰可见的——因为在德国等欧洲国家,夜间驾驶车辆是有时间限制的,更不允许疲(过)劳驾驶。

① [德]沃尔夫冈·弗里施:《变迁中的刑罚、犯罪与犯罪论体系》,陈璇译,载《法学评论》2016年第4期。

不难看出,德国刑法理论发展出的“行为不要论”,大体上是基于德语环境中“行为”与“举动”两个语词的区隔,剔除“行为”要件而代之以“举动”事实,确实可以解决部分案件中的处罚合理性问题,弥补解释论上的缝隙。从这一点上看,该种学说似是可取的。但是,问题在于,由此进一步衍生出犯罪概念的基础性转变,则明显过于冒进、片面了,毕竟,绝大多数情形下的犯罪仍旧是以行为为基础的。同时,将犯罪视为行为人与国家之间的交流过程,表明行为人对法规范及其效力的质疑、否定,完全忽视犯罪的社会现实性,这一点更是该种犯罪观最为致命的缺陷。从教义学建构上来看,以“行为不要论”为前提的精神性犯罪概念,势必将刑法“改造”为捍卫(确证)法效力不受质疑与侵害、彰显法之牢不可破性的积极工具,由此引发的结局是,国民沦为确证法规范效力的工具,而非法规范实现之目的。彼时的刑法,便与近代以来致力追求的人权观念、自由主义秩序等基础价值相去甚远,法治国理想亦会沦落为水中之月、镜中之花。

(二)美国的“行为不要论”

无独有偶,在英美法系国家,行为要件的基础地位同样遭到了部分学者的质疑。例如,美国著名刑法学家道格拉斯·N. 胡萨克教授对行为要件进行了深刻的批判与反思,指出犯罪的成立不需要存在行为,而主张用控制要件替代行为要件。[①] 在胡萨克教授看来,行为人承担一定的刑事责任,并不在于之前实施的某种行为,而是在于对相关事实状态未能加以控制,而这些事实状态可以是行为、后果、意图等。[②] 比如,如果事实状态是行为,则行为人应当控制自己不实施该行为;如果事实状态是结果,则行为人应当控制自己不引发该结果;如果事实状态是意图,则行为人应当控制自己不萌生该意图。总之,控制要件的核心在于,要求行为人阻止相应事态的出现,如若不能,则表明其不能控制,由

① 参见[美]道格拉斯·N. 胡萨克:《刑事责任是否需要客观行为?》,姜敏译,载《中国刑事法杂志》2015 年第 3 期。

② [美]道格拉斯·N. 胡萨克:《刑法哲学》,谢望原等译,中国人民公安大学出版社 2003 年版,第 154 页。

争执不断、学术攻伐未休。总的来看,法益侵害的观念也已经逐渐为我国刑法学界所接受与认可,成为界定犯罪本质特征的基本共识——只有行为侵害或者威胁到法益时,才能够按照犯罪处理。[①] 当然,这种观念的转变大多保留在刑法教义学的内部层面,而如何将其贯穿到犯罪化的具体过程中,同样成为刑法立法学研究的重要课题。

(一)法益的规范理解

在德国,对于犯罪本质的理解,虽然存在法益侵害、规范及其效力的违反等不同理论认识,但法益侵害说仍然是占据重要地位的理论观点。正如罗克辛教授所言,刑法的任务在于,使其公民在由宪法所保障的基本权利获得维护的前提下,自由而和平地共同生活在一起。如果我们把这项任务归结为法益保护,那么法益指的就应当是所有的这些事实和目的设定,它们对于个人自由地发展自己,对于个人实现其基本权利,以及对于建立在该目标观念之上的国家制度发挥其作用来说,都是必不可少的。[②] 在抽象的概念话语后,罗克辛教授对法益侵害的原则内容进行了细分,力证刑法中法益概念的基础地位与基本范围,大致将其描述为九项子原则:恣意的、纯粹建立在意识形态之上的刑法条文,或者违反基本权利的刑法条文所保护的绝不是法益;不道德的或者值得谴责的举动本身,还不能作为认定成立法益侵害的根据;侵犯自身人格尊严的行为,并不属于法益侵害;只有在因为胁迫而产生了现实的恐惧时,我们才能认为,对感情的保护是对某种法益的保护;对他人有意识的自陷风险予以协助或者支持的行为,并没有侵犯(他人的)法益;在绝大多数情况下,象征性的刑法规范不具有法益保护的功能;禁忌并非法益;若保护的对象抽象得无法让人把握,则该对象也不能被看做是法益。[③] 与此相似,英美刑法同样是将法益侵害理解为犯罪的本

---

① 黄京平、陈鹏展:《无被害人犯罪非犯罪化研究》,载《江海学刊》2006 年第 4 期。

② [德]克劳斯·罗克辛:《德国刑法总论》,王世洲译,法律出版社 2005 年版,第 145 页。

③ [德]克劳斯·罗克辛:《对批判立法之法益概念的检视》,陈璇译,载《法学评论》2015 年第 1 期。

质所在,一般表述为伤害(损害)原则(harm principle),即强调只有行为对他人造成了伤害才可据此进行犯罪化,并将其作为判定某一行为应否被纳入刑法规制范围的重要边界。[①] 当然,在犯罪化论证中,英美刑法理论还存在冒犯主义、法律家长主义和法律道德主义等不同的原则立场,[②]这些原则或就某些角度而言有一定的合理性与说服力,但正如范伯格所言,"其均无法撼动伤害原则之于犯罪化的绝对性意义,这是任何一个理性学者必然得出的结论"。[③] 因此,为避免落入"非理性"的窠臼,我们应当承认并努力贯彻法益侵害的本质界定,并将其合理运用到划定犯罪化的边界中去。

(二)刑法修正中的法益消解

犯罪的本质在法益侵害,也就是说,只有当行为侵害到法益时才有可能将其作犯罪化处理。反观我国刑法的九次修正,在把握法益侵害的本质这一点上,似乎并不尽如人意。大量的犯罪化立法,在法益侵害的理解上超出了前述传统意义上的概念范畴,法益保护呈现出明显的过度前置与过分宽泛的特点,[④]犯罪化的法益边界也就随之弱化、消解。《刑法修正案(九)》增加的第 120 条之二"准备实施恐怖活动罪"中的"为实施恐怖活动准备凶器、危险物品或者其他工具的;组织恐怖活动培训或者积极参加恐怖活动培训的;为实施恐怖活动与境外恐怖

---

① See Jonathan Herring, *Great Debates in Criminal Law* (*2nd Edition*), Palgrave Macmillan Press, 2012, p. 3.

② 冒犯主义,是指在损害之外,对他人形成的严重冒犯可以成为犯罪化的正当依据,多用于禁止淫秽行为;法律家长主义,是指在行为人自愿性不足的情况下,法律可以基于行为人利益的考虑而做出限制其自由的决定;法律道德主义,是指行为即便对他人和本人造成损害与冒犯,但依据某类行为固有的非道德性,可以对其进行犯罪化。具体内容可参见[美]乔尔·范伯格:《刑法的道德界限》(第 2、3、4 卷),方泉译,商务印书馆 2013 年版。

③ 参见[美]乔尔·范伯格:《刑法的道德界限——对他人的伤害》(第 1 卷),方泉译,商务印书馆 2013 年版,第 14 页。

④ 参见赵秉志、袁彬:《中国刑法立法改革的新思维——以〈刑法修正案(九)〉为中心》,载《法学》2015 年第 10 期。

活动组织或者人员联络的；为实施恐怖活动进行策划或者其他准备的”，第287条之一“非法利用信息网络罪”中的“设立用于实施诈骗、传授犯罪方法、制作或者销售违禁物品、管制物品等违法犯罪活动的网站、通讯群组的；发布有关制作或者销售毒品、枪支、淫秽物品等违禁物品、管制物品或者其他违法犯罪信息的；为实施诈骗等违法犯罪活动发布信息的”，均直接将预备行为规定为符合构成要件的实行行为，从而使得该种犯罪的成立时间节点大大提前，具有明显的预备行为实行犯化的色彩。同时，法益保护前置化立法还表现为将结果犯修正为具体危险犯、具体危险犯修正为抽象危险犯的立法例，刑法保护法益的触角在“侵害结果”的时间节点上不断向前延伸。《刑法修正案（四）》将《刑法》第145条“生产、销售不符合标准的医用器材罪”中的“对人体健康造成严重危害的”修正为“足以严重危害人体健康的”，《刑法修正案（七）》在《刑法》第337条“妨害动植物防疫、检疫罪”原条文“引起重大动植物疫情的”后增加了“或者引起重大动植物疫情危险的”表述，《刑法修正案（八）》在《刑法》第338条“污染环境罪”中直接删除了“造成重大环境污染事故，致使公私财产遭受重大损失或者人身伤亡的严重后果的”结果要求，转为“严重污染环境的”简单表述，这些都是典型的由结果犯修正为具体危险犯的例证。此种修正意味着，此后在该类犯罪的具体认定中，无须顾及犯罪实害结果的发生及其具体情形，只要考察形成构成要件规定的危险内容即可。同时，在已有的具体危险犯的情形下，进一步提前刑罚发动时间的抽象危险犯立法，也是刑法修正中法益保护前置化的典型做法。如《刑法修正案（八）》新增、《刑法修正案（九）》修正的“危险驾驶罪”中，只要行为人实施了“在道路上醉酒驾驶机动车”“超载”等行为，即可构成该罪，无需前述行为对道路公共安全形成具体的危险；[①]同样，在《刑法修正案（八）》中对《刑法》第141条生产、销售假药罪中的修正，也是直接删除了“足以严重危害人体健康的”这一具体危险要件，将罪状直接表述为“生产、销售

① 需要说明的是，在认定危险驾驶罪的具体案件中，并非完全不需要判断抽象危险的存在，只是不需要像具体危险犯罪那样判断，而是一般性地、类型性地除外判断。具体内容可参见张明楷：《危险驾驶罪的基本问题——与冯军教授商榷》，载《政法论坛》2012年第6期。

假药的,处……"使该罪的成立无须再具备一定程度的危险可能,只要实施了生产、销售假药的行为即可,是否会招致损害发生的危险也就在所不问。

如前所述,一个行为被规定为犯罪,至少需要行为对法益造成直接的侵害危险,而该种危险的判断必须是"可以合理预计被告人的行为将造成现实风险进而损害相关法益"。① 但是,预备行为中的准备工具与制造条件,距离行为人着手实行犯罪仍有相当一段距离,不可能对法益造成合理预计射程内的损害,否则也就难以称为预备行为了。虽然我国刑法对预备行为采取的是普遍处罚原则(《刑法》第22条),但是,减免处罚的规定也表征出预备行为刑事可罚性的"瑕疵余地"。就是在司法实践中,预备行为的犯罪认定也并不明显,预备犯的处罚也表现出慎重适用与克制处罚的特点。②因此,预备行为的实行犯化,必然导致刑罚处罚线向前拉长,法益保护过度前置,模糊了刑法与前置法的应有界线。同样,这样的分析结论对于危险犯尤其是抽象危险犯的立法也是适用的。当然,从立法背景上分析,不论是预备行为实行犯化还是法益侵害结果的(抽象)危险化,更多的是出于当前严厉打击恐怖活动犯罪、网络诈骗犯罪、食品安全犯罪、环境犯罪等特定的刑事政策需要,具有当前的、个别的犯罪防控目的需求。但是,该种以牺牲刑法立法科学性和犯罪化一般原则为代价的犯罪防控手段,实不可取,长远地看,更是弊大于利的。即便该种犯罪化立法仅仅是极为个别的、例外性的规定,但令人引以为忧的恰恰是这种以例外为借口而侵蚀一般性原则的做法。长此以往,基于不同时期犯罪防控的具体需求,势必出现更多的危险行为实行犯化的立法例,那时,法益保护的基本边界必然消失殆尽,刑法保护公民自由之使命亦将荡然无存。

衡量犯罪的真正标尺,即犯罪对社会的危害,这是一条显而易见的真理。③ 对于危害的判断,应当集结在具体的、可感知的法益侵害之

---

① [意]弗朗西斯科·维加诺:《意大利反恐斗争与预备行为犯罪化——一项批判性反思》,吴沈括译,载《法学评论》2015年第5期。

② 参见孙万怀:《违法相对性理论的崩溃——对刑法前置化立法倾向的一种批评》,载《政治与法律》2016年第3期。

③ [意]贝卡里亚:《论犯罪与刑罚》,黄风译,中国法制出版社2005年版,第82页。

上,而非空洞地论述规范秩序与道德需求。因此,罗克辛教授的法益概念及其具体子原则和英美刑法中的损害原则,对于当前我国犯罪化立法都是极具指导意义的。从前述刑法修正中法益提前保护的犯罪化立法例来看,刑法立法似乎试图借助犯罪化的方式参与到诸如反恐、打击网络诈骗、保护食品安全与生态环境等社会治理的各个层面,当然也可以感受到刑法立法应对社会风险、确证规范秩序的背后企图。该种背离刑法"保障法"与"司法法"性质定位的犯罪化操作,必然造成刑法与其他社会治理法(规范)之间的关系错位和适用混乱。反思及此的结论是,犯罪化立法必须严格遵守法益侵害本质的行动边界,在危险犯的犯罪化操作中应当慎之又慎或是尽可能予以避免,即便在需要个别预防的特定情形下,也宜采用具体危险犯模式,防止抽象危险后法益概念的消解,从而滑向刑法家长主义与道德主义的困境。

四、责任是犯罪化的条件

将一个具有法益侵害的行为规定为犯罪,构成了犯罪化的主体工程,但却并非犯罪化内容的全部。从行为人角度具体地考察刑事非难的可能性,确立责任原则之于犯罪成立的重要地位,构成了犯罪化的又一必要条件。"无责任则无刑罚",是近代刑法教义学理论阻却"结果归罪"的重要成果,其具体内容可以概括为刑罚的施与只有在行为人满足刑事责任能力、故意、过失、违法性认识以及期待可能性等条件时才能正当。① 相较于教义学中的犯罪认定而言,在此之前的犯罪化立法更加需要强调责任主义原则,这是防止具体的犯罪化条文成为"毒果之树"②的必要手段。从刑法修正的历次文本案来看,犯罪化立法并未出现突破责任主义原则的个案先例。但是,在近几次的刑法修正意见征集过程中,部分学者从个别犯罪的具体需求出发,提出了犯罪化立法中适当引入严格责任的学术观点,试图弃守责任主义之于犯罪化的

① 参见张明楷:《外国刑法纲要》(第2版),清华大学出版社2007年版,第192页。

② 此处是将规定犯罪的刑法条文比作"果树",对该条文进行具体司法适用比作"果实",如若刑法条文规定中欠缺责任要件,则司法适用必然会出现结果归罪的"毒果",因此,与之对应的刑法条文即可视为生长出毒果的"毒果之树"。

原则地位,用以实现对该类犯罪灵活有效地积极防控。诸如此类观点,应当引起必要的注意与警惕。诚然,上述观点仅停留在学术讨论范围之内,并未被立法者吸收采纳,但基于科学犯罪化的立场,仍十分有必要予以回应,重申责任主义在犯罪化立法中的重要边界作用。

(一)严格责任的“严格”运用

严格责任是英美法系国家刑法中一项特殊的刑事归责制度。虽然各国刑法理论关于严格责任的精确概念与具体形式存在不同的见解,①但对其大致内容已经形成了一定的共识。按照严格责任的“严格性”程度,从重到轻,可以分为绝对严格责任和相对严格责任两类。绝对严格责任,是指犯罪成立无需罪过要件,只要行为人实施了法律所禁止的行为即要承担相应的刑事责任。绝对严格责任完全摈弃了犯罪成立要件中的罪过内容,与封建刑法中的结果责任(客观归罪)并无二致,存在明显的逆法治倾向,几乎不被采用。与之相对的是,相对严格责任在“严格性”的程度要求上有所降低,即依据被告人客观上实施的行为,法官可以一般性地推定其具备主观过错,除非被告人可以对自己主观上无故意或过失提出合理的辩护事由,从而否定犯罪的成立。不难看出,相对严格责任与绝对严格责任存在“质”的区别,在相对严格责任中,犯罪成立在实体意义上仍需要主观罪过要件,只是该要件的获得在程序上应当略有不同。作为犯罪成立条件的罪过要件,基于“谁主张谁举证”的基本法理,本应由控诉一方负责举证证明,相对严格责任制度将罪过要件的举证责任从控诉方剥离,具体可以区分为两步:第一,一般性地推定被告人具有相应的主观罪过要件,无须控诉一方举证证明;第二,基于缓解推定责任的“压力”,同时允许被告人对前述推定责任提出抗辩,即否认自己存在相应的罪过要件。在该种制度设计下,犯罪成立并未突破责任主义,罪过仍然是犯罪成立的必要要件,只是在罪过的举证程序上“倒置”给了被告一方。因此,英美刑法中的严格责

---

① 参见周新:《英国刑法严格责任的构造与借鉴》,载《政治与法律》2011 年第 2 期。

任大多指称的是该种相对严格责任。例如,在英国刑法中,大约有一半的罪名是以该种相对严格责任形式规定的,许多可以判处监禁刑的严重犯罪同样涉及严格责任要素。① 虽然说,该种相对严格责任并未突破责任主义原则,但是其施加给被告人的几乎是一项不可能完成的举证责任——正是因为特定犯罪中罪过要件的证明极其困难,该种制度设计才将其"推定"或是"倒置"给被告一方。可想而知,代表国家公权力的控诉方都没有办法证明的要件内容,弱势一方的被告人怎么可能负担得起如此沉重且艰难的举证责任呢?如此,该种相对严格责任也就实质性地沦为了绝对严格责任,或者至少在最终效果上与绝对严格责任相差无几。严格责任的肇始之意在于提高针对特定犯罪(如公害犯罪、风俗犯罪)的一般预防效果和诉讼效率,如今却在保护法益与保障人权的天平衡量中过度倾斜,逐渐演变成侵犯人权的利器。这也就能很好地解释,严格责任制度在英美刑法立法与司法中式微的现象了。②

具体到我国的犯罪化立法,在总则中突破现有的责任主义原则,一般性地规定严格责任制度,断不可取;在分则具体罪名中,特例式的吸收相对严格责任理论,亦存在相应的刑事法治风险。有学者认为,在环境风险加剧的当下适度适用严格责任制度存在诸如有益于增加行为人行为时对环境的注意负担,督促行为人谨慎行为,有效保护环境法益等多种好处,③即便是在特定的环境犯罪中进行特定条件下的适度适用,仍无可避免地存在前述引入严格责任的种种困境,以及限制企业创新发展与侵犯公民人权的双重风险。当然,需要说明一点,笔者反对在犯罪化立法中引入严格责任,但赞成在民事法、行政法领域接纳严格责任,甚至是绝对严格责任。民事、行政等前置法是管理型法规范,其基本职能应当定位在积极的社会治理层面,在前置法中引入严格责任,能

---

① See Ashworth and Blake, "The Burden of Proof And The Presumption of Innocence", *Criminal Law Review*, 1996, p. 306.

② 参见[英]鲁珀特·克罗斯,菲利普·A. 琼斯:《英国刑法导论》,赵秉志等译,中国人民大学出版社 1991 年版,第 70 页。

③ 参见侯艳芳:《我国环境刑法中严格责任适用新论》,载《法学论坛》2015 年第 5 期。

够最大限度地发挥管理型法规范的规制效果,增加行为人违法行为成本、督促行为人积极作为,最终实现对生态环境等特定法益的有效保护。与之相反的是,刑法的“司法法”性质决定了其在行动范围上必然谨慎保守,严防刑罚效果的越界影响。当然,面对日益恶化的生态环境,刑法如何发挥法益保护机能,重点不应集中在如何突破责任主义原则之上,而是应当侧重预防性效果的体现。适当地将法益保护时间节点予以提前,也许才是刑法在环境问题上如何实现法益保护与人权保障平衡处理的最佳选择。

(二)禁止“罪责不自负”

除了前述的罪过理论,责任主义原则还包括罪责自负这一重要内容。近代以来的刑法发展史表明,罪责自负已经成为了现代刑法不言自明的基本原理,并在各国刑法中均有较好的体现。例如,我国《刑法》第 59 条关于没收财产刑中“在判处没收财产时,不得没收属于犯罪分子家属所有或应有的财产”的规定,旗帜鲜明地体现了罪责自负精神。现今国内许多刑法教科书和专著不再长篇大论地对罪责自负的内容进行描述,正是因为罪责自负与个人主义、自由主义哲学紧密相关,其重要地位已经深入人心且不言自明。① 可以说,以禁止株连为内容的罪责自负是一项绝对性的刑事法原理,其不存在任何的除外情形。但是,有学者基于当前遏制恐怖犯罪的现实需要,提出了解构罪责自负、引入罪责不自负的学说观点。② 可以肯定的是,该种观点具有明显的工具主义色彩,其针对恐怖犯罪人实现罪责不自负亦即殃及犯罪人亲友的做法,是将犯罪人亲友作为打击恐怖犯罪的“有效”工具。即便能在遏制恐怖犯罪上有所成效,但该种刑罚及于无辜之人的做法,实在是难脱反人权、反法治的嫌疑。如此的罪责不自负,其最终效果也恐怕是得不偿失。该论者还举出了国外(如以色列)对于恐怖犯罪分子实

---

① 参见朱苏力:《从药家鑫案看刑罚的殃及效果和罪责自负》,载《法学》2011 年第 6 期。

② 参见赵星:《遏制恐怖犯罪应适度引入责任不自负原则》,载《政法论坛》2015 年第 5 期。

施体现"责任不自负"精神的处置措施的例子,如"对于自杀式恐怖袭击者、其他重大袭击者以及负责派遣自杀式袭击者的个人或组织的住房,以色列政府采取了拆除袭击者或者指挥袭击者家属房屋的方式来阻止恐怖袭击",但该例仅能说明国外在反恐斗争中现实地存在体现"责任不自负"的处置措施,并不能论证出该种措施符合人权、法理。进一步讲,上述措施在其本国是否获得立法认可,其具体法律效力如何,也要打上一个大大的问号。因此,在犯罪化立法中,引入该种所谓的"罪责不自负原则",无论在操作上如何"适度"、在适用范围上如何限制,都无法根除其反法治、反人权的属性特征。在法治国家建设的过程中,我们应当并且必须清醒地认识到,"不能片面追求社会秩序的维护而突破法治的底线,恣意侵犯基本的人权。因为即便恐怖主义犯罪的危害再严重,也不值得以牺牲现代人类文明的根基为代价"。① 当然,该论者还论及了我国刑法中单位犯罪只处罚直接负责的主管人员和其他直接责任人员的"单罚制"方式,是典型的"罪责不自负"的立法例。对此,笔者深以为然。立法者考虑到单位罚金刑的局限与特定犯罪震慑效果的积极需求之间的不平衡,才会制定出该种累及他人的单罚制处罚方式,其突破责任主义原则的痕迹十分明显。面对这一立法例上的谬误,我们该做的是,梳理单位犯罪的处罚模式体系,通过立法予以修正。但是,该论者却依循立法上存在的明显漏洞,"将错就错"地推演出恐怖犯罪的犯罪化立法中引入"罪责不自负"的基本结论,实不知论者的法治逻辑何在?总之,在犯罪化立法中,即便是应对危害后果重、打击难度大、预防效果差的恐怖主义犯罪,我们仍应坚守罪责自负的基本原理,以防在具体的犯罪防控需求中迷失了法治国努力的基本方向。

五、余 论

基于刑法教义学中所涉及的犯罪定义及犯罪构成理论的基本共

---

① 阴建峰、侯日欣:《我国新时期反恐刑法立法宏观问题论要》,载《北京师范大学学报》(社会科学版)2015 年第 6 期。

识,"行为—法益—责任"三要素编织成的犯罪化边界,形塑出犯罪化立法的对象范围与行动领域,是厘定犯罪化边界的原点,亦是解决犯罪化边界不清问题的根基所在。但是,我们清楚地知道,单纯依靠教义学边界的范围框定,并没有完全厘清犯罪化的整套边界要求,也不能解决犯罪化边界不清的所有问题。至少,在犯罪化立法的体系边界与规模边界上还有深入探讨的巨大空间。要言之,体系边界是指犯罪化手段应当尽量"滞后",保持"最后手段"的特色面向——在对行为的法律评价与规制方式的多元化体系架构中,只有在穷尽前置法的规制方式(如民事与行政责任方式等)与救济手段后,才能对相应行为予以犯罪化。[①] 规模边界则是强调犯罪化规模不能无限膨胀,而应控制在合理限度的范围之内,这需要将犯罪化规模做合比例性的阶段调适——个罪犯罪化需求与整体犯罪化情势两个层面上,均应符合比例性要求。[②] 总之,刑法立法犯罪化的边界探讨,不可能毕其功于一役,而需从多个层面逐级展开,从而建立起保障犯罪化立法科学性的系列维度边界。

The Dogmatic Boundary of Criminalization Legislation in China's Criminal Law

——Taking the Criminal Structure as Center

Man Tao

[**内容摘要**]迄今为止,我国现行《刑法》已历经九次修正。其中,犯罪化一直是刑法频繁修正中的焦点问题。刑法的频繁修正揭示了我国犯罪化立法的积极趋势,但其表现出的真问题并非"过度犯罪化"而是犯罪化的边界不清。厘清犯罪化之边界,首先应当落脚于实体法规范意义上的犯罪构造范畴。基于犯罪构造的教义学共识,犯罪化边界

① 在处理前置法与刑法的关系,实质上指向的是规制手段与刑罚措施的关系。在这两对关系中,我们认为,"将单纯违反规制行为作为犯罪处理的正当性是不足的"。详细内容参加时延安:《刑法调整违反经济规制行为的边界》,载《中国人民大学学报》2017 年第 1 期。

② 参见李惠宗:《论比例原则作为刑事立法的界限——大法官释字第 517 号解释评释》,载《法学杂志》2001 年第 18 期。

需要由行为、法益侵害与责任三要素加以框定。具体而言，刑法立法的犯罪化应当遵循“行为是基础”、“法益侵害是本质”以及“责任是条件”三重边界要求。脱逸上述边界范围的犯罪化立法，难以获得刑法教义学基础知识的正名，有违科学立法要义，应予严格禁止。

[关键词] 犯罪化；边界；刑法教义学；犯罪构造

Abstract: So far, our China's current "criminal law" has gone through nine amendments. Among them, the criminalization has been the focus of the frequent amendments. The frequent amendment reveals the positive trend of the criminalization legislation in our country, and the real problem is the unclear boundary of criminalization. To clarify the boundary of criminalization, criminal structure should be settled in the substantive law sense firstly. Based on the basic conclusion from the reflection of the criminal law doctrine, the substantive boundary of criminalization should be framed by three elements: the act, the legal goods infringement and the culpability. Specifically, the criminal legislation should follow the three boundary requirements, "act is the foundation", "legal goods infringement is the essence" and "culpability is the condition". Abandoning these above requirements, the criminalization legislation will be regarded as unscientific and should be strictly prohibited.

Key words: Criminalization; Boundary; Dogmatic of Criminal Law; Criminal Structure

论中立的帮助行为之可罚边界

李　思*

目　　次

一、前　　言

行为人明知正犯意图,且主观上具有帮助故意,其行为客观上对犯罪结果起到了促进作用时,认定为帮助犯似乎没有不妥。① 但是,中立的帮助行为通常具有不同于帮助犯的特点,且客观上容易被犯罪所利用。如提供的信息服务被犯罪分子用来发送诈骗短信或链接,出售的商品被用作犯罪的工具等情形。只要中立行为人主观上对犯罪后果能够预见,客观上对加害行为起到帮助作用,就认定为犯罪予以制裁,无疑是要求商品服务提供者对购买者的目的进行审查,在无法确信所提

---

* 北京师范大学刑事法律科学研究院博士研究生。

① 参见高铭暄、马克昌主编:《刑法学》(第3版),北京大学出版社、高等教育出版社2007年版,第178页。

供的商品是否被用来实施犯罪时,只能停止该交易,最终必然导致整个经济活动的停滞,社会进步无法实现。①

从前些年我国曝出的毒奶粉事件、工业酒精勾兑白酒案件,到最近高发的电信诈骗案件及利用信息网络实施犯罪案件,引起了国际社会广泛关注,同时中立的行为进入到刑法学者研究视野。例如,工业酒精和三聚氰胺的销售在案发时并不为国家所禁止或限制,销售不被禁止的商品客观上促进了他人实施犯罪且行为人对危害结果至少存在放任时,是否具有可罚性?如果认为具有可罚性,对于此类行为是坚持全面处罚还是限制处罚?如果坚持限制处罚说,那么对其处罚的边界在哪?即达到何种程度的帮助才可以作为刑法上的犯罪处理?遗憾的是我国理论上对这些问题尚未达成通说,因此,对该论题的探讨显得尤为重要且迫切。

不仅如此,对中立帮助行为进行研究也是实践的需要。刑法典对此种情形存在相关规定,主要是对经济犯罪共犯的规定,②如《刑法》第156条关于走私罪共犯的规定,《关于惩治骗购外汇、逃汇、非法买卖外汇犯罪的决定》第1条关于骗购外汇罪共犯的规定。这些行为本质上完全符合了走私罪或骗购外汇罪的构成要件,只是提示司法工作人员注意、以免忽略。按照这些注意规定,只要行为人主观上有帮助他人实施有关犯罪的故意,同时对该犯罪活动在客观上起到了促进作用,就能构成该犯罪的共犯。可是在这些具有提供帮助性质的行为中,许多是具有业务性质的行为,一律作为犯罪处理是否妥当?③ 根据刑法上的这些注意规定,将某些不具有可罚性的中立的帮助行为也一律作为犯罪处理是否合理?如在他人要求归还财物时知道他人索债是为了逃亡"跑路"仍归还款物,在此情况下,有时会被作为相关犯罪的共犯或者作为窝藏罪予以处理。此外,还存在一些应当处罚而未处罚的情况。

① 参见陈洪兵:《中立行为的帮助》,法律出版社2010年版,第3页。

② 参见陈洪兵:《质疑经济犯罪司法解释共犯之规定——以中立行为的帮助理论为视角》,载《北京交通大学学报》(社会科学版)2010年7月。

③ 参见陈洪兵:《中立行为的帮助》,法律出版社2010年版,第5页。

如帮助电商平台的商家恶意刷单获取财物的现象,以及帮助打车软件、外卖软件等进行刷单骗取软件商补贴的现象十分普遍,扰乱了市场经济秩序,但司法实践中却未能有效应对。理论和实践对上述这些问题的忽视,导致司法人员在实践中无从把握处理范围。

二、中立的帮助行为之概念与特征

(一)中立的帮助行为之概念

本文拟将中立的帮助行为定义为:外观上通常属于日常生活或职业上反复实施的正当行为,行为人具有认识到自己的行为可能被用来实施违法犯罪行为的主观过错,与他人并无犯意联络,却在客观上对他人犯罪行为起到一定促进作用的行为。对中立的帮助行为,有学者描述的是这样一种情形,即表面上对社会无害,客观上对他人实施的犯罪起到促进作用的情形。[①] 从法益侵害角度来看,中立行为的帮助或中立的帮助行为,是日常行为中对于法益侵害或侵害的危险客观上有助益的行为;从行为人角度来看,是基于生活上或职业上的义务,本意不在于帮助他人犯罪而在于谋求正当利益而实施的行为。从社会防卫角度来看,表现为对他人的犯罪提供了帮助,应该予以刑法评价的行为。在该学者对中立的帮助行为概念的表述中,忽略了行为人主观上的要素,即"主观上应具有认识到其行为有可能被用来实施违法犯罪的过错",因此有必要补充完善。

为更好地对中立的帮助行为进行准确把握,需要把握国内外关于帮助犯、片面帮助行为这些概念,并在此基础上展开比较研究,分析中立的帮助行为对社会生活的影响,解决如何对其进行刑法评价的问题。

1. 中立的帮助行为不同于刑法上的帮助犯

首先看帮助犯的界定。根据我国刑法第25条、第27条第1款规定,所谓的帮助犯,是指在共同犯罪中起辅助作用的犯罪分子。不直接

① 参见陈洪兵:《中立的帮助行为论》,载《中外法学》2008年第6期。

参与具体犯罪构成客观方面的行为,而是为共同犯罪的实施创造条件,辅助实行犯罪。而在大陆法系国家的共犯理论中,帮助犯是指故意帮助正犯实行故意犯罪行为。成立帮助犯一般应具有帮助行为且被帮助者实施了犯罪。[①] 比较以上定义可以发现,只具有帮助正犯(实行犯)的意思还不足以成为帮助犯,必须要有犯罪的实施,无论是他人实施或者本人参与实施;且必须与实行犯有事先或事中的犯罪意思沟通,即具有共同的犯罪故意。

中立的帮助行为与帮助犯,主要有以下不同:一方面,从客观上来看,首先,法律有无明确规定不同。帮助犯及其刑事责任在国内外法律中多有规定,而中立的帮助行为则普遍没有规定;其次,是否属于具有社会危害性的行为不同。由于帮助犯作为一种共同犯罪形式,而共同犯罪往往比单个人实施的行为危害性更甚,因此帮助犯具有的社会危害性已达到动用刑罚惩罚程度。而分析我国和国外的中立的帮助行为理论,往往不能够对其危害性做出评价,往往称为"对法益侵害危险的助益行为",以至于很多情况下不作为犯罪处理;最后,是否为对社会发展有利的行为。帮助犯是具有社会危害性的行为,对我国各方面社会关系产生严重破坏;而中立的帮助行为为日常生活或者业务行为中的惯常现象,客观上无害,只是在犯罪遂行的场合实际上对于犯罪完成起到了加功作用。另一方面,从主观方面来看,中立帮助行为者在主观上间具有谋取正当利益的意图;而帮助犯是与实行犯存在共同意思联络(或者片面单方意思联络),具有共同犯罪故意。

2. 中立的帮助行为也区别于片面帮助犯

片面帮助指这种情形,两个以上的行为人共同针对同一犯罪对象实施犯罪行为,但只有帮助一方存在共同犯罪故意,另一方则无此犯意的情形。[②] 例如,C 正巧遇见 A 欲侵入 B 的住宅盗窃,正欲帮助之际,忽见 B 从外返家,遂迅速向 B 搭讪,尽量拖住 B 的脚步,使 A 能够顺利

① 参见马克昌主编:《外国刑法学总论(大陆法系)》,人民大学出版社 2009 年版,第 341 ~ 343 页。

② 参见赵秉志主编:《刑法总论》,中国人民大学出版社 2012 年版,第 238 页。

完成犯罪。①

首先,对二者从主观上进行考察。从认识因素上讲,行为人对正犯行为是否有明确的认识不同。中立的帮助行为人主观上没有帮助他人犯罪的明确认识,只是认识到对方可能利用自己的行为实施不法;而片面的帮助行为,其主观上对他人正在实施或将要实施的犯罪是有明确的认识的。在意志因素方面,行为人积极追求或者放任危害结果发生的心理状态也不同。中立的帮助行为一般而言不具有希望结果发生的心理(如果有完全可成立帮助犯),且一般而言在内心属于排斥结果的发生;而片面帮助犯则是希望或者放任结果发生,对其而言,结果的不发生是意外。

其次,从客观上看,中立的帮助行为属于外观上无害的行为,一般是日常生活或职业行为,本身无害,只是客观上易被他人利用;而片面的帮助犯其本身往往体现为一种犯罪行为,这种帮助本身就具有不法,应受到否定性评价。

综上,本文将中立的帮助行为定义为:外观上通常属于日常生活或职业上反复实施的正当行为,行为人具有认识到自己的行为可能被用来实施违法犯罪行为的主观过错,与他人并无犯意联络,却在客观上对他人犯罪行为起到一定促进作用的行为。

(二)中立的帮助行为之特征

上述概念有时未免笼统,只能给人以大致印象。为描述得更加清楚,以便于能在下文分析过程中体现一致性,避免造成歧义,现结合举例将其主要特征分析如下:

1. 主观上,行为人认识到自己的行为可能被用来实施犯罪。实例是:五金店门外发生B和C的打斗,B打算杀死C,五金店老板A知道发生了打斗仍把刀卖给B。此时,对于实行行为人将要实施的犯罪行

① 参见林山田:《刑法通论》(下册)(增订10版),北京大学出版社2012年版,第77页。

为来说,主观上是有认识的,且这种认识只是一种可能性认识,即认为可能实施,自己的帮助行为可能被用来实施犯罪或造成法益侵害危险。

2. 主观上行为人往往具有追求正当利益的目的。如电信运营商提供网络接入服务,被犯罪分子用来传播淫秽电子信息的情形。电信商往往是为了赚取服务收入,其提供服务主要目的并非为他人在网络散布淫秽信息的行为提供帮助。

3. 对行为被他人利用实施犯罪的认识和追求正当利益目的认识是伴随而生的。但是,这种主观上认识到可能被利用来实施犯罪的意识,从意志因素上不应评价为希望或放任犯罪结果发生,至多评价为一种概括的认识,只是放任行为被利用;且从量的大小来看,对于被人利用实施犯罪的认识很弱,对危害结果的发生往往是排斥的,不是主动希望或追求被帮助的犯罪的结果发生,而对于正当利益的追求是强烈的。

4. 客观上被帮助的行为事实上属于犯罪行为。这一点无疑是使得中立的帮助进入刑法视野最主要的因素,因为帮助一个非犯罪行为显然没有必要进入刑法视野,进而对其进行刑法上的否定评价。

5. 帮助行为的存在间接帮助了犯罪顺利完成。从客观上讲,由于行为人帮助行为的存在,促进了犯罪的实施,例如上例,由于 A 提供菜刀的行为,使得杀伤人行为更易完成。

6. 这种客观上的帮助行为外观上看往往是反复实施的,具有反复实施性。与帮助犯往往只在一次犯罪中发生不同,中立的帮助行为往往具有业务性、日常性,是在社会生活中反复发生的,因而决定了其可替代性、非个人性和匿名性(他人也可实施),只是由于和犯罪行为发生了关联,使对该行为的评价发生困难。

因此可以说,中立的帮助行为绝不同于刑法总则对从犯规定中的帮助犯或片面帮助犯,二者应属不同范畴,必须厘清这一前提,才能在分析时跳出共同犯罪理论框架,对其理论争议才可以正确对待。

三、中立的帮助行为之可罚性学说述评

(一)中立的帮助行为之可罚性学说介述

本文关于中立的帮助行为的探讨,是为了解决其有无可罚性,以及如何区分不可罚的中立的帮助行为与可罚的中立的帮助行为的问题。关于该问题,学者通过研究形成了全面处罚说、不可处罚说和限制处罚说的观点。

全面处罚说由于忽视了任何日常生活中的、业务或职务上的行为都有可能对犯罪起到促进作用,任何国家不会处罚所有侵害法益的行为,也不能禁止所有与法益侵害结果有因果关系的行为,如今已少有支持者。

刑法学者陈洪兵在其论述中,对中立帮助行为进行系统论证后,从多个角度来说明中立的帮助行为不可罚性。具体而言,其主要从行为危险性程度、自由保障与法益保护之间利益权衡、我国刑法犯罪概念的既定性又定量传统、刑法上因果性的程度、法秩序统一的要求以及正当业务行为等角度进行分析,认为中立的帮助行为不可罚在于:第一,因为该种行为的危险性程度在量上没有达到作为刑法上的帮助犯处罚的程度,即从规范意义上讲不应认为本身制造或增加了不被法所允许的危险,不应评价为帮助行为。第二,除我国法律明文规定外,中立行为人的一般行为自由的保障应当优先于被害人法益的保护。第三,我国刑法中犯罪概念既定性又定量的传统,决定了法益侵害或者侵害危险的量没有达到一定程度时,不宜评价为犯罪。而且限制中立得帮助行为处罚范围,也符合我国当前宽严相济的刑事政策导向。第四,在中立行为帮助的场合,虽然与正犯行为存在一定的物理因果性,但属于不具有重要意义的因果性,其程度也没有达到评价为刑法上的帮助犯的程度。第五,限制中立帮助行为处罚,也是法秩序统一性要求。因为遵守职业规范、履行民事义务的中立的行为,一般是行政法或者民法上的合法行为,不应将符合行政法、民法的行为评价为犯罪。第六,在一定意

义上可以将中立的帮助行为把握为一种正当业务行为，同医疗行为、体育竞技行为一样属于超法规的正当化事由。①

该学者承认中立的帮助行为本身具有特殊性，且从多角度说明不可罚性，具有开拓性。但是一概否定帮助行为的不可罚，似乎与我国司法实践的规定不相符合，也会造成对将来出现的新情况无法处理。而且从我国刑事立法和司法机关实践来看，似乎对一概不可罚也非支持态度。典型的是刑法修正案九中，增加了将中立的帮助行为独立出来规定为犯罪的条文。例如，根据《刑法修正案（九）》第29条增加的第287条之二规定了帮助信息网络犯罪活动罪，在网络技术日益发达的今天，如果不强调网络服务提供者的监管义务，任由使用者在网络上传非法资料，会对社会秩序造成严重破坏。例如，近段时间“快播”案件开庭审理后便引起部分学者和实务部门关于对信息网络犯罪提供帮助行为的不同认识，《刑法修正案（九）》第29条中增加的这一新罪名，明确了网络服务提供者明知他人在利用信息网络实施犯罪，而仍然提供技术支持或者其他服务的，构成独立的犯罪。这个规定实质是将经营性质的网络中立帮助行为，通过立法作为独立犯罪予以处罚。又如，伪劣商品犯罪、走私犯罪、侵犯知识产权犯罪等经济类犯罪司法解释中帮助犯之规定，似乎也是从更加务实的角度作出的妥处措施，目的就是为了严密刑事法网，尽量减少刑法上难以容忍的处罚漏洞。

鉴于全面处罚说和不处罚说具有上述弊端，建立在承认可罚性基础上的限制处罚说成为当前较为通行的观点，但是，在具体处理理念上又有所不同。事实上，实践中发生的问题层出不穷、千奇百怪，企图用一种理论解决实践中的问题看似一劳永逸其实并不现实，比较务实的一种研究进路是对大部分学者的观点进行比较研究，将其中部分理论进行改造，从而得出比较系统的结论，以解决我国出现的中立的帮助行为可罚性问题。但是分析的前提应是建立在对于各国中立的帮助行为处罚界限研究成果基础上，因此应有必要对于各国学说进行梳理，从而学为中用，有力促进我国关于中立的帮助行为之理论研究及实践应对。

① 参见陈洪兵：《中立行为的帮助》，法律出版社2010年版，第253页。

现主要就限制处罚说的各种观点予以介绍。

1. 主观说

早在1840年,德国学者Kitka就认识到,B打算杀死C,A还把刀卖给B,A能否作为故意杀人罪的共犯加以处罚?假定B杀死C时刀是必不可少的工具,而且A也清楚知道这一点,该如何处理呢?[①]

德国判例基本上是着眼于行为的主观要素来划定中立的帮助行为的处罚范围,这种根据行为人犯罪促进意思的有无,进而判断帮助行为可罚性的主观说,仍居主要地位。[②] 但是有学者对主观说进行改造,认为帮助犯主观方面的故意,不仅要认识和预见到客观要件,而且具有"实现的意思(促进的意思)"为必要。[③] 关于主观说,主要受到以下质疑:(1)以主观为基准限制帮助犯成立范围与现行法的规定不一致,《德国现行法》第27条规定成立帮助犯不需要故意以外的动机、目的之类主观要件,主张未必的故意不处罚,是在故意之外添加了其他要素。(2)从理论侧面看,依据主观来讨论犯罪成立与否本身也存在问题。没有先确定客观要件充分与否,过早地从主观构成要件上加以否定,无非是循环论证。(3)在中立的帮助行为这一问题上,着眼于行为的主观要素也不利于对法益的保护。因为此种情况下,因为过于重视主观要件,将造成证明上的困难,导致从外部观察只要行为客观上对他人犯罪行为起到了促进作用,就直接得出具有帮助故意的结论。

而我国大陆及台湾地区学者如下文所述,主要站在客观说和主客观考虑说(折中说)的立场对中立的帮助行为之可罚性进行分析。

2. 客观说

与主观说相对,客观说主张着眼于帮助犯的客观构成要件限制中立的帮助行为的处罚范围。[④] 在德国,客观说又可分许多学说,现分析

---

① 有学者质疑,在当前司法对该情形已经有所应对的情况下,该例子是否恰当?是否还适用于当今?我认为对于司法实践来说,或许已经有了很好的解决思路,但作为理论上研究中立的帮助行为之需要,可作为一个适合的例子进行探讨。

② 参见陈洪兵:《中立行为的帮助》,法律出版社2010年版,第71页。

③ 参见陈洪兵:《中立的帮助行为论》,载《中外法学》2008年第6期。

④ 参见陈洪兵:《中立行为的帮助》,法律出版社2010年版,第8页。

如下：

(1)社会相当性说和职业相当性说。社会相当性说认为，社会生活中正常业务行为即使产生有害的结果，也仍然属于社会相当性行为。运用该理论所进行的判断经常是正确的，但是由于概念本身过于模糊、基准很不明确，结论即使是正确的，论证过程难以让人信服。为了避免社会相当说标准的不明确，有学者提出了职业相当性说。

职业相当性说认为，凡是通常的、已取得社会广泛认同并符合相关职业规范的行为，应具有职业上的相当性，不属于符合要件的违法行为，但是，如果为了达到违法目的而违反相关职业或规则，则已进入刑罚领域。首先，职业相当性说根据符合职业规范而推定符合刑法规范，也可以说以行为系职业行为就完全否定帮助犯的成立，存在疑问。因为行为系职业行为只是现象，其实质还在于职业行为并没有造成法所不容许的危险。其次，什么属于职业行为什么属于超出职业行为范畴的行为，没有一个有效的区分标准。

(2)违法性阻却事由说。该说认为应当在违法性阶段判断中立的帮助行为的可罚性问题；存在正当化事由能否定帮助的可罚性。该说立足于德日三阶层犯罪构成体系，论证中立行为是阻却构成要件符合性还是阻却违法性，在我国尚未普遍承认该构成体系的语境下意义不大，所以应从否定帮助犯客观要件中的帮助行为入手，综合衡量行为本身危险性还未达到值得作为帮助犯加以处罚的程度，直接否定帮助行为的存在。①

(3)利益衡量说。利益衡量说认为，在对客观帮助行为要件解释时，从利益衡量的视角进行限制解释，以此限制中立的帮助行为的处罚范围。② 具体而言，在潜在帮助者的行为自由利益与被害人利益保护要求之间比较，为了消除行动自由与法益保护之间的紧张关系，应在二者之间寻求平衡。如果犯罪的社会危害性大，对公民自由的限制度可能就越大，犯罪的危害性越轻微，帮助行为自身就必须有更大违法性才

① 参见陈洪兵：《中立行为的帮助》，法律出版社2010年版，第84～85页。

② 参见陈洪兵：《中立行为的帮助》，法律出版社2010年版，第88页。

能被评价为犯罪。利益衡量说因缺乏明确标准来判断行动自由和法益保护何者更为重要,因而受到指责。

(4)正犯不法连带说。以德国学者 Schumann(音"舒曼")主张为代表的正犯不法连带说认为:共犯不法及共犯的处罚根据不在于与正犯共同引起法益侵害结果,而是与正犯不法之间的连带关系;有关日常行为的可罚性,行为人通过自己的参与行为与正犯行为之间形成连带关系具有重大意义,而是否形成与正犯不法的连带,是否成立可罚的帮助,应具体分析;即援助行为属于通常生活或职业通例范围内的行为,则不形成可罚的帮助,但如果存在与正犯行为的接近性,如明确被告知犯罪计划、应要求提供物品的场合,能够成立可罚的帮助。该说面临采用的概念(如"连带""接近性")的模糊性,否定因果关系共犯论、否定结果无价值论,且实践中不具有可操作性等批判。

(5)义务违反说。该说认为,有必要从客观上对帮助的不法加以限定这一点被广为承认,肯定可罚性具体应限于存在"不为法所允许的行为促进"的场合,引起了不被法所允许的危险,就存在义务的违反。该说认为,知道正犯的犯罪意图时就存在义务的违反,这值得商榷。因为,一种行为是否可罚首先应着眼于行为本身是否蕴含了法律所不允许的危险,而不是考虑行为人主观方面,否则刑罚处罚的便不是行为而是意图。如果行为本身不是违法的,即便有恶的意图,也不能处罚。

(6)客观归责论。客观归责理论比较有代表性的观点认为,"在一般情况下,只要行为人客观上制造了不被法律所允许的危险并实现,就可以做出有责认定,但是由于法律规定的各项犯罪的构成要件有特定的保护范围,如果发生的结果不包括在构成要件的保护范围之内,就不能由行为人承担责任。"①

客观归责论中有些学者观点值得借鉴,如德国学者 Frisch 主张:对于日常行为,一般性的向正犯提供物品应从行为的限制中解放出来,但

---

① 王宝祥:《从大陆法系因果关系理论出发——完善我国对因果关系的认定》,载《前沿》2011 年第 2 期。

在行为具有明确犯罪关联性的场合,加以限制或禁止是可能的。该说强调,实行着手后的援助行为具有明确的犯罪关联性,实行着手前的援助行为是否具有明确的关联性取决于是否能够很容易的从第三人手上得到同样的帮助。日常生活的中立行为,如不具有犯罪关联性,即便使犯罪变得容易得手,由于没有产生法所不允许的危险,不是该当构成要件的行为。该主张通过分析中立的帮助行为与正犯行为的关联性及其程度,从而判断中立的帮助行为的可罚性。

又如持危险增加说(危险创出说)的学者认为,在中立行为是否成立帮助犯问题上,以是否存在危险增加或者危险创出作为主要的分析思路,如果帮助行为对正犯行为的实施(及结果)不存在制造了不法的危险或者危险增加,则不成立可罚的帮助,反之,如果制造出了不被法所允许的危险或者存在危险增加,则成立可罚的帮助。①

在我国台湾地区,学者所持客观说接近德国学者禁止溯及论的立场,认为,"行为人虽对他人进行犯罪提供了便利条件,但如果此行为具有独立评价意义,则禁止将他人行为及结果回溯到之前提供便利的行为,应由他人为后来的行为单独承担责任"。②

3. 主客观考虑说(折中说)

在中立的帮助行为可罚性问题的处理上,德国学者罗克辛认为,只有同时着眼于援助行为的客观方面和主观方面,才能加以妥当解决,这就是主客观考虑说(折中说)。

首先,罗克辛认为:"日常行为"这一概念不能将可罚的帮助与被允许的行为区分开来,因为不考虑行为的目的,是不能断言是否属于日常行为的,从这一点看,其重视行为人的主观认识因素和目的;其次,虽然罗克辛与德国判例一样重视主观因素,但又从客观归责论立场强调中立行为只有制造了不被法允许的危险,才能进行客观归责,才能作为

① 参见陈洪兵:《中立行为的帮助》,法律出版社 2010 年版,第 112 ~ 113 页。

② 陈洪兵:《质疑经济犯罪司法解释共犯之规定———以中立行为的帮助理论为视角》,载《北京交通大学学报》(社会科学版)2010 年 7 月。

帮助犯进行处罚。[①] 其是以客观上是否制造了不被法所允许的危险为前提要件,作为解决中立的帮助行为可罚性问题的出发点,含有客观上的因素。

据此,在判断可罚的帮助与不可罚的中立帮助行为时,首先,原则上行为人已经知道正犯具有犯罪的故意,仍予以援助的,成立可罚的帮助。其次,援助行为人对他人利用此行为从事犯罪的可能性具有认识时,即援助行为人具有未必的故意(间接故意)的时候,原则上适用信赖原则。除非被援助人的行为已经呈现出明显的犯罪倾向,否则应可信赖他不会故意实施犯罪行为,提供援助的行为尚属法所允许的危险,不具有客观归责性。[②]

虽然受到德国不少学者及判例的支持,但该说还是受到以下质疑:第一,"若正犯具有非常明显的实施犯罪可能,此时行为人已经知道正犯具有实施犯罪的故意,就肯定帮助的可罚性,可是直接故意(确定的故意)与未必故意的区分本身就存在疑问"。[③] 因为德国刑法没有针对确定的故意与未必的故意做出不同的处理,实际上区分何为确定的故意与未必的故意也存在难度。根据行为人主观上是出于确定的故意还是未必的故意来决定处罚与否似乎不妥。第二,为何在未必的故意场合可以适用信赖原则未能作进一步的说明。

我国台湾地区持折中说的学者有的完全赞同德国学者罗克辛观点,如台湾学者黄惠婷对中立的帮助行为的性质作出结论,认为,立法者对中立的帮助行为未有明确的规定,依共犯处罚理由与客观归责原则,并非只要对正犯提供助益,皆成立帮助犯,而是帮助行为应与正犯犯罪之间有因果关系,且提高被害人的风险。日常中性行为虽然与他人犯罪之间具有因果关系,但欠缺犯罪的意义关联性,且依信赖原则能排除结果的客观归责时,也不成立帮助犯。[④] 又如,台湾地区学者林钰

---

① 参见陈洪兵:《中立行为的帮助》,法律出版社2010年版,第115页。

② 参见陈洪兵:《中立行为的帮助》,法律出版社2010年版,第116~118页。

③ 陈洪兵:《中立行为的帮助》,法律出版社2010年版,第119页。

④ 参见黄惠婷:《中性行为之帮助性质》,载《台湾法学》2008年第10期。

雄的观点认为,就中立的帮助行为而言,应重点分析客观归责理论中的“是否造成法所不允许的危险”以及“行为人认识上的特殊性”两个部分,前者是客观归责的原则规则,可以从客观事实角度判断;后者是例外规则,必须在考虑客观情况的同时,考虑帮助者的主观故意问题。[①]再如,我国台湾地区学者蔡慧芳几乎完全接受了罗克辛的主张,认为,界定中性或日常业务行为帮助犯责任的适当方式是同时考量从事业务之人行为之主观与客观方面。

我国学者在中立的帮助行为性质判断时,也主要采取主客观综合分析的方法,从主观上是否有明确的认识,客观上是否具有法益侵害(或侵害危险)性,及因果关系进行分析,从而得出结论。可以说大陆学者在中立的帮助行为的可罚性判断上,坚持的也正是主客观统一的折中说。

周光权教授认为,日常生活行为若能成立帮助犯,要符合以下两点:即从客观上看,行为具有明显的法益侵害性,该行为对于正犯行为的影响使该行为本身可以作为“帮助”来看待;从主观上看,行为人要存在片面的帮助故意。[②] 按照该观点,在出租车司机明知甲要前往某地实施杀人行为,仍然将其运往该地的场合,出租车司机基于直接或者间接故意提供的帮助行为对正犯行为有物理影响、行为具有明显的法益侵害性,或者使法益面临的被侵害危险明显增加,出租车司机应当成立故意杀人罪的帮助犯。

又如张明楷教授认为,“应当通过综合考虑正犯行为的紧迫性,行为人(帮助者)对法益的保护义务,行为对法益侵害所起的作用大小以及行为人对正犯行为与结果的确实性的认识等要素,得出妥当结论”。[③] 例如,上述出租车司机明知对方正在或者将要立即实施杀人行为,却将对方运往犯罪现场,则应认定为帮助犯。反之,如果甲的杀人

① 参见林钰雄:《新刑法总则》,台北,元照出版公司2006年版,第458~459页。

② 参见黎宏:《论中立的诈骗帮助行为之定性》,载《法律科学》(西北政法大学学报)2012年第6期。

③ 张明楷:《刑法学》(第5版),法律出版社2016年版,第425页。

行为并不紧迫,或者出租车司机只是大体估计对方可能在将来实施犯罪,则不宜作为帮助犯处理。又如,向正在斗殴的人出售刀具的,成立帮助犯,因为此时正犯的行为已经具有紧迫性,出售刀具已经对法益侵害产生了较大帮助作用,而且可以认为此时出售刀具的人对于造成他人死亡或至少是伤害的结果是明确认识的。该见解与上述周教授观点同属于从主客观考虑的折中说,侧重行为本身所具有的客观特征和行为人对正犯行为的确实性认识的主观特征。但是,各要素之间的关系该如何把握,如果相互之间出现了冲突的话,该如何理解,并没有交代清楚。实际上,"行为对法益侵害所起作用"足以涵盖对"正犯行为是否紧迫性、帮助者对法益有无保护义务"的评价。①

通过分析上述观点,我国台湾地区及大陆学者观点基本采纳了罗克辛的主客观折中说,认为只有特殊情况下(满足极其苛刻的条件),对中立的帮助行为才能作为犯罪处理,而这些具体的限制条件如何做到协调并不太容易,如前所述该说同时也存在一些不足。

(二)中立的帮助行为之可罚性学说评析

至此,可将上述关于中立得帮助行为有无可罚性的各方观点做一全面的梳理,以便在明确中立的帮助行为具有可罚性这一立场的前提下,进一步阐明应在何种情形下对中立的帮助行为予以刑法规制。

1. 关于有无可罚性问题

目前中外理论和实践中对该问题有三种观点,即全面处罚说、限制处罚说和不可处罚说。笔者赞成限制可罚说,并认为在此基础上应进一步严格限制其可罚范围。全面处罚说的不足在于以下几点:(1)对于日常生活中的行为,如果仅因为对犯罪成立有因果性和故意就进行处罚,那么这无疑是对社会生活的过分干预和限制,不利于社会的进步

① 参见黎宏:《论中立的诈骗帮助行为之定性》,载《法律科学》(西北政法大学学报)2012 年第 6 期。

和发展,因为这其中大量存在的业务行为正是人们社会生活不可或缺的,过多的处罚只能造成生活的不便。(2)支持全面处罚说的观点过于强调了行为的因果关系性质和主观故意,对于予以刑罚处罚的根据没有能够充分说明,毕竟刑法及其规定的刑罚只有在其他部门法无法保障社会生活时才有必要予以适用,如果能通过其他处理手段如行政处罚手段来制裁,没有必要一概以犯罪对待。(3)从法益角度来看,任何日常生活行为、业务行为都有可能对犯罪起到促进作用,任何国家不会处罚所有侵害法益的行为,也不能禁止所有与法益侵害结果有因果关系的行为,因此这一观点也不适应保护法益尤其个人法益的需要。不可处罚说如前所述,因不符合我国立法和司法的实践需要,同时会造成刑法上难以容忍的处罚漏洞,不利于严密刑事法网,恐难得到广泛认可。

2. 限制处罚说

此观点成为通说,但其中的理论需要进行适当的补足。在具体判断可罚性时,德国在实践中主要坚持主观说,即大多从主观故意方面来认定。而我国台湾地区和大陆的学者主要采纳客观说或主客观分析说,并且发展出了很多具体判断可罚与否的理论。限制处罚说的观点值得借鉴,但其中的某些理论需要进行适当的补足。

如持主观说的学者认为,根据行为人犯罪促进意思的有无,进而判断帮助行为可罚性。即根据行为人的“知”与“欲”作为判断标准,行为人如果知道正犯将要实施犯罪而仍然提供援助,或者意图通过自己的援助行为积极推动犯罪结果发生时,那么其提供援助的行为就不再具有日常行为的性质,应认定为帮助犯。据此,间接故意实施的援助行为不成立帮助犯。[①] 这种观点的不足主要在以下方面:第一,以主观为基准限制帮助犯成立范围与法律对帮助犯的规定不一致。如我国《刑法》第27条帮助犯的规定,成立帮助犯不需要故意以外的动机、目的之类主观要件,主张对于促进意思或者实现的意思进行处罚,有可能导致主观归罪。第二,从理论侧面看,依据主观来讨论犯罪成立与否本身也

① 参见张明楷:《刑法学》(第5版),法律出版社2016年版,第424页。

存在问题。没有先确定客观要件充分与否,过早地从主观构成要件上加以否定,无非是循环论证。第三,在中立的帮助行为这一问题上,着眼于行为的主观要素也不利于对法益的保护。因为此种情况下,因为过于重视主观要件,将造成证明上的困难,导致从外部观察只要行为客观上对他人犯罪行为起到了促进作用,就直接得出具有帮助故意的结论。

又如坚持客观说的观点认为,应从客观方面的要素进行考察,得出是否对于中立的帮助行为予以处罚的结论。无论是社会相当说和在此基础上发展出的职业相当说,还是客观归责论等,均具有可借鉴之处。如社会相当说或者职业相当说认为,应当将中立的或者职业范围内的行为(职业相当的行为)排除在帮助犯之外。利益衡量说认为,在帮助者的行为自由利益与被害人利益保护要求之间比较,以消除行动自由与法益保护之间的紧张关系,犯罪的危害性越轻微,帮助行为自身就必须有更大违法性才能被评价为犯罪。正犯不法连带说强调了要从帮助行为与正犯行为的接近性来考量,如明确被告知犯罪计划、应要求提供物品的场合,能够成立可罚的帮助。反之,如果援助行为属于通常生活或职业通例范围内的行为,则不形成可罚的帮助。义务违反说认为应当在客观上对帮助行为的不法加以限定,肯定中立的帮助行为的可罚性在于引起了不被允许的危险,引起了不被允许的危险就存在义务的违反。客观归责论认为,从中立的帮助行为与正犯行为的关联性以及程度,或者从是否造成了不被法所允许的危险并且造成了法定结果来判断可罚性,就可以进行归责。但是客观说在过于强调客观因素时,对于行为者主观方面的认定稍显薄弱,对于没有主观帮助故意的行为一律进行处罚,有可能导致客观归责,不利于实现刑法的人权保障机能。

最后,坚持主客观考虑说或者折中说的观点认为,应将上述主观说和客观说中的主观因素和客观因素综合考虑,判断其与犯罪的关联。如果行为人通过相应的援助行为有意识地促进犯罪,或者援助行为本身是合法的,但是行为人明知该行为的唯一目的是犯罪时,就认定为犯罪。但是主客观考虑说在理论上也有一定不足,例如,主客观考虑说认为只有特殊情况下(满足极其苛刻的条件),对中立的帮助行为才能作为犯罪处理,而这些具体的限制条件如何做到协调并不太容易。

四、中立的帮助行为之可罚边界的基本立场

综上,在我国刑事法治语境下,坚持主客观考虑说尤其具有显著优势,这符合我国当前犯罪构成模式中的四要件模式,即主观上具有明确的故意,并在此主观要件的支配下实施了符合法定要件要求的客观犯罪行为,造成对法所保护的利益或客体(社会共同生活关系)的侵害。但是,如上文所述主客观考虑说在理论上也有一定不足,例如,主客观考虑说认为只有特殊情况下(满足极其苛刻的条件),对中立的帮助行为才能作为犯罪处理,而这些具体的限制条件如何做到协调并不太容易,如有的学者把正犯行为与帮助行为之间的因果关系、不被法所允许的危险结合在一起;有的学者把主观上的认识和客观上不被法所允许的危险结合在一起;还有大陆学者将法律上的法益保护义务、帮助行为作用大小、对正犯行为结果的确切认识等结合在一起,来判断中立的帮助行为具有可罚性与否,可以说各有道理。结合上述关于中立的帮助行为可罚范围的探讨,从理论指导实践、服务实践的角度来看,为了体现刑法目的和机能,体现“严而不厉”的刑法立法政策取向,更好的服务司法实践,本文的基本立场是严格限制而非否定中立的帮助行为的可罚性。在严格限制可罚性的具体方法上,或者在可罚性的判断上,应当根据两个层次、三个因素来判断。具体而言:两个层次即主观和客观层次,三个因素即主观层次中的故意、客观层次中的因果关联紧密性和唯一性。这里的因果关联紧密性指根据客观情节判断,行为人立即使用该帮助实施了犯罪,不考虑帮助者主观上是否认识到这种紧密性;而唯一性是指,只能由帮助者提供的唯一的、不可替代的行为(物品或服务)才能促进实施犯罪,而不考虑帮助者有否认识到这种唯一性。

(一)中立的帮助行为可罚性判断的两个层次

主观层次上的判断即主观故意。刑法学上之所以将中立的帮助行

为单独拿出来讨论,无非是因为行为人的行为客观上为正犯行为提供了方便,和正犯结果之间具有——哪怕是微不足道的——因果关系,而行为人本人也了解这种情况,否则,根本就不可能作为刑法上的问题加以讨论。因为,在刑法上处罚某行为人的前提是,该行为人对其行为及所引起的后果有认识或者认识的可能性,即主观上必须具有故意,否则根本就无从提起处罚该行为的话题。由以上国内外学者的观点看,无论是主观说还是主客观分析说,都没有回避对可罚的中立的帮助行为主观要素的承认。从主观层次上看,行为人主观要素方面如果具有对正犯的犯罪计划的认识,且认识到该计划可能即将实现时,根据我国关于故意的规定,明知自己的行为对犯罪起到帮助作用,希望或者放任行为或者结果的可能发生的,应该属于默示的意思联络,主观的恶性已经体现,当然应予否定性评价。典型的情况是明知道他人即将实施犯罪而提供帮助的场合。此时,只是犯意的达成阶段,不能处罚(因为思想犯不可罚),还需要进行第二层次,即客观层次的判断。

在进行主观层次的判断时应当注意,帮助者必须只是具有单方面的意思,即帮助者认识到自己的行为可能被利用来实施犯罪,或主观上应具有认识到其行为有可能被用来实施违法犯罪的过错。这是与帮助犯本质的不同,因为帮助犯主观方面要求符合共同犯罪主观条件,即共同犯罪故意。不仅要求帮助犯与正犯主观上有意思联络、传递和反馈,而且要求其明知自己与他人共同犯罪行为的性质,对危害后果采取希望或放任态度。

客观层次上的因果关联紧密性、唯一性。正是由于主观上的因素在实践中难以准确认定,比如证据的固定问题等,所以需要结合客观层次对中立的帮助行为可罚性进行再判断。如果客观上提供的行为满足因果关联紧密性和唯一性时,即由于帮助行为存在,使犯罪计划得以立即顺利实施,且行为无法从他处(或他人)获得时,就肯定可罚性。反之,虽然有故意,但是客观上没有紧密的因果关联性,或者可以为他人所替代时,则不可罚。在判断是否具有因果关系的紧密性时,按照一般理性人的认识,在当时情况下,帮助行为立即导致了他人实施犯罪,就可以认定帮助行为也是导致危害结果发生的原因。在判断是否具有唯一性时，也应结合具体案件情况，如果当时帮助行为能够从他方获得，就不具有唯一性，还以上述在五金店门前的斗殴为例，如果五金商店是开在一个繁华的五金商城，行为人可以在任何一家买到刀具，就不具有唯一性；如果五金店是开在仅此一家的地段，行为人当时无法从他处买到的情况下，就具有了唯一性。最后，只有同时具备因果关系的紧密性和唯一性时，才能肯定可罚性。

（二）实践中如何具体运用该观点进行可罚性判断

现举一例来说明如何在实践中判断：张三在人迹罕至的地点坐上李四驾驶的出租车后，发现前方王五手上提着包，就让李四靠近王五行驶。李四认识到张三的用意有可能是想抢夺王五的手包，依然靠近王五行驶。张三夺得王五的提包后，让李四加速，李四立即提速并将张三送往目的地。

在该案例中，出租车司机李四，主观上认识到他人有可能实施抢夺，或者主观上至少是默认了犯罪结果的发生，其对于自身行为可能被利用的认识是明确的，则具有主观故意。进行主观层次的判断后，再来判断帮助行为人（司机）的行为和抢夺行为之间是否符合因果关联紧密性和唯一性。首先，当司机按照抢夺行为者的要求靠近被害人时，此时实施抢夺行为者正是利用了司机的驾驶行为和工具（出租车）实施犯罪，且由于是立即实施了犯罪，可以说这种（利用与被利用）因果关联性在时间上是十分紧密的；其次，在无法借助该帮助的情况下，犯罪行为或许就不会发生或者不能够顺利实施，帮助具有唯一性或不可替代性。综上，可以认定该司机的行为是可罚的中的立帮助行为，具有可罚性。

同样，该分析思路可以适用于帮助他人利用网络实施犯罪的场合，如明知他人利用信息网络实施犯罪行为，而为其提供技术支持等帮助的，有可能构成非法利用信息网络罪的帮助犯，如果帮助行为人主观上具有对他人正在利用信息网络实施犯罪的明知，客观上对于结果的发生起到了因果关联的紧密型和唯一性，就可认定其具有可罚性，反之，则不可罚。例如,某公司为了盈利,在互联网上提供网络存储服务,在明知他人上传大量淫秽视频进行传播淫秽物品犯罪的前提下,依然继续提供网络存储服务并达到情节严重的行为,属于应当予以刑罚处罚的行为。现在刑法立法方面出现了一种趋势,比如直接将帮助行为规定为独立的犯罪,即将原本属于帮助性质的行为正犯化,这当然更加有利于打击相关犯罪,更好地保护相关法益。但是这种规定与理论上对于中立的帮助行为可罚性判断并不矛盾,甚至可以从可罚性判断中找到对其正犯化的根据。

(三)不存在处罚过失中立帮助的空间

在我国刑法共同犯罪理论中,是否成立共同过失犯罪仍有争议,但现实中共同过失犯罪的确存在,所以立法规定处理共同过失犯罪时应按他们所犯的罪分别处罚。似乎中立的帮助行为也需要针对过失帮助情形进行分析,分析其可罚性,才达到理论上的完整性。

本文认为,过失帮助的情况下,主观上因没有对他人行为及结果预见的可能和义务(在不知犯罪计划的场合),其根本不存在意思联络,哪怕是默示的联络,无法将帮助行为分析到正犯的犯罪行为中去。客观层次上,无论有否因果关联性和唯一性,其帮助行为本身客观上属于没有制造出法不允许危险的行为,如果将过失帮助也评价为犯罪,每个人在行为时,都会神经紧张,分析自己的行为有无被利用来犯罪的可能,无疑会造成社会正常活动的停滞,也是刑法严苛性的表现。

五、结　　语

对中立的帮助行为,认识到其包含了可罚的帮助和不可罚的帮助,进而解决其处罚边界,这对于刑法理论的拓展,应对不断涌现出的特殊情况均具有积极意义,在研究中立的帮助行为之可罚性时,对国内外的有关成果进行提炼、吸收和借鉴,进而提出符合我国犯罪构成理论及实践需要的处理机制,当属必须。本文只是初步探索了如何认识中立的帮助行为的可罚性,以及如何把握可罚的帮助的界限。对于可罚的帮助之刑事责任的承担方式,即如何对该行为进行惩处,是采认定为帮助犯作为共同犯罪处理,还是单独进行处罚,则需要做进一步探究。

Punishment Boundary of Neutral Help Behavior

Li Si

[内容摘要] 中立的帮助行为本身虽不属于犯罪,但客观上却有可能被意图实施犯罪的人所利用。对这些所谓帮助行为一律作为或不作为犯罪处理是否妥当?为了体现刑法目的和机能,体现“严而不厉”的刑法立法政策取向,更好地服务司法实践,应严格限制而非否定中立的帮助行为的可罚性,既承认可罚的帮助的存在,又要严格限制其可罚边界。在判断哪些中立的帮助行为具有可罚性上,主张从两个层次、三个因素来进行限制,即主观层次上的故意、客观层次上的因果关联的紧密性和唯一性。

[关键词] 中立的帮助行为;帮助犯;性质;刑罚边界

Abstract: Neutral help behavior usually have repeatedly continue to behavior and impersonality, anonymity, can replace characteristics, Nature of Business and ordinariness, itself has the nature of the crime or not, but it was entirely possible for a crime to use objectively. For these so-called help behavior shall be treated as aider? In order to reflect the purpose of criminal law and function, manifests “Strict and not harsh” orientation of criminal law legislation, better serve the judicial practice, neutral help behavior should be strictly restricted to be fined rather than to negative. In help determine which behavior is punishable, claims from two levels, three factors to restrict, namely subjective intentionally, a close causal and uniqueness.

Key words: Neutral Help Behavior; Aider; Properties; The Penalty Boundary

走向扩张的单位犯罪及其应对
——基于《刑法》第30条立法解释的分析

余秋莉*

目　次

我国单位犯罪经历了从无到有，从有到广的立法历程：从最初以具体的罪名形式被零星地规定于几部单行刑法中，到以系统化的方式在1997年《刑法》的总则与分则条文中得以完全确立，再至如今通过九部刑法修正案大刀阔斧地修订，我国现行刑法明文规定的单位犯罪总数已多达161①个。除了刑法规定之外，司法解释也在不同程度地扩大单位犯罪的成立范围：或将“公司、企业、事业单位”扩大解释为包括符

* 中国人民大学法学院2016级刑法学博士研究生。通讯地址：北京市海淀区中关村大街59号。邮编：100872，联系电话：18810979687，邮箱：yqlwfy@163.com。

① 我国单位犯罪在刑法分则中的分布情况为：第1章1个，第2章11个，第3章88个，第4章5个，第5章1个，第6章45个，第7章4个，第8章6个。第9章、第10章无单位犯罪规定。

合我国法人资格条件的外国公司、企业、事业单位，[①]或将以单位的分支机构或者内设机构、部门的名义实施的犯罪解释为单位犯罪，[②]或将单位破产、合并、注销后追究的犯罪也按单位犯罪处理，[③]等等。从现有的刑法规定以及司法解释来看，我国单位犯罪整体上呈现扩张的趋势。

然而，如果认为单位实施的纯正的自然人犯罪行为亦是一种单位犯罪，那么我国单位犯罪就绝不仅止于上述表面的、形式的扩张，而是突破了刑法法定类型而走向了实质的扩张。此种现象，早在1996年有关单位盗窃行为等的司法解释中就初见端倪，[④]后在陆续颁布的几部司法解释中悄然蔓延，[⑤]至2014年全国人民代表大会通过的《关于〈中华人民共和国刑法〉第30条的解释》（以下简称《立法解释》）更是达到了极致：对单位实施的纯正自然人犯罪行为的处罚不再局限于几种特定的犯罪类型，而是扩展到了刑法分则条文的所有罪名。这种从例外到普遍，从个别到整体的处罚方式虽使单位实施的犯罪行为无处遁形，但同时也存在突破《刑法》第30条、第31条规定不当扩大犯罪圈的嫌疑。下文就基于《立法解释》的分析，对我国单位实施的纯正自然人犯罪行为展开研究。

---

① 参见2003年10月15日最高人民法院研究室发布的《关于外国公司、企业、事业单位在我国领域内犯罪如何适用法律问题的答复》规定。

② 参见2001年1月21日最高人民法院《全国法院审理金融犯罪案件工作座谈会纪要》的规定。

③ 参见1998年11月18日最高人民法院研究室《关于企业犯罪后被合并应当如何追究刑事责任问题的答复》以及2002年7月9日最高人民检察院《关于涉嫌犯罪单位被撤销、注销、吊销营业执照或者宣告破产的应如何进行追诉问题的批复》。

④ 1996年1月23日最高人民检察院《关于单位盗窃行为如何处理问题的批复》规定：单位组织实施盗窃，获取财物归单位所有，数额巨大、影响恶劣的，应对其直接负责的主管人员和其他主要的直接责任人员按盗窃罪依法批捕、起诉。

⑤ 参见1998年4月17日最高人民法院《关于审理拒不执行判决、裁定案件具体应用法律若干问题的解释》，2002年8月9日最高人民检察院《关于单位有关人员组织实施盗窃行为如何适用法律问题的批复》，2001年1月21日最高人民法院颁布的《全国法院审理金融犯罪案件工作座谈会纪要》，2011年6月20日“两高”发布的《关于办理危害计算机信息系统安全刑事案件应用法律若干问题的解释》，以及2012年8月20日通过的最高人民法院、最高人民检察院《关于办理妨害国（边）境管理刑事案件应用法律若干问题的解释》等。

一、问题的提出

(一)《立法解释》规制的是单位犯罪行为还是自然人犯罪行为

从《立法解释》的规定"公司、企业、事业单位、机关、团体等单位实施刑法规定的危害社会的行为,刑法分则和其他法律未规定追究单位的刑事责任的,对组织、策划、实施该危害社会行为的人依法追究刑事责任"来看,能够明确两点:一是对单位实施纯正的自然人犯罪行为要追究刑事责任;二是追究组织、策划、实施该危害社会行为人员的刑事责任。按照逻辑关系,后者是建立在前者的基础之上的,即组织、策划、实施人员的刑事责任追究需要单位实施了纯正自然人犯罪行为,并且,前者的性质内容会对后者的定罪量刑产生重要影响:如果认为单位实施的纯正自然人犯罪行为在本质上亦属于单位犯罪行为,那么《立法解释》就是对单位犯罪的实质扩张,由于此种扩张是在刑法规定之外以社会危害性为由发动刑事处罚,因而就尤其需要对《立法解释》进行限制适用。反之,如果认为是自然人犯罪,那么该解释所规制的本来就是符合刑法犯罪构成的行为,因此无须特别限制适用。

然而,《立法解释》却未对此给出明确答案。《立法解释》所规定的犯罪主体毫无疑问是单位,但是被追究刑事责任的只是有关自然人,而且该自然人并不是典型的单位犯罪中的"直接负责的主管人员和其他直接责任人员",而是"组织、策划、实施人员",似乎《立法解释》是有意地将其与单位犯罪区别开来。但是,如果从《立法解释》出台的必要性来看,又应当将其理解为单位犯罪行为较妥:对于单位实施的危害行为不是单位犯罪而是自然人犯罪的情形,完全可以根据有关司法解释追究相关自然人犯罪的刑事责任。如1995年最高人民法院颁布的《关于审理单位犯罪案件具体应用法律有关问题的解释》(以下简称《单位犯罪的司法解释》)中,就将"个人为进行违法活动而设立单位""以实施犯罪为主要活动的""盗用单位名义实施,违法所得由个人私分"三种情形下单位实施的犯罪认定为自然人犯罪。显然,《立法解释》是排除这些形式上由单位实施但实质上是自然人犯罪的情形。而且,即使单位实施的是其他完全符合自然人犯罪的行为,完全可以通过否定单位犯罪构成而直接将其认定为自然人犯罪,完全没有必要特别出台《立法解释》来解决。因此,从《立法解释》出台的必要性出发,就只能认为该解释所规定的单位实施的社会危害行为是单位犯罪,只是由于缺乏刑法对该单位犯罪的明文规定而不能处罚单位,但是出于刑事政策的原因需要处罚相关的自然人。

因此,如果仅根据《立法解释》的表面规定进行判断,就难以得出单位实施的纯正自然人犯罪究竟是单位犯罪行为还是自然人犯罪行为的确定结论,还需进一步挖掘《立法解释》的内容及性质,深层解读该解释所规定的内容性质。

(二)单位实施纯正自然人犯罪行为该如何应对

对于单位实施的纯正自然人犯罪行为该如何处理,历来都是极具争议的论题。①《立法解释》的颁布并不能为这场争议画上圆满的句号,反而引发了新的疑问:

---

① 学界存在两种对立的观点,一种观点是肯定单位成员的行为构成犯罪。张明楷教授认为,单位成员实施的犯罪行为完全符合自然人犯罪构成特征,所以此种情形对相关单位成员按照自然人犯罪定罪处罚符合罪刑法定原则的基本要求。(参见张明楷:《法益初论》,中国政法大学出版社2003年版,第366~368页。)董玉庭教授也明确指出,"当单位实施非单位犯罪时,只要单位成员实施的行为能够作为自然人评价为犯罪,则必须将其作为普通自然人追究刑事责任"(参见董玉庭:《论单位实施非单位犯罪问题》,载《环球法律评论》2006年第6期。)另一种观点则坚决否定单位成员构成犯罪,认为单位成员的罪责依附于单位犯罪,只要单位不成立犯罪单位成员就不能成立犯罪。(参见黄祥青:《浅谈刑法有无明文规定的判断标准》,载《人民司法》2002年第7期。)"单位位成员是否承担刑事责任完全依从于单位的行为是否经审理被判定有罪。"(参见薛进展、蒋红纬:《论单位成员在单位犯罪中的刑事责任》,载《法学》2001年第6期。)实务界倾向于认为单位成员构成自然人犯罪。"对于单位实施的未被规定为单位犯罪类型的犯罪行为,尽管刑法分则没有规定单位犯罪主体,依法不能追究单位的刑事责任,但是有关直接责任人员的行为已符合相关犯罪的构成要件,追究其刑事责任于法有据。"(参见胡云腾、周加海、周海洋:《〈关于办理盗窃刑事案件适用法律若干问题的解释〉的理解与适用》,载《人民司法》2014年第15期。)

首先,单位实施的纯正自然人犯罪行为是否一律适用《立法解释》?如果认为《立法解释》规制的是自然人犯罪行为,那么毫无疑问,《立法解释》与《单位犯罪的司法解释》以及《刑法》中自然人犯罪的规定并不存在冲突,在名义上是由单位实施但是实质是个人犯罪的情况下,都是对自然人犯罪负有责任的人员的刑事责任的追究,那么,无论是用上述哪部法律规制都不会存在实质的差异。所以,对于所有单位实施的纯正自然人犯罪行为都适用《立法解释》也不会存在不妥之处。但是,如果认为《立法解释》是对符合单位犯罪构成要件的实质单位犯罪行为的规制,那么就是另一番结论。因为,既然《立法解释》是对单位犯罪行为的规制,那么适用该解释的前提就必须是本质上属于单位犯罪的行为,也就要求单位实施的纯正自然人犯罪行为不仅名义上是单位实施的,而且实质上也是符合单位犯罪构成要件的行为。所以,并不是只要是单位实施的犯罪行为就可以适用《立法解释》,还必须排除《单位犯罪的司法解释》中的三种情形以及其他名义上的单位犯罪行为。

其次,单位实施的纯正自然人犯罪行为确实符合《立法解释》的规定,但由于法条竞合的原因,该犯罪行为同时又构成《刑法》中的另一单位犯罪,此时究竟应适用《立法解释》还是《刑法》?例如,某单位向金融机构实施了贷款诈骗行为,由于我国刑法并未将贷款诈骗罪规定为单位犯罪,所以对于该行为是根据《立法解释》仅处罚“组织、策划、实施”人员呢,还是根据法条竞合关系按照《刑法》第 224 条单位合同诈骗罪同时处罚单位及“对其直接负责的主管人员和其他直接责任人员”呢?虽然 2001 年最高人民法院颁布的《全国法院审理金融犯罪案件工作座谈会纪要》(以下简称《座谈会纪要》)对此规定为“应当以合同诈骗罪定罪处罚”,但是在《立法解释》颁布之后,该《座谈会纪要》是否与《立法解释》存在冲突而无适用的空间?以及在其他存在法条竞合情形下,单位实施的纯正自然人犯罪行为又能否转化为单位犯罪处理?一般说来,以单位为同一主体实施的犯罪之间是能够转化处理的,但是单位与自然人两个不同主体实施的犯罪间则无转化处理的可能。因此,如果认为单位实施的纯正自然人犯罪行为是自然人犯罪,那么就不能转化适用《刑法》中的单位犯罪进行定罪处罚。

再次,如果适用《立法解释》处理单位实施的纯正自然人犯罪行为,那么根据规定应当追究"组织、策划、实施"人员的刑事责任,但是应该如何理解"组织、策划、实施"人员的含义呢?该"组织、策划、实施"人员到底是对单位犯罪的"组织、策划、实施",还是对自然人犯罪的"组织、策划、实施"?不同的回答会确定不同的责任人员范围。如果认为是前者,那么该"组织、策划、实施"就只应是对单位犯罪负有责任的人员,那么就应当在"直接负责的主管人员和其他直接责任人员"范围中予以限定。相反,如果认为是后者,那么完全可以根据共同犯罪原理,对参与实施该犯罪行为有责的自然人都应当追究刑事责任。由此看来,后者的追责范围显然广于前者。并且,不同的回答还会对"组织、策划、实施"人员的刑事责任大小产生影响。因为究竟是为单位谋取利益还是为个人谋取私利,行为人的主观恶性的大小显然是有差异的,在主观恶性存在差异的情况下行为人的刑事责任也有所不同。

因此,对《立法解释》规定的单位实施的纯正自然人犯罪行为的应对,其实追根究底,还是涉及对其犯罪性质到底是单位犯罪行为还是自然人犯罪行为的回答。也只有正确把握单位实施的纯正自然人犯罪行为性质,才能妥当解决有关责任人员范围的确定及其定罪量刑的问题。

二、《立法解释》是对单位犯罪的扩张处罚规定

(一)内容解读:规定的是单位犯罪行为而非自然人犯罪行为

众所周知,单位犯罪就是单位实施的犯罪,但是单位实施的犯罪却不一定是单位犯罪。《立法解释》争议的焦点也就在此:"单位实施刑法规定的危害社会的行为"所规定的到底是不是单位犯罪行为?

1."单位实施刑法规定的危害社会的行为"是单位犯罪行为

在已普遍承认单位的犯罪主体资格下,通常单位实施的犯罪行为就应视为单位犯罪,这种单位犯罪并不是因《刑法》分则的规定才产生,而是在单位具有犯罪主体资格后就客观实际存在,理论上《刑法》

分则规定的所有犯罪理论上均可以由单位实施,只是出于刑事政策的原因才选择性地部分规定为单位犯罪。因此,对于刑法未规定为单位犯罪的行为,单位仍可以实施,只是这种单位实施的犯罪并不是刑法所规制的对象,但这并不影响其单位犯罪行为的本质。

但是,即便如此,仍然存在名义上由单位实施但实质上是自然人犯罪的情形。例如,"个人为进行违法活动而设立单位""以实施犯罪为主要活动的""盗用单位名义实施,违法所得由个人私分"等情形下单位实施的犯罪,或者其他假借单位名义实施的个人犯罪。所以,并不能以《立法解释》表述为"单位实施刑法规定的危害社会的行为",就直接断定该解释规定的是单位犯罪行为。但是,由于对于上述名义由单位实施的但实际上是自然人犯罪行为,完全可以根据《单位犯罪的司法解释》,或者通过单位犯罪的否定直接以自然人犯罪定罪处理,在这种情形下就根本不必出台《立法解释》,因此,从《立法解释》出台的必要性以及体系解释来看,《立法解释》所规定的只能是实质上的单位犯罪行为。

并且,《立法解释》所规定的是不包含自然人犯罪在内的单位犯罪。根据单位犯罪二元主体论的观点,"单位犯罪的场合实际上存在两个犯罪,一个是单位犯罪,犯罪主体是单位,另一个是单位成员的自然人犯罪,单位成员负刑事责任的根据是由于他们的犯罪行为使单位陷入了犯罪的境地,因而,他们要为自己的行为承担责任。"①因此,根据该观点,对于法律未追究单位刑事责任的单位犯罪,也可以因为该单位犯罪存在的自然人犯罪行为而追究单位成员的刑事责任。但是,这种二元论的观点不仅对客观上一个犯罪行为进行重复评价,而且与我国《刑法》对单位犯罪的处罚规定不符。我国《刑法》第 31 条规定,对单位犯罪"负有直接责任的主管人员和其他直接责任人员"追究刑事责任,这就明确表明,单位犯罪中单位成员承担责任的依据在于对单位犯罪负有责任,而不是对自己的个人犯罪行为负有责任。由此可知,我国单位犯罪采用的是一元主体论,即是认为单位犯罪中只有单位一个犯罪主体实施的一个犯罪行为,并不存在单位成员独立的犯罪主体地

① 杜文俊:《单位人格刑事责任研究》,黑龙江人民出版社 2008 年版,第 123 页。

位,也不存在单位成员所实施的自然人犯罪行为。所以,单位犯罪中既然不存在独立的自然人犯罪行为,那么在刑法未对单位实施的犯罪行为作出处罚规定的情况下,就不得直接以单位犯罪中存在自然人犯罪行为而追究单位成员的刑事责任。

2. 只处罚“组织、策划、实施”人员不影响单位犯罪的定性

有研究者认为,《立法解释》的后半段规定:“……对组织、策划、实施该危害社会行为的人依法追究刑事责任”,是将单位实施的犯罪行为直接定性为自然人犯罪。因为根据现行《刑法》分则对单位犯罪的规定,无论是显性规定还是隐性规定,[①]无论是双罚制规定还是单罚制规定,单位犯罪中通常会存在“直接负责的主管人员与其他直接责任人员”的表述,但《立法解释》并没有该表述而是规定为“对组织、策划、实施该危害社会行为的人依法追究刑事责任”,由此推导出《立法解释》规定的不是单位犯罪而是自然人犯罪。[②]

诚然,《立法解释》所规定的并非刑法分则中的单位犯罪类型,并且在定罪量刑时又完全是根据自然人罪名仅对自然人进行处罚。但这种以自然人罪名定罪处罚的外观并不能否定《立法解释》的实质内核——单位实施的危害社会的行为属于单位犯罪的性质。

首先,不能以刑法有无规定作为单位犯罪的判断标准。如前所述,在承认单位的犯罪主体资格下,单位原则上可以实施《刑法》分则条文规定的所有犯罪,但是基于限制处罚或者其他刑事政策的原因,刑法只是有选择性地规定某些单位犯罪,但这并不意味着余下的犯罪单位就不能实施。以单位为主体的犯罪毕竟与以自然人为主体实施的犯罪存在本质不同,在以“单位实施的”这一前提性条件的限制下,即使不是刑法明文规定的单位犯罪类型也磨灭不了犯罪主体是单位的事实,刑

① 显性规定是指刑法条文中明确有“单位犯……罪”的表述,隐性规定是指没有“单位犯……罪”的这种表述形式,但有追究“直接主管的责任人员和其他直接责任人员”刑事责任的规定。

② 参见刘瑛琦:《对刑法第30条立法解释的反思》,吉林大学2015年硕士学位论文,第18页。

法是否规定对单位犯罪的处罚是一种价值判断,而单位是否实施了犯罪活动是一种事实判断,不能因缺少法律明确规定而否定单位犯罪的客观事实,任何价值判断都是建立在客观事实的基础之上的,不能颠倒关系以价值判断的有无决定客观事实的存在与否。

其次,不能以纯正自然人罪名定罪量刑为由否定单位犯罪的性质。诚然,纯正自然人罪名中是无论如何也不能包含明文规定的单位犯罪类型的,而我国通常意义上的单位犯罪概念又仅指明文规定的单位犯罪类型,因此就难免让人认为以纯正自然人罪名定罪量刑的肯定是自然人犯罪而不是单位犯罪。但是,以纯正自然人罪名定罪处罚只能说明是一种法律后果规定,而非对单位犯罪行为性质的否定。一方面,单位能够实施纯正自然人犯罪行为。例如,单位完全可以实施盗窃、杀人、资敌等传统意义上的自然人犯罪行为。所以,即使是纯正的自然人犯罪也可以由单位来实施,只是由于缺乏法律的形式规定而无法对单位处罚罢了。在除却刑法有无规定之外,单位所实施的纯正自然人犯罪行为与明文规定的单位犯罪行为没有任何区别,在本质上都是属于单位犯罪行为。另一方面,刑法有无明文规定完全是一种立法选择,而这种立法选择的可变性又决定了单位实施的纯正自然人犯罪可以朝向单位犯罪转化。例如,《刑法修正案(九)》就将"非法生产、销售专用间谍器材、窃听、窃照专用器材罪"增设了单位犯罪的规定。① 因此,《立法解释》以自然人犯罪罪名对单位实施的纯正自然人犯罪行为定罪处罚,只是为了避免可能出现的处罚漏洞,并不能从根本上否定其单位犯罪的本质。

再次,不能以单位受到处罚与否反证单位犯罪性质的有无。虽然对单位的处罚肯定要以单位犯罪成立为前提,但是在未对单位进行处罚的情况下却不能一概否定单位犯罪的成立。例如在规定为单罚制处罚方式的单位犯罪中,没有谁会认为由于只处罚了单位成员而否定单

---

① 《刑法修正案(九)》其他在原有的纯正自然人犯罪基础上增设的单位犯罪参见第285条"非法侵入计算机信息系统罪,非法获取计算机信息系统数据、非法控制计算机信息系统罪,提供侵入、非法控制计算机信息系统的程序、工具罪";第286条"破坏计算机信息系统罪";第313条"拒不执行判决、裁定罪"。

位犯罪的成立。在第 107 条资助危害国家犯罪活动罪、第 135 条重大劳动安全事故罪、第 396 条私分国有资产罪等 15 个单罚制规定中①,正是由于成立了单位犯罪才会对相关的单位成员进行处罚。同样,在单位实施的纯正自然人犯罪类型中,也不能因为没有处罚单位而否认单位犯罪的客观属性,而之所以未对单位进行处罚,是遵循《刑法》第 30 条、第 31 条罪刑法定主义的结果,而不是对单位犯罪本身性质进行否定的结果。

最后,不能以处罚"组织、策划、实施人员"为由否定单位犯罪的性质。《立法解释》虽未直接规定追究"直接负责的主管人员和其他直接责任人员"的刑事责任,但完全可以将其规定的"组织、策划、实施人员"理解为是在前述责任人员基础上所作的限缩。即《立法解释》是在"直接负责的主管人员和其他直接责任人员"范围内所确定的"组织、策划、实施人员"。这是由于,一方面,即使单位实施的是纯正自然人犯罪行为其本质上也是由单位实施的犯罪,其犯罪主体仍然是单位而非单位成员,所以对单位成员追责的依据只能是该成员对单位犯罪负有直接责任,因而就只能在对单位犯罪负有直接责任的人员范围中确定追责对象。另一方面,《立法解释》本身是对单位犯罪的扩张处罚,在处罚范围上已由明文规定的单位犯罪扩张到单位实施的纯正自然人犯罪行为。因此,在这样一种大幅扩张犯罪圈的背景下,就有必要对处罚对象进行一定的限制,避免既扩张犯罪类型又扩张犯罪人员。

综上,《立法解释》规定的是单位犯罪行为,不能因为不是明文规定的单位犯罪类型,或者没有对单位进行处罚等形式外观而否定单位犯罪的实质内核,该解释的处罚前提仍然是建立在单位犯罪性质之上的,如果本质上不是单位犯罪行为便无适用该《立法解释》的余地。

---

① 这 15 个单罚制规定分别为:《刑法》第 107 条资助危害国家犯罪活动罪、第 135 条重大劳动事故罪、第 135 条之一大型群众性活动重大安全事故罪、第 137 条工程重大安全事故罪、第 138 条教育设施重大安全事故罪、第 139 条消防责任事故罪、第 161 条不按规定披露信息罪、第 162 条妨害清算罪、第 162 条之一虚假破产罪、第 244 条强迫职工劳动罪、第 244 条之一雇佣童工从事危重劳动罪、第 250 条出版歧视、侮辱少数民族作品罪、第 273 条挪用特定款物罪、第 396 条私分国有资产罪、私分罚没财物罪。

(二)性质辨析:以法律创制形式进行的单位犯罪扩张

1.《立法解释》是法律创制而不是具体解释

根据《立法法》第42条第2款的规定,我国的立法解释包括两种情况:一是"法律规定需要进一步明确具体含义的";二是"法律制定后出现新的情况,需要明确适用法律依据的。"对于前一种立法解释,应是指在法律适用过程中由于法律用语出现模糊不清或有严重的歧义理解而不知如何适用该规范的情况下,通过立法解释以明确该法律用语的具体含义。此种解释为法律解释的当然之义,不存在任何问题。例如对《刑法》第384条第1款"挪用公款罪"罪中"归个人使用",对《刑法》第313条拒不执行判决、裁定罪中的"人民法院判决、裁定"的范围和"有能力执行而拒不执行,情节严重"等作出的立法解释。然而,对于后一种立法解释情形"法律制定后出现新的情况,需要明确适用法律依据的",应是指在出现新情况后无法明确应适用的法律条文而需要通过对现有条文进行变通解释以明确对该新情况的法律适用。这一"新情况"既可能是"在立法时因立法技术粗疏,将本应予以包括的情况未予规范的",亦可能是"立法当时未曾预料,由于社会生活条件的变化而产生的新情况"。[①] 无论哪一种情形,明确其法律适用的解释路径无非有两种可能:一是该新情况仍在现有规范的逻辑范围之内,可以通过扩张解释、限制解释、当然解释等解释方法予以适用;二是该新情况超出了现有法律规范的逻辑之外,就刑法而言,分则条文所设定的任一犯罪构成要件都无法完全容纳该新情况的所有事实,任一犯罪构成要件的适用都超出了其本身的逻辑范畴,此时唯有将某一犯罪构成要件进行延伸、扩大、改变等解释使原本不被包容的新情况最终能被包容,但此时就不再是具体解释而是法律创制了。

有学者通过对已颁布的九种立法解释进行系统研究,总结出我国

---

① 林维:《刑事立法解释类型研究》,载《环球法律评论》2005年第5期。

的刑法立法解释包括“具体解释”与“补充规定”两种类型。[①] 前一种是对刑法规范的明确化和具体化的解释，包括六种：一是对《刑法》第313条关于“人民法院判决、裁定”的范围和“有能力执行而拒不执行，情节严重”的解释；二是对《刑法》第384条第1款有关挪用公款罪构成要件规定中“归个人使用”的解释；三是对《刑法》第228条、第342条、第410条规定的“违反土地管理法规”和第410条规定的“非法批准征用、占用土地”的解释；四是有关《刑法》第294条第1款“黑社会性质的组织”的解释；五是有关“出口退税、抵扣税款的其他发票”的含义的解释；六是对走私、盗窃、损毁、倒卖或者非法转让具有科学价值的古脊椎动物化石、古人类化石行为具体适用法律的解释。后一种在“本质上则超越了刑法规范，具有了补充立法的意味”的“补充规定”包括三种：一是关于村民委员会等基层组织人员在特定情况下属于《刑法》第93条第2款“其他依照法律从事公务人员” 的解释；二是关于《刑法》第九章渎职罪主体适用问题的解释；三是有关“信用卡”含义的解释。[②] 这三种解释是“立法者行使立法权、创制新的法律规范的一种特殊方式……是以法律解释之名行法律创制之实”。[③]

《立法解释》既然谓之解释，就应当是对既存法律文本含义的阐释说明。[④] 这种阐释说明意味着是一种将模糊的含义以明确化，将歧义性的表述以确定化、将空泛的范围以实在化等的法律发现与法律揭示活动，而不应是法律创制活动。而且受罪刑法定主义的限制，无论依据何种理由与根据，法律解释本身都不得逾越法律文本含义的范围和边界。因此，法律解释所阐明的含义只能无限地接近法律文本的真实含义，法律解释所形成的外延也只能无限地接近法律文本的外延，前者的内涵与外延如终是在后者的内涵与外延的约束与限制之下。例如将

① 唐稷尧：《事实、价值与选择：关于我国刑法立法解释的思考》，载《中外法学》2009年第6期。

② 唐稷尧：《事实、价值与选择：关于我国刑法立法解释的思考》，载《中外法学》2009年第6期。

③ 梁根林：《罪刑法定视域中的刑法适用解释》，载《中国法学》2004年第3期。

④ 张明楷：《立法解释的疑问——以刑法立法解释为中心》，载《清华法学》2007年第1期。

《刑法》规定的“故意杀人的”中的“人”解释为“他人”,将“破坏电力设备”解释为破坏“处于运行、应急等使用中的电力设备”等即是如此。有时,法律解释可能超出法律用语核心含义的范围,但绝不能超出法律用语可能含义的边界。立法解释作为一种解释也不应当例外。

然而,《刑法》第30条的立法解释正是后一种以法律解释之名进行的法律创制活动,它突破了单位犯罪只在《刑法》有明确规定下才予以处罚的形式规定约束,从实质可罚性上寻求单位犯罪的处罚依据。本来根据《刑法》第30条和第31条的规定,只有单位犯罪被类型性地规定于刑法分则条文之中,才具有对单位犯罪发动刑事处罚的可能。无论是单位还是单位相关的负责人,他们受刑的前提性条件都是单位犯罪的法定性。但是《刑法》第30条的立法解释却改变了这种对单位犯罪处罚的既定模式,即使单位实施的某一犯罪类型没有被规定于刑法条文之中,组织、策划、实施该危害社会行为的人也得被追究刑事责任。例如,由于《刑法》没有规定单位诈骗罪,即使单位实施了诈骗活动也不得发动对包括单位相关负责人在内的任何刑事处罚,因为单位相关负责人员的受刑前提是法律规定有单位诈骗罪。然而根据现在的立法解释却可以对组织、策划、实施单位诈骗行为的人员进行处罚。可以说这一认定犯罪的模式是无论如何也无法被包容于原有的刑法规范之中的,因而该立法解释是不折不扣的立法创制行为。

2. 法律创制造成单位犯罪的扩张处罚

以刑法立法解释的形式进行立法创制由于增加了“补充规定”必然导致犯罪圈的扩张。本来根据罪刑法定主义“法无禁止即自由”的原理,只有刑法上的明确规定才能成为公民受刑事处罚的根据,但是由于立法解释与法律具有同等的法律效力,刑法立法解释上的禁止规定也必然成为刑罚发动的根据。如果立法解释本身属于明确刑法条文含义的“具体解释”类型,则该立法解释的禁止规定本身就是刑法的禁止规定,因而不存在扩张犯罪圈的问题。但是,如果立法解释是属于具有“补充规定”性质的立法创制,那么就必然增加了原本刑法条文所不具有的禁止规定,无论这种禁止规定增加的内容——是扩大犯罪主体还是增添犯罪行为类型,抑或是放宽犯罪对象等都是赤裸裸的犯罪圈扩张的表现。以之前已有的刑法立法解释为例,无论是将村民委员会在特定情况下解释为《刑法》第93条第2款中的“其他依照法律从事公务人员”，还是将依照法律、法规规定行使国家行政管理职权的组织和受国家机关委托代表国家机关行使职权的组织中从事公务的人员解释为《刑法》第九章的渎职罪主体，都明显是属于扩大犯罪主体范围的做法；至于将“信用卡”解释为：“由商业银行或者其他金融机构发行的具有消费支付、信用贷款、转账结算、存取现金等全部功能或者部分功能的电子支付卡”，则是属于扩充犯罪对象的做法。很明显，这些刑法立法解释都增加规定了原本刑法条文所不具有的内容，因而大大扩张了刑事处罚范围。

《刑法》第30条的立法解释亦是通过“补充规定”的形式扩大单位犯罪的处罚范围。根据该立法解释规定：“……单位实施刑法规定的危害社会的行为，刑法分则和其他法律未规定追究单位的刑事责任的，对组织、策划、实施该危害社会行为的人依法追究刑事责任”，这就意味着将原本不属于刑法处罚对象的单位实施的危害行为亦进行了犯罪化处理，对单位犯罪的处罚不再局限于刑法所明文规定的单位犯罪类型，而是可以无限地扩张到刑法分则所规定的任何一个犯罪类型。例如，可以对单位实施的“战时供给敌人武器装备、军用物资”这一资敌行为进行刑事处罚，可以对单位实施的“制作、散发宣扬恐怖主义、极端主义的图书、音频视频资料”的行为进行刑事处罚，可以对单位伪造货币的行为进行刑事处罚等，不胜枚举，尽管这些犯罪都不属于刑法有明文规定的单位犯罪范畴，仅根据刑法条文本身无法寻得对单位或者单位成员的处罚依据，但是都能够根据《刑法》第30条的立法解释对组织、策划、实施该危害社会行为的人进行处罚，这种处罚就类似于“不处罚单位只处罚相关单位责任人员”的单罚制，只是后者是以刑法明文规定为前提的，而前者是以立法解释为依据的。这种将原来不属于明文规定的单位犯罪类型的单位危害行为进行了犯罪化处理，将不能被追究刑事责任的单位人员进行了刑事处罚的做法不是单位犯罪扩张又是什么呢？

总之，由于《刑法》第30条的立法解释超出了刑法条文的可能含义而属于立法创制的范畴，这种立法创制又必然会增加“补充规定”而扩大犯罪圈，因此，在“对单位实施的纯正自然人犯罪类型亦要发动刑罚”这一增加的“补充规定”下，《立法解释》就以法律创制的方式实现了对单位犯罪的扩张处罚。

三、单位犯罪扩张的应对

应该指出,《立法解释》对于打击各类单位实施的违法犯罪活动具有重要意义。单位实施的各种危害社会的行为是客观存在于现实社会中的,不能以未被规定为刑法上的单位犯罪而否定其危害性的客观存在。《立法解释》正是在承认这一客观存在的前提下所作出的处罚规定,目的就在于弥补《刑法》上对单位犯罪规定的不足,避免单位沦为自然人借以实施犯罪活动的工具。

但是,《立法解释》扩大单位犯罪处罚的问题也显著存在。一是单位犯罪产生的主要原因并非在于刑罚的不严密性,而是源于相关经济制度、管理制度的不完善。正是由于相关经济制度、管理制度缺乏必要的引导与监督,导致单位活动处于混乱、无序甚至失控的状态才产生了危害社会的行为。例如绝大多数的单位食品安全犯罪、环境污染犯罪、责任安全事故犯罪等,都是源于相关行政管理制度的缺失或者执行得不力,对于此类单位犯罪的控制不能希冀于刑罚的威吓,而是应当从行政管理制度这一根源上寻求对策。《立法解释》虽然严厉了单位犯罪的处罚,但并不能从根本上遏制单位犯罪多发的态势,相反,还可能导致忽视对相关经济制度、管理制度的完善等消极后果。二是对单位实施的犯罪按照自然人犯罪定罪处罚会导致量刑畸重。① 单位犯罪中尤以经济类犯罪突出,而这些经济犯罪的涉案金额远远大于一般的自然人犯罪,如果将该严重危害结果完全归责于自然人则必然导致罪刑不均衡。例如,实践中大量发生的单位盗窃水力、电力资源等单位盗窃类犯罪案件,这些单位犯罪涉案金额动辄上百万元、千万元甚至上亿元,完全达到了盗窃罪中"数额特别巨大"的要求,如果以该犯罪数额作为对自然人定罪量刑的依据则最高刑可判至无期,但这样的结果显然难

---

① 参见张克文:《单位盗窃犯罪深究——法人犯罪拟制论的部分展开》,载《政治与法律》2010年第5期。

以让人接受。毕竟单位实施的犯罪行为的利益结果都是直接归属于单位而非自然人,在这点上与纯正的自然人犯罪存在本质的区别。因而,无限制地适用《立法解释》以扩大的单位犯罪结果对自然人定罪处罚是刑均衡原则所不能接受的。三是盲目扩大单位犯罪有悖刑法的谦抑原则。“谦抑是指缩减或压缩。”①刑法作为最严厉的惩罚手段,只有在完全具备社会危害性、刑事违法性以及应受惩罚性的条件下才得予以补充适用,因而不得单纯以追求刑事政策效果为由随意介入公民的社会生活。本来,根据“法律规定为单位犯罪的,应当负刑事责任”这一条文的严格理解,“法律规定”应是单位犯罪受罚(包括单位受罚与单位中的自然人受罚)的必备条件,单位实施的纯正自然人犯罪即使因客观的危害性与应受惩罚性而具有刑事政策上打击的必要性,也由于缺乏“法律规定”这一刑事违法性而不得被追究刑事责任。但是,《立法解释》却以立法创制的形式增加了此类犯罪行为的处罚规定,使单位犯罪的处罚突破了法律规定的限制而向着非法律规定的单位犯罪扩张了,这无疑是刑事处罚范围向着社会生活进一步扩大的表现,背离了刑法谦抑原则中“缩减或压缩”刑法适用的要求。

权衡利弊得失,唯有承认并限制《立法解释》的适用才是应对单位犯罪扩张的应有态度。由于《立法解释》内容是关于单位实施纯正自然人犯罪行为的规定,因而限制《立法解释》的适用实则就是限制对单位实施纯正自然人犯罪行为的处罚。其限制路径有三:一是通过严格限定单位犯罪内涵以实现非法定单位犯罪成立范围的限缩;二是通过法条竞合的方式将单位实施的纯正自然人犯罪行为转化为单位犯罪处理;三是在单位实施的纯正自然人犯罪中严格根据罪责原则限制单位成员的刑事责任。

(一)理论应对:严格单位犯罪内涵以限定单位犯罪范围

按照本文的观点,单位犯罪可以分为法定的单位犯罪与非法定的

① 陈兴良:《刑法理念导读》,法律出版社2003年版,第10页。

单位犯罪,这两类单位犯罪只有形式上有无"刑法规定"的区分,而无实质的差异,均是由单位作为犯罪主体实施的违法犯罪活动,即都从属于"单位犯罪"这一上位概念,因而对于非法定单位犯罪的正确把握首先涉及单位犯罪内涵解读。实践中经常出现自然人假借单位的名义实施各类违法犯罪活动,或者在以单位名义实施的犯罪活动中出现了经营管理以及财产归属上的混同,这些犯罪单从表面上看都是单位实施的,但实质上是否真正属于单位犯罪则另当别论。此时就需要在正确认识单犯罪内涵的基础上拨开单位犯罪与自然人犯罪的关系的迷雾,以此严格限定单位犯罪的范围。

单位犯罪,简单地说就是单位实施的犯罪。但并不是所有表面上由单位实施的犯罪行为都是单位犯罪,从反面来看,单位犯罪不包括《单位犯罪的司法解释》中规定的三类情形。从正面来看,单位犯罪必须是能体现单位意志的犯罪的行为,基于此,单位犯罪应当限定为以下行为类型:

(1)应将单位犯罪限定为单位决策机关故意或过失实施的行为

大多数学者定义单位犯罪时都明确以单位决策机关决定实施为要件,只是对单位决策机关的具体理解有所不同,或认为是"经过法人决策机构授意或者允许",①或认为是"经单位集体决定或者由负责人员决定实施的",②或认为是由"法人代表或代理人经过法人决策机构的授意或批准"③等,这些表述虽然存在不同,但实质都是要求单位犯罪是在单位决策机关决定下实施的行为。

但是也有学者认为,除了单位决策机关决定下实施的行为之外,"由于单位代表或机关成员的监督不力或者说单位体制方面的原因而使单位组成人员在业务过程中所引起的危害社会的行为"④亦是单位犯罪行为。赵秉志教授同样认为,单位犯罪行为可以是"单位疏于管理、违反法定义务的,由单位人员在业务过程中实施的严重危害社会的

---

① 陈泽宪主编:《新刑法单位犯罪的认定与处理——法人犯罪论》,中国检察出版社1997年版,第9页。

② 何泽宪:《单位犯罪研究》,载《现代法学》1998年第1期。

③ 高西江主编:《刑法的修订与适用》,中国方正出版社1997年版,第149~150页。

④ 黎宏:《单位犯罪刑事责任论》,清华大学出版社2001年版,第224页。

行为"[1]。据此观点,单位犯罪并不以"单位决策机关决定实施"为必要要件,在单位体制缺陷或者单位责任人的监管义务违反原因下,由单位成员实施的属于单位业务范围内的危害行为都应当认定为单位犯罪行为。

对于后一种行为的判断,关键在于其是否属于单位意志的体现,因为"单位成员实施的犯罪行为必须是单位意志或意识的反映或者是在单位意志支配下实施的,才能认为是单位犯罪而不是单位成员的个人犯罪。"[2]那么,后一种在单位体制缺陷或者单位责任人的监管义务违反原因下,由单位成员实施的属于单位业务范围内的危害行为到底是否为单位意志行为呢? 由于单位意志行为既可以是故意行为也可以是过失行为,"不仅法人的故意犯罪是直接受法人意志支配的,就是过失犯罪也是在法人的意志支配下实施的"。[3] 而且,只有单位的决策机关是单位的意志机构,所以只有该过失行为是在决策机关存在过失的情况下产生的才能被认为是单位意志行为,也才能被认为是单位犯罪行为。然而,问题就在于,在单位体制缺陷或者单位责任人监管义务违反原因下产生的单位成员危害行为并不一定都是单位意志行为,因为对于此种行为完全可能存在单位无过失的情形。例如,虽然单位成员的危害行为客观上是由单位体制缺陷或单位责任人员的监督义务违反产生的,但是受当时的科技水平和认识能力所限,根本无法认识到该缺陷可能导致的危害后果,或者即使认识到也无法避免。著名的德国"山羊毛笔案"就是适例。[4] 所以不能一概将单位体制缺陷或单位责任人原因下的单位成员实施的危害行为都认为是单位意志行为的体现,单位意志行为必须是单位至少存在过失的行为。因此,即使要将该类行为认定为单位犯罪行为,也必须以单位的决策机关对该类行为的产生

① 赵秉志主编:《单位犯罪若干问题研究》,法律出版社 2004 年版,第 86 页。

② 李文伟:《法人刑事责任比较研究》,中国检察出版社 2006 年版,第 127 页。

③ 何秉松主编:《刑法教科书》(第 6 版),中国法制出版社 2000 年版,第 161 页。

④ 在该案中,毛笔制造厂的老板将事先未消毒的山羊毛交给女工加工,导致四名女工因感染炭疽菌而死亡。但事后证明,即使按规定的措施消毒也无法消灭当时欧洲国家尚不知道的炭疽杆菌,女工依然会死。在这种情况下,就不能认为工厂的老板有过失。

至少存在过失为必要要件。

因此,虽然没有必要将单位行为限定为由单位决策机关决定实施的行为,但是也不能过于宽泛地理解单位行为,如果将没有体现单位意志的行为也认定为是单位行为则会违背责任主义,因而尤其需要审慎对待。无论是由单位体制缺陷造成的危害行为还是由单位负责人监管义务违反造成的危害行为,只有在体现了单位意志即单位至少存在过失时才能认定为单位行为。因此,宜将单位行为限定为由单位决策机关故意或过失实施的行为。

(2)应将单位犯罪限定为"为单位谋利"的犯罪行为

不少学者认为单位犯罪不仅是为单位谋利而且是谋非法利益的犯罪,在定义单位犯罪时都明确出现"为单位谋取非法利益"的表述。如"单位犯罪是指……为本单位谋取非法利益……的行为"。① "法人犯罪是指……为法人牟取非法利益而实施的犯罪行为。"②"单位犯罪,是指公司、企业、事业单位、机关、团体为本单位谋取非法利益或者以单位名义为本单位全体成员或多数成员谋取非法利益……的犯罪"③等,在该类观点看来,"为单位谋取合法利益的行为,不可能成立任何犯罪"。④

也有相当学者不把单位犯罪严格限定为"为单位谋取非法利益",认为只要是"为单位谋利"即可,具有代表性的观点是"法人犯罪为在法人代表或直接责任人员的职务范围内,以法人的名义为了法人的利益而实施的犯罪行为",⑤"所谓单位犯罪是指……以单位名义和为了单位利益的行为"⑥等。该类观点之所以将"谋取合法利益"也纳入单位犯罪范畴,是认为"为了合法利益也可能采取非法的手段,实施非法的行为,如果法人成员为了法人的合法利益,采取了非法手段,实施了

① 何泽宪:《单位犯罪研究》,载《现代法学》1998 年第 1 期。

② 刘白笔:《关于法人犯罪的几个问题》,载《检察理论研究》1992 年第 3 期。

③ 张明楷:《刑法学》,法律出版社 2016 年版,第 135 页。

④ 同上。

⑤ 高西江:《刑法的修订与适用》,中国方正出版社 1997 年版,第 149 ~ 150 页。

⑥ 何秉松:《刑法教科书》,中国法制出版社 1997 年版,第 154 页。

犯罪行为,法人应当为此承担刑事责任。因此,不应当将法人利益仅限定于非法利益。"①

但是也有反对意见认为"毕竟在客观上也存在着不是为了单位利益的单位犯罪。例如,在疏忽大意过失之下的单位不作为犯罪,由于单位在主观方面对于危害结果的发生没有认识,只是没有依法承担其法定的作为义务,因而在此种'忘却犯'中,单位一般不可能具有为单位谋取利益的目的。因此,将'为单位的利益'作为单位犯罪的本质特征,存在着以偏赅全、概念不周延的问题。"

诚然,对于上述"忘却犯"型的单位过失犯罪,单从表面上是难以看出行为人的疏忽大意不作为具有"为单位谋取利益"的主观目的的,但是,在对"谋取单位利益"中的"利益"进行理解时,不能狭义地认为单位利益仅指金钱或经济性利益,任何有利于单位存在、运行以及促进单位发展的行为都应当视为"为单位谋取利益"的行为。即使"忘却犯"型的单位行为的直接目的不是为追求财产性利益,但是该行为是为单位存在、运行以及促进单位发展而实施的,假使该行为的实施是为个人谋利而将所得利益私分,或者是为损害单位利益而进行的,那么无论如何也不能将该行为认定为单位行为,自然就不能认定为单位犯罪行为。

(3)应将单位犯罪限定为以单位名义实施的行为

反对者认为:"至于'以单位名义'这一点,在司法实践中有很多单位犯罪,很难找到'以单位名义'的形式要件,例如单位走私犯罪往往利用别的单位名义报关。相反地,为谋取个人利益并为逃避个人刑事责任,个人精心预谋、策划盗用、冒用单位名义进行犯罪,这种情况虽然是以单位名义实施犯罪,但并不是单位犯罪。《单位犯罪的司法解释》中明确规定:盗用单位名义实施犯罪,违法所得由实施犯罪的个人私分的,依照刑法有关自然人犯罪的规定定罪处罚。因而,'以单位名义'

① 李文伟:《法人刑事责任比较研究》,中国检察出版社2006年版,第125页。

不是单位犯罪的特征。”[①]但这一反对观点是站不住脚的。首先,单位犯罪不可能不以“单位名义”实施。即使是在利用别的单位名义报关的单位走私犯罪中,也是以“单位名义”实施了利用行为,如果是以“单位成员的名义”利用别的单位名义,那么无论如何也不可能构成单位犯罪。例如甲公司利用乙公司名义报关,也是以甲公司的名义实施了利用了乙公司名义的行为,而不是以甲公司中某一成员的名义实施利用行为。其次,单位成员盗用、冒用单位名义实施的犯罪不构成单位犯罪并不就意味着单位犯罪的成立不需要“以单位名义”为条件,而是指在“以单位名义”情形下实施的犯罪也可能不构成单位犯罪。换言之,“以单位名义”实施犯罪是单位犯罪成立的必要条件而不是充分条件,即“以单位名义”实施的犯罪也可能不是单位犯罪,但不“以单位名义”实施的就一定不构成单位犯罪。所以不能以单位成员盗用、冒用单位名义实施的犯罪不是单位犯罪就否定“以单位名义”在单位犯罪成立中的必要条件地位。

因此,单位犯罪应当限定在“以单位名义”实施的条件下,以自然人名义实施的犯罪由于不能体现单位的人格主体地位因而不能被认为是单位犯罪。正如有学者指出的那样:“法人犯罪必须是以法人名义实施的。法人是人格化的社会组织,它具有独立的人格,并以独立的社会关系主体的资格对外交往和进行活动。具有双重身份的法人成员只有以法人名义进行犯罪活动时,他的犯罪行为才是法人犯罪的组成部分。如果法人成员,以个人身份进行犯罪活动,也只能是个人犯罪而不是法人犯罪。”[②]因此,虽然以单位名义实施的犯罪不一定是单位犯罪,但是不以单位名义实施的犯罪就绝对不是单位犯罪。

综上,应将单位犯罪严格限定为:“单位决策机关在业务活动中出于故意或过失以单位名义实施的为单位谋取利益的犯罪行为。”这样就将诸如与单位业务无关的、单位不具有故意或过失的,或者以单位成

① 陈玉:《单位犯罪的刑事责任及其处罚》,苏州大学2004年硕士学位论文,第3页。

② 李文伟:《法人刑事责任比较研究》,中国检察出版社2006年版,第125页。

员名义实施的以及为单位成员谋利的等诸多自然人犯罪行为排除在了单位犯罪行为之外,使单位犯罪的成立范围首先在单位犯罪概念的制约下受到了极大限缩,非法定单位犯罪的成立范围亦随着单位犯罪成立范围的限缩而限缩。

(二)根据法条竞合关系严格限制《立法解释》的适用

虽然《立法解释》规定对单位实施的非法定单位犯罪行为要依法追究行为人的刑事责任,但这并不意味着只要单位实施了上述行为就一定按照自然人犯罪定罪处罚。由于《立法解释》是以解释之名行立法创制之实,有突破《刑法》第30条、第31条规定之嫌,因而并不是处理非法定单位犯罪行为的最优路径。因此,在应对单位实施非法定单位犯罪行为时,应首先穷尽刑法条文和有关司法解释对单位犯罪问题的处理,其次才考虑根据《立法解释》对单位实施的纯正自然人犯罪行为按照自然人犯罪定罪处理。

根据《立法解释》的规定,对于单位实施的危害社会的行为,如果要按照自然人犯罪来认定,其前提是“刑法分则和其他法律未规定追究单位的刑事责任。[①] 那么,如何判断刑法分则和其他法律有无对单位犯罪的规定呢? 通常认为,刑法条文对单位犯罪的规定表现为五种模式:[②]

模式一:刑法条文使用“单位犯前款罪”的法律表述,并规定对单位犯罪实行双罚制。如第120条之一的资助恐怖活动罪。模式二:刑法条文以概括性的方式规定单位犯本节之罪的双罚制处罚模式。例如第150条规定:“单位犯本节第一百四十条至第一百四十八规定之罪的……”模式三:刑法条文只规定了单位犯罪主体,并对该类单位犯罪实行双罚制,即通常所谓的纯正单位犯罪。如第387条单位受贿罪。

---

① 刘宪权、吴舟:《单位犯罪新立法解释与相关司法解释的关系及适用》,载《法学杂志》2015年第9期。

② 关于单位犯罪的模式分析,参见杜文俊:《单位人格刑事责任研究》,黑龙江人民出版社2008年版,第22~32页。

模式四:刑法条文限定了犯罪主体只能是单位,但采取的是单罚制的处罚模式。如第 161 条违规披露、不披露重要信息罪。模式五:刑法条文未明确单位犯罪的主体地位,但处罚的对象表述为“对其直接负责的主管人员和其他直接责任人员”。如第 135 条重大劳动安全事故罪规定:“安全生产设施或者安全生产条件不符合国家规定,因而发生重大伤亡事故或者造成其他严重后果的,对其直接负责的主管人员和其他直接责任人员,处……”

毫无疑问,对于上述刑法有明文规定的单位犯罪,单位只要实施该类危害行为就一律按照单位犯罪定罪处理。但是,如果单位实施的危害行为并非直接属于刑法条文规定的单位犯罪类型,对单位实施的危害行为应如何处理?由于现实生活中犯罪事实的复杂多样性以及刑法条文之间的错综复杂关系,犯罪行为与刑法条文之间并不总是一一对应的,不能期待每一犯罪行为都能找到与之无差别的罪名罪状适用,否则“很容易忽略刑法作为一个规范体系所具有的系统性和整体性,从而导致认识和判断的片面性”。[①] 所以,考察刑法条文对单位实施的危害行为有无规定时,应当“以有无完全符合的犯罪构成为标准”,[②]即只要危害行为全部或部分齐备犯罪构成就应当以所符合的犯罪构成定罪处罚,无论危害行为的要素没有被完整评价,在犯罪构成的齐备的情况下都应当认为刑法是有规定的。

例如,最高人民法院于 2001 年 1 月 21 日发布了《全国法院审理金融犯罪案件工作座谈会议纪要》(以下简称《会议纪要》)规定:“根据《刑法》第三十条和第一百九十三条的规定,单位不构成贷款诈骗罪。对于单位实施的贷款诈骗行为,不能以贷款诈骗罪定罪处罚,也不能以贷款诈骗罪追究直接负责的主管人员和其他直接责任人员的刑事责任。但是,在司法实践中,对于单位十分明显地以非法占有为目的,利用签订、履行借款合同诈骗银行或其他金融机构的贷款,符合《刑法》

---

① 黄祥青:《浅谈刑法有无明文规定的判断标准——兼论刑法没有规定为单位犯罪的单位危害行为的处理》,载《法律科学》2003 年第 1 期。

② 黄祥青:《浅谈刑法有无明文规定的判断标准——兼论刑法没有规定为大内犯罪的单位危害行为的处理》,载《法律科学》2003 年第 1 期。

第二百二十四条规定的合同诈骗罪的构成要件的,合同诈骗罪定罪处罚。”换言之,《会议纪要》将单位为了本单位利益实施的贷款诈骗行为有条件地转化为合同诈骗罪的单位犯罪来认定。① 此种做法,虽然未完整评价单位贷款行为的全部违法要素,但是由于单位实施的诈骗行为部分完全符合合同诈骗罪的构成要件,因而按照单位合同诈骗罪定罪处罚并不违反罪刑法定原则,并且能够更广泛地打击单位实施的违法行为,在一定程度上弥补了刑法对单位犯罪规定的漏洞。推而广之,在单位实施纯正自然人犯罪行为时,亦完全可以利用法条竞合关系将其转化为单位犯罪处理,这样就既能避免《立法解释》广泛适用而引发的单位犯罪扩张的问题,又能避免刑法条文对单位犯罪规定的不周延性,不失为处理单位犯罪问题的一种路径选择。

但也有学者持怀疑态度,认为《会议纪要》“不能以贷款诈骗罪追究直接负责的主管人员和其他直接责任人员的刑事责任”的解释与2014年4月24日第十二届全国人大常委会《关于〈中华人民共和国刑法〉第30条的解释》相矛盾。② 但实则不然。《会议纪要》与《立法解释》并不是在同一前提条件下适用的,因而两者之间并不存在矛盾和冲突的关系。对于单位实施的危害行为的处理,前者是在刑法条文存在竞合关系时提供的解决路径,其按照单位犯罪定罪处理的前提是“刑法有规定”;而后者是在至始缺乏刑法条文规定下按照自然人定罪处罚的无奈之举,其适用的前提是“刑法无规定”。因此,《立法解释》的出台并不排除《会议纪要》的优先适用,相反,如果在存在法条竞合关系这一“刑法有规定”的前提下适用《立法解释》则是违反罪刑法定原则的。

需要注意的是,《会议纪要》只是提供了对单位实施的危害行为进行转化处理的一个范例,它并不具有限定作用,即并不限定只有在单位实施贷款诈骗行为时才能通过法条竞合关系转化处理,在单位实施其

① 刘宪权、吴舟:《单位犯罪新立法解释与相关司法解释的关系及适用》,载《法学杂志》2015年第9期。

② 李立众:《刑法一本通》,法律出版社2015年版,第247页。

他任何犯罪的情况下都可以按此路径解决,这样便可以严格适用单位犯罪的规定来限制《立法解释》的适用。

(三)严格根据罪责原则限制单位成员的刑事责任

单位实施的犯罪活动,无论该犯罪是否被刑法明文规定为单位犯罪,其犯罪主体仍然是单位,其犯罪的本质属性仍然是单位犯罪。由于单位犯罪与自然人犯罪本来就是从犯罪主体上所作的区分,因此,不仅刑法上有无单位犯罪的明文规定不能成为决定单位犯罪性质与否的评判标准,而且对单位实施的犯罪如何处理的法律后果亦不能成为决定单位犯罪性质的判断根据,两者均只是对单位是否承担刑事责任发生作用,并不涉及对单位犯罪性质的判断。所以,即使单位实施的是刑法上未规定为单位犯罪的行为,即使对该单位实施的犯罪按照自然人定罪处罚,均不能抹灭单位犯罪的本质属性。基于此,对单位实施的纯正自然人犯罪行为的定罪处理,应严格把握其单位犯罪性质而与纯粹的自然人犯罪区别对待。

而这种区别对待突出地表现在对犯罪行为与刑事责任的认定上。首先,犯罪行为的不同之处在于,单位实施的纯正自然人犯罪行为亦是一种单位犯罪行为,所以只有在单位成员的犯罪行为能够被视为单位犯罪行为时才能根据《立法解释》被追究刑事责任,纯粹的自然人犯罪行为不是《立法解释》所规制的对象。而何为单位犯罪行为呢？即是指“单位决策机关在业务活动中出于故意或过失以单位名义实施的为单位谋取利益的犯罪行为”。其次,“单位中特定的自然人承担刑事责任的原因主要在于,其具备负刑事责任的基础和有利于抑制单位的犯罪。承担单位犯罪刑事责任的自然人只能是对该单位犯罪这一事实负有直接责任的人员”。[①] 即单位成员的刑事责任是对单位犯罪行为负有责任的产物,而不是对个人的自然人犯罪行为的责任承担。这就决

---

① 黎宏:《论单位犯罪中直接负责的主管人员和其他直接责任人员》,载《法学评论》2000 年第 4 期。

定了在适用《立法解释》时,应按照单位犯罪的追责模式处理,即在责任人员的范围确定上,要以对单位犯罪有责任的人员而非仅以犯罪实施参与人员为追责对象。同时,由于《立法解释》是对单位犯罪处罚的扩张规定,所以在有关责任责任人员的认定上相较于单位犯罪必有所限制;在责任大小的确定上,要以"为单位谋利""实施单位犯罪行为"等单位犯罪因素综合考量行为人的可谴责性,在相较于同等条件下的自然人犯罪的基础上适当降低对行为人的量刑,切实做到罪责刑相适应。

1. 定罪范围要以对单位犯罪有责人员进行限定

既然《立法解释》规定的是对单位实施的犯罪行为的惩处,而单位犯罪中对单位成员的惩处应限定为"对其直接负责的主管人员和其他直接责任人员",那么,《立法解释》所追责的对象"组织、策划、实施人员"就应当是"对其直接负责的主管人员和其他直接责任人员"范围之内的人员。即"组织、策划、实施人员"必须是对单位犯罪"直接负责的主管人员和其他直接责任人员",而不是对个人犯罪具有"组织、策划、实施行为的人员"。根据《会议纪要》的具体解释,"直接负责的主管人员"是指"在单位实施的犯罪中起决定、批准、授意、纵容、指挥等作用的人员,一般是单位的主管负责人,包括法定代表人"。"其他直接责任人员"是指"在单位犯罪中具体实施犯罪并起较大作用的人员,既可以是单位的经营管理人员,也可以是单位的职工,包括聘任、雇佣的人员。"由《会议纪要》的规定可知,单位责任人员中包含两类:一类是对单位犯罪的实施起支配性、决定性作用的领导人员;另一类是对单位犯罪活动起较大作用的直接实施人员。

《立法解释》中规定的"组织""策划"人员显然是指前一类领导人员,而"实施"人员则是指后一类具体实施人员。但是,"组织、策划人员"又不完全等同于"直接负责的主管人员","实施人员"也不完全等同于"直接责任人员",否则,《立法解释》就不用特别规定为"组织、策划、实施人员"了。《立法解释》作此规定的目的在于限制对单位成员的处罚范围,是在单位犯罪所规定的"对其直接负责的主管人员和其他直接责任人员"的基础上作出的进一步限定。其规定的"组织、策划、实施人员”范围应小于“对其直接负责的主管人员和其他直接责任人员”。“组织”“策划”是指积极发起单位犯罪意图、单位犯罪计划的行为,该行为对单位犯罪的实施起着决定性、支配性的作用,单纯的容允、默许、纵容等消极的不作为以及玩忽职守等过失行为均不在其列。“实施”是积极地参与单位犯罪的犯罪活动中,并对单位犯罪起着重要作用的行为,对于受单位领导指派、命令或者被强制、控制等受到主客观受胁迫的行为,以及对单位犯罪作用轻微的行为均不认为是对单位犯罪有责的行为。

2. 量刑大小要根据对单位犯罪的罪责进行考量

《立法解释》本质上规定的是单位犯罪而不是自然人犯罪,又根据我国《刑法》第31条规定,“对单位犯罪直接负责的主管人员和其他直接责任人员判处刑罚”,这就以法律条文的形式明确了单位成员承担刑事责任的根据在于对单位犯罪负有责任。[①] 那么在量刑上就应当考量单位成员是对单位犯罪负有罪责而不是对个人的自然人犯罪负有罪责。据此,《立法解释》中“组织、策划、实施人员”的刑事责任大小应当有别于纯粹自然人犯罪中的刑事责任大小。

首先,对单位犯罪的责任承担意味着只是分担部分责任而不是全部责任。“单位犯罪只有一个犯罪主体,那就是单位本身。单位中的成员即使对单位犯罪的作用再大,也不是犯罪主体。由此也就决定单位成员不可能以一个犯罪主体的身份来承担刑事责任,只能以单位的一个组成部分的身份,以对单位犯罪负有责任的身份来承担单位犯罪的刑事责任”。这种以组成部分承担责任就意味着“单位成员所承担的刑事责任应当是单位这一犯罪主体犯罪后所应承担的刑事责任中的部分,既不应是单位的全部刑事责任,也不应是等同于一个自然人犯罪主体所应承担的全部刑事责任”。[②] 因此,单位成员承担的刑事责任就应当小于同等条件下的自然人犯罪。

其次,单位成员的主观恶性较小。从单位成员只是为单位谋取利

---

① 薛进展:《论单位成员承担的刑事责任》,载《政治与法律》2001年第4期。

② 薛进展:《论单位成员承担的刑事责任》,载《政治与法律》2001年第4期。

益而为个人谋取私利，其犯罪所得也最终归属于单位这点来看，单位犯罪中单位成员的主观恶性也小于自然人犯罪中的主观恶性，因而主观恶性小的罪责也应当相应减轻。

最后，只有承担部分责任才能符合罪刑相均衡原则。单位实施的犯罪行为一般都具有涉案金额大的特点，如果以该涉案金额作为对单位成员的量刑标准，让单位成员承担单位犯罪的全部刑事责任，那么势必会导致罪刑的严重不均衡。基于此，在量刑时，只有考虑单位成员是对单位犯罪的罪责而予以适当减轻，方为可行之策。

四、结　　语

本来，《刑法》第30条的规定是意在限制对单位犯罪的处罚，但实际却是不断以刑法修正案、立法解释、司法解释的形式大幅扩张单位犯罪的成立范围。如果说以往的刑法修正案、司法解释还只是在刑法规定的范畴内对单位犯罪的扩张处罚，那么《刑法》第30条的立法解释就是在刑法规定之外对单位犯罪的扩张处罚。这种从法定单位犯罪到非法定单位犯罪处罚的实质扩张，虽然能够很好地弥补单位犯罪活动的处罚漏洞问题，但它毕竟突破刑法的形式规定约束而借由实质可罚性发动刑罚权，不仅违背了《刑法》第30条的立法初衷，而且也与现代刑法所要求的刑法谦抑性、人权保障等原则相冲突。所以，在处理有关单位实施的非法定单位犯罪行为时，尤其要限制《立法解释》的适用，即对不符合单位犯罪构成要件的单位危害行为排除适用，在存在法条竞合关系时将单位实施的纯正自然人犯罪转化为单位犯罪处理。即使适用该解释，也要考虑其规制的是单位犯罪行为而不是自然人犯罪行为，因而在追究有关单位成员的刑事责任时，就必须以该成员对单位犯罪的实施负有责任为前提，不得一概将参与单位犯罪行为实施的人员都纳入追责的范畴。唯有如此，才能在既有的法律规定与限制处罚之间求得平衡。

The Unit Crime towards Expansion and Its Countermeasures

——Analysis Based on the Thirtieth Legislative Interpretation of the Criminal Law

Yu Qiuli

[**内容摘要**]《刑法》第30条的立法解释是对单位犯罪处罚的扩张规定,本质上是超越了刑法规范具有补充立法意味的立法创制。这种立法创制由于增加了“补充规定”而使单位犯罪的处罚范围不当扩大,与《刑法》第30条“法律规定为单位犯罪的,应当负刑事责任”的规定有冲突之嫌,实有必要限制。其限制处罚的应对路径为:一是通过严格限定单位犯罪内涵以实现非法定单位犯罪成立范围的限缩;二是通过法条竞合的方式将单位实施的纯正自然人犯罪行为转化为单位犯罪处理;三是在单位实施的纯正自然人犯罪中严格根据罪责原则限制单位成员的刑事责任。

[**关键词**] 单位犯罪;立法创制;《刑法》第30条立法解释

Abstract: The thirtieth legislative interpretation of the criminal law is the expansion of the punishment to the unit crimes, which in essence is beyond the criminal law norms and belongs to legislative creation with supplementary legislative nature. The legislative creation makes the scope of unit crimes improperly expanded by the increase of the *Supplementary Provisions*, which conflicts with the Criminal Law Article 30. As a result, there is a need to limit the penalties for unit crime: Firstly, we should strictly limit the connotation of the unit crime; Secondly, as for the pure natural person crime committed by the unit, it should be converted into the unit crime by the way of overlap of articles of law; Thirdly, the criminal responsibility of unit members should strictly determined according to the principle of culpability.

Key words: the Unit Crime; Legislative Creation; the Thirtieth Legislative Interpretation of the Criminal Law

信息社会犯罪治理的刑事政策反思*

——以侵犯个人信息犯罪为视角

王肃之**

目　　次

随着社会的发展变迁,各类犯罪的形态与结构也发生着各种各样的变化,相应刑事治理措施也需要及时地更新与调整,由此刑事政策作为各类刑事治理措施的指导与纲领开始出现并且逐渐被重视。风险社会的出现极大地冲击了原有的犯罪刑事治理框架,其经典的、定型化的结构开始解构,而刑事政策的转向与调整也影响着刑事立法、司法以及其他犯罪治理措施的改变。信息社会的到来不仅延展了风险的范畴,也重新定义了风险的结构与样态,基于传统社会所形成的刑事政策理

---

* 本文是国家社会科学基金重点项目"全球化信息化社会环境中的新型恐怖活动及其整体法律对策研究"(项目号 13AFX010)、武汉大学自主科研项目(人文社会科学)"侵犯个人信息犯罪的被害调查"(2017QN010)的阶段性成果,得到"中央高校基本科研业务费专项资金"资助。

** 武汉大学法学院刑法学博士研究生。通信地址:湖北省武汉市武昌区珞珈山武汉大学法学院。邮编:430072,联系电话:15971477097,邮箱:wangsuzhi001@126.com。

念与模式在治理信息犯罪的过程中更加显得捉襟见肘,以侵犯个人信息犯罪为代表的信息犯罪发展正挑战着传统的刑事政策理论范式。在此背景下,以侵犯个人信息犯罪为视角,探讨现有刑事政策该如何调整以适应信息犯罪的嬗变,更具有重要的现实意义。

一、社会变迁与刑事政策的发展

刑事政策概念的出现本身就是社会变迁及其犯罪治理的产物,其内容与范畴的变化始终有社会变迁的内在影响。

(一)刑事政策的理论范畴

刑事政策的概念的出现大致可以追溯到近代以来。有学者指出,刑事政策这一概念最早出现在 18 世纪末 19 世纪初德国法学教授克兰斯洛德和费尔巴哈的著作中。[①] 不过关于刑事政策的内涵,在世界范围内并未取得一致的认识。就其理论范畴大致而言有以下三种观点:狭义说认为,刑事政策是指同刑事法律措施相关的所有刑事法律政策,其包括刑法实体法政策、刑事程序法政策、刑事执行政策等,其方法虽不限于立法或是司法,但是均以对犯罪的预防和惩罚为基点。费尔巴哈、耶塞克等学者均持此种观点。广义说认为,刑事政策是指同犯罪防控相关的所有社会公共政策,包括不具有刑事法律的表现形式的社会公共政策。李斯特、安塞尔等学者持此种观点。折中说认为,刑事政策学首要的研究对象就是刑事政策本身,同时刑事政策学应在观察、研究的基础上提出一整套合理有效地打击犯罪、保护社会的战略战术,即做到“纵横交错”。对于折中说,有学者认为其在实质上比较倾向于广义说的见解。[②]

笔者认为,折中的刑事政策观较为妥当。狭义的刑事政策观无疑不当地限制了刑事政策的范围,使刑事政策易于脱离其政策指导地位,

---

① 卢建平:《刑事政策学的基本问题》,载《法学》2004 年第 2 期。

② 魏东:《刑事政策学》,四川大学出版社 2011 年版,第 17 页。

成为具体刑事立法、司法制度的解释工具;而广义的刑事政策观虽然避免了这一缺陷,但是却使刑事政策脱离了刑事的应有范畴,成为关于犯罪的一般社会政策。而折中说则比较好地处理了上述矛盾:一方面,折中说强调刑事法律政策在刑事政策中的核心地位,使刑事政策保持了刑事品格;另一方面,折中说又注重了对于其他与刑事有关政策的整合和考虑,使其政策性得以充分发挥。

此外,还需要厘清刑事政策学与犯罪学的区别。最早关于刑事政策学与犯罪学的关系有两种意见,一种认为犯罪学包罗刑事政策学(此种系采广义上的犯罪学观点),另一种则认为刑事政策学囊括犯罪学(此种为狭义犯罪学观点)。[①] 不过随着刑事法学学科的发展,对于刑事政策学与犯罪学的界分学界已经有较为一致的认识,即犯罪学主要研究犯罪,更多着眼于分析犯罪的现象与原因,刑事政策学更注重从对策上研究犯罪的治理。即犯罪学与刑事政策学之关系,可比喻成医疗上的诊断与治疗的关系,为能合理有效改进现行犯罪对策,其前提须正确地把握相关犯罪事实。[②]

(二)信息社会的崛起与刑事政策的命题

刑事政策的范畴与样态并非一成不变,而是基于社会的发展而处在不断地变化之中。自德国学者乌尔里希·贝克 1986 年出版《风险社会》一书以来,“风险”成为理解和诠释社会变迁的一个关键性概念,“风险社会”随之也成为解释世界的全新范式。[③] 在这一过程中,风险社会的到来无疑对于刑事政策的变迁产生了巨大的影响。由于风险的增大和嬗变,风险社会中公共政策的基本方略发生了重大变化,根除风险已经成为几乎不可能的事实,如何防控和分配风险成为社会政策的新命题,而刑事政策的导向也因此发生重大变化。就法益与被害人保护而言,从刑事政策上展开,应考察是否值得给予被害人刑法保护,以

① 李卫红:《论刑事政策学的研究对象》,载《法学评论》2007 年第 3 期。
② 许福生:《刑事政策学》,中国民主法制出版社 2006 年版,第 16 页。
③ 卢建平:《风险社会的刑事政策与刑法》,载《法学论坛》2011 年第 4 期。

及值得给予多大程度的刑法保护。① 据此,有学者提出通过制度技术使规范适应变动的社会是现代社会的法律传统。②

在应对风险社会的过程中,我国的刑事政策也经历了一个变化发展的过程,其典型变化就是从“严打”的刑事政策转向宽严相济的刑事政策。我国自20世纪80年代开始施行“严打”的形势政策,在取得短期的效果同时,也导致了一些负面后果,甚至可以直观地感觉到后来发生的有些刑事案件的性质比“严打”前和“严打”时严重得多。③ 风险社会是一个长期的过程,就我国而言社会转型时期的。社会风险相比于其他国家有过之而无不及,刑事政策也不应以取得短期效果的“严打”为导向。从长期看,极端化、应景式的策略和手段可能引发新的制度风险,即风险社会的刑法危险。④ 在此背景下我国转向选择了宽严相济的刑事政策。在宽严相济刑事政策中,该宽则宽,该严则严,宽严相济,对于“宽”与“严”加以区分;最为重要的还是在于“济”。这里的“济”是指救济、协调与结合之意。⑤ 关于宽严相济是否仅限于刑事司法政策也曾有过争议,不过总体来看认为其包括刑事立法政策与刑事司法政策的观点既符合刑事政策的本意,也是具有代表性的观点。比如,由于宽严相济既能指导刑事司法,又能指导刑事立法和刑事执行,在它指导刑事司法时,也就可以说它是刑事司法政策⑥。或刑法的刑事政策化可以分为两个环节:一是刑事立法的刑事政策化;二是刑事司法的刑事政策化。⑦

信息社会的到来已经成为不争的事实。从信息学的角度,信息具有以下性质:普遍性、依附性、可度量性、可识别性、可处理性、可传递

① 劳东燕:《风险社会与变动中的刑法理论》,载《中外法学》2014年第1期。

② 劳东燕:《公共政策与风险社会的刑法》,载《中国社会科学》2007年第3期。

③ 贾宇:《从“严打”到“宽严相济”》,载《国家检察官学院学报》2008年第2期。

④ 郑高键:《风险社会语境下刑事政策的理性应对——基于刑事政策与刑法功能调整的思考》,载《甘肃社会科学》2015年第5期。

⑤ 陈兴良:《宽严相济刑事政策研究》,载《法学杂志》2006年第1期。

⑥ 马克昌:《论宽严相济刑事政策的定位》,载《中国法学》2007年第4期。

⑦ 陈兴良:《刑法教义学与刑事政策的关系:从李斯特鸿沟到罗克辛贯通——中国语境下的展开》,载《中外法学》2013年第5期。

性、可共享性。[1] 随着文明交汇与社会发展,“信息”这个看似普通的概念越发承载着历史与社会:一方面,从工业社会到后工业社会,信息技术的发展推动着信息时代的到来,信息成为推动社会发展的根本动力。丹尼尔·贝尔1973年出版的《后工业社会的来临》认为信息在社会、经济和政治事件中的重要性日益提升,大胆地宣布“后工业社会就是信息社会”。[2] 虽然在当时看来还是一本预测未来的著作,但是从今天看来他的预测已经基本成为现实,信息化、数据化已经不仅仅是一种方式,已经成为国家发展、社会进步、个人生活的一种状态。

信息社会也是风险社会,由信息与犯罪结合所衍生以侵犯个人信息犯罪为代表的信息犯罪正在挑战着传统的刑事政策体系。所谓信息犯罪就是发生于信息空间中危害信息法益、威胁信息秩序应受刑法处罚的数字化行为。[3] 有学者对信息犯罪的特征作如下概括:犯罪人员的智能性、犯罪手法的隐蔽性、犯罪手段的多样性、犯罪后果的严重性、犯罪行为的复杂性。[4] 但是这其实仅是信息社会初期信息犯罪的特征概括。随着信息社会的发展特别是与大数据技术的结合,信息犯罪又发生了新的变化。对于大数据,其特征一般以四个“V”予以概括:海量的数据规模(volume)、快速的数据流转和动态的数据体系(velocity)、多样的数据类型(variety)和巨大的数据价值(value)。在大数据环境下,信息社会中数据利用与数据保护的状况出现了新的变化,集聚式的信息犯罪特别是侵犯个人信息的犯罪愈演愈烈,集中、大量的侵犯个人信息的案件比比皆是。在应对信息社会的巨大刑事风险过程中,宽严相济的刑事政策也遭遇了新的难题,在巨大的犯罪损害与离散的行为主体之间,宽严皆过的双向背离问题正在显现。前述冲突集中表现在侵犯个人信息犯罪的刑事政策治理之中。基于此,以侵犯个人信息犯罪为切入,探讨信息犯罪刑事治理的现实状况,并从刑事政策的角度予以审视和分析,具有颇为重要的理论与现实意义。

---

① 邹志仁:《信息学概论》,南京大学出版社2007年版,第2~3页。

② [英]韦伯斯特:《信息社会理论》,北京大学出版社2011年版,第54页。

③ 高德胜:《信息犯罪研究》,吉林大学2008年博士学位论文。

④ 文军:《信息社会信息犯罪与信息安全》,载《电子科技大学学报》(社会科学版)2000年第1期。

二、侵犯个人信息犯罪的刑事政策审视

随着信息社会的发展特别是与大数据技术的结合,侵犯个人信息犯罪呈现如下的变化趋势:第一,犯罪行为类型多样。在大数据环境下,侵犯个人信息犯罪的行为类型大幅扩展。个人信息的挖掘利用已经成为包括搜集、保存、流转、利用在内的体系,除了传统的非法获取个人信息、非法公开个人信息,非法利用个人信息也越发具有犯罪的典型性。如利用短信群发器和基站向用户发送短信来牟利等行为就是典型的非法利用个人信息行为。第二,犯罪对象数量巨大。根据360互联网安全中心发布的《2015年中国互联网安全报告》显示,在2015年(截至2015年11月18日)补天平台收录的网站漏洞中,共有1410个漏洞可能造成网站上的个人信息泄露,这些漏洞共涉及网站1282个,可能泄露的个人信息量高达55.3亿条。每年在全球范围内有大约十亿的信息数据泄露记录并且导致近六十亿美元的经济损失。① 第三,犯罪被害人极广。在几乎所有的非法获取个人信息案件中,涉案的信息数量往往十分巨大,少则几万多则数百万条,有的甚至多达3亿多条。②

为了回应日益严重的侵犯个人信息犯罪,一方面,刑事立法逐步重视对于该类犯罪的规制,《刑法修正案(七)》增设了非法提供公民个人信息罪、非法获取公民个人信息罪,以遏制该类犯罪的一再蔓延。之后,《刑法修正案(九)》将上述罪名修改为侵犯公民个人信息罪,并且在行为范围与处罚力度上都有所加强,努力从立法层面加强个人信息安全的刑事保护。另一方面,刑事司法也强化了对于该类犯罪予以打击。自《刑法修正案(七)》出台之后,非法提供公民个人信息罪、非法获取公民个人信息罪作为刑事司法中的重要罪名予以适用,各类重大

① Charlotte A. "Tschider, "Experimenting with Privacy: Driving Efficiency Through a State-Informed Federal Data Breach Notification and Data Protection Law", *Tulane Journal of Technology & Intellectual Property*, Vol. 18, 2015.

② 庄晓晶、林洁、白磊:《获取公民个人信息犯罪区域性实证分析》,载《人民检察》2011年第9期。

侵犯个人信息犯罪案件屡屡被破获和处理，有力地对于该类犯罪行为予以打击。2017 年 5 月最高人民法院、最高人民检察院又联合发布了《关于办理侵犯公民个人信息刑事案件适用法律若干问题的解释》(以下简称《个人信息司法解释》)，以指导该类犯罪的司法适用。但是从刑事政策的层面对该类犯罪的刑事立法与司法现状进行考察，其治理现实仍然存在一定问题，有待于反思和修正。

(一)厉而不严：刑事法网存在疏漏

我国刑事立法“厉而不严”的问题也体现在该罪的立法当中。“厉而不严”是指我国传统的刑法价值观念是苛严的刑罚和不严的法网。[①]即对于已经纳入刑事法网予以打击的犯罪行为课以的处罚较为严厉，但是本身刑事法法网不够细密，对于某些事实上具有社会危害性的行为并没有作为犯罪处理。“厉而不严”是我国刑事立法的长期做法之一。从历史上看，我国的社会形态长期是封建社会，强调中央集权与大一统，公民权利与公民意识一直未觉醒，社会统治过程中严刑峻法一直是统治者所遵循的治国方略，客观上为“厉而不严”的刑事政策奠定了文化基础。就我国刑事政策的发展历程而言，我国首先确定的刑事政策是“严打”，在此指导思想下所确立的刑法趋向依然倾向于“严”。随后提出并被普遍认可的宽严相济的刑事政策，在一定程度上有利于扭转这样一种“厉而不严”的立法状况，但是现实中“厉而不严”的状况依然相当程度地在我国立法中存在。

侵犯个人信息犯罪的刑事立法也存在“厉而不严”的现象。在《刑法修正案(九)》修正侵犯公民个人信息罪后，该罪立法规定的处罚已经较为严厉。如《刑法》第 253 条之一第 1 款规定，该罪“情节特别严重的，处三年以上七年以下有期徒刑，并处罚金”。对比《刑法》第四章的其他犯罪，如暴力干涉婚姻自由罪，暴力干涉他人婚姻自由致使被害人死亡的，才处 2 年以上 7 年以下有期徒刑。对于侵犯公民个人信息罪课以上述较重刑罚，的确表达了刑事立法对于侵犯公民个人信息犯

① 储槐植：《刑事一体化论要》，北京大学出版社 2007 年版，第 153 页。

罪行为的严厉打击态度。上述修改,充分体现了刑事立法对于某些严重侵犯公民个人信息犯罪行为的重视和严厉打击态度,在相当程度上有利于维护个人的信息安全。但是,上述做法也可能导致一些“副作用”——过分重视对于某些侵犯公民个人信息犯罪行为的打击,而忽略了侵犯公民个人信息犯罪行为体系的整体考量与构建,从而难以全面有效地打击该类犯罪行为。

在信息社会之中,侵犯个人信息的行为呈现多样性。其主要包括以下几种:第一,非法提供个人信息的行为。在大数据时代,数据是客观产生的、存在的,公民个人信息的拥有主体早已突破了国家机关或者金融、电信、交通、教育、医疗等单位的范畴,电商平台、社交网站等主体也事实上掌握着大量的公民个人信息。但是这些网络主体技术水平不等、人员构成复杂,导致像“支付宝安全门”“携程门”等公民个人信息的信息交易事件和信息安全事件层出不穷。第二,非法获取个人信息的行为。个人信息除了在公民知情的情况下被收集,很多情况是在公民不知情、未授权的情况下被收集的。比如个人在网络中的点击行为、浏览行为会被记录,定位信息会随互联网移动终端的适用而被保存,颇为典型的是 Windows10 系统一经发布就陷入“隐私门”事件。第三,非法利用个人信息的行为。一些网络主体在收集公民个人信息的时候是经过授权的,也没有非法泄露给第三方,但是却违背约定用途对公民个人信息进行“挖掘”“加工”来获取新的利益,比如未经允许的推送信息、广告邮件等,客观上滥用了公民的通讯方式、个人偏好等信息。

在此背景下,侵犯公民个人信息罪刑事法网不够细密的问题就较为明显。现行刑事立法均是针对非法获取个人信息的行为、非法提供个人信息的行为作出规定,并未对非法利用个人信息的行为如何处理作出阐释。然而即便是对于非法提供公民个人信息行为规定以很重的刑罚,如果不能对于非法利用公民个人信息行为予以有效规制,有关侵犯公民个人信息犯罪的刑事法网就达不到全面的要求,也难以有效地保护个人的信息安全。而且如果在规定加重处罚非法提供公民个人信息行为的同时放任非法利用公民个人信息行为,反而会造成立法失衡的状况。基于此,如果按照这样的立法思路,很可能导致这样的后果——侵犯公民个人信息的犯罪行为并不是在数量上减少,而是在分布上改变,向非法利用个人信息行为集中。如果这样,那么所谓的“严厉打击”更多可能只具有宣示意义而缺乏实际意义。

(二)宽严失衡:立罪标准与量刑标准存在偏差

即便是对于非法提供、非法获取公民个人信息行为,其刑法规定的量刑幅度与实际司法科处的刑罚之间也存在分歧,并未实现我国所提倡的宽严相济的刑事政策。《刑法》第253条之一规定了两个量刑区间:其一,自由刑为“处三年以下有期徒刑或者拘役”,财产刑为“并处或者单处罚金”,其要求行为人违反国家有关规定,向他人出售或者提供公民个人信息,或者窃取或者以其他方法非法获取公民个人信息的,情节严重的;其二,自由刑为“处三年以上七年以下有期徒刑”,财产刑为“并处罚金”,要求行为符合“情节特别严重”。此外,该条还规定,违反国家有关规定,将在履行职责或者提供服务过程中获得的公民个人信息,出售或者提供给他人的,依照前款的规定从重处罚。仅从立法规定的刑罚幅度和区间来看,其处罚已经较重。然而在司法实践当中,却出现了以下两个问题:

第一,该类犯罪量刑失衡情况客观存在。该罪在《刑法修正案(七)》设立之时构罪标准就采用了“情节严重”的表述。《刑法修正案(九)》虽然对其他内容有较大修改,但在构罪标准上沿用了这一表述。然而,这样一种模糊的规定客观上导致了司法实践中的混乱。比如,在“银行员工出售储户信息900万条”的案件中,行为人向154名买家出售“美容院消费名单”“车主业主”等公民个人信息1亿余条,非法获利79万余元。分别被认定犯出售公民个人信息罪,判处有期徒刑1年,缓刑1年,罚金人民币1万5千元;以及犯非法获取公民个人信息罪,判处有期徒刑2年6个月,罚金人民币8万元。然而,在另外的案件中,行为人先后多次为他人提供的90余个手机号码进行定位,非法获利9万元,却也分别被判处有期徒刑6个月至2年6个月的刑罚,其中9人获宣告缓刑。一亿余条与90余个,79万元与9万元,相差如此悬殊,然而这两个案件的被告人最后被判处的刑罚却没有特别明显的区别,让人感觉颇为困惑和怀疑。

第二,该罪量刑整体呈现畸轻的趋势,与立法规定的刑罚导向有所分歧。在此,可以“北大法宝”平台检索到的该类犯罪判决书为蓝本进行整体分析。①

表1　侵犯公民个人信息数量统计

年份	案件数量(个)	个人信息条数(条)	平均数(条/个)
2014	282	1,627,044,593	5,769,661.7
2015	266	188,940,481	710,302.6
2016	78	623,332,152	7,863,235
合计	626	2,439,317,226	3,896,627.9

从表1可知,仅三年司法判决的案例侵犯个人信息的数量就达24亿条,将近我国总人口的两倍。随着移动互联网时代的到来,个人信息的价值体现在各个法益层面,贯穿个人、社会和国家法益的多层次体系,关系到个人安全、社会秩序和国家安全。② 而且网络数据传播具有可复制性、不可完全删除等特性,也就是说,这部分数据可能永远保存在网络空间之中。而个人信息一旦落入犯罪分子手中则可能引发诈骗、盗窃等刑事犯罪,造成二次甚至三次伤害,成为其他犯罪的源头犯罪。③ “网络黑色个人信息数据库”已成为公民个人安全的巨大威胁和隐患,而侵犯公民个人信息犯罪的社会危害性正是来源于此。而从案件平均数量可知,每个侵犯个人信息犯罪的案件涉案个人信息的平均数量已达389.66万条。这样巨大的个案犯罪对象数量是任何传统的犯罪都难以比拟的,其社会危害性的巨大必须得到应有的重视,对其予以严厉打击的合理性可以在此得以确证。

---

① 感谢武汉大学刑法学硕士研究生赵忠东在案例搜集和分析过程中提供的帮助。截至2016年11月11日,以北大法宝为研究平台,键入“个人信息”进行关键字标题精确检索,并且将筛选条件设定为“一审”“判决书”“普通案例”和“刑事案由”,共命中782项。经人工下载共得到2014～2016年为期3年的共计654份判决书,将重复的和内容缺失的判决书予以删除,最后共得到650份有效的判决书。

② 于志刚、李粒源:《大数据时代数据犯罪的类型化与制裁思路》,载《政治与法律》2016年第9期。

③ 王昭武、肖凯:《侵犯公民个人信息犯罪认定中的若干问题》,载《法学》2009年第12期。

然而与之相对，侵犯个人信息犯罪的判决却反而倾向于轻判甚至于判处缓刑：

表2 宣告刑情况

刑罚 年份	免刑	单处罚金	拘役		有期徒刑		合计
			实刑	缓刑	实刑	缓刑	
2014	3	16	23	29	119	104	294
2015	3	9	57	30	67	103	269
2016	3	3	12	9	34	26	87
总数	9	28	92	68	220	233	650

从表2中可以看出，在侵犯个人信息犯罪的审判实践中，刑罚裁量均较为轻缓。其中，拘役和有期徒刑暂缓执行的案件为301件，占判处拘役和有期徒刑的总案件数量的49.1%，比例较大且远远高于我国刑事案件的平均缓刑适用率。① 此外，2014～2016年3年判决有期徒刑的平均值为10.9个月，平均值不足1年，刑罚极为轻缓。不但免刑的情况时有出现，财产刑的适用也颇为不足，对于该类犯罪的处罚力度甚至比很多轻微犯罪还有所不足。这样的量刑状况与前述侵犯个人信息犯罪的巨大危害形成鲜明的对照，司法实践中刑罚轻缓化现状与我国侵犯个人信息严峻的局面呈现严重脱节的局面。

（三）路径单一：过分倚重刑事手段对于个人信息的保护

运用刑法手段保护公民个人信息具有刑事政策的合理性，但是刑法手段不应成为唯一手段。随着信息社会的发展，信息的价值愈发彰显，针对个人信息实施的犯罪日益增多，在此背景下将侵犯个人信息犯罪纳入刑事法律的打击范畴具有现实的必要性。就我国而言，宽严相济的刑事政策也要求该宽则宽、该严则严，对于侵犯个人信息犯罪这类危害严重的犯罪予以严厉打击十分必要。而且，在其他手段不足以对

① 我国2014年判刑总人数为1,184,562人，有期徒刑、拘役缓刑为368,129人，缓刑适用率为31.1%。参见诸葛平平总编：《中国法律年鉴》，法律出版社2015年版，第1014页。

某类危害社会的行为予以充分的惩罚之时,确有必要通过刑事手段予以制裁。类似的典型适例就是关于危险驾驶行为,在运用行政处罚方式不足以遏制其蔓延之时,刑事手段的及时介入确实有效地规制了该类行为。就侵犯个人信息的行为而言,其行为社会危害性巨大,确有必要通过刑事手段予以有效规制,以保护个人的信息安全。但同时,仅依靠刑事手段打击侵犯个人信息行为的弊端也显现出来:

第一,缺乏刑事手段与其他法律手段的衔接协调。一方面,关于个人信息的范畴,《网络安全法》第76条第5款明确规定,个人信息"是指以电子或者其他方式记录的能够单独或者与其他信息结合识别自然人个人身份的各种信息",并且对若干重要个人信息种类作了列举。其在一审和二审草案中原本使用的是"公民个人信息"的概念,正式公布的文本改为"个人信息",不同于《刑法》第253条之一所使用的"公民个人信息"。那么就有这样的问题:外国人的个人信息与法人的信息在何种法律范畴受保护?此外,全国人民代表大会常务委员会《关于加强网络信息保护的决定》,其第1条规定"国家保护能够识别公民个人身份和涉及公民个人隐私的电子信息",其又涉及个人隐私的概念。在个人信息权利保护规则上也缺乏协调,2017年《民法总则》第111条规定"自然人的个人信息受法律保护……不得非法收集、使用、加工、传输他人个人信息,不得非法买卖、提供或者公开他人个人信息"。但是上述规定在具体的民事法律中缺乏对应的具体保护规则,无法与现有的刑事法律规定构成完整的责任与惩罚体系。比如,虽然《侵权责任法》第36条规定了网络用户、网络服务提供者致人损害责任,并特别规定了网络服务提供者接到被侵权人通知后未及时采取必要措施的,以及知道网络用户利用其网络服务侵害他人民事权益未采取必要措施的,承担相应的连带责任。但是这一规定强调的是"侵害他人民事权益",而个人信息权利并没有作为《侵权责任法》第2条所列举的权利之一,无法通过上述条款获得保护,更无法与现有刑事立法衔接。

第二,缺乏其他防控措施对刑事手段的补充协调。就被害人层面而言,其往往缺乏个人信息安全意识与个人信息保护能力。被害人由于防备心理不足,没有认识到个人信息权利的重要性与价值性,出于追求便利、贪图小利等考虑,放任大量的个人信息存在于网络空间之中,并且没有采取相应的信息保护措施（如隐匿、打码等），易于被侵犯个人信息犯罪人轻易地抓取，导致大量个人信息被侵犯。就信息服务提供者层面而言，由于其本身的商业性，往往首先追求商业利益的取得，用户的信息安全并不是其首要追求的目标。如 2013 年就曾有媒体曝光，支付宝前技术员工利用工作之便，偷取公司 20G 用户信息盗卖。2016 年底，又爆出 12 亿京东用户信息泄露后在网上出售的新闻。如果缺乏个人自身信息安全保护的加强和信息服务主体的配合补充，仅依靠直接刑事手段难以完成个人信息安全保护的使命。

三、侵犯个人信息犯罪刑事政策的转向

在应对侵犯个人信息犯罪的过程中，现有刑事政策必须做出全方位的调整，以适应该类犯罪乃至整体信息犯罪的治理需要。

（一）严密刑事法网：对非法利用个人信息的行为予以独立入罪

应改变侵犯个人信息犯罪刑事立法"厉而不严"的状况，有效规制非法利用个人信息的行为。将该类行为纳入刑事法网的规制范畴的必要性已经显而易见，但是对于"人肉搜索"等非法利用个人信息的行为如何纳入刑事法网，目前尚未取得一致认识，可供参考的思路有如下两种：第一种思路是将"人肉搜索"等非法利用个人信息的行为作为非法提供个人信息行为的扩展纳入刑事法网。如有学者认为，为了加强"人肉搜索"行为的刑法治理，我国可以借鉴现行《刑法》第 253 条之一第 1 款的规定，在《刑法》第 253 条之一中增设新的一款规定，即"非法提供公民个人信息罪"。[①] 第二种思路是基于"人肉搜索"等行为实质

① 袁彬：《"人肉搜索"的刑事责任主体及其责任模式选择》，载《政治与法律》2014 年第 12 期。由于该观点提出之时《刑法修正案（九）》尚未出台，当时《刑法》规定的非法提供个人信息行为的主体范围还较为狭窄，但是并不影响其从非法提供个人信息行为角度评价上述行为的视角。

的非法利用结构以及非法利用个人信息行为的特殊地位,将非法利用个人信息行为予以独立规定并将其作为典型行为。

笔者认为,随着侵犯个人信息犯罪产业链的发展,非法利用个人信息的行为已经成为该类犯罪的核心与典型行为,对于“人肉搜索”等非法利用个人信息的行为应该在侵犯公民个人信息罪中作为独立的行为类型予以规定。理由如下:

第一,非法利用行为在侵犯个人信息犯罪行为体系中起着关键作用。在信息社会,整个社会的运转都是基于信息展开的。公私领域对于数据利用的需求比以往任何一个时代更加迫切。① 信息的搜寻和利用也就成为了社会运转的重要节点,脱离了信息搜寻和利用,一切数据信息也就失去了社会意义,成为无用的资料。在这个意义上,信息社会也就是一个信息流动的社会。个人信息也是如此,对于个人信息的非法获取、非法提供其最终的归依在于非法利用行为:其一,倘若个人信息无法被非法利用,那么非法获取、非法提供行为的原动力就会消失,亦即这两类行为的存在必要性就会消失。比如人肉搜索行为,虽然人肉搜索行为人本身可能实施了非法获取个人信息的行为,但是整合、利用信息进而实施侵害的行为显然无法为非法获取个人信息的行为所评价,而如果人肉搜索行为不存在,那么据其建立的犯罪产业链也就没有存在的价值。其二,即便是抽离了非法利益,非法利用行为仍然有其典型性,这是因为除了获取非法利益的目的外,非法利用个人信息还可能是为了实现损害他人等目的。总之,非法利用行为在侵犯个人信息犯罪行为体系中的关键作用已然不可动摇。

第二,非法利用个人信息行为与非法获取、非法提供行为愈发分离。其一,在非法利用于非法获取、非法提供相结合的情况下,非法利用行为越发具有独立性。学界早已指出非法获取、非法提供个人信息行为的行为是“法益保护前置化”,即对于超出下游犯罪的去前端行为予以打击。但是现实情况是,下游的行为已经远远超出刑法所规定的既有犯罪范畴。随着非法利用个人信息行为的发展与扩大,其解释力越发显得不足。2016年8月,南都记者曾对相关裁判文书网站上2014年以来

① 任孚婷:《大数据时代隐私保护与数据利用的博弈》,载《编辑学刊》2015年第6期。

广州两级法院审结并上传的15份非法获取、出售、侵犯公民个人信息罪案件判决梳理、分析发现，犯罪分子多通过互联网、QQ群以购买方式非法获取公民个人信息，并分别用来推销美容减肥产品、追债、交通违章销分，或直接转卖信息赚取差价等事项。其中诸多行为属于非法利用个人信息的行为，且危害性程度已达需要刑法予以规制的要求，然而却无法纳入既有罪名的范围。其二，原本有权占有个人信息的主体也可实施非法利用个人信息的行为，像电子商务平台等，在取得授权获得个人信息后却超越授权对其予以非法利用，等等。在此背景下，对于非法利用个人信息的行为予以入罪化是回应这一现实问题的有效路径。

第三，非法利用个人信息的行为已经具有犯罪行为的典型性。这里的典型性可以从以下两个角度理解：一方面这一行为不属于刑法所规定的其他犯罪的行为类型，另一方面这一行为本身具有相对确定的概念理解和行为范式。非法利用个人信息行为已经符合这一典型性要求，如“人肉搜索”行为，往往基于个人信息的非法利用导致极为严重的人身损害后果、精神损害后果，但是却不易通过现有刑法规定予以有效规制。再如非法广告联盟行为，大量利用个人的使用痕迹信息、偏好信息等，通过搭建非法跨网站推广平台，进行非法牟利的行为，与其再套用非法经营罪等“口袋罪”予以强行解释，不如还原到非法利用个人信息的层面予以有效规制。而且，比如人肉搜索行为、非法广告联盟行为，本身都不足以成为刑法作出明确规定的特定行为类型，这或许也是当初人肉搜索行为直接纳入刑法规定建议被否定的重要原因。而将这些行为统合在非法利用个人信息行为的框架下，无疑能够兼顾打击犯罪与维护《刑法》的安定性。

此外，我国台湾地区对此已有立法尝试。台湾地区“个人资料保护法”第41条规定，“意图为自己或第三人不法之利益或损害他人之利益，而违反第六条第一项、第十五条、第十六条、第十九条、第二十条第一项规定，或中央目的事业主管机关依第二十一条限制国际传输之命令或处分，足生损害于他人者，处五年以下有期徒刑，得并科新台币一百万元以下罚金”。而其第6条第1项的规定即为“有关病历、医疗、基因、性生活、健康检查及犯罪前科之个人资料，不得搜集、处理或利用。”上述规定对于我国《刑法》独立规制非法利用公民个人信息行为立法确有借鉴意义。

(二)优化司法路径:探索科学的定罪量刑标准体系

就侵犯公民个人信息犯罪的刑事司法而言,其政策取向应该从以定性为中心走向以定量为中心。侵犯个人信息犯罪量刑出现失衡和畸轻的根本原因在于关于该类犯罪定罪量刑标准的模糊,使司法的恣意性得以过度扩大,加之立法规定的语焉不详,导致司法实践中该罪的裁量十分混乱。正如学者所指出的,唯有把握住信息时代定罪量刑的要求和方向,方可在立法和司法中对于网络犯罪确立适合网络特性的定量因素。① 必须根据信息社会犯罪发展的新态势、新需求,构建科学的侵犯个人信息犯罪定罪量刑标准。笔者认为,随着犯罪的数量化、规模化,信息犯罪的司法适用必须注重定量标准在定罪量刑中的关键作用,即以定量标准为核心,辅之以其他标准,构建科学全面的定罪量刑标准:一方面,对于适合定量化的要素,应对其予以量化,作为基础性的定罪量刑依据;另一方面,对于不适合直接定量化的要素,应使其与可量化的要素形成合理的衔接机制,共同构成该类犯罪定罪量刑的依据。具体应分以下两个层面展开:

第一个层面是明确定罪量刑定量要素的构成。2013年,最高人民法院、最高人民检察院、公安部《关于依法惩处侵害公民个人信息犯罪活动的通知》曾对"情节严重"作如下规定:"……对于在履行职责或者提供服务过程中,将获得的公民个人信息出售或者非法提供给他人,被他人用以实施犯罪,造成受害人人身伤害或者死亡,或者造成重大经济损失、恶劣社会影响的,或者出售、非法提供公民个人信息数量较大,或者违法所得数额较大的,均应当依法以出售、非法提供公民个人信息罪追究刑事责任。对于窃取或者以购买等方法非法获取公民个人信息数量较大,或者违法所得数额较大,或者造成其他严重后果的,应当依法

---

① 于志刚、郭旨龙:《信息时代犯罪定量标准的体系化构建》,载《法律科学》2014年第3期。

以非法获取公民个人信息罪追究刑事责任。”2017年《个人信息司法解释》第5条、第6条对于“情节严重”的认定要素做出进一步的细化规定，[①]其归纳起来可以包括以下几种情形：其一，出售或者提供个人信息，被用于犯罪或者基于明知的；其二，非法获取、出售或者提供个人信息达到（或者折算达到）一定的数量，其具体标准因信息类别不同而有

---

① 《个人信息司法解释》第5条　非法获取、出售或者提供公民个人信息，具有下列情形之一的，应当认定为刑法第二百五十三条之一规定的“情节严重”：

（一）出售或者提供行踪轨迹信息，被他人用于犯罪的；

（二）知道或者应当知道他人利用公民个人信息实施犯罪，向其出售或者提供的；

（三）非法获取、出售或者提供行踪轨迹信息、通信内容、征信信息、财产信息五十条以上的；

（四）非法获取、出售或者提供住宿信息、通信记录、健康生理信息、交易信息等其他可能影响人身、财产安全的公民个人信息五百条以上的；

（五）非法获取、出售或者提供第三项、第四项规定以外的公民个人信息五千条以上的；

（六）数量未达到第三项至第五项规定标准，但是按相应比例合计达到有关数量标准的；

（七）违法所得五千元以上的；

（八）将在履行职责或者提供服务过程中获得的公民个人信息出售或者提供给他人，数量或者数额达到第三项至第七项规定标准一半以上的；

（九）曾因侵犯公民个人信息受过刑事处罚或者二年内受过行政处罚，又非法获取、出售或者提供公民个人信息的；

（十）其他情节严重的情形。

实施前款规定的行为，具有下列情形之一的，应当认定为刑法第二百五十三条之一第一款规定的“情节特别严重”：

（一）造成被害人死亡、重伤、精神失常或者被绑架等严重后果的；

（二）造成重大经济损失或者恶劣社会影响的；

（三）数量或者数额达到前款第三项至第八项规定标准十倍以上的；

（四）其他情节特别严重的情形。

《个人信息司法解释》第6条　为合法经营活动而非法购买、收受本解释第五条第一款第三项、第四项规定以外的公民个人信息，具有下列情形之一的，应当认定为刑法第二百五十三条之一规定的“情节严重”：

（一）利用非法购买、收受的公民个人信息获利五万元以上的；

（二）曾因侵犯公民个人信息受过刑事处罚或者二年内受过行政处罚，又非法购买、收受公民个人信息的；

（三）其他情节严重的情形。

所区别;其三,违法所得达到一定数量(五千元);其四,曾因侵犯公民个人信息受过刑事处罚或者 2 年内受过行政处罚的;以及其他情形。应该说,《个人信息司法解释》系基于近几年侵犯个人信息犯罪的司法治理实践作出,其内容已经较为具体和规范。但是这两个司法解释的侧重和范畴仍有所不同,对于侵犯个人信息犯罪定罪量刑定量要素的考量应基于整合的视角,进行系统全面的设计。笔者认为应该构建以"数量较大"为核心,以"违法所得数额较大""造成其他严重后果""造成重大经济损失、恶劣社会影响"为补充的侵犯公民个人信息罪定量评价标准。理由如下:

第一,"数量较大"作为其"情节严重"的核心定量要素是适当的。我国《刑法》所规定的犯罪范围相对狭窄,不同于外国存在轻微犯罪或者违警罪,凡是我国《刑法》规定的犯罪都必须具有相当程度的法益侵害性。公认的、最主要的"情节严重"判断要素就是信息数量是否巨大。学界一般也认可信息数量在该罪评价中的地位:如情节严重一般是指,因出售、非法提供、非法获取公民个人信息获利数额较大、出售或非法提供多人信息、多次出售或者非法提供公民个人信息,以及公民个人信息被非法提供、出售给他人后,给公民造成了经济上的损失,或者严重影响到公民个人正常生活,或者被用于进行违法犯罪活动等情形。[①] 或者"情节严重"是指:公民个人信息的具体数额;行为人在获取了信息后,是否将信息用于下游犯罪;行为人获取信息后所造成的直接危害后果;信息的来源方式;注意诱惑侦查对嫌疑人主观恶性判断上的影响。[②]《个人信息司法解释》也在第 5 条第 1 款第 3 项至第 5 项对于构罪数量作了细致的规定。"数量较大"作为首要的定量要素是被普遍认可的。

第二,"违法所得数额较大""造成其他严重后果""造成重大经济

① "侵犯公民人格权犯罪问题"课题组:《论侵犯公民个人信息犯罪的司法认定》,载《政治与法律》2012 年第 11 期。

② 付强:《非法获取公民个人信息罪的认定》,载《国家检察官学院学报》2014 年第 2 期。

损失、恶劣社会影响"应纳入该定量评价的补充要素。"情节严重"当然包括后果严重,而且"违法所得数额较大""造成其他严重后果""造成重大经济损失、恶劣社会影响"也往往与具体的数量相关联,可以通过折算等方式与"数量较大"相结合。《个人信息司法解释》对此也分别有具体规定:对于"违法所得数额较大",《个人信息司法解释》将"违法所得五千元以上的"规定为"情节严重"的情形;对于"造成重大经济损失、恶劣社会影响",《个人信息司法解释》将"造成重大经济损失或者恶劣社会影响的"作为"情节特别严重"的情形之一;此外,《个人信息司法解释》也作出"其他情节严重的情形"的兜底性规定。不过笔者建议对这三种情形予以合并,使之与"数量较大"成为并列关系,因为从性质上这三种有着类似之处,与"数额较大"在性质上不同,如果将这四种情节予以并列,存在逻辑上的问题。

第三,"被他人用以实施犯罪""造成受害人人身伤害或者死亡"不宜纳入定量评价的要素。"被他人用以实施犯罪"表明该信息事实上发挥了负面的作用,判定为"情节严重"并无不妥,但是这一情节不易被直接量化,可以作为修正情节,目前不宜直接进行定量评价。而且,"造成受害人人身伤害或者死亡"虽然是一定的负面后果,但是该负面后果往往可以被下游犯罪评价,不建议在侵犯公民个人信息罪定量分析中进行考虑。《个人信息司法解释》也将这两项内容直接作为"情节严重"的判定依据,而不直接予以量化,如《个人信息司法解释》将个人信息被他人用于犯罪的情形(包括个人信息为行踪轨迹信息与明知被用于犯罪两种)作为"情节严重"的典型情形,还将"造成被害人死亡、重伤、精神失常或者被绑架等严重后果的"作为"情节特别严重"的典型情形。

第二个层面是定罪量刑整体体系的构建。在明确了该类犯罪定罪量刑定量要素内容的基础上,还应使其在确保计算科学的基础上与其他情节有效配合衔接,共同形成合理完善的定罪量刑体系:

第一,应确立科学的数量计算方法。《个人信息司法解释》事实上采用了一种区分个人信息种类的数量层次划分标准,其第 5 条规定的三种"情节严重"的数量标准为:"……(三)非法获取、出售或者提供行踪轨迹信息、通信内容、征信信息、财产信息五十条以上的;(四)非法获取、出售或者提供住宿信息、通信记录、健康生理信息、交易信息等其他可能影响人身、财产安全的公民个人信息五百条以上的;(五)非法获取、出售或者提供第三项、第四项规定以外的公民个人信息五千条以上的……”该司法解释还规定了三种辅助计算方法,包括:其一,第5条第1款第6项“数量未达到第三项至第五项规定标准,但是按相应比例合计达到有关数量标准的”;其二,第5条第1款第8项“将在履行职责或者提供服务过程中获得的公民个人信息出售或者提供给他人,数量或者数额达到第三项至第七项规定标准一半以上的”;其三,第6条第1项“为合法经营活动而非法购买、收受本解释第五条第一款第三项、第四项规定以外的公民个人信息”,“利用非法购买、收受的公民个人信息获利五万元以上的”。

笔者认为,上述计算标准还需要立足实际进一步科学化。《个人信息司法解释》区分个人信息类型分别规定数量标准的方法值得肯定,同时对于复合标准(按相应比例合计)、特殊标准(职务行为所获信息)作出规定也有必要,但是以“公民个人信息五千条”作为基础标准是否科学?之前有学者提出,“非法获取公民个人信息一万条以上的”①,作为符合该类犯罪的“情节严重”的标准。而笔者在四川司法机关实地调研的过程中发现有些地方司法机关在实践中以“个人信息一千条”作为基础标准。此外,《个人信息司法解释》对于敏感个人信息(行踪轨迹信息、通信内容、征信信息、财产信息)数量标准规定为五十条,但是这一标准与最高人民法院、最高人民检察院《关于办理危害计算机信息系统安全刑事案件应用法律若干问题的解释》第1条第1款第1项“获取支付结算、证券交易、期货交易等网络金融服务的身份认证信息十组以上的”相比数量是否偏大?所以,侵犯个人信息犯罪定罪量刑定量要素的计算标准还需要基于广泛的调研归纳,并且与相关法律与司法解释的规定衔接协调。

① 庄晓晶、林洁、白磊:《获取公民个人信息犯罪区域性实证分析》,载《人民检察》2011年第9期。

第二,应确立合理的衔接机制。应构建有效的机制,以促进可量化要素和不可量化要素的衔接协调。有学者认为,对于该类犯罪,应分目的、数量两个层次予以考量,具体可分为两个梯次:直接出售信息牟利或推销假冒伪劣产品、不法业务为目的而非法获取公民个人信息的;在行为人不具有非法目的的情况下,应对情节进行量化,以行为人获取公民个人信息的次数或数量作为定罪依据:多次实施非法获取公民个人信息行为的。"多次"的界定应以三次以上为宜。[①]《个人信息司法解释》在事实上也采取的是双层的判断机制:对于符合一定情节要求的行为予以直接入罪,不再要求达到数量标准,如个人信息被他人用于犯罪、"曾因侵犯公民个人信息受过刑事处罚或者二年内受过行政处罚"等。但是目前该司法解释中可量化要素和不可量化要素缺乏有效的衔接机制,难以进行综合的科学评价。对此,可以参考《人民法院量刑指导意见人民法院量刑指导意见》的做法,建立修正情节与基础情节的良性互动机制。比如,对于"被他人用以实施犯罪""造成受害人人身伤害或者死亡"等要素,可以根据不同情况,按照增加10%、30%、50%、70%的幅度修正量刑结果,以达到罪责刑相适应。

此外,笔者认为明确侵犯公民个人信息罪中"情节严重"的定量标准十分必要,但是需要在最高人民法院与最高人民检察院统一规定范围的基础上,指导各地结合自身情况制定具体标准,形成既相对具体又符合实际情况的标准体系。

(三)推动协同治理:建立侵犯个人信息犯罪防控体系

应基于现有的侵犯个人信息犯罪刑事治理状况,构建与其他法律、其他社会治理政策的协同防控体系。现阶段在侵犯公民个人信息犯罪治理过程中已经形成《刑法》"一马当先"的局面,其他法律与社会治理政策应积极跟进。

---

① 庄晓晶、林洁、白磊:《获取公民个人信息犯罪区域性实证分析》,载《人民检察》2011年第9期。

第一,应构建《刑法》与其他法律之间的协同治理机制。刑法作为保障法,不应过早地介入个人信息的保护,应充分注意不同法律的衔接协调。一方面,应出台专门的《个人信息保护法》。目前各国关于个人信息的立法模式主要有两种,一种是分散立法模式,另一种是统一立法模式。分散立法模式,是指全国没有保护个人信息的基本法,保护个人信息的立法采取区分不同领域或事项分别立法的模式,如我国现在的立法状况和美国。统一立法模式,是指由国家立法,统一规范国家机关和民事主体收集、处理和利用个人信息的立法模式,如欧盟、德国、日本。统一立法模式使个人信息保护标准、保护措施、救济手段等得到统一与规范,更加明确和科学。更为重要的是,统一、独立的《个人信息保护法》,制定统一的保护个人信息的标准、措施、责任等规定,可以为全面维护个人信息安全和打击侵犯个人信息犯罪提供全面法律基础,有利于刑事立法、司法的推进。在《个人信息保护法》中,应特别明确诸如我国境内的外国人个人信息是否受我国刑事法律保护等问题作出规定①,以充分为现有刑事立法提供支持。

另一方面,应完善有关立法的个人信息保护规定。在民事立法方面,应制定具体的个人信息侵权规则。比如对《侵权责任法》进行修改,以过错责任甚至过错推定的条文模式明确个人信息权的独立保护规则,并且就个人信息侵权的构成条件和具体标准作出规定,使民事责任与刑事责任构成衔接协调的责任体系。在行政立法层面,也应完善相关法律的个人信息保护规定。比如,应当在《网络安全法》规制网络服务提供者信息安全保护义务的基础上,在相关的法律中对个人信息给予全面保护。再如目前已经开始审议的《电子商务法(草案)》就与“网络购物”密切相关,应在现有草案的基础上修改完善形成全面的电子商务个人信息安全保护体系。同时,注意在相关立法中增设有关刑事责任的衔接规定,使个人信息法律保护体系完整和科学。

第二,应构建《刑法》与其他社会治理政策的协同防控体系。在被

① 笔者认为基于法律的属地效力,我国境内的外国人个人信息也应该受我国刑事法律的保护。

害预防方面，应致力于提升个人信息安全意识与能力。可以有计划、有体系地在全社会开展个人信息安全教育，定期开展信息安全法律知识讲座，邀请信息安全领域的专家学者、一线干警和技术人员进行信息安全知识教育，引导广大公民逐步具备个人信息自我控制、自我选择、自我防卫的能力，提高个人信息自我保护的能力。在此过程中，还应编制和宣传《个人信息安全知识手册》，就个人信息安全的现状、问题进行全面的介绍，特别是针对个人信息保护中存在的误区、盲区进行深入浅出的讲解，并结合具体案例的讲解，使公民个人警醒，自觉关注和维护个人信息安全。

在社会环境防控方面，应致力于打造安全的信息环境。就此可以分国家、(信息)服务商、社会组织三个层面努力：国家层面应致力于信息技术的研发和管理，降低对于国外的技术依赖，从根本上保护关键信息基础设施的安全，推动个人信息数据管理体制的建立健全。(信息)服务商层面应加强引导和监管，在落实刚性的网络信息安全管理义务之外，通过信息安全测评等方式进行信息资源的供给、信息用户的选择调控，引导(信息)服务商自觉关注用户个人信息安全、自觉维护用户个人信息安全。此外，应积极推动个人信息安全社会组织的建立和发展，推动成立类似于消费者权益保护协会的第三方专门机构，定期对于个人信息安全状况进行披露和评价，并对个人信息诉讼提供有效保障和支持，与其他主体协力构建全社会共同努力、共同参与的个人信息安全保护体系。

四、结　语

相对于刑事治理措施的发展，犯罪的变化总是更紧随在社会的发展变迁之后。某种意义上，刑事政策的使命之一就是引导、指导刑事治理措施的完善以更好地回应犯罪的嬗变，无论是在传统社会还是在信息社会。然而，信息社会中犯罪刑事治理的特殊性也应充分被重视，如果缺乏与时俱进、有的放矢、对症下药的刑事政策指导，信息犯罪的治理很可能走向事倍功半的境地。因之，信息社会犯罪治理的刑事政策命题既是一个亟待解决的现实命题,更是一个需要不断研究和深化的长期命题。

Reflection on Criminal Policy of Crime Control of Information Society

——From the Perspective of Infringement of Personal Information

Wang Suzhi

[**内容摘要**]无论是风险社会还是信息社会,刑事政策的发展总是和社会变迁有着密切联系。信息犯罪中侵犯个人信息犯罪的最具有典型性,然而其现有刑事政策存在一定的问题,未能对所有侵犯个人信息予以全面规制,其定罪量刑处于失衡的境况,而且过分依赖于刑事手段保护个人信息安全。应改变该类犯罪的刑事政策治理取向,严密刑事法网、优化刑事司法并推动协同治理的实现。

[**关键词**]信息社会;侵犯个人信息犯罪;刑事法网;量刑标准;防控体系

Abstract: Whether in the risk society or the information society, the development of criminal policy is always closely related to social change. The infringement of personal information is the most typical in information crime, but its existing criminal policy has certain problems, which includes absence of types of violation of personal information, imbalance in conviction and sentencing and dependence on criminal means to protect personal information security. It is necessary to change its criminal policy orientation, which means completing criminal law, optimizing the criminal justice and promoting the realization of collaborative control.

Key words: Information Society; Infringement of Personal Information; Criminal Law; Sentencing Standards; Prevention and Control System

交叉式法定刑的功能及其模式选择

袁　彬[*]　徐永伟[**]

目　　次

一、问题的提出

我国在法定刑的配置上存在单一法定刑档次和复合法定刑档次两种形态。[①] 其中,单一法定刑档次因只有一个档次的法定刑而不涉及

---

* 北京师范大学刑事法律科学研究院教授、博士生导师,中国刑法学研究会理事暨副秘书长。

** 北京师范大学刑事法律科学研究院刑法学硕士研究生。

① 单一法定刑档次如假冒专利罪之“假冒他人专利,情节严重的,处三年以下有期徒刑或者拘役,并处或单处罚金。”复合法定刑档次如重大责任事故罪之“在生产、作业中违反有关安全管理的规定,因而发生重大伤亡事故或者造成其他严重过后果的,处三年以下有期徒刑或者拘役;情节特别恶劣的,处三年以上十年以下有期徒刑。”这其中就存在两个法定刑档次。此外,刑法中还存在三个法定刑档次的规定,如交通肇事罪;四个法定刑档次的规定,如生产、销售伪劣产品罪。

法定刑设置之间的平衡问题,但复合法定刑档次之间,则需要考虑不同档次法定刑之间的配置,并因此会遇到不同法定刑档次之间的衔接与交叉的问题。与此相对应,刑法理论上将法定刑分为衔接式法定刑与交叉式法定刑。衔接式法定刑是指不同档次的法定刑在刑种或刑度上互相衔接,而不存在幅度上交叉的法定刑模式。[①] 在衔接式法定刑中,上下两档的法定刑幅度紧密相连,上一档次的法定最低刑通常为下一档次的法定最高刑,不同档次之间不存在明显交叉(但上一档次的法定最低刑与下一档次的法定最高刑存在重合)。而在交叉式法定刑中,各个法定刑在刑种或刑度上则存在明显的交叉现象,表现为同一个犯罪不同档次法定刑的重叠或是"量刑区域的重复"。[②]

在许多刑法典中,衔接式法定刑的规定与交叉式法定刑的规定一般都是并存的,只是存在设定上的不同比例关系。"国外的刑法典关于法定刑的规定模式更多地体现为交叉式为主,衔接式为辅的立法特点。"[③]并且,在交叉式法定刑的规定中,通常表现为主刑的交叉。但在我国,交叉式法定刑的比例微乎其微,并主要体现为附加刑的交叉,如金融诈骗犯罪专节中的不同犯罪在罚金刑上均存在交叉,持有使用假币罪、非法吸收公众存款罪等罪名也存在罚金刑的交叉等,[④]主刑的交叉主要存在于《刑法修正案(九)》修法之前的贪污罪、受贿罪等少数几

① 参见李洁:《遏制重刑,从立法技术开始》,载《吉林大学社会科学学报》2009年第3期。

② 徐留成、王强军:《贪污罪专题整理》,中国人民公安大学出版社2009年版,第207页。

③ 于阳:《法定刑设定模式的缺陷与调整研究》,载《行政与法》2015年第5期。在复合法定刑档次的设置上,主要采取交叉式法定刑模式的有德国、日本、法国、意大利、我国台湾地区等。

④ 例如,《刑法》第172条规定的持有使用假币罪:"明知是伪造的货币而持有、使用,数额较大的,处三年以下有期徒刑或者拘役,并处或者单处一至十万元罚金;数额巨大的,处三至十年有期徒刑,并处二至二十万元罚金;数额特别巨大的,处十年以上有期徒刑,并处五至五十万元罚金或者没收财产。"在持有使用假币罪罚金刑的三个刑阶中,第一刑阶与第二刑阶在2万元到10万元内交叉重合,第二刑阶与第三刑阶在5万元到20万内存在交叉重合。

个罪名之中。

不可否认，交叉式法定刑已经脱离了我国法定刑设定的主导话语体系，这其中固然有法定刑设置上的传统习惯原因，但也与一直以来人们对于交叉式法定刑的认识不足有关。我国学界多将交叉式法定刑的存在视作立法科学性的反面例证，表征交叉式法定刑的模式是立法技术不成熟的表现，直言“交叉式法定刑不利于司法公正”①，并认为“随着社会主义法制建设的深入，交叉刑应当逐步退出历史舞台”②。不过，客观地看，法定刑之间交叉或衔接的抉取更多地关乎立法技术。因此，如何正确看待交叉式法定刑的功能与价值尤为关键。对此，需要正确看待交叉式法定刑的优点与不足，取其长，舍其短，充分发挥其正面效应，并在此基础上积极拓展交叉式法定刑的适用空间，使其成为衔接式法定刑的有益补充，弥补我国法定刑模式僵化之不足，提升量刑的实质正义。

二、交叉式法定刑的功能分析

交叉式法定刑的功能与衔接式法定刑、减轻处罚制度存在的功能缺陷密切相关。其中，衔接式法定刑的缺陷主要体现在其受制于法定刑升格与降格情节的限制而缺乏应有的灵活性，减轻处罚制度的缺陷则体现在其受程序限制而无法有效补充衔接式法定刑的不足。相比之下，交叉式法定刑可以在一定程度上弥补这两个制度存在的缺陷，进而更好地促进量刑的公平公正。

（一）交叉式法定刑对衔接式法定刑的补充功能

从形式上看，衔接式法定刑在法定刑的衔接上轻重有序、逻辑顺

① 张兆松：《“交叉式”法定刑不利于司法公正——与于阳同志商榷》，载《中国社会科学报》2015 年 3 月 9 日。

② 张应立：《论我国刑法中的交叉刑》，载《净月学刊》2011 年第 3 期。

畅,似乎更符合人们对于罪刑阶梯的认知,并被认为更有可能实现罪刑均衡,达到一种形式上的公正。但实际上,衔接式法定刑与罪刑均衡之间不具有直接的对应关系。而且从罪刑均衡的角度来看,衔接式法定刑存在以下两方面的缺陷不利于罪刑均衡的实现:

第一,单一量刑标准对法定刑升降的隔离会影响罪刑均衡的实现。这里所称的单一量刑标准是指在法定刑升降的标准上采取单一情节标准。例如,不少财产犯罪完全以"数额"作为法定刑升格和降格的唯一标准,也有的犯罪以造成他人人身伤害作为法定刑升格和降低的唯一标准。对于单一量刑标准的犯罪而言,单一因素的递进与刑阶次序相关联,这种单线条的判断模式与衔接式法定刑的逻辑是相契合的,基于其主要法益的考虑,将这类犯罪设定为单一量刑标准之衔接式法定刑的模式并无不可。但事实上,刑法对犯罪的评价往往都不可能只考虑某一个情节,即需要考虑复合量刑标准而非单一量刑标准。即使刑法规定的是单一的量刑标准,实践中出于合理性的考量,也需要将其他因素考虑在内。在这种情况下,单一情节的推进难以全面反映案件的整体情况。此时,如果还采取衔接式的模式就会"忽略法官量刑的复杂性,也不能涵盖特殊情况对法定刑的特殊要求,从而难免会制造出许霆案中被告人一审被判处无期徒刑等不公的量刑"。①

第二,法官自由裁量权的限缩会影响罪刑均衡的实现。与交叉式法定刑相比,衔接式法定刑模式较为简捷、高效,法官只需对照界限明确的刑罚阶梯分配刑罚即可,而无须对特殊情况下的刑罚个别化进行更为缜密细致的权衡、量度。② 尽管在法理上和法律情感上,案件的判决不一定公允,但因为这样的判决有形式化的法条依据,就等于"给实质的不公正贴上了合法的标签,也就难以再提出改变的诉求,或者即使

① 姜涛:《贪污受贿犯罪的法定刑应当区分》,载《政治与法律》2016年第10期。

② 如一直列举的抢劫罪的例子,行为人潜入户内抢得很少财物,并无造成人员伤亡之事实,根据刑法的规定应当适用法定刑升格处以十年以上有期徒刑、无期徒刑或者死刑,但抢劫罪的基本刑为三年以上十年以下有期徒刑,仅仅入户的情节就将刑罚拉伸到如此极差,恐怕难言合理。

提出也是无效的”。[①] 这种“严丝合缝”的法定刑衔接在操作上的简单粗暴客观上会在一定程度上湮灭法官在面对复杂案情时作为专业群体的特有技能与价值，易言之，衔接式法定刑掣肘了法官的能动作为。在衔接式模式下，上下罪刑阶段的通道是封闭的，法官难以逾越，如果法官要逾越往往会承担与此相伴的量刑失误风险。因此，在衔接式法定刑模式之下，案件的实质不公在部分犯罪之中是从开始就注定了的。一个立法上被规定为恶的行为，解释上如何恰如其分地评价为恶，[②]考验的不仅是司法者的智慧，也是立法者的智慧。只有立法上赋予法官充分的裁量权，司法实务才大有作为。[③] 依此而言，在盘根错节的案件事实面前，立法应当反馈以能够合理的法定刑设置模式。毕竟“刑法是在恶缘的漩涡里打转的知识领域，是冷肃如冬日的知识”，[④]对犯罪人或被告人而言，刑罚是最为严厉的否定性评价，应当保证它的强度不超出实质正义的边界。在这种意义上讲，交叉式法定刑的设置具有顺理成章的必然性。

相比而言，交叉式法定刑对衔接式法定刑而言，更多的是发挥其补充刑罚实质正义的功能。这又具体体现在以下两个方面：

第一，交叉式法定刑对量刑情节缺陷的弥补，能够在一定程度上促进案件的实质正义。在刑法理论上，交叉式法定刑所受到的非难主要涉及罪刑均衡问题。一些观点认为，交叉式法定刑“破坏了刑罚结构的梯度性，影响刑罚的威慑力”，[⑤]并称“法定刑的交叉重叠会造成量刑失衡”。[⑥] 按照这一观点，交叉式法定刑的规定是对罪刑均衡的背离，

---

① 李洁：《遏制重刑，从立法技术开始》，载《吉林大学社会科学学报》2009 年第 3 期。

② 林东茂：《刑法综览》，中国人民大学出版社 2009 年版，第 10 页。

③ 储槐植：《遵从立法多判死缓：罪大但不恶极》，载《第九届刑事法前沿论坛暨死刑改革研讨会文集》，第 1 页。

④ 林东茂：《一个知识论上的刑法学思考》，中国人民大学出版社 2009 年版，第 3 页。

⑤ 张兆松、张应立：《论我国刑法中交叉刑的废除》，载《山东警察学院学报》2010 年第 4 期。

⑥ 蔡淮涛：《论受贿罪法定刑的立法缺陷及完善》，载《江苏警官学院学报》2013 年第 6 期。

自然也就难以实现案件的量刑公正。这种认识与贝卡利亚关于罪刑均衡的阶梯设想相关。贝卡利亚提出了“一个相应的、由最强到最弱的刑罚阶梯”,①与之相适应的理想模式是衔接式法定刑紧密的层级序列。不过,笔者认为,上述观点在很大程度上过分夸大了形式化的罪刑阶梯,甚至有点走向机械性的罪刑均衡的认知极端。事实上,贝卡利亚对于罪刑阶梯的主张也是相对的而非绝对的,“对于明智的立法者来说,只要标出这一尺度的基本点,不打乱其次序,不使最高一级的犯罪受到最低一级的刑罚,就足够了”。② 与机械的罪刑均衡观相反,在动态的罪刑均衡下,罪与刑不再是“同符合契”的等价关系,而应是存在一定程度的交叉重叠,从而为案件的实质公正预留一定的反应空间。从根本上看,这是因为罪刑之间的均衡关系是建立在社会的公平正义情感之上,而作为区分不同档次的法定刑幅度之间“情节”总是不可能穷尽人们对犯罪的认识。特别是在以单一情节作为法定刑升降标准的衔接式法定刑模式当中,刑罚与犯罪之间的均衡关系更难建立。交叉式法定刑正是在这个意义上可以弥补衔接式法定刑的不足,促进案件的实质公正。

第二,交叉式法定刑对法官能动性的提升,能够在一定程度上促进量刑之法理与情理的融合。概言之,在交叉法定刑模式下,法官作为专业群体的能动性得以充分调动,从而使案件更有可能符合实质正义的要求,满足公众对于刑事公正的期待与认同。在交叉式模式下,上下罪刑阶段的通道是适度开放的,这样就为法官的能动作为留有了余地,“更有利于法官根据案件的具体情况选择适用法定刑,尤其是选择对被告人有利的下一档法定刑”。③ 对罪刑均衡的孜孜以求是值得称赞的,但这并不等于对刑罚结构梯度式美感的苛刻追逐。事实上,交叉式法定刑只是模糊了刑罚梯度的绝对界限而代之以适度的重叠,刑罚的

---

① [意]贝卡利亚:《论犯罪与刑罚》,黄风译,中国方正出版社 2003 年版,第 17 页。

② 同上书,第 18 页。

③ 周光权:《法定刑研究:罪刑均衡的构建与实现》,中国方正出版社 2000 年版,第 187 页。

整体梯度结构依然得到了保持，并不会天然地丧失刑罚的威慑力。在法定刑的交叉重叠区间，法官可以根据案件的特殊情形做出灵活的处置，从而使案件实现一定程度上法理与情理的融合，达到一种动态的罪刑均衡，以实现对于实质公正的终极追求。

（二）交叉式法定刑对减轻处罚制度的调节功能

在我国刑法上，减轻处罚制度可分为两类：一是法定减轻处罚制度，即行为人因具备法定的减轻处罚事由而可以在法定量刑幅度以下量刑；二是酌定减轻处罚制度，即行为人虽然不具备法定的减轻处罚事由，但根据案件的具体情节，对行为人判处法定最低刑仍显过重时，经最高人民法院核准，也可以在法定量刑幅度以下判处刑罚。“犯罪情形千变万化，虽然法定刑设有最高刑度与最低刑度的弹性，但遇有客观上可值宽恕的犯罪情形，尽管课处法定刑的最低刑度，仍嫌过重的情况，实宜赋予法官相当的自由裁量权，对于具有这样特殊犯罪情况的案件，即得酌量减轻其刑至法定最低度为轻的刑度。”①这也就不难忖度刑法设置酌定减轻处罚情节深层寄寓，立法明确在不具备减轻处罚情节下通过最高人民法院的核准也可以在法定刑下判处刑罚，实则是通过这样一种“不典型”的立法方式为衔接式法定刑可能产生的量刑不公预留空地，以缓解实质不公正对于刑事法治的侵蚀。

从实质意义上看，减轻处罚制度似乎主要是针对衔接式法定刑而设置的刑罚制度，目的是弥补衔接式法定刑在法定刑档次设定上存在的缺陷。不过，我国减轻处罚制度的适用客观上是要受到严格限制的。这种限制主要体现在两个方面：一是情节的限制，即对于法定减轻处罚制度而言，行为人必须客观上具备法定减轻处罚情节或者事由；二是程序的限制，即对于酌定情节处罚制度而言，对行为人的减轻处罚必须报经最高人民法院核准。这两个方面的限制特别是程序上的限制，决定了酌定减轻处罚在法定刑以下判处刑罚的适用仅能用于解决极端个案

① 林山田：《犯罪通论》（下），北京大学出版社 2012 年版，第 355 页。

的不公正而难以成为解决全部案件实质不公正的现实出口。

目前来看,我国刑法中法定减轻处罚事由的规定并不充实,司法实践中存在众多的事由其实与刑法中规定的减轻处罚的事由具有价值上的相当性,但由于没有明确的刑法规范予以确认,因而很难充分发挥对罪刑失当的调节作用。比如关于情绪犯①的减轻处罚,我国刑法就没有在刑法典中做出明确的规定。强烈的情绪不会削弱行为人的刑事责任之辨认能力,但通常情况下,强烈的情绪能够影响行为人的控制能力,进而影响行为人的刑事责任能力。② 因此,不少国家都将情绪犯作为减轻处罚的事由加以规定,例如,在西班牙刑法典规定:因为能产生冲动、混乱或者其他的类似情感状态的原因或者刺激,要减轻刑事责任。《希腊刑法典》第299条规定:"1.故意杀死他人的,处终身惩役。2.如果行为是在激情支配下决意和实施的,处有期惩役。"在葡萄牙刑法典中,其第133条规定:如果杀人者是受可理解的激动情绪、怜悯、绝望或者具有重要社会价值或者道德价值的动机所支配,而这可以明显地减轻其责任的,处1年至5年监禁。可以发现,上述国家的刑法典对于情绪犯的规定都达到了对被告人减轻处罚的效果。但在我国刑法,由于立法没有明确的规定,情绪犯只是一个酌定情节,无法发挥其应有的责任评价作用,容易导致刑法适用上的不公平。③ 除此之外,外国刑法中还规定了消除犯罪后果、被害人过错、补偿损失、素行是否良好、亲属犯罪等④减轻处罚的法定事由。

---

① 情绪犯,指因他人不当行为引发的强烈情绪而当场实施的犯罪。详细的论述参见袁彬:《情绪犯原理》,中国人民大学出版社2014年版,第23页。

② 袁彬:《情绪犯原理》,中国人民大学出版社2014年版,第41页。

③ 同上书,第213~215页。

④ 被害人过错减轻处罚,如西班牙刑法第9条第1项规定:在犯罪发生之前,被害者曾有挑拨及威胁行为,可减轻;补偿损失减轻处罚,如奥地利刑法第34条第14项规定:已赔偿所招致之损害,或为阻止其不法利益之结果已尽真挚之努力者,可减轻;素行是否良好的减轻处罚,如奥地利刑法第34条第2项规定:行为与其日常之举动显然矛盾而又一向循规蹈矩者,可减轻;亲属犯罪者的减轻处罚,如我国台湾地区"刑法"第162条第5款规定:配偶、五亲等内之血亲或三亲等内之姻亲犯第1项之便利脱逃者,得减轻其刑。参见卢勤忠:《酌定处罚情节的法定化》,载《法律科学》1996年第4期。

可见,酌定减轻处罚制度对衔接式法定刑的调节作用是有限的,其自带的实体与程序条件限制了其功能的发挥。在这种情况下,交叉式法定刑对减轻处罚制度能够发挥一定的调节功能。这是因为,如果采取交叉式法定刑,减轻处罚制度与交叉式法定刑模式相互作用,可以相互提升彼此的功能。具体而言,在立法上没有明确规定减轻事由的情况下,法官就可以综合案件情况,在上下罪刑阶段的交叉区域内宣告法定刑,从而达到事实上的减轻刑罚的效果。由于交叉的幅度区间都有所限制,因而也不会丧失对行为的整体严厉性的评价,这样也就可以将对行为人的评价维持在合理区间内,实现量刑上的公正公允,摆脱裁判上的说理困境。某种程度而言,交叉式法定刑可以实现与减轻处罚制度的有机结合,从而填补减轻处罚事由不足招致的量刑不当。

因此,一定比例的交叉式法定刑的存在可以矫正某些犯罪僵化的衔接式法定刑带来的量刑不公,并提升减轻处罚制度的法律价值,进而使罪刑均衡的生成更加符合实质公正的应然要求。

三、交叉式法定刑的适用边界

交叉式法定刑在不同档次法定刑幅度之间的交叉,客观上模糊了不同档次法定刑之间的界限。一般而言,法定刑档次越多,交叉式法定刑之间的交叉内容也越多。基于这种现实,笔者也认为,交叉式法定刑不能普遍适用,而应当有一定的限制。我们需要合理把握交叉式法定刑的适用边界。

(一)自由裁量权的扩张与交叉幅度的界限

从立法技术上看,衔接式和交叉式各有利弊,通常都与法官自由裁量权有关。① 在交叉式法定刑模式下,由于刑法规定了不同罪刑阶段,

① 于阳:《准确理解法定刑幅度的“交叉式”》,载《中国社会科学报》2014 年 8 月 20 日。

而不同的罪刑阶段的刑罚又处于亦此亦彼状态的情况下,就势必扩大法官的自由裁量权。[①] 可以说,要论证交叉式法定刑在我国刑法中设立的可行性,就始终无法绕过自由裁量权扩张的问题。正是基于这一点,交叉式法定刑频频受到责难,甚至被上升到腐败犯罪的高度,认为交叉式法定刑会造成“某些法官将自由裁量权作为权力寻租的中介,充当司法腐败的交换物”[②]等问题。通常,为了防止自由裁量权的滥用损害司法公信力,导致量刑失当、失衡,立法和司法对于法官自由裁量权一直呈现紧缩的状态,如果设置交叉式法定刑规范,势必打破目前自由裁量权的施展与控制之间的相对平衡,这是无法回避的问题。但在笔者看来,我们要通过交叉式法定刑兼顾案件的特殊情形以实现对实质公正的追求,一定程度的自由裁量权扩张是不得不付出的代价。况且,自由裁量权的适度扩张并非都是消极的,也有其积极的正面效果,因为“立法规定无法也不必要穷尽社会现实的具体状态,它只应规定大致的类别,表明基本的价值导向和取向,而司法机关的裁量必然会成为立法的必要补充”。[③] 但是,基于自由裁量权的过分扩张可能带来的弊端,我们也应对其扩张的幅度加以宏观调控,并寻求妥当的方式对自由裁量权的行使加以监督与控制。如此,方可达到双赢之目的。

交叉法定刑设置的目的是考虑到犯罪的特殊情形,为了达到实质正义的目的而将上下刑阶之间的绝对界限模糊化,因此,具体犯罪法定刑的交叉区间的设定需要参考具体犯罪的特殊个性,而不能完全强制性的统一标准,这是一个立法技术上需要缜密思考和反复推敲的问题。尽管如此,出于对自由裁量权的“警惕”,我们也应为这种交叉区间设置一个可以参考的上限。笔者认为,设置交叉法定刑时,应当尽量保证交叉幅度的大小不超过法定量刑幅度的 1/2。之所以这样规定,有两

---

① 李洁:《不同罪刑阶段罪与刑设定模式研究》,载《中国法学》2002 年第 3 期。

② 张兆松、张应立:《论我国刑法中交叉刑的废除》,载《山东警察学院学报》2010 年第 4 期。

③ 李洁:《刑法中财产损失与人员伤亡结果并列与分别规定之利弊分析》,载《政法论坛》2002 年第 6 期。

个方面的考虑:一方面,对交叉区间的设置不宜规定得过宽,否则会导致自由裁量的幅度过大而徒增负担,1/2 的幅度处以宽窄界分的临界位置,较为适宜;另一方面,大陆法系传统的规范中,对于减轻处罚一般采取的是比例制,选取的比例也是 1/2。[①] 因此,笔者认为,将交叉区间的上限设置为法定量刑幅度的 1/2 是比较适宜的。当然,这也只是一个一般性的设置限制,而根据犯罪的特殊情况,也可以允许突破上限的限制,但该种交叉刑在立法设置上应有更为充分、谨慎的论证,司法运作中也应有更为透明的规范操作,以使交叉式法定刑的规定能在正当的限度内规范运行。至于罚金刑的交叉区间,考虑到罚金刑与徒刑之间在性质上的差异,笔者认为不需要刻意设置区间的上限,但应该保证这种区间的交叉不至于使各个罪刑阶段的刑罚阶梯过于模糊。[②]

(二)"同案异罚"质疑与量刑规范化

有学者认为交叉式法定刑会导致量刑上的不公,比如在贪污罪中,"贪污罪犯罪结果的数额与其所应受到的刑罚量应成正比,数额越大,量刑就越重,打击力度就越大,但交叉刑的规定,使这种正比关系扭曲"。[③] 确实,交叉刑的存在事实上打破了数额与法定刑之间的正比关系,会出现实践中的同等数额不同刑罚或者同等刑罚不同数额的"同案异罚"现象,这不可避免会引发公众对于量刑不公的质疑,甚至动摇

---

① 比如我国台湾地区"刑法"的规定,"有期徒刑、拘役、罚金减轻者,减轻其刑至二分之一"。日本刑法的规定,"有期惩役或者监禁减轻时,将其最高刑与最低刑减去二分之一"。

② 我国《刑法》中的一些规定实际上就使罚金刑失去了罪刑阶段之间的阶梯表现,如信用卡诈骗罪,第二档法定刑规定了 5 万元以上 50 万元以下的罚金刑,第三档法定刑规定的罚金刑是 5 万元以上 50 万元以下罚金或者没收财产,第三档法定刑的罚金刑规定实际已经将第二档罚金刑的规定完全包容,这样的包容性的规定实际就已经失去了罪刑阶段间大致的阶梯。在后文笔者也将对此展开详细论述。

③ 张兆松:《"交叉式"法定刑不利于司法公正——与于阳同志商榷》,载《中国社会科学报》2015 年 3 月 9 日。

法律在于民众心中的权威性。

应该说这样的担忧不无道理,但也颇值得辩证思考。实际上,案件与案件之间很难具备完全等同的情节,也就不存在完全的"同案同罚"的前提,况且刑法也不应该刻意地过分追求"同案同判"而置刑罚的个别化于不顾,正因如此,刑法本身确立的就是相对确定的法定刑,预留法官自由裁量的空间,并将绝对确定的法定刑视作法治文明的"背面"。至于学者们所列举的贪污罪正比关系的扭曲,只不过是狭隘地将贪污罪的社会危害性完全限定于犯罪数额的大小,按照这样的逻辑,贪污罪与一般的财产犯罪已无差异,这显然是不妥的。事实上,在贪污罪、受贿罪中,法定刑幅度上的相互重叠恰恰是通过法定刑幅度的模糊配置实现真正的罪刑均衡,否则就会使对贪污罪、受贿罪的处罚仅仅取决于数额这个纯客观事实。①

但问题在于我们这种"同案异罚"合理性的结论是理性思考的产物,对于不具备刑法专业性知识的社会群体,要理解这其中的道理,却并不容易。因此,对于交叉式法定刑的设置,必须考虑到如何使交叉式法定刑的规定可能产生的"同案异判"为公众所认同。一方面,要让公众对量刑的过程有充足的了解。交叉法定刑的规定客观上只是量刑个别化的体现,"量刑个别化并非追求个案均形成裁量结果上的差异,相反,量刑个别化试图在刑罚裁量的过程中追求一种理性的个别化"。②同时,为了使这种理性的个别化为大众所理解,裁判者在适用交叉法定刑的规定时,应说明为什么对犯罪人判处这样的刑罚,载明对犯罪人判处刑罚的思维过程和理论依据,即判决的合理化说明,③这样有助于大众对于裁判的认可,从而消弭"同罪异罚"的质疑。从另一个角度来看,说明理由也为公众提供了充分了解案件真实情况的机会,这等于将

① 刘守芬等:《罪刑均衡论》,北京大学出版社2004年版,第97页。

② 贾国发:《试论刑罚个别化与法官自由裁量权之规范》,载《当代法学》2012年第4期。

③ 臧冬斌:《量刑规范化与法官量刑自由裁量权的衡平》,载《河北法学》2007年第12期。

司法自由裁量权置于社会监督之下。[①] 另一方面,对于交叉法定刑的量刑决定,应该有规范化的量刑指南。规范化的量刑,才能使法官的自由裁量权的行使在规范化的轨道上进行。在这个过程中,作为案件的参与方,对于法官不规范的裁量结果,检察院拥有抗诉权和法律监督权,也可以使法官的自由裁量权受到充分地监督而不至于超出罪责的一般边界。

(三)包容模式的摈弃与改革

在我国现行刑法规定的交叉式法定刑中,梯级结构的丧失主要体现为部分档次法定刑的包容式交叉。比如《刑法》规定的出售、购买、运输假币罪,“出售、购买伪造的货币或者明知是伪造的货币而运输,数额较大的,处三年以下有期徒刑或者拘役,并处二万元以上二十万元以下罚金;数额巨大的,处三年以上十年以下有期徒刑,并处五万元以上五十万元以下罚金;数额特别巨大的,处十年以上有期徒刑或者无期徒刑,并处五万元以上五十万元以下罚金或者没收财产”,第三档法定刑中的罚金刑完全将第二档包容,第二档、第三档法定刑就形成一种包容式的交叉。再如金融工作人员购买假币、以假币换取货币罪,“银行或者其他金融机构的工作人员购买伪造的货币或者利用职务上的便利,以伪造的货币换取货币的,处三年以上十年以下有期徒刑,并处二万元以上二十万元以下罚金;数额巨大或者有其他严重情节的,处十年以上有期徒刑或者无期徒刑,并处二万元以上二十万元以下罚金或者没收财产;情节较轻的,处三年以下有期徒刑或者拘役,并处或者单处一万元以上十万元以下罚金”。第二档法定刑中的罚金刑完全将第一档包容,第一档法定刑与第二档法定刑也就形成一种包容式的交叉。类似这种包容式交叉的法定刑规定数量庞大,除了上述两例外,还有伪造、变造金融票证罪,伪造、变造国家有价证券罪,集资诈骗罪,贷款诈

---

① 彭文华:《酌定减轻处罚的自由裁量与技术制衡》,载《法学评论》2016年第3期。

骗罪,票据诈骗罪,金融凭证诈骗罪,信用证诈骗罪,信用卡诈骗罪等等。

这种包容式交叉的缺陷显而易见。首先,它打乱了法定刑结构的内部平衡。如在出售、购买、运输假币罪中,主刑的结构是呈现递进式的关系,前后之间的主刑差距明显,但作为附加刑的罚金到了第三档的规定时,却完全将第二档包容,这就不可避免地造成了法定刑内部结构的错乱,从而引发适用上的迷惑。其次,这种包容式的交叉不利于罪与刑的均衡。对于交叉式法定刑而言,虽然交叉式的规定模糊了各个罪刑阶段间的绝对界限,但从整个罪刑结构来看,各罪刑阶段仍有大致的阶梯性,只有这样才能保证罪刑均衡有实现的可能。但在包容式交叉中,包容关系的存在这种大致的阶梯结构不复存在,势必造成决定罚金数额时的错乱,罪刑均衡的实现就完全衍变为一种低概率事件。最后,大跨度的包容赋予法官过分的自由裁量权。因为下一档的法定刑同时也是上一档法定刑的一部分,法官就可以毫无缘由地在上下两个刑阶间自由跨度,这样的自由裁量权的行使很难加以控制与监督。

罚金刑是以剥夺一定数额金钱为内容,犯同一罪处同等数额的罚金,形式上是“法律面前人人平等”,实质上是不平等的,因为犯罪人的经济状况不同,经济承受能力可能相差很大。[①] 因此,各个罪刑阶段间的罚金刑均存在一定的交叉是合理的也是必要的,但包容式的交叉却已然突破了合理的限度,走向了交叉刑的极端。针对这种状况,应当将存在罪刑阶段间的包容关系的法条进行细致梳理,并将其修正为适度的交叉关系,以实现梯级结构的归位。同时,这种梯级结构的丧失也给我们交叉式法定刑的立法设置,尤其是主刑的法定刑交叉设置敲响了“警钟”,交叉式法定刑是一种专业的技术性设置,应当摒弃随意而代之以充分的技术思考和逻辑演绎。

---

① 马克昌主编:《刑罚通论》,武汉大学出版社1999年版,第197页。

(四)减轻处罚制度的冲击与匡正

交叉式法定刑的典型特点,就是上下罪刑阶段间存在着重叠的法定刑区域,如果这样的法定刑结构与减轻处罚的适用相结合,则会出现一定理解上的困惑。

在具有多个量刑幅度的法定刑中,按照刑法的规定,减轻处罚是在法定量刑幅度的下一个量刑幅度内判处刑罚。而在交叉式法定刑的规定中,上下量刑幅度间又存在重叠区域,也就是说,经过减轻处罚之后,如果落在重叠区域的刑罚之内,最后判处的刑罚也还是在减轻处罚前的量刑幅度范围之内。这样,减轻处罚的适用处境就显得尴尬了,尽管已经经过了减轻处罚的处理,但这种处理却可能无法较为直观的显现,此时,就势必引起法官适用上的困惑和社会大众理解上的疑惑。应该说,存在交叉式法定刑的规定,又要适用减轻处罚的规定,这样的"窘境"就不可避免。

面对此种窘境,笔者认为,可以采取两种方式加以解决:一是采取排除刑罚重叠区域的原则处理。具体而言,交叉式法定刑的适用中,如果适用减轻处罚的规定在下一个量刑区域内决定刑罚,则必须排除对重叠区域的选择,即在下一量刑幅度内去除上下法定刑档次间重叠的法定刑幅度后的范围内,再选择对被告人适用的刑罚。之所以采取这样的原则,其考虑是:这样的适用可以较好地区隔减轻处罚与交叉式法定刑,彰显减轻处罚的实际适用,强化判决的说理性;交叉式法定刑的交叉区间是适度的,有相当的限制,排除交叉区域的选择并不会使减轻处罚的结果游离于罪刑均衡之外;当刑法的规定在适用中发生冲突时,应当优先考虑有利被告的量刑,而不得考虑不利被告的量刑,①而排除刑罚重叠区域的处理正是一种对被告人有利的量刑,因此也是符合我们量刑中的价值选择的。二是采取固定比例减轻处罚原则。对于减轻处罚到底应该减轻多少法定刑,我国刑法没有明确规定,立法只规定可以在下一个档次法定刑幅度内判处刑罚。这是一个非常概括的减轻处

① 邱兴隆:《有利被告论探究》,载《中国法学》2004年第6期。

罚。与我国不同,不少国家的立法都明确了减轻处罚的减轻比例。例如,《芬兰刑法典》第6章第8条规定,具备减轻处罚情节的,对罪犯至多可以科处对该罪规定的监禁刑或罚金的最高刑的3/4和至少可以科处对该罪规定的最低刑。如果该罪应被判处终身监禁,则以最高处罚12年有期监禁最低处罚2年有期监禁代替。① 借鉴类似做法,我国也可以考虑对减轻处罚之减轻的具体幅度与比例在立法上作出明确规定。这样不仅可以解决减轻处罚制度本身的合理性问题,也可以解决交叉式法定刑模式下的减轻处罚制度的适用。

四、交叉式法定刑的模式选择

"对于法定刑内部各子刑度的连接方式,应当视具体犯罪的类型和特点而定。"②对于交叉式法定刑而言,其模式的选择也应该根据具体犯罪的类型不同而有所不同。总体而言,笔者认为,在立法模式上,交叉法定刑的模式主要应存在于单一量刑情节模式中,同时可根据死刑限制适用的现实需要,规定包含死刑的交叉式法定刑。相比之下,以综合情节作为法定刑升格或者降格标准的法定刑模式以及轻罪规定③

① 参见《芬兰刑法典》,于志刚译,中国方正出版社2005年版,第36页。

② 于雪婷:《受贿罪法定刑设置研究》,法律出版社2013年版,第137页。

③ 一般认为,我国刑法中重罪与轻罪的分界线以3年有期徒刑为准,因此,本文所称的轻罪即是指3年有期徒刑以下刑罚的犯罪。笔者认为,轻罪的规范不适宜采用交叉式法定刑的模式。一则法定最高刑为3年有期徒刑的犯罪,一般采用单一法定刑档次,并不存在法定刑采用衔接式或是交叉式适用的前提,需要注意的是在为因刑法扩张而纳入刑罚圈的轻罪设置法定刑时也应首先考虑单一法定刑档次的模式,而无须担忧法定刑设置模式上的衔接式抑或交叉式的问题。二则随着刑罚轻缓化的趋势,即便存在3年有期徒刑以下刑罚的档次划分,也不宜采用交叉式的法定刑。因为在这种情况下,各法定刑档次间刑罚强度的区分总体差距不会很大,采用交叉式法定刑的模式会使各罪刑阶段间的刑罚阶梯变得过于模糊,也淡化了各档次法定刑区分的实际意义。三则在轻罪中采用交叉式法定刑还会造成法定刑规定的过于密集,破碎的法定刑规定反而徒增了法官对于刑法的裁量和说理的困难。因而,在轻罪规范下,一般不采用交叉式法定刑的模式,根据具体情况设置单一罪刑阶段或者衔接式法定刑即可。

中，则不宜采取交叉式法定刑。

（一）主导模式：单一量刑情节模式

单一量刑情节模式是相对于综合量刑情节模式而言。综合量刑情节模式在我国刑法分则中是十分常见的。例如，我国《刑法》第232条规定的"情节较轻"，就是对故意杀人罪减轻犯减轻事由的综合规定，至于什么情况属于情节较轻，这并非一个确定的单项指标，而是一个包含多项内容的综合指标，①所有影响案件量刑的情节都将在故意杀人罪的情节天平上进行衡量，并最终形成一个确定的结果。在这个过程中，对于犯罪情节是否较轻的判断，是综合衡量之后的结果，无须再经过其他过程重新考虑结果的公正与否。比如说，行为人甲长期受其丈夫乙的虐待，在丈夫乙再次对甲进行虐待的时候，甲不堪忍受，当场将乙杀害，为逃避侦查，甲将乙碎尸掩埋。一般来说，当场基于义愤的杀人、因受被害人害人长期迫害的杀人等，属于情节较轻的杀人。② 因此，甲有可以适用"情节较轻"档次的刑罚的理由，但同时甲还存在碎尸的从重情节，此时，是否依然适用"情节较轻"档次的刑罚就需要法官综合案件全部情节加以考虑。在这个过程中，是否适用"情节较轻"的刑罚就是法官对于行为人行为社会危害程度的总体判断，如果适用基本犯的刑罚，则法官权衡的结果为行为人的社会危害程度较高，如果适用"情节较轻"档的刑罚，则法官权衡的结果为行为人的社会危害程度相对较轻。在此，法官已经综合所有案情作出了自己的判断，而不需要经过其他的过程再加以衡量，法官对裁量的结果拥有相当的自由，也不需要交叉式的规定来突破刑阶间的绝对界限。因此，在以综合情节作为法定刑升格或者降格标准的法定刑中，不宜采取交叉式的法定刑模式。

---

① 李洁：《论犯罪定量因素立法化对法定刑模式的要求——以抢劫罪为实例的研究》，载《江苏行政学院学报》2008年第3期。

② 张明楷：《刑法学》（下），法律出版社2016年版，第852页。

与综合量刑情节模式不同,单一量刑情节模式则是采取单一的情节作为法定刑升降的标准。在单一量刑情节中,则适宜采用交叉式的法定刑模式。这种单一量刑情节模式又存在两种形态,一种是只有一个单一的情节作为法定刑升降的标准,另一种是存在数个单一的量刑情节作为法定刑升降的标准,我们可以称前者为独立的单一量刑情节,后者为集合的单一量刑情节。

独立的单一量刑情节较为常见。例如,在我国刑法分则的规定中,有相当一部分犯罪是依靠数额作为各刑阶联结的标准,此时,数额就是刑罚配置的决定因素。这些犯罪之所以将数额作为决定刑罚程度的关键,一方面是源于对犯罪侵害法益的认知,另一方面则是出于传统的使用习惯。然而,随着社会结构的变迁与价值观念的转变,对犯罪侵害法益的认知也在挑战着传统的使用习惯,越来越多犯罪的社会危害性被认为无法通过单一的数额所涵盖。例如,对于贪污罪、贿赂罪的理解,传统观念里一直是将其与财物相联系的,如在《唐律疏议》里规定:"诸监临之官,受所监临财物者,一尺笞四十,一匹加一等;八匹徒一年,八匹加一等;五十匹流二千里。与者,减五等,罪止杖一百。乞取者,加一等;强乞取者,准枉法论。"①在此,财物就是决定犯贪污受贿罪刑罚量的最主要因素,而这样的观念积习相沿,至今不绝。在《刑法修正案(九)》修改之前的贪污罪、贿赂罪刑中,数额就属于刑罚配置基点,"犯罪数额是构建刑罚体系梯度关系的基本依据,决定刑罚量的基本配置,属罪量标准中的基本定量因素",②虽然犯罪情节也被考虑在内,但"犯罪情节则对已设定的基准刑罚起调节作用,包括本刑罚梯度内调节与本刑罚梯度外调节,属罪量标准中的变量因素",③显然在这其中,情节

① 《唐律疏议·职制律》,转引自罗欣:《〈唐律〉中之贪污贿赂犯罪初探》,载《法学评论》2000年第4期。

② 魏昌东:《中国刑法惩治贪污贿赂犯罪罪刑规范立法运行效果考察》,载赵秉志主编:《刑法论丛》2009年第4卷,法律出版社2009年版,第311页。

③ 同上。

标准贯彻得并不彻底,仍处于附属地位,[①]因此,贪污受贿罪的法定刑仍被称作是以数额为中心的"计赃量刑"模式。[②]

以数额为中心的"计赃量刑"模式具有一定的缺陷,"计赃量刑"的传统观念也已然难以符合现代对于贪污、受贿罪的理解。正因如此,《刑法修正案(九)》将其修正为数额加情节的二元模式。但是,如果站在立法技术的角度重新审视,刑法关于贪污受贿罪量刑标准的规定并非一无是处。如果是在完全的衔接式法定刑模式的立场下,数额为刑阶间的单一联结标准,各个刑阶间是"严丝合缝"的,也就是说,犯罪情节作为附属标准只能在单一法定刑档次内起调节作用,而不能上下跨度。在此,犯罪情节属于彻底的附属地位,其作用被完全的边缘化。但在刑法规定的交叉式法定刑模式下,我们可以看到,犯罪情节则可以使刑罚处罚达到上一档次法定刑的严厉程度,此时,犯罪情节是虽然还处以附属地位,但其作用已然发挥到最大程度。易言之,交叉式法定刑的规定极大地扩充了情节标准的实践空间,使犯罪情节得以摆脱彻底附庸的姿态,从而缓和了单一数额联结标准过于僵化的弊病。一直以来,有很多观点都将贪污贿赂犯罪的量刑混乱、失衡归咎于交叉式法定刑的规定,笔者认为这样的见解有失公允。贪污罪、受贿罪量刑上的混乱,一方面,源于司法者对于交叉式法定刑的作用没有准确认知,司法实践中依然秉承衔接式的思维模式来套用交叉式的法定刑规范,量刑上一定程度的混乱自然是无法避免的;另一方面,这种量刑上的混乱更大程度上源于"不同档次法定刑之基础的数额标准缺乏必要的差距"。[③] 在多种因素的综合作用下,这才造就了实践中的乱象。《刑法修正案(九)》废止了单一的数额联结标准,构建起腐败程度与责任程

① 赵秉志:《贪污受贿犯罪定罪量刑标准问题研究》,载《中国法学》2015 年第 1 期。

② 阴建峰:《贿赂犯罪配刑模式之修正与认定》,载赵秉志主编:《刑法论丛》2015 年第 2 卷,法律出版社 2015 年版,第 68 页。

③ 钱叶六:《贪贿犯罪立法修正述评及展望》,载《苏州大学学报》(哲学社会科学版)2015 年第 6 期。

度之间的二元、选择性联结标准,[①]数额与情节成为选择性的联结标准,情节要素承载受贿罪的量刑中提高或降低法定刑区间的作用也随之消解。[②] 但不可否认的是,在单一数额联结标准下,借助交叉式法定刑的规定,犯罪情节得以发挥“超常”的作用。按照贪污罪、受贿罪交叉式法定刑规定所带来的启示,事实上我们完全可以通过交叉式法定刑的规定来缓和单一数额联结标准带来的量刑失当。

现行刑法中规定的相当一部分单一数额联结标准的犯罪,实际上其法益侵害程度早已难以用数额独立的评价,但完全将其修改为“数额+情节”的模式又难以匹配大众对于该种犯罪的认知程度,短时间内也无法解决实践操作上面临的诸多难题,因此,刑法一直未进行实质性的修正。对此,我们就可以通过交叉式法定刑的规定,引导法官在数额之外引入情节的考量,并将特殊的情节考量通过刑罚表现的出来,由此来解决量刑上的失当。比如,刑法对于非国家工作人员受贿罪的规定,采取的就是单一的数额联结标准。但事实上,就非国家工作人员受贿罪而言,一般认为其侵犯的法益包括“公司、企业或者其他单位的正常业务活动和公司、企业或者其他单位工作人员业务活动的廉洁性”,[③]对非国家工作人员业务活动的廉洁性的法益侵犯可以通过受贿的数额表现,但对公司、企业或其他单位正常的业务活动的损害却无法通过受贿数额以确切的明示,因此,至少从该罪法益侵犯的角度看,单一数额的联结标准是不妥当的。在此,笔者认为,完全可以将非国家工作人员受贿罪的法定刑的规定由衔接式的模式改为交叉式的模式,从而为法官对情节的裁量预留空间,法官就可以对数额之外其他情节综合加以考虑并通过刑罚予以表现。

基于以上分析,笔者认为,在我国刑法典现有的法定刑设置中,所

---

① 魏昌东:《〈刑法修正案(九)〉贿赂犯罪立法修正评析》,载《华东政法大学学报》2016年第2期。

② 王刚:《我国受贿罪处罚标准立法评析》,载《环球法律评论》2016年第1期。

③ 赵秉志主编:《刑法新教程》(第4版),中国人民大学出版社2012年版,第288页。

有以该种独立的单一情节作为法定刑升降标准的犯罪，都可以考虑将其法定刑模式由现有的衔接式法定刑模式修改为交叉式法定刑模式。这一修改具有两方面的积极意义：一是有利于强化犯罪的主要法益。将单一量刑情节调整为综合量刑情节，是当前我国刑法立法破解之前存在的多个交叉式法定刑的具体做法，如刑法修正对走私普通货物、物品罪、贪污罪、受贿罪等法定刑的调整即如此。但这种做法也存在一定的弊端，即容易弱化相关犯罪的主要法益。以走私普通货物罪为例，该罪的主要法益是国家海关税收，次要法益是国家对进口货物、物品的监管秩序。但在法定刑升降格标准上，修改后的《刑法》第153条将应缴税额之外的“其他严重情节”“其他特别严重情节”也规定为该罪法定刑的升降格标准，这势必弱化走私普通货物、物品罪的主要法益，使其由国家海关税收转变为单纯的海关监管秩序。二是有助于提高法定刑升降的自由度。例如，《刑法修正案(九)》为了配合衔接式法定刑的需要，将贪污罪受贿罪的量刑标准由数额修改为“数额+情节”，其法定刑升格的标准分别是“数额巨大或者具有其他严重情节”和“数额特别巨大或者具有其他特别严重情节”。但问题是，当行为的数额达到数额巨大或者数额特别巨大后，即便具有再多的从轻情节也不能将法定刑降格适用，仍然会造成刑罚适用的实质不公正。这意味着，量刑标准的调整并没有解决衔接式法定刑在单一量刑情节标准下所可能遇到的难题。相反，它还提升了相关犯罪的处罚力度，并在增加相关犯罪法定刑升格灵活性的同时，降低了相关犯罪法定刑的降格自由度，导致了新的不合理。相比之下，笔者认为，在保持这些犯罪的单一量刑情节模式的基础上，将其法定刑由衔接式调整为交叉式，具有更大的合理性。

集合的单一量刑标准，表现为刑法中预设了数个法定刑的升格条件的规定。在数个法定刑升格条件中，每一个条件都可以独立地导致法定刑的升格。通过列举的方式明确特定情形或者特殊因素下犯罪的加重处罚，可以凸显法定刑升格的条件对于该罪的特殊寓意并借此强化对其的否定性评价，也可以使民众做出更为明确的结果预测从而约束自己的行为。但该种法定刑升格的规定也暗含最终宣告刑实质不当的“危机”，因为很多时候单一的法定刑升格条件很难承受起法定刑升格前后的刑罚差,正如有学者所言,其"所列举的事项之绝大多数难于具有与高罪刑阶段之最低刑与低罪刑阶段之最低刑之间的刑罚差所应评价的程度"。[①] 例如,在抢劫罪中,刑法规定了八种单一的法定刑升格条件,我们就以其中的冒充军警人员抢劫为例进行论证。根据刑法的规定,抢劫罪的基本刑为 3 年以上 10 年以下有期徒刑,而冒充军警人员抢劫的,法定刑升格,处 10 年以上有期徒刑、无期徒刑或者死刑。高罪刑阶的最低刑为 10 年有期徒刑,而低罪刑阶的最低刑为三年有期徒刑,两者存在 7 年有期徒刑的刑罚差。也就是说,因为存在冒充军警人员的因素,刑罚的评价就跨越了 7 年有期徒刑的刑度。笔者认为,这样单一法定刑升格条件的规定并不合理,理由有二:其一,单纯冒充军警人员的行为并不具有刑事违法性。在我国,冒充军警人员的行为并不构成刑事犯罪,最严厉的处罚不过是由公安机关处 15 日以下拘留或者警告;[②]其二,类比招摇撞骗罪的规定也显示其不合理。刑法规定冒充人民警察招摇撞骗的,依照招摇撞骗罪的法定刑的规定从重处罚,而对比招摇撞骗罪与诈骗罪的法定刑规定,[③]发现两者在法定刑的区分并不明显,申言之,即使冒充人民警察诈骗与一般人实施诈骗相比,在

---

① 李洁:《遏制重刑,从立法技术开始》,载《吉林大学社会科学学报》2009 年第 3 期。

② 《中华人民共和国人民警察法》第 36 条规定:人民警察的警用标志、制式服装和警械,由国务院公安部门统一监制,会同其他有关国家机关管理,其他个人和组织不得非法制造、贩卖。人民警察的警用标志、制式服装、警械、证件为人民警察专用,其他个人和组织不得持有和使用。违反前两款规定的,没收非法制造、贩卖、持有、使用的人民警察警用标志、制式服装、警械、证件,由公安机关处 15 日以下拘留或者警告,可以并处违法所得五倍以下的罚款;构成犯罪的,依法追究刑事责任。

③ 《刑法》第 266 条:(诈骗罪)诈骗公私财物,数额较大的,处三年以下有期徒刑、拘役或者管制,并处或者单处罚金;数额巨大或者有其他严重情节的,处三年以上十年以下有期徒刑,并处罚金;数额特别巨大或者有其他特别严重情节的,处十年以上有期徒刑或者无期徒刑,并处罚金或者没收财产。本法另有规定的,依照规定。《刑法》第 279 条(招摇撞骗罪):冒充国家机关工作人员招摇撞骗的,处三年以下有期徒刑、拘役、管制或者剥夺政治权利;严重的,处三年以上十年以下有期徒刑。冒充人民警察招摇撞骗的,依照前款的规定从重处罚。

刑法评价上并不存在显著差异。因此,即使我们承认冒充军警人员抢劫与一般人抢劫相比有特殊的社会危害性,需要进行更为严厉的刑罚规制,但跨度7年有期徒刑的刑罚差确也难谓合情合理。

或许可以说,在明确列举条件的法定刑升格规定中,虽然出现了法定刑升格的事由,但其社会危害性与基本犯相比,可能相差不大,甚至还可能会出现低于严重情形下基本犯的社会危害性的情形。比如未出现抢劫罪八种法定刑升格的条件,但行为人采用手段极端恶劣的方式抢劫,此种情形下也只能在基本犯3年以上10年以下有期徒刑的范畴内裁量刑罚,但就社会危害性比,此种手段恶劣之行径也许并不比冒充军警人员抢劫差。也就是说,如果采取单项指标列举的方式,在相当多的情况下,基本犯与加重、减轻犯的社会危害性会存在交叉。[①] 此种情形下,依照衔接式法定刑的模式,量刑上的实质不公就成为必然的结果,并且这种量刑上的实质不公还会披上一层形式合法的外衣。而类似情形的争议在抢劫罪的其他法定刑升格条件中也存在,如在入户抢劫的案例中,“如果抢劫本身属于一般甚至较轻情况,那么即使是入户抢劫,这种入户情节也很难使刑法突破抢劫最基本犯法定刑的上限而在10年以上有期徒刑之上裁量刑罚,如以轻微的暴力或者胁迫手段,入户情节数额不大的财物的情况”。[②] 类似于这样的不尽合理的情形,在其他法定刑升格的规范中也比比皆是。因此,在这种集合的单一量刑情节的规定中,也适宜采用交叉式的法定刑模式而非衔接式的法定刑模式。

概言之,在单一量刑情节模式中,无论是独立的单一量刑情节抑或是集合的单一量刑情节,都宜采用交叉式的法定刑模式。就法定刑的裁量而言,很难由一种情况就足以导致法定刑(基本犯)上限的绝对突破,而在更多情况下是一种兼容。[③] 交叉式法定刑的模式则正好为法

---

① 李洁:《不同罪刑阶段罪与刑设定模式研究》,载《中国法学》2002年第3期。

② 李洁:《论犯罪定量因素立法化对法定刑模式的要求——以抢劫罪为实例的研究》,载《江苏行政学院学报》2008年第3期。

③ 刘慧:《抢劫罪单一化法定刑升格条件立法批判》,吉林大学2015年硕士学位论文,第42页。

定刑的裁量提供了一个兼容的出口,可以使法官根据犯罪情节灵活地裁量刑罚,进而能确保个案的量刑公正,“让人民群众在每一个司法案件中都感受到公平正义”。

(二)辅助模式:限制死刑适用模式

除了单一量刑情节模式下的交叉式法定刑,笔者认为,交叉式法定刑也有利于发挥刑法的死刑限制适用功能。这主要体现在对绝对确定的死刑修正方面。在《刑法修正案(九)》修改前,绑架罪、贪污罪、受贿罪的死刑规定均为绝对确定的法定刑,以绑架罪的规定为例,“犯前款罪,致使被绑架人死亡或者杀害被绑架人的,处死刑,并处没收财产”,此时,“一旦行为人的行为具有致使被绑架人死亡或者杀害被绑架人的情形,法官在确定基准刑时就只能以死刑作为唯一的选择,而没有另行选择其他种类刑罚的余地,这就不可避免地导致死刑适用范围的扩大,并由此有悖于严格限制死刑适用的刑事政策”。[①] 显然,这种绝对确定的法定刑规定并不具有合理性,而究其原因,除了显示立法机关对于致使被绑架人死亡或者杀害被绑架人行为的绝对否定,还是衔接式法定刑模式下的一种必然结果,因为在衔接式法定刑模式下,上下刑阶间是紧密相连、不留空隙的,既然上一刑阶规定了无期徒刑,留给下一刑阶的刑罚选择通常只能是绝对的死刑。这也是一种习惯思维。

在此基础上,《刑法修正案(九)》将该条款修正为“犯前款罪,杀害被绑架人,或者故意伤害被绑架人,致人重伤、死亡的,处无期徒刑或者死刑,并处没收财产”,据此,刑法修正案其实是将绑架罪中衔接式法定刑的模式修改为部分交叉式法定刑的模式,而通过上下刑阶间的交叉,无期徒刑的适用就成为上下刑阶的交叉区域,绝对确定的死刑适用就演变为无期徒刑或者死刑的选择适用。这种交叉法定刑的规定对于死刑的限制适用的积极意义不言而喻。不过,笔者认为,《刑法修正案(九)》所规定的这种交叉,在程度上,还有进一步提升的空间,即有必

---

① 王志祥:《论绑架罪绝对确定死刑规定的修订》,载《政法论丛》2016 年第 6 期。

要增加该款上下两档法定刑的交叉空间。至少有必要将"处无期徒刑或者死刑,并处没收财产"调整为"处十五年有期徒刑、无期徒刑或者死刑,并处没收财产"。这是因为,考虑到故意伤害罪中故意伤害致人重伤的法定刑仅为"三年以上十年以下有期徒刑",故意伤害被绑架人致人重伤的法定刑一下子就上升为"无期徒刑或者死刑",跨度过大,应当将该档法定刑的最低刑适当下降。

通过上下刑阶间有期徒刑或者无期徒刑的交叉改变绝对确定的死刑适用方式,这为绝对确定死刑的修正提供了一种可选择的解决方案。笔者认为,对于现行刑法中存在的其他绝对确定的死刑,如劫持航空器罪、拐卖妇女儿童罪、暴动越狱罪、聚众持械越狱罪中绝对确定的死刑规定都可以按照这种方式进行修正。

事实上,通过刑法修正案的方式将僵化的衔接式法定刑改变为交叉式法定刑,已经表现出立法机关对于衔接式法定刑固有弊端的改变。通过适度的法定刑交叉,不仅可以解决绝对确定死刑的立法缺陷,为死刑的限制适用提供更多的空间,而且体现出了我国注重通过技术手段限制死刑适用的立法革新,值得充分肯定。

五、结　　语

综上,一定比例的交叉式法定刑在法定刑的设置上具有一定的必然性。交叉式法定刑不仅能在解决衔接式法定刑可能存在的实质不公中发挥其补充作用,而且还能实现法官的能动作为,填补减轻处罚事由不足招致的量刑不当。从这个角度来看,交叉式法定刑的规定不仅不是立法技术落后的体现,而是立法技术的有益运用。交叉式法定刑的存在,在一定程度上可以使原本僵化、迟钝的法定刑变得更为灵活、变通。当然,交叉式法定刑也有其固有的弊端,但通过一定的技术处理,我们可以将其弱化并将其负面效应降到最低,使其重归法定刑设置的话语体系。当然,必要性并不等于可行性。交叉式法定刑的优势显见,但将目前庞大的衔接式法定刑均修正为交叉式法定刑却难见其可行性,这其中有长期观念的束缚等各种因素。因此,比较可行的方案是在交叉式法定刑的模式选择中确立某种范式,对于符合一定条件的法定刑应当率先调整为交叉式法定刑的模式,并通过在实践中不断地累积经验,积极发挥交叉式法定刑模式功效。

Function and Model of Cross-style Statutory Penalty

Yuan Bin & Xu Yongwei

[**内容摘要**]长期以来,我国奉行的都是衔接式法定刑的设置传统,交叉式法定刑的规定微乎其微,这不仅与国际通行的法定刑设置模式不符,也无法实现特定案件量刑失当的纠偏。交叉式法定刑的付之阙如,实则源于规范资源的匮乏导致的对交叉式法定刑功能认知的模糊与轻视。交叉式法定刑能够弥补衔接式法定刑所可能导致的量刑实质不公,也可调节减轻处罚制度因实体与程序条件限制而存在的功能缺陷。目前,在交叉式法定刑的模式选择上,宜确立以单一量刑情节模式为主导、以限制死刑适用模式为辅助的方式,用以解决现实中量刑不当的紧要问题,从而使交叉式法定刑的规定成为衔接式法定刑的一种有益补充,以阻却法定刑模式的僵化带来量刑上的实质不公。

[**关键词**]交叉式法定刑;衔接式法定刑;量刑公正;自由裁量权

Abstract:For a long time,our country implements the Cohesive-style Statutory Penalty,Cross-style Statutory Penalty is relatively rare,which not only does not meet the international law of the statutory punishment mode, also cannot rectify sentencing improper in the specific cases. The lack of Cross-style Statutory Penalty is actually derives from the lack of relevant legal provisions,which leads to the lack of awareness of its function and contempt. Therefore,we need to fully demonstrate the function and value of Cross-style Statutory Penalty to clarify its practical significance. At the same time,some of the drawbacks inherent in Cross-style Statutory Penalty should be remodeled so that they can be embedded in the existing criminal law. At present,in the choice of cross-jurisdictional,it is appropriate to adopt the method of establish a single sentencing plot mode as the main aspect, and to limit the application of the death penalty as a secondary way to solve the problem of improper sentencing in reality. Cross-style Statutory Penalty has become a useful supplement to the Cohesive-style Statutory Penalty, which will prevent the substantive injustice of sentencing arising from the rigid legal model.

Key words: Cross-style Statutory Penalty; Cohesive-style Statutory Penalty; Sentencing Justice; Discretionary Power

扒窃犯罪对象之考探
——基于法益保护、刑法解释和司法裁判的考量

陈伟强*

目　　次

2013年最高人民法院、最高人民检察院(以下简称"两高")在《关于办理盗窃刑事案件适用法律若干问题的解释》第3条第4款中将扒窃犯罪对象确定为随身财物。由于"'随身携带的财物'缺乏固有的规范含义,故对何为'随身携带的财物',理论与实务界一直争议不断"。① 一方面,理论界有学者主张扒窃犯罪中随身财物既包括被害人贴身携带的财物,也包括被害人近身携带的财物。例如,"随身携带的财物不仅包括贴身携带的财物……也包括被害人被盗时在基本不改变原处位

---

* 云南省刑事法学研究会副秘书长、昆明理工大学法学院刑事法研究中心主任、副教授、硕士研究生导师,法学博士。

① 孙国祥:《论扒窃犯罪之"随身携带的财物"》,载《山东警察学院学报》2015年第4期。

置的情况下,通过一系列身体动作便能控制的其他财物。”[①]另一方面,在司法实践中有法院将盗窃被害人近身财物行为认定为扒窃的判决,占所有扒窃判决的5.25%。[②] 甚至有法院将尾随货车并盗窃货车财物的行为认定为扒窃。[③] 对此,有论者不无担心指出:“扒窃之认定在司法实践中存在泛化的趋势。”[④]笔者对该论者之担心深以为是。在笔者看来,扒窃犯罪司法认定泛化是由于适法者对扒窃犯罪随身携带财物作了扩张解释。然而,对“‘随身携带’作扩张解释在一定程度上会造成……扒窃入罪界限的扩大”。[⑤] 笔者主张,扒窃犯罪中随身财物仅指贴身财物,不能将近身财物扩张解释为扒窃犯罪中的随身财物。下面,对此进行分析。

一、贴身财物为犯罪对象与扒窃侵犯特殊法益相吻合

笔者认为,明确扒窃犯罪对象,应当以行为人之盗窃行为是否侵犯了刑法在扒窃犯罪中所保护的特殊法益为标准,扒窃犯罪侵犯的特殊法益是确定扒窃犯罪对象的实质标准。贴身财物作为扒窃犯罪对象是由扒窃犯罪所侵犯的特殊法益决定的,扒窃犯罪侵犯的特殊法益决定近身财物不能成为扒窃犯罪对象。

(一)扒窃犯罪对象认定实质标准之考察

法律是形式合理性与实质合理性的统一。韦伯指出:“法可以是

① 许蔡梦骁:《论扒窃行为的司法认定》,载《东南大学学报》(哲学社会科学版)2013年第15卷增刊。

② 俞小海:《扒窃的司法实践分析与规范含义界定》,载《苏州大学学报》(法学版)2015第1期。

③ 参见河南省周口市淮阳县(2009)淮刑初字第131号判决。

④ 俞小海:《扒窃的司法实践分析与规范含义界定》,载《苏州大学学报》(法学版)2015第1期。

⑤ 章桦:《扒窃入刑后的理性批判》,载《中国刑事法杂志》2015年第2期。

合理的,也可是非合理的,法律取向可以是形式的,也可以是实质性的。"[①]在韦伯看来:"命令(或规章)的内容和颁布方式都是符合某一或某些更一般的准则的。"[②]这里的一般准则即是韦伯强调的"形式合理性"。有学者指出:"韦伯认为形式理性化法律能够使人们以它为根据,预测自己行为的效力和后果,预测他人的行为,从而更合理地规范自己的行为。"[③]显然,界定扒窃犯罪对象,明确扒窃犯罪中随身财物的规范形式,属于扒窃犯罪认定中形式合理性范畴。由于"在理性化的法律制度中,形式合理性是形式化了的实质合理性"。[④] 可知,在理性法律制度中,实质合理性是形式合理性的基础,形式合理与否取决于实质是否理性,二者紧密相连,不可分割。因此,在扒窃犯罪认定的适法活动中,要正确认定扒窃犯罪对象,明确随身财物的规范形式,首先得厘清确定随身财物之实质标准方可。

在刑事司法实践和理论研究中,刑法法益具有对犯罪构成要件的解释机能。刑法法益解释机能:"是指法益具有作为犯罪构成要件解释目标的机能。即对犯罪构成要件的解释结论,必须符合这种犯罪构成要件的行为确实侵犯了刑法规定该犯罪所要保护的法益,从而使刑法规定该犯罪、设立该条文的目的得以实现。"[⑤]对此有学者进一步指出:"对构成要件的解释必须以法条的保护法益为指导,而不能停留在法条的字面含义上,换言之,解释一个犯罪的构成要件,首先必须明确该犯罪的保护法益,然后在刑法用语可能具有的含义内确定构成要件的具体内容。"[⑥]可见,在适法活动中,解释犯罪之构成要件,必须在刑法保护法益指导下展开,构成要件的解释结论要与刑法保护法益一致。针对扒窃犯罪,有学者颇有见地的指出:"以保护法益为指导来确定扒

---

① 肖金泉主编:《世界法律思想宝库》,中国政法大学出版社1992年版,第629页。

② [英]G.邓肯·米切主编:《新社会学辞典》,上海译文出版社1987年版,第22页。

③ 王晨光:《韦伯的法律社会学思想》,载《中外法学》1992年第8期。

④ 郑成良:《论法律形式合理性的十个问题》,载《法制与社会发展》2005年第6期。

⑤ 张明楷:《法益初论》,中国政法大学出版社2000年版,第216页。

⑥ 张明楷:《实质解释论的再提倡》,载《中国法学》2010年第4期。

窃犯罪构成要件的具体内容,不仅是必要的,也是合理的。”①

毋宁说,犯罪对象属于扒窃的犯罪构成要件。因此,扒窃犯罪中刑法保护法益对扒窃犯罪构成要件——犯罪对象具有解释、决定机能。如此一来,扒窃犯罪侵犯的保护法益对于确定随身财物的规范形式就具有决定意义。毋庸置疑,无论是普通盗窃,还是特殊盗窃均侵犯了财产权。然而,在特殊盗窃场合,犯罪行为在侵犯财产权之外,还侵犯了其他特殊法益。相较于普通盗窃之犯罪对象,扒窃犯罪对象具有特殊性,因此,对确定扒窃犯罪对象具有指导功能的,当然是扒窃犯罪侵犯的特殊法益。就此而言,扒窃犯罪侵犯的特殊法益即成为认定扒窃犯罪对象的实质标准。于是,明确扒窃犯罪侵犯的特殊法益对于确定扒窃犯罪中的随身财物就是重要的了。下面,笔者对扒窃犯罪侵犯的特殊法益进行分析。

(二)扒窃犯罪侵犯特殊法益之考辨

无论是在扒窃犯罪的立法过程中,立法者表露出来的法益保护的价值态度,还是理论界对扒窃犯罪侵犯法益的主流共识,均认同在公民财产权之外,扒窃犯罪侵犯的特殊法益是公民人身安全。

全国人大法工委立法理由指出,“扒窃”是指在公共场所或者公共交通工具上窃取他人随身携带的财物。扒窃者往往采取掏兜、割包等手法,严重侵犯公民财产和人身安全,扰乱公共场所秩序,应当予以严厉打击;全国人大常委会法律委员会《关于〈中华人民共和国刑法修正案(八)(草案)〉的修改情况的汇报》指出:有的常委委员、部门和地方指出,扒窃行为严重侵犯公民的人身和财产安全,社会危害性较为严重,且这种犯罪技术性强,多为惯犯,应当在刑法中作出明确规定。法律委员会经同有关方面研究,建议采纳这一意见;全国人大常委会法工委负责人朗胜指出:“在现实生活中扒窃往往为多人共同犯罪,迫使被害人不敢、不能反抗,一旦反抗他们往往进一步伤害被害人人身,鉴于

① 俞小海:《扒窃的司法实践分析与规范含义界定》,载《苏州大学学报》(法学版)2015年第1期。

这类犯罪比较嚣张,危害性较大,因此加大了对这种犯罪的打击。”①可见,扒窃犯罪对公民人身权之侵犯是立法者将其列入刑法规制范围的重要原因,对公民人身安全之保护是立法者规制扒窃犯罪的考量。

在刑法理论界,对扒窃犯罪侵犯的特殊法益为公民人身安全取得了广泛认同。有学者提出:“由于扒窃的近身性特征导致其比一般盗窃更容易转化为故意杀人、故意伤害、抢劫等犯罪,人身危险性比一般盗窃更为严重。一般情况下,盗窃被害人贴身的财物,由于财物与被害人身体存在直接的物理接触,盗窃行为对被害人的人身安全必然存在潜在的危险;盗窃被害人近身且具有随时支配可能性的财物,由于财物和被害人的空间距离极近,盗窃行为对被害人的人身安全造成的潜在危险也不容小觑。”②还有论者指出:“贴近被害人人身窃取其随身携带的财物,不仅构成对他人财产的侵犯,而且直接触犯他人的贴身禁忌,间接威胁他人人身安全,因而为社会公众所深恶痛绝,较之非贴近人身的一般盗窃行为,具有更为丰富的不法内涵与更高的不法程度。”③看来,主张扒窃犯罪侵犯的特殊法益是公民人身安全,在本土刑法理论中是有力的见解。

然而,有论者主张扒窃侵犯的特殊法益是他人的隐私权和人格尊严权。如:“扒窃比一般的盗窃行为多出的东西,就在于行为人盗窃的对象是被害人贴身范围之内的财物……这里强调的是人的身体的隐私和尊严。每个人的贴身范围都是一个禁忌空间。在法律秩序上,这也是人身权和人格权的一部分。恰恰在这一点上,表现出扒窃与其他普通盗窃的区别之处。”④可知,该论者支持扒窃犯罪侵犯的特殊法益为公民隐私权和人格尊严权。对此立场,笔者难以认同。

因为,一方面,无论是从普通国民对扒窃犯罪侵犯特殊法益的具体考量,还是从社会相当性认识的立场出发,都难以得出扒窃犯罪侵犯公民隐私权和人格尊严权的结论。毕竟,仅仅对被害人随身携带财物实

---

① 朗胜:《刑法修正案(八)的解读》,载《国家检察官学院学报》2011年第2期。

② 刘宪权:《窃罪新司法解释若干疑难问题解析》,载《华东政法大学学报》2013年第6期。

③ 梁根林:《但书、罪量与扒窃入罪》,载《法学研究》2013年第2期。

④ 车浩:《扒窃入刑:贴身禁忌与行为人刑法》,载《中国法学》2013年第1期。

施扒窃,还远远谈不上对公民隐私权和人格尊严权形成侵犯;另一方面,在扒窃犯罪中,行为人实施的扒窃犯罪,实际上也不可能侵犯被害人之隐私权和人格尊严权。隐私权:"是指自然人就个人信息、个人私事和个人领域不受侵犯的权利。"①有论者指出:"侵害隐私权的构成要件如下:(1)被公开的内容须是私生活上的事实或者被作为私生活上的事实……;(2)被公开的内容系以一般人的感受标准,当站在该人的立场看时,是不欲公开的事实;(3)须是一般人尚不知悉的事实。而由于将尚不为他人知悉的事实公开,其结果造成该人的不安、不快。"②可见,侵犯公民隐私权在行为方式上表现为公开公民隐私之行为。然而,在扒窃犯罪中,行为人对被害人实施扒窃时,行为人之行为无论如何不可能被评价为公开被害人隐私之行为。此外,公民人格尊严权是指:"公民对自身价值的认识和他人、社会对其做人资格的评价依法享有的不可侵犯的权利。"③可见,公民人格尊严权是与公民对其自身内部评价和他人、社会对其外部评价紧密相关的。在扒窃犯罪中,行为人对他人随身携带财物实施盗窃,当然不存在对被害人人格尊严的否定性评价。因此,主张扒窃行为侵犯公民隐私权和人格尊严权有违事实。

(三)贴身财物为扒窃犯罪对象之考证

笔者在上文中指出:明确扒窃犯罪对象应当以扒窃犯罪侵犯的特殊法益作为实质标准,扒窃犯罪侵犯的特殊法益是公民人身安全。笔者认为,扒窃犯罪侵犯的特殊法益是人身安全决定其犯罪对象只能是贴身财物。

在扒窃犯罪场合,行为人窃取贴身财物时,行为人的扒窃行为才可能侵犯被害人人身安全。有论者指出:"从某种程度我们可以说,'身体'就是一个迷你'户',是个人与他人隔离的私密空间,'扒窃'与其他盗窃行为的社会危害程度相当就是因为行为人窃取的是被害人身上的

① 陈光中主编:《法学概论》(第5版),中国政法大学出版社2013年版,第166页。

② 陈华彬主编:《债法各论》,中国法制出版社2014年版,第102页。

③ 刘智慧主编:《民法学》,中国法制出版社2011年版,第178页。

财物,这些财物不同于其他财物之处在于其处于被害人禁止他人侵入的空间,此空间是个人与外界隔绝的空间,是个人对自己身体保护的最后防线。行为人未经允许,侵入这个私密空间窃取财物,侵犯的不仅仅是财产权,还包括人身权,这正是'扒窃'与其他四种盗窃行为社会危害程度相当的原因。"①由此可知,论者认为在扒窃犯罪中,行为人窃取被害人身上财物时,侵入了被害人禁止他人侵入的私密空间,对被害人人身权形成了侵犯。该论者在谈到扒窃犯罪所窃取的被害人身上财物时指出:"这些财物处于一个禁止他人侵入的空间,这个空间是作为一个生物体和社会体的个人对自己身体进行保护、避免与他人接触的最低界限和最后防线。而行为人未经他人允许,侵入这个私人空间进行盗窃,正好违反了作为人际交往底线的'贴身禁忌'准则。只有这一点,才能为扒窃在普通的盗窃之外奠定新的、升高的可罚性基础。"②可见,依论者所言,在扒窃犯罪中,被害人身上的财物即是指被害人的贴身财物,行为人唯有窃取被害人贴身财物时,才会违反人际交往底线的"贴身禁忌",并对被害人人身安全形成侵犯。

在笔者看来,论者之结论是中肯的。确实,在扒窃犯罪中,行为人只有对被害人贴身携带财物实施盗窃时,盗窃行为才违反被害人之贴身禁忌,侵犯被害人之人身安全。有论者指出:"贴身禁忌,是指未经允许或缺乏法律根据,不得侵入他人的贴身范围。这里强调的是人的身体的隐私和尊严。每个人的贴身范围都是一个禁忌空间。在法律秩序上,这也是人身权和人格权的一部分。"③看来该论者认为,贴身禁忌的内容是人身权和人格权。具体是指行为人没有法律依据或者未经允许而侵入他人的贴身范围时,会侵犯他人的隐私权和人格尊严权。对此结论笔者难以认同。因为"侵犯公民'贴身禁忌'的行为在当代社会并不鲜见,诸如在地铁、公共汽车上趁人多拥挤而猥亵妇女的行为等,与扒窃相比,应该说更严重地侵犯了被害人的身体隐私与尊严,何以只有扒窃能直接入罪呢? 显然,侵犯了'贴身禁忌'尚不足以使扒窃入

① 王丽超:《如何理解盗窃罪中的扒窃》,载《中国检察官》2013 年第 6 期。

② 车浩:《扒窃入刑:贴身禁忌与行为人刑法》,载《中国法学》2013 年第 1 期。

③ 同上。

罪。”[①]看来，主张贴身禁忌是公民避免他人贴身侵犯其隐私权和人格尊严权禁忌的结论存在疑问。

在笔者看来，贴身禁忌是指未经他人允许或缺乏法律根据，不得侵入他人贴身范围而威胁他人人身安全的禁忌。有论者指出，在扒窃犯罪中：“贴身禁忌只是一种表象。该规则背后的法益保护本质是人身安全。”[②]确实，在扒窃犯罪场合，行为人违背贴身禁忌窃取他人财物的本质在于行为人在侵犯被害人财产权外，还侵犯了被害人人身安全，贴身禁忌实质是特定主体避免陌生人侵入其贴身范围而威胁其人身安全的禁忌。在人类社群生活中，出于自我保护，防备外来侵犯需要，人类在面对陌生对象时，总是与对方保持一定空间距离，避免与对方发生贴身接触。这个空间距离是人类在面对陌生对象时，保持自身安全的最低安全距离。社群生活中，没有法律依据、正当理由或者未经许可，一方突破这个最低安全距离而与对方发生贴身接触，必然引发对方对其人身安全受到威胁的惊恐、不安。对此，有学者谈道：“陌生人之间由于相互缺乏基本的信任导致交往的成本增大，与熟人交往相比，陌生人交往的重要特点是相互设防以求自保。为了避免受到来自陌生人各种各样（有形或无形）的伤害，设防不仅仅体现在心理上，有时更体现在身体上，与其他人特别是陌生人保持适当的身体距离就是这种设防的具体体现。”[③]因此，贴身禁忌实质是人类主体为了其人身安全需要，拒绝、排斥另一方未经其许可或者缺乏法律依据贴身接触其身体，贴身禁忌以人身安全为内容。行为人违背贴身禁忌而接触他人身体行为必然侵犯被害人的人身安全。

在扒窃犯罪中，行为人对被害人贴身携带财物实施盗窃时，由于财物的贴身性，盗窃行为必然会突破被害人为保护其人身安全而与陌生人保持的空间距离，违背被害人之贴身禁忌而使被害人产生对其人身安全的担忧，对被害人之人身安全形成威胁，从而侵犯被害人之人身安全。可见，将贴身财物认定为扒窃犯罪对象与扒窃犯罪侵犯的特殊法

---

① 王昭武：《扒窃入罪：反思与限定》，载《法律科学》2014 年第 4 期。

② 董玉庭：《扒窃行为入罪论》，载《人民检察》2014 年第 13 期。

③ 同上。

益相吻合,扒窃犯罪中随身财物包括贴身财物。

(四)近身财物非扒窃犯罪对象之考明

司法实践和理论研究中,有对随身财物作扩充解释而将近身财物认定为扒窃犯罪对象,认为扒窃犯罪中的随身财物包括近身财物。笔者认为,扒窃犯罪侵犯的特殊法益——人身安全,决定了近身财物不属于随身财物范围,近身财物不能成为扒窃犯罪对象。

在刑法理论界,论者们对近身之范围存在不同理解。有的学者认为近身财物是指:"财物虽然未附着于主人的身体,但距离极近,可用身体随时直接触摸、检查时,属于随身携带的财物。"[①]可见,该论者认为近身财物是指身体能够直接触摸、检查之财物。另有论者主张"'随身携带的财物'应理解为贴身的可携带的财物,或者在近身范围内可支配和可掌控的可携带的财物,其中对近身财物的支配和掌控是指客观上可支配和可掌控,而并不要求实际支配和掌控及主观意识上能支配和掌控。"[②]可见,该论者认为,处于一定主体支配和掌控范围内财物为近身财物。还有学者提到扒窃:"所窃取的应是他人随身携带的财物,亦即他人带在身上或者置于身边附近的财物。例如,在公共汽车上窃取他人口袋内、提包内的财物,在火车、地铁上窃取他人置于货架上、床底下的财物的,均属于扒窃。"[③]可知,该论者主张近身财物是指人身体附近的财物。

以上论者观点可知,不论论者们如何诠释近身财物,近身财物相较于贴身财物,总是与人的身体保持了一定距离。笔者认为,正是近身财物与人身存有距离的特征,决定了行为人盗窃近身财物,不可能对被害人人身安全形成侵犯。因为,在盗窃近身财物场合,由于财物与被害人人身之间存在一定的物理距离,行为人在实施盗窃时不可能接触被害

---

① 陈家林:《论刑法中的扒窃——对〈刑法修正案(八)〉的分析与解读》,载《法律科学》2011年第3期。

② 刘宪权:《盗窃罪新司法解释若干疑难问题解析》,载《华东政法大学学报》2013年第6期。

③ 张明楷:《盗窃罪的新课题》,载《政治与法律》2011年第8期。

人人身,从而其盗窃行为也就不可能违背贴身禁忌而侵犯被害人人身安全。因此,在行为人窃取被害人近身财物时,由于行为人与被害人之间存在一定距离,行为人行为不可能产生盗窃被害人贴身财物时,对被害人形成的人身安全威胁。对此,有论者指出:“根据立法意图来看,将‘扒窃’行为入罪是为了保护被害人的人身安全,因为‘扒窃’行为不仅仅侵害了被害人的财产权利,而且对被害人的人身安全产生了危险。如果窃取的是被害人置于身边的财物,其人身危险性体现在哪里,与普通盗窃行为有何区别,这显然在理论上是无法回答的。”①可见,在盗窃贴身财物和盗窃近身财物两个场景中,行为人盗窃行为对被害人法益之侵犯是迥异不同的。由于盗窃被害人近身财物,行为人之行为难以侵犯扒窃犯罪中的特殊法益。因此,行为人盗窃被害人近身财物行为难以评价为扒窃,近身财物也就不可能成为扒窃犯罪对象。

二、贴身财物为犯罪对象与扒窃刑法解释结论相契合

由于“刑法解释具有为司法机关办理刑事案件提供操作规范或理论指导的作用。”②因此,通过恰适刑法解释方法确定扒窃犯罪对象是重要的。下面笔者就从刑法目的解释、文理解释和体系解释视域出发,对扒窃犯罪对象进行考察。

(一)贴身财物契合刑法目的解释之分析

有学者指出:“法律解释的方法无穷无尽,但最终起决定作用的是目的解释,因为目的是全部法律的创造者,每条法律规则的产生都源于一种目的。在刑法解释中,如果不顾及刑法条文、规范的目的,其解释结论必然是错误的。”③看来,刑法目的解释对于明确刑法规范含义具

① 王丽超:《如何理解盗窃罪中的扒窃》,载《中国检察官》2013 年第 6 期。
② 李希慧主编:《刑法解释论》,中国人民公安大学出版社 1995 年版,第 55 页。
③ 赵运锋主编:《刑法解释论》,中国法制出版社 2012 年版,第 45 页。

有重要作用,确定扒窃犯罪对象离开不对扒窃犯罪进行目的解释。

全国人民代表大会在《关于中华人民共和国刑法修定案(八)(草案)修改情况的汇报》中指出:“扒窃行为严重侵犯公民人身和财产安全……且这类犯罪技术性强,多为惯犯,应当在刑法中作出明确规定。”[①]在扒窃被刑法规定后的有关刑法立法目的解释中也指出:“扒窃行为往往采用掏包、割包、拎包等手法,严重侵犯公民财产和人身安全。”[②]由上可知,立法者之所以对扒窃特别垂青而在刑法中专予规定是由于扒窃犯罪通常采取掏包、割包等技术性手段,较强技术性是立法者规定扒窃的一个重要考量。一定的技术性成为扒窃犯罪区别于普通盗窃犯罪的一个重要特征。

毋宁说,相比于盗窃与被害人存在空间距离的近身财物,盗窃他人贴身财物有着更高的犯罪技术要求。对此,有论者指出:“从事实层面来说,财物在被扒窃人身上、为被扒窃人所贴身占有……相当于是从被扒窃人发生身体接触的情况下将其身上的财物窃走,显然,这对于行为人而言无疑需要较高的技术。反之,财物不在被害人身上、不为被害人所贴身占有,而是放置在被害人身边,即便被害人对财物具有随时控制的可能性,行为人此时窃取被害人的财物也仅仅需要规避被害人的注意而已,由于并不会与被害人身体发生身体接触,因而并不需要特殊的技能支撑。”[③]确实,在盗窃他人贴身财物场合,无论在行为人为了窃取被害人贴身财物而接近被害人的犯罪预备阶段,还是在着手实施扒窃犯罪的阶段,都对行为人犯罪技能有着特殊要求。扒窃犯罪场合,行为人靠近被害人身体后才能着手实施犯罪。因此,在扒窃犯罪预备阶段,行为人在靠近被害人时,行为人之行为必须具有避免引起被害人对其可能实施犯罪的警惕、防范技巧;在着手实施扒窃阶段,由于财物紧贴被害人身体,财物受被害人身体直接感知控制。行为人实施的犯罪行

---

① 赵秉志主编:《刑法修正案(八)理解与适用》,中国法制出版社2011年版,第493页。

② 全国人大常委会法制工作委员会刑法室主编:《中华人民共和国刑法修正案(八)——条文说明、立法理由、相关规定》,北京大学出版社2011年版,第141页。

③ 俞小海:《扒窃的司法实践分析与规范含义界定》,载《苏州大学学报》(法学版)2015年第1期。

为,极易为被害人察知。因此,行为人在着手实施窃取被害人贴身财物时,要求行为人具备其盗窃行为不为被害人身体感知的技能,如用刀片割包、用手指掏包、用钳子夹包而不为被害人感知。

然而,在盗窃被害人近身财物场合,由于财物与被害人身体存有距离,行为人实施盗窃不需要以上特殊技能。这与立法者要求扒窃犯罪具有一定技术不相符合。因此,盗窃被害人近身财物不成立扒窃犯罪,近身财物不是扒窃犯罪对象。行为人只有盗窃他人贴身财物时,其行为方具备立法所要求的特殊技能。因此,将贴身财物认定为扒窃犯罪对象与刑法目的解释结论相吻合。

(二)贴身财物契合刑法文理解释之解析

有论者曾指出:"当法律需要时,我们首先需要考虑的是文义解释,因为根据条文的字面含义进行解释既不扩大也不缩小,是法律条文从词语、术语、概念从字面上到语法结构的解释,最贴近条文的字面内涵。"①刑法解释中的文理解释方法:"是指根据语法规则对法律条文的含义进行分析,以说明其内容的解释方法。法律解释通常都是从语法解释开始的。"②文理解释对于明确法律规范含义是重要的。因为"以文理解释的方法对刑法条文进行解释是符合罪刑法定原则基本要求的,是最能反映刑法条文本意的解释方法,也是第一位的、最理想的解释方法。"③看来,文理解释方法对于明确扒窃犯罪对象是重要的。为此,有论者指出:"我们对扒窃的解释不能超越扒窃在日常语言中可能具有的含义范围。"④笔者认为,根据文理解释的立场,扒窃犯罪对象为贴身财物,近身财物不能成为扒窃犯罪对象,将贴身财物认定为扒窃犯罪对象同扒窃刑法文理解释的结论相契合。

首先,贴身财物认定为扒窃犯罪对象与随身财物文理解释的结论

---

① 孙万怀、王丽超:《扒窃入罪后的司法审慎》,载《法学杂志》2013 年第 11 期。

② 葛洪义主编:《法理学》,中国政法大学出版社 2008 年版,第 297 页。

③ 龚培华:《刑法解释理论的基本问题》,载《法学》2007 年第 12 期。

④ 张鹏:《扒窃的实质解释——以结果无价值为基本立场》,载《政法论丛》2013 年第 6 期。

相吻合。正如笔者在上文中指出,根据司法解释,我国刑法中扒窃犯罪对象为随身财物。在我国汉语中,随身是指:“带在身上或者跟在身旁。”①据此可知,随身适用对象分别为人或者物。适用于人时,意指跟在身旁,如跟在身旁的“随身丫鬟”。适用于物时,随身则指带在身上,随身财物就是指带在身上的财物,也就是紧挨着身体的财物。在我国汉语中,贴身是指:“紧挨着身体的。”②因此,贴身财物就是指紧挨着身体的财物。由上可知,在我国汉语中,随身财物即是贴身财物,贴身财物与随身财物具有相同的意蕴。显然,将扒窃犯罪对象认定为贴身财物符合随身财物文理解释结论。

然而,在我国汉语中,“近”是指:“空间或者时间距离短。”③显然,近身财物就是指与身体距离短的财物。在上文中,笔者指出随身财物是指带在身上,紧挨身体的贴身财物。显然,近身财物与带在身上,紧挨身体的贴身财物有着明显区别。前者与身体存在距离,后者带在身上,紧贴人身而与身体没有距离。可见,扒窃犯罪中的随身财物与近身财物分属不同类型财物,近身财物不是扒窃犯罪中的随身财物,扒窃犯罪对象不包括近身财物。因此,根据文理解释立场,扒窃犯罪对象只能是贴身财物,近身财物不能成为扒窃犯罪对象。

其次,将贴身财物认定为扒窃犯罪对象与扒窃文理解释结论相符合。在我国汉语中“扒”是指:“从别人身上偷窃财物。”④扒窃显然是指偷窃他人身上的财物。他人身上的财物当然是指他人的贴身财物。如此一来,与身体距离较近的近身财物就没有成为扒窃犯罪对象的可能了。因此,将扒窃犯罪对象认定为贴身财物与扒窃文理解释的结论相符合。

---

① 中国社会科学语言研究所词典编辑室主编:《现代汉语词典》,商务印书馆2001年版,第1209页。

② 同上书,第1255页。

③ 同上书,第734页。

④ 商务印书馆辞书研究中心主编:《古今汉语词典》,商务印书馆2000年版,第1056页。

(三)贴身财物契合刑法体系解释之剖析

有论者指出:“如果解释者心中有刑法内容必须协调的理念,并以该理念指导刑法解释,就不至于孤立地解释刑法条文,而会进行体系解释,从而实现刑法的公平性。众所周知,刑法是存在于法律体系中的一个整体,它不仅要与宪法协调,而且本身也是协调的。只有如此,才能体现公平正义。如果做出不协调的解释,必然导致对不同的案件作相同的处理,或者对相同的案件作不同的处理,从而有损刑法的公平性看来。”①看来,要明确扒窃犯罪对象,还得站在刑法整体立场对扒窃进行体系解释,体系解释对于明确扒窃犯罪对象是重要的。体系解释又称系统解释,是指:“联系整个刑法典,单行刑法,非刑法规范的相关规定,对刑法某一规定的用语的含义予以阐明的方法。简言之,就是将被解释对象置于刑法系统之中阐明其含义的方法。”②体系解释对于准确理解刑法条文含义,正确适用法律是重要的。因为,刑法体系具有释清歧义法条和有利于从整体上完整揭示、理解刑法条文的功能。③ 笔者认为,根据我国盗窃罪体系解释立场,扒窃犯罪对象只能是贴身财物,近身财物不可能成为扒窃犯罪对象。

第一,从扒窃犯罪对象与普通盗窃犯罪对象明显区分的体系关系看,扒窃犯罪对象只能是贴身财物,近身财物不是扒窃犯罪对象。我国《刑法》分则规定了普通盗窃和入户盗窃、携带凶器盗窃、扒窃和多次盗窃等四种类型的特殊盗窃,特殊盗窃相较于普通盗窃之特殊性在于其行为方式、使用的犯罪工具和犯罪对象及犯罪次数。显然,扒窃相较于普通盗窃的一个特殊性在于其犯罪对象差异性。即扒窃犯罪对象与普通盗窃犯罪对象相比,二者之间具有明显区别。

从财物与被害人的人身关系来看,财物可分为贴身财物和近身财物。前者为被害人身体直接控制,后者则是未由被害人身体直接控制。

---

① 张明楷:《刑法理论与刑法解释》,载《法学杂志》2004 年第 4 期。

② 李希慧:《刑法解释论》,中国人民公安大学出版社 1995 年版,第 121 页。

③ 同上书,第 122 ~ 123 页。

在认定扒窃司法实践中,如将近身财物认定为扒窃犯罪对象,则要求在近身财物之外,能够为普通盗窃分划出与近身财物不同的财物作为普通盗窃犯罪对象。然而,成为问题的是,如何才能在司法活动中,在近身财物之外为普通盗窃划分出犯罪对象呢？毕竟:“如果将‘随身携带的财物’认定为‘身体附近的财物’或‘有支配可能性’的财物,那么又会存在如何认定‘身体附近’或者‘支配可能性’的问题。”①确实,近身财物本身缺乏客观划分标准,再在近身财物之外为普通盗窃划定一定财物作为犯罪对象,显然是困难的。

然而以贴身财物作为扒窃犯罪对象,再在贴身财物之外为普通盗窃划分出与贴身财物截然不同的犯罪对象则是容易的。因为,贴身财物紧贴身体,财物贴身与否,直观明显,一目了然。对此有论者指出:“从财物控制支配与被害人身体之间的关系来看,财物的控制有两种状态:一种是被害人用身体感知控制财物,另一种是被害人不用身体感知控制财物,两者必具其一。贴身财物是身体感知控制的财物,财物离开贴身状态就不再受身体感知所控制,无论财物离开被害人身体有多远,只要离开了贴身状态,即使伸手可及也当然不再属于身体感知控制的范围。所以,从被害人对财物进行身体感知控制角度看,这种控制只存在有无之区别,不存在程度之区别,贴身即有,离开贴身状态即无,有无的分界线只能在贴身与不贴身之间划分。”②看来,将贴身财物认定为扒窃犯罪对象后,再在贴身财物之外为普通盗窃划分犯罪对象是容易之事。因此,从特殊盗窃犯罪对象与普通盗窃犯罪对象相互之间需有明显区分关系来看,只能将扒窃犯罪对象认定为贴身财物,近身财物不能成为扒窃犯罪对象。

第二,从扒窃行为人与普通盗窃行为人主观恶性具有大小轻重关系看,扒窃犯罪对象只能是贴身财物,近身财物不能成为扒窃犯罪对象。在扒窃犯罪场合,扒窃犯罪对象是被害人随身携带财物,显然行为人对随身携带财物之控制,远远高于其他类型的普通财物。因此,行为人以被害人随身财物作为犯罪对象,相比于普通盗窃,行为人犯罪意志

① 晏维友:《扒窃犯罪中“随身财物”的认定》,载《中国检察官》2015年第3期。

② 董玉庭:《扒窃行为入罪论》,载《人民检察》2014年第13期。

更坚决，犯罪胆量更大。因此，在扒窃犯罪场合，行为人主观恶性大于普通盗窃行为人主观恶性。

行为人在实施盗窃时，只有窃取被害人贴身财物，行为人之主观恶性才具有扒窃所要求的较大主观恶性。行为人窃取被害人近身财物，其主观恶性与普通盗窃中行为人主观恶性并无实质差异。在行为人盗窃被害人贴身财物场合，由于财物处于被害人身体直接控制之下，行为人犯罪行为更易为被害人察觉而因罪行败露受到被害人反击。在此情形之下，行为人仍窃取被害人贴身财物，说明其具备坚决犯罪意志和较高犯罪胆量，这恰征表出行为人较高的主观恶性。对此有论者谈到："扒窃的对象是被害人的贴身财物，其窃取难度显然比一般盗窃行为要大得多，行为人的行为风险自然也大得多行为人选择这种难以窃取的犯罪对象实施窃取，说明犯罪意志坚决，也说明行为人的主观恶性大，从规范违反的视角看，同样数额的扒窃比一般盗窃的违法性要高。"①在行为人窃取被害人近身财物场合，由于财物距被害人身体存在距离，财物未被被害人身体控制，行为人实施盗窃并不要求行为人具有较高犯罪意志和犯罪胆量。因此，行为人主观恶性相对较小，其主观恶性与普通盗窃行为人主观恶性相比，并无实质区别。

因此，由于在窃取被害人贴身财物场合，行为人主观恶性更大。根据扒窃犯罪中行为人主观恶性与普通盗窃犯罪中行为人主观恶性大小轻重相互体系关系看，将贴身财物认定为扒窃犯罪对象是妥当的，随身财物不是扒窃犯罪对象。

三、贴身财物为扒窃犯罪对象与司法裁判明确性要求相符合

有论者指出："'随身携带'是扒窃的核心要素，对此不宜泛化地解读，既要考虑是否达到可罚的违法性的'质'的程度，更要考虑如何区别于一般盗窃行为，为司法实践提供相对明确的判断标准。"②看来，确

① 董玉庭：《扒窃行为入罪论》，载《人民检察》2014 年第 13 期。

② 王昭武：《扒窃入罪：反思与限定》，载《法律科学》2014 年第 4 期。

定扒窃犯罪对象,得考虑为司法实践提供明确判断标准问题。下面,笔者就从司法裁判实际需求出发,对扒窃犯罪对象进行研究。

(一)近身财物为扒窃犯罪对象有违司法裁判要求

笔者认为,将近身财物认定为扒窃犯罪对象,存在司法认定标准模糊、主观色彩浓厚的问题,使在扒窃犯罪对象认定的司法实践中,不同适法主体,基于其不同近身财物判断标准而对近身财物判断得出不同结论,从而损坏司法裁定统一性。

在刑法理论界,支持近身财物为扒窃犯罪对象的观点存在以下不同立场。然而,细考论者观点,不难发现,这些观点均存在不能满足司法裁判标准明确性的品质要求。

"身边附近财物说"在主张近身财物为扒窃犯罪对象、随身财物包括近身财物的观点中有着重要影响。该说主张"随身财物"范围包括贴身财物和身边附近财物两种情形。如有论者提出扒窃:"所窃取的应是他人随身携带的财物,亦即他人带在身上或者置于身边附近的财物。"①从该论者所言可知,近身财物是指人身边附近的财物。然而,在司法实践中将人身边附近财物认定为随身财物,则会产生身边附近之范围是多大的问题,由此在认定扒窃犯罪司法实践中必然产生"财物距离身体多远,才能被评价为'身体附近'"②的疑惑。确实,在概念学上,"身边附近范围"是缺乏明确客观界定标准的。在认定扒窃犯罪司法实践中,由于"身边附近范围"客观界定标准阙如,对于近身财物之判断不能不说存在主观色彩浓厚的价值判断之虞,不同适法者对近身财物判断可能存在完全不同的标准。

"近身支配掌控财物说"是主张近身财物为扒窃犯罪对象的强力见解。该说指出:"'随身携带的财物'应理解为贴身的可携带的财物,或者在近身范围内可支配和可掌控的可携带的财物,其中对近身财物的支配和掌控是指客观上可支配和可掌控,而并不要求实际支配和掌

① 张明楷:《盗窃罪的新课题》,载《政治与法律》2011年第8期。

② 车浩:《扒窃入刑:贴身禁忌与行为人刑法》,载《中国法学》2013年第1期。

控及主观意识上能支配和掌控。”[①]可知，在该观点看来，近身财物是指在近身范围内可支配和可掌握的财物。在笔者看来，该说将近身支配、掌控范围内财物认定为随身财物，于司法裁判同样有失妥当性。一方面，该说以近身支配掌控来界定随身财物，是以近身为前提。于是，根据该说认定随身财物时，就存在如何界定近身之问题。这同样是一个具有强烈主观价值判断的问题，不同主体必然基于其各不相同的经验体验，对近身之范围得出不同的判断结论。如此一来，近身支配掌控的判断就成为一个纯主观判断问题而失去了客观性，从而在界定“随身财物”的司法活动中影响司法判断的统一性。另一方面，判断被害人能否支配掌控财物于司法裁判也会由于明确标准阙如而产生困难。毕竟，不同的人，由于主观能力和客观状态差异而对财物支配掌控存在差异。在司法实践中，要求适法者准确判断出行为人是否对财物具有实际支配掌控能力是困难的。对此有论者在谈到被害人可支配掌控的财物——伸手可及财物时指出：“伸手可及与伸手不可及之间不可能划出具有操作意义的分界线。可及与不可及之间是一个无限靠近的过程……在这两者之间划界会给司法造成极大的困难。”[②]看来，在司法实践中准确界分行为人可支配掌控财物是困难的。因此，以被害人能否支配掌控财物作为近身财物判断标准，会由于标准缺失而不具司法操作性。

在支持近身财物为扒窃犯罪对象的学说中“目光可及说”在理论和司法实务中得到一定支持。该说主张：“根据社会一般观念，随身携带财物既包括手中握有该财物或将财物放置于衣裤口袋、随身的挎包中的典型情形，也包括放置于身边的目光可及的财物，如乘坐火车时放在行李架上的财物、乘坐公交车时放在椅子旁的行李，吃饭时随手搭在椅子靠背上的衣服及其内的钱包，公园歇息时暂放在旁边的照相机等情形。”[③]由此看来，该学者主张在人目光可及范围内财物为近身财物。

① 刘宪权：《盗窃罪新司法解释若干疑难问题解析》，载《华东政法大学学报》2013年第6期。

② 董玉庭：《扒窃行为入罪论》，载《人民检察》2014年第13期。

③ 吴加明：《刑法修正案（八）中“扒窃”的司法实践认定》，载《中国检察官》2011年第7期。

在笔者看来,该说实际上在确定近身财物问题上,仍然是以身边为前提的,即行为人所指的近身财物是指被害人身体旁边且目光可及范围之内的财物。然而,成为问题的是如何确定身体旁边的边际与范围?这不能不说是一个缺乏客观标准而完全属于主观判断的问题。此外,论者强调目光所及范围财物为近身财物的主张,还可能得出令人以难以接受的结论。如行为人放置在其背部的财物,难言是行为人目光可及财物。根据论者之观点,窃取被害人捆藏在背部的财物,会由于该财物不属于被害人目光可及范围而不能认定为扒窃。如此结论,实在有违国民法观念而显荒谬。

(二)贴身财物为扒窃犯罪对象符合司法裁判要求

在笔者看来,贴身财物具有符合司法裁判明确性要求的内在品质,将贴身财物认定为扒窃犯罪对象符合司法裁判需要。笔者在前文中指出,贴身财物是紧贴他人身体,与他人身体紧密联结在一起的财物。在现象学上,贴身财物具有人身依附性和接触性的客观特征。毋宁说,人身依附性和接触性是直观、明确的显性特征。因此,在扒窃犯罪认定的司法实践中,适法者能够通过财物与被害人身体是否具有依附性和连接性明确判断出该财物是否属于贴身财物。对此有论者指出:“将‘随身携带的财物’解释为‘贴身财物’则不存在这样的问题,判断财物是否随身携带,只需要判断该财物是否与被害人身体有接触,简便易行。”①这恰与司法裁判所要求的裁判标准明确、具体的品质相契合。因此,以贴身财物作为扒窃犯罪对象,能够满足司法裁判标准明确具体要求,确保司法裁判统一性。

四、结　　语

由于在我国刑法中,作为特殊盗窃犯罪的扒窃与普通盗窃犯罪在

① 晏维友:《扒窃犯罪中“随身财物”的认定》,载《中国检察官》2015年第3期。

成立犯罪及达到犯罪既遂的具体标准上存在明显差异。[①] 扒窃成立犯罪及达到犯罪既遂之条件轻于普通盗窃。因此，对扒窃犯罪中随身财物的准确界定，关涉行为人行为是否应当承担刑事责任和刑事责任大小轻重。鉴于此，有论者呼吁对扒窃作"限缩"解释而指出："对盗窃罪中'扒窃'的解释，应从形式与实质两方面入手，实质解释以出罪为要，这恰恰构成了对"扒窃"的限缩解释。"[②]

笔者认为，论者之呼吁对扒窃犯罪对象认定是妥善的。在司法实践中，确需对扒窃犯罪中随身财物的具体规范形式作限缩解释，避免扩大解释随身财物范围。因为，对随身财物扩大解释的司法后果是严重的。一方面，"对'随身携带'作扩张解释在一定程度上会造成刑法含义的模糊与扒窃人罪界限的扩大，如果走向极端，易导致对较大财物的窃取构成扒窃与公众的预测可能性相违背的状况"。[③] 也许正是适法者基于对随身财物扩大解释的立场，在笔者了解的司法实践中，甚至出现了盗窃自行车被认定为扒窃的情形，这不能不说有违国民有关扒窃的法律认知。显然，这样的司法认知对于培育，巩固国民的法律信仰是无益的，其最终必然伤害刑法条文规范、引导国民实施适法行为的功能。另一方面，对扒窃犯罪对象作限缩解释，不利于发挥立法者赋予扒窃和普通盗窃立法具有的法益保护机能，也不利于正确处理扒窃与普通盗窃之关系。

在笔者看来，对扒窃犯罪对象作限缩解释，有利于在扒窃犯罪刑事责任裁量和普通盗窃犯罪刑事责任裁量中实现个别司法公正。毕竟，立法者规定扒窃犯罪的目的是打击具有特殊法益侵犯性和较大主观恶性的盗窃犯罪，如将扒窃犯罪对象作并不适当的扩充，必然使部分扒窃犯罪人受到过重刑事责任评价，有损刑事司法公平与正义。

---

① 参见陈伟强：《特殊盗窃犯罪既遂标准探析》，载《河南大学学报》2016 年第 5 期。

② 参见张晶：《应对盗窃罪中"扒窃"作限缩解释》，载《法学论坛》2014 年第 4 期。

③ 章桦：《扒窃入刑后的理性批判》，载《中国刑事法杂志》2015 年第 2 期。

A Probe into the Object of the Crime of Pick-Pocketing

——Based on the Consideration of legal interests, Interpretation of Criminal Law and Judicial Judgment

Chen Weiqiang

[**内容摘要**]扒窃犯罪侵犯的特殊法益是认定扒窃犯罪对象的实质标准,公民人身安全是扒窃犯罪侵犯的特殊法益。行为人只有盗窃被害人贴身财物时,其行为才可能侵犯被害人人身安全,盗窃被害人近身财物的行为不能侵犯被害人人身安全。扒窃犯罪侵犯的特殊法益决定扒窃犯罪对象只能是贴身财物,近身财物不是扒窃犯罪对象。将贴身财物认定为扒窃犯罪对象与扒窃文理解释、目的解释和刑法体系解释结论相契合;近身财物与扒窃文理解释、目的解释和刑法体系解释结论不相契合。司法裁判标准明确、具体的要求决定扒窃犯罪对象只能是贴身财物,近身财物难以满足司法裁判的要求。

[**关键词**]犯罪对象;贴身财物;特殊法益;刑法解释;司法裁判

Abstract: The substantive standard for the identification of the object of counterfeiting is the special interests of law. Among them, the personal safety of citizens is the special legal interests of pick pocketing crime. If the perpetrator infringes the victim's property on one's body, his behavior may violate the personal safety of the victim, violating the victim's property at one's side can not violate the personal safety of the victim. The special interest of law of the crime of pick-pocketing decides that the object of pick-pocketing crime is property on one's body. Property on one's body is recognized to be the object of pick-pocketing crime, which fit with purpose interpretation, liberal arts interpretation and interpretation of system about law. Conversely, property at one's side are not consistent with purpose interpretation, liberal arts interpretation and interpretation of system about law. The requirement of justice expresses clearly that the object of counterfeiting is only the property on one's body. It means that property on one's side is difficult to meet the requirements of justice.

Key words: the Object of Crimes; Property on One's Body; the Special Interest of Law; Interpretation to Criminal Law; Judicial Adjudication

〔外国刑法〕

实行着手中的主观与客观：基于刑法教义学超越论的检讨*

［日］江藤隆之**著　李立丰　骆　程***译

目　次

---

* 本译文为国家社科基金青年项目"我国死刑案件审理过程中民意的拟制与导入机制研究"(13CFX060),吉林大学廉政建设专项课题"现阶段党的纪检监察工作规范化研究"(2015LZY039),2016年"吉林大学哲学社会科学青年学术骨干支持计划"(2016FRGG05),吉林大学犯罪治理研究中心专项研究课题"人民陪审员制度改革研究——以青少年死刑案件的审理为例"成果。

** 日本桃山学院大学法学部准教授。江藤隆之「実行の着手における主観的なるものと客観的なるもの——刑法教義学の超越論的検討」桃山法学20/21号(2013年)。

*** 李立丰,吉林大学法学院教授,博士生导师,刑法学博士,美国麦克乔治法学院LLM。中国人民大学反腐败法治研究中心客座研究员,日本早稻田大学访问学者,日本关西学院大学法学部客员教授。通信地址:吉林省长春市前进大街2699号吉林大学中心校区东荣大厦7楼法学院。邮编:130012。电话:0431-85166062。电子邮件:lilifeng@jlu.edu.cn。

骆程,吉林大学法学院刑法学博士研究生。

一、本文的研究课题与方法

如果要最终说明“实行的着手”这一概念,就必须进行具体个别的判断。① 例如,不作为犯的实行着手是在何时?② 间接正犯的实行着手是在何时?③ 过失犯的情况该如何认定?④ 这些都是说明实行着手概念时无法回避的问题。另外,诸如杀人罪的实行着手是在何时?⑤ 强奸罪的着手应如何认定?⑥ 如何认定放火罪的着手⑦等,如果脱离各论

① 团藤重光认为,对于该当基本构成要件的行为的说明,属于“各论的课题”。团藤重光『刑法綱要総論』第3版(創文社,平成2・1990年)355頁。福田平也发表过类似的观点,如“应当将构成要件的各种解释问题归结于各论”,并进一步表示,“是否开始实施具备构成要件现实危险性的行为,必须结合具体情况,通过考虑其具体犯罪样态来加以认定”的观点是正当的。福田平『全訂刑法総論』第5版(有斐閣,平成23・2011年)229頁,232頁。

② 吉田敏雄『不真正不作為犯の体系と構造』(成文堂,平成22・2010年)147页以下,黒木忍『実行の着手』(信山社,平成10・1998年)199页以下等参照。

③ 大判大7・11・16刑録24輯1352頁,原口伸夫「間接正犯者の実行の着手時期」法学新報105巻1号(平成10・1998年)61頁以下,佐藤拓磨「間接正犯の実行の着手に関する一考察」法学研究83巻1号(平成22・2010年)135页以下等参照。

④ 黒木忍『実行の着手』(信山社,平成10・1998年)173页以下等参照。

⑤ 最決平成16・3・22刑集58巻3号187頁(“クロロホルム事件”,是指某被告人用氯仿(麻醉剂)让受害人丧失神志后,再将其与机动车一道推入海中,但事后调查发现死者并非淹死,而是因为遭到麻醉而死亡。——译者注),名古屋高判平19・2・16判タ1247号342頁等参照。

⑥ 最決昭45・7・28刑集24巻7号585頁等参照。

⑦ 森住信人「放火罪の実行の着手について」専修大学法学研究所紀要36号(平成23・2011年)67頁以下,末道康之「放火罪の実行の着手をめぐる一考察」『慶應の法律学刑事法』(慶應義塾大学出版会,平成20・2008年)165頁以下,横浜地判昭58・7・20判時1108号138頁以及千葉地判平16・5・25判タ1188号347頁等参照。

的说明,根本无法得到具体的解决。不仅如此,仅以窃盗罪[①]一罪为例,众所周知,对于掏摸窃盗的、[②]侵入住居窃盗的、[③]侵入店铺窃盗的、[④]侵入仓库或保管库窃盗的、[⑤]窃盗机动车内财物的,[⑥]都需要在进一步补充具体情节的情况下,才能确定何时着手的问题。换句话说,所谓着手的问题,只能集腋成裘,即通过具体个别问题的解决,逐步积累经验。

但是,追求体系性、理论性思考的刑法教义学中,形成多数共识的看法一般认为,不能通过具体问题具体分析的方式对特定概念加以说明。另外,实行的着手概念与实行行为论、不能犯论、违法论等,都存在莫大之干系,因此也必须将其中异同说得清楚明白,绝不能含糊。如此一来,围绕是否需要依据刑法总论的一般观点理解实行的着手,特别是其在主观与客观层面需要达到何种程度、做何种考虑,[⑦]出现了各式各样的检讨与反思。显然,这样做相当之必要。但是本文作者认为,这些检讨多少都忽视了一个极为重要的前提,即朴素的直觉。而这,属于"首先询问在刑法教义学中通过何种方法把握主观及客观"的"超越

---

① 本文的翻译,凡是原文中使用日文汉字表示的专业术语,一律使用原文,如"窃盗罪",而并未采国内学者将其翻译为"盗窃罪"的惯常做法。理由非常简单,中日刑法无论在立法、司法层面,还是在刑法理论层面,均存在极大差别,为避免读者潜意识中的对号入座,还是尊重原文为好。——译者注

② 広島高判昭28·10·5高刑集6卷9号1261頁等参照。

③ 最判昭23·4·17刑集2卷4号399頁等参照。

④ 最決昭40·3·9刑集19卷2号69頁等参照。

⑤ 名古屋高判昭25·11·14高刑集3卷4号748頁,大阪高判昭62·12·16判タ662号241頁等参照。

⑥ 東京高判昭45·9·8東高刑時報21卷9号303頁等参照。

⑦ 今年来对此问题较为出色的研究,可参见佐藤拓磨「実行の着手と行為者主観との関係について」『慶應の法律学刑事法』(慶應義塾大学出版会,平成20·2008年)111頁以下,以及金澤真理「実行の着手判断における行為計画の意義」法学75卷(平成23·2011年)803頁。

论”(transzendental)①的检讨范式。

很多既有研究,在没有讨论主观、客观的意义及方法的情况下,就开始自说自话。像“朴素实在论”或(极简化的)笛卡尔的二元论那样,将内在的意识主观化,外在的世界客观化,将不太可能讨论客观要素、主观要素的内容。同样不能忽视主观方面成为考察的客体(主体客体化)的问题,以及将客观要素与主观要素“折中”的问题点。在违法性中,显然也不能以“单纯依据客观要素考虑是不可能的”②为基础,通过增加“若干的修正”就能得出令人满意的见解。

① 所谓“超越論”(transzendental)是指,“不针对对象,而是与对象的主体的认识方法相关的认识”(Immanuel Kant,B25)。并且,作者在引用康德《纯粹理性批判》(Kritik der reinenVernunft)一书中相关内容时,根据该书国际引用的惯例,将该书1781年刊行的第1版作为A,1787年刊行的第2版作为B,并在其后直接加注原文页码。在本文中,根据汉堡费利克斯·迈纳出版社(Felix MeinerVerlag)出版的哲学文库(Philosophische Bibliothek)版原文,将其自译为日文。过程中,参考了宇都宮芳明監訳『純粋理性批判 上』(以文社,平成16·2004年)。除此之外,并非基于超越论,而是基于语言学,检讨了作为本文问题意识的“行为语境”的事实意义,参见伊東研祐「審判対象の設定と行為の社会的意味犯罪論における『行為のコンテクスト』の拘束力」『三井誠先生古稀祝賀論文集』(有斐閣,平成24·2012年)75頁。还参见Vgl. Nikolaos Bitzilekis, Der Tatsachenbegriff im Strafrecht,1999,S. 29ff. 另外需要注意的是,所谓“超越论”的译法,是日本对此德文概念的译法,我国很多学者将其翻译为“先验论”或“先验主义”,这里尊重日文的译法。——译者注

② 对此,一个必须提及的独特观点,参见齋野彦弥「危険概念の認識論的構造」『内藤謙先生古稀祝賀論文集』(有斐閣,平成6·1994年)55頁。齋野虽然一贯坚持从结果出发进行理论研究的思考方法,但在这篇论文当中,却将其贯彻得极为彻底。齋野认为,对于犯罪不应该从存在论的角度反思,而是应当从认定论(用齋野自己的提法“认识论”)角度出发加以考察,而在本文中,并未将存在论的检讨直接作为批判的对象。因此,无法在正文中对于作者与其不同的看法加以指出,希望能够通过这一注释,指出齋野論文的问题点。齋野的基本思想以刑法的裁判规范性为前提,并以此将从结果出发的思考方法一以贯之。齋野并未直接涉及该当实行着手的行为,但其提出,“在发生法益侵害的具体危险的场合,应当将与这种危险发生存在因果联系的行为,评价为实行的着手。”(同论文83页)。对此观点,批判如下:这种观点,忽视了刑法对于行为规范性的必要关注。例如,我在路上走的时候,看到了一位陌生男人持刀奔向另外一名男士的一幕,显然,不能等到裁判确定“为了救助遭到威胁的人,从后面殴打持刀男子的行为违法还是合法”,再实施救助,再决定我的行为。之后,“这两个人闹着玩,你所实施殴打行为违法”之类的

考虑到以上诸问题点,至少从本文作者的角度来讲,对其进行超越论的检讨,就变成了一个不可回避的命题。

在此基础上,本文在概括叙述与实行的着手相关的诸概念之后,在说明上述概念所必要的程度范围内,对于超越论加以检讨。如前所述,要最终解决实行的着手概念,就必须进行具体、个别的研究,因此,本文并未对这一概念做最终的说明。而是首先通过对主观与客观认识相关的问题进行超越论视野下的检讨,将个别客观说作为统一说的最新基点,迈出说明实行着手概念的第一步。

二、主观、客观及折中解决方法

(一)客　观　说

在凭借启蒙主义、理性主义兴起的客观主义风潮中,1796年及1810年法国刑法中开始出现"实行的着手"(commencement d'exécution)这一

言论显然让人无法接受。而这将导致罪刑法定主义所保护的自由范围的限缩。即使通过修正,不依据裁判时,而是依据行为时,对于"实行的着手"是否成立进行事后的裁判,也必须探究禁止对行为人不利的突然袭击的相应行动自由的保障程度。刑法,并不只是裁判所才用的上,而是一般人用来帮助自由、安全的社会存在论的基础。并且,虽然齋野自己构想的是所谓"认识论",但在裁判当中,却属于彻头彻尾的"认定论"。对此问题,齋野提出,"根据犯罪论整体发挥的认识作用,'存在'这个概念除了间接确认之外不具有任何意义,离开了认识作用的存在论,连其存在都不可能"。(同论文84页)。齋野的这种论述本身并无问题,本文也对此持支持态度。但如此一来,行为时的认识(犯罪存在的认识)也开始出现问题。如果根据犯罪论,只能有裁判所来认定存在的认识,那么其就将沦为裁判时认定犯罪的单纯工具,仅仅流于认定论层面。如果从认识论出发,那么针对行为人的犯罪认识、一般人的犯罪认识、检察官的犯罪认识、辩护人的犯罪认识、裁判所的犯罪认识(因此,对此存在数个角度;因此对于同一事态,存在复数评价),必须构建一种对于上述各种观点兼容并蓄的理论体系。

概念,[①]并随后在普鲁士刑法(1851 年),德意志旧刑法(1871 年)等德语圈内得到推广,[②]对其解释的最早阶段,受费尔巴哈客观理论[③]影响的客观说较为流行。[④]

客观说,着眼于“实行的着手”概念的客观把握,其典型思考范式认为,至少需要实行犯罪构成要件的一部分,才该当实行的着手(所谓形式的客观说)。[⑤] 如此一般的形式客观说,面临缺乏具体妥当性的批判。如果将该当构成要件行为的开始,作为实行的着手,在以杀人罪为典型代表的规定结果的犯罪类型中,其着手时点就会变得显著滞后,导

---

① Oskar Adolf German,Über den Grund der Strafbarkeit des Versuchs,1913,S. 68. 野村稔『未遂犯の研究』(成文堂,昭和 59・1984 年)286 頁。但是必须注意的是,法国 1791 年刑法典虽然体现了罪刑法定主义的思想,但对于未遂的处罚,却照搬了革命以前的理论与实践做法。而且,存在未遂规定空置的缺陷。对此,可参见针对法国未遂犯理论的深入研究成果,末道康之『フランス刑法における未遂犯論』(成文堂,平成 10・1998 年)39 页以下参照。

② 受法国刑法影响的日本旧刑法,虽然没有使用“实行着手”这一概念,但却事实上将这一概念作为前提。野村稔『未遂犯の研究』(成文堂,昭和 59・1984 年)50 页以下参照。

③ vgl. Paul Anselm v. Feuerbach,Lehrbuch,14. Aufl. ,1847,S. 78.

④ Günter Stratenwerth/Lothar Kuhlen,Strafrecht AT,6. Aufl. ,2011,S. 199. 但是,“实行的着手”被规定作为过渡法律的法国革命历 4 年草月 22 日法(1796 年法)中,因此有人认为,其也未必是客观说意义上的概念范畴。参见末道康之『フランス刑法における未遂犯論』(成文堂,平成 10・1998 年)45 页以下。

⑤ Heinrich Albert Zachariae,Die LehrevomVersuche der Verbrechen,1836,S. 203; Franz v. Liszt /Eberhard Schmidt,Lehrbuch,26. Aufl. ,1932,S. 182,305. 瀧川幸辰『犯罪論序説』改訂版(有斐閣,昭和 30・1955 年)182 頁,団藤重光『刑法綱要総論』第 3 版(創文社,平成 2・1990 年)354 頁。但团藤在该教科书第 355 頁的注 4 中提出,“至关重要的是,即使认为这种事态能够表明构成要件的特征,但将犯罪行为理解为整体而作为定型的构成要件的内容,显然无法将其理解为实行的着手。如果从“扩张的构成要件说”(erweitere Tatbestandstheorie)或“实质的客观说”(materiell-objektive Theorien)来看,认定实行的着手就是合理的。但,即便从团藤的“定型说”出发,从其拒绝构成要件行为向密接行为扩张,否认危险的实质判断属于构成要件定型性问题这一点出发,将其理解为形式的客观说,似乎也较为恰当,且在实质的客观说中采用形式客观说的标准。浅田和茂『刑法総論』(成文堂,平成 17・2005 年)371 页。

致实行着手的认定范围变得特别有限。[①] 对此问题,可以通过德意志旧刑法第43条中"实行的着手"(anfang der ausfünhrung)的解释在裁判实务中必须扩张适用的做法,窥以一斑。[②]

如此说来,有人尝试在客观说中,通过对于形式的要件进行和缓的理解,或者对其概念进行实质性把握,借此扩大实行的着手范围。例如,从自然观察的角度,将开始从事与构成要件行为存在密不可分关系的行为的开始,作为未遂的开始行为,肯定会导致比形式客观说范围更广的着手行为(密接行为说),[③]通过事后客观判断理解作为危险概念的着手概念(实质的客观说),[④]以及以自动性、时间的接近行为基准,对于构成要件的行为进行一体化判断,要求介入被害人领域的观点(修正的形式的客观说),[⑤]等等。[⑥]

这类看法,属于以客观的未遂论为基础的理论,很好地贯彻了与古典学派理论相互参照的基本思想。应当承认,其为区分未遂与预备提供了客观的标准,具有判断明确性的优点,并且,从罪刑法定主义的观

---

① "只要没有直接接触到财物,就不能算作窃盗的着手,显然属于十分僵化的标准"。前田雅英『刑法総論講義』第5版(東京大学出版会,平成23·2011年)147頁。其他,Walter Gropp,Strafrecht AT,3. Aufl. ,2005,S. 309。森住信人『未遂処罰の理論的構造』(専修大学出版局,平成19·2007年)155頁など参照。

② RG 71,53; BGH 6,302 usw.

③ Reinhard v. Frank,StGB,43 II 2b,18. Aufl. ,1931. 这种思考方法,又被称为"弗兰克公式"(Frank'sche Formel)。Vgl. Frank Ziechang,Strafrecht AT,2. Aufl. ,2009,S. 125。这种看法,没有扩大形式客观说的意义,仅仅实现其射程范围的明确化(vgl. Stratenwerth/Kuhlen,a. a. O. (Anm. 19),S. 199.),因此这种理论的正当性也存在疑问。

④ Günter Spendel,Zur,Zur Neubergründung der objektivenVersuchstheorie,Stock-FS,1966,S. 101.

⑤ 塩見淳「実行の着手について(3·完)」法学論叢(昭和62·1987年)121巻6号15頁。

⑥ 本文根据其与本文主题、其见解类型等因素,将其整理为客观说一类,但因为相关论者在各自见解中还往往摄入主观要素,以及实质的客观说与后述的个别的客观说之间较为暧昧的区别等问题,仍值得特别注意。并且,应将作为行为意思的主观要素吸收进来的看法是否正确,都将在后文检讨。

点出发,也显得比主观说更为妥当。① 从这一角度出发,属于启蒙主义、理性主义、客观主义的古典学派刑法学,首先提出客观说,也不是什么值得大惊小怪的事情。

但是,马上就能感觉到,从"实行的着手"概念中排除主观标准,相当困难。② 主观说的主张,作为更早时期遗留下来的东西,在近代学派主导的全新时代,依然存在。在采取客观说的同时,开始出现通过纳入主观标准,确保判断的妥当性这种修正的意识。例如,仅仅依据客观标准,在用枪指着被害人这一实行着手行为中,与手扣扳机这一客观行为相伴生的主观方面,是胁迫、强盗强奸未遂、杀人未遂? 抑或是极为恶劣的恶作剧,应当说,并没有办法确定。③ 因此,在很多国家,仅仅依据客观的标准考虑实行的着手,已经成为过去式。例如,在德国,因为与第 22 条"行为人已直接着手实现构成要件,而未发生行为人所预期的结果的,是犯罪未遂"④统一起来较为困难,因此在现行刑法的解释论当中,已经没有人再主张不考虑行为人

---

① 客观说,特别是形式的客观说,从罪刑法定主义的角度出发,批判的声音不少。例如,井田良提出,开始处罚未遂犯的时候,在刑法第 43 条中存在"实行的着手"的解释问题,如果无视法律语言的制约,从罪刑法定主义的角度来看,不免会产生疑义。因此,形式客观说的否定(或克服)就变成必然。参见井田良『刑法総論の理論構造』(成文堂,平成 17・2005 年)251 页以下,但是,虽然不允许背离条文的语言规定,作出对行为人不利的解释,因此,即便克服了形式客观说,这一问题却依然存在,似乎不能仅仅针对形式的客观说强调罪刑法定主义的重要性。

② Vgl. August Finger, Lehrbuch des detuschen Strafrechts, 1904, Nachdruck1997, S. 313; Stratenwerth/Kuhlen, a. a. O. (Anm. 19), S. 199ff.

③ 在询问某行为是否开始实行这一问题时,只有在弄清楚行为人决定通过何种方法实行的时候,才不会引发争议。即使存在外形完全相同的行为,这些行为也会因为具体目的的不同,存在完全不同的意义。Günter Stratenwerth, Schweizerisches Strafrecht AT, 3. Aufl., 2005, S. 312. 以及二本柳誠「未遂犯における危険判断と行為意思」早稲田大学大学院法研論集 120 号(平成 18・2006 年)158 頁参照。

④ dStGB § 22 "Eine Straftat versucht, wer nach seiner Vorstellung der Tat zur Verwirklichung des Tatbestandes unmittelbar ansetzt."

的主观方面而仅仅根据客观说来对其加以考虑。[①] 在奥地利,其刑法第 15 条第 2 项因为规定了“行为人决定实施应受刑罚惩罚的行为,或者通过他人实施应受刑罚处罚的行为(第 12 条),通过直接的预备行为参与应受刑罚处罚的行为,是行为未遂”,[②]前段中规定的行为人的主观决意(entschluss)[③]只能作为单独犯加以考虑。[④] 例如,小偷将他人的书拿到手,如果不考虑其内心有何计划的话,显然无法区分其构成窃盗的实行着手(奥地利《刑法》第 127 条),[⑤]还仅仅是看完就原物返还的不可罚的使用窃盗?[⑥] 进一步而言,使用“实施直接先行行为”这种与“密接行为说”类似表述(第 12 条)的未遂处罚规定,尽管可以被理解为“从时空条件的角度来看存在客观连接性的行为”,[⑦]但学界仍一致认为,还需要额外考虑作为主观标准的行为计划。[⑧] 瑞士刑法仅仅规定,“开始实施重罪或轻罪行为后,可罚的行为并未终了,也没有发生属于行为

---

① 在德意志旧刑法中,客观的“实行的着手公式”在实务中无法获得严格使用,因此现行德国刑法中赞同将主观要素纳入考量,被称为“个别的客观说”。Hans Heinrich Jescheck/Thomas Weigend,Lehrbuch AT,5. Aufl. ,1996,S. 518f。

② öStGB § 15Abs. 2 “Die Tat ist versucht, sobald der Täter seinen Entschluss, sie auszuführen oder einen anderen dazu zu bestimmen (§ 12), durch eine der Ausfuhrüng unmittelbar vorangehende Handlung betätigt. ”

③ 这里的所谓“决意”,是指作为行为计划的现实,将所为导入既遂的决意的意思。Stefan Seiler,Strafrecht AT,2007,S. 191。

④ vgl. Helmut Fuchs,Tatentschluss und Versuchsbeginn,Triffterer-FS,1996,S. 73ff.

⑤ öStGB § 127 “Wer eine fremde bewegliche Sache einem anderen mit dem Vorsatz wegnimmt,sich oder einen Drittendurchderen Zueignung unrechtmäßig zu bereichern,ist mit Freiheitsstrafe bis zu sechs Monaten oder mit Geldstrafe bis zu 360 Tagessätzen zu bestrafen. ”(故意占有他人财物,为使自己或第三人因占有此等动产而非法获利的,处 6 个月以下自由刑,或 360 单位以下日额金的罚金刑——此处汉译亦参考了徐久生译:《奥地利联邦共和国刑法典》,中国方正出版社 2004 年版,第 55 页。)

⑥ Seiler,a. a. O. (Anm. 33),S. 192.

⑦ vgl. EvBl 1998/173.

⑧ EvBl 1998/182; Seiler,a. a. O. (Anm. 33),S. 193.

既遂的结果，如果结果已不可能发生，裁判所得减轻其刑。"[①]和日本一样，对于实行的着手的理解是否需要加入行为人的主观认识，全部交由解释解决，在施特拉滕韦特看来，考虑行为人的主观方面，乃是不争的有力观点。[②] 根据日本学者末道康之的研究，在法国刑法中，因为折中说得到上诉法院的采纳，现在成为法国审判理论中的多数说。[③]

与此相对，在荷兰刑法中，区分不能犯与未遂犯的基准，现在较为有力的主张为"绝对不能·相对不能说"，并认为这样的一种标准，即使在实行着手的认定方面，也比客观说更具优势。[④]

通过以上的概述，在存在未遂概念的大陆法系国家刑法中，不考虑主观要素，采取纯粹客观说的，只有作为例外的荷兰，其他大多数国家都未采取这种立场。

下面，请考察与客观说相对的理论，即主观说。

（二）主　观　说

主观说，立足于主观的未遂论，认为应当将行为人的主观作为基准，区分预备与未遂。

即使根据主观说，同样认为如果仅限于行为人的意思这种内心标准，无法区分预备与未遂，多多少少都必须将客观化的意思[⑤]作为基准。在日本，也出现了"犯意的成立需要通过行为人的遂行行为加以

---

① schStGB §22Abs. 1 Führt der Täter, nachdem er mit der Ausführung eines Verbrechens oder Vergehens begonnen hat, die strafbare Tätigkeit nicht zu Ende oder tritt der zur Vollendung der Tat gehörende Erfolg nicht ein oder kann dieser nicht eintreten, so kann das Gericht die Strafe mildern. "

② Stratenwerth, a. a. O. (Anm. 29), S. 309ff.

③ 末道康之『フランス刑法における未遂犯論』(成文堂，平成10・1998年)100頁以下参照。

④ Matthias Modrey, Grenzen der Strafbarkeit des Versuchs im deutschen und niederländischen Recht, 2007, S. 105ff.

⑤ vgl. Maximillian v. Buri, Zur Lehre vom Versuche, GS, 1867, S, 71.

确认”[①]“犯意的飞跃表现”[②]等观点表述。[③]

对于此种主观说中存在客观说的诸问题点,学说中应当没有异议。根据行为人主观进行判断,会损害判断的明晰性,[④]预备与未遂的区别也开始流于形式。[⑤] 进一步而言,因为无法从“实行着手”概念中排除外在的要素,如此一来,就必须放弃主观说从最开始就坚持纯粹主观的思考方法。[⑥]

外国的状况与此类似。德国刑法中的未遂犯论虽然存在很多基于主观的评价,但限于其刑法条文“直接着手实现构成要件”的立法规定,不能主张纯粹的主观说,业已成为共识。[⑦] 在德国刑法中,围绕实行的着手,主要争议的论点,围绕条文中“直接”的含义展开。[⑧]

即使在倾向于否定不能犯概念、呈现出强烈主观倾向的法国刑法中,和主观的见解相比,折中说也显得更为有力。采取主观说的学者,也肯定预备与未遂的区分,也存在意思的客观化的见解。[⑨]

同样,如前所述,将主观要素的考量划入解释论,并认为其中主观考量更为有力的瑞士,无论是学界还是实务界都意识到,采取

---

① 牧野英一『增訂日本刑法(全)』(有斐閣,昭和 3 · 1928 年)198 頁。

② 宮本英脩『刑法大綱』(弘文堂,昭和 10 · 1935 年)179 頁。

③ 在德国,作为主观说基准的行为人内心,如“那,就干!”(Jetzt geht’s los!),也必须通过某种外在行为来加以评价。BGH NStZ 1987,20。

④ “作为判断基准尚缺乏明确性。”高橋則夫『刑法総論』(成文堂,平成 22 · 2010 年)365 頁。

⑤ 根据主观说,为了强盗的目的,在携带凶器侵入受害人住居的时点,就可以通过这一遂行的行为,确定行为人强盗的犯意,也可以同时肯定强盗罪的实行着手。曾根威彦『刑法の重要問題(総論)』第 2 版(成文堂,平成 17 · 2005 年)249 頁。

⑥ Germann,a. a. O. (16),S. 68.

⑦ 认为德国刑法未遂犯论出现客观化倾向的观点,参见二本柳誠「ドイツにおける未遂処罰限定の試み」早稲田大学大学院法研論集 115 号(平成 17 · 2005 年)180 頁以下参照。

⑧ 对此问题点的介绍,参见四條北斗「実行の着手における「直接性要件」について」桐蔭論叢第 19 号(平成 20 · 2008 年)151 頁以下。

⑨ 末道康之『フランス刑法における未遂犯論』(成文堂,平成 10 · 1998 年)97 頁以下参照。

纯粹的主观说并无任何可能性,①以至于其实务界采用"阈限说"(schwellentheorie),即根据行为人的计划进入到朝向结果发生的最后阶段且实行了无法回头的行为时(通过行为超越了门槛、阈限时),应认定其实施了实行着手。②

从语言的角度检讨,纯粹主观说不可能获得采用,可谓一见即明。我们希望说明的"实行的着手"概念,即德文中的 ansetzen,或 ausführung 与 handlung,这些词汇在理解时,都需要通过加入外在要素的考虑,赋予其日常语言的含义。仅仅考虑内心因素的"实行"概念,无论对思考问题的我们,还是对行为时的一般人,抑或是裁判时的裁判所,都是无法想象的。某人在头脑中浮想起什么,即涉及所谓主观领域的时候,用"想到""考虑到""浮想起"等语言表述的"实行",一般情况下并不在裁判过程中使用。因此,"实行的着手",如果仅从纯粹的主观观点来把握,首先超越了语言的意义范畴,如果比关注客观的观点认定得更早,就会造成对于被告人不利的实行着手的理解,成为无法被容忍的类推解释,也会产生罪刑法定主义上的问题。

如此一来,纯粹的主观说原本只是从主观的未遂论出发的一种假定模型,实际上,任何一种主观说都在最开始将客观要素包括在内。因此,和客观说不同,完全排除客观要素,单纯从主观角度检讨的见解,实质上完全不存在。在这种情况下,大多数国家当中,所谓"折中论"大行其道。下面,就让我们来看一看折中论的基本观点。

(三)"折 中 论"

通过在客观论当中加入主观要素,尝试确保结论的妥当性的做法,现在受到了广泛支持。德国《刑法》第 22 条作为实定法,要求行为所表示的主观要素,以及直接开始实现构成要件的客观要素。也就是说,以客观说为基础,同时考察行为人行为计划的"个别的客观说"

① Stratenwerth, a. a. O. (Anm. 29), S. 312f.

② BGE 99 IV 153.

(individuell-objektive Theorie),成为通说。[①] 所谓“个别的客观说”,根据行为人的计划,在其直接实现构成要件的时候认定成立实行的着手[②],在实际适用上,上述的实质客观说中,特别明确了需要考虑行为人的计划。[③] 这种个别的客观说,提示着司法适用的妥当方向。未遂,通常情况下表现为“某种特定的犯罪的未遂”“某种特定的构成要件的修正形式”。如此说来,在不确定具体构成要件的情况下讨论未遂的成否,从理论上来讲是不可能的。在暴行外在表现完全相同时,必须考察行为人的主观方面,才能明确其是强奸未遂,还是强盗未遂,这一点不可欠缺。也就是说,“个别的客观说”的结论是妥当的。

接下来的问题,就变成了需要在多大程度上考察行为人的主观方面。仅仅考虑到故意,是否足够? 不够。即使对于故意的超过部分,也是行为人主观方面必须考察的部分。例如,将手伸向其他人的壶时,行为人的行为是“窃盗的未遂”? 还是“器物毁损的未遂”(不可罚)的区别,抑或是单纯地站着阅读还是窃盗未遂的区别,从通说或者判例的角度理解,如果没有解决不法占有的问题,恐怕都难以确认。另外,在目的犯中,

---

① 在德国,个别的客观与其作为通说,倒不如说是立法对其加以采用或表达,来得更为准确。Vgl. Jescheck/Weigend, a. a. O. (Anm. 31), S. 518; Bernd Heinrich, Strafrecht ATI, 2. Aufl., 2009. S. 268。并且,折中的说中还有“主观的客观说”(subjektiv-objektive Theorie),作为一种以主观说为基础的分类,主观的客观说,在木村亀二等学者看来,最终只是将客观行为作为主观的表征而已。在本文中,将其作为主观说的一种,并未在折中说中详细讨论。大塚仁 = 河上和雄 = 佐藤文哉 = 古田佑紀編(野村稔)『大コンメンタール刑法』(青林書院,平成 11·1999 年)78 頁,也认否认主观说、主观的客观说及客观说的对立。

② “Der Versuch beginnt mit derjenigen Tätigkeit, mit der der nach seinem Verbrechensplan unmittelbar zur Verwirklichung des Verbrechenstatbestandes ansetzt.” Hans Welzel, Das deutsche Strafrecht, 11. Aufl., 1969, S. 190。这样的一种叙述和现行德国刑法第 22 条的规定相比,其类似性一见即明。日本持个别客观说的代表人物,是西原春夫『刑法総論』(成文堂,昭和 52·1977 年)279 頁,野村稔『刑法総論』補訂版(成文堂,平成 10·1998 年)333 頁,川端博『刑法総論講義』第 2 版(成文堂,平成 18·2006 年)459 頁等。

③ “在通常的犯罪形态,主观说之外的其他学说并不存在太大差异。”参见岡野光雄『刑法要説総論』第 2 版(成文堂,平成 21·2009 年)245 頁。

如果不考虑目的,对其未遂的讨论也将是扯淡。虽然客观上实施了该当伪造货币的未遂行为,但如果缺乏使用的目的,似乎也不应认定其成立未遂的问题。[①] 与此相对,如果在缺乏使用目的的情况下,单纯实施了客观上该当伪造未遂行为的行为人,在某一时点具备了使用的目的并持有伪造的货币,那么应从该时点开始成立未遂犯。换句话说,在这种情况下实行的着手取决于有无"行为人的目的"。进一步而言,即使在不要求目的等特别的主观要素的杀人罪中,如前所述,如果不考虑超越杀人故意的计划,也很难判断其所具有的危险性。如此一来,在这里当然应予考虑的行为人的主观方面,不仅包括故意,还应该包括决定构成要件行为意义的行为人的主观方面。换句话说,必须包括行为计划。[②]

当然,这里所谓的行为计划,并不包括超越赋予构成要件行为意义的行为人的单纯性格或倾向。[③] 另外,行为人的主观可以影响危险的

① 如果即使欠缺使用的目的,依然因为"存在使用伪造货币目的的危险",认定构成通货伪造罪的未遂,使缺乏使用目的的伪造货币行为作为通货伪造罪的未遂变得可罚,就会使通货伪造罪违反其作为目的犯的立法旨趣。

② Welzel,a. a. O. (Anm. 56). S. 190。佐藤拓磨「実行の着手と行為者主観との関係について」『慶應の法律学刑事法』(慶應義塾大学出版会,平成20・2008年) 127頁。

③ "计划的行为,是在该当构成要件的行为作为假定的行为的范畴内进行检讨的前提",并应在此意义上对于行为计划加以考虑。有观点批判,"超越构成要件框架的纯粹主观的行为人的犯行计划,说到底,与实行的着手没有关系"金澤真理「実行の着手判断における行為計画の意義」法学75卷(平成23・2011年) 819頁。这种批判,应该也算正当。从"考虑行为计划"这一点出发,与构成要件没有关系的行为人单纯保持的"计划",不应纳入对于实行着手的判断才对。但是,这样做即使会造成刑法的主观化,也不会导致处罚的早期化。从本文的立场出发,首先,这样一种"纯粹的主观计划",不具备刑法上的意义。与构成要件没有关系的主观计划,例如即使裁判时行为人(被告人)承认自己具有特定心态——为了获知被告人的精神状态而提供资料另当别论——显然不能将其作为认定现实当中是否发生犯罪的资料。犯罪的成立与否,必须依据现实进行的行为所具有的意义进行检讨。作者认为,不应采用将危险作为结果加以思考的方法,也不应当认为对于作为结果的危险,行为人的主观可以施加任何影响。行为人的主观,具有判断是否实施了该当构成要件行为(实施了规范违反行为)的意义。行为人的主观虽然可以构成规范违反性的基础,但却无法作为结果的危险(因为并不存在这样的一个概念)的基础。佐藤拓磨「実行の着手と行為者主観との関係について」『慶應の法律学刑事法』(慶應義塾大学出版会,平成20・2008年)117頁。

观点不能采信。这里的所谓行为计划,只是为了赋予构成要件的行为以意义而不可或缺的要素。无论是单纯的主观,抑或是单纯的客观,都不存在,主观客观相结合所产生的一个存在(在这里是行为),将是本文后把部分通过超越论的对其加以检讨。

三、危险概念中的主观与客观

本文将在这一部分深入挖掘本文作者的基本观点。

我们使用"实行的着手",用来检讨未遂犯成立所需要的"危险"要素。这个"危险"能否与"不能犯"中的"危险"做相同理解,将在后文中加以叙述。本文并非以这个危险的概念是指行为的危险,还是指结果的危险;应当进行客观意义上的把握,还是应当进行主观意义上的把握等既有问题的研讨为目的。如此说来,如果考虑到现存的理论概括,特别是如本文已经检讨过的那样,考虑到纯粹主观说不具有可能性,将危险从主观角度来考察检讨似乎并不可行。因此,本文希望讨论的问题是近年来极为有力的,将未遂犯中的危险与既遂犯中的结果同时考虑,认为危险和结果具有同样的客观把握可能的"作为结果的危险"(结果犯说)。这种看法,究竟有无理论采用的可能性?在不采用纯客观说的情况下,还是有一部分学者依然顽固地尝试对于危险通过纯客观的理论加以解说。或者,像多数论者那样,将危险与结果作同样理解,将危险这一客观要素,与行为人表象乃至行为意思这一主观要素作折中甚至是二元的理解,从而确保归结的统一性。本文作者认为,以上各种道路都不可行。因为,将危险作为结果把握的做法,属于重大错误。

山口厚在其对于日本危险犯及未遂犯理论产生重大影响的《未遂犯研究》一书中提出,"对于实害犯,因为将法益侵害作为处罚对象,目的在于防止法益侵害的发生,而在危险犯中,因为将危险作为处罚的对象,目的在于防止危险的发生",[1]将法益侵害与危险从立法阶段开始并列表达。对此观点加以贯彻的山口教授认为,正如法益侵害是一种结果那样,危险也是存在于外界的"结果",这种判断,主张"逻辑上来讲,其与法益侵害的情况并行不悖"。[2] 这种将危险与结果并列思考的方法,现在得到了很多支持者的赞成,以至于"作为结果的危险"概念,已经成为基本的思考方法。但是,在这种实行着手中,这种将结果与危险并列的思考方法,通过以下的批判,可以被证明,只不过是巧妙的修辞与语言上的误解的产物。

第一,本文作者认为,将制定危险犯的目的,看作与实害犯相同的防止法益侵害的这一点,其叙述本身(有意或无意地)有所疏漏。[3] 实害犯与危险犯在规定上的差异,不应该被理解为目的方面的差异,而应被理解为手段方面的差异。实害犯,的确以防止法益侵害发生为制定目的。这样一来,危险犯也应当以防止法益侵害发生为目的而制定。但是,对于法益侵害结果一旦发生将万事皆休的重要事态,在结果发生以前,就作为"(既遂)危险犯"或"未遂犯"处罚的观点,只不过是为了实现处罚早期化以及强化规范维持而已。为什么要规定杀人未遂罪?当然不是"为了防止生命的危险",而是和杀人既遂罪一样,"希望保护生命法益"。但在"生命法益失去之后再处罚",有马后炮之嫌,因此才将引发法益侵害危险的行为加以处罚。如此一

---

① 山口厚『危険犯の研究』(東京大学出版会,平成8・1996年)57頁。

② 这种思想体现在其近年撰写的教科书当中,"未遂犯的处罚根据,是既遂的具体、客观的危险,而未遂犯的处罚根据,则是其自体独自的结果,这种结果的发生应当被理解为是未遂犯成立的必要条件,将未遂犯作为一种结果犯的理解是妥当的"。参见山口厚『刑法総論』第2版(有斐閣,平成19・2007年)270頁。

③ 但是,山口在自己的教科书中承认将法益保护的必要性作为对于未遂犯的处罚时间提前的基本要义。山口厚『刑法総論』第2版(有斐閣,平成19・2007年)265頁。如此说来,本文并非对于山口教授全部观点的批判,而仅仅是对其《危险犯研究》中相关记述部分的批判。但是,这确是重要的修辞批判。因为在该书中,山口教授将本来并非在立法目的阶段并列的概念,却在该阶段并列,给读者可以将结果与危险并列的错误印象。

来,对于危险概念的理解便完全无法摆脱法益开展。① 也就是说,在立法目的阶段,将法益侵害与危险并列的做法,是不可能的。危险犯或未遂犯的目的,也不是单纯防止危险发生,而是为了防止法益侵害结果的发生。②

第二,对于“发生”的表述存在误解。的确,在日语中,可以做“结果发生”(结果が発生する)以及“危险发生”(危险が発生する)这样的表述。也存在使用“因为某行为的原因,结果发生”(ある行为が原因で结果が発生した),“因为某行为的原因,危险发生”(ある行为が原因で危险が発生した)的可能(gebrauchbar)。其中,通过这样的表述,可以认为“结果”与“危险”具备等值的可能性。如果存在同样表达的可能,就简单地认为存在等值的可能,就不能不说属于“思考短路”(短絡·short-circuit)所造成的误解。例如,如果说“刚才还在这里的球消失了”,我们就可以追问“球应该是去哪了,现在,应该是在哪里才

---

① 本文作者认为,法益侵害与危险的关系如下:首先,确认了从立法到制裁的流程。(1)在社会中,存在某种事态的无价值(事实的法益侵害)的问题(社会问题)。(2)为了防止发生无价值的事态,立法者通过立法制定行为规范以回避事态无价值的状态,同时为了确保这种行为规范的妥当性,根据通过行为规范规避的事态价值的大小,设定与行为规范相对应的刑罚效果(立法)。(3)其一,一般人遵守行为规范(达成规范目的),其二,行为人有责地违反了行为规范(犯罪)。(4)国家与行为人通过程序规则进行沟通,认定有责的规范行为(裁判)。(5)为了证明行为规范的妥当性,国家对于行为人科处刑罚(刑罚)。这个时候,为了确定行为规范的意义与内容,就不得不考察通过行为规范试图避免的无价值事态(如果询问“现在成为问题的,是针对什么存在危险”,就表明无法通过什么途径回避这个“什么”)。但是,在未遂犯中应当被认定为违法性本质,也是通过裁判应加以认定的,是规范违反行为,而不是事态无价值。因此,(3)中的“其一”是刑法的目标的缘故,对这种规范违反行为,应当从一般人的角度加以认定。但是,即便实施了规范违反行为,但缺乏(4)或者(5)中刑罚的必要性(要罚性)或者减少,都是事后进行的判断(中止未遂,自首,诸量刑事由等)。这属于犯罪成立确定后应当考虑的要罚性问题(strafbedürfnis),根据也主要建立在刑法的规范制裁性与谦抑性的基础上。在这种关系中,结果并非立法目的,是为了确定立法目的或行为规范,危险也成为规范违反行为所具有的性质。因此,不能将二者并列。

② Vgl. Urs Kindhaüser, Rechtsgüterschutz durch Gefährdungsdelikte, Krey-FS, 2010, S. 249ff.

对。"但是,如果说"刚才还在的烛火消失了",我们就不能追问"烛火应该是去哪了,现在,应该是在哪里才对。"虽然在"○○消失了"这个表述中,作为一个单独的词语位置,存在替代交换的可能,但球与火无法在这个表述中等价替换。

即使存在发音、文字完全相同的"消失了"这一词语,其意义也会随着语言表述的不同而不同。"举起右手"(右手が上がった)和"雨停了"(雨が上がった)的表达方式中,如果将"右手"和"雨"并列起来,二者希望表达"向上"的同一含义显然毫无意义(如果由此联想起二者所表达的是"向下"的含义,则更有些离谱。虽然可以放下右手,但却无法让雨落下)。同样,"结果发生"与"危险发生"的意义也有很大不同。所谓结果的发生,可以对应词典中"发生"的含义,而危险的发生,则明确体现为一定事态的"不发生"。"危险"一词的着力点,当然在于事实的不发生。所谓"过去的危险",表达的是"作为结果不发生的事实"(过去的某个时期存在所有财产全部丧失的危险,意味着那个时候并未失去全部财产),所谓"现在的危险",是指"现在来看没有发生结果"("有危险",就是结果尚未发生),所谓"将来的危险",是指"结果是否发生不确定"的意思("因为大雨,有滑坡的危险"意味着也存在不发生滑坡的可能性。如果确实出现了滑坡,就应该表述为"因为大雨,出现了滑坡")"杀人未遂"所承载的重要因素是,"人没有(因为与杀人行为的因果关系)死亡"这一事实。所谓危险,并不具备可以与结果相提并论的意义。

第三,忽视了"结果"一词的多义性。如前所述,危险具有结果不发生的含义。对此,不禁让人怀疑,是不是将作为"结果的发生"的"事态"(具备某种意义的结果)与"结果的不发生"的"事态"(具备某种意义的结果)并列等同?而且,可以断定,如果正确理解"结果"一词的多义性,这样的一种并列也是不可能的。在既遂犯与未遂犯中,"结果"一词的意义差别,说明如下:

在一个实害犯的既遂中,发生一个法益侵害结果。在一个杀人既遂罪中,存在一个具体的死亡结果。这样的结果,首先是日常语言意义上的事实。属于“何人在何时何地以何种方式死亡”这种具体的描写。

与此相对,在未遂犯中的“结果”,如下所述的那样,与既遂犯中“结果”的语义存在差异。首先,行为人希望实现的结果,与行为人故意导致的结果,存在差别。对此,行为人在“用刀捅被害人将其杀死”这样想时,形成了“去杀人”的观念,存在作为行为人主观意志目标的结果,即所谓中世纪哲学可以理解为意志“客体”(objectum)的结果,或者如字面显示的对象(gegenstand)。① 这种行为人的故意范围内的结果,如果从既遂犯、未遂犯角度考虑,其性质存在差异。在既遂犯中的故意内结果,虽然与现实发生的结果之间存在具体的差异,但对于没有发生现实结果的未遂犯,只能讨论故意内结果与现实发生的结果存在理念上的差异。这就为刑法教义学提出了不可回避的重要问题。本文限于篇幅,无法讨论故意与错误的问题,只对以下的问题点到为止。

结果发生时的故意内结果,存在认定“是否让该结果发生的认识或容认”的问题意识,在这类使用的“该当结果”的意义,与实害犯的既遂中现实发生的“结果”之间并无差异。而未遂的故意内结果因为通过询问“首先存在各种结果发生的认识或容认”来加以认定,尚不能确定其与既遂犯的场合中存在不同意义的“结果”。前者,存在针对的那一事实的结果的认识、容任的“单一的有无”问题,同认定与其他故意无关不同的是,在后者的判断中,判断者根据无数种假定可能的结果所产生的对应故意,存在“选择的有无”问题,有必要检讨其与其他各罪的故意之间的关系。

例如,在杀害他人的情况下讨论杀人既遂罪的故意时,仅仅讨论有无杀害该人的故意问题。在这里,没有必要讨论器物毁损的故意、放火的故意。然而,在行为人发射的子弹从人与饲养的动物之间飞

① 这种意识到对象,存在于意识当中。与笛卡尔所使用的“客体”用法相同。客观来看,现在的用法大体上沿用的是康德及黑格尔的观点。

过的时候,就有必要讨论其“所具有的是杀人的故意,还是器物毁损的故意”。当然,说到两者故意的问题,还包括二者故意的认定问题。与在既遂犯中,从客观的结果出发讨论针对结果的故意有无相对,在未遂犯中,因为不存在事实意义上的结果,因此将故意的含义调整为针对全体行为来加以把握。① 进一步而言,在结果未发生的未遂犯的场合,作为危险判断基础的“结果”也与既遂犯中的“结果”不同。例如,在悬崖上被行为人用刀刺的被害者,如果因为流血过多当场死亡,就产生了既遂犯中“作为事实的法益侵害结果”,这个结果(姑且)成为唯一不可改变的事物。但,如果该行为并未引发结果,仅仅构成犯罪未遂的情况,我们在确定是否成立杀人未遂的时候,就必须讨论危险。而在这里使用的标准,就是“是否存在导致被害人死亡的危险”,换句话说,“是否存在结果发生的危险”(法益的危殆化)。提请注意的是,在这个时点所使用的所谓“结果”的概念,已经与既遂犯中的结果出现了不同。在这种情况下,不仅存在“被害人因被刀刺,当场因为急性出血性休克死亡”(判断者所想定的)结果,还必须存在“被害人被刀刺后慢慢出血,虽然被送往医院但未得到有效救治而失血死亡”的结果可能性。进一步而言,还无法排除“被害人因为被到刺顺势摔下山崖,碰到崖壁上突出的石头摔死”,或者“摔倒山崖下的海水里淹死”等无法排除因果关系或客观归属的复杂可能。在被害者因出血性休克而死亡的情况下,虽然构成既遂犯,但显然不能将被害者摔下悬崖等可能性纳入“结果”的语意当中。在结果是唯一的情况下,除了被害者因出血性休克而死这一明确无误的事实之外,别无他物。但是,在未遂犯中,作为危险判断基础的“结果”,根据判断者的不同,存在各种各样的假定可能,并不存在绝对确定的唯一可能性。如果将若干种假定的可能性的“结果”作为危险判断的基础,也可以理解这种判断。例如,虽然“被害人没有死亡的危

① Vgl. Luis C. Rey-Sanfis, Die Begriffsbestimmung des Versuchs und ihre Auswirkung auf den Versuchsbeginn, 2004, S. 253ff.

险”,但“却存在因为出血导致循環不全的休克,几小时后死亡的危险。”如此一来,就必须支持,在未遂犯的危险判断中使用的“结果”概念,当然与既遂犯中的“结果”性质不同。在结果不发生类型的未遂犯中,因为不存在作为事实的结果,作为“结果发生危险”的所谓“结果发生”,只不过是一种可能性概念,这种意义上的结果,是与作为事实的结果不同的若干种假设(如果条件关系确定,结果具体化的程度范围内,仅仅死因这一问题,就因为死亡时间、死亡场所等具体化因素,存在无数可能性)。换句话说,在既遂犯中,结果是“作为事实的结果”,而在未遂犯中,结果是“作为可能性的结果”。而这,显然是相当令人吃惊的异质性差别。正如,现实实施的(实行)“行为”与为判断行为可能性而假定的想定(其他)“行为”的意义,性质应当完全不同。

换句话说,未遂犯中“法益侵害结果”的意义在于死亡存在若干种可能性,从其中选择出来的一种,才是既遂犯中“法益侵害结果”的意义。如此一来,死的可能性与死亡存在时间上的差异,属于逻辑上的包摄关系。可以将结果比作花,而危险就是这种花的种子。不能将种子理解为“某种意义上也属于花”。“这是会开出什么样子花朵的种子呢?”这样的问题,是将这种特定的种子与不会开特定的花联系起来并作为前提的。如此一来,在既遂犯中,法益侵害结果与未遂犯中的危险,无法在同一体系当中完全等同并列。因此,对于违法性应以结果为核心做客观性把握,并将其作为理论立脚点,将既遂犯体系(结果体系)与未遂犯体系(危险体系)划分为两个不同的体系。例如,平野龙一曾尝试在既遂犯体系中,在重视违反性的客观方面的同时,在未遂犯体系中,承认作为主观违反性的故意,①山口厚则使用“行为意思”的概念来对其加以表述。② 因此,可以得出不能将未遂犯中危险理解为一

---

① 平野龍一『刑法 II』オンデマンド版(有斐閣,平成 16 · 2004 年)314 頁。

② 山口承认,在未遂犯中,行为人的意思属于主观的违法要素,直接承认了其与既遂犯场合存在的差别。山口厚『刑法総論』第 2 版(有斐閣,平成 19 · 2007 年)95 頁。

种客观的“作为结果的危险”的定论。①

如果站在“作为结果的危险”的立场考虑,一边希望所谓“结果”的含义明确、客观且单一的;另一边不得不对其加以多重意义的使用。本来因明确的客观性,在人权保障方面发挥重要作用的结果概念,却因为将未遂犯中的危险包括在内,导致结果的概念出现“自杀”的局面。对于康德哲学,如果用雅各比的戏谑表述的话,就是“我没有办法不以结果为前提进入结果无价值论体系,又没有办法以结果为前提在该体系中寻找到立足之处,无论如何都面临十分混乱的局面”。②

---

① 但是,也有批判观点认为,这样一种“作为结果的危险”相当于对于危险和结果同样进行事后判断。例如,像照沼亮介所设想的那样,根据一般人的观点,对于侵害赋予不同的等级,从事先的视角导入“危险结果”,虽然依然使用“结果”的名字,但其本质上已经脱胎换骨为作为行为属性的危险,而其也不应成为批判的对象。照沼亮介『体系的共犯論と刑事不法論』(弘文堂,平成17·2005年)63頁以下参照。进一步而言,对于作为结果的危险进行事前判断的,还可参见森住信人『未遂処罰の理論的構造』(専修大学出版局,平成19·2007年)155頁。本文作者认为,照沼的见解,抑或是森住的见解,都存在“作为结果的”的命名问题。令人不禁要询问“作为结果的”意义究竟为何。从客观的事后判断的(不正当的)的判断框架角度出发,得出这种“作为结果的危险”的概念。如果对此通过事前判断,对于行为的要素加以归属,那么不应该得出“作为结果的危险或者行为的危险”这一结论么?“为了处罚行为必须具备具体的危险”“不能让处罚过于早期化”这种目的意识的情况下,不是不应该使用“作为结果的危险”这种修饰语吗?如果是这样的话,其正如本文所批判的那样,“结果”的多义化程度过高,实属不当。“危殆化”(gefährdung)虽然无法确定与事态无关,但却彻底属于危害(gefährden)行为。从考察“危殆化”的立场来看,还不能说直接采用了“作为结果的危险”的立场。本文作者也认为,在具体的危険判断中,“危殆化”的意义在于,应当从一般人的角度,确认“是否达到了既遂的程度”(因此,必须区分抽象的危险与具体的危险)。但是,这并非“作为结果的危险”“而是导致作为可能性的结果发生的行为属性的危险”。在手枪当中发射出的子弹与被害人擦肩而过的时候,出现的危险并非“子弹与受害人擦肩而过”(这类被称为“结果”的结果概念,显然是多义的),是“用枪瞄准被害人方向并扣动扳机,从一般人的角度来看,属于可以导致被害人死亡的具体行为”。而这并非现实的法益侵害的问题,而是行为规范违反的问题。

② Friedrich Heinrich Jacobi, Werke, 1812—1825, Nachdruck 1976, 2. Bd., S. 304。在这里,雅各比的叙述中将“物自体(ding an sich)”作为“结果”,用来替换康德哲学中“结果无价值论”。在脱离认识主体的“物自体”与在隐蔽认识主体的结果无价值论中的结果做类比,不见得是错误的。本文作者认为,刑法不应该将“自体本身”(an sich),而应将“对我们来说(für uns)”这种现象作为研究问题。与这一立场相对,在规范论中,主要围绕“据说”(es soll)与“应该”(du sollst)的对立展开。

其中,如果不能对危险和结果做同样的客观把握,是否应当从主观方面把握?答案是否定的。危险无法脱离现象加以考察(在考察危险的意义时,无法对"作为可能性的结果"视而不见)。虽然危险并非结果本身,但在认定危险时,假设将其作为可能性的结果,这也是本文所无法否定的。危险,应当从客观方面与主观方面做统一的理解。不,还不限于危险,作为刑法对象的现象判断,从整体上都无法忽视主观层面及客观层面的考察。基于这种超越论,本文展开如下分析。

四、认识中的主观与客观

到目前为止的刑法学研究,一般将主观要素(内心的世界)与客观要素(物质的世界)二者间的区别默认为前提。以存在一个与观察者的认识没有关系而独自成立的客观、自然事实的世界观为前提,在此之上是将客观性的自然事实为基础进行体系构建,或者以与自然事实相分离的行为人主观为基础进行构建,抑或将二者做二元的考量等种种观点。对此的佐证,莫过于刑法中的主观说、客观说以及二元说。但是,这样的一种前提存在错误。

将世界的诸要素区分为客观与主观方面加以考察的"实体二元论"(substance dualism)为基础的世界观,以及在维特根斯坦所著《蓝皮书》中,将单纯的自然主义的世界观一并批判的"以太状"(aetherisch)的内心世界与物的世界相区别的世界观,①存在谬误之处。这样的一种二元论,最终会导致像"笛卡尔剧场"(Cartesian Theater)②式的错误。③

① Ludwig Wittgenstein, Das Blaue Buch, 1958, stw505, 1984, S. 78。大森荘蔵訳『ウィトゲンシュタイン全集 6』(大修館書店,昭和 50 · 1975 年)91 頁以下,黒崎宏訳『『論考』『青色本』読解』(産業図書,平成 13 · 2001 年)78 頁以下,永井均訳『ウィトゲンシュタインの誤診』(ナカニシヤ出版,平成 24 · 2012 年)15 頁以下参照(但,永井持批判的立场)。

② ダニエル · C · デネット(山口泰司訳)『解明される意識』(青土社,平成 10 · 1998 年)130 頁以下,特别见 136 頁。

③ 用维特根斯坦的话来说,这种观点存在文法上的错误。首先,根据这样的世界观,如何考察主观或主体并不明确。其次,这种世界观同样存在不承认观察者给予对象以影响的问题。

世界的构成,全部都是通过语言完成的,也就是说,所谓客观的要素与主观的全部要素,都可以通过语言统一起来。人类没有认识到的客观要素就不会成为这个世界的客观要素,因此无须考虑与认识无关的存在。因为不存在与客观要素无关的认识,从而无须考虑与现象无关的认识。① 例如,作为人类中谁也无法认识的音域,在人类无论如何观察都无法认识的时候(如"好像蝙蝠对于这个音域的音波能够识别"但"人没有这种认识"),这样的音域"(我也好你也罢)在世界中不存在"。存在,必须具备认识可能性。②

查尔斯·桑德斯·皮尔斯(Charles Sanders Peirce)直截了当地提出,"认识可能性与存在,在形而上学中不仅是同一术语,还是同义术语。"③因此,在这样的世界当中,作为认识的唯一工具,语言变得一元化。④ 因此,必须放弃"在世界的诸要素中,存在与认识无关系的朴素、客观事实,这种事实与我们独立的主观认识作为'主客观双方'的讨论是成立的"的这种错误前提。

另外,事实与价值这种单纯的二元论同样是错误的。例如,在侵害

---

① 即使康德也认为,"一般经验可能性的条件(Bedingungen der Möglichkeit überhaupt)另外也同时是经验对象的可能性条件"(Bedingungen der Möglichkeit der Gegenstände der Erfahrung)(A158 = B197),"我们所有的认识,都是与经验一道开始的这一点,是毫无疑问的"(B1),如果陷入贝克莱所主张的观念论,就会被批评为"与客观毫无关系,单纯的现象游戏"(nur ein Spiel der Vorstellungen,das auf gar kein Objektbezöge)(A194 = B239)。另外,最后的表示,通过与"缺乏客观的妥当性,单纯作为现象游戏"(ein bloßs Spiel)"类似的表示,在 A239 = B298 中循环往复,最终以数学的纯粹直观概念的例子提出(具体来说,出现空间与直线的例子),因此有观点批评,这种应用与对象之间的关系还是需要求助于经验。

② 正如在刑事裁判中,没有在审判中没有出现的,就不是案件事实那样。

③ Charles Hartschore and Paul Weiss, Collected Papers of Charles SandersPeirce, Harvard Univ. Press,1950,Vol. 5,2nd,ed. ,p. 257。但是,皮尔斯似乎将认识可能的实在事物,理解为独立于人的认识的某种存在。所谓存在必须经过认识的程序,因此没有认识的程序,就不存在认识。例如,刑事程序无法识别独立于刑事程序之外的独立有罪本身,在这个意义上,刑事程序就变成了有罪的根据。

④ 黒崎宏『言語ゲーム一元論後期ウィトゲンシュタインの帰結』(勁草書房,平成9·1997年)等参照。

犯中一般来说做客观把握的“死亡”这种法益侵害结果,具备事实与评价的两面性。不存在脱离事实的死亡和脱离评价的死亡。刑法学上的“死”虽然从过去“三特征”总体判断开始朝向脑死亡标准转变,但认为这样人的死亡这个事实就出现了变化,显然也是没有意义的。认为人的死亡这一实体,几年前和现在相比出现差异本身就没有意义。只不过是到什么程度我们称为死的评价发生了变化。而评价的变化引发了刑法的事实的变化。如果没有评价,就无法认定刑法中的事实。① 这一事实,实际上已经可以从正面得到承认,②直截了当,自觉将二元论作为前提的论者并不少。宗岡嗣郎提出,虽然“几乎所有日本刑法学者”都支持这样的一种共同范式,③但这种“在刑法学中首先承认存在可以与规范的评价相剥离的客观事实的存在”,并以此作为理论出发点的做法,显然是不妥当的。这恰似“不是去认识现象(erscheinung)而是去认识物自体本身(ding an sich)”,反之亦然。“对人来说,仅仅存在主观,没有考虑事实等的余地”这样的主观主义理论也存在谬误。如果没有人的生命活动出现不可逆的终结这一事实基础,就不能评价为死。我们就不能将其称之为死。也就是说,不允许抛掉现象,仅仅根据评价就做出死亡认定。其意义在于,对与死,规范评价无法完全胜

① 也有观点认为,这一问题属于“语态问题”[语态问题,参见 Ludwig Wittgenstein, Philosophische Untersuchungen,1953,stw501,1984,S. 518ff。黒崎宏訳『『哲学的探求』読解』(産業図書,平成 9·1997 年第 2 部 42 頁以下参照)]。对此,本文作者认为,我们所谈到的,其实不是“看到了死亡”,而是“看到了作为死亡的某种事物”在刑法中,提供这种语态的,是刑法规范。刑法的事实,如果离开刑法规范要求的评价,就无法确定。例如,杀人罪的规定是“要处罚杀人罪的话,对其处以死刑是适当的”,从此规范的要求出发,我们就认定如果要处罚杀人罪,就必须要认定死刑。

② 例如,山口厚就直接承认,“人”的存在受到“保护价值”与“保护必要性”的决定。山口厚『刑法各論』第 2 版(有斐閣,平成 22·2010)9 頁。人的存在这一事实,并不会产生价值或保护的必要性;相反,价值或保护的必要性,决定了人的存在。

③ 宗岡嗣郎『犯罪論と法哲学』(成文堂,平成 19·2007 年)42 頁。

任,而必须要基于现象。[①]

因此,单纯的规范主义也不妥当。“事实规范还是折中”这种出发点是错误的,在此基础上,到目前为止刑法学进入“客观主义、主观主义还是二元论”这种错误的对立,似乎也是必然。所谓“存在”,乃是人类认识基础上现象与评价(事实与规范)以及其无数“循环往复”的过程(不仅是时间,而且是概念)的全体形象的人的努力成果的一种。这种存在的问题,是所有事情所共有的。换句话说,世界中的所有事情,都是由“对于什么样的现象进行什么样的评价”的目光循环往复,通过主客观统一进行的(语言)决定。因此才有人提出,“我的世界”并不具备笛卡尔哲学的意义,而在语言的意义上,在唯我论的角度来看,“我的语言不存在”[②]为语言的公共性的由来。换句话说,对我来说,“我的世界”与对他来说“他的世界”之间联系的桥梁,就是“语言”,如此说来,对任何人而言,“我的世界”之中的主观与具有相同语言环境的客观(间主观)[③]通常通过语言统一起来。

从生到死,“我”都只能是“我”,不能是“我”之外的任何人。因此,世界的范围,就是“我”能够认识的范围。而“我”认识的界限,通过“我”的语言加以刻画。另外,同时,“我”在语言的角度上,和其人不同。因此,如果说和其他人存在共有可能的世界,那么这个世界并不存在,在“我”和其他人存在相关性的场合,他人存在认识可能的世界与“我”的世界之间,必须通过语言才能加以链接。因此,在我们希望认

---

① 以前面注释中提到的人的存在的认定过程来看,当然要以“智人”(Homo sapiens)的存在为前提。但是,什么是“智人”,就属于评价的问题。如果要解决这一评价的问题,就会产生下一个事实的问题。如此这般,存在只有通过事实与评价的来回往复才能决定。

② 『哲学的探求』243 号至 280 号的主题。Wittgenstein, a. a. O. (Anm. 79), 1953, Rn 243ff. , stw501, 1984, S. 356ff. 黒崎宏訳『『哲学的探求』読解』(産業図書,平成 9・1997 年)第 2 部 175 頁以下参照。

③ 间主观(間主観),是很难一言以蔽之的晦涩词汇,可以理解为两个人之间达成的一致看法,因此也被称为共同主观性。——译者注

识某事的时候,我和他人之间,需要进行如此这种"循环往复"。[①] 在刑法学中存在的各种判断过程中,从行为人的认识与一般人的认识可能性为基础的一般人的角度(日常语言的观点)出发把握的学说,属于与这样的一种基本世界观相互调和的产物。

之前,维尔泽尔将"生活现实"(praktische Lebenswirklichkeit)作为在法中行为的意义总体,依据行为中客观与主观的统一说,提出目的的行为论,[②]这一观点从根本上来讲,是正确的。如果说只有通过主观与客观的统一才能理解存在,这似乎再正常不过。虽然在行为中过度强调目的性这一点,或者说将刑法的目的与社会伦理捆绑在一起这一点,[③]维尔泽尔犯了错误,多数评价认为对世界进行机械论的把握,没有对存在或认识进行根本性考虑的情况下,对于因果论的把握的分析、认定存在误解的情况下发展起来的刑法学面临范式转换。[④]

因此,不仅是之前的主观的刑法学,连纯客观的刑法学也应当予以摒弃。当然,在没有认识到客观与主观本质区别的情况下,将二者混合在一起的折中主义也在理论上不足采信。因此,必须首先从对于主观和客观进行语言上的统一理解的方向开展摸索。换句话说,必须自觉发现从主观、客观、折中主义的角度展开追问的错误性。存在,是通过主观、客观与源源不断"循环往复"确认的主客观相统一的概念。

当然,本文也像这样使用了作为说明概念的"客观"与"主观"。作为与学说史上相关概念的流变有关,在理解上较为方便的一种技术性

---

① 这种认定,其实与在各方当事人的主张之间循环往复进行事实评价与认定的诉讼程序,存在同一构造。

② Hans Welzel, Studien zum System des Strafrechts, ZStW, Bd. 58, 1939, 491ff.

③ 但不能说维尔泽尔轻视法益保护。其在教科书中指出,"刑法明确将保护基本的社会伦理的行为价值作为一贯的受保护法益。"(Aufgabe des Strafrechts ist der Rechtsgüterschutz durch den Schutz der elementaren sozialethischen Handlungswerte.) Welzel, a. a. O. (Anm. 56), S. 5。

④ 但是,维尔泽尔也没有完全否定因果论的把握。在其教科书中,提出行为"并非单纯的因果事项"(nicht lediglich "kausales" Geschehen),还是用来"只是"(lediglich)一词,并未完全否定行为的因果性。Welzel, a. a. O. (Anm. 56), S. 33。

术语,就连承认主客观相统一的论者也使用这样的术语。因此,之后还会继续使用客观的构成要件、主观的违法要素等术语。但是,这是为了彻底说明而提出的概念,而这种说明本质上无法完全透彻地理解。所有的客观要素无法完全摆脱主观的世界,所有主观的要素无法完全摆脱客观的世界。这就要求在客观要素的判断中纳入主观与客观,主观的要素的判断也必须纳入主观与客观。

五、作为行为意思的主观

如果承认所谓行为意思概念,为了判断实行的着手问题,近年来有人开始主张其作为主观的违法要素或构成要件要素。① 这种看法,是持与客观说具备亲和性的论者所主张的观点,在客观说中加入主观的东西,作为折中说或统合说的意义来看是否更为妥当?遗憾的是,情况并非如此。如果行为意思不是指故意,而是指行为计划的话,就可以说考虑的是故意,甚至考虑的是行为计划。另外,如果从行为意思与行为计划两方面考虑,那么将行为意思从行为计划中消解,独立采用行为意思的做法,也就没有了意义。②

---

① 佐伯仁志「違法性の判断」法学教室 290 号(平成 16・2004 年)63 頁,山口厚『危険犯の研究』(東京大学出版会,平成 8・1996 年)271 頁。

② 佐藤拓磨「実行の着手と行為者主観との関係について」『慶應の法律学刑事法』(慶應義塾大学出版会,平成 20・2008 年)120 页以下提到,行为意思论的学者举例认为“扣动扳机”这一行为意思与行为人的手枪、扳机等周围状况和行为人主观认识息息相关。如果稀释这种主观认识的话,“扣动金属手柄”可以说是“扣动手柄”,“对扳机施力”可以说是“动手指”。但不能继续稀释其他的主观认识(将“意思本身”观念化是不可能的)。相反,加强与规范的关联的话与故意相一致,加强与现象的关联的话与行为计划相一致。山口厚『刑法総論』第 2 版(有斐閣,平成 19・2007 年)95 页中认为行为意思“不单单是对事实的认识”,这一点仍然并不明确。另外,维特根斯坦接下来的话富有启示。“‘我,拉制动杆以制动刹车’。但仅限于与此外的整体机械装置一起。只有和整体机械装置一体的情况下,该制动杆为刹车装置。如果刹车装置与整体机械装置相分离的话,都称不上制动杆。什么都有可能,但是什么都没有。”Wittgenstein, a. a. O. (Anm. 79), Rn6。

非但如此,如果将行为意思与故意或行为计划割裂开来的考虑,就成了"意思就是本身"的假设。这样的一种方法,只不过是以应当受到批判的实体二元论的世界观为前提,即使立足于这种世界观,也不应该在客观的基础上过度引入主观的尝试。故意并非单纯的主观,而是与作为客观的构成要件要素规范相关的意义的表象。行为计划则应被理解为是与行为人的行为相关的对应现象的行为人表象。对于故意,可以明确的是,虽然各犯罪的具体程度不同,但多多少少都与各自的客观构成要件存在某种程度的关联,行为计划也与构成要件或具体的行为之间存在某种明确的关联。但是,如果与此割裂开来的行为意思概念,不仅丧失了规范的色彩,而且也失去了现象的基础,彻底沦为"行为意思自身"的观念,而这样的一种观念,因为缺乏正当性,因此始终不具备可能性。

六、实行的着手与不能犯

如前所述,主张统一说的"构成的个别客观说"是妥当的,但就个别的客观说与不能犯之间的关系,还需要对主张对其做若干修正的看法加以检讨。例如,野村稔认为,如果采用个别的客观说,在不能犯中,与主观说或抽象的危险说相结合,因此,对不能犯采用具体的危险说的情况下,"对于实行的着手的判断,必须包含其不属于不能犯的判断","不能犯论是实行着手论的一个微观语境",必须考虑实行到着手论与不能犯论的整合性。①

但是,作为这种看法前提的实行的着手与不能犯的不兼容的观点自身,现在已经出现了崩解。② 也就是说,将抽象的规范违反行为视为实行的着手,使将具体的规范违反行为作为可罚的未遂加以考量变为

---

① 野村稔『未遂犯の研究』(成文堂,昭和59・1984年)294頁。反論:西原春夫『犯罪実行行為論』(成文堂,平成10・1998年)15頁。

② 高橋則夫『刑法総論』(成文堂,平成22・2010年)103頁,364頁,曽根威彦『刑法の重要問題〔総論〕』第2版(成文堂,平成17・2005年)259頁等。

可能。实行的着手存在法律条文的规定是否充分的问题，存在如何确定行为人是否实施了抽象的规范违反行为的问题。也就是说，为了探究处罚的必要条件，应当对作为判断具体危险的对象的全部行为的确定①作为目的加以判断。与此相对，在不能犯中的危险，则成为判断该行为是否属于应当给予具体处罚的规范违反行为，是否具备处罚的充分条件的问题。像这样，将抽象的行为规范的违反行为，视为属于既遂危殆化行为的实行着手，将具体的规范违反行为作为既遂危殆化行为的未遂犯加以处罚的实际界限问题，也具有考察的可能性。这时，需要注意，无论在哪里，都不能将主观、客观与实体做分离理解。因此，在实行的着手中，个别的客观说的框架内，可以在不造成矛盾的情况下对不能犯采取具体的危险说。

七、结　　语

本文通过超越论的检讨，得出了实行的着手必须坚持主观与客观相统一的理解这一结论。② 迄今为止，相关学说的错误之处在于，行为并非通过客观与主观要素的简单堆砌而构成。我们对行为的分析，虽然可以通过存在的主观要素与客观要素加以说明，但实际的行为却只能是主观与客观的统一体。因此，对于行为本来应当做纯粹客观的理解，还是主观的理解，并非我们能够选择的。对于行为，如果仅仅通过

① 如果确定存在行为，也没有办法明确那段行为能够为我所用。

② 本文是对作者之前所发表的论文『不能犯における危険の概念(1)～(3・完)』宮崎産業経営大学法学論集(平成19・2007年，平成20・2008年，平成20・2008年)中，通过相关注释所表明的诸思想的补充及明确。例如，在该论文(2)42页注17中，虽然做出过“纯粹的客观说，虽然最先开始对与犯罪相关的诸要素的主观方面与客观方面做明确区分，但主观与客观应当作为一个相互作用的整体加以把握，因此，有批评指出，是否应当采用在犯罪的诸要素中仅仅撷取客观要素的方法论，就成为一个问题”，但对此观点，作者通过本文做出了更为明确的表述。在该论文(3・完)115頁注10中，作者曾将“能否在侵害犯的结果作为真正纯客观地理解”作为今后的研究课题，在本文中，对此问题作者作出了否定的回答。

作为分析工具的主观做客观理解,势必导致行为的某个面向遭到忽略。这个问题,也可以说存在于犯罪论的全体。虽然可以将犯罪的诸要素区分为主观要素及客观要素并对其加以分析,但为了把握某个实体概念(如违法行为),显然无法采用仅仅将其作为客观或主观的要素加以把握的刑法体系。在这个意义上,(如果在违法性阶段,采用只考虑客观的分析范式)一元的结果无价值论,及(如果在违法性阶段,采用只考虑主观的极端分析范式)一元的行为无价值,都无法获得采用。所谓主观或客观的"一元论",只不过是现象的"一面论"而已。①

如此一来,如何是好?需要从体系的建构、修正角度出发着手此事?所幸并非如此。虽然一直以来二元的行为无价值论都被具有误导性地冠以"二元"的称呼,但在违法性当中,包含主观与客观相统一的判断对象,却该当充分的评价。在责任论中,规范的责任论,也应该是主观、客观,事实、规范相统一的责任论。如此一来,迄今为止的刑法学,应当在二元的行为无价值论、规范的责任论的话语下,寻求妥当的判断。因此,本文给出的结论也是,到目前为止应当将二元的行为无价值再次给予统一的基础。

由此,本文所主张的实行的着手,归结为以二元的行为无价值为基础的个别的客观说。但是,在此基础上,如果坚持"因为并非仅仅依据

① 即使存在"因为在责任阶段仅仅进行主观层面的考虑,因此,一元的结果无价值论体系作为整体,需要进行客观与主观相统一的考量"这种反驳,也无法成立。如果这样,为什么在这一体系当中,对于不法只能从客观层面加以理解?这并非仅在违法论中才存在的问题。同样不可能进对责任进行主观层面的理解。虽然本文作者认为规范的责任论较为妥当,但立足于心理、主观责任论的论者,也没有办法将责任年龄理解为一种心理、主观层面的东西。只要不立足于将事实与价值分离这一错误方法,就不可能采用一元论的体系。的确,如果能够区分事实与价值,将事实问题做客观考量,就可以将价值评价的问题做规范考量,并以此考虑犯罪的构成问题。但是,如果区分事实和价值,就无法得出"法益侵害结果(事实)无价值(反价值)"这一逻辑论述,法益侵害与无价值变得单纯偶然连接在一起。"侵害生命法益的事实,无价值。如此说来,为了防止法益侵害,法通过语言说明行为规范",从逻辑上来讲,事实与价值无法分离。作者的逻辑出发点是,如作为"生命"的事实,与其不存在逻辑关系的"尊重"的评价,当然不是偶然的连接关系。生命就是作为"应受尊重"的事物而存在的。对于事实与规范二元论范式提出尖锐批判的,参见宗岡嗣郎『犯罪論と法哲学』(成文堂,平成19・2007年)39页。

纯客观的要素进行判断,也需要独立的主观要素的加功”的话,也不会得出“行为是二元”的结论。这是因为,“在存在与认识的构造上,考察行为计划无法对于行为加以认知,如果观察行为则无法获知行为计划”。只有在主客观两方面交互参照的情况下,才能对规范违反行为加以初步把握。

换句话说,是否着手实行了某行为,不能单纯从行为的客观方面或主观方面出发,而是通过客观方面考察主观方面,基于主观方面考察客观方面,“循环往复”(hin und her),对其作为全体加以判断。参考行为的客观方面,以行为计划为素材,然后再次回头仔细考察客观方面,在此基础上考察行为人的故意,然后再次考察其客观方面。既无起点,亦无终点。需要一遍遍地往返于主客观之间。如此这般,在主客观之间无数次往返所形成的印象,才能成为具备充分意义的存在。如果不担心产生误解的话,就好像鉴赏一幅绘画作品时,并不会单纯关注其形或色,而是观色、鉴形,观色、鉴形(无意识地不间断循环),直至能够对与该幅绘画作品作为全体加以鉴赏把握。

因此,像过去“个别的客观说”那样“通过行为计划对原本行为加以判断”的静态说明方法有失偏颇。从行为出发可以理解行为计划,从行为计划出发,也能理解行为。没有行为,自然无从把握行为计划,如果没有行为计划也无法赋予行为以意义。判断者如果要确定实行的着手,(逻辑上来讲)需要反复考察行为状况与包括故意的犯罪计划,在实行的着手中,兼具主观与客观。如果没有产生误导的话,那么从此以后坚持个别的客观说的学者,都应采取这样的判断方式。

最后,将本文的结论概括为如下各点:

1. 无法完全区分主观与客观。

2. 可以通过语言对主观及客观加以统一。

3. 在刑法中,必须对主观与客观通过语言统一的方式加以把握。

4. 从语言角度考察,无法采用“作为结果的危险”这个概念。

5. 如果从统一的角度考察,在判断实行的着手时,需要同时考虑行为状况与行为计划,要求在二者之间进行“循环往复”式考察。

6. 这种判断在这个程度上,是基于二元的行为无价值论,根据个别的客观说(无意识地)进行的判断。

7. 本文不支持“二元”的理解,而是支持以“统一”理解为前提的个别的客观说。

如上所述,本文所进行的超越论的检讨结果认为,在实行的着手中,应当将坚持以统一说为新基础的个别的客观说。

The Objective and Subjective in the Beginning of the Act: Rethinking in the Perspective of Transzendental Strafrechtsdogmatik

ETO Takahiro
Translated by Li Lifeng and Luo Cheng

[内容摘要] 如果要最终说明“实行的着手”这一概念,就必须进行具体个别的判断。如果脱离各论的说明,根本无法得到具体的解决。但是,追求体系性、理论性思考的刑法教义学中,形成多数共识的看法一般认为,不能通过具体问题具体分析的方式对特定概念加以说明。这些检讨多少都忽视了一个极为重要的前提,即朴素的直觉。而这,属于“首先询问在刑法教义学中通过何种方法把握主观及客观”的“超越论”的检讨范式。很多既有研究,在没有讨论主观、客观的意义及方法的情况下,就开始自说自话。要最终解决实行的着手概念,就必须进行具体、个别的研究,通过对主观与客观认识相关的问题进行超越论视野下的检讨,将个别客观说作为统一说的最新基点,迈出说明实行着手概念的第一步。

[关键词] 主观;客观;超越论;刑法教义学

Abstract: The fundamental interpretation of the concept of “the beginning of the Act” should be understood case by case. Without the explanation of the individual definition of crime, such question will never be resolved. However, the common sense in the so called Strafrechtsdogmatik which emphasized the systematic and jurisprudential methodology argues that the concrete conception should not be interpreted case by case. Such method of thinking did not put the natural tuition, which is the prerequisite for the methodology, into consideration. Otherwise, the Transzendental methodology calls for the quest for the standard by which the subjective and objective in Strafrechtsdogmatik could be ascertained. Actually lots of research was conducted without such quest. The actual understanding of the concept of the beginning of the Act should be explored case by case, at the same time should be rethink through the Transzendental methodology.

Key words: Objective; Subjective; Transzendental; Strafrechtsdogmatik

“偶然防卫”性质重述
——以美国刑法相关论争为重点的考察与思索*

陆　凌**

目　　次

“偶然防卫”是罕有发生而又能有效检验论者基本立场的情形。关于“偶然防卫”性质的阐述,我国学者大多聚焦于德、日刑法,对英美刑法关注尚不充分。事实上,20 世纪 70 年代,美国就正当事由之主观、客观性质展开了激烈争论,而“偶然防卫”的性质就是此争论的关键争议之一。客观呈现美国正当事由主客观理论及其推导的“偶然防卫”结论,探析其基本逻辑与基础观念,对于合理定性“偶然防卫”具有重要意义。

---

* 本文系教育部人文社科青年基金项目“美国规范量刑改革考察(1970S ~ 2010S)及中国之鉴”(项目编号:16YJC820023);广西大学科研基金项目“美国有组织犯罪之法治实践及启示”(项目编号:DD32400211002)的阶段性成果。

** 广西大学法学院讲师,法学博士。

一、问题所在

"偶然防卫",即行为人没有防卫意思的行为正好阻碍了不法侵害的情形。本来"偶然防卫"包括偶然防卫人身和偶然防卫财产,但经常作为例子的"偶然防卫"大致包括偶然防卫自我和偶然防卫他人,前者如A在B房子内安装遥控炸弹,正准备从远处遥控引爆时,B在不知情情况下开枪打死A,后者如A准备开枪杀C,A在不知情情况下开枪打死A。方便起见,本文以偶然防卫人身为探讨对象。偶然防卫人身主要情形见图1。

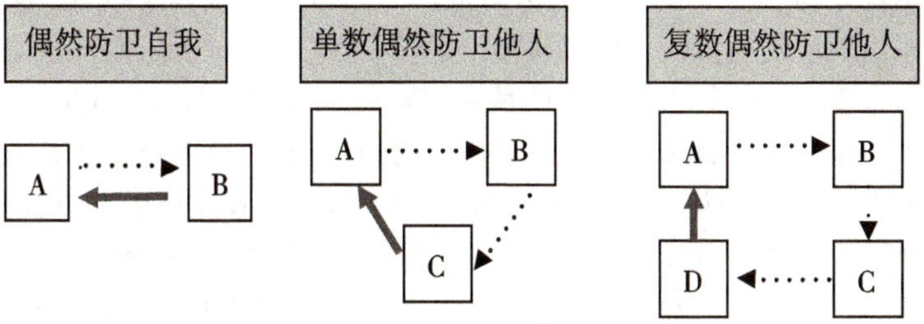

图1　偶然防卫人身主要情形

在"偶然防卫"中,A在杀B之际,不知情且有杀A故意的B、C、D率先杀死A,B、C、D行为如何定性,是否成立正当防卫,无防卫意识时可否成立正当防卫,是否构成犯罪,是不能犯还是犯罪未遂拟或犯罪既遂?围绕着这些问题,"偶然防卫"定性主要存在如下观点:其一,"有罪说",又有既遂说和未遂说之分;其二,"无罪说",或认为"偶然防卫"成立正当防卫,或认为其无法益侵害。具体而言,"偶然防卫"的性质存在正当防卫、不能犯、犯罪未遂、犯罪既遂之争。然而,"偶然防卫"性质论争发端于其是否成立正当防卫。

二、美国刑法中"偶然防卫"性质论争

"偶然防卫"通常作为是否成立正当防卫之问题来探讨,而其是否成立正当防卫取决于正当防卫的构成。由于立法对正当防卫构成规定不一,加之理论对正当防卫构成理解不同,而美国正当防卫构成理论主要存在纯粹主观说、合理相信说、纯粹客观说、主客观统一说。根据不同学说,“偶然防卫”定性的结论及其理由不同。

(一)正当事由主观说与合理相信说:犯罪既遂

关于非法侵害或威胁的存在、防卫的紧迫性、使用武力相当性的判断,纯粹主观说和合理相信说以行为人的认识、相信为基准,该二者同属主观立场,其区别在于行为人对此的相信程度。行为人对防卫必要的相信程度包括,其一,真诚;其二,合理。在早期,对于任何真诚而即使不合理地相信其遭受攻击的情形,普通法允许防卫。19世纪中期,对于遭受使用致命武力攻击的不合理的错误相信,美国很多法院认为行为人完全丧失防卫权。① 美国刑法一般采用“合理相信说”,《模范刑法典》(Model Penal Code,MPC)则采用“纯粹主观说”,即美国刑法一般认为行为人要真诚且合理地相信防卫的必要,而MPC认为行为人真诚地相信防卫必要即可。对于只要求真诚而不要求合理地相信使用武力必要即可的观点,鲜少得到认可,但是MPC支持了该观点,仅有一些现代法典采取此立场。②

1. 纯粹主观说及其结论

正当防卫之纯粹主观说认为,行为人真诚地相信有防卫必要而防卫的,成立防卫抗辩。MPC即采用了这里立场。MPC的防卫抗辩规定于3.04~3.06,包括防卫自身、防卫他人、防卫财产。第3.04(1)节关于为保护自身而使用武力,行为人相信对他人或向他人使用武力,是为了防止他人在当时情况下针对自己使用非法武力所即

① Richard G. Singer, John Q. La Fond, *Criminal Law*, China Fangzheng Press, 2003, p. 415.

② Wayne R. Lafave, Austin W. Scott, *Criminal Law*, West Publishing Co., 1986, p. 457.

时必要时,对他人使用武力具有正当性。如此,防卫自身构成要件包括非法武力的存在、需使用武力的即时性、使用武力的必要性、使用武力相当、行为人对上述条件的相信。MPC 中第 3. 05(1)节关于为保护第三人使用武力,为保护第三人而对他人或者向他人使用武力且满足下列条件时具有正当性:(a)行为人确信其所保护的第三人正在遭受危害,而行为人在遭受这种危害时使用武力保护自身是正当的;(b)行为人确信在当时的情况下,其所保护的第三人如果自己使用该防卫性武力也会是正当的;(c)行为人确信介入对于该第三人的保护是必要的。

防卫意识在 MPC 的防卫抗辩中至关重要,因为防卫的要件包括防卫人的相信。而相信的内容囊括了防卫所有的客观情境,意味着,无论客观情境如何,唯有对其相信才有可能成立防卫抗辩。正当化的决定性因素是行为人相信的那些情况,MPC 第 2. 04 节的语言支持这个完全主观化的观点:很明显,所有有关的情况,就是辩护人所相信的那些。[①] 如此,根据 MPC,防卫抗辩成立与否,在于防卫人是否真诚相信。需要唯一确立的是,行为人相信立即使用武力的必要性……当这种防卫标准降低为行为人的相信,就像 MPC 中的模式那样,这种真正的冲突就要转化为一个在使用武力时的善意问题或者合理的相信问题。[②] 然而,MPC 将防卫抗辩主观化的结果显而易见,防卫抗辩的其他要件存在与否取决于防卫人是否相信,这无异于防卫抗辩的判断等同于防卫意识的判断。

根据纯粹主观说,正当防卫的成立以行为人真诚相信有防卫必要的存在为前提,在“偶然防卫”中,行为人根本无防卫意识,遂不成立正当防卫。行为人客观上实施了杀人行为且造成他人死亡,主观上蓄意杀人,构成谋杀罪既遂。

---

① 参见[美]乔治·P. 弗莱彻:《刑法的基本概念》,蔡爱惠、陈巧燕、江溯译,中国政法大学出版社 2004 年版,第 133 页。

② 同上书,第 168、169 页。

2. 合理相信说及其结论

合理相信说是大多数立法者及很多学者采取的立场。成立防卫自身,普通法和制定法一般要求被告关于使用武力保护自己免于伤害的相信应该是合理的。① 合理相信说认为,如果行为人合理地相信存在防卫要件而防卫的,成立防卫抗辩。但"合理"有两种解释,第一种即被告的认识必须基于合理的理由,第二种即处于被告处境的理性人会产生的认识。② 前者以当时情景下特定被告对于危险认识是否有合理的根据来判断"合理"与否,后者以理性人替代了具体被告来判断"合理"与否。如果"合理"即被告的认识必须基于合理的理由,"合理"即被告人之合理,"合理相信说"产生的结论与"纯粹主观说"的结论无异,因为二者均以被告人的认识为基础,依据被告人实际情况判断认识是否"合理"。故而,合理相信说应该是指行为人达到理性人标准的合理地相信存在防卫要件。"纯粹主观说"和"合理相信说"即主观的立场,均要求行为人相信非法侵害或威胁的存在、防卫的紧迫性、使用武力相当,其区别在于行为人对此的相信程度。

"纯粹主观说"与"合理相信说"的适用结论区别不大,主要区别可能在于被告人与一般人对于防卫必要认识不一致的情形。在被告人相信有防卫必要而一般人相信没有防卫必要的场合,"纯粹主观说"认为成立防卫抗辩,"合理相信说"认为不成立防卫抗辩。在被告人相信没有防卫必要而一般人相信有防卫必要的场合,"纯粹主观说"认为不成立防卫抗辩,"合理相信说"认为不成立防卫抗辩,因为此时,被告人没有相信防卫的必要,更不必谈及相信合理与否。由此可见,"纯粹主观说"与"合理相信说"真正有区别的在于被告人相信有防卫必要而一般人相信没有防卫必要的情形。"合理相信说"是对"纯粹主观说"的限制,限制效果主要体现于假想防卫。

---

① Wayne R. Lafave, Austin W. Scott, *Criminal Law*, West Publishing Co., 1986, p. 457.

② Stanley Yeo, Bringing clarify to private defence: the Singapore experience, 3*NUJS Law Review*, 2010, p. 40.

根据合理相信说,正当防卫的成立以行为人相信有防卫必要的存在为前提,且该相信程度要达到一般人的标准,在"偶然防卫"中,行为人根本无防卫意识,更不用谈及相信是否达到一般人标准,遂不成立正当防卫。行为人客观上实施了杀人行为且造成他人死亡,主观上蓄意杀人,构成谋杀罪既遂。

(二)正当事由纯粹客观说:对实质犯罪的正当防卫、不能未遂犯

关于非法侵害或威胁的存在、防卫的紧迫性、使用武力相当性的判断,"纯粹客观说"认为,防卫要件应以客观事实为判断标准,如果客观上不存在非法侵害或威胁、无防卫的紧迫性、使用武力不相当,便不成立防卫抗辩。

正当事由纯粹客观论者的代表即保罗·H.罗宾逊教授。1975年,罗宾逊发表了一系列论文论证正当事由纯粹客观论的合理性:1975年发表了《正当事由理论:社会危害是刑事责任的前提》,1996年发表了《正当事由的互竞理论:客观V.主观》,1997年发表了《大规模抽样调查与正当事由抗辩理论》,1998年发表了《对于正当事由互竞理论的检测》。在前两篇论文中,罗宾逊从理论上阐析了正当事由纯粹客观理论的合理性;在后两篇论文中,罗宾逊通过实证方法验证正当事由纯粹客观理论的合理性。

罗宾逊批判了纯粹主观进路。其一,他认为现行法的"相信"模式与"主观"理论不一致。依据"主观"理论,成立防卫抗辩,主观上不仅要求防卫人认识到防卫情境,且出于防卫的目的和善意,即正当行为是道德恰当的行为,要求正当目的、动机。但现行法的"相信"模式仅要求防卫人相信正当化情境存在,并不要求防卫出于正当目的、动机,甚至容忍恶劣动机,如此,基于"主观"理论的现行法的"相信"模式与基

础理论出现了分裂。[①] 其二,在处理恶劣动机、先前过错、假想防卫和偶然防卫相关情形时,"主观"理论得出了不合理的结论。行为人方面的考量,如先前过错、动机、相信、认知,因为其不仅更适合考量于可宽恕原则,且推倒的结论与刑事责任基本原则逻辑混乱与不协调。[②] 以假想防卫为例,根据主观进路,只要防卫人真诚相信存在防卫的客观情境而实施了防卫,成立正当防卫。罗宾逊认为,这也是将行为人方面因素引入正当事由考量,而这些因素属于可宽恕事由所考虑。[③] 如果行为人合理但错误地相信其行为正当,行为人应被宽恕,但假想防卫的行为不是社会所期待的,并不正当。进而的问题是,对于假想防卫可否再防卫?由于正当防卫针对的只能是非法侵害,而主观进路将假想防卫认定为正当,对于假想防卫不可再防卫。如因债务纠纷,债权人 A 曾殴打债务人 B,并告知 B 一周后偿还债务,否则杀了 B。一周后,B 无力还款,在街头碰到 A(实际上是 A 的双胞胎弟弟),A 径直走向 B,B 以为 A 要杀他,便掏出枪准备向 A 开枪,了解整个事情的 C 冲倒 B,B 摔成重伤。B 是否成立防卫抗辩,C 是否要承担重伤 B 的责任?根据主观进路,B 成立防卫抗辩,C 不可对 B 防卫,C 承担重伤 B 的责任。很显然,这样的结论难以被接受。"主观"理论难解假想防卫和偶然防卫相关情形,症结在于混同正当事由与可宽恕事由。正当事由与可宽恕事由的性质完全不同,正当事由与可宽恕事由的考量因素也截然不同。其三,"主观"理论存在明显的理论欠缺。就术语与概念化的理论方面,首先,"主观"理论将正当事由分为特许的、非特许的 、可宽恕的,而"非特许正当事由"仅有假想防卫一种情形,与被允许的正当事由、

① Paul H. Robinson, "Competing theories of justification: Deeds V. Reason", SSrn Electronic Journal, 2003, Simester, A. T H. Smith, *An Offprint From Harm and Culpability*, Clarenson Press · Oxfod, 1996, p. 49.

② Paul H. Robinson, "A theory of justification: societal harm as a prerequisite for criminal liability", 23 *University of California Los Angeles Law review*, 1975, p. 280.

③ Ibid..

可宽恕事由难以形成并列类型。① 其次，所有概念化的功能在于在何种程度上帮助我们洞察争议规则之间最关键的异同，而以“主观”理论为基础的概念化——区分“特许正当事由”“非特许正当事由”与可宽恕事由，没有达到此标准，因为其误导了相关理论的关系，而非澄清之。就理论解释与适用方面，正当事由与可宽恕事由的混同导致一个更严重的问题，即削减刑法作为行为规范从而明确引导受其约束的人的作用。② 将客观的和假想的正当事由统一规定于“正当”行为条款，如此，因“正当”抗辩而无罪的判决没有给公民提供明确的信息。所以，公民难以判断，无罪是因为行为被认可，还是因为行为人可宽恕，“无罪的行为”是否为社会所期待而在未来可以实施？而且，这可能阻碍法庭合理地判断行为是否符合行为规范。③

在批判纯粹主观进路的同时，罗宾逊论证纯粹客观进路的合理性，最后总结了正当事由的纯粹客观理论的理由：第一，其产生的责任结果更公平，也符合我们公正共识的直觉；第二，概念化的客观理论区分了确定责任的因素；第三，客观理论完善了刑法规则的明确化功能，使法律更好地向公众传达其所要遵守的规则。④ 罗宾逊认为危害是刑事责任的前提，没有危害就没有刑事责任，正当事由无危害；危害是行为的特性，属于外在的、客观的判断，正当事由亦应是外在的、客观的判断，与行为人方面的动机、目的、错误认识等因素无关。行为人方面的动机、目的、错误认识等因素与另一抗辩事由——可宽恕事由有关。应当区分正当事由与可宽恕事由，并区分二者相关的判断因素。正当事由与可宽恕事由有严格界限，正当事由关注的是行为，本身是正确的、值得鼓励的行为，而可宽恕事由关注行为人，本身是错误的、应避免的行为。行为、结果等客观要素是正当化事由所要考量的，而行为人的动

---

① Paul H. Robinson, “Competing theories of justification: Deed. V. Reason”, SSrn Electronic Journal, 2003, p. 62.

② Paul H. Robinson, “A theory of justification: societal harm as a prerequisite for criminal liability”, 23 *University of California Los Angeles Law review*, 1975, p. 64.

③ Ibid., p. 67.

④ Ibid., p. 48.

机、目的、错误认识等是所可宽恕事由考量。鉴于社会危害的必要,考虑这些因素与以社会危害存在与否决定正当事由观点不一致,因为危害是行为的特征,而非行为人的特征。[1]

根据纯粹客观进路,虽然防卫人没有认识、相信存在可防卫的客观情境,但行为客观上虽产生了防卫效果,成立防卫抗辩。需要注意的是,罗宾逊认为,根据客观理论,偶然行为所成立的正当事由构成对实质犯罪的抗辩,不构成对未遂犯罪的抗辩。[2] 将对正当性不认识者认定为不能未遂犯,因为行为人无疑符合 MPC 犯罪未遂条款的规定。根据 MPC 第 5.01(1)(a)节,在对正当性不认识者所相信的情境下,行为人构成犯罪。[3]

另外,朱蒂・贾维斯・汤姆森(Judith Jarvis Thomson)的进路亦是纯粹的客观进路,认为行为有关的信念、蓄意、错误都是不相关的。汤姆森理论的基本原理即,在防卫自身中,如果攻击者侵犯了他人生命权,其便丧失了生命权,杀死或威胁攻击者是被允许的。[4] 据此,在偶然防卫的场合,由于 A 正要杀 B,A 侵犯了 B 的生命权,A 便丧失了生命权,B、C、D 可杀之,如此,偶然防卫成立积极抗辩。

(三)正当事由主客观说:犯罪既遂

作为对罗宾逊的《正当事由理论:社会危害是刑事责任的前提》的回应,乔治・P. 弗莱在其 1975 年发表的《出于错误理由的正确结果:对罗宾逊的回应》中彻批判了罗宾逊正当事由纯粹客观进路,提出主观因素对正当事由的必要,在其他论著中,弗莱彻也表示了对纯粹主观

---

① Paul H. Robinson, "A theory of justification: societal harm as a prerequisite for criminal liability", 23 *University of California Los Angeles Law review*, 1975, p. 273.

② Paul H. Robinson, "Competing theories of justification: Deed V. Reason", SSrn Electronic Journal, 2003, Simester, p. 55.

③ Ibid., p. 57.

④ Cynthia K. Y. Lee, "The Act-Belief Distinction in Self-Defence Doctrine: A New Dual Requirement Theory of Justification", 2 *Buffalo Criminal Law Review*, 1998, p. 125.

进路的堪忧和拒绝,认为正当事由是主客观要素的结合。罗宾逊教授与弗莱切特关于正当事由论争的关键争议之一即“偶然防卫”。可以说,该论争对美国刑法一贯的主观立场冲击颇大,无疑具有重大的学术价值。罗宾逊教授与弗莱切特教授20世纪70年代的论争引起了美国学术界新趋向。①

弗莱彻首先论述了客观要素对正当事由的必要。逐一阐析了客观要素之于正当事由的诸见解。刑法目的、合法制原则以及刑法的行为规范作用对于无罪、正当事由要件的解释没有帮助。另外,法律领域与道德领域有别,前者适用于外在和客观现象,后者适用于内在和主观现象,虽然,主观状态对于解决法律问题具有独立的重要意义,但法律领域与道德领域的这一区分有问题。弗莱彻认为,犯罪是外在世界的事件,而非存在思想中,如果行为似乎客观上构成犯罪,客观上必然与犯罪定义蕴含的禁止性命令冲突,因此,在考虑主观心态相关要素之前,犯罪定义的客观要素必须充足。②

但正当事由纯粹的客观进路是不合理的,弗莱彻批判了罗宾逊正当事由纯粹的客观进路。虽然,弗莱彻与罗宾逊一样承认正当事由要求客观要素,只是他不同意罗宾逊关于“危害”的理解与正当事由与可宽恕事由的区分。其一,弗莱彻质疑罗宾逊论述的前提——“危害”概念使用的合理性。弗莱彻质疑罗宾逊未加区分地使用“危害”概念的作法,认为论述无论从哪一概念开始,应做适格检验并区别使用。③ 这一区分对于依法不应处罚的危害情形至关重要。强奸自己的妻子、杀死苍蝇和防卫自身中杀死侵害者,这些损害在刑事责任意义上即无害,但其有区别。要区分刑法不关注的危害(如杀死苍蝇)和被视为犯罪例外的正当的危害(如防卫自身中杀死的侵害者)。总之,刑法上的

---

① Reid Griffith Fontaine, “An attack on defense”, 47 *American Criminal Law Review*, 2010, p. 68.

② George P. Flecher, “The right deed for the wrong reason: a reply to Mr. Robinson”, 23 *University of California, Los Angeles Law review*, 1975, p. 318.

③ Ibid., p. 298.

“危害”有别,不能混同适用,这是妥善处理正当事由情形的前提。其二,弗莱彻否定了罗宾逊的正当事由与可宽恕事由的区分,而区分了犯罪定义与正当事由。他认为现行法并未为正当事由与可宽恕事由区分提供根据。[①] 从犯罪定义与正当事由的区分出发,弗莱彻认为犯罪定义与正当事由是体系性评价犯罪成立的不同阶段。如此,缺失某一犯罪定义要素即阻碍犯罪成立,意味着纯粹客观路径可以否定犯罪成立。然而,如果所判断的事项属于正当事由,正当事由包括主客观要素,若主观要素的缺失,正当事由不成立,即纯粹客观路径不能决定正当事由。是否倾向于认为客观情境得以排除定罪,与是否将客观情境作为犯罪定义的看法有关。[②] 正当事由为何要求主观因素?以犯罪定义观之,正当行为有危害,然而,正当行为具有与危害相冲突的善的理由。问题即转换为,行为人是否必须具有这些善的理由而行为,行为正当是否以正当事由目的为导向?该目的可能是防卫自身或满足其他人的期待。如果行为人没有这些善的理由,其行为便不符合正当事由理论所隐含的标准。[③]

但弗莱彻并不支持纯粹主观进路,而是指出了其隐患。现代立法中的一种危险是,通过简化的立法语言,把故意性的自我防卫这个要求,作为消除对防卫人发现当时情形具有紧迫性的必要性这些特征的客观要求的解决手段。[④] “我们任何一方都不支持的主观性理论……我的观点是一种联合的或混合的正当化理论:客观的和“正当化”的目的都是必要的。”[⑤]

根据主客观进路,在“偶然防卫”中,由于行为人没有认识到正当情境,没有相信防卫的必要,不成立防卫抗辩。客观上,行为人实施了

---

① George P. Flecher, “The right deed for the wrong reason: a reply to Mr. Robinson”, 23 *University of California, Los Angeles Law review*, 1975, p. 298.

② Ibid., p. 318.

③ Ibid., pp. 320–321.

④ 参见[美]乔治·P. 弗莱彻:《刑法的基本概念》,蔡爱惠、陈巧燕、江溯译,中国政法大学出版社2004年版,第168、169页。

⑤ 同上书,第133页。

杀人行为且造成他人死亡,主观上蓄意杀人,构成谋杀罪既遂。

三、美国与日本定性"偶然防卫"之共性与启示

日本关于"偶然防卫"的性质亦存在激烈争论,若能发现美国和日本定性"偶然防卫"的共性,无疑对于合理认定"偶然防卫"意义颇大。

(一)基本结论相似

日本关于"偶然防卫"的性质存在如下分歧。其一,犯罪既遂说。基于行为无价值或违法二元论立场,认为正当防卫必须有防卫意思,"偶然防卫"不符合正当防卫的要件,成立犯罪的既遂犯。① 其二,正当防卫说。基于客观的违法性论②或基于彻底的结果无价值论,③认为正当防卫无须防卫意思,"偶然防卫"成立正当防卫。其三,未遂犯论。基于违法二元论,认为"偶然防卫"从事前看有杀人的危险,具备行为无价值,从事后、客观的立场看则欠缺结果无价值,成立杀人罪的未遂。④ 有学者认为"偶然防卫"情形,行为本身具有违法性,但欠缺结果的违法性,所以应该准用该犯罪的未遂规定。⑤ 基于结果无价值论,认为"偶然防卫"中行为人不过没有认识到构成正当防卫的客观事实,与认为尸体是活人而开枪的情况一样,没有发生"违法的结果",即使行

① 参见[日]团藤重光:《刑罚纲要总论》,创文社 1990 年版,第 238 页。转引自陈家林:《外国刑法:基础理论与研究动向》,华中科技大学出版社 2013 年版,第 132 页。

② 参见[日]植松正:《再订刑法概论总论》,劲草书房 1981 年版,第 167 页;香川达夫:《刑法讲义总论》,成文堂 1995 年版,第 164 页。转引自同上注。

③ 参见[日]前田雅英:《刑法总论讲义》,东京大学出版会 2006 年版,第 339 页;中山研一:《刑法总论》,成文堂 1982 年版,第 281 页;山口厚:《刑法总论》,有斐阁 2007 年版,第 124 页。转引自同上注。

④ 参见[日]中义胜:《讲述刑法总论》,有斐阁 1980 年版,第 136 页。转引自同上注。

⑤ 参见[日]野村热:《刑法总论》(补订版),成文堂 1998 年版,第 243 页。转引自同上注。

为人有引起违法结果发生的想法,也不过根据具体情况成立犯罪未遂。[①] 有学者认为,行为人实现了构成要件属于违法,但违法程度没有达到值得课处既遂所预定的法定刑的程度,所以应考虑为未遂。[②] 其四,不能犯说。基于防卫意思必要说,认为既遂犯处罚根据的结果无价值指的不是"构成要件的结果"而是"不法结果",所以,行为人没有防卫意思时,虽然完全实现了行为无价值,但结果无价值却因为客观存在的正当化事由而被消灭。[③] 其五,二分说。将"偶然防卫"分为"防卫自己权利型"和"防卫他人权利型"。前者以防卫意思为必要,没有防卫意思的"防卫人"的利益和被侵害人的利益同样不值得法律保护,因而不存在正对不正的关系,不能认定正当防卫。由于被侵害人的利益在法律保护范围之外,偶然防卫人的罪责违法性程度仅达到未遂程度。后者即尽管偶然防卫人没有防卫意思,但结果保护了第三人利益,所以,应认定正当防卫,这时两个利益的冲突具有正当防卫的"不正对正"的关系,所以基本上不需要防卫的意思。[④] 如此,日本关于"偶然防卫"性质的严重分歧,主要源于论者不同的不法理论立场。防卫意识之于正当防卫是否必要亦取决于论者的不法立场,而不法立场实际上即关于危害的理解。必要说与不必要说的对立,最近则可以说是同行为无价值与结果无价值的对立相对应的。[⑤]

综上,美国"偶然防卫"定性始于正当防卫理论,但具体论证涉及危害、犯罪成立及犯罪形态,这与日本情况颇为相似。比较美、日"偶然防卫"定性,发现二者结论相似,即存在犯罪既遂、正当防卫、不能

---

① 参见[日]平野龙一:《刑法总论》,有斐阁1975年版,第243页;西田典之:《日本刑法总论》,刘明祥、王昭武译,中国人民大学出版社2007年版,第129页。转引自同上注。

② 参见[日]内田文昭:《刑法概要 中卷》,青林书院1999年版,第91页。转引自同上注。

③ 参见[日]吉田敏雄:《关于防卫意思》,载《刑事法学的课题与展望·香川达夫博士古稀祝贺》,成文堂1996年版,第191页。转引自同上注。

④ 参见曾根威彦:《刑法总论》,弘文堂2008年版,第104页。转引自同上注。

⑤ 参见张明楷:《外国刑罚纲要》,清华大学出版社2007年版,第162页。

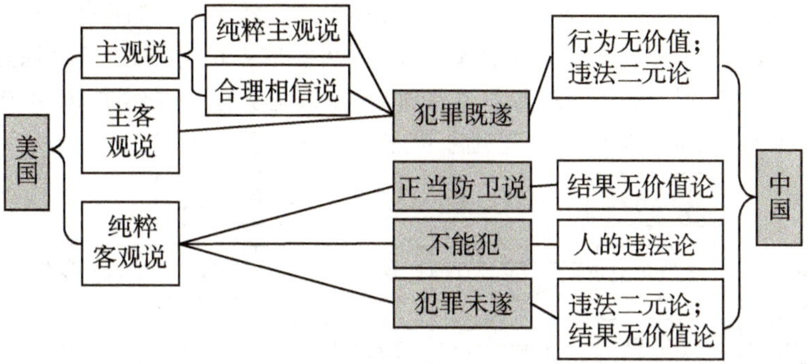

图2　中美"偶然防卫"理论对比

犯、犯罪未遂之争,而争论的基础理论也存在诸多暗合。

(二)核心争议相同

美、日"偶然防卫"定性争议的决定性因素即防卫意识和危害。具体而言,"偶然防卫"定性争议,主要涉及防卫意识之于正当防卫的成立是否必要、"偶然防卫"是否有危害?首先,防卫意识之于正当防卫是否必要?防卫意思必要说和不必要说的对立,体现在对"偶然防卫"问题的处理上。① 如果正当防卫要求防卫意识,"偶然防卫"不成立正当防卫,而如果正当防卫不要求防卫意识,"偶然防卫"成立正当防卫,如美国正当事由纯粹客观说和日本彻底结果无价值论即认为"偶然防卫"不成立正当防卫。但这并意味着在"偶然防卫"场合,若有防卫意识,便成立正当防卫,仍须考察正当防卫的客观要件。其次,"偶然防卫"是否有危害,该危害属性为何?关于危害属性,美国刑法有事实上危害和规范上危害之分,而日本刑法对应的也有"构成要件结果"和"违法的结果"。"偶然防卫"危害的有无和属性决定了其之不能犯、犯罪未遂、犯罪既遂的性质。若"偶然防卫"无危害,此无危害属于事实

---

① 黎宏:《日本刑法精义》,法律出版社2008年版,第162页。

上还是规范上的,如果是事实上的无危害,“偶然防卫”可能成立不能犯,如果是规范上的无危害,“偶然防卫”可能成立正当防卫。若“偶然防卫”有危害,该危害是实害还是危险,如果是实害,“偶然防卫”构成犯罪既遂;如果是危险,“偶然防卫”构成犯罪未遂。见图3。

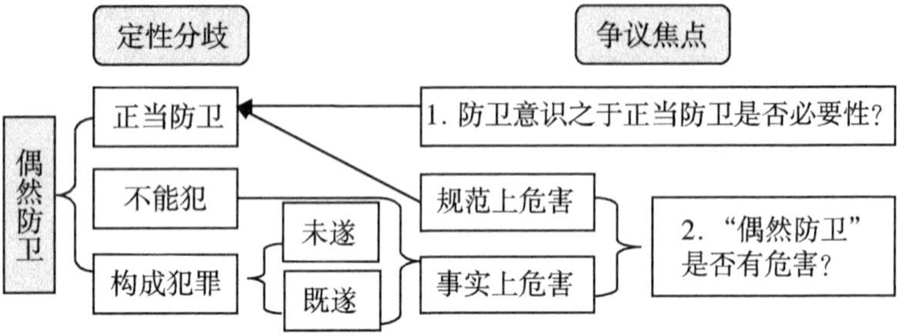

图3　“偶然防卫”的定性分歧及争议焦点

综上,发现,其一,“偶然防卫”是否成立正当防卫,需考察有无防卫意识、有无规范上的危害。如此,“偶然防卫”是否成立正当防卫,不纯粹是防卫意思的问题,而且关乎刑法中“危害”的理解与正当防卫的客观方面。其二,“偶然防卫”为不能犯或未遂犯、既遂犯,需考察有无事实上的危害以及该危害的形态。“偶然防卫”事实上是否产生危害成为不能犯或未遂犯的界限,危害的形态决定了构成犯罪未遂或犯罪既遂。

四、“偶然防卫”性质重述

“偶然防卫”的定性主要解决如下问题。其一,“偶然防卫”是否成立正当防卫,具体考察其是否符合正当防卫的主客观要件。其二,“偶然防卫”是否有危害?若无危害,且其属于事实上的无危害,“偶然防卫”可能成立不能犯;若有危害,该危害是危险还是实害,如果是危险,“偶然防卫”构成犯罪未遂,如果是实害,“偶然防卫”构成犯罪既遂。

(一)责任有无:正当防卫不成立

"偶然防卫"引发争议首先是从其是否成立正当防卫开始的,从其被冠以"防卫"之名亦能略知。"偶然防卫"是否成立正当防卫取决于其是否符合正当防卫要件。美国刑法正当事由存在主观说、纯粹客观说、主客观说之争,日本刑法亦存在防卫意思之于正当防卫必要与否的争论,自然地,"偶然防卫"的性质也有分歧。我国《刑法》第20条规定,为了使国家、公共利益、本人或者他人的人身、财产和其他权利免受正在进行的不法侵害,而采取的制止不法侵害的行为,对不法侵害人造成损害的,属于正当防卫,不负刑事责任。根据通说,正当防卫是主客观统一的制度,且防卫意图是首要前提条件,置于显要位置。[①] 但也有学者质疑只有主客观相一致的正当行为才能排除犯罪成立的说法。

事实上,中、美、日正当防卫各学说,偏主观或偏客观,就具体案件的结论,大多相同,主要区别在于假想防卫、偶然防卫。就假想防卫,根据纯粹客观进路,防卫人误以为存在防卫的客观情境,而事实上无防卫情境,错误认识而防卫的,构成犯罪;而根据纯粹主观进路,防卫人真诚相信存在防卫的客观情境而实施了防卫,成立正当事由。就"偶然防卫",根据纯粹客观进路,防卫人的行为客观上虽产生了防卫效果,成立正当事由。而根据纯粹主观进路,防卫人没有真诚相信防卫的必要,构成犯罪。但纯粹主观进路将假想防卫一味认定为正当防卫,纯粹客观进路将"偶然防卫"认定为正当防卫,难以被接受,意味着两个进路均存在理论解释功能方面的明显缺憾。正当防卫应该是主客观结合的制度,理由如下。

首先,防卫客观要素是正当防卫的前提。按照通常理解,虽然正当防卫客观上造成一定损害结果,表面上符合某些犯罪的客观要件,但实际上不具有犯罪所要求的社会危害性。意味着,虽然,正当防卫是无危

---

① 高铭暄、马克昌:《刑法学》,北京大学出版社、高等教育出版社2014年版,第129页。

害的行为,但其是综合评价冲突利益衡量的结果,与行为事实上无危害有别。如此,必然存在与正当防卫所保护利益冲突的另一利益,也必然存在与正当行为起冲突、对峙的行为。也就是说,与“念咒杀人”等无危害行为不同,正当防卫事实上对生命、身体、财产等利益产生损害,只不过该损害与其他对生命、身体、财产等损害的行为冲突,经利益衡量,正当行为被评价为无危害,此无危害是规范上的无危害。所以,正当防卫要求存在对应的侵害行为等情境,如此,才能说正当防卫是针对不法侵害行为的防御行为。事实上,几乎所有的立法都承认客观要素之于正当防卫的必要,在条文表述中,总是能寻得关于非法侵害的存在、防卫的紧迫性、防卫必要、防卫相当的表达。据此,基于正当防卫的本质、体系地位以及立法事实,可知,防卫客观要素是正当防卫的前提。

其次,防卫意识是正当防卫的必要条件。防卫意识是否必要是正当防卫最激烈的争论之一。世界上所有的法律体系,在事实上都对自我防卫和紧急避险的辩护要求一种主观要素,这种做法看来是正确的。[①] 以下将系统重述主观要素之于正当防卫的必要。

其一,基于“为了”“正当”的语言理解。防卫意识是否正当防卫的成立要件以及其内容如何的争议,源头即“为了”的理解。就词义而言,“为了”即目的性状语,包括表目的和表原因。如此,为了使国家、公共利益、本人或者他人的人身、财产和其他权利免受正在进行的不法侵害,既可表明行为人防卫的目的,也可表明行为作为保护法益免受不法侵害的原因,前者意味着正当防卫以防卫意识为必要,后者说明防卫的原因和效果,意味着正当防卫规范并不要求防卫意识。如此,“为了”的语义考察并未得出防卫意识必要的结论。另外,关于“正当”的理解,“正当”是伦理学的一个核心范畴,考察其伦理学定义及其相关概念有助于对问题的思考。善是一切事物对于主体目的的效用,应当与正当则都仅仅是行为对主体目的的效用,应当是行为善,是行为对一

① 参见[美]乔治 · P. 弗莱彻:《刑法的基本概念》,蔡爱惠、陈巧燕、江溯译,中国政法大学出版社 2004 年版,第 133 页。

切目的的效用;正当是行为的道德善,是行为对道德目的的效用。① 如此,从语义上理解,道德善是"正当"之所以为"正当"的决定要素,是"正当"与"善""应当"区别的关键,若无主观上的道德动机、目的,便不正当。以此推之,刑法的正当防卫不仅要求防卫意识,且应要求善良的动机和目的。刑法果真如此要求正当防卫?其实不然。行为人实施正当防卫时,刑法一般仅要求有防卫认识和防卫目的,并不考察防卫动机,甚至可以容忍或忽视其恶劣动机。这就意味着,刑法的"正当行为"与伦理的"正当行为"并不一致,前者要求较宽松。初步的结论是,"为了""正当"的语义、论理解释无法确切得出正当防卫要求主观要素的结论。

其二,以正当事由的地位观察之。如果我们接受"辩护"的概念是可废除规则的产物这一命题,那么自然的推论是,防卫抗辩是与犯罪要素有别的另一体系。正如弗莱彻所言,正当化的辩护由若干要素组成——就像定义犯罪的规则包含了许多不同的要素一样,为了使一个正当化令人信服,所有的要素都必须具备。② 问题在于,入罪需要诸多因素,出罪是否也需要诸多因素,基于正当防卫的出罪是否也需要诸多因素?而基本的共识是,正当防卫这一体系包括不法侵害、急迫性、必要性、相当性诸多要素,防卫意识则有争议。更复杂的问题是,即使承认了犯罪定义要素的判断与正当事由的判断之间的区别,承认了正当防卫的成立是由诸多因素构成,如果正当防卫的诸多因素仅包括客观要素(不法侵害、急迫性、必要性、相当性),而不包括主观因素,是否可能?如张明楷教授主张,只有主客观相一致的正当行为才排除犯罪成立的说法,存在疑问,成立犯罪所要求的主客观一致,并不意味着不成立犯罪的行为也必须主客观性一致。③ 确实,不成立犯罪的行为并不必然要求主客观性一致,但"不必然"也意味着存在多种可能。如果被

---

① 参见王海明:《伦理学原理》,北京大学出版社 2009 年版,第 33 页。

② 参见[美]乔治·P. 弗莱彻:《刑法的基本概念》,蔡爱惠、陈巧燕、江溯译,中国政法大学出版社 2004 年版,第 135 页。

③ 参见张明楷:《刑法学》,法律出版社 2016 年版,第 208 页。

评价的对象是构成要件要素,否定任一必要的主观要素或客观要素,便可否定犯罪成立。但若被评价的对象是正当防卫、紧急避险,不可同语,即先评价成立正当防卫,才可否定犯罪成立。作为排除犯罪成立的正当防卫需要何种要件,主观要件是否不必要?张明楷教授认为,“行为是否侵害法益,是一种客观事实。因此,故意、过失是责任要素,而不是违法要素。与之相应,所谓的防卫意识,也不是影响违法性的要素”。[①]然而,即使承认故意、过失不是违法要素,也不能推导出防卫意识之于正当防卫不必要的结论。首先,故意、过失与防卫意识并非同一,故意、过失不必要并不意味着防卫意识不必要。其次,逻辑上,主观要素不是违法要素,并不能推导出主观要素不是不违法要素要素。所以,判断是否违法可能无须考虑主观要素,但判断不违法并不必然要排除主观要素;相反,判断不违法要求主观要素。根据我国刑法,正当防卫即犯罪的例外,从体系的地位来说,正当防卫判断的对象系符合具体犯罪定义的行为,而我国犯罪定义包括主客观要素,这意味着正当防卫判断的对象必包含主观要素。

其三,诉诸于正当防卫设置的目的。设置防卫抗辩,旨在将没有危害的行为排除出符合犯罪定义的行为的范围。与行为事实上不产生危害有别,正当行为的无危害是冲突利益衡量的结果,是基于利益衡量的规范上的无危害。当侵害者杀人,防卫者伤害之,当侵害者伤害,防卫者制服之,在防卫者所损害的利益小于侵害者所侵犯的利益时,利益衡量比较容易。但在当侵害者杀人,防卫者杀之,当侵害者伤害,防卫者伤之等利益损害相当的场合,正当防卫仍成立,何以成立?两害相权,无危害亦无净价值,如何解释其中一方正当?弗莱彻建议,把首先发动侵害的人视为不合法的人和不被正当化的人。把自己或他人从一种攻击性侵害中拯救出来,是使用暴力的一个很好的理由,好的理由必须是与那些使用暴力的人在事实上拥有的理由,这与一个人为了正当性目

① 张明楷:《论偶然防卫》,载《清华法学》2012年第1期。

的的要求所能提出的最好的事实有关。[①] 另外,如果将正当行为的无危害理解为冲突利益衡量的结果,那么,在利益衡量时,需要两种危害构成冲突,但在偶然防卫中,两种侵害并非冲突性关联。在偶然自我防卫中,A即将遥控引爆杀B,B开枪杀A,这两种行为是否有关联,是否形成侵害—防御的对抗关系?否。在偶然他人防卫中,A即将开枪杀C,B开枪杀A,A、B行为是否有关联,B如何代表C的立场,是否形成A侵害—B代表C防御的对抗关系?否。而A、B冲突,A、C(由B代表)利益相冲突,形成C=B—A的模式,而此关联恰恰需要对立双方对彼此冲突有认知。

最后,从刑法目的、刑罚目的考察防卫意识的必要性。有必要进一步讨论到刑罚的目的,因为无论是法益保护论还是规范保护论都无法否认其对于刑罚适用的依赖,从一定意义上来说,刑罚目的决定着刑法目的。[②] 刑罚的目的包括一般预防和特殊预防,一般预防主要与刑法之行为规范相关。就"偶然防卫",行为人并非基于防卫意图而实施的行为在实质上已经违反了行为规范的要求,从一般预防的角度来说,这种行为应该是被禁止的。[③] 且若将"偶然防卫"认定为正当防卫,对于当时和未来的没有防卫意识的"偶然防卫"人来说,没有任何的行为规范效果,因为"偶然防卫"人实际上并未基于刑法规范产生任何不实施犯罪行为的意思。从刑法预防犯罪的目的出发,防卫意识应当成为正当防卫的成立条件。[④]

若根据纯粹客观说,正当事由不要求主观要素,"偶然防卫"成立正当防卫,暂且不论结论是否合理,"偶然防卫"的认定便会自相矛盾。具体而言,在偶然防卫自我的场合,A杀害B之际,不了解情况的B先杀A,如果认定B构成正当防卫,同样的逻辑,亦可认定A构成正当防

① 参见[美]乔治·P.弗莱彻:《刑法的基本概念》,蔡爱惠、陈巧燕、江溯译,中国政法大学出版社2004年版,第138页。

② 参见王充:《论防卫意识》,载《当代法学》2011年第6期。

③ 同上。

④ 同上。

卫,因为B当时要杀害A,A可以对B防卫,所以,A、B都违法,或都正当。在偶然防卫他人的场合,特别是复数偶然防卫他人的情形,欲杀人者违法,但又因杀害另一欲杀人者而正当,由于循环偶然防卫他人,A、B、C、C既违法,又正当。所以,在不需要防卫意思能成立正当防卫的场合,"偶然防卫"的性质并不确定,既可违法,又可正当,仅此而言,主张正当事由不要求主观要素地说法是难以成立的。

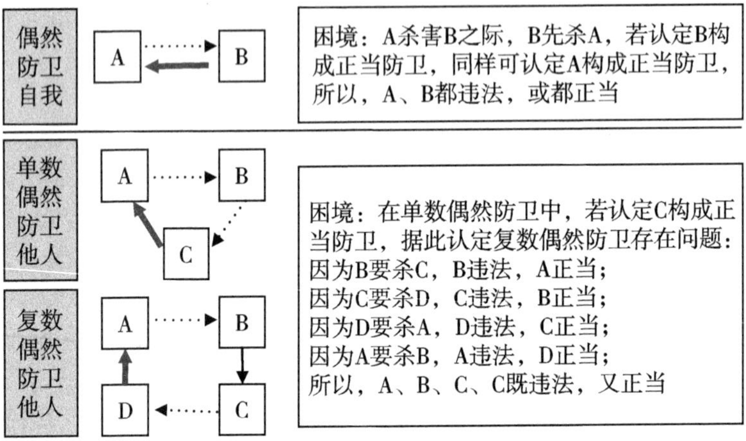

图4　各种"偶然防卫"场合的困境

考察"正当"语义、伦理意义虽不能确切推导出正当防卫要求主观要素的结论,但从正当防卫的体系地位、设置目的、刑罚目的、理论解释效果可推出这一结论。

据此,首先,"偶然防卫"不符合正当防卫的主观要件,且纯粹客观说解释"偶然防卫"性质的自相矛盾也印证了缺失主观要件而认定正当防卫的困境。其次,客观上,"偶然防卫"缺少正当防卫客观方面所要求的防卫与不法侵害的冲突、防御关系。"偶然防卫"人的行为与法益侵害者的行为是否关联、何时关联、通过何种形式关联,成为疑问。以"偶然防卫他人"为例,由于他人实施了非法侵害,法益被侵害方有防卫权,但"偶然防卫"人是否属于有防卫权人的立场、是否能代表其利益,"偶然防卫"人所实施的"偶然防卫"是否与非法侵害行为形成防御、对峙关系,存在问题。所以,"偶然防卫保护了更为优越或者至少同等的法益,因而阻却违法性……客观上存在紧迫、不正的侵害事实,以及防卫行为与防卫效果,客观上处于正对不正的关系"的说法,①难以成立。当"偶然防卫"无法与非法侵害形成对峙时,自然无法对二者及其利益结果进行衡量。如此,就正当防卫的客观方面而言,"偶然防卫"并不充足。最后,主观上,行为人缺乏正当防卫所必要的防卫意识,这点无须赘言。所以,"偶然防卫"均不符合正当防卫的主客观要件,其不构成正当防卫。

(二)责任程度:不能犯和犯罪未遂的不可能及犯罪既遂的成立

"偶然防卫"不成立正当防卫,其是否构成犯罪,如果构成犯罪,犯罪形态如何?这些问题主要涉及"偶然防卫"是否有危害。围绕着"偶然防卫"是否有危害,"偶然防卫"的性质有不能犯、犯罪未遂之分。偶然防卫问题不完全是一个关系到防卫意思的问题,更主要是一个涉及未遂犯与不能犯的界限何在的问题。② 若"偶然防卫"无危害,且属于事实上的无危害,"偶然防卫"可能成立不能犯。若"偶然防卫"有危害,该危害是实害还是危险,如果其是实害,"偶然防卫"构成犯罪既遂;如果其是危险,"偶然防卫"构成犯罪未遂。

主张"偶然防卫"成立不能犯的主要根据在于其无危害。"偶然防卫"是否有危害,是否因无危害而不构成犯罪?毋庸置疑,"偶然防卫"事实上对法益造成侵害。然而,因其外观上类似正当防卫,被认为其与他人的不法侵害冲突进而衡量为无危害,从而被认定为正当防卫。由此认定"偶然防卫"无危害,进而成立不能犯。但"偶然防卫"人的行为与法益侵害者的行为以及作为最终利益体现的 B 生命法益与 C 是否关联、何时关联、如何关联,成为疑问。"偶然防卫"人事实上已经剥夺

① 张明楷:《论偶然防卫》,载《清华法学》2012 年第 1 期。

② 黎宏:《刑法学》,法律出版社 2016 年版,第 138 页。

了他人的生命,而剥夺他人生命是否无危害、能否排除违法取决于该行为是否与其他行为相冲突进而被衡量为无危害,然而,“偶然防卫”人所实施的“偶然防卫”与非法侵害行为无法形成防御、对峙关系。当“偶然防卫”无法与非法侵害形成对峙时,自然无法对二者及其利益结果进行衡量,“偶然防卫”当然无法经过利益衡量成为规范上无危害的行为。“偶然防卫”的成立不能犯的论者未区分刑法上的危害,将事实上的无危害与规范上的无危害混同,欲将“偶然防卫”论证为规范上的无危害,进而将此规范上的无危害等置于事实上的无危害,推导出“偶然防卫”为不能犯的结论。然而,“偶然防卫”无法被评价为规范上无危害,其事实上本产生危害,故而不是不能犯。我国刑法没有不能犯概念,但通说有将未遂犯分为能犯未遂和不能犯未遂,但我国的不能犯未遂并非不构成犯罪、无刑事责任的不能犯。如此,坚持“偶然防卫”无危害、不构成犯罪的路径有可能选择适用我国《刑法》第13条。如黎宏教授早先认为,从我国《刑法》第13条有关犯罪概念的规定来看,犯罪是实质上具有值得刑罚处罚程度的社会危害性,形式上违反刑法规定的行为。偶然防卫的场合,尽管行为人在主观犯罪目的(杀人意图)的支配下,实施了杀人行为,但由于从事后来看,该行为不但没有造成剥夺无辜者的生命的严重后果,反而引起了法律上所允许的挽救自己或者他人生命的正当防卫的效果,因此,该行为客观上没有产生侵害或者威胁法益的效果,即不具有社会危害性。① 但黎宏教授后来修正了自己的看法,认为偶然防卫问题更主要是一个涉及未遂犯与不能犯的界限何在的问题,偶然防卫的场合,没有造成实际的法益损害,并不意味着没有引起法益侵害的危险。必须承认,“偶然防卫”对法益造成侵害结果,造成了危害。所以,“偶然防卫”并非不能犯,也不能根据我国《刑法》第13条得出无罪的结论,这是正当防卫的无危害区别于行为原本无危害的当然结论。

主张“偶然防卫”构成犯罪未遂的主要根据在于其未发生“违法的结果”或仅“引起法益侵害的危险”。“偶然防卫”造成的法益侵害结果

① 黎宏:《刑法总论问题思考》,中国人民大学出版社2007年版,第324~325页。

是何种状态,此即涉及犯罪未遂与犯罪既遂问题。我国《刑法》第 23 条规定了犯罪未遂,即已经着手实行犯罪,由于犯罪分子意志以外的原因而未得逞的,是犯罪未遂。如何理解“未得逞”,决定了“偶然防卫”之犯罪停止形态。“未得逞”的判断基准有“犯罪结果说”“犯罪目的说”“犯罪构成说”“综合说”之争,但可以说,无论根据哪一学说,“偶然防卫”均“得逞”。以“偶然防卫他人”为例,主观上,“偶然防卫”非法剥夺他人生命的目的已实现,客观上,已经发生了死亡结果,犯罪“已得逞”。“未发生违法的结果”或“没有造成实际的法益损害,而具有引起法益侵害的危险”的说法,是有疑问的。首先,何为“未发生违法的结果”?“偶然防卫”构成犯罪未遂论者的大致做法是将 C 和 B 的立场同一并引入 B 和 A 生命法益的衡量,形成 C = B—A 的模式,对此作规范上的评价,从而得出“未发生违法的结果”的结论。未遂说的旨趣是在构成要件的结果已经发生的情况下在整体法秩序层面对偶然防卫客观上产生的合法化情势予以规范性评价从而排除其结果不法。[①]但“偶然防卫”人所实施的“偶然防卫”与非法侵害行为无法形成防御、对峙关系。另外,关于“没有造成实际的法益损害,而具有引起法益侵害的危险”。“引起法益侵害的危险”之“法益”的具体指向为何?其一,如何解释 A 的生命已被剥夺但又“没有造成实际的法益损害”?行为人的对人开枪的行为显然具有剥夺无辜者生命的危险,之所以没有引起无辜者被杀的结果,是因为被杀者碰巧是一个正在进行不法侵害的杀人犯。[②] 据此逻辑,没有造成实际的法益损害原因在于 A 因要非法剥夺 B 的生命而丧失其生命法益,A 生命不受法律保护,故而“偶然防卫”人剥夺已经丧失生命法益的 A 并非造成实际的法益损害?该推论与正当防卫的正当化根据法确证的利益说有微妙区别,法确证的利益说的要义即“正对不正”“法没有必要向不法让步”,很容易确定 A 之不正、不法,但困难在于如何确定 C 之正。若先验预设 C 之正,进而

① 邹兵建:《偶然防卫论》,载陈兴良主编:《刑事法评论》2013 年第 1 卷,北京大学出版社 2013 年版,第 135 页。

② 黎宏:《刑法学》,法律出版社 2016 年版,第 138 页。

适用“正对不正”的模式,无法确保结论的合理。何况法确证的利益说本身存在较大缺陷,也没有获得多数支持。其二,如何关联评价A、B、C,进而得出C行为“没有造成实际的法益损害”?其思路大概与将“偶然防卫”论证为“未发生违法的结果”的逻辑如出一辙,即将C和B的立场同一并引入B和A生命法益的衡量,对此作规范上的评价,从而得出最终法益整体未被减损的结论、“没有造成实际的法益损害”的结论。但偶然防卫人所实施的“偶然防卫”与非法侵害行为无法形成防御、对峙关系。事实上,无论哪种情形,C均是同样的行为,A的生命同样已被剥夺,实害已经发生,不应将C造成危险或实害建立于假设之上。该种假设即A生命法益是否被侵害取决于B生命法益是否被侵害,据此,“偶然防卫”人的杀人行为有剥夺A生命法益的危险,而在A没有要实施非法剥夺B的生命情形下,该危险即转为实害,如此,C的行为造成危险或实害便摇摆不定。概言之,主张“偶然防卫”之犯罪未遂说“未发生违法结果”者或“没有造成实际的法益损害,而具有引起法益侵害的危险”者,没有区分构成要件结果和不法结果、事实上危害与规范上危害,将不法结果置换了构成要件结果、规范危害置换了事实危害,从而得出无既遂结果的结论。所以,在无法将C、B、A关联而作规范评价的场合,事实即“偶然防卫他人”已经造成死亡结果,并非不存在“违法的结果”,也不是仅具有引起他人死亡的危险。

另外,也有从刑罚目的得出“偶然防卫”定性为犯罪未遂的观点。从预防犯罪出发再来考量偶然防卫问题,就不能单纯地考虑法益保护或者规范保护,而要在预防犯罪的目的下对两者进行协调。于是就出现了折中的观点,即认为偶然防卫有可能构成未遂犯罪。[①] 规范性一般预防为基础的违法二元论是与这一要求相契合的理论,具有其内在的合理性与包容力。从这一立场出发将偶然防卫定性为未遂犯应当说

---

① 王充:《论防卫意识》,载《当代法学》2011年第6期。

并不存在理论上的障碍。① 但"偶然防卫"人实际上并未基于刑法规范产生任何实施适法行为、不实施犯罪行为的意思,将偶然防卫定性为未遂犯,虽然表明该行为违法、被禁止,但该行为规范仍不确定、明确,因为未遂或既遂取决于是否他人碰巧在侵害行为人或第三人。意味着行为规范作为一般人行动指南的效果欠佳,一般预防效果存在较大缺陷,行为人仍可抱着被以未遂处罚的心理而形成反动机制进而实施违法行为。如此,以刑罚目的来论证"偶然防卫"性质为犯罪未遂也存在问题。

偶然防卫事实上产生了危害,且不能将"偶然防卫"与不法侵害关联评价为规范上的无危害,应单独评价"偶然防卫"。造成结果的"偶然防卫"构成犯罪既遂,如文初"偶然防卫自己"和"偶然防卫他人"情形,正如评价普通不法侵害,需考察"偶然防卫"主客观方面,客观上,行为人实施了非法剥夺他人生命的行为,且造成他人死亡,主观上,行为人具有杀人故意,构成故意杀人罪既遂。

最终发现,虽然,"偶然防卫"与正当防卫初始便关联讨论,但其实际无关"防卫",如果就概念的意义而言,"偶然防卫"仅是一个理想类型罢了。

Restatement of the Nature of "Unknowingly Justified Circumstance"

——An Investigation Focusing on American Related Controversy and Thinking

Lu Ling

[**内容摘要**]"偶然防卫"的性质,主要有正当防卫、不能犯、犯罪未遂、犯罪既遂之争。考察美国刑法"偶然防卫"定性论争,抽象美、日刑法相关思路的共性,发现,"偶然防卫"是否成立正当防卫,不纯粹是防

① 李世阳:《以偶然防卫检测不法理论》,载陈兴良主编:《刑事法评论》2013 年第 1 卷,北京大学出版社 2013 年版,第 185 页。

卫意思的问题,且关乎正当防卫客观方面与刑法中"危害"的理解。故而,首先,"偶然防卫"不成立正当防卫,因其缺乏必要的防卫意识,且客观上缺少防卫与不法侵害的冲突、防御关系。其次,"偶然防卫"并非不能犯、犯罪未遂,因其事实上产生了危害,亦无法与不法侵害地关联评价为规范上的无危害。应单独评价"偶然防卫",因其客观不法,且"偶然防卫"人主观有责,在产生结果的场合,构成犯罪既遂。如此说来,"偶然防卫"无关"防卫"概念,仅是一个理想类型。

[**关键词**]"偶然防卫";正当防卫;防卫意识;危害

Abstract: The nature of "unknowingly justified circumstance" mainly disputing over justification, impossible attempt, attempt, completed. Investigate disputing of nature of "unknowingly justified circumstance" in American Criminal law, abstract the common features of related ideal of American and Japanese, we find that whether "unknowingly justified circumstance" is a justification does not purely involving defensive meaning, but also relating to the understanding of harm and aspects of objective of justification. Therefore, first of all, "unknowingly justified circumstance" does not establish a justification, because of the lack of necessary defensive meaning and lack of conflict and defensive relationship between defense and unlawful attack. Second, "unknowingly justified circumstance" is not impossible attempt or attempt, because of its harm in fact, and that harm can not evaluate associating with the unlawful attack. "Unknowingly justified circumstance" should be evaluate separately, for its objective lawlessness, and the actor is to blame, it constitute a completed crime. That said, "unknowingly justified circumstance" has nothing to do with concept of "defense", is only an ideal type.

Key words: "Unknowingly Justified Circumstance"; Justification; Defensive Meaning; Harm

近半个世纪以来美国矫治刑罚观变迁及其启示

曹兴华*

目　　次

矫治刑罚观(rehabilitation)是指通过职业培训、心理治疗、毒品矫治等多种方法"改善犯罪人的观点、价值观、习性和技能","使其再社会化,使其能够回归社会正常生活",①能够作为有价值和守法之成员融入社会,不再实施犯罪。但矫治刑罚观并非单一的具体模式而展现,在美国矫治刑罚观发展中至少有三种影响比较大的模式:作为处遇的矫治,认为应当通过将犯罪重新界定为"疾病"和将刑罚重新界定为"治愈"而完全翻转刑事司法理论与实践;作为训练的矫治,不强调对犯罪的治愈,而是通过职业培训、教育或毒瘾矫治等方式改善犯罪,使

---

* 作者简介:曹兴华(1983 ~)男,汉族,河南嵩县人,西南财经大学法学院博士研究生,讲师,研究方向:刑法学。通讯地址:北京市海淀区永丰路中海枫涟山庄 21 - 1 - 802,邮编:100090,电话:15010291676,邮箱:caoxinghuaxueshu@ 163. com。

① 林钰雄:《新刑法总则》,台北:元照出版有限公司 2014 年版,第 17 页。

其更适于复归社会;作为改造的矫治与作为处遇的矫治类似,但其不把罪犯看作需要治愈的“病人”,而是认为应当通过道德教化让罪犯认知其行为错误性,从而完成自我改造。这三种模式并非孤立存在或相互排斥,他们之间往往相互交织和彼此影响。① 从历史演变来看,矫治刑罚观在美国具有着深厚历史渊源,自1790年核桃街拘役所改革始正式进入美国刑事司法领域。矫治刑罚观在20世纪20年代开始居于美国刑罚理论主导地位,但是在20世纪70年代之后迅速没落,为报应刑罚观所取代而进入严罚主义时代。然而,随着近些年来美国理论和实践界反思严罚主义带来的种种问题,矫治刑罚观开始逐渐复兴。然而美国矫治刑罚观在20世纪70年代为何迅速没落?如今又是否得以真正复兴?其背后存在何种促因?中国刑罚理论及实践可从中汲取什么经验?凡此迁变问题,或概而论之,或片段化叙述,理路尽不明晰。基于此,本文梳理近半个世纪以来美国矫治刑罚观从衰落到复兴的发展变迁,透析其复兴背后的深层动因,并在此基础上反观其对中国刑罚目的理论与实践发展的经验启示。

一、衰落:美国矫治刑罚观全面走向边缘化

一般认为,美国矫治刑罚观受到质疑并衰落标志于美国总统尼克松1970年正式提出“对犯罪的战争”(war on crime)。② 自此以后,矫治刑罚观在理论和实践上都开始走向衰落。由于对矫治的不信任,使得矫治一词甚至成为“a dirty word”,③刑罚执行机构开始寻求其他理论来支撑其存在的合理性,原本强化矫治刑罚观念的量刑结构不复存在。

---

① See Chad Flanders, The Supreme Court and the Rehabilitative Ideal, https://papers.ssrn.com/sol3/papers.cfm?abstract_id=2400508.

② Inimai M. Chettiar, Abigail Finkelman, “If You Blinked, You Missed When Obama Made Criminal Justice Reform History”, *The Guardian*, 2016-01-13.

③ Ward Tony, Maruna Shadd, *Rehabilitation*, New York: Routledge, 2007, p. 7.

(一)20世纪70年代美国矫治刑罚观受到重重质疑

在20世纪70年代,矫治刑罚观开始受到来自理论与实践的双重质疑,包括五个方面:

第一,罪犯矫治完全无法实现预期效果。矫治刑罚观的存在需要两个文化因素的存在,即"对人的延展性(malleability of human beings)的明确相信"和"对矫治目标的有效一致",①但是这两种要素在20世纪70年代的时候开始消逝了。首先,当时人们认为并没有证据能够证明矫治可以降低再犯率。学术界和实务部门自20世纪70年代开始基本上都已经认为矫治刑罚观无法实现预期矫治效果。这种对矫治无效的质疑首先始于学术界,一批犯罪学报告发现监狱矫治项目并没有明显的矫治效果。如有学者统计了当时超过200项教育和职业培训、毒品矫治、心理治疗、精神外科治疗等罪犯矫治项目的结果,认为并没有证据支持其能够降低罪犯再犯率。② 其次,当时人们坚信当时犯罪率的上涨正是罪犯矫治无效的结果。虽然有学者解释犯罪率上涨是由于当时青少年男性人数增多而产生的可预期结果,并非矫治无效的结果,因为这部分人群实施严重犯罪的比例本来就高。③ 但是,随着犯罪率日渐上涨带来的公众恐慌,公众依然归因于矫治政策的失败。大卫·格兰德教授(David Garland)认为这在更深层次上与公众对福利国家政策不信任也有关系,在这种新态势下,公众因为对犯罪的恐惧而更少关注犯罪人本身,犯罪人被看作不可改造的"超级掠夺者"(super-4predators)代表。④ 罗斯曼教授(David J. Rothman)指出,"公众对矫治

---

① Francis A. Allen,The Decline of the Rehabilitative Ideal:Penal Policy and Social Purpose,New Haven:Yale University Press,1981,p. 12.

② Jessica M. Eaglin,"Against Neorehabilitation",66 *SMU Law Review*,2013,p. 200.

③ Meghan J. Ryan,"Science and The New Rehabilitation",3 *Virginia Journal of Criminal Law*,2015,p. 277.

④ 详细论述参见 David Garland,*The Culture of Control:Crime and Social Order in Contemporary Society*,Chicago:University of Chicago Press,2001。

观念的厌恶,推动了监狱仓储模式观念的形成。因为如果教育和培训项目是无效的,国家为什么要应当在这些项目上浪费资金呢?"①

第二,矫治刑罚观导致刑罚不公平。很多人认为不论矫治是否有效,其都会产生刑罚不公平问题。在矫治刑罚观为主导的时期,不定期刑制度是刑罚主流。所谓不定期刑,就是判决时不确定具体刑期,而根据其矫治需求来确定具体执行刑期,因此,罪犯可能的或实际的矫治效果是决定其刑期长短或假释时间的根本因素。问题在于每种类型罪犯"病症"特征并非完全相同,不同个体特征差异很大,并没有已知"特殊治疗方法"应对某些罪犯的特殊"病症",而类型化的矫治方法无法针对单个具体罪犯实施唯一独特的"治疗方法",这就使得同一类型中的一些罪犯可能明显比其他同类型罪犯的刑期要长很多。在一些比较极端情况下,甚至某些罪犯所受到的实际刑罚量可能大大高于其在报应刑罚观下的应得刑罚量,这本身就是一种刑罚不公。矫治刑罚观下的刑罚制度充满不负责性、不确定性和不均衡性,导致罪犯处遇很容易产生不合理的差异。1972年,联邦地方法院法官马文·弗兰克(Marvin E. Frankel)指出,"在量刑之领域,我们给予法官几乎完全不受约束而全面性之权利,这对宣称法治社会的我们而言,是令人震惊而且无法忍受的事"。②

第三,罪犯矫治中国家刑罚权的不受约束性。还有人质疑国家刑罚权在矫治参与机制中的不受约束性。这种犯罪矫治权力的不受约束性已经与刑罚合比例性原则脱轨,也无法契合于罪犯刑事责任与基本正义理念。例如,根据矫治需求,需要10年监禁或其他形式的国家强制治疗或再教育才能矫治成功一名商店常习盗窃罪犯,则就要对罪犯施加10年监禁刑罚。但是无论从何种角度看来,这种刑罚明显过于不合量刑比例。随着第二次世界大战之后公民权利意识的逐渐崛起,人们越来越警惕国家权力的异化,国家权力过度侵犯公民自由已不能被

---

① David J. Rothman, "The Crime of Punishment", in Blomberg T., Cohen S., eds., *Punishment and Social Control*, New York: Aldine de Gruyter, 2003, p. 407.

② Marvin E. Frankel, *Criminal Sentences: Law Without Order*, 1972, p. 5.

接受，而刑罚过度化正是国家权力在刑事司法领域的异化。正如霍夫曼法官（Morris B. Hoffman）所言，"我们是为罪犯已然行为而监禁之；为矫正或力图强制性治愈之目的而监禁罪犯是不合理的"。[①]

第四，罪犯矫治附随严重副作用。罪犯矫治所附随严重副作用也受到广泛质疑。诚如著名刑法学家安德鲁·冯·赫希（Andrew von. Hirsch）所言，"几个世纪以来控制这个国家刑罚体系的矫治观念产生了预期之外且令人厌恶的恶果，以及毫无预料的无数不良副作用，这些恶果和副作用对人性和自由的侵犯已经远超其鼓吹者所预期"。[②] 例如的确经常能够通过精神外科矫治方法抑制罪犯的暴力倾向，但这种方法往往因而导致"甚至比暴力倾向对罪犯的危害更大"的罪犯"缺乏个性且心理冷漠"的结果。诚然，在矫治刑罚观走向衰落的20世纪70年代由于当时科学水平有限，从而并不完全清楚精神外科等矫治方法的全部附随副作用，但仅仅从那些已经明知的附随副作用而言，通常会给罪犯带来严重的不可逆后遗症和伤害。因而，附随副作用也成为矫治刑罚观在当时广受质疑的原因之一。

第五，矫治刑罚观颠覆传统刑法理论根基。矫治刑罚观被认为从根本上颠覆了传统刑法理论所赖以依存的刑事责任根基。法官在与矫治刑罚观相伴生的不定期刑量刑体系中拥有非常宽泛的不确定性裁量权力，弱化了罪犯和社会对某项犯罪行为应得何种程度之刑罚的合理预期，这不符合"罪刑法定"（nulla poena sine lege）或"法律之外无刑罚"（no punishment without law）等法治社会基石性原则，动摇了法治原则的可预期性。甚至由于单个量刑决定法官详细解释的缺乏，致使由不定期刑所滋生的不确定性可能更加恶化。[③] 著名刑法学家韦帖鲁教授（Michael Vitiello）勾勒了矫治刑罚观在刑法哲学层面的疑难所

---

① Morris B. Hoffman, "Therapeutic Jurisprudence, Neo-rehabilitationism, And Judicial Collectivism: The least Dangerous Branch Becomes Most Dangerous", 29 *Fordham Urban Law Journal*, 2002, p. 2079.

② Meghan J. Ryan, "Science and The New Rehabilitation", 3 *Virginia Journal of Criminal Law*, 2015, p. 280.

③ Ibid., p. 281.

在,即矫治刑罚观认为是由罪犯意志之外因素决定犯罪行为,而这种观点无法在传统刑法哲学框架下自圆其说。传统刑法理论毕竟长期以来根植于责任观念,所以罪犯意志如果不再是犯罪构成要素,那么如此一来,何以在传统刑法理论架构下惩罚罪犯?①

(二)美国矫治刑罚观全面走向边缘化

第一,矫治刑罚观在理论上遭到整体弃置。由于受到上述诸多质疑,矫治刑罚观在理论上开始遭到整体抛弃。美国公益服务委员会(American Friends Service Committee)1971 年开始谴责矫治刑罚观带来的问题,指出"在惩罚罪犯同时又力图去矫治罪犯,会对罪犯造成除监禁刑罚之外更多、更深的伤害"。② 刑法学家大卫・罗斯曼(David Rothman)1973 年写道,"矫治观念最严重的问题在于其不合理性。几个法院判决已经指明矫治观念的不合理性,特别是在实施不定期刑的那些州……此外,矫治观念正是当前化学疗法和精神外科疗法问题背后的深层原因……当前不应当扩张矫治刑罚观念"。③ 1974 年,马丁森法官(Martinson Robert)在其著名的《什么有效?监狱改革的问题与答案》一文中明确得出"矫治无效"的结论,并指出矫治刑罚观念应当从量刑中剔除。④ 马丁森法官一文刊出后引起学术界广泛讨论,得到不同学术派别的共同支持。当代著名刑法学家安德鲁・冯・赫希领导的

---

① Morris B. Hoffman, "Therapeutic Jurisprudence, Neo-rehabilitationism, And Judicial Collectivism: The least Dangerous Branch Becomes Most Dangerous", 29 *Fordham Urban Law Journal*, 2002, p. 2080.

② Meghan J. Ryan, "Science and The New Rehabilitation", 3 *Virginia Journal of Criminal Law*, 2015, p. 278.

③ J. Sundt, F. Cullen, B. Applegate, "The Tenacity of the Rehabilitative Ideal Revisited Have Attitudes Toward Offender Treatment Changed?", 25 *Criminal Justice and Behavior*, 1998, pp. 426 – 442.

④ See Martinson Robert, " What works? -Questions and answers about prison reform", 35 *Public Interest*, 1974, pp. 22 – 53.

监禁研究委员会1976年出版了《寻求公正:刑罚的选择》,认为美国刑法体系的首要刑罚目的应当是以"公正应得"为核心的报应刑罚观,而不是矫治刑罚观。[①] 该报告一经发表,就成为美国刑事司法由矫治刑罚观向报应刑罚观全面转型的重要标志和理论指引。著名刑法学家弗朗西斯·阿伦教授(Francis Allen)1979年在耶鲁大学的报告中从理论与实证两个方面分析了矫治刑罚观的衰落,阿伦教授的报告也被称为矫治刑罚观在美国当时全面衰落的"讣告"。[②] 此外,1972年至1986年,美国主流刑法教科书中对于刑罚目的的理论构建也逐步摒弃以往对矫治刑罚观的优先地位,转向以"正当应得"为核心的现代报应刑罚观。从社会构造的角度来看,公众对矫治刑罚观的抛弃实际上也可以说是公众对专家和职业人士的不信任,这导致公众、刑事司法和立法者之间的权力重新均衡。在矫治刑罚观时代,刑事司法权力结构中,专家制定刑事司法政策,职业人士实施个案裁决,而报应刑罚观下的刑事司法控制模式则侧重于民粹主义,或称为"法律与秩序"的观念,[③]将刑事司法的权力从行政部门、法官和假释委员会转向立法者和公民。

第二,立法上对矫治刑罚观的抛弃。与理论上的报应刑罚观转向相对应,美国立法上也很快将矫治刑罚观转型为报应刑罚观。例如,明尼苏达州、德克萨斯州、缅因州、阿拉巴马州、科罗拉多州等几个州于20世纪70年代末期就在其刑事立法中重新规定了报应作为刑罚目的,[④]在很多罪名中重新改不定期刑为定期刑,设置强制最低量刑。还有越来越

① Michael Vitiello, "Reconsidering Rehabilitation", 65 *Tulane Law Review*, 1991, p. 1025.

② J. Sundt, F. Cullen, B. Applegate, "The Tenacity of the Rehabilitative Ideal Revisited Have Attitudes Toward Offender Treatment Changed?", 25 *Criminal Justice and Behavior*, 1998, pp. 426 - 442.

③ Jonathan Simon, *Governing Through Crime: How the War on Crime Transformed American Democracy and Created a Culture of Fear*, Oxford, Oxford University Press, 2007.

④ Michele Cotton, "Back with a Vengeance: The Resilience of Retribution as an Articulated Purpose of Criminal Punishment", 37 *American Criminal Law Review*, 2000, pp. 1325 - 1326.

多的州颁布了量刑指南,通过指南的方式限制刑事判决中法官的量刑裁量范围。在宣布死刑违宪之后仅仅4年,美国联邦最高法院1976年在Gregg v. Georgia案[①]中以7票对2票裁决,死刑作为对一级谋杀罪的惩罚未必是残酷和非常的刑罚,没有违反美国联邦宪法第八修正案,从而允许各州恢复死刑立法。1984年综合犯罪控制法获得国会支持而通过,其中包括量刑改革法案及联邦量刑委员会的设立等,通称为1984年《量刑改革法》(Sentencing Reform Act)。《量刑改革法》剥夺了法官和其他决策者所具有的广泛自由裁量权,终止了不定期刑制度在美国联邦刑事司法层面的历史。在《量刑改革法》的授权规定下设立联邦量刑委员会(U.S. Sentence Commission),草拟联邦量刑准则。1987年4月13日联邦量刑委员会正式向参议院提出第一版的联邦量刑准则,经参议院审议通过,于同年11月1日生效。随着1987年美国《联邦量刑指南》正式生效,法官自由裁量权和量刑刑期受到严格控制。很多学者认为联邦量刑指南对法官自由裁量权和量刑刑期的限制程度,都超过了当时美国很多州的量刑指南。[②] 从刑事司法权力分配角度看,量刑指南、强制最低量刑等立法都是刑事司法权力从法律专家和法律职业人士向立法者和公民移转的表现。

二、复兴:20世纪90年代以来美国矫治刑罚观的复兴表征

尽管矫治刑罚观自20世纪70年代以来总体上已经衰落,但近年来刑罚理论与制度又重新逐渐向矫治刑罚观回归。通过对近些年来美国联邦最高法院判决、学术文献和成文立法的分析,可以看到矫治刑罚观自1990年之后渐现复兴迹象,自2000年来尤为明显。

---

① Gregg v. Georgia, 428 U.S. 153(1976).

② 参见韩铁:《二十世纪后期美国刑罚领域的"严厉革命"》,载《历史研究》2012年第6期。

(一)司法层面:美国联邦最高法院典型判例重提刑罚矫治目的

美国联邦最高法院经常在关涉联邦宪法第八修正案“禁止残酷与非常刑罚”的判决中通过解释该条款来讨论刑罚目的,因而,可以透过梳理近年来美国联邦法院解释该问题的典型判例来分析美国联邦最高法院对矫治刑罚观的认知变迁。

美国联邦最高法院在早期涉及第八修正案的判例中并没有把矫治作为刑罚合理目的,报应、威慑、隔绝等才是在判决中得到重视的刑罚目的。直到 1984 年 Spaziano v. Florida 案,联邦最高法院才开始把矫治作为刑罚合理目的之一,且详细说明了矫治同样关涉非死刑量刑,可基于矫治目的而判处死刑之外的刑罚。[①] 在后来宪法第八修正案非死刑刑事案件中,联邦最高法院继续重申矫治是合理的刑罚目的。但在大部分裁判依据中,联邦最高法院只是把矫治作为刑罚合理性的补充目的,如 2003 年 Ewing v. California 案、2005 年 Roper v. Simmons 案、2008 年 Kennedy v. Louisiana 案等都提及了矫治是刑罚的合理目的之一,但是并未展开对矫治目的的论证。

直至 2010 年 Graham v. Florida 案中,联邦最高法院才首次把矫治作为刑罚优先目的来讨论。在该案中,联邦最高法院在评价实施非蓄意杀人罪的未成年罪犯适用终身监禁不得假释的刑罚是否合宪的过程中,第一次以矫治刑罚观为基础解析第八修正案。联邦最高法院基于心理学和大脑神经科学专家的研究成果,强调未成年人和成年人的大脑之间的差异,认为“未成年人比成年人更易于改变”,“未成年人性格缺陷可改造的可能性极大”。[②] 联邦最高法院认为,对未成年犯判处终身监禁不得假释的刑罚,“意味着拒绝希望,意味着善良行为和性格改

① Spaziano v. Florida, 468 U. S. 461(1984).

② 李振武:《美国大法官对待未成年人犯罪的从宽处理思路——格雷厄姆诉佛罗里达州(Graham v. Florida)》,载《检察风云》2012 年第 1 期。

良都无关紧要,意味着将来无论犯罪人内心多么后悔,他都将在监狱中度过余生。”联邦最高法院据此认为,这种刑罚不符合矫治目的,是属于第八修正案所禁止的“残酷和非常刑罚”。①

美国联邦最高法院 Graham v. Florida 案对矫治目的优先的观点在之后的第八修正案判例中得到了延续。2012年 Miller v. Alabama 案中联邦最高法院继续强调刑罚矫治目的的重要。在该案中,联邦最高法院坚持认为对构成蓄意杀人罪的未成年犯判处终身监禁不得假释的强制性量刑(mandatory sentence)违反了宪法第八修正案“禁止残酷与非常的刑罚”的规定,强调本案中所争议之终身监禁不得假释和 Graham v. Florida 案一样,是“不恰当地完全放弃了矫治理念”,并且错误地反映着“罪犯在社会中的价值和地位不可变更的观点”。② 在2016年 Montgomery v. Louisiana 案中,联邦最高法院在论证2012年 Miller v. Alabama 案溯及力过程中重申“判处未成年犯终身监禁不得假释不符合矫治目的”“对未成年处以如此严厉刑罚的没有合理理由”,抵制不合比例的刑罚是第八修正案的“实质性核心保障。”③(见表1)

表1 美国联邦最高法院近年涉及矫治刑罚哲学观讨论的典型判例

年份	刑事判例	讨论层次
1984	Spaziano v. Florida	首次提及矫治目的
2003	Ewing v. California	作为刑罚诸目的之一提及
2005	Roper v. Simmons	作为刑罚诸目的之一提及
2008	Kennedy v. Louisiana	作为刑罚诸目的之一提及
2010	Graham v. Florida	矫治作为刑罚优先目的
2012	Miller v. Alabama	重申矫治作为刑罚优先目的
2016	Montgomery v. Louisiana	重申矫治作为刑罚优先目的

---

① Graham v. Florida, 560 U. S. 48(2010).

② Miller v. Alabama, 567 U. S. _(2012).

③ Montgomery v. Louisiana, 577 U. S. _(2016).

(二)学术层面:美国学术界中对矫治刑罚观的重新认可

考虑法学研究中对于矫治刑罚观术语使用相对比较规范,因此,可从文献中测度学术界对待矫治刑罚观的关注变化。本文选择世界著名法学文献数据库 Heinoline 数据库,测度 1900 ~ 2015 年法学文献中矫治刑罚观的讨论热度。

通过对 Heinoline 数据库中法律期刊数据库(Law journal library)所属美国法律期刊中所有“研究论文(Article)”中同时出现矫治(Rehabilitation)[或改造(Reformation)]、[①]量刑(Sentencing)和罪犯(Criminal)三(四)个关键词的文献进行统计,以每五年为一个时间区间,分析该类文献在 1900 ~ 2015 年的热度曲线。从图 1 中可以明显看出,20 世纪 50 年代至 20 世纪 70 年代,探讨矫治刑罚观的文献数量一直呈增长趋势,直至 20 世纪 80 年代开始回落。但经过 20 世纪 80 年代小幅降低之后,探讨矫治刑罚观的文献数量在 20 世纪 90 年代大幅回升。从图 1 中可以看出,“1990 ~ 1994”年的法学文章数量和刑事法文献都比“1985 ~ 1989”年增加了 50% 左右。如图 1 所示趋势与 1989 年之后美国诸多以矫治为目的的问题解决型法庭逐渐建立的趋势是相一致的。此后,自“1990 ~ 1994”年至“2010 ~ 2014”年开始稳步增长,法学文献数量阶段增幅超过 14%,刑事法文献数量阶段增幅也都超过 4%。

概言之,以上文献统计结果初步表明了美国学术界对矫治刑罚观关注热度在 20 世纪 90 年代以来逐步增高,侧面反映着矫治刑罚观在学术领域的衰落与复兴。此外,一些著名刑法学者也认为矫治刑罚观近些年具有复兴迹象。当代著名刑罚理论学家、美国明尼苏达大学法学院托瑞教授(Michael Tonry)就认为当前刑罚目的理论正处于混乱

---

① 由于美国早期法学研究中经常用“reformation”指称矫治,因此,也把该词列为替代性搜索关键词。

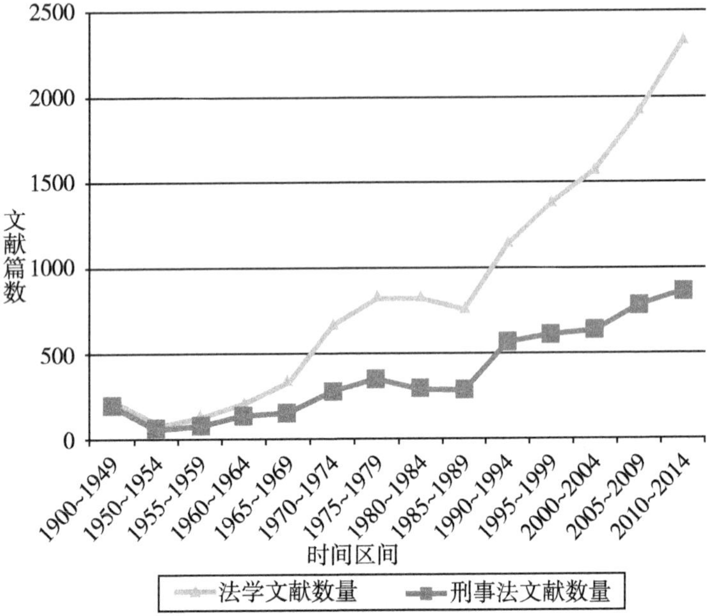

图1 Heinonline 法学期刊数据库矫治刑罚观研究文献趋势

状态,但是"这种混乱状态是由于对罪犯矫治项目重新焕发极大兴趣而引起的,如毒品滥用矫治项目、心理健康干预项目、家庭暴力法庭、(社会)回归项目以及很多基于社区和公益机构的新矫治项目等"。[①] 此外,治疗型司法(therapeutic justice)、恢复型司法(restorative justice)和社区型司法(community justice)等新兴刑事司法观念也与矫治刑罚观有着很大关联。治疗型司法的做法是司法矫正机关与医疗之结合的典型代表,其认为于矫正机关为主要执行治疗场域的成效会比一般医疗场域佳。由此概念所生的方案有"以监狱为基础的治疗"以及"以社区为基础的治疗"两类。后者为转向的概念,以社区处遇替代监禁处

① See Michael Tonry,"Purposes and Functions of Sentencing",34 *Crime and Justice*, 2006,pp. 1 –2.

遇执行。而以监狱为基础的治疗，则考量到犯罪人在监禁的同时也需要受治疗的需求，而满足这些需求的服务方式可为相关教育课程、心理介入、自助方案等。① 恢复型司法是让受到犯罪事件影响的利害关系人，共同聚在一起，说明事件的过程及所受的伤害，并共同讨论、处理犯罪后果及未来意涵的程序，故凡是在具治疗创伤的修复式价值架构内修复伤害的处理模式，就可认为是一种修复的正义程序。② 社区型司法是一扎根于社区生活的整合性司法制度，其设计的理论典范系根据恢复性正义（司法）而来，主张以调解方式来取代惩罚，并且在被害人、加害人与社区三方关系进行一场“对话”与“赔偿”的互动之后重新修复彼此关系。这些新型刑事司法理念扬弃了20世纪70年代以来应报性刑事司法理念所极力强调的“惩罚”意识，无论治疗、修复或社区化，其背后实际上都有矫治刑罚观的影子。③ 此外，一些重要的学术机构也逐渐支持矫治刑罚观的适用。例如，2017年5月，美国纽约大学布伦南司法中心一份名为《降低大规模监禁的联邦工作》的报告中就明确支持了矫治刑罚观进入刑事司法的立场，提出应当立法允许法官对矫治成果良好的罪犯发放“矫治凭证”，以证明完成矫治的罪犯具有成功复归社会的能力。④

（三）立法层面：美国刑事立法领域矫治刑罚观的再接受

美国各州近年来的一些刑事立法已经表明他们重新开始嵌入矫治

① See Robert DeFine, Lance Hannon, "The Impact of Mass Incarceration on Poverty", 59 *Crime & Delinquency*, 2013, pp. 562 - 581.

② See Vikrant Reddy, The Conservative Base Wants Criminal Justice Reform, National Review Online, 2017 - 05 - 08.

③ See Michelle S. Phelps, "Rehabilitation in the Punitive Era: The Gap between Rhetoric and Reality in U. S. Prison Programs", 45 *Law Soc Rev.*, 2011, pp. 33 - 68.

④ See Ames C. Grawert, Natasha Camhi, Inimai Chettiar, A Federal Agenda To Reduce Mass Incarceration, Brennan Center for Justice at New York University School of Law, 2017.

刑罚观,以应对当前严罚刑事司法政策所带来的过罪化、重刑化等问题。主要包括如下这些方面的立法;一是通过问题解决型法庭立法,嵌入类型化矫治服务项目,例如,伊利诺伊州 2007 年建立精神健康法庭的《精神健康法庭处遇法》、印第安纳州 2010 年授权地方法院根据罪犯矫治需求设立七类可以自己提供矫治服务问题解决型法庭的《法庭与法官法》等。二是通过改良矫治效果从而降低再犯率和改善罪犯社会融入状况的立法,例如,2010 年伊利诺伊州《减少犯罪法》规定改善罪犯矫治项目和建立释放后类缓刑监管,新泽西州为提高毒品罪犯矫治效果而通过修改《刑事司法典》第 35 条第 14 款建立要求罪犯在缓刑期间接受住院式或非住院式毒品滥用治疗"特殊缓刑"制度。三是在立法中直接规定矫治为刑罚目的,或者指出法官量刑应当考虑矫治因素,例如,路易斯安那州 2009 年修改《刑事程序法典》明确指出"刑事审判应当合理反映犯罪行为严重性,且应当满足惩罚、威慑和矫治的多重目的",佛蒙特州 2011 年修改《犯罪与刑事程序法》指明法官量刑要考虑罪犯矫治因素。四是司法再投资立法,倾斜投资社区监管和降低再犯率的矫治项目,例如,密西西比州 2014 年《585 号法案》、加利福尼亚州 2014 年《47 号立法动议》、阿拉巴马州 2015 年《司法再投资法》、内布拉斯加州 2015 年《司法再投资法》等都属于此类立法。五是通过提升少年司法适用年龄范围的立法,以使更多少年进入到矫治特色更明显的少年司法体系之中,例如,纽约州 2017 年通过了《提升年龄法》,使得 16 岁和 17 岁的未成年犯不再进入成人刑事法庭审判,而是进入少年法庭审判。从这些州立法的不完全统计中,可以看到美国各州层面以矫治刑罚观为基础的立法有增多趋势,越来越多的州在立法方面再次嵌入矫治刑罚观。① 见表 2。

---

① Ram Subramanian, Rebecka Moreno, Sharyn Broomhead, Recalibrating *Justice*: *A Review of* 2013 *State Sentencing and Corrections Trends*, New York, Vera Institute of Justice, 2014.

表 2 美国各州近年来再接受矫治刑罚哲学观立法之不完全统计

	立法名称	主要内容
重新明确矫治为刑罚目的	路易斯安那州 2009 年修改《刑事程序法典》	明确指出刑罚目的为三个,即"惩罚、威慑和矫治"
	佛蒙特州 2011 年修改《犯罪与刑事程序法》	指明法官量刑要考虑罪犯矫治因素
建立有利于分类矫治的专门法庭	伊利诺伊州 2007《精神健康法庭处遇法》	建立包括个人或团体心理治疗、药物治疗、毒品分析测试、毒品教育、职业培训等矫治功能和罚金、赔偿、拘役等制裁功能在内的精神健康法庭(但排除大部分暴力犯罪适用本法)
	印第安纳州 2010 年修改《法庭与法官法》	设立可在一定条件下提供矫治服务的社会复归法庭、精神健康法庭、家庭附属毒品法庭、社区法庭、毒品法庭、家暴法庭和退伍军人法庭七类问题解决型法庭
完善具体矫治措施及其适用	新泽西州 2008 年、2012 年、2013 年 3 次修改《刑事司法典》35 条第 14 款	为提高毒品罪犯矫治效果,赋予法官可对可能判处监禁或不够格判处最低缓刑期限的毒品滥用罪犯判处"特殊缓刑"(special probation),即在特殊缓刑期间接受住院式或非住院式毒品滥用治疗
完善具体矫治措施及其适用	伊利诺伊州 2010《减少犯罪法》	规定罪犯教育和职业培训、认知行为矫治、毒品滥用矫治以及释放后类缓刑监管(probation-like supervision)等降低再犯率和改善罪犯社会融入的措施
	爱达荷州 2014 年通过《1357 号法案》	加强风险评估在量刑中作用,要求法官对非暴力型低风险犯罪判处缓刑或毒品滥用矫治处遇

续表

	立法名称	主要内容
优化矫治措施的投资	亚利桑那州2008年、2011年2次修改《法院和民事程序法》	从资金筹集和规划等角度改善缓刑犯利用毒品滥用矫治项目的便利
	密西西比州2014年通过《585号法案》	对刑事司法进行一揽子修改,倾斜投资社区监管和降低再犯率的矫治项目
	加利福尼亚州2014年通过《47号立法动议》	把商店盗窃、重大盗窃等6项重罪降低为轻罪,节约资金投入罪犯矫治和预防项目
	阿拉巴马州2015年通过《司法再投资法》	强化社区监管中的循证服务和矫治
	内布拉斯加州2015年通过《司法再投资法》	强化罪犯释放决策中的风险评估和社区监管矫治中的纪律惩罚

不仅各州立法对矫治刑罚观重视程度开始增加,联邦刑事立法也出现重视矫治刑罚观重新嵌入的表征。2008年,美国制定了《二次机会法》,旨在通过支持美国各级政府和公益组织的合作,帮助罪犯重返社会。自2009年以来,美国联邦司法部基于《二次机会法》已经批准了超过700项改善罪犯回归社会的合作项目,覆盖49个州。2010年美国议会制定了《公平量刑法》,取消部分轻微毒品犯罪强制最低量刑,提高部分附带加重要素的毒品犯罪强制最低量刑,矫正多年来毒品犯罪量刑不公问题,同时也基于有利罪犯矫治目的,强调量刑要和具体犯罪行为相适应。此外,从最近一些刑事立法草案中也能窥见矫治刑罚观复兴的踪影,例如,2013年《司法安全阀法(草案)》、2014年《旨在改善雇佣的犯罪记录消除法(草案)》、2015年《更优量刑法(草案)》、2015年《量刑改革与矫正法(草案)》等。这些刑事立法草

案中强调罪犯风险评估和矫治需求在量刑中的作用,增加旨在帮助罪犯成功回归社会的矫治措施,代表着美国联邦刑事立法中刑罚理念向矫治转型。[①]（见表3）

表3 美国联邦近年来再接受矫治刑罚哲学观的刑事立法(草案)

立法(草案)时间	立法(草案)名称	主要内容
2008年	《二次机会法》	帮助罪犯重返社会
2010年	《公平量刑法》	强调有利罪犯矫治目的的量刑适应性
2013年	《司法安全阀法(草案)》	允许基于风险评估和矫治需求而低于最低刑量刑
2014年	《旨在改善雇佣的犯罪记录消除法(草案)》	改良犯罪记录消除措施,促进罪犯复归后的社会融入
2015年	《更优量刑法(草案)》	提供罪犯回归社会之必要促进措施
2015年	《2015年Sensenbrenner-Scott司法再投资法(草案)》	节省资金转投资到那些已被确证能够有效降低再犯的矫治项目和犯罪预防项目中
2015年	《量刑改革与矫正法(草案)》	列举大量旨在帮助罪犯成功回归社会的矫治措施,对其参与方式、参与主体、参与内容进行规定
2016年	《2016弹性家庭量刑法(草案)》	给滥用毒品的哺乳期女性提供以家庭为治疗中心的转向处遇措施

---

① Douglas A. Berman, "Basic elements of Sentencing Reform and Corrections Act of 2015", http://sentencing.typepad.com/sentencing_law_and_policy/2015/10/basic-elements-of-sentencing-reform-and-corrections-act-of-2015.html.

三、动因:美国矫治刑罚观复兴的动力驱动机制分析

如前文所述,我们已经看到矫治在美国刑罚理论体系中地位越来越高的迹象。但是,美国社会对矫治刑罚观再次感兴趣的背后有着复杂的动力驱动机制,正是在诸多因素的驱动之下,美国刑罚理论与实践才能再次接受矫治刑罚观。这些动力因素至少可以从科学动因、经济动因和媒介动因三个维度来分析。

(一)科学动因

美国矫治刑罚观得以复兴的动因首先来自科学发展的促进,特别是新科学发展的内在驱动。矫治刑罚观的发展与科学发展的关系向来非常紧密,科学对于矫治能力的推动决定着矫治刑罚观能否得到理论与实践的支持。自从矫治刑罚观 20 世纪 70 年代以来在刑罚理论与实践中的地位衰落以来,诸多与矫治有关的科学领域已经取得了跨越性进步。就像 20 世纪 20 年代至 20 世纪 30 年代现代心理学的建立导致矫治刑罚观在刑罚理论中占据主导地位一样,近些年来科学的发展促进了矫治刑罚观复兴时代的到来。美国最近的一些量刑改革甚至已经运用了这些科学成果,例如,基于循证理论的罪犯风险评估以及毒品犯罪的成瘾矫治等,这进一步揭示了矫治刑罚观再一次与科学的进步紧密联系在一起。从宏观上来看,与矫治刑罚观最相关的科学进步主要来自药物学、基因学和神经科学领域。这些领域的发展,都进一步揭示了个体改变自我的能力和被塑造的能力,并都更加怀疑个人践行自由意志的能力。这些领域的科学发展为矫治刑罚观的复兴起到了铺垫作用,导致美国刑事司法实践已经在运用新科学提升罪犯矫治事业的路上越走越远。

过去几十年来,制药业的巨大进步使可以有很多更科学的治疗方法应用于罪犯矫治领域,例如,甲孕酮(medroxyprogesterone acetate,

MPA)在化学阉割领域的运用、美沙酮(Methadone)在海洛因成瘾罪犯矫治中的使用等。在罪犯矫治领域,作为避孕和治疗子宫内膜异位(endometriosis)的药物甲孕酮的出现,导致对性犯罪罪犯实施化学阉割(chemical castration)的出现。1996年,加利福尼亚州首先通过了对性犯罪的化学阉割法律。① 迄今至少还有佐治亚、爱荷华、路易斯安纳、蒙大拿、俄勒冈、德克萨斯、威斯康星等州允许针对性犯罪化学阉割。美国各州实施化学阉割的条件要求有很大差异,一旦符合条件,罪犯要定期接受注射甲孕酮,通过降低罪犯体内睾丸酮含量来降低罪犯性欲和勃起能力。虽然在实施了接近三十年后化学阉割的正向效果依然不是很清晰,与此同时,化学阉割所可能产生的全部副作用也是未知数,②但这并不妨碍人们对罪犯矫治的信心。用来治疗海洛因(heroin)成瘾或其他类罂粟碱(opioids,又称鸦片)药物成瘾的美沙酮(Methadone),就是通过阻断大脑中的感受器(receptors)来防止其适应海洛因分子。相较于非吗啡类药物替代治疗,美沙酮可以有效地减少海洛因的使用及使成瘾病患留滞在治疗计划中,且其戒断症状发生的较缓慢和轻微,因此可以当作替代药物做维持治疗。目前,美沙酮维持治疗已被认为可以减少违法药物的使用,减少精神及社会问题,促进成瘾患者整体的健康状况,以及增进社会功能的维护与减少海洛因滥用相关的死亡率及犯罪率等。③

基因学领域有很多飞跃性发展,特别是最近几十年的发现成果,有助于促进人们决定论观念的形成和更新罪犯矫治方式。例如,NDA技术在刑事司法领域的运用大大提升了刑事司法的科学性,而基因治疗

---

① F. S. Berlin, "'Chemical castration' for sex offenders", 336 *N. Engl J. Med*, 1997, p. 1030.

② Henry T. Greely, "Neuroscience and Criminal Justice: Not Responsibility But Treatment", 56 *Kansas Law Review*, 2008, pp. 1103 – 1138.

③ See R. P. Mattick, C Breen, J. Kimber, M. Davoli, "Methadone maintenance therapy versus no opioid replacement therapy for opioid dependence", *Cochrane Database Syst. Rev*, 2002.

技术的发展已经仿佛可以看到未来改变罪犯基因组成的可能性。① 事实上,1987年就首次在刑事案件中运用NDA证据确定被告有罪,两年之后又首次运用DNA证据为已定罪的被告出罪。当前刑事司法中,定罪和出罪对DNA证据的依赖都很严重。② 以DNA证据出罪为例,根据美国洗冤工程(The Innocence Project)的统计,1992年至今,共有350名通过DNA证据洗清冤白,其中有20%是待决死囚。③ 而根据全美洗冤登记中心(The National Registry of Exonerations)的统计,1989年至2015年所有洗白冤屈的无辜罪犯中有8.1%是通过DNA证据出罪的。④ 同时随着基因技术的纵深发展,使得人们再次思考"人的行为到底是基因决定的还是自由意志决定的?"这个古老的问题。同时也提出了关涉罪犯矫治的问题——即改变人体构成的可能性,实际上科学家也已在用基因技术区制造新的分子或生物体了。例如,1990年W. French Anderson博士及其合作者运用基因治疗技术成功治愈了一个4岁的遗传病女孩,具体而言就是提取患者白细胞,插入不同基因进去,然后把这些细胞再返回患者身体。尽管基因治疗在这个案例中获得了成功,但是其在大面积案例上的成功性受到诸多怀疑,并且基因治疗在某些案例中还导致其他疾病甚至患者死亡。⑤ 但是新近研究使公众重拾基因治疗的信心,基因治疗开始进入高速发展的阶段,其安全性和有效性开始得到医药监管部门和医药巨头的认可,大量基因治疗医

① Diane E. Hoffmann, Karen H. Rothenberg, "Judging Genes: Implications of the Second Generation of Genetic Tests in the Courtroom", 66 *Maryland Law Review*, 2007, pp. 858-922.

② Erin Murphy, "DNA in the Criminal Justice System: A Congressional Research Service Report", 64 *UCLA L. Rev. Disc.*, 2016, p. 340.

③ 数据来源于美国洗冤工程网站,https://www.innocenceproject.org/exonerate/。

④ The National Registry of Exonerations, "Changes in DNA Exonerations Over Time", 2016-04-18.

⑤ See James M. Wilson, "Lessons Learned from the Gene Therapy Trial for Ornithine Transcarbamylase Deficiency", 96 *Molecular Genetics & Metabolism*, 2009, pp. 151-153.

药专利获批，再一次燃起通过改变个体基因组成来寻求疾病康复的希望。①

神经科学的巨大发展也有助于促进人们对于决定论以及人的可塑性观念的相信，近来用于改变大脑功能的技术表明，很可能能够通过科学改变人类个体及其决策过程。从电子计算机断层扫描术（CT）到正电子发射断层扫描术（PET），再到核磁共振成像术（MRI），最近几十年的技术进步已经使我们对大脑的认知与以前完全不同。在刑事司法领域，神经成像技术和证据已经在法庭上应用。1992年，一个律师首次提出其被告的大脑PET扫描图像应当被作为证据采纳，这张PET扫描图像显示有一个囊肿正在压迫着被告的额叶。理由在于，囊肿对其额叶的压迫使得被告分不清对和错，而被告掐死了其老婆并从高层公寓窗户抛下。② 自那之后，被告经常在审判中提交大脑扫描图像以图减轻对其惩罚，有很多预测认为，例如功能性核磁共振成像扫描等神经科学证据在将来的刑事程序中将更加被倚重。此外，一项最近的研究认为大脑扫描能够被用于预测何种罪犯将更可能再次实施犯罪，并认为认知训练是可以控制这种再犯的一种途径。③ 此外，神经科学带来的深部脑刺激（deep brain stimulation）方法可能意味着在药物干预之外还有其他可用的治疗干预方法。事实上，神经科学家曾建议对于罪犯应当实施额叶训练，以使他们能够改善冲动控制，一旦回归社会之后能够在日常生活中更善于决策。④

---

① 参见高正良：《基因治疗：从失败走向失败，现在有希望吗？》，载财新网：http://china.caixin.com/2017-02-18/101056689.html。

② 详细案例内容参见 Jeffrey Rosen, The Brain on the Stand: How Neuroscience is Transforming the Legal System, *N. Y. TIMES*, 2006-0311。

③ Regina Nuzzo, "Brain Scans Predict Which Criminals Are More Likely to Reoffend: Neuroimaging 'Biomarker' Linked to Rearrest After Incarceration", *Nature*, 2013-03-25.

④ David Eagleman, *Incognito: the Secret Lives of the Brain*, New York: Pantheon Books, 2011, pp. 182-183.

(二)经济动因

当前矫治刑罚观能够复兴的另一个重要原因,就是矫治刑罚具有能够通过降低再犯率进而降低在经济上已经不堪重负的刑事司法系统成本的可能性。近年来,那些明确把矫治作为重要刑罚目的的刑事立法行为背后就暗含着这种原因的内在驱动,如上文所述美国各州近年来的司法再投资立法就是经济动因驱动的典型表现。特别是2008年经济危机以后,美国经济受到打击而需要从低谷中恢复,通过矫治刑降低刑事司法成本的动因就显得愈发重要,而且也非常明显。

美国自从20世纪70年代矫治刑理念被全面抛弃以来,监狱人口膨胀十分严重,形成大规模监禁问题。美国每10万人口的监禁比例从1972年的161人,至2012年已经增至707人,监禁人口与美国总人口的比例高达1∶108,[①]至2015年已经占全世界监禁人口的1/5(见表4)。根据美国白宫《2016年监禁与刑事司法经济分析报告》的数据统计,自1980年至2014年,美国监狱人口增长了350%。与其他发达国家相比,美国的监禁率远高于其他发达国家,仅次于非洲塞舌尔共和国,世界监禁率排名前十的国家中只有美国一个发达国家(见表5),甚至有学者把这种现象称为“美国例外主义”。

表4　2000～2015年美国监禁人口与比例

年份	监禁人口(包括审前羁押)	占世界总监禁人口比例(%)
2000	349,800	18.1
2005	463,200	21.1
2010	457,500	20.2
2015	434,600	20.3

数据来源:World Prison Population List,2016。

---

① Jessica M. Eaglin,“Improving Economic Sanctions in the States”,99 *Minnesota Law Review*,2015,pp. 1837–1869.

表 5 世界监禁率最高的 20 个国家

排名	国别	监禁率	排名	国别	监禁率
1	塞舌尔共和国	799	11	俄罗斯	430
2	美国	666	12	巴拿马	421
3	萨尔瓦多共和国	588	13	伯利兹	410
4	土库曼斯坦	583	14	圣基茨和尼维斯	391
5	马尔代夫	514	15	圣文森特和格林纳丁斯	378
6	古巴	510	16	哥斯达黎加	352
7	巴哈马	439	17	帕劳	343
8	格林纳达	435	18	安提瓜和巴布达	335
9	卢旺达	434	19	巴巴多斯	322
10	泰国	431	20	巴西	319

数据来源：World Prison Population List，2016. 本文在制作本表的过程中剔除了非独立国家的属地。

大规模监禁在给美国的刑事司法体制造成巨大管理压力的同时，也带来了超负荷经济压力。因为无论监禁罪犯还是监管罪犯，都有很高的经济成本。以单个囚犯监禁成本为例，根据学者罗森菲尔德的研究，监狱将一个犯人关押 1 年，需要花费 2 万美元。① 但是实际上可能远不止这个数目，关押一个囚犯包括安保、保健、监狱运作与档案、食品与活动、矫治项目等五项内容。根据 2017 年最新数据显示，加州监狱系统关押一名囚犯一年所需要花费成本为 70, 810 美元。此外，美国监狱人力成本也非常高，其中主要是监狱工作人员工资支出。在监狱美国监狱工作人员每年薪资大部分州在 34, 430 ~ 49, 999 美元，但是加州和新泽西州超过 70, 000 美元，加州为 70, 020 美元，新泽西为 71, 430

① Richard Rosenfeld，"Paterns in Adult Homicide：1980 – 1995"，in Alfred Blumstein，Joel Walman（eds），*The Crime Drop in Americ*，Cambridge University Press，2006.

美元。① 见表6。

表6　加州监狱囚犯关押成本统计

项目		金额(美元)
安保	安保	32,019
保健	医疗服务	14,834
	精神护理	3359
	药品	2143
	牙科保健	1246
监狱运作与档案	监狱运作	4334
	分类服务	1798
	档案记录	723
	接收与测试分配	145
	交通	24
	行政管理	4171
食品与活动	食品	2082
	囚犯工资	823
	宗教活动	123
矫治项目	知识学习	1237
	认知行为矫正	823
	职业培训	377
	其他矫治项目	93
全部		70,810

数据来源:California Department of Corrections and Rehabilitation,2017。

从成本总额来看,监禁及其相关的刑事司法成本更为庞大。根据

① Kurt Snibbe,"California has one of the most expensive prison systems in the world",The Mercury News,2017-05-11.

美国白宫《2016年监禁与刑事司法经济分析报告》的表述,1993年至2012年之间随着监禁人口的大幅增加,美国刑事司法成本也大幅增加,如果加上刑事审判和警察部门的运营支出,2012年大约需要耗费2740亿美元,这比1993年增加了74%。其中有大约50%由地方政府支出,30%由州政府支出,20%由联邦政府支出。警察执法耗费成本最高,占到一半左右,为1300亿美元,监狱系统的运营每年大约需要耗费830亿美元,审判则花费大约600亿美元。如果按照刑事司法平均负担成本来看,每个美国人每年要负担872美元;各州平均个人则负担有所差异,在1488美元至407美元。①

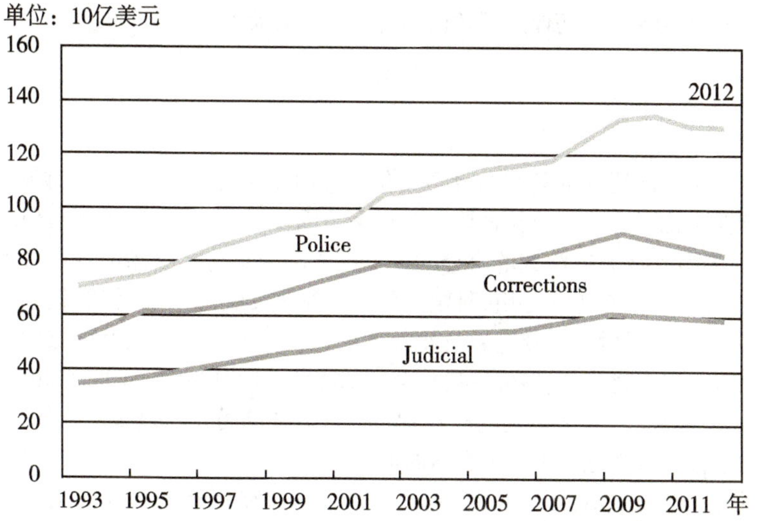

数据来源:Executive Office of the President of the United States, Economic Perspectives on Incarceration and the Criminal Justice System, Washington D. C.: Executive Office of the President of the United States, 2016。

图2 美国1993年至2012年刑事司法实际支出

① Executive Office of the President of the United States, "Economic Perspectives on Incarceration and the Criminal Justice System", Washington D. C., Executive Office of the President of the United States, 2016.

在这种情势下,刑事司法系统对矫治的需求就逐渐增大。因为矫治能够通过降低罪犯的再犯率进而降低监禁率,从而最终经由缓解刑事司法系统监禁及其相关程序的压力而减轻经济成本。但是对于矫治的重新信任也是建立在其矫治效果提高的基础上的,毕竟 20 世纪 70 年代中期矫治刑被抛弃的主要原因就是矫治效果不理想,而投入诸多成本的矫治一旦效果不理想,则从经济成本上来说也是不划算的。①不过,上文所述新近科学的巨大进步使新型矫治方式比 20 世纪上半叶及其以前的那些矫治方式更加有效,矫治效果已经或者将可能大大提高,这也使得从经济效用角度考虑矫治刑罚的时候不必再担心"矫治无效"的困扰,从而促进了矫治刑罚观复兴的动力。

(三)媒介动因

矫治刑罚观的复兴与社会文化观念的变化有着密切关系,而现代社会文化观念的塑造与媒体又有很大关系。因此,公众接受矫治刑罚观的背后,还有着深刻的媒介动因。媒介动因是与科学动因紧密联系在一起的:没有媒介导引,科学无从更广泛地传播给公众;没有科学支持,媒介传播没有可令公众真正信服的证据。新科学发展经由媒体向公众的社会化传播,能够促进社会更加相信人的可塑性(malleability of man)的观点而怀疑罪犯完全控制自我行为的能力。通过媒体宣传,有助于公众接受把矫治作为合适的刑罚目的和方式的决定论式的世界观(deterministic worldview),奠定了公众重新接受矫治刑罚观的文化观念氛围和认识基础。从路径上来看,媒体对公众重新接受矫治刑罚观的观念塑造大致有广告传播和媒体报道两种方式。一方面是制药业的广告宣传可以促进形成罪犯可被药物治愈的观念氛围。另一方面是媒体对药物学、基因学、神经科学等科学知识的传播提升了决定论观念的接受度。

---

① Justin Brooks,"Addressing Recidivism:Legal Education in Correctional Settings", 44 *Rutgers Law Review*,1992,pp. 699 – 742.

一方面,制药业的广告宣传可以促进形成罪犯可被药物治愈的观念氛围。日渐增多的直接面向消费者的营销,食品和药品管理局管制宽松,再加上名人效应等制药公司的各种广告策略,这些因素的长期结合促使在普通公众中形成一种几乎所有疾病都可以被药物治愈的文化氛围。不仅制药业向医生和医院之外的消费者直接营销药品,并且在很多情况下食品和药品管理局也并不强制要求制药公司详细披露其药品对消费者可能存在的种种不良副作用。在印刷广告中,制药公司只需披露"药品副作用、使用禁忌和疗效的概要"。[①] 这导致了在日常生活中用药治疗已是常态,某种程度上可以被总结为"美国医疗化"现象。[②] 虽然日常广告宣传中并非所有的药物都可以用以矫治罪犯,但是药物治疗的常态化使公众很容易接受矫治主义刑罚理念的复兴,认为犯罪这种"疾病"也可以通过药物"治愈"。

另一方面,媒体对药物学、基因学、神经科学等科学知识的传播提升了决定论观念的接受度。药物学、基因学、神经科学领域的科学进步经常受到媒体报道的关注,而媒体在作为新闻报道的同时也把相关的基本科学知识传播给了大众,在无形中改变社会看待罪犯的观念。[③] 虽然公众对这些科学进展的了解可能不如在法律案件中使用科学证据那样熟悉,但通过媒体推动的政策讨论,它们变得更易被公众理解,其结果就是使得社会对于决定论的信任度增加的同时,也有助于公众从观念上接受矫治刑罚观。最为常见的就是媒体对 DNA 问题的报道,并且经常聚焦在运用 DNA 证据给被告定罪或给死刑犯出罪方面。根据许多学者的研究,媒体对刑法领域 DNA 问题的关注以及由此产生的公众对 DNA 效用的认知,导致了 CSI 效应。62% 的律师和 69% 的

---

① 21 U.S.C. § 352(n) (2010).

② Corydon Ireland, Scholars Discuss " Medicalization " of Formerly Normal Characteristics, http://news.harvard.edu/gazette/story/2009/04/scholars-discuss-%E2%80%C98medicalization%CE2%C80%r-of-formerly-normal-characteristics/.

③ Eddy Nahmias, "Is Neuroscience the Death of Free Will?", New York Times, 2011-11-13.

法官都认为存在 CSI 效应。[①] 所谓 CSI 效应即是指,由于关于犯罪影视剧的影响,陪审团对 DNA 等鉴定科学产生浓厚兴趣,并对鉴定证据和调查技术抱有可能类比影视上的期待,在认定被告有罪之前,陪审团会要求更确定的关于被告有罪的法医证据。[②] 通过媒体对科学知识的传播,各种科学突破在传播中创造了一种更加强调决定论的氛围,即所有事情,包括那些通常被认为是自由意志产物的事情,都有超出我们自身控制的环境原因。特别是神经科学的发展对自由意志存在的高度怀疑,更加强化了决定论的观点。当然,科学领域还有很多未知亟待科学家探索,但是就已知科学对疾病和大脑的干预成果来看,也许可以同过基因干预矫治罪犯,从而使其不再犯罪。媒体对于这些知识的广泛传播,使社会对于决定论的信任度增加的同时,也有助于公众从观念上接受矫治刑复兴。[③]

四、启示:近半个世纪以来美国矫治刑罚观变迁的意义观照

自 20 世纪 70 年代至 90 年代,美国矫治刑罚观因受理论与实践的质疑而全面衰落。自 20 世纪 90 年代至今,美国矫治刑罚观在司法、学术与立法领域又重现复兴迹象。虽然美国目前刑罚理论仍以报应刑罚观为主导,但矫治刑罚观的影响越来越大,矫治刑罚观在美国司法改革中所占分量也越来越重。并且矫治刑罚观在司法和立法领域复兴所带

---

① Stojer J. , "The CSI effect and its impact on the perceptions of forensic science experts' work" ,61 *Arch Med Sadowej Kryminol*,2011 ,pp. 351 – 359.

② Monica L. P. Robbers, "Blinded by Science: The Social Construction of Reality in Forensic Television Shows and Its Effect on Criminal Jury Trials" ,19 *Criminal Justice Policy Review*,2008 ,pp. 84 – 102。但有部分学者认为 CSI 效应并不存在。参见 Arun Rath, "Is The 'CSI Effect' Influencing Courtrooms?", http://www. npr. org/2011/02/06/133497696/is-the-csi-effect-influencing-courtrooms。

③ Meghan J. Ryan, "Science and The New Rehabilitation" , 3 *Virginia Journal of Criminal Law*,2015 ,p. 297.

来的效果也比较明显,美国暴力犯罪自 2009 年至 2015 年已经下降了 16% 。[①] 可以预见,矫治刑罚观在将来必定会有更大发展空间。与此同时,通过对美国矫治刑罚观近半个世纪以来演变脉络的梳理,其中所体现的问题与趋势,也可为中国刑罚目的理论与实践的发展提供历史观照与智识系谱。

第一,转换中国刑罚目的理论的认知视角,避免纯粹形而上认知模式与实践的脱节。在刑罚问题的认知视角方面,中国刑罚理论承继德国和日本的刑罚目的理论的论证方法,倾向于从抽象的哲学角度来认识刑罚目的,通过哲学思辨方式来分析刑罚目的之应然诉求。[②] 从哲学角度探讨刑罚目的固然重要,但若忽略刑罚目的的适用主义立场,则会导致刑罚目的设定在理论与实践之间的脱节,无法通过刑罚目的统领刑罚实践。而美国矫治刑罚观无论是衰落还是复兴,其背后都有基于实用主义立场的认知视角:20 世纪 70 年代抛弃矫治刑罚观的最核心原因在于矫治无效而无助于降低犯罪率,而 20 世纪 90 年代以来矫治刑罚观复兴的核心原因又在于科学的发展使得矫治有效从而有助于改变刑事司法困局。这种实用主义认知视角可以超越对刑罚目的诸多无谓的形而上的论争与辨析,基于证据基础解释刑罚目的合理性,更容易使形而上的刑罚目的内化于制刑、求刑、量刑和行刑中的实践,[③]其过程与结果也更容易为公众所认同和接受。因此,中国刑罚目的理论应当尝试转换纯粹哲学思辨方式的认知理路,适当转向实用主义立场的认知模式,在从形而上的哲学层面认知和辨析刑罚目的的同时,也关注形而下的制刑、求刑、量刑和行刑制度实践,基于询证方法认知刑罚目的。

第二,均衡中国刑罚目的理论体系,防止结构化偏差。中国刑罚目

---

① S. L. Bryson, "Fear of crime in the United States", 29 *Security Journal*, 2016, pp. 8 – 10.

② 参见王世洲:《现代刑罚目的理论与中国的选择》,载《法学研究》2003 年第 3 期。

③ 参见王刚:《论我国刑罚目的理论研究中的四个误区》,载《法学论坛》2012 年第 1 期。

的理论存在多种学说争议,主要有“报应预防(包括一般预防与特殊预防)二元说”①“报应与特殊预防二元说”②“报应兼顾功利说”③“惩罚、预防与保护说”④等。以上诸刑罚目的学说虽形式上多以综合刑罚目的论的面目出现,但实质上仍是以报应刑罚观为根本性主导基础。从近半个世纪以来美国矫治刑罚观变迁中便可窥见报应刑罚观占压倒性地位并没有从根本上降低犯罪率,却又带来了大规模监禁等问题。因此,应当均衡中国刑罚目的理论体系,体系性认知报应、威慑、矫治和隔绝四种刑罚目的之内在关联,采用询证方式检验各种刑罚目的优缺点及其功效的实现程度,避免其缺点的结构性放大。进言之,就是要汲取近半个世纪以来美国矫治刑罚观发展的经验教训,适度提高矫治在刑罚目的理论中地位,均衡刑罚目的理论体系中矫治、报应、威慑与隔绝的结构化表达,避免刑罚目的理论结构偏差的流弊,体系化架构中国刑罚目的理论,从根本上避免犯罪圈膨胀化和刑罚过量化。

第三,刑事立法中重视矫治刑罚观的适当嵌入。虽然中国的法律体系与美国以判例法为主的法律体系差异较大,但美国近些年来在制定法中将矫治刑罚观适当嵌入其中的做法值得中国刑事立法参考。首先,在刑法、监狱法等刑事立法中嵌入矫治刑罚目的。中国《刑法》《监狱法》等立法中都把惩罚置于明显优先的地位,使当前中国刑法整体上犯罪圈过大和刑罚过量,有“过度刑法化”的趋势。⑤ 因此,应当在刑事立法中嵌入矫治刑罚目的,纠正刑法过度惩罚的倾向。其次,通过《社区矫正法》规定体系化、综合化、全程化的社会复归矫治措施。2016年底公布的《社区矫正法(征求意见稿)》首次体系化规定罪犯社会复归矫治的程序、监督管理、教育帮扶,但并没有按照犯因、性别等对罪犯进行区

① 陈兴良:《刑罚目的新论》,载《华东政法大学学报》2001年第3期。

② 周少华:《刑罚目的观之理论清理》,载《东方法学》2012年第1期。

③ 徐久生:《刑罚目的及其实现》,中国政法大学2009年博士学位论文。

④ 韩轶:《对我国刑罚目的之理性审视》,载《武汉大学学报》(社会科学版)2002年第1期。

⑤ 参见何荣功:《社会治理“过度刑法化”的法哲学批判》,载《中外法学》2015年第2期。

分,也没有分类规定矫治项目,建议在征求意见稿完善的过程中基于中国罪犯矫治实践将参与主体、矫治项目进行类型化,覆盖从量刑前到出狱后的全历程,形成与监禁刑罚无缝接合的罪犯社会复归矫治措施体系。最后,可以借鉴美国的司法再投资立法。所谓司法再投资就是在实证依据基础上,降低刑事司法成本,把节省之开支转投资于矫治罪犯项目以及降低犯罪和再犯率的项目上,目前美国不少州已有司法再投资立法,有33个州实施了司法再投资计划。① 中国也可以在国家或地方立法层面借鉴美国司法再投资立法,优化刑罚制度的资金支持。

The Historical Evolution of the Rehabilitation in Americain the Past Half-century and Its Enlightenment

Cao Xinghua

[**内容摘要**]美国矫治刑罚观在20世纪70年代因受到矫治无效、不公平风险、不受拘束性、附随副作用以及颠覆传统刑法理论等来自理论与实践的多重质疑而迅速衰落,在理论与立法上遭到全面弃置。但自20世纪90年代以来矫治刑罚观在美国司法、学术与立法领域重现复兴迹象,而其复兴背后又有着复杂的动力促动因素,至少包括科学动因、经济动因和媒介动因三个维度。通过梳拨20世纪70年代至今美国矫治刑罚观变迁进路,形塑近半个世纪以来美国矫治刑罚观演进脉络及其动因,可为合理认知矫治刑罚观之于中国刑罚目的理论及其实践发展提供历史观照和知识系谱。

[**关键词**]刑罚目的;矫治刑罚观;报应刑罚观;大规模监禁

Abstract: In the 1970s, fifty years after its ascension, the popularity of the rehabilitation began to decline, and then the rehabilitation was dropped

① David Brown, Chris Cunneen, Melanie Schwartz, Julie Stubbs, Courtney Young, *Justice Reinvestment Winding Back Imprisonment*, New York, Palgrave Macmillan, 2016, p. 17.

entirely by theorists and practitioners. However, the rehabilitation is making a comeback in the America after the 1990s. The reemergence of rehabilitation can be recognized in the American criminal justice, legislation and law articles. There are complicated impetus factors behind its revival, including at least three dimensions: scientific motivation, economic motivation and media motivation. By analyzing the historical evolution of the rehabilitation in America from 1970s to 2016, we can map its evolution route, which will provide historical mirror and experience about how to comprehend appropriately the status of the rehabilitation in China's criminal punishment theory and criminal justice system.

Key words: Punishment goal; Rehabilitation; Retribution; Mass incarceration

小野清一郎的“道义刑法”：历史、传承及反思

谭 堃*

目　次

日本著名刑法学家小野清一郎博士因其代表作《犯罪构成要件理论》一书的中译本①而为我国刑法学界所熟知。我国刑法理论上就小野清一郎在构成要件理论的建树充满赞誉。对小野刑法理论的研究也主要是围绕其构成要件理论展开的。但是，实际上小野刑法理论尚有许多值得探讨的内容。特别是作为小野刑法学两大支柱之一的道义责任论，②尚未引起我国学者的注意。

---

* 谭堃，西北政法大学讲师，法学博士。通讯地址：陕西省西安市雁塔区长安南路300号西北政法大学57号信箱，邮编：710000，电话：17791837749 邮箱：liema2004@126.com。

① 该书由我国学者王泰翻译为中文，由中国人民公安大学出版社2004年出版。

② 参见李海东主编：《日本刑事法学者（上）》，法律出版社、成文堂1995年版，第144页。

实际上,小野清一郎的道义责任论在刑法学理论上影响深远。特别是道义责任论在违法性阶段的体现,也即违法的本质是道义违反的立场,成为日本战后学派之争的导火索。众所周知,结果无价值论与行为无价值论之争,肇始于违法性论。以结果无价值论针对将违法本质归结于道义违反的小野清一郎刑法违法性论的批判为学派对立的开端。那么,小野清一郎刑法违法性论中的道义违反从何而来、内容为何、现在何处?这些问题的厘清既是追本溯源的历史考察,也是对学派之争现状的本质把握,能够为我们重新审视刑法行为无价值论与结果无价值论的学派之争提供一个新的视角。

一、作为"道义刑法"理论基础的"日本法理"与国体观念

(一)日本法理产生的背景

小野清一郎的道义刑法以"日本法理"及所谓的国体观念为出发点。而"日本法理"及国体观念的提出,具有深刻的时代背景。明治维新之后日本刑法的近代化经历了从继受法国自由主义刑法思想到引入重视刑事政策思考的德国刑法思想,至 20 世纪 30 年代末国家主义刑法思想逐渐抬头,最终发展为以天皇制为基础的"日本法理运动"。而日本法领域的这种变革有以下历史背景:

第一,民族意识开始觉醒。日本明治维新之后,为了废除与西方列强的不平等条约,在法律方面开启了"全盘西化"的过程。明治政权掌权伊始,急切实现国家的统一与独立。而幕府统治时期与西方列强签订的不平等条约无疑是横亘在新政权面前的首要障碍。不平等条约不仅是束缚日本发展的严重障碍,实际上由不平等条约带来的耻辱所激发的强烈的民族主义,也是倒幕运动的重要原因。[①] 因此,作为倒幕运

① 参见[英]克里斯托弗·戈托-琼斯:《现代日本》,顾馨媛译,译林出版社 2014 年版,第 13 页。

动成果的明治政权必然要以废除不平等条约为己任。然而，日本的修约要求却遭到了西方列强的一概拒绝。日本使节团在华盛顿会晤美国总统及国务卿后清楚地认识到，“只有日本改革国内的法律和制度，使它们和西方那一套更加相似，以此证明了自己的现代性，世界的主要强国才会同意修订条约”。[①] 由此，“为废除不平等条约。制定日本本国的宪法及法典成为明治政府的当务之急”。[②] 刑法方面，以法国刑法为蓝本，制定了旧刑法，因而在刑法理念上采取的也是受法国刑法影响的折中主义。但随着日本不断强大，一方面，开眼看世界不仅使日本获得了民族的独立，逐渐强大起来的日本在国家制度上也更加从容，不再对西方国家亦步亦趋；另一方面，全盘西化所制定的包括法律在内的一系列制度本来就与日本的国情不相符合。这些因素促使日本的民族意识逐渐觉醒，重新自觉地发现、认识自己成为潮流。

第二，国家主义意识形态的传统根深蒂固。日本虽然通过明治维新建立了资本主义的制度，实现了法律制度的近代化，但是，日本的资本主义化、近代化与西方各国的实现路径并不相同。日本社会没有经过充分的自由主义思想的启蒙，其资本主义化也不是由具备自由主义意识的市民促成的。统治日本社会的仍然是延续了数千年的封建主义思想，日本的近代化也主要是由国家自上而下地强力推动的结果。因此，原本与资本主义思想格格不入的天皇体制不但没有在近代化过程中消亡，反而得到了前所未有的加强也就不足为奇了。日本国家的意识形态中本来就有较强的国家主义倾向。而近代日本国家又以天皇制为核心，所以国家主义的法学思想发展为天皇制为基础的“日本法理运动”基本上不存在障碍。

第三，解决资本主义上升期国内外矛盾所迫。随着资本主义制度在日本深入推进，其自身难以克服的制度性缺陷也逐渐显现。为应对资本主义发展过程中的问题，日本一方面，要通过压榨国内的劳动者以

---

① [美]詹姆斯·L.麦克莱恩：《日本史(1600～2000)》，王翔、朱慧颖、王瞻瞻译，海南出版社2014年版，第166页。

② [日]宗泽亚：《明治维新的国度》，北京联合出版社2014年版，第21页。

完成资本的原始积累,这必然激起民众的不满,日本国内的自由主义、共产主义运动持续高涨;另一方面,又要通过对外扩张拓展市场、争夺资源,这又会遭到朝鲜等殖民地人民的反抗,日本殖民地的民族解放运动、独立运动日趋组织化、规模化、暴力化。内外交困中的日本以强力镇压的方式维持着天皇制政府的统治。此种镇压态势体现在法律理念上即自由主义的法学思想逐渐退居次要地位,国家主义的法学观念日益抬头。这种变化在刑法领域典型表现为1925年制定的《治安维持法》,其目的即在于遏制不断蔓延的共产主义运动。

(二)其时的小野清一郎与日本法理运动

在上述持续半个多世纪的变革过程中,小野清一郎的刑法思想也经历转变,即20世纪20年代的自由主义在20世纪30年代末期转向了国家主义、绝对主义的刑法观,并自20世纪40年代开始积极投身日本法理运动,最终走向了"日本法理"及道义刑法的思想。那么,小野清一郎的刑法思想的转变是如何完成的呢?

小野清一郎于1919年留学法国,一年后又前往德国。在德期间,学习了迈尔(Mayer)所主张的构成要件论,使其于1922年回国之后以此为基础形成了自己的体系化的刑法理论。[①] 因此,小野清一郎在德留学期间受迈尔影响甚大。由于迈尔以新康德主义为理论体系化的方法论,小野清一郎受此影响,也基于新康德主义的方法论,以构成要件论为基础尝试刑法理论的体系化。[②] "新康德主义法学坚持并发展了康德的二元方法论,严格区分'实然'和'应然'、实在和价值,认为'已有、曾有、将有'均非'应有',不能从'实然'中归纳出'应然'。"[③]接受

① 参见[日]本田稔:《刑法におけるイデオロギー的基礎と法学方法論》,载《立命館法学》2012年4号,第575页。

② 参见[日]本田稔:《刑法におけるイデオロギー的基礎と法学方法論》,载《立命館法学》2012年4号,第575页。

③ 刘建伟:《新康德主义法学》,法律出版社2007年版,第10页。

新康德主义方法论的小野清一郎在论述文化概念的时候就认为，文化概念应当区分为“经验的”文化概念与“纯粹的”文化概念或文化的“理念”。所谓“经验”，是在时间、空间以及因果范畴上被认识的“事实”“存在”或者“要素”。因而，“经验的”文化是与文化的“理念”“理想”“意义”或“价值”相对立的。① 任何实存的法律都应当受到应然理念的审视，使得新康德主义法学具有批判的特征。在方法论上采新康德主义二元论的小野清一郎，在 20 世纪 20 年代以较为激进的立场批判国家的刑事司法实务以及刑法修改工作。②

彼时，小野清一郎在法理念上仍然采取自由主义的立场。小野清一郎在论述其文化主义的正义观时指出，传统的报应刑论者大多立足于依靠国家威权维护秩序之绝对化的国家绝对主义。这种观点以刑罚威慑的一般预防机能为基础，他并不采此种观点。与此相反，目的刑论试图实现市民社会的保卫目的，根本上虽然基于个人主义的、自由主义的正义观，但是其为了合目的性、计划性，会在某种程度上限制那些属于危险阶级的个人的自由。他对此正义观也怀有根本性的疑问。他认为，在国家组织或市民社会的基础上，为了文化目的应当把上述两种正义观在本质上结合起来，并以同心协力创造共同社会为理想，在此理想的指导下期待现实的国民共同社会的正义，这就是文化主义的正义观。③ 由此可见，20 世纪 30 年代的小野在意识形态上仍然倾向于自由主义，对报应刑论的国家绝对主义以及目的刑论的社会防卫思想都持批判态度，并试图在更高层次的文化层面融合报应刑论与目的刑论各自的合理之处。与小野清一郎一样，当时日本许多刑法学者都对现实的刑事立法与司法采取自由主义的批判态度，检讨刑法中封建主义的残余，并主张重视作为犯罪发生根本原因的社会经济因素，为以刑罚实

---

① 参见[日]小野清一郎：《法理学と「文化」の概念：同時に現代ドイツ法理学の批評的研究》，有斐阁 1928 年版，第 342～343 页。

② 参见[日]本田稔：《刑法におけるイデオロギー的基礎と法学方法論》，载《立命館法学》2012 年 4 号，第 573 页。

③ 参见[日]小野清一郎：《刑法講義總論》，有斐阁 1932 年版，第 15～16 页。

现犯罪预防的政策划定界限。① 此种批判的潮流在1933年的“京都大学法学部事件”,大量持批判立场的刑法学者被逐出大学事件的发生而走向终结。②

小野清一郎在此轮对革命运动的打击中得以幸存,那么其对国家主义体制的迎合是非出于本意还是积极主动采纳呢?对小野清一郎思想转变的原因问题上,各研究成果都难见到明确的论述。的确,后人的研究永远无法完全还原当事人所处的具体的历史环境,除非当事人自己表明自己内心的想法,否则旁人的研究不过是基于猜测,因此即便能够最大限度地接近事实,却仍然不能说就是真实状况的描述。遗憾的是,小野清一郎在作为学术经历自述的《刑法学小史》(1942年)中也并未对此问题有所论及。如上所述,“京都大学法学部事件”后,持自由主义立场批判现行体制的声音渐渐减弱,学者们大多保持了沉默。在当时的时局之下,国家绝对主义已经不可逆转,个人更是无法与之抗争。将泷川幸辰所遭受的“京都大学法学部事件”视为有识之士的主动抗争也罢,抑或并非有意而是无辜地成为国家主义抬头的牺牲品也好,在无可争辩的时局之下都难再要求学者个人与整个国家趋势相抗衡。

其次,小野清一郎的理论之所以没有如泷川幸辰的刑法学说一般被“选取”为打击的对象,仍然有其理论自身的原因。如上所述,小野清一郎在构成要件论的构筑上采取的是以新康德主义为哲学基础的迈尔的理论,而并未采取以自然主义、法实证主义为基础的贝林(Beling)

① 参见[日]本田稔:《刑法におけるイデオロギー的基礎と法学方法論》,载《立命館法学》2012年4号,第571页。

② 自由主义法思想遭排挤与打击并不限于刑法学界,首当其冲的是与国家体制有直接关系的宪法领域。特别是关于天皇地位的争论,持天皇机关说而否定天皇有绝对权力的美浓部达吉在1935年的“天皇机关说事件”中受到激烈的批判,此后天皇机关说被排除在学界、教育界之外,是自由主义法思想遭受的一次沉重打击。参见[日]富永健:《天皇機関説と国体論》,载《憲法論叢》2005年第12卷,第73~94页。对美浓部达吉等学者的天皇机关说的批判可以参见[日]蓑田胸喜:《行政法の天皇機関説——附二·二六事件と美濃部·末弘思想》,原理日本社1936年版。

的学说。此种新古典主义的体系与古典主义的体系在是否采取目的论的思考方式上有根本的区别。也即在形式主义法哲学的态度与目的主义法哲学的态度相区分上,[①]古典主义的体系是以对国家权力的怀疑为出发点的,始终以限制国家权力为理论架构的指导思想;而新古典主义的体系却是以肯定国家权力在全体社会秩序的构建与维护上的作用为基本立场,在理论架构上并不以限制国家权力为根本目标,而是要以社会秩序的维护为目的合理地组织国家权力。所以,新古典主义的体系具有较强的全体主义以及实质化的倾向,形式主义的界限被打破,对政治目的大开门户。正如有德国学者指出,纳粹时代的主张在原则立场上并没有完全脱离魏玛时代的新古典主义理论的范畴。[②] 小野清一郎基于新康德主义所主张的刑法理论体系也正是由于这种全体主义的倾向与当时的时局相契合,而没有成为政治的牺牲品,并在法的国家主义化过程中有所作为。

(三)日本法理及其国体观念的基本内容

小野清一郎于1942年著成《日本法理的自觉展开》一书,是其投身“日本法理运动”的标志性著作。小野清一郎也认为,“由满洲事变引发的东亚事态乃至世界事态,本质上是东洋文化、日本文化对西洋文化、欧美文化之独占优势支配的抗议与抗争。日本是在历史、文化上代表全东洋从而斗争。因此,日本具有完成东洋文化,进而形成将来的世界文化的责任。所谓东亚新秩序,应当是新的文化秩序”。[③] 作为文化科学的法学自然也应当依据上述责任与使命,通过日本法理的自觉展

---

① 参见[德]クラウス・マルクセン:《ナチズムにおける犯罪論の法哲学的根拠づけ——刑法学的思考の連続性の問題について》,载《法、法哲学とナチズム》,ナチス法理論研究会译,みすず書房1987年版,第93页。

② 参见[德]クラウス・マルクセン:《ナチズムにおける犯罪論の法哲学的根拠づけ——刑法学的思考の連続性の問題について》,载《法、法哲学とナチズム》,ナチス法理論研究会译,みすず書房1987年版,第95页。

③ [日]小野清一郎:《日本法理の自觉的展开》,有斐阁1942年版,第10页。

开,树立新的日本法学。小野清一郎指出,自明治以来的日本法学继受于法德法学,真正的日本法学并未确立。“今后应当期待真正日本法学的树立。日本法学的树立是我们的当前目标。”①

这种与继受法学相区别的日本法学应当具有日本历史的、民族的特征或者性格。而此种日本性格以日本法理为基础。所谓日本法理,是内在于日本法中的理,即规定日本法本质的事理、道理。日本法是日本民族精神的表现,因而日本法理也即日本法的精神的事理、道理。②小野认为,“以往法学的错误并不在于学习西洋法学。其谬误在于忘记了日本法理,没有日本道义的自觉”。③ 进而主张法学界应当自觉展开日本法理。所谓日本法理的自觉展开也就是把握日本法中的理,是日本法的本质事理的自觉。④ 因此,什么是日本法中的本质事理才是理解小野的日本法理的关键。

小野认为,日本法的本质在于道义,这是因为“国家是道义的共同体,法是国家道义的实现”。⑤ 所以,日本法作为国家的法就以国家的道义为本质。这里所谓的道义,又以国体观念为基础。国体概念在日本最早是由穗积八束引入法领域的,国体即为统治权或主权之所在。⑥ 日本《国体的本义》指出,日本“由万世一系的天皇遵奉天皇先祖的神敕进行永远的统治。此乃日本国万古不变的国体”。⑦ 小野对此极为崇尚,并指出,“万世一系的天皇统治日本,是日本法理中的法理,道义中的道义”。⑧ 至此,小野终于抛出了其所强调的“日本法理”的实质,即“日本法理学中最根本的问题是日本国体的法理。日本国体是

① ［日］小野清一郎:《日本法學の樹立》,日本法理研究会1942年版,第2页。

② ［日］小野清一郎:《日本法理の自觉的展开》,有斐阁1942年版,第41页。

③ 同上书,第48页。

④ 同上书,第62页。

⑤ 同上书,第72页。

⑥ 参见［日］穗積八束:《修正增補 憲法提要》,有斐阁1935年版,第30页。

⑦ 《國體の本義》,文部省1937年版,第9页。

⑧ ［日］小野清一郎:《日本法理の自觉的展开》,有斐阁1942年版,第89页。

日本法理中的法理”。[①] 也即日本法理根本上要以维护天皇的统治为核心。

“日本尝试建立的大东亚共荣圈实际上是使之成为一个日本‘国体’式的新秩序。”[②]尽管国体的内涵并不明确,但是其核心是明确的,即天皇的统治。由此,要建立以日本国体为本质的大东亚共荣圈,也即要建立天皇在东亚的统治。如此,所谓大东亚共荣圈表面上宣称要对抗西方所建立的旧秩序,将东亚各国从西方殖民解放出来,实质上是为其侵略亚洲各国提供了法理上的依据。

二、小野清一郎“道义刑法”的具体展开

由于小野清一郎在法哲学的领域主张应当自觉展开体现日本历史、民族特点的日本法理,作为法体系一部分的刑法领域自然也应当以树立日本刑法学为目标。日本法的本质在于维护天皇统治国体的道义,刑法是法律诸体系中最具道义、伦理之法。[③] 刑法是实现国家道义的手段,在此意义上刑法与伦理不应相分离,毋宁应当进行一体的把握。因此,日本刑法应当是以日本道义为根底的道义刑法。

(一)对道义责任的报应

道义责任论是小野清一郎“道义刑法”中最为我国学者所熟知的概念,但对其内涵却未必有全面的认识。小野清一郎在1925年介绍宾丁(Binding)学说的论文中首次使用了“道义责任”的概念。小野对“道义责任”所赋予的内涵,存在一个从初期基于“文化的正义观”的立场向强调“国家道义性”的立场的转变过程。在此转折点上占据重要

---

① [日]小野清一郎:《日本法理の自觉的展开》,有斐阁1942年版,第79页。

② 游国龙:《序列意识与大东亚共荣圈——对“二战”时期日本国家行为的心理文化学解读》,载《日本学刊》2013年第2期。

③ [日]小野清一郎:《日本法理の自觉的展开》,有斐阁1942年版,第99页。

位置的是1940年以“刑法的道义与政策——对改正刑法草案的概括性批判”为题的论文。[①]

小野清一郎作为刑法学派之争中旧派的代表人物,在刑罚目的上基本上维持了旧派报应刑论的立场。小野清一郎明确指出,日本刑法是道义责任之法。犯罪是违背国民道义的行为。刑罚则是国家对其行为进行否定,明确行为人道义责任的活动。[②] 因此,行为人实施反道义的行为而承担的责任是一种道义责任。刑罚是对违反道义行为的制裁,也即是一种对反道义行为的报应。由此,小野清一郎在刑法基本立场上采取的是客观主义的报应刑论。

但是,小野又明确否认日本刑法中的报应与大陆法系刑法学派之争中的报应完全相同。其指出,西方的“报应”是以其传统的复仇、同态复仇,或者私法的、赔偿的观念为基础的。而日本刑法中的报应是以公法上的复仇观念为基础的国家的、公的报应。因此,日本刑法不是单纯的报应刑法,而是道义惩肃的刑法。其伴随着道义的劝善、教化。[③] 惩肃不是单纯的威吓,更是促使道义意识的觉醒。[④] 小野认为这是日本刑法中的报应与西方报应主义的根本区别。由此可见,小野的道义的、国家的报应刑论带有相对报应刑论的色彩,即存在些许教育刑论的影子。其认为报应主义与目的主义并不是矛盾对立的,“承认日本刑罚的报应性时,不能否认其目的性。原来认为报应与目的是二律背反的观点是错误的”。[⑤] 只不过,其中的一般预防与特殊预防也要受到道义观念的支配,因而“相对化程度较低”。[⑥] 在刑罚本质的问题上,小野清一郎正是在“国家道义性”的立场上,认为刑罚不仅意味着对过去犯罪的赎罪,也是使行为人确认“道义”,对其进行改造,进而起到预防一

---

① 参见[日]出口雄一:《統制・道義・違法性——小野清一郎の「日本法理」をめぐって》,载《桐蔭法学》2014年第20卷20号。

② 参见[日]小野清一郎:《日本法理の自觉的展开》,有斐阁1942年版,第107页。

③ 同上书,第187页。

④ 同上书,第188页。

⑤ [日]小野清一郎:《日本法理の自觉的展开》,有斐阁1942年版,第187页。

⑥ [日]内藤謙:《刑法理論の史的展開》,有斐阁2007年版,第369页。

般国民将来不犯罪的作用。认为绝对主义、相对主义任何一者都不能单独成为刑罚的本质,两者应当以"国家道义性"之名进行扬弃。①

需要指出的是,刑法学古典学派中的所谓"道义责任论",是以自由意志为前提的,即人在有选择行为的自由意志之下仍然实施犯罪,在道义的立场上应当就此承担责任。小野清一郎也采自由意志的非决定论的立场,认为"意思自由及行为自由是道义责任论的基础。所谓意思自由,并不是说意思不被任何事物所左右。而是指其被性格和环境,即内外的事物所决定。但是,意思自由并不意味着只有一个行为,具体而言,是存有两个以上行为的可能性。于是,人具有依照伦理的当为来决定自己行为的自由"。② 尽管如此,小野清一郎在阐述道义责任时,将重点置于作为道义责任内容的国家道义之上,对于道义责任基础的自由意志的判断却完全没有进行论证。这一点与以自由主义为根基,以理性人的假设为出发点而主张自由意志的旧派刑法理论存在较大差异。或者可以说,小野清一郎的道义责任本身所要关注的就不是自由,而是国家道义秩序的维护与实现。正如有学者评价,较之后期古典学派的自由主义的侧面,小野清一郎的理论的国家主义、权威主义侧面的色彩浓厚,是适合近代天皇制国家和明治宪法中的日本全体主义、国家主义的理论。③ 小野清一郎"道义刑法"的这一本质特征在其关于道义责任的阐述中表现得尤为明显。

(二)违法性的反道义本质

众所周知,小野清一郎在构成要件理论上提出了违法有责行为类型说,并以此形成了日本刑法在构成要件理论上不同于德国理论的特

① 参见[日]矢田陽一:《小野清一郎の実行行為論と正犯・共犯論——実行行為概念の学説史的考察と間接正犯論》,载《國士舘法學》2015 年第 48 号,第 127 页。

② [日]小野清一郎:《刑罰の本質について・その他》,有斐阁 1955 年版,第 95 ~ 96 页。

③ 参见[日]内藤謙:《刑法理論の史的展開》,有斐阁 2007 年版,第 376 页。

色。小野指出,“构成要件在将行为的违法性加以类型化的同时,也要将行为人的道义责任类型化,还要将违法并且有责的行为中具有可罚性的行为用法律概念加以规定。构成要件是违法并且具有道义责任的行为的类型”。[①] 那么,在小野的构成要件理论中,构成要件与违法性及道义责任的关系如何呢?对此小野指出,“出现在前面的是构成要件,站在它背后的,是具有实体意义的违法性及道义责任”。[②] 如此看来,违法性与道义责任相对于构成要件来说处于平等的地位上。但实际并非如此。小野指出,“道义责任是形而上学之最根本,违法性是其部分的表现,构成要件更是其部分的表现”。[③] 小野将犯罪的道义违反本质作为构成要件理论的基础,认为道义责任是犯罪的根本要素,构成要件、违法性不过都是道义责任的表现。由此,违法性本质的判断必然与道义违反联系在一起。

所以,就违法性来说,小野清一郎同样从作为日本刑法本质的国家道义出发探讨其实质。小野指出,行为违法性的本质,是违反法秩序的精神,违反法的理念。然而,法秩序的精神、法的理念是对国家及国民生活道义秩序的维持。从此见地来考察行为的违法性,其是行为的反道义性。违反日本民族生活中道义文化价值的行为即是违法行为。[④] 显然,小野并未采取当时处于通说地位的违法性的本质是法益侵害及其危险的观点,而是认为李斯特所主张的法益侵害及其危险的实质违法性论中的违法性实质“不是精神的,而是物质的、纯粹因果的思考方法,在这一点上其没有理解法秩序的精神的、道义的

① ［日］小野清一郎:《犯罪构成要件理论》,王泰译,中国人民公安大学出版社2004年版,第28页。

② 同上书,第29页。

③ ［日］小野清一郎:《犯罪構成要件の理論》,有斐阁1953年版,第427~428页。由于王泰译《犯罪构成要件理论》只翻译了1953年版《犯罪構成要件の理論》的第一部分,因此本部分内容在中译本中并未译出。

④ 参见［日］小野清一郎:《全訂刑法講義(總論)》,有斐阁1945年版,第123~124页。

本质"。[①]

尽管小野清一郎在违法性本质的探讨上体现出了与宾丁、宫本英修等规范论学者的主张相亲近的倾向。认为"构成要件上的行为往往是违反道义的文化理念及其目的上要求的规范的行为"。[②] 但是,也应当看到,小野的违法论与宫本英修的主观主义刑法立场又有根本区别。小野指出,宫本英修的理论"否定了违法性与道义责任的理论区分,"使法秩序的客观妥当性依存于主观精神。[③] 而小野所主张的行为的违法性,是"在国家道义立场上的客观价值批判",[④]从而坚持了客观主义刑法的基本立场。

违法性的本质在于道义、社会伦理秩序的违反,刑罚以维护社会道德、伦理秩序为目标,小野清一郎的这种违法本质论自然会与行为无价值论相牵连。[⑤] 小野清一郎的这种违法本质论与道义责任论以及构成要件理论一道,通过战后团藤重光等著名学者的继承,对日本战后的刑法理论产生了深远影响。

(三)治安维持法与危害国体的犯罪

小野刑法的价值并不限于纯粹的理论构建,还在于能够满足当时政权的现实需要,这也是小野刑法可以成为所谓的"御用刑法"[⑥]的原因所在。小野刑法对战时《治安维持法》的解释与适用提供了理论上的支持,可谓是这种"满足现实需要"的最明显体现。

---

① [日]小野清一郎:《全訂刑法講義(總論)》,有斐阁1945年版,第126页。

② 同上书,第130页。

③ 参见[日]小野清一郎:《全訂刑法講義(總論)》,有斐阁1945年版,第129页。

④ [日]小野清一郎:《全訂刑法講義(總論)》,有斐阁1945年版,第131页。

⑤ 参见[日]内藤謙:《刑法理論の史的展開》,有斐阁2007年版,第371页。

⑥ 参见陈家林:《小野清一郎刑法思想的再认识》,载《云南大学学报法学版》2008年第3期。

日本战时的《治安维持法》被认为是日本近代最为著名的“恶法”,[①]可以与纳粹德国时期的刑法相提并论。《治安维持法》的恶法性主要体现在不仅处罚行为,还将思想也纳入刑罚处罚的范围。不过,《治安维持法》设立初期(1925 年 4 月 12 日),其目的在于取缔“以变革国体或者否定私有财产制度为目的而组织结社,以及明知而加入其中者”(第 1 条)。实际上主要针对的是共产主义者。[②] 因此,当时并未将“民族独立运动”纳入其规制的对象范围。但是,随着朝鲜等日本殖民地抗日运动日趋激烈化,立法机构不得不考虑强化治安立法,最终将以变革“国体”为目的的民族独立运动也纳入《治安维持法》处罚的范围。所谓的变革“国体”,据上文所述,无非是要否定天皇在各殖民地的统治。此种民族独立运动与日本当时对外扩张的国策是基本对立的。而《治安维持法》的修正,使对民族独立运动的刑罚处罚获得了法律依据,或者说使日本对外扩张的策略获得了国内立法的支持。此外,《治安维持法》在 1941 年的修正过程中,新设了“预防拘禁”制度,即对于因违反《治安维持法》被处刑,刑罚执行终了者或者被宣告执行犹豫而处于保护观察中的具有明显再犯可能者,为了预防的目的,可以将其拘禁于特定场所的制度。

以捍卫日本“国体”为根本内容的小野“道义刑法”,正为《治安维持法》的修正、解释与适用提供了必要的法理基础。小野指出,日本国家是由日本民族历史地构成的民族国家,日本国家的精神不是排斥其他民族、其他种族,而是也包容其他民族、其他种族,使其沐浴在天皇教化之中。明治以后在将朝鲜、我国台湾地区编入日本国土的同时,也以对其同化为目标,即是基于此传统。[③] 因此,对其他民族、种族的同化实际上也是以道义为根本依据的。对其他民族、种族实行同化,将其赖

---

① 王良鹏、周振杰:《日本二十世纪初的治安立法与治安体制研究》,载赵秉志主编:《刑法论丛》第 38 卷,法律出版社 2014 年版,第 320 页。

② 参见赖正直:《日本的治安体制与可罚的违法性理论》,载赵秉志主编:《刑法论丛》第 29 卷,法律出版社 2012 年版,第 321 页。

③ 参见[日]小野清一郎:《日本法理の自觉的展开》,有斐阁 1942 年版,第 96 ~ 97 页。

以生长的土地编入日本国土,是以天皇统治为核心内容的道义精神本质使然。违背此道义而试图将朝鲜等殖民地从日本独立出去的行为或者思想即是反道义的,应当承担道义责任进而受到刑罚处罚。而且,《治安维持法》所规定的以变革"国体"为目的的行为及主观罪过,都是"地地道道的'叛逆心'的表现,被视为反道义行为的典型"。[①]

在此理论支撑下,日本战时通过《治安维持法》等治安维持立法,处置了诸如朝鲜语学会事件等民族独立运动以及大量的思想犯,对参与者处于严厉的刑罚。对坚决不转变民族独立运动者及共产主义者还通过"预防拘禁"制度予以长期拘禁。可谓是日本近现代刑法历史上的一段黑暗时期。日本学者对战时刑法学者的表现作出如下评价,"'沉默即是肯定'指的正是这种情况。战时,除了为嫌疑人进行法庭辩护的辩护人等一部分法律家之外,看不到对治安维持法的不法性进行严厉批判的法学者"。[②] "在这一点上,我国的法学成了权力的手段,犯有战争罪行。"[③]如此看来,那些不限于沉默,而是积极迎合权力,并对其予以正当化的法学者,更是不能推卸责任。

三、"二战"后"道义刑法"的演化及影响

(一)团藤重光人格责任论对道义刑法的继承与发展

"二战"后,由于战争清算的不彻底,与战争有牵连的人士重新出现在日本政坛。保守政府执掌政权的背景下,小野清一郎再次成为政府的御用学者,成为刑法修改事业的核心人物。[④] 此时,小野清一郎的

---

① [日]铃木敬夫:《没70年追悼・尹東柱治安維持法違反被告事件——戦時期における道義刑法の展開》,载《札幌学院法学》2015年第31卷第2号,第99页。

② [日]铃木敬夫:《没70年追悼・尹東柱治安維持法違反被告事件——戦時期における道義刑法の展開》,载《札幌学院法学》2015年第31卷第2号,第93页。

③ [日]千叶正士:《法思想史要说》,日本评论社1964年版,第284页。

④ [日]木田纯一:《戦後日本の刑法学》,一粒社1972年版,第15页。

刑法理论仍然坚持道义责任论。也就是说,无论战前还是战后,小野都以道义责任论为其刑法理论的核心,其中"道义""伦理"的概念是支撑道义责任论的基本概念。只不过,"二战"后,小野清一郎刑法中所称的道义、伦理,已经由国家的道义、伦理改换成了个人的、市民的伦理,以此实现与战时国家主义的刑法理论相切割。因此,"总体上,刑法学与其他领域相比,与战前刑法学关系的断绝并不彻底"。[①] 在此背景下,日本刑法出现了诸多向战前回潮的迹象。例如,战后虽然废除了臭名昭著的《治安维持法》,但新制定的《破坏活动防止法》(1952年)却起到了替代的作用,仍然采取强化防范与规制内乱犯罪的立场,甚至将《治安维持法》中的犯罪也纳入新法当中;战后为刑法修改所起草的《修改刑法准备草案》中也仍然将对国家利益的犯罪置于重要位置等,皆是刑法上国家主义的体现。

在小野清一郎刑法理论战后的继承中起到重要作用的是日本著名刑法学者团藤重光。团藤理论受到小野刑法理论的影响较大,这使团藤说理论内部残留有许多能使人联想到与战前的连续性的概念。[②] 首当其冲的就是伦理、道义等原本处于小野清一郎"道义刑法"核心地位的概念。团藤曾指出,自己的刑法理论是以人或者人性为基础的刑法理论。其又以主体性理论以及由此派生的人格责任论、动态刑罚理论为框架。[③] 主体性理论,从承认每个人的人格至上性,也即人格尊严出发,认为每个人都具有各自的根源性价值,即自我目的性。人以具有自己的人格而获得主体性。任何人都受自己素质和环境的制约,但作为主体又能决定自己的行为。因此,人格与行为相互作用,任何行为都是人格的表现或现实化,没有脱离行为的人格,也没有脱离人格的行为。

---

① [日]三井诚:《刑法学説史(二)日本·戦後》,载《現代刑法講座(第1卷)刑法の基礎理論》,成文堂1977年版,第152页。

② [日]井田良:《変革の時代における理論刑法学》,慶應義塾大学出版会2007年版,第44页。

③ [日]团藤重光:《死刑廃止論》(第6版),有斐阁2000年版,第315页。

鉴于此,犯罪理论中,也应当结合行为者的人格理解犯罪行为。[①] 由此可见,团藤尽管继承了小野清一郎的理论,却未采取与小野清一郎相同的刑法客观主义立场,而是体现出了明显的折中性。团藤理论中成为刑法对象的人,实际上是对处于古典学派刑法学根底的抽象理性人的犯罪人观和近代学派刑法学所主张的具体宿命人的犯罪人观的扬弃。[②]

团藤认为,法与道德虽然有区别,道德本来是自律的,但是社会生活所必要的最小限度的道德规范,必须由法来强制推行。此种限度内的道德规范便归化为法规范。因此,否定刑法的伦理性是本末倒置。[③] 基于此,在违法性上,团藤继承了小野社会伦理规范说的基本立场,认为违法性的本质在于违反整体的法秩序,实质上是对作为法秩序根基的社会伦理规范或者文化规范的违反。[④] 因此,团藤所谓的违法性本质的规范违反说并不是没有实质内容的形式违反法规范,而是以违反法规范背后的社会伦理规范为根本特征的。

团藤的理论在战后日本的刑法学界长期处于通说地位,因此也对战后日本的刑事立法与司法有深刻影响。而继受于战时刑法的团藤理论所体现出的保守性质,必然与战后日本兴起的民主主义思潮多少存在冲突与对立之处。

(二)平野龙一的批判与学说对立

战后团藤重光的刑法理论渐成通说,平野龙一是以通说批判者的身份展开其刑法理论的。团藤重光与平野龙一在刑法上的深刻对立与重大贡献,使二人成为战后日本刑法学的“双璧”。众所周知,平野龙

---

① 参见[日]团藤重光:《死刑廃止論》(第6版),有斐阁2000年版,第316~317页。

② 参见[日]大塚仁:《刑法概说(总论)》(第3版),冯军译,中国人民大学出版社2003年版,第62页。

③ [日]团藤重光:《刑法綱要総論》,创文社1972年版,第28页。

④ 参见[日]团藤重光:《刑法綱要総論》,创文社1972年版,第135页。

一是日本战后结果无价值论的领军人物。但平野龙一的刑法理论却存在一个对目的行为论由肯定到否定,最终演变为一元结果无价值论的过程。[①] 这一过程值得注目,促成这一结果的因素之一便是平野在刑法改正过程中对道义刑法的批判。这一事件使平野龙一成为日本战后刑法改正事业中与小野清一郎相对立,对道义、社会伦理刑法的疑问进行严厉批判一派学者的理论急先锋和精神支柱。[②]

如上所述,战后日本刑法的修改工作由小野清一郎主持,在战后基本维持了战前道义刑法立场的小野刑法虽然变换了"道义"的内容,但是其对刑法的道义、伦理维持机能的主张并未改变,也自然将此立场带入刑法修改工作中。例如,小野清一郎就基于"法是伦理"的立场,反对废除通奸罪和对皇室的犯罪。[③] 平野龙一对战后日本刑法学的保守趋势极为不满,甚至辞去了法制审议会委员的职位。此外,平野龙一对《修改刑法准备草案》中残存的国家主义也提出了批判,认为随着新宪法的颁布,用刑罚加以保护的最基本价值不再是对国家、对天皇的犯罪。草案分则在犯罪的编排上将诸如内乱、外患罪等对国家的犯罪排在对个人的犯罪之前,依然准备将对国家利益的犯罪放在优先位置,是国家主义价值观的体现。从现行宪法的价值观来看,个人生命、身体、自由、财产才是刑法最应当优先保护的。国家仅在作为保护个人生命、

① 平野龙一的目的行为论立场在 1949 年发表的《论故意》一文中可以探知一二,该文中平野还将故意作为构成要件要素和违法要素。(参见[日]平野龙一:《故意について》,载《法学協会雑誌》1949 年第 67 卷第 3 号。)但是 1960 年之后便放弃了上述立场,认为故意只是责任要素。平野指出,"此后,我自己对行为无价值的见解持有疑问。现在认为,故意还是作为责任要素比较好。"([日]平野龙一:《刑法総論Ⅰ》,有斐阁 1972 年版,第 128 页。)最终平野龙一将客观的违法论贯彻到底,采取了结果无价值的基本立场。(参见[日]平野龙一:《刑法総論Ⅰ》,有斐阁 1972 年版,第 49 ~51 页。)

② 参见[日]曾根威彦:《平野刑法学について》,载《刑法雑誌》2006 年第 54 卷第 2 号,第 124 页。

③ 参见[日]平野龙一:《刑法的基础》,黎宏译,中国政法大学出版社 2016 年版,译者序第 32 页。

身体、自由、财产的机关的意义上,其价值才被认可。①

针对伦理观多元化的时代特性,平野指出,刑罚未必是维持社会伦理的适当手段。特别是在现今社会,什么样的伦理是正确的,往往是相对的。社会对不同价值观自身应当宽容。法要保障具有不同价值观的人共存。将维持国家道义、社会伦理作为刑法的任务,不仅是对刑法的过高要求,也是将自己的价值观或者自身所喜好的人类形象以法之名强加于他人。② 而“以国家的名义,决定什么是伦理上的正确,这和国家是伦理的源泉的国家主义的见解正好一脉相承”。③ 因此,刑法不应当以维持社伦理秩序为根本目标。

平野龙一通过否认刑法的社会伦理秩序维护的机能,批判了将行为无价值也作为刑罚处罚对象的行为无价值论的观点,确立了一元结果无价值论的基本立场。不过,应当注意,平野龙一在违法性判断上的结果无价值立场,除了试图将伦理、道义的因素驱逐出刑法领域之外,与其经验主义的方法论也不无关系。平野龙一留学美国的经历,使其在方法论上深受美国占主导地位的经验主义的影响,以能够进行经验分析、检验的要素限定刑法的范围。基于此,能够通过客观观察而得以确认的法益侵害的外部世界变动以及通过法益衡量在量的确定的可能性方面自然优越于过于形而上学的伦理、道义概念。

四、结果无价值论与行为无价值论对立的反思

(一)行为无价值=道义违反?

日本刑法结果无价值论对行为无价值论的批判,最主要的一点就

① 参见[日]平野龙一:《刑法的基础》,黎宏译,中国政法大学出版社2016年版,第77~79页。

② [日]平野龍一:《刑法総論Ⅰ》,有斐阁1972年版,第44页。

③ [日]平野龙一:《刑法的基础》,黎宏译,中国政法大学出版社2016年版,第87页。

在于其认为行为无价值论与“道义”这种体现价值观的不明确概念联系在一起,有侵犯个人自由的危险。特别是由小野“道义刑法”传承而来的“道义”概念,具有强烈的国家主义色彩,受到较多批判。但是,从上述“道义刑法”的历史分析可见,与其说行为无价值论必然与“道义”“伦理”相关,不如说这是特定历史条件下的特殊产物,是战后日本刑法学对“二战”中的国家主义刑法学清算不彻底的结果。道义性与行为无价值论本身并无必然联系,更何况小野清一郎“道义刑法”中的道义本身具有特殊的含义。也有行为无价值论者主张将道德的、伦理的评价完全排除出刑法的评价,“基于刑法与道德、伦理相分离的立场,应当支持以行为规范论(行动准则论)为基础的行为无价值论(违法二元论)”。① 因此,行为无价值论并不必然与国家主义的道义观念联系在一起。现今,民主主义的刑法理论当然应当以保障国民的自由为根本价值追求。

但是,结果无价值论者又指责行为无价值论主张对反伦理、道德行为的处罚,会侵犯国民个人的自由。我们应当注意,处于结果无价值论核心的法益概念确实具有自由主义的性格。穆勒(Mill)在《论自由》中提出侵害原理,即是要明确“社会所能合法施加于个人的权力的性质和限度”,②进而保障公民自由。从法益概念的生成历史来看,其基本的价值追求就在于个人自由的保障。但是,刑法领域自由的保障并不是有法益概念的存在就能够自然地实现的。法益概念在历史与现实中同样存在被反自由的观念冲击的可能性。众所周知,德国纳粹时期的刑法,关于法益概念的存废及其内容的确定就存在激烈的争论。而存在法益概念的纳粹刑法并未实现人权与自由保障的任务,相反却成为纳粹践踏人权、侵害个人自由的工具。纳粹刑法正是为了实现其政治目的而对法益概念进行了抽象化的改造。而历史总是惊人地相似,当前社会的状况,使学界关于风险社会与风险刑法的争论方兴未艾。

① [日]井田良:《講義刑法学·総論》,有斐阁2008年版,第240页。

② [英]约翰·穆勒:《论自由》,孟凡礼译,广西师范大学出版社2011年版,第1页。

在风险社会下,无论是否采取风险刑法的立场,传统刑法的面貌多少发生了相应的变容。其中,最明显的一点莫过于法益概念的精神化、抽象化。刑法的处罚范围正在法益概念扩张的步伐中不断扩大,法益概念的可罚性限缩机能受到了损害。我国近年来刑法立法的诸多趋向也已经充分说明了这一点。法益概念在当代,与其说是自由保障的利器,不如说是刑事立法与司法扩张得以合理化的解释工具。结果无价值论者声称以法益概念为核心的结果无价值论有优于行为无价值论的人权、自由保障的本质,也许是夸大其词。结果无价值论在当代刑法的自由保障中同样存在理论上的难题,①正如有学者指出,“结果无价值论过于着急批判行为无价值论,却怠于充实自己的理论及体系基础”。② 实际上,结果无价值论在现代风险社会的现实与法益概念的内涵之间往往陷入两难境地。如果要维持传统的法益概念,则难以解释刑法立法中增设抽象危险犯、共犯行为正犯化等不符合结果无价值立场的现象;相反,如果要使结果无价值论适应于现实社会的需求,又难免要扩充法益概念的内涵,使作为其理论根基的概念本身被抽象化。有结果无价值论者在立法上干脆通过否认风险社会的存在而否定风险防控型的立法及相应的理论构建;③在解释论上限缩抽象危险犯存在范围并将其仅仅作为一种例外来对待,以应对上述种种理论困境。此种应对措施难免给人以有意回避问题实质的感觉。如果从平野龙一的机能主义刑法观来看,其所要解决的是现代社会中刑法作为社会控制手段应当具有何种机能的问题。从这一点来看,平野龙一机能主义刑法观与20世纪六七十年代在美国兴起的刑罚社会学的研究在出发点

① 作为坚定的结果无价值论者的内藤谦就指出法益论有如下课题,即法益概念的定义、各刑罚法规所保护的法益的明确以及通过法益划定包括立法在内的刑法介入的必要范围与界限。参见[日]内藤謙:《刑法理論の史的展開》,有斐阁2007年版,第167~168页。

② [日]伊東研祐:《法益概念史研究》,成文堂1984年版,第2页。

③ 参见张明楷:《“风险社会”若干刑法理论问题反思》,载《法商研究》2011年第5期。

上极为相似。[①] 而刑法在风险社会的诸多变革,正是作为社会控制手段的刑法为应对社会状况的剧烈变革所作出的改变。既然将刑法作为社会控制的手段探讨其应有的机能,则完全无视当前社会风险防控的现实需要而固守法益保护的传统立场,是否就已经偏离了机能主义刑法观的初衷了呢?总之,以为存在法益概念就能够实现刑法对自由的保障,不论是历史上还是现当下,都已经被刑法立法与司法的实践所否定,更经不起剧烈变动的社会状况的考验。

刑法与社会伦理紧密相关,恐怕是结果无价值论者也无法完全否认的事实。现代社会价值观的多样性确实存在,但是这并不能否认作为一个社会存在基础的最低限度的共同价值观的存在。因为价值观的多样化而主张"价值判断的相对性",[②]进而"胡乱地沉湎于相对主义的立场",[③]认为价值判断完全不存在统一的伦理标准,恐怕过于极端。这种完全相对主义的立场将导致人们是非观念的模糊,不利于法的安定性。我们不能否认,"法律体系的稳定性部分地依赖于法律和道德的这些对应"。[④] 也即社会既有道德影响着法律,而法律也以各种方式反映着道德的对应关系。而且,脱离社会伦理秩序的标准,对犯罪作纯粹自然主义的结果判断,很难对一些具体的犯罪作出合理的说明。例如,同样是故意杀人而引起他人死亡结果的产生,单纯杀害他人与为了解除病患痛苦所进行的安乐死杀人,所受到的评价显然不能是一样的。再如,故意毁坏他人财物的行为将受到刑罚的制裁,而如果同样毁坏他人财物的行为是出于过失,则不在刑法处罚的范围。结果完全相同的

---

① 刑罚社会学研究的代表人物大卫·加兰德(David Garland)著有刑罚社会学三部曲,具体研究内容可参见[美]大卫·加兰德:《惩罚与现代社会》,刘宗为、黄煜文译,商周出版2006年版;[美]大卫·加兰德:《控制的文化——当代社会的犯罪与社会秩序》,周盈成译,巨流图书有限公司2006年版。

② [日]平野龙一:《刑法的基础》,黎宏译,中国政法大学出版社2016年版,第85页。

③ [日]大塚仁:《刑法概说(总论)》(第3版),冯军译,中国人民大学出版社2003年版,第349页。

④ [英]哈特:《法律的概念》,许家馨、李冠宜译,法律出版社2011年版,第179页。

两种行为，之所以在刑法上受到不同的评价，正是因为刑法评价行为时，在结果之外还需要考虑社会伦理秩序的因素。为了解除病患痛苦而对其实施安乐死，虽然在结果上有违刑法规范的要求，可是在社会伦理秩序来看，尚情有可原。或者说这种行为背离社会伦理秩序的程度较之单纯的杀害他人行为轻。这也是为何安乐死案件在我国司法实践中往往构成故意杀人罪却又从轻、减轻处罚的原因。

综上所述，行为无价值论并不必然与“道义刑法”中的国家主义道义立场联系在一起。现代民主社会，行为无价值论也是以保障国民自由为基本价值取向的，否则其便没有存在的合法性依据。将社会伦理、道德与国民自由完全对立并没有充足的理由。相反，在刑法价值评价的问题上，撇开作为处罚对象的人，而仅仅对自然主义的结果进行反价值的评价，在法哲学的源头上就不具有合理性。因为，只有与人的行为联系在一起的结果，才具有在刑法上进行价值评价的余地，否则无所谓刑法上的价值。而对人的行为的价值评价，就需要依赖能够为对其评价提供标准的社会伦理秩序。

（二）行为无价值论今后的使命

既然行为无价值在行为性质的评价上具有一定价值，那么其又应当以何种面目存在于刑法中呢？有学者指出，“行为无价值是一个多义的概念”。[①] 相反，“与行为无价值论相比，结果无价值论的含义是比较单一的”。[②] 似乎这也成了行为无价值论饱受批判的缺陷。的确，“‘道德’和所有相关或甚至几乎同义的语词，像是‘伦理’，都有些含混性或‘开放性结构’的地带”。[③] 不可否认，行为无价值论的重要课题在于如何使行为规范违反的内容明确化、具体化。但是这并不是行

① 张明楷：《行为无价值论与结果无价值论》，北京大学出版社2012年版，第17页。

② 同上书，第18页。

③ ［英］哈特：《法律的概念》，许家馨、李冠宜译，法律出版社2011年版，第152页。

为无价值论独有的缺陷。如上所述,在现代社会,法益概念的精神化、抽象化也是摆在结果无价值论者面前的难题。如何明确法益概念的内容以维护其自由主义的性格,恐怕结果无价值论者自己也感受到了挑战。[①] 因此,作为价值判断的标准,绝对的确定性实际上并不存在。如德国学者阿尔宾·埃泽尔所指出的,"在对刑法的概念进行解释时,法律确定性的程度永远只能是相对的,在试图解决实际问题的过程中,任何方案都无法离开实质的并因而带有一定法律上不明确的价值判断标准"。[②] 当然,并不能因为相对性无法避免就不再追求判断标准的明确化、精致化;相反,这正是刑法学者的关键使命,这对于自身立场遭受诸多批判的行为无价值论者来说更是如此。行为无价值论者不应当满足于"社会相当性""社会一般人的观念"等内容不明确的概念,而应当在判断标准的明确化上有所作为,赋予行为无价值论以坚实的内容支撑。

如上所述,尽管我们处于一个价值观多元化的社会,但是用于维系社会存在的最低限度的一般伦理秩序仍然是存在的。"法是一种带有确保功能的'伦理最小化',其确保功能在于使一个特定社会得以维持并保障该社会的发展条件。法与伦理分离是不可能的,因为社会除要求合规范的行为之外还要求意思能够接受规范(承认)。"[③]行为无价值论者的使命也即在于探寻这种最低限度的道德伦理秩序的内容,以为其划定合理的边界。而此种任务的完成,笔者认为,恐怕仅有刑法学规范的视野是远远不够的,刑法学者尚需进入法哲学的领域进行本原性的研究。

此外需要注意,行为无价值论所主张的规范违反,并不应当是没有实质内容的形式的法规范违反。只有承认形式的法规范背后存在相应的社会伦理规范的支撑,违法性才能够获得实质意义。而行为无价值

① 参见[日]内藤謙:《刑法理論の史的展開》,有斐阁 2007 年版,第 246~247 页。

② 陈璇:《刑法中社会相当性理论研究》,法律出版社 2010 年版,第 19 页。

③ [德]格尔德·克莱因海尔、扬·施罗德主编:《九百年来德意志及欧洲法学家》,许兰译,法律出版社 2005 年,第 224~225 页。

论并不是要否定法与道德的区分,只是存在最低限度的需要通过刑法加以保护的道德规范。因此,行为无价值论的使命即在于明确何种范围内的道德规范是最低限度的需要刑法介入的道德规范。结果无价值论因为此种道德规范难以确定,就采取完全相对主义的价值观可以说是因噎废食。

The Morality of the Criminal Law of Ono Seiichiro: History, Heritage and Reflection

Tan Kun

[内容摘要] 日本著名刑法学家小野清一郎“道义刑法”的形成具有深刻的时代背景。这种以“日本法理”和国体观念为法哲学理论根据的刑法理论,赋予天皇统治以及对外扩张以法理基础,并为“二战”时解释和适用刑法来镇压民族独立运动、共产主义运动等提供了理论上的支持。“二战”后,“道义刑法”被团藤重光的刑法理论较多地继承,然而,在其刑法理论渐成通说的趋势下,却受到了平野龙一的强烈批判,二人理论观念的对峙奠定了行为无价值论与结果无价值论对立的基本框架。

[关键词] 道义刑法;日本法理;道义责任论;行为无价值

Abstract: It has a profound background in the formation of the morality of the criminal law created by Ono Seiichiro who is well-known as a Japanese criminal jurist. This kind of theory of criminal law which is based on Japanese jurisprudence and state system concept as its legal philosophy theory that gave legal basis to the emperor rule and external expansion, and that provided the theoretical support to explain and apply criminal law to crack down on national independence movements and the communist movements during World War II. After World War II, The morality of the criminal law was inherited mostly by criminal law theory of Dleto Shigehikaru, however, in the trend of his criminal law theory gradually into a common theory, it was highly criticized by Hirano

Ryuichi. It has laid a basic framework of the antagonism between the two theories of Handlungsunwert and Erfolgsunwert due to the confrontation of two theoretical ideas.

Key words: The Morality of the Criminal Law, Japanese Jurisprudence; The Moral Liability Theory; Handlungsunwert

〔比较刑法〕

刑法谦抑主义的西方立场与中国定位*

敦 宁**

目 次

第二次世界大战之后,承载着自由、民主、人权等思想的刑法谦抑主义已逐渐成为西方各国(特别是大陆法系国家)刑事立法和司法的基本理念或原则。其中,刑法谦抑主义所重点强调的“刑法的最后手段性”“严格限制处罚范围”等内容,更是成为这些国家一种基本的刑法立场。在我国,刑法谦抑主义不仅获得了学界的广泛认同,而且在刑

* 本文系中国博士后科学基金第57批面上资助项目“劳教废止后的刑事制裁体系研究”(2015M570200)的阶段性成果。同时,本文还得到了第二批“河北省青年拔尖人才支持计划”的资助。

** 河北大学政法学院副教授,法学博士,中国社会科学院法学研究所博士后研究人员。通讯地址:河北省保定市七一东路2666号河北大学政法学院。邮编:071000。电话:15931820812。邮箱:dunning1980@163.com。

事立法上还得到了积极贯彻,其主要表现就是在犯罪成立方面设置"定量"因素,从而将大量的违法行为排除在犯罪圈之外。这种坚持"刑法的最后手段性"的做法,在其他各国的刑事立法中是并不多见的。

然而,1997年刑法典颁布之后,我国的九次刑法修正却明显表现出了犯罪化的趋向,特别是在最近的《刑法修正案(八)》和《刑法修正案(九)》中,还出现了犯罪门槛降低的趋势,许多原属治安违法或行政违法的行为,均被纳入了犯罪圈。由此也就在学界引发了较大争议。许多学者认为,这种刑法修正违背了刑法谦抑主义,不利于保障公民的自由和人权,属于社会治理的"过度刑法化",因此应该停止这种犯罪化的刑事立法。① 也有一些学者对此持不同见解,而是认为,我国在今后相当长的一段时期内仍应当坚持犯罪化的立法趋向,而不是非犯罪化。②

那么,我国的近年来的刑法修正是否违背了刑法谦抑主义?我国未来的刑法立法趋向到底是犯罪化还是非犯罪化?在当代中国,我们应当如何去认识和把握刑法谦抑主义?这些无疑都是事关我国刑事法治建设未来走向的重大问题。本文紧密结合当前全面推进法治中国建设的社会背景,对此展开深入探讨。

---

① 参见刘艳红:《我国应该停止犯罪化的刑事立法》,载《法学》2011年第11期;何荣功:《社会治理"过度刑法化"的法哲学批判》,载《中外法学》2015年第2期;石聚航:《刑法谦抑性是如何被搁浅的?——基于定罪实践的反思性观察》,载《法制与社会发展》2014年第1期。

② 参见张明楷:《犯罪定义与犯罪化》,载《法学研究》2008年第3期;冯军:《犯罪化的思考》,载《法学研究》2008年第3期;何庆仁:《犯罪化的整体思考》,载陈兴良主编:《刑事法评论》(第23卷),北京大学出版社2008年版,第506~525页。

一、刑法谦抑主义的西方立场与中国贯彻

（一）刑法谦抑主义的西方立场

刑法谦抑主义的基本精神最早可溯源至罗马法中的“法律不理微事”理念，但其真正得以形成和发展，则是在西方进入资本主义时期以后。在17、18世纪，随着资本主义生产关系的确立，启蒙思想家们所倡导的自由、民主、人权等思想开始进入社会生活的各个领域，在刑法方面的主要表现就是旗帜鲜明地反对酷刑和刑罚的滥用，孟德斯鸠、卢梭、贝卡里亚、边沁等思想家和刑法学家都是这一理念的积极倡导者。但是，这一时期还并未形成完整的刑法谦抑主义思想，对其所展开的系统表达是“二战”之后的事情。

刑法谦抑主义思想的完整提出，最早见于日本。“‘二战’之后，在民主主义和自由主义思潮的影响下，日本刑法理论开始反省战前的国家主义、权威主义的刑法观，认识到保障人权和尊严的重要性。”①由此，也就逐渐催生了刑法谦抑主义思想。一般认为，在日本，最早提出“谦抑主义”用语的是宫本英脩博士。宫本英脩曾经述及，刑法“不以一切违法行为为处罚的原因，仅限制种类与范围，所以专以适于课处的特殊的反规范的性情为征表的违法行为为处罚的原因。予谓刑法之如斯态度名为刑法的谦抑主义”。② 而对刑法谦抑主义做出较为系统的阐述的则是平野龙一教授。平野龙一从自由主义的立场出发指出，日本社会的近代化尚未完成，过分强调安全要求可能会再现新派的悲剧，打开治安刑法的大门，故对此应保持警惕。据此，平野龙一提出了刑法的补充性、谦抑性和断片性特征，即“即使行为侵害了他人的生活利益，或者使之陷入了危险之中，也并不是必须立刻发动刑法。应当尽可

① 熊永明、胡祥福：《刑法谦抑性研究》，群众出版社2007年版，第49页。

② 马克昌：《我国刑法也应以谦抑为原则》，载《云南大学学报》（法学版）2008年第5期。

能地通过其他社会统治手段处理。可以说,在其他社会统治手段不充分,或者其他社会统治手段过分强烈,有必要取代之之际,才应该发动刑罚。这即是刑法的补充性或谦抑性。因此,成为刑法对象的行为,从根本上将是断片性的存在"。①

此后,小暮得雄、内藤谦、大谷实等教授也纷纷对刑法谦抑主义展开了论述,并逐渐形成了以刑法的补充性、断片性(或不完全性)和宽容性为基本内容的刑法谦抑主义理论。例如,大谷实教授就对刑法谦抑主义做出了如下总结:"所谓谦抑原则是指,刑法不应将所有的违法行为都作为其对象,而应将不得已才使用刑罚的场合作为其对象的原则。正如所谓'最好的社会政策就是最好的刑事政策'(李斯特语)一样,仅靠刑法手段是不能抑制犯罪的。而且,刑罚是剥夺人的生命、自由、财产的极为残酷的制裁,因此,只应看作为防止犯罪的'最后手段(ultima ratio)'(刑法的补充性)。刑罚规制不应渗透到生活领域的每一个角落,只应控制在维持社会秩序所必需的最小限度之内(刑法的不完全性)。另外,即便行为人实施了犯罪,但如果不是为了保护法益而迫不得已的话,就应该基于宽容精神,尽量不动用刑罚(刑法的宽容性)。这样,谦抑原则是以刑法的补充性、不完全性和宽容性为内容的刑事立法和刑法解释的原理。"②

欧洲国家也同样肯定了刑法的谦抑主义,但其一般将这一原则称为刑法的"辅助性"原则。例如,德国刑法学者罗克辛在谈到刑法对法益保护的"辅助性"时即指出:"法益保护并不会仅仅通过刑法得到实现,而必须通过全部法律制度的手段才能发挥作用。在全部手段中,刑法甚至只是应当最后予以考虑的保护手段,也就是说,只有在其他解决社会问题的手段——如民事起诉、警察或者工商管理规定、非刑事惩罚等——不起作用的情况下,它才能允许被使用。人们因此称刑罚是

---

① 周振杰:《日本刑法思想史研究》,中国法制出版社2013年版,第268页。

② [日]大谷实:《刑法讲义总论》(第2版),黎宏译,中国人民大学出版社2008年版,第8页。

'社会政策的最后手段',并且将其任务定义为辅助性的法益保护。"[①]意大利刑法学家帕多瓦尼也指出:"鉴于很多现代国家(特别是意大利)的法律制度中,都存在立法者滥用立法权的现象,最新的刑事政策倾向于认为,为了能理性地防止在刑法方面滥用立法权,必须对实际上是否有必要规定刑事制裁进行评估,或者说必须坚持人们所说的'(刑法)辅助性原则'(il principio di sussidiarietà)(这个原则的内容为,不是在不用刑事措施就不足以有效地处罚和预防某种行为时,就不允许对该行为规定刑事制裁)。"[②]

由上可见,西方各国在阐述刑法谦抑主义时,重点强调的就是刑法的最后手段性,即刑事制裁只能作为维持社会秩序和保护法益的最后手段来使用。由于刑事制裁是以将某种法益侵害行为予以犯罪化为基本前提的,所以,对于这一立场,也可将其称为"入罪谦抑"。[③] 随着刑法谦抑主义在世界范围内的传播,这一基本精神也就成为刑法谦抑主义的传统立场。

(二)刑法谦抑主义的中国贯彻

刑法谦抑主义理论传入我国较晚,但其以"入罪谦抑"为重心的传统立场,其实很早就在我国得到了贯彻。无论是1979年刑法典,还是1997年刑法典,我国都在刑法总则犯罪概念的条款中设置了"但书"规定,即"……但是情节显著轻微危害不大的,不认为是犯罪"。[④] 由于刑法总则对分则的制定具有总括性的指导意义,因此刑法分则关于具体

---

① [德]克劳斯·罗克辛:《德国刑法学总论》(第1卷),王世洲译,法律出版社2005年版,第23页。

② [意]杜里奥·帕多瓦尼:《意大利刑法学原理》(注评版),陈忠林译评,中国人民大学出版社2004年版,第5页。

③ 尽管日本刑法学者在阐述刑法谦抑主义时也谈到了刑罚运用的宽容性,但其所重点强调的显然不是这一方面的内容。

④ 1979年《刑法》第10条和1997年《刑法》第13条,分别对犯罪概念及"但书"作出了规定。

犯罪的规定也必然贯彻这一原则。[①] 从现行《刑法》分则的规定来看,将“数额较大”“情节严重”“情节恶劣”“造成严重后果”等定量因素作为犯罪成立条件的犯罪比比皆是。而其他一些在罪状中未规定此类因素的犯罪,也并不意味着该罪的成立不受定量因素的限制,因为其同样要遵循总则中的“但书”规定。对此,不仅司法实践中已成为一种惯常性做法,而且相关的司法解释也进行了明确肯定。例如,最高人民法院于 2010 年 12 月发布的《关于审理非法集资刑事案件具体应用法律若干问题的解释》第 3 条第 4 款规定:“非法吸收或者变相吸收公众存款,主要用于正常的生产经营活动,能够及时清退所吸收资金,可以免予刑事处罚;情节显著轻微的,不作为犯罪处理。”其中的出罪规定,显然是以刑法总则中的“但书”作为依据的。

对于这种以“但书”规定为依托的犯罪成立标准,理论上一般将其称为“定性 + 定量”的犯罪成立模式。在这一模式之下,众多具备某种犯罪的行为性质,而在“量”上达不到处罚要求的违法行为,都被排除在了犯罪圈之外。对于这些违法行为,一般只能予以治安处罚或行政处罚;在 2013 年废止劳动教养制度之前,对其中一些仅靠治安处罚尚不足以惩戒的违法行为,还可进行劳动教养。[②] 2013 年以后,劳动教养制度虽被废止了,但我国“定性 + 定量”的犯罪成立模式却并未发生根本改变,大量的治安或行政违法行为仍然游离在犯罪圈之外。

那么,我国为何要采取这种犯罪成立模式? 储槐植教授认为,其直接原因是出于对苏俄刑法典中犯罪概念规定的效仿[③],而深层次的原因则是我国法不治众的刑法文化传统。我国古代刑法崇尚重刑主义,重刑决定了刑法的打击面不能太宽泛,否则会造成社会公众与政权的全面对抗,而缩小打击面最为简约的方式便是从犯罪构成的量上进行

---

① 参见陈兴良:《但书规定的规范考察》,载《法学杂志》2015 年第 8 期。

② 储槐植教授曾将这种违法犯罪制裁体系归结为“治安管理处罚——劳动教养——刑罚”的三级制裁体系。参见储槐植:《刑事一体化论要》,北京大学出版社 2007 年版,第 59 页。

③ 1926 年和 1960 年的《苏俄刑法典》在犯罪概念的规定中,都存在与我国“但书”规定相类似的内容。

控制。[1] 笔者对此表示认同。中华人民共和国成立后直至第一部刑法典的出台，我国刑事立法的主要取向便是学习苏联，在当时的政治、社会和学术交流背景之下，我国并不可能完全依据西方的刑法谦抑主义理论来建立这一犯罪成立模式。但是，不可否认的是，我国在建立这一犯罪成立模式时，其考量的因素与刑法谦抑主义具有相似性，即都考虑到了刑罚特别是重刑的弊端，以及刑法对社会的介入面过宽所可能产生的负面效果。其结果也在很大程度上实现了“入罪谦抑”。因此，我国这种犯罪成立模式同样是对刑法谦抑主义传统立场的贯彻，而且比西方国家走得还要远。

二、实践与立场的“形式背离”：中国九次刑法修正的犯罪化趋向

刑法谦抑主义的传统立场是坚持“入罪谦抑”，因此其在形式上必然排斥犯罪化或者过度犯罪化。我国“定性 + 定量”的犯罪成立模式也同样体现了这一精神。但是，自 1997 年《刑法》实施以来，我国的九次刑法修正却表现出了明显的犯罪化倾向。由此，至少在形式上就出现了与刑法谦抑主义传统立场的背离，从而也招致了学界有关学者的批判。

（一）从《刑法修正案（一）》到《刑法修正案（七）》：犯罪圈的横向拓展

尽管我国九次刑法修正的主要特征是进行犯罪化，但其具体表现形式却并不完全相同。从 1999 年的《刑法修正案（一）》到 2009 年的《刑法修正案（七）》，其犯罪化的主要表现形式就是将之前存在规制疏漏的同类违法行为或者新出现的一些严重违法行为予以犯罪化。由于这种犯罪化大体上坚持了犯罪的严重社会危害性特征，并且也为之配

① 参见储槐植：《刑事一体化论要》，北京大学出版社 2007 年版，第 96 ~ 98 页。

置或沿用了较重的法定刑,所以可将这种犯罪化形式基本概括为犯罪圈的横向拓展。

具体来讲,从《刑法修正案(一)》到《刑法修正案(七)》,其犯罪化的实现方式主要表现为如下两个方面:

一是增设了许多新罪。在这7个刑法修正案中,立法机关大致增设了30余种新罪,如隐匿、故意销毁会计凭证、会计账簿、财务会计报告罪,资助恐怖活动罪,投放虚假危险物质罪,走私废物罪,非法收购、运输、加工、出售国家重点保护植物、国家重点保护植物制品罪,妨害信用卡管理罪,过失损坏武器装备、军事设施、军事通信罪,大型群众性活动重大安全事故罪,骗取贷款、票据承兑、金融票证罪,开设赌场罪,利用未公开信息交易罪,组织、领导传销活动罪,非法获取计算机信息系统数据、非法控制计算机信息系统罪,利用影响力受贿罪,等等。由于这些犯罪的社会危害性均较为严重,所以立法机关还为其配置了最高为3年至15年有期徒刑不等的较重法定刑。

二是通过增加行为对象、拓展行为类型、取消限制条件等方式扩大了一些犯罪的规制范围。例如,《刑法修正案(一)》将泄露期货交易内幕信息、编造并传播期货交易虚假信息、诱骗投资者买卖期货合约、操纵期货市场等行为纳入了相关犯罪的规制范围;《刑法修正案(二)》将《刑法》第342条的规制范围从"耕地"拓展至"耕地、林地等农用地";《刑法修正案(三)》将"投毒"行为拓展至"投放毒害性、放射性、传染病病原体等物质",并将洗钱罪上游犯罪的范围扩展至恐怖活动犯罪;《刑法修正案(四)》在非法收购盗伐、滥伐林木罪中增加了运输行为,并取消了原罪状中"以牟利为目的"和"在林区"的限制条件;《刑法修正案(五)》将"使用以虚假的身份证明骗领的信用卡"的行为纳入了信用卡诈骗罪的规制范围;《刑法修正案(六)》将洗钱罪的上游犯罪进一步拓展至贪污贿赂犯罪、破坏金融管理秩序犯罪和金融诈骗犯罪;《刑法修正案(七)》在内幕交易、泄露内幕信息罪的罪状中增加了"明示、暗示他人从事上述交易活动"的行为,等等。

(二)从《刑法修正案(八)》到《刑法修正案(九)》:犯罪圈的纵向延伸

2011 年的《刑法修正案(八)》和 2015 年的《刑法修正案(九)》对我国《刑法》进行了全面修正,不仅修正了分则,而且还修正了总则,因而产生了广泛的社会影响。在对分则的修正方面,其主要特征依然是进行犯罪化,但在犯罪化的具体表现形式上却与之前的 7 个刑法修正案有所不同。其中,最为显著的差别就是,《刑法修正案(八)》和《刑法修正案(九)》不仅对之前存在规制疏漏的一些严重违法行为作了补充规定,[①]而且还降低了犯罪门槛,将许多原属治安违法、行政违法甚至民事违法的行为,也都进行了犯罪化处理。由此,如果说从《刑法修正案(一)》到《刑法修正案(七)》,其犯罪化的主要形式是犯罪圈的横向拓展;那么,从《刑法修正案(八)》到《刑法修正案(九)》,其犯罪化的显著特征就是犯罪圈的纵向延伸,即犯罪化的"触角"已经延伸到了原来的治安或行政违法甚至民事违法领域。

具体来讲,《刑法修正案(八)》在犯罪圈的纵向延伸方面主要表现为如下内容:(1)增设危险驾驶罪,将情节恶劣的驾驶机动车追逐竞驶行为和醉酒驾驶机动车的行为进行了犯罪化处理。这两种行为之前都属典型的交通违法行为,如果并未产生严重的交通事故或者尚未达到足以严重危害公共安全的程度,一般都是由公安交管部门进行行政处罚。(2)修正盗窃罪,将未达数额较大标准的"入户盗窃""携带凶器盗窃"和"扒窃"三种盗窃行为进行了犯罪化处理。在《刑法修正案(八)》之前,除"多次盗窃"外,其他的盗窃行为均需达到数额较大的标

---

① 例如,《刑法修正案(八)》对虚开发票罪、组织出卖人体器官罪、对外国公职人员、国际公共组织官员行贿罪等罪名的增设,对强迫交易罪、寻衅滋事罪等犯罪所进行的罪状拓展;《刑法修正案(九)》对准备实施恐怖活动罪、利用极端主义破坏法律制度实施罪、虚假诉讼罪、对有影响力的人行贿罪等罪名的增设,对资助恐怖活动罪、扰乱法庭秩序罪等犯罪所进行的罪状拓展,对非法生产、运输制毒物品行为的增加规定,等等。

准才能构成盗窃罪,否则一律进行治安处罚。(3)增设拒不支付劳动报酬罪,将符合一定条件的拒不支付劳动报酬的行为进行了犯罪化处理。这类行为原属于民事上的违法或违约行为,之前都是以民事追索、民事起诉或政府干预等非刑事手段解决,而《刑法修正案(八)》则将其直接规定为犯罪,也就使犯罪化的触角延伸到了民事违法领域。

《刑法修正案(九)》在犯罪圈的纵向延伸方面主要表现为如下内容:(1)将许多原属治安违法的行为进行了犯罪化处理。例如,强制猥亵男童之外的男性的行为,未达数额较大标准的多次抢夺行为,买卖居民身份证和伪造、变造、买卖护照、社会保障卡、驾驶证的行为,使用虚假身份证件、盗用他人身份证件的行为,多次扰乱国家机关工作秩序的行为,等等。这些行为原来都属于治安违法行为,应当依照《治安管理处罚法》予以治安处罚。[①] 而《刑法修正案(九)》通过增设新罪名或扩展原有犯罪罪状的方式,都对其进行了犯罪化处理。[②] (2)将一些原属行政违法或违纪的行为进行了犯罪化处理。《刑法修正案(九)》在这一方面的集中表现就是将一些考试作弊行为进行了犯罪化处理,即在《刑法》第 284 条后增设了 3 个罪名:组织考试作弊罪,非法出售、提供试题、答案罪和代替考试罪。在《刑法修正案(九)》之前,对于这些行为,如果不构成招收公务员、学生徇私舞弊罪等相关犯罪,则一般都是对有关人员进行行政或纪律处分。(3)将一些治安或行政性法律缺乏明确规定的行为直接进行了犯罪化处理。例如,《刑法修正案(九)》第 7 条中规定的强制他人在公共场所穿着、佩戴宣扬恐怖主义、极端主义服饰、标志的行为;第 28 条规定的网络服务提供者不履行信息网络安全管理义务,从而造成严重后果的行为;第 29 条规定的利用信息网络实施的一些违法行为,等等。这些行为原本都具有治安违法或行政违法的性质,且社会危害性也并不十分严重,但由于是近年来所出现的一

---

① 在劳动教养制度废止之前,对其中的一些违法行为,在必要时还可进行劳动教养。

② 这些行为构成犯罪,有的还需要具备“情节严重”或“严重扰乱社会秩序”等条件。

些新情况或新问题,因而相关的治安或行政性法律还并未明确规定罚则。而《刑法修正案(九)》则直接对其进行了犯罪化处理。

(三)学界对刑法修正犯罪化趋向的批判

由于我国历次刑法修正一直坚持犯罪化的趋向,因而也招致了学界一些学者的批判。尽管这些批判从不同的角度展开,但核心都是认为这种犯罪化趋向违反了刑法谦抑主义,属于“刑法工具主义”或者“社会治理的过度刑法化”。例如,有论者明确指出,历次刑法修正的犯罪化趋向体现了我国刑事立法仍然在工具主义的轨道上前行。在中国这一大且不发达国家的现实之下,将众多轻微的纠纷一律交给司法机关处理,不但不具有可操作性,而且也不利于维护社会的长久稳定。由此,应当“在坚持刑法谦抑性原则的前提下,停止刑法调控范围的扩张,不考虑轻罪的入刑化,拒绝进一步的犯罪化”。① 也有论者从社会治理的角度对我国历次刑法修正的犯罪化趋向展开了批判,认为我国近年来的刑事立法显然违反了“刑法最小化”或“刑法谦抑主义”的基本精神,属于社会治理的“过度刑法化”。② 还有论者在肯定刑法谦抑主义的基础上指出,我国近年来的刑事立法无视犯罪构成定量因素的总则性规定,增设了一些无罪量的罪名,以及对一些原属行政不法的行为强行进行了犯罪化,从而导致了刑法谦抑性的“搁浅”。③

此外,还有其他一些论者也表达了大致相似的意见,其核心都是认为我国刑法修正的犯罪化趋向在一定程度上背离了刑法谦抑主义,或者说是,背离了其“入罪谦抑”的传统立场。

---

① 刘艳红:《我国应该停止犯罪化的刑事立法》,载《法学》2011 年第 11 期。

② 参见何荣功:《社会治理“过度刑法化”的法哲学批判》,载《中外法学》2015 年第 2 期。

③ 参见石聚航:《刑法谦抑性是如何被“搁浅”的?——基于定罪实践的反思性观察》,载《法制与社会发展》2014 年第 1 期。

三、刑法谦抑主义西方立场的中国反思

尽管面对着诸多非议,我国刑法修正的犯罪化趋向却并未动摇,甚至还出现了犯罪门槛的降低趋势。在此情况下,我们不得不对刑法谦抑主义之西方立场在中国的适应性进行深刻反思,即倡导或强调"入罪谦抑"在当下中国是否真的适宜?

(一)倡导"入罪谦抑"不应忽视犯罪体系的中西差异

刑法谦抑主义源于日本,后被西方国家普遍接受,其原因就在于这些国家的犯罪体系均较为庞大,刑法介入社会生活的范围都十分广阔,故需特别强调入罪的谦抑性,以尽可能地减少过度犯罪化的弊端。但是,我国的犯罪体系却与西方国家存在显著差异。西方国家在犯罪成立标准方面多采取"立法定性、司法定量"的模式,即刑法并不从危害行为的严重程度上限制其入罪范围,对于一些十分轻微的违法行为,是否要予以刑事制裁,一般交由司法机关决定。而我国刑法在犯罪成立标准方面采取的则是"定性+定量"的模式,即只有具有严重社会危害性的行为才会被纳入刑事制裁的范围,其他较轻的违法行为一般都予以治安处罚或行政处罚。由此也就导致西方国家的犯罪圈比我国要大得多。例如,根据日本刑法的规定,窃取他人财物的,构成盗窃罪;欺骗他人使之交付财物的,构成诈骗罪。① 而在我国,除"多次盗窃""入户盗窃""携带凶器盗窃"和"扒窃"没有数额上的要求外,构成其他形式的盗窃罪和诈骗罪均需达到一定的犯罪数额,否则只能进行治安处罚。又如,在法国,故意破坏、毁坏或者损坏属于他人的财产,即使仅造成轻微损害的,也构成犯罪,只不过属于违警罪。② 而在我国,这一行为充其量属于治安违法。

---

① 参见《日本刑法典》(第2版),张明楷译,法律出版社2006年版,第89、91页。

② 参见《法国新刑法典》,罗结珍译,中国法制出版社2005年版,第230页。

另外,西方国家除在刑法典中集中规定犯罪行为外,在一些单行刑法或附属刑法中也设置了大量的罪刑规范,而且其中的一些犯罪行为还要比刑法典中规定的罪行轻得多。比如,在日本的《轻犯罪法》中,下列行为均属于轻罪的范围:生活无着落,到处流浪的;无正当理由,放出显然有加害人畜习性的狗或其他禽兽的;在大庭广众之下,以令人恶心的方法暴露臀部、大腿或身体其他部位的;在街道、公园或其他公共场所吐痰或者大小便的,等等。① 而在我国,这些行为可能还不足以进行治安处罚。

由此可见,相较于西方国家,我国的犯罪圈本已十分狭窄,刑法在规范社会生活方面明显还处于紧缩状态,在此情况下,我国对待刑法谦抑主义显然不能与西方国家同日而语。对此,正如张明楷教授所言:在国外,刑法的处罚范围相当广,特别是行政刑法的处罚范围广,故有实行"非犯罪化"的必要。而同西方国家相比,我国刑法已经将犯罪限定在最小的范围,危害性不很严重的行为都由其他法律处理,这充分反映了刑法谦抑性的合理性要求。因此,在我国主张"非犯罪化",既不现实,也不妥当。②

(二)过度强调"入罪谦抑"未必有利于保障人权

在现代国家,法治是国家治理的基本方式,而"确认和保障权利是法治的真谛,尊重和保障人权是国家治理的精髓所在,也是国家现代性的根本体现"。③ 当前,我国正处在全面推进法治建设的伟大征程中,这也就决定了,各项制度建设必须要以有效保障人权为依归。从根本上来讲,强调"入罪谦抑"也是为了有效保障人权,但是,过度强调和贯彻"入罪谦抑"却未必有利于实现这一目的。因为,对于大量严重的违法行为,不将其纳入刑法的制裁范围,并不意味着不对其进行任何处

---

① 参见《[日本]轻犯罪法》,郭布、罗润麒译,载《环球法律评论》1979年第6期。

② 参见张明楷:《论刑法的谦抑性》,载《法商研究》1995年第4期。

③ 张文显:《法治与国家治理现代化》,载《中国法学》2014年第4期。

罚,而是要将其交由行政机关进行处罚或制裁。但是,由行政机关进行处罚或制裁所存在的一个重大问题就是,行政机关的处罚权力往往难以受到有效的监督和制约,因而极易导致权力的滥用。特别是在赋予行政机关对人身自由的处罚权力时,这种权力的滥用常常会产生难以弥补的后果。在这一方面,我国的劳动教养制度已经带来了深刻的教训。

尽管劳动教养制度的产生有其特殊的政治和历史背景,但从另一个角度来讲,也并不能否认其是我国过度强调和贯彻"入罪谦抑"的结果。在劳动教养制度废止之前,对于一些严重的违法行为,如果仅靠治安处罚并不足以有效惩治,刑法一般也不予以犯罪化,而是对行为人进行劳动教养,期限为 1 年至 3 年,必要时还可延长 1 年。这一举措虽然体现了入罪上的谦抑性,但在实践中也产生诸多不良后果:一方面,由于劳动教养与某些刑事处罚在内在逻辑上的颠倒,导致实践中出现了一系列不正常的现象。例如,在有些共同犯罪案件中,主犯被判处了缓刑,从犯反而被劳动教养 1 年以上;在一些盗窃案件中,盗窃一两千元,刑期仅为几个月,而盗窃几百元钱,却要被劳教 2 ~ 3 年。[①] 这些现象的出现不仅违反了法律的公平公正原则,而且也很难说是符合人权保障要求的。另一方面,由于对公安机关的劳教决定权缺乏有效的监督和制约,而且也没有公开公正的程序保障,导致劳教被滥用的情况十分严重。在实践中,一个公安局长大笔一挥,往往就可以决定对十几甚至几十个人进行劳教。甚至,在维稳压力的驱使下,劳教还成为了地方政府打击上访人员的重要手段。这些现象显然更加违反了法治原则和人权保障的基本要求。

在现代人权体系中,人身自由权被赋予了崇高的地位,对人身自由采取的强制措施和处罚一般都要通过司法程序进行。原因就在于,人身自由并不像财产那样,在被错误剥夺后还可以通过赔偿、补偿等救济手段加以恢复,自由如同生命,一旦失去,是不可能再行逆转的,所以,

---

① 参见中国社会科学院法学研究所课题组:《中国的劳动教养制度基础研究报告》,载陈泽宪主编:《劳教制度的前世今生与后续改革》,中国民主法制出版社 2014 年版,第 13 页。

对人身自由的剥夺,必须要慎重处理。也正是在此意义上,博登海默指出,“监禁在任何地方都是作为一种刑事制裁手段而加以使用的”。[①] 意即,对人身自由的剥夺必须要通过公开公正的刑事司法程序进行,并允许被告人抗辩和申诉。这也就意味着,只有将那些有必要进行人身自由罚的违法行为尽可能地纳入刑法的规制范围才有可能。“当那些原本仅受到行政法律法规规制的行为人,进入到刑事审判序列的时候,他们的人权同时也获得了更多的、更为可靠的刑事法上的保障。”[②]而且,“由成文刑法将值得处罚的危害行为规定为犯罪,就意味着由法院根据实体刑法与法定程序作出判决,这便遵循了法治的要求”。[③] 否则,如果将大量需要进行人身自由罚的违法行为依然交由行政机关制裁,由于我国的行政权力目前还十分强势且缺乏有效的监督,因而并不利于充分保障人权。

就此来看,我国废止劳教制度,以及《刑法修正案(八)》和《刑法修正案(九)》对诸多治安或行政违法行为进行犯罪化处理,虽然在一定程度上扩大了犯罪圈,但无疑也体现了人权保障的基本要求。

(三)过度强调“入罪谦抑”也不利于法治社会的规则建构

2014年10月,党的十八届四中全会做出了全面推进依法治国的重大战略决策,并指出,“全面推进依法治国,总目标是建设中国特色社会主义法治体系,建设社会主义法治国家”。[④] 由此也就决定了,我国的各项制度建设必须要在这一总体目标要求之下来思考和展开。当

---

① [美]E.博登海默:《法理学:法律哲学与法律方法》,邓正来译,中国政法大学出版社2004年版,第298页。

② 张凌、孟永恒:《犯罪化扩张论要》,载赵国玲等主编:《中国犯罪学年会论文集》(2011年度),中国人民公安大学出版社2011年版,第572~573页。

③ 张明楷:《日本刑法的发展及其启示》,载《当代法学》2006年第1期。

④ 《中共中央关于全面推进依法治国若干重大问题的决定》,载《人民日报》2014年10月29日,第1版。

前,尽管对何为“法治”还存在不同的理解,但是,有一点是获得大家广泛认同的,即“法治乃规则之治”,或者说,“法治是使人的行为服从规则治理的事业”。当然,这里的“规则”必须是一种符合正义原则和人类理性要求的良善规则。对此,正如亚里士多德所言:“法治应包含两重意义:已成立的法律获得普遍的服从,而大家所服从的法律又应该本身是制订得良好的法律。”①美国法学家伯尔曼也说过:“法律必须被信仰,否则它将形同虚设。”②一个社会无规则或规则得不到应有的信仰与服从,就不可能形成稳定的社会秩序,进而也就不可能实现法治。所以,法治是否实现,一个重要的评价指标就是,“一个法律和法治过程是否有效的构建了一种社会关系,是否形成了较为良性的社会秩序”。③

所有的法律都意图通过其制定和实施来形成社会规则,但是,法律的效力毕竟有强弱之分,因而其在塑造规则和稳定秩序方面的效果也必然会存在差异。“不法行为即使刑法不予干涉,其他法律也是可以评价的,可是只有刑法的评价可以将其上升为犯罪行为,并赋予其最强烈的否定色彩”;所以,“刑法是共同体规范体系的根基,如果应予发动刑法而不发动,不仅不应当冠之以‘谦抑’的美名,反而要受到渎职的严厉指责”。④ 在我国,由于犯罪的成立存在“定量”因素的限制,因此许多人就认为,轻微的违法不是犯罪,抓住了无非就是批评教育或“罚几个钱”,是“无所谓”的事。进而也就导致,“大错不犯、小错不断”的人在我国社会中普遍存在。同西方国家相比,我国的犯罪率似乎并不高,但群众依然感到社会治安混乱,人身和财产安全不能得到有效的保障,其根本原因就是通过其他法律建立和维持的社会规则未能得到严格的遵守。也正是基于此,储槐植教授明确指出:“由于刑事法网不严

---

① [古希腊]亚里士多德:《政治学》,吴寿彭译,商务印书馆 1965 年版,第 199 页。

② [美]伯尔曼:《法律与宗教》,梁治平译,商务印书馆 2012 年版,第 7 页。

③ 关保英:《法治体系形成指标的法理研究》,载《中国法学》2015 年第 5 期。

④ 何庆仁:《犯罪化的整体思考》,载陈兴良主编:《刑事法评论》(第 23 卷),北京大学出版社 2008 年版,第 507 页。

密，犯罪概念、犯罪构成有一个定量限制，达不到规定的量，那么就不构成罪，导致道德底线失守，这是个重大的问题。”①

在当代中国，由道德缺失和规则失守所导致的各种违法行为已成为构建法治社会的严重障碍，民事、行政法律法规在应对这一现象方面也已明显捉襟见肘，因此迫切需要运用刑法的手段来有效保护法益和强化社会规则。而且，在实践中，这一做法也已经起到了明显的效果，其集中表现就是“醉驾”入刑的规范效应。在“醉驾”入刑之前，醉酒驾车是一种行政违法行为。尽管公安交管机关在一定时期内也加强了对“酒驾”和“醉驾”行为的查处与打击力度，但是，其效果却并不理想。而在“醉驾”入刑之后，“酒驾”和“醉驾”行为立即出现了大幅度的下降。例如，据公安部2013年5月的统计数据显示，“醉驾”入刑生效实施2年来，全国公安机关共查处酒后驾驶87.1万起，同比下降39.3%；其中，醉酒驾驶机动车12.2万起，同比下降了42.7%。② 而且，更为重要的是，随着“醉驾”入刑的生效实施，“喝酒不开车、开车不喝酒”的观念已经逐渐深入人心，并成为一项获得普遍认可和遵循的社会规则。

这说明，适当地、平稳地、有效地实现刑法的压制功能，使刑法发展了那个“构成道德的力量”，通过此等“构成道德的力量”，使全体公民对法秩序的权威性确信无疑，从而也就实现了相应的预防效果。③ 正是基于刑法这种良好的规制效果，《刑法修正案（九）》不仅扩大了危险驾驶罪的规制范围④，而且还将许多其他的治安或行政违法行为也都

---

① 储槐植：《走向刑法的现代化》，载《井冈山大学学报》（社会科学版）2014年第4期。

② 参见《醉驾入刑两周年 治理酒驾取得显著成效》，载《人民公安报》2013年5月2日，第1版。

③ 参见［德］汉斯·海因里希·耶赛克、托马斯·魏根特：《德国刑法教科书》，徐久生译，中国法制出版社2001年版，第5页。

④ 《刑法修正案（九）》将如下两种危险驾驶行为也纳入了危险驾驶罪的规制范围：“从事校车业务或者旅客运输，严重超过额定乘员载客，或者严重超过规定时速行驶的”“违反危险化学品安全管理规定运输危险化学品，危及公共安全的”。

进行了犯罪化处理，以期刑法能够在更为广阔的领域发挥其规则建构效应。

四、刑法谦抑主义的正确认识及中国的立场定位

(一)刑法谦抑主义的正确认识

从字面意思来看，所谓“谦抑”，即谦让、抑制之意。刑法谦抑主义，也就是指刑法应当坚持一种保守和克制的立场。刑法谦抑主义之所以被作为现代刑法的基本理念或原则，不外乎以下两个方面的原因：一方面，在现代社会，尽可能地扩大公民的自由和权利是社会治理的基本目标，而刑法作为一种典型的强制法，其适用的范围越广，无疑意味着公民所享有的自由空间就越小，所以，为了尽可能地扩大公民的自由和权利，刑法应尽量限缩其调控范围。另一方面，刑罚作为一种以剥夺受刑人的财产、自由乃至生命为主要内容的制裁手段，其效果本身也并不是完全积极的。适用刑罚不仅需要耗费相当的社会成本，而且对受刑人本人及其亲属，也均会带来诸多负面效果。“所以，无论在刑事立法上或刑事司法上，均须遵行慎刑原则，抱着相当审慎用刑的态度，使用这一个并不完美的法律手段。”①由是观之，刑法谦抑主义实际上同时包含了“入罪谦抑”与“刑罚谦抑”两个方面的内容，即无论是入罪还是用刑，都应当保持一种节制的态度，否则就会对公民的人权造成不必要的侵害。

在刑法谦抑主义的基本立场上，西方国家之所以重点强调“入罪谦抑”这一方面的内容，主要就是由于近代以来启蒙主义思想的洗礼以及各项反酷刑运动的开展，其刑罚的严厉性已显著降低，因而并不需要特别强调“刑罚谦抑”的问题。而我国则与其有所不同，我国自古以来就存在重刑主义的传统，且时至今日也并未发生根本性的改变，所以，如何有效降低刑罚的严厉性，在我国仍然是一个重要问题。基于

---

① 林山田：《刑法通论》，北京大学出版社 2012 年版，第 51 页。

此,刑法谦抑主义思想传入我国之后,我国一些学者在对其进行阐述时,往往会对上述两个方面的内容同时予以强调。例如,张明楷教授在阐述平野龙一的刑法谦抑主义思想时就指出,“平野龙一关于刑法谦抑性的主张,只谈了一个意思:能够采取其他手段充分抑止违法行为和保护法益时,就不要将其规定为犯罪。即他只谈了对处罚范围的‘抑制’,没有谈对处罚程度的‘抑制’,这是因为日本刑法在后一个问题上不存在什么问题”;而如果“结合我国的实际情况,谈谦抑性,应包括处罚范围与处罚程度两个方面”。据此,张明楷教授认为,“刑法的谦抑性,是指刑法应依据一定的规则控制处罚范围与处罚程度,即凡是适用其他法律足以抑止某种违法行为、足以保护合法权益时,就不要将其规定为犯罪;凡是适用较轻的制裁方法足以抑止某种犯罪行为、足以保护合法权益时,就不要规定较重的制裁方法”。①

由此可见,刑法谦抑主义并不仅仅是指“入罪谦抑”,而是同时包含着“刑罚谦抑”的内容。只不过,由于西方国家的刑罚已经较为轻缓,所以其在传统立场上往往更加强调前者。而我国的刑罚却仍然比较苛厉,因此,我国在理解和贯彻刑法谦抑主义时,并不应忽视后者的基本要求。

(二)刑法谦抑主义立场的重心转换:从“入罪谦抑”到“刑罚谦抑”

刑法谦抑主义所蕴含的保障公民的自由和权利、防止和减少刑罚弊端等基本精神是值得肯定的,但是,“面对永无止境的变化着的社会实践和千差万别的各国国情,各国刑法在实现谦抑性的过程中必然表现出不同的个性和不一的步伐”。② 在西方国家,其犯罪圈十分庞大,但刑罚在总体上却不重,因而其在基本立场上更加强调的是“入罪谦

---

① 参见张明楷:《论刑法的谦抑性》,载《法商研究》1995 年第 4 期。

② 肖扬宇:《从“刑法谦抑”到“刑法前移”——我国刑事立法的活性化趋势探析》,载《上海公安高等专科学校学报》2012 年第 5 期。

抑"或刑法的最后手段性。而我国却与之相反,犯罪圈较为狭窄,但刑罚却比较苛厉,所以,沿用西方立场来看待和解决我国的刑事法治问题,就会产生一系列的悖论。对此,上文已进行了一定的说明。另外,随着我国市场经济的发展和社会转型的加快,经济、金融、网络、环境等领域的新式危害行为不断涌现,由交通、科技、生物技术等导致的社会风险也在持续增加,对此都需要运用刑法进行有效应对。基于此,有学者明确指出:"我国在《刑法》立法层面上的非犯罪化空间不大,甚至就目前我国犯罪圈的划定范围来看,相当长时间内刑法立法的重心不应是非犯罪化而应是犯罪化,因为我国《刑法》当前的实际保护范围与《刑法》调控社会的应然需要相比,可能还存在着相当的距离。"①笔者赞同这一见解。尽管刑法谦抑主义的基本精神我国仍需坚持,但就目前来看,所应重点强调的却并不是"入罪谦抑",而是"刑罚谦抑"。

储槐植教授把自古至今的刑罚结构大致分为四种:一是以生命刑和身体刑为中心;二是以生命刑和自由刑为中心;三是以自由刑为中心;四是以自由刑和财产刑为中心。并认为,以生命刑和身体刑为中心的刑罚结构已经成为历史,以生命刑和自由刑为中心的在当今世界属重刑结构,以自由刑和财产刑为中心的为轻刑结构。② 按照这一标准来划分,我国当前的刑罚结构基本还属于以生命刑和自由刑为中心的重刑结构。③ 同时,由于我国自由刑的运用是以监禁刑为主体,自由刑的开放化或社会化程度较低,所以也有学者将其称为"以自由刑为中心、以死刑为重要刑罚方法的封闭性重刑刑罚结构"。④ 这种刑罚结构的形成,一方面是缘于我国重刑主义的刑罚传统;另一方面则

① 黄京平:《宽严相济刑事政策的时代含义及实现方式》,载《法学杂志》2006年第4期。

② 参见储槐植:《刑事一体化论要》,北京大学出版社2007年版,第54页。

③ 尽管《刑法修正案(八)》和《刑法修正案(九)》削减了22个罪名的死刑配置,但我国配置有死刑的罪名仍有46个;自由刑在全部犯罪中的配置率则是100%。同时,近年来罚金刑的配置率虽略有提升,但单处罚金的适用依然比较有限。所以,我国目前的刑罚结构大体上仍是以死刑和自由刑为中心。

④ 梁根林:《刑罚结构论》,北京大学出版社1998年版,第152页。

是因为我国的犯罪成立标准较高,罪行总体较重,所以刑罚也相对比较严厉。

当前,重刑主义的弊端已经受到了广泛诟病,我国的刑事政策也已经从“严打”转向了“宽严相济”。而且,从构建和谐社会的高度出发,一个国家、一个政府也不可能通过建造大量监狱来治理社会,更不应当用死刑这种极端的方法来维护统治。① 所以,我国的这种重刑结构已明显不符合社会发展的要求。另外,近年来,随着犯罪门槛的降低,较轻或轻微的犯罪在全部刑事案件中所占的比例也开始显著上升。例如,《刑法修正案(八)》生效实施后,2012 年仅危险驾驶案件就增加 5.3 万件,盗窃案件增加 3.2 万件,这两类案件的增长数占全部刑案增长数的 56.19%。同时,无视交通规则的危害交通安全犯罪、因打架斗殴造成的轻伤害犯罪以及因社会管理和个人防范不严而造成的盗窃犯罪,几乎占了全部刑事案件的一半。② 2015 年,《刑法修正案(九)》又进一步将大量的治安或行政违法行为进行了犯罪化处理。可以预见,将来的轻罪规模势必要大大超过重罪。然而,从我国当前的刑罚运用情况来看,不论是刑罚的配置、适用还是执行,以监禁刑为主导的重刑主义倾向依然并未得到根本改观,由此也就导致在罪刑关系方面呈现出了轻罪重刑的结构性悖论。鉴于此,“在我国当下的状况下,进一步践行刑法谦抑性原则最为迫切的需要便是进一步削减刑罚的量,这种削减既包括立法上的法定刑的逐渐降低,也包括司法裁量中轻刑化趋势的落实,更有刑罚执行过程中非监禁刑、各种刑罚替代措施的运用”。③

---

① 参见袁登明:《迈向正义的惩罚之路——怎么看刑罚结构调整》,载《人民法院报》2012 年 6 月 18 日,第 2 版。

② 参见胡云腾:《“数说”刑案》,载《人民法院报》2013 年 3 月 6 日,第 5 版。

③ 储槐植、何群:《刑法谦抑性实践理性辨析》,载《苏州大学学报》(哲学社会科学版)2016 年第 3 期。

(三)刑法入罪标准的降低与明确

在贯彻刑法谦抑主义方面,实现从“入罪谦抑”到“刑罚谦抑”的重心转换,实际上也就是指,要在刑法结构上完成从“厉而不严”到“严而不厉”的范式转型。其中,“严”即是指刑事法网的严密化,而“不厉”则是指刑罚的轻缓化。但是,在此需要注意的是,实现刑事法网的严密化,也并不意味着可以不受约束地进行犯罪化。例如,一些学者认为,应当参照西方国家的刑法体系,将相关的治安或行政违法行为都进行犯罪化处理,并在区分轻罪和重罪的基础上建构起大刑法体系。① 尽管应当承认,这些建议在一定意义上是符合法治原则和人权保障要求的。然而,我国毕竟拥有13多亿人口,而且当下正处于社会转型期,各种违法犯罪层出不穷、数量庞大,如果将其全部纳入刑法,通过司法程序定罪处刑,则司法机关能否有效承受,首先就是一个不得不面对的重大难题。由此,虽然我国需要通过犯罪化来保障人权和实现法治,但制裁效率的问题也必须要考虑;否则,一旦司法机关陷入刑事案件的汪洋大海之中,人权保障和法治意识将无从谈起。

基于此,笔者认为,我国“刑罚+行政处罚”的双层次制裁模式目前仍需保留,以便借用行政处罚的高效性来适度分解司法机关的压力。但是,考虑到行政处罚毕竟存在人权保障不足的缺陷,对其处罚权力也必须要进行一定的限制。具体做法就是将行政拘留这种处罚措施纳入刑罚体系,并通过提高行政拘留的刑期上限,将其合并在拘役刑之内。由此也就基本实现了“对人身自由的剥夺或限制必须通过司法程序裁决”这一国际社会的通行做法。在此基础上,我们就可以人身自由罚为标准来为刑法的犯罪化划定界限,即“如果对某种危害行为有必要适用人身自由罚进行制裁,则应将其划入犯罪范围,由法院通过司法程序予以裁处;反之,则可将其划入行政违法范围,由行政机关通过行政

① 参见刘仁文:《关于调整我国刑法结构的思考》,载《法商研究》2007年第5期;张明楷:《犯罪定义与犯罪化》,载《法学研究》2008年第3期。

程序予以裁处”。①

此外,对于一些严重违反民事秩序的不法行为,也同样可以进行犯罪化处理。刑法不仅是行政性法律的保障法,而且也是民事性法律的保障法,因此,当相关的民事违法行为严重到一定程度,进而对整体性的法规范或法秩序产生较大影响时,刑法就必须予以调整。在这一方面,虐待、遗弃、侵占、拒不支付劳动报酬等行为就是适例。同时,对民事违法行为的犯罪化,也必须要以“有必要适用人身自由罚”为标准,对那些尚不足以进行人身自由罚的民事违法行为,还是要交由民事法律来规制。

当然,采取这一做法也不可避免地会造成刑事处罚范围的扩大化,并带来司法压力增加、短期监禁刑弊端和前科效应扩大化等方面的问题。笔者认为,对此可采取如下几个方面的措施加以解决:第一,将全部犯罪划分为重罪与轻罪两类,并在刑事政策上予以区别对待;第二,为轻罪增加配置管制、社区服务、罚金等非监禁性选科刑种,以有效避免短期监禁刑的弊端;第三,为轻罪设置便捷、高效的特别简易程序,以有效提高刑事诉讼效率;第四,为轻罪建立前科消灭制度,以有效缓解前科负面效果。

五、结　　语

倡导刑法谦抑主义的最终目的是有效保障公民的自由和权利,其实现方式包括“入罪谦抑”和“刑罚谦抑”两个方面。但是,对此必须要予以理性看待。一方面,由于西方国家与我国的犯罪体系存在较大差异,在违法犯罪制裁领域存在的问题的也并不相同,因此,在贯彻刑法谦抑主义的基本立场或定位方面,亦不应要求完全一致。另一方面,刑法谦抑主义也并不是一概反对犯罪化,其反对的只是不必要的犯罪化或过度的犯罪化。在实践中,尽管一些西方国家的犯罪圈已十分庞大,但其近年来的刑事立法或刑法修正也同样体现出了犯罪化的倾向。例

① 敦宁:《论行政拘留入刑》,载《内蒙古社会科学》(汉文版)2015年第1期。

如,日本近年来的刑事立法就明显呈现出了刑事处罚的扩大化、早期化和重罚化趋势。[①] 法国近年来也在刑法典和相关的附属刑法中增设了许多新罪名,并扩大了法人和未成年人的刑事责任范围。[②] 德国1998年1月26日颁布的《第六次刑法改革法》也对刑法分则的条文进行了大量修改,新规定了很多未遂犯、预备犯和危险犯。[③] 这表明,在思想自由、价值多元且潜在危险不断增加的现代社会,即使是西方的法治发达国家,也依然需要通过不断扩大犯罪圈来维持社会秩序和防范社会风险。而在我国这样一个法治还不够发达、社会秩序也尚欠稳定的国度,要求继续恪守刑法的紧缩性,其合理性的成分又有多少呢?在行政处罚权力还难以受到有效制约的状况之下,这一做法真的有利于保障公民的自由和权利吗?笔者对此持怀疑态度。

事实上,“刑法既是普通公民的大宪章,也是犯罪人的大宪章”,这一结论在现代社会已基本形成共识。基于此,犯罪化并不必然导致对公民自由和权利的侵犯;相反,需要运用刑法的时候而仍然保持“谦抑”,才会侵犯全体公民的基本人权。但是,选择犯罪化的目的,是通过严密法网来强化人们的规范意识,而不是用严厉的刑罚来处罚轻罪。[④] 考虑到我国严厉的刑罚结构以及重刑主义的刑罚运用传统,在进行必要犯罪化的过程中,必须要从立法、司法和执行层面努力追求刑罚的轻缓化,特别是轻罪刑罚的轻缓化,亦即有效实现刑罚的谦抑性。换句话说,也就是在刑法结构上要实现从“厉而不严”到“严而不厉”的转变。这才是我国贯彻刑法谦抑主义合理的立场定位。

---

① 参见黎宏:《日本刑事立法犯罪化与重刑化研究》,载《人民检察》2014年第21期。

② 参见[法]雅克·博里康:《法国当代刑事政策研究及借鉴》,朱琳译,中国人民公安大学出版社2011年版,第287~290页。

③ 参见冯军:《和谐社会与刑事立法》,载《南昌大学学报》(人文社会科学版)2007年第2期。

④ 冯军:《犯罪化的思考》,载《法学研究》2008年第3期。

The Western Position and Chinese Orientation of the Modesty of Criminal law

Dun Ning

［**内容摘要**］刑法谦抑主义的西方立场是强调刑法的最后手段性，即“入罪谦抑”。我国“定性＋定量”的犯罪成立模式也体现了这一立场。但是，我国的九次刑法修正却表现出了犯罪化的趋向，入罪的标准也逐渐降低。由此，必须要对刑法谦抑主义西方立场在我国的适应性进行深刻反思。倡导“入罪谦抑”不应忽视犯罪体系的中西差异，过度强调“入罪谦抑”也不利于保障人权和法治社会的规则建构。刑法谦抑主义事实上同时包含“入罪谦抑”和“刑罚谦抑”两个方面的内容。根据我国的实际情况，对刑法谦抑主义的贯彻，应当实现从“入罪谦抑”到“刑罚谦抑”的重心转换。同时，我国刑法的犯罪化，应以对某种危害行为有必要适用人身自由罚为限度。

［**关键词**］刑法谦抑主义；入罪谦抑；刑罚谦抑；西方立场；中国定位

Abstract: The western position of the modesty of criminal law is the last resort of emphasis on criminal law, or the modesty of criminalization. China's "qualitative and quantitative" crime establishment pattern also reflected this position. However, China's nine amendments to the criminal law have shown a trend of criminalization, the standard of crime also gradually lower. Therefore, we need to rethink profoundly on the adaptability of the western position of the modesty of criminal law in China. Advocating the modesty of criminalization should not ignore the differences between Chinese and western crime system, excessive emphasis on the modesty of criminalization is not conducive to the protection of human rights and the construction of rule in law-based society. In fact, the modesty of criminal law contains two aspects content, the modesty of criminalization and the modesty of punishment. According to the actual situation of China, in the implementation of the modesty of criminal law, it should realize the transformation from the modesty of criminalization to the modesty of punishment. At the same time, it is necessary to apply the penalty of personal freedom to some harmful act, should be the limit of criminalization of Chinese criminal law.

Key words: The Modesty of Criminal Law; The Modesty of Criminalization; The Modesty of Punishment; Western Position; Chinese Orientation

先前行为产生作为义务的根据及限定

陈文涛*

目　　次

不真正不作为犯的作为义务来源(保证人说),由于立法意味深长的沉默,在为学说发展提供巨大"竞技场"的同时,也制造了诸多理论难点。作为义务,这一不成文的要素,在解释论上始终面临着明确性的质疑,其理论从未定型。作为本文论述对象的先前行为,自 1928 年德国学者 Stübel 将其附加为作为义务来源,[①]结合费尔巴哈于 19 世纪初立论于法律与道德严格分离、自由主义提出的形式义务学说,[②]构成经典的形式三分说。尽管此后学说从形式法义务论向实质法义务论嬗

---

* 清华大学法学院 2015 级博士生。通讯地址:北京市海淀区清华大学 16 号楼 215 室。邮编:100084,电话:18001148377,邮箱:cwt15@ mails. tsinghua. edu. cn。

① 参见[德]罗克辛:《德国刑法学总论》(第 2 卷)(犯罪行为的特别表现形式),王世洲等译,法律出版社 2013 年版,第 535 页。

② 费尔巴哈认为不作为犯罪总是以某个特殊的法律根据为前提,因此将法律和契约视为唯一的作为义务来源。参见[德]费尔巴哈:《德国刑法教科书》,徐久生译,中国方正出版社 2010 年版,第 36 页。

变,但并未动摇先前行为能够产生作为义务这一观点的通说地位。目前,先前行为作为一种危险源,被德国刑法学绝对主流的观点承认为作为义务来源,认为“处于对危险源控制的地位,每个人都必须负责由自己启动的危险的因果过程,不要使其转为一个符合构成要件的结果”。[①] 在日本刑法学中,形式三分说是通说,先前行为是形式的三大来源之一。[②] 我国台湾地区“刑法”第 15 条第 2 款更是明文规定:“因自己行为致有发生犯罪结果之危险者,负有防止其发生之义务”,因此在解释论上,承认先前行为之作为义务已成必然。我国大陆刑法理论中的通说也承认先前行为能够产生作为义务。[③] 可以说,将先前行为纳入作为义务来源,基本已成为学界的共识。

但是,在形式法义务论之下,将先前行为与法律、契约列举为作为义务来源,只要形式上为三者之一,就肯定作为义务,是典型的形式判断,[④]缺乏其他限定的步骤,往往导致处罚范围的不当扩张。在我国司法实务中,对先前行为一般运用形式法义务论进行判断,例如,在追击小偷致其跳河而未救助致其死亡的案件中,肯定作为义务,进而认定构成故意杀人罪;[⑤]在存在通奸关系(致人怀孕),行为人辱骂被害人致其当面喝下毒药,未予以救助的案件中,认为行为人的先前行为产生作为

① [德]罗克辛:《德国刑法学总论》(第 2 卷)(犯罪行为的特别表现形式),王世洲等译,法律出版社 2013 年版,第 561 页。

② 参见[日]松宫孝明:《刑法总论讲义》,钱叶六译,中国人民大学出版社 2013 年版,第 67 页;[日]大谷实:《刑法总论》,黎宏译,中国人民大学出版社 2008 年版,第 136 页。

③ 参见高铭暄、马克昌主编:《刑法学》(第 7 版),北京大学、高等教育出版社 2016 年版,第 68 页;周光权:《刑法总论》(第 3 版),中国人民大学出版社 2016 年版,第 113 页;张明楷:《刑法学》(第 5 版),法律出版社 2016 年版,第 154 页;陈兴良:《规范刑法学》(第 2 版),中国人民大学出版社 2008 年版,第 123 页。

④ 参见陈兴良:《作为义务:从形式的义务论到实质的义务论》,载《国家检察官学院学报》2010 年第 3 期。

⑤ 参见余东明等:《浙江三名见死不救者被指控故意杀人》,载《法制日报》2007 年 9 月 26 日。

义务，进而肯定故意杀人罪的成立。① 在实质法义务论之下，在形式的判断之后，采取实质性的标准加以限定，但如何限定，则根据论者所持规范立场(态度)的差异产生分野，标准存在混乱之处，也未必与其规范立场相协调。采取实质法义务论，终究何为“实质”，如何将其规范立场在先前行为之作为义务论的场合予以贯彻，这一问题的厘清不仅具有体系意义，对具体事例的处理也极其重要。对此，本文认为有必要首先明确先前行为产生作为义务的法理根据，在此基础上对先前行为之作为义务的范围加以限定，以达到理论的清晰化、体系化，也以期对司法实务起到引导作用。

一、先前行为产生作为义务的法理根据

(一)否定论之问题

虽然肯定先前行为之作为义务的观点是通说，但否定论的观点也较为有力。否定论在德国以许迺曼(Schünemann)教授为代表，他从“对结果的原因的控制这条(将作为和不作为)等同化路线出发，先前行为人与任何一个人一样，仅仅具有一种防止结果出现的可能性，从而对这个事件仅仅具有一种潜在而不是真实的控制”。② 因此，“已经无法透过危险前行为保证人地位，而是仅能基于支配关系意义下的真正保证人地位，来立论不作为犯罪”。③ 德国学者 Lampe 也认为，先前行为不产生作为义务，如果行为人有制造危险的前行为，那么对于一定的

① 参见最高人民检察院编:《刑事犯罪案例丛书:杀人罪》，人民检察出版社 1992 年版，第 208 页。

② [德]罗克辛:《德国刑法学总论》(第 2 卷)(犯罪行为的特别表现形式)，王世洲等译，法律出版社 2013 年版，第 571 页。在此之前，考夫曼教授基本上也反对先前行为这种保证人类型，参见自许玉秀:《当代刑法思潮》，中国民主法制出版社 2005 年版，第 682 页。

③ 许玉秀、陈志辉合编:《不移不惑献身法与正义——许迺曼教授刑事法论文选辑》，春风旭日学术基金 2006 年版，第 642 页。

结果的发生,可以直接归责于制造危险的前行为,而无须就后来的不作为论其刑事责任。[①] 在日本,山口厚教授认为保障人地位的核心是“结果原因的支配”,指出:“有必要留意的是,在因措施失误而致发生危险以后的阶段,很难说行为人支配着导致结果的原因。比如说,在驾车时要是眼看着就要撞到人的话,就要求行为人进行适当的方向盘、刹车器等操作,可是一旦事故发生、导致他人负伤时,就伤害的恶化不存在原因的支配(与恰好在场与事故无关的人一样)。在这个意义上,将先前行为从保障人的地位和作为义务的发生原因中剔除的见解,其结论是正确的。”[②]同样,西田典之教授对先前行为说也抱有根本性疑问。[③]在我国台湾地区,尽管存在“刑法”明文规定,许玉秀教授还是倔强地反对先前行为说。[④]在我国大陆学者之中,黎宏教授主张“排他支配设定说”,将不真正不作为犯转化为作为犯,对作为义务来源之一的先前行为持暧昧的否定态度。[⑤]

但是,否定论存在着对法益保护不利的重大弊病,对此可进行法政策学上的批判。除此之外,本文认为:(1)尽管否定论也是对作为义务限定的方法之一,但未免矫枉过正;如果再极端化,可能就会否定(不真正)不作为犯的可罚性。[⑥] 我国及大部分其他国家的刑法对作为义务具体为何均无明确规定,因此对(不真正)不作为犯的处罚本来就难免罪刑法定原则上的诘难,但以缺乏刑法明文规定为由,得出(不真

① 参见黄荣坚:《基础刑法学》(第3版),中国人民大学出版社2008年版,第478页。

② [日]山口厚:《刑法总论》(第2版),付立庆译,中国人民大学出版社2011年版,第92页。

③ 参见[日]西田典之:《刑法总论》(第2版),王昭武等译,法律出版社2013年版,第104页。

④ 参见许玉秀:《当代刑法思潮》,中国民主法制出版社2005年版,第663页。

⑤ 参见黎宏:《排他支配设定:不真正不作为犯的困境与出路》,载《中外法学》2014年第6期。

⑥ 法国刑法学界便有持该说者,认为除非是法律明文规定的真正不作为犯,不真正不作为犯不能以一种类推的方式被处罚。参见[法]斯特法尼等:《法国刑法总论精义》,罗结珍译,中国政法大学出版社1998年版,第217页。

正)不作为犯全面不可罚的结论并不可取,因为不真正不作为犯的构成要件本身预设了不成文的构成要件要素,需要通过对构成要件的实质解释予以明确化。作为义务本来就是"处于法和道德之间,需要介入有保证人当罚性的价值判断,其价值判断受时代的思想背景、伦理观念的影响"。① 需要对不真正不作为犯的作为义务在实定法之外寻求填充物,是解释上的必然要求,这与对规范的构成要件的解释规则一致,并不违反罪刑法定原则。(2)与前一点相关的是,我国台湾地区"刑法"、俄罗斯联邦刑法、韩国刑法均明文规定先前行为之作为义务,所以该些国家(地区)的学者几乎对先前行为说不持异议,②否定论如果仅仅因为我国刑法不存在这样的明文规定而否认先前行为之作为义务,那么我国刑法也没有规定其他作为义务来源,果真如此(立法对此保持了沉默),将导致不真正不作为犯全面不罚的结论,但否认论者也未必都认为要全面否认不真正不作为犯的可罚性,因此以无明文规定为由仅仅否定先前行为之作为义务,并不合理。(3)否定论的核心理由是,产生作为义务的唯一根据是"排他性的支配"或者"对结果原因的支配",而先前行为的场合缺乏这一要素。然而,仅凭支配就肯定作为义务的观点存在疑问。因为绝对意义上的支配并不存在,支配只是意味着,该行为人比其他人更容易保护法益。③ 按此思路,当普通第三

---

① [日]日高义博:《不作为犯的理论》,中国人民公安大学出版社1992年版,第19页。

② 台湾地区参见林山田:《刑法通论》(下册),北京大学出版社2012年版,第160页;林东茂:《刑法综览》,中国人民大学出版社2009年版,第122页;林钰雄:《新刑法总则》,中国人民大学出版社2009年版,第405页。俄罗斯联邦参见[俄]梅洛主编:《俄罗斯联邦刑法总论》(第2版),黄芳等译,中国人民大学出版社2010年版,第70页;庞冬梅:《俄罗斯犯罪构成理论研究》,中国人民大学出版社2013年版,第201页。韩国参见[韩]李在祥:《韩国刑法总论》,韩相敦译,中国人民大学出版社2005年版,第112页;[韩]金日秀等:《韩国刑法总论》(第11版),郑军男译,武汉大学出版社2008年版,第480页。

③ 英美刑法理论中关于不作为犯有"Best Position"理论(最佳位置理论),即只要行为人处在阻止损害的最佳地位,就应该具有作为义务,See C. M. C. Clarkson, *Clarkson and Keating Criminal law: Text and Materials*, 17th, Tomson Reuter (Legal) Limited, 2010, p. 84。

人偶然地处于有利于救助法益的地位,就会肯定该第三人具有作为义务,如此可能有悖于否定论者限定作为义务从而保障人权的初衷。所以,以支配论为论据的否定论的根基并不坚实。(4)支配的观念,充其量只是肯定行为与结果之间因果关系的实质理由,是将结果归责于行为(包括不作为)的实质基准。但是,“作为义务”本身与因果关系是不同范畴,不能因为支配反推作为义务的存在,而是应该在肯定作为义务之后,再考虑不作为与结果之间的因果关系。正如有学者指出,“义务并不是根据事实产生于任何经验的存在,而是产生于规范的分配”。① 义务是一种规范性的要求,凭借事实性的支配不能推导出义务。如果仍要使用支配的概念,毋宁说,行为人基于某种要求(规范的分配)具有“去支配的义务”,在不作为的场合该“去支配的义务”也就是采取措施避免法益的侵害,因此在逻辑上来说,是由作为义务推导支配的举止,而非由支配产生作为义务。基于上述理由,本文认为,否定论并不具有说服力,本文以下也将以先前行为能够产生作为义务为基调展开论述。

(二)形式法义务论之否定

形式法义务论现在已经被一般性地拒绝,特别是先前行为,借助形式法义务说更是无法做出说明。② 本文认为,以形式法义务论将先前行为纳入作为义务来源存在如下问题:(1)先前行为这种所谓的法义务——与法律、契约不同——不是实证法意义上的义务,而是道德、习惯上的义务,因此,它不能被称为“形式的”,③因此将先前行为称为“形式法义务来源”名不副实。(2)如果“形式的”只是“不去追究实质”的

---

① 廖北海:《犯罪事实支配理论之适用范围》,载《北方法学》2011年第5期。

② 参见[德]罗克辛:《德国刑法学总论》(第2卷)(犯罪行为的特别表现形式),王世洲等译,法律出版社2013年版,第538页。

③ 陈兴良教授也认为,就先前行为之作为义务是从法感情中推论出来而非从法规范中引申出来而言,是一种明显的实质论。参见陈兴良:《作为义务:从形式的义务论到实质的义务论》,载《国家检察官学院学报》2010年第3期。

意思，那么正好说明形式法义务论没有提供实质的理由，而只是“它能产生作为义务，所以它是义务来源”这样的套套逻辑，形式法义务论可以说是一种毫无根据的空洞说辞。(3)将先前行为作为形式法义务来源之一，意味着只要存在一个先前的对结果有危险的行为，就肯定作为义务，如前所述，会导致先前行为之作为义务的范围极为扩张，从而不当地导致处罚范围的扩大。基于上述三点理由，本文认为，形式法义务论实际上不可能为先前行为之作为义务提供根据，应当以实质法义务论的视角论证先前行为之作为义务。

(三)实质法义务论之诸学说

现在(逐渐)占主流的是实质法义务论，在先前行为的场合，试图实质地论证其产生作为义务之法理根据。许玉秀教授对先前行为之保证人类型的法理依据作过总结与检讨：①

早期文献对先前行为之作为义务的法理根据是“正义感情上理所当然”的习惯法思想，即“因恶生恶”的自然因果循环论思想。这种因果思想，被德国学者 Luden 引为不真正不作为犯的可罚性依据。20 世纪初，虽然从违法性层面探讨不真正不作为犯的刑事责任，认为先前行为是因其具有造成损害结果的因果相当性，使先前行为人有防止损害结果发生的义务，但对于先前行为保证人类型的法理依据仍求诸于其对所未能防止的构成要件结果的相当的因果性。因此在不真正不作为犯可罚性理论史上，先前行为保证人地位的法理根据长期停留在因果理论上。

德国学者 Nagler 首创“保证人说”，把不作为的行为人称为“保证人”，保证人是一个“防卫机关”，防卫法益免于受敌对力量破坏的机关。Nagler 将先前行为保证人类型称为“Ingerenz”，意为“介入”，先前行为如果介入社会生活并干扰了社会生活，使被害人陷于无助的状况，即有义务排除这种干扰。Kaufmannn 的功能说将保证人地位类型性地

① 参见许玉秀：《当代刑法思潮》，中国民主法制出版社 2005 年版，第 677 页。

分为监督危险源保证人类型和保护法益保证人类型,先前行为保证人类型被他归类为监督危险源保证人类型,这种归类至今仍被普遍接受。Hruschka认为先前行为保证人类型是最典型的监督危险源保证人类型,认为如果有义务不造成某种不被期待的现象,那么自己违反义务而造成产生危险的那种现象时,有义务阻止任何不被期待的现象发生。

在肯定先前行为保证人类型的后期诸学说中,对其归类整理,有Rudolphi的"中心人物理论"、Welp的被害人依赖理论、Jokbos的阻止领域理论、Herzberg的"防止责任理论"。

1."中心人物理论"认为只有基于保护任务对构成要件的不法结果的发生有最后决定权的人,才可能引起构成要件不法的现象。根据Rudolphi的看法,先前行为由于对基本社会秩序造成干扰,因而对造成法益危险的现象居于"中心人物"的地位。

2.被害人依赖理论源于信赖原则,Welp认为在人类社会中,维持和平的基本要素是被害人对行为人的依赖关系。因为先前行为陷被害人于一种特别容易受损害的状况,同时使被害人对先前行为人产生依赖或者信赖,因而行为人对被害人有使其不受损害、脱离依赖的责任。

3.Jokbos重新论述保证人地位的法理依据:因为组织权(对事的塑造权)而产生的义务和因为制度权(对人的塑造权)而产生的义务。先前行为保证人地位属于组织权部分,先前行为人成为某个组织领域的所有人,因而对该组织领域内的法益侵害事实存在防止义务。

4.Herzberg提出"防止责任理论",即先前行为人在引起危险的积极作为之际,有责任尽可能地防止当时有把握的可能发生的结果。

许玉秀教授认为上述前三说可以被归纳为支配思想,而第四说是空洞的。[①] 这一归纳未必合理,但就许玉秀教授提到的支配思想而论,其本身不能提供先前行为之作为义务的根据。在前述对否定论的反驳中,本文已经说明支配观念在推导作为义务时的问题。此外,一般第三

① 参见许玉秀:《主观与客观之间:主观理论与客观归责》,法律出版社2008年版,第288页。

人也可以处于对法益保护的支配地位,这与其是否具有先前行为无关,因此可以说,支配的思想与先前行为并不相关,其不能不作为先前行为之作为义务的理论基础。

因此,如果要承认先前行为之作为义务,就必须在支配思想之外寻找其他实质的理由。本文认为,如果对实质法义务论的诸学说进行仔细考察,就会发现在其中已经蕴藏了这一实质理由。在前述实质法义务论的诸学说中,有观点认为先前行为如果具有造成了法所不期待的损害结果的相当性,则产生作为义务,这里出现了"法所不期待"的规范性概念及将"相当性"作为规范性的限定条件,尽管该说仍以因果思想为基础,但已经逐渐趋向于规范性的论证,即对事实进行基于规范标准的评价。及至 Nagler 提出"防卫机关"这个概念,确实地走上了规范论证的道路,因为可以将"机关"理解为秩序(规范共同体)的人格化,[①]"机关"完全是秩序的产物,是规范对人的要求形成的抽象构造物。而 Rudolphi 的"中心人物理论"认为,先前行为对基本的社会秩序造成干扰从而使先前行为人对造成的法益侵害处于"中心人物"的地位,这实质上不能归入支配论。对此应理解为,在常态化的社会秩序中,不存在这种因先前行为引起的不被允许的法益危险,由于先前行为扰乱了常态化的社会秩序(违反了规范),导致了不被允许的法益侵害的危险,所以必须赋予先前行为人在规范上的"中心人物"地位,期待其恢复秩序的常态以保护法益。而 Jokbos 教授所谓的组织权指的是因为体制上的身份而对特定领域具有管辖(支配),这种管辖也是规范意义上的"支配的义务",义务来源于体制的要求,而体制与前述的"机关"一样,均是规范的构造物。因此,实质法义务论从其理论上蕴藏这支配之外的实质理由,即价值的预设、社会常规才是判断作为义务存否的根据,其已经跳出事实支配论的窠臼,开始规范论的解说。

---

① 参见[奥]凯尔森:《法与国家的一般理论》,沈宗灵译,商务印书馆 2013 年版,第 159 页。

(四)问题之归结

可以说,在实质法义务论下,支配观念并不能真正为先前行为之作为义务提供依据。是先前行为产生了“支配的义务”,而不是因为支配肯定先前行为人之作为义务;真正为先前行为之作为义务提供根据的是规范上的价值预设、社会常规。因对秩序的破坏(规范的违反),才产生先前行为人的保证人地位。这里的基本理由在于,法秩序容许一般的日常生活风险,但保障法益不受非常态的侵害,先前行为人由于违反了规范,破坏了社会常规,因此处于必须使秩序恢复常态的保证人地位。这一点是维持、确证规范效力所必需的,否则整个秩序就会出现无以为继的状态,规范效力将会被无数的先前行为所消耗。这种考虑正是关于违法性本质的规范违反说的主张,该说认为违法的实质在于对规范的违反,刑罚的目的在于维持、确保规范的效力。① 因此可以说,规范违反说能够提供先前行为之作为义务的根据,而且如此的思考方法与朴素的习惯法思想具有共通之处,也符合一般人的规范情感。

但是,秩序(规范)的最终目的是法益保护,规范保护甚至塑造法益,这一点不可否认。因此从法益侵害说出发,为了保护处于危险的法益,也可以推导出先前行为人之保证人地位。规范违反说与法益侵害说的差异在于,是否通过行为基准的遵守来保护法益。② 先前行为之作为义务的限定问题,恰好处于现今关于违法性本质的法益侵害说与规范违反说之间的争论场域。法益侵害说和规范违反说是两种对立的

---

① 鉴于国内多数学者已经不自觉地将规范违反说与行为无价值论对应,将法益侵害说与结果无价值论对应,因为本文下述也将两组概念对应。但实际上,两组概念的关系较为复杂,规范违反说严格说来并不对应行为无价值论,法益侵害说也并不对应结果无价值论。

② 规范违反说认为,只有以违反规范的方式引起的构成要件结果才是法益侵害,而违反规范就是没有遵守一定的行为基准。法益侵害说则直面结果,只要出现构成要件的结果即肯定法益侵害的存在。

规范立场,[1]基于各自的立场对先前行为的理解也不同,各自的限定路径也存在差异。所以,本文认为,需要首先明确基于各自规范立场的限定方案,然后选择合理的规范性限定路径,再在此基础上将规范立场在先前行为的场合加以贯彻。

二、规范性限定的路径选择

(一)问题之所在

法益侵害说,依其立场,应从先前行为所制造的危险与构成要件结果的事实因果关联的角度来限定先前行为之作为义务;按该说,法益保护是通过切断与结果的因果关联直接来实现的,支配性的因果关联是其归责的基准。而规范违反说则应从先前行为与构成要件结果之间的规范关联的角度来限定;按该说,不法的重点不是行为所造成的结果,而是其行为本身的规范违反性,义务违反性是其归责的基准。在文献上,日本学者曾根威彦教授曾提到:“根据和作为犯具有等价值性而对不真在不作为犯中的作为义务进行限定的方法,有以下两种,即(1)强调行为的违法性的行为无价值论的方法,(2)重视结果的违法性的结果无价值的方法。”[2]在“客观的行为无价值论”的贯彻中提到:“这种见解重视作为义务发生根据之一的先行行为,行为人必须具有故意或过失的先行为,而且,仅此就足够了。”[3]在“结果无价值的方法”的贯彻中提到:“在放任不管的话就会向侵害结果方向发展的法益保护,事实上被委托给特定的不作为人的时候,即只有在和不作为人之间具有防止结果的紧密关系的场合,才能将不防止结果的不作为和作为引起结果的场合同等对待。从因果性的角度来考虑这一问题的话,就必须是

---

① 参见冯军:《刑法教义学的立场和方法》,载《中外法学》2014 年第 1 期。

② [日]曾根威彦:《刑法学基础》,黎宏译,法律出版社 2005 年版,第 122 页。

③ 同上书,第 123 页。

不作为人将结果发展掌握在自己手中,即具体、现实地支配了因果经过。”[①]曾根威彦教授的具体观点有待商榷,但其敏锐地认识到规范立场可以在先前行为论中得以贯彻,这一点值得关注。

本文以下将在分别简述法益侵害说和规范违反说各自对先前行为之作为义务的限定方法后,对规范立场本身展开探讨,进而肯定规范违反说及其限定路径的合理性。

(二)法益侵害说与规范违反说下的路径整合

对先前行为的限定,肇始于先前行为是否限于违法(或违反义务)的行为的争议,主要存在以下几种观点:[②](1)我国台湾地区“多数学者之通说,认为先前行为除必须具备导致结果发生之迫切危险外,尚必须具备义务违反性,始足以构成保证人地位。”[③](2)先前行为不限于违法行为,还包括合法行为。(3)不需着眼于先前行为是否违反义务,关键是要看参与者的自我答责,如果属于自我答责的范围,无论是否属于违反义务的行为,行为人皆不具有作为义务;反之,如果不属于参与者自我答责的范围,则无论是否属于合法行为,行为人皆具有作为义务。(4)先行行为是否限于违法行为难以抽象地论定,应当适应具体情况,根据诚实的原则和公序良俗来判定。关于先前行为之作为义务的限定路径,基本可以划分为限定论(限于规范违反的行为)与非限定论两种。

在域外理论与司法实践中,“二战”前德国帝国法院的判例,对于先前行为不作任何的限定,战前德国通说也站在非限定论的立场。[④]

① [日]曾根威彦:《刑法学基础》,黎宏译,法律出版社 2005 年版,第 124 页。

② 参见许成磊:《不纯正不作为犯研究》,人民出版社 2009 年版,第 271 ~ 284 页。

③ 我国台湾地区赞同此观点的学者有林山田、林东茂、林钰雄等。具体参见林山田:《刑法通论》(下册),北京大学出版社 2012 年版,第 160 ~ 162 页;林东茂也否认合法的前行为带来保证人地位,参见林东茂:《刑法综览》,中国人民大学出版社 2009 年版,第 122 页;林钰雄:《新刑法总则》,中国人民大学出版社 2009 年版,第 406 页。

④ 参见许成磊:《不纯正不作为犯研究》,人民出版社 2009 年版,第 272 页。

“二战”后，要求先前行为具有义务违反性、适法先前行为从保证人发生根据处排除的观点得到多数学者的支持，①有学者认为，先前行为必须是造成了损害发生的紧迫（相当性）危险，先前行为必须在客观上是违法的，最后，违反义务性还必须存在于规范的违反之中。② “有一规则得到基本赞同，即先前行为只应为它所产生的并可以预见的危险承担责任。对于先前行为是否客观上必须违反了义务的问题，回答基本上是肯定的。”③另外，“一直以来争议很大且未得到澄清的是，对于保证人义务的成立而言，先前行为违反了义务是否关键，还是必须从其他角度加以分析。文献里提出了不同的标准。比较重要的标准有：‘行为人是否超过了一般的行为空间，损害了他人的利益’，或者‘通过一个与日常行为相比较有重大危险的先前行为’制造了危险，或者客观上实施了相应的作为犯罪的行为。”④王莹博士认为德国判例的观点从“义务违反标准”发展成为以下三点：(1)必须是违反义务的行为；(2)制造引起构成要件结果的紧密危险；(3)先前行为与损害结果之间的义务违反关联。⑤ 韩国刑法理论中也提到“接近的、相当的危险的创出是指先行行为对新的危险源的产生具有直接的、一般的适合性或者

---

① 德国法院的判决也体现了限定论的思想，如“饭店老板案 II”中，判旨提到：“并非每一个产生了危险的贡献都毫无例外地必须形成保证人义务，否则将导致该义务和刑法规定的无限扩张。”在“酒友案”中，提出正当防卫的行为人没有保证人地位。在“正常驾驶者案”中，提到机动车司机对承担全部责任的事故被害人没有保证人地位。参见［德］罗克辛：《德国最高法院判例：刑法总论》，何庆仁等译，中国人民大学出版社 2012 年版，第 245 页。

② 参见［德］耶塞克、魏根特：《德国刑法教科书》，徐久生译，中国法制出版社 2001 年版，第 752 页。

③ ［德］施特拉腾韦特、库伦：《刑法总论：犯罪论》，杨萌译，法律出版社 2006 年版，第 367 页。

④ 同上书，第 368 ~ 369 页。

⑤ 参见王莹：《论犯罪行为人的先在行为保证人地位》，载《法学家》2013 年第 2 期。

危险典型性的关联。从适法行为中并不产生保证人的地位与义务”。[①] 可以认为,德国和韩国目前的主流观点采取了限定论的立场。

我国刑法理论中也存在限制先前行为产生作为义务的观点。张明楷教授指出,先前行为只有具备下列条件时,才能产生作为义务:第一,对刑法所保护的具体法益造成了危险;第二,危险明显增大,如果不采取积极措施,危险就会立即现实化为实害;第三,行为人对危险向实害发生具有支配。[②] 也有学者认为先前行为只有在被害人自我完全答责的场合,才排除行为人作为义务的存在,主要表现为正当防卫和在社会容许的危险范围内。[③] 也有学者将客观归责理论运用于先前行为之作为义务的限定。[④]

上述限定论的诸观点,大体可以划为两类:一类是从法益侵害说推演而来,最典型的是张明楷教授的观点;另一类是从规范违反说推演而来,考虑规范违反性的观点最为典型。自我答责理论作为客观归责理论的下位规则,实际上可以纳入客观归责理论的框架之下。而客观归责理论,从规范违反说和法益侵害说的二元论推演而来,在事实判断的基础之上,附加规范性的评判。特别是归责判断的第一步,要求行为制造法所不容许的危险,实质上就要求先前行为必须是违反规范的行为,此中必然存在规范违反说的逻辑。

构成要件是违法类型,因此需要根据违法的本质对构成要件展开实质解释,属于构成要件要素义务来源的解释自然也会受到规范立场的影响。在法益侵害说之下,对先前行为不需要附加义务违反性的限制,只要先前行为具有产生构成要件结果的(紧迫)危险性,就肯定作为义务的产生。这种具有危险性的先前行为,可以是合法行为,也可以是被害人自我答责的行为,因此只要先前行为造成了“裸的危险”就产

---

① [韩]金日秀等:《韩国刑法总论》(第 11 版),郑军男译,武汉大学出版社 2008 年版,第 480 页。

② 参见张明楷:《不作为犯中的先前行为》,载《法学研究》2011 年第 6 期。

③ 参见许成磊:《不纯正不作为犯研究》,人民出版社 2009 年版,第 281 页。

④ 参见王莹:《先行行为作为义务之理论谱系规整及其界定》,载《中外法学》2013 年第 2 期。

生作为义务。而在规范违反说之下,“裸的危险”不具有归责上的意义,必须是违反义务的违法行为才产生作为义务。在先前行为的限定论中,规范违反说采取了比法益侵害说更为限定的方法。虽说法益侵害说用“紧迫性”“支配”的要素来限制先前行为之作为义务,但本文对其限定作用抱有疑问,认为其与德国的无限定论可能并没有实质上的差异。更为根本的是,法益侵害说在此问题上基本还停留在事实层面上,对作为义务来源没有进行规范性的理解。如前论证,先前行为产生作为义务的理由在于,法秩序保证着法益不受非常态的侵害,先前行为人由于违反规范,破坏了社会常规,因此处于必须使秩序恢复常态的保证人地位,奠定先前行为之作为义务的根据是其规范违反性,这是不能从诸如“支配”“紧迫”这样事实性的判断中来实现的。所以,法益侵害说及其限定方法实际上难以与先前行为产生作为义务的法理根据产生联动,而规范违反说则实现了这一点。

(三)规范违反说的合理性

1. 法益概念本身的规范性

法益侵害说无法与先前行为产生作为义务的根据产生联动,与该说对“法益”本身的理解相关。法益侵害说基本上将“法益”等同于“利益”,而又主张对利益进行全面保护,在其方法论上存在扩大处罚范围的倾向。“法益”概念,其最初的意义是一个立法批判性的概念,即不能将无法益侵害性的行为犯罪化,法益是一种先于立法的存在。①尽管法益先在于立法,但其与利益是不同的概念。利益(如人的生命、财产利益)先于规范而存在,而法益,作为法律所保护的利益,尽管以利益作为其存在的基础,但却只能是存在于一个法所关涉的共同体秩序当

① 按照罗克辛教授的定义:“对于安全、自由的、保障所有个人权利和公民权的社会生活所必需的,或者对于建立在此目标上的国家制度运转所必需的现实存在或者目标设定就是法益。”参见[德]罗克辛:《刑法的任务不是法益保护吗?》,载陈兴良主编:《刑事法评论》(第19卷),北京大学出版社2007年版,第152页。

中。“法益”的识别必须考虑预设的价值判断,其是被规范性地决定的。[①] 法益是由利益和规范共同构筑的,某种利益,被规范所保护从而禁止对其侵害,才是法益,规范起到对法益的构成作用。禁止对某些利益侵害(对不作为的场合,则是命令对其保护),需要由规范、社会常规的预设,社会中存在人与人的之间的规范关系,法律对此加以确认,在此意义上讲,“法律是人的关系的结构”。[②]

法益只能在规范结构与社会常规中存在,不存在“裸”的法益概念,因此即使维持违法性的本质是法益侵害这一客观主义的立场,违法性的确认也需要从“某种形式定着于社会中的规范中去探求”。[③] 并且,由于法益概念所具有的规范性,“以在将法益的侵害或危险作为违法的非价对象的结果无价值论,也应当以规范违反说为前提”。[④] 如此一来,法益侵害说便不能离开规范违反说而单独存在,无论如何,规范评价的方法可以在不法阶层予以贯彻。

2. 规范违反说在人权保障方面的质疑

法益侵害说质疑规范违反说导致“规则崇拜”,认为在遵守了规范创设的行为准基,但客观上侵害了法益时也得到允许,以及在行为违反了基准,但客观上保护了时法益也要被禁止,是舍本逐末的做法。并且,过分要求国民服从“行为规则的粗糙指导”,会导致国家威权主义,不利于人权保障。[⑤] 本文对此不以为然。法秩序的目的,正在于为国民提供统一的行为指引,如果允许国民个别性地判断规则在例外情况

---

① 参见[德]施特拉腾韦特、库伦:《刑法总论:犯罪论》,杨萌译,法律出版社2006年版,第30页。

② [德]雅各布斯:《刑法保护什么:法益还是规范适用?》,王世洲译,载《比较法研究》2004年第1期;相似观点参见冯军:《刑法教义学的立场和方法》,载《中外法学》2014年第1期。

③ 参见[日]松宫孝明:《“结果无价值论”与“行为无价值论”的意义对比》,张小宁译,载《法律科学》2012年第3期。

④ [日]松宫孝明:《结果反(无)价值》,张小宁译,载《法学》2013年第7期。

⑤ 参见张明楷:《行为无价值论与结果无价值论》,北京大学出版社2012年版,第39页。

下的违反可能性，会导致法秩序的松弛化，造成国民在行为时点行为选择的混乱，不利于维护国民对规范效力的确信。在一个国民对规范效力没有确信的共同体，社会处于“失序”的状态，秩序的安定性无法保障，此时遑论人权保障。

在先前行为的场合，从结论上来讲，在法益侵害说立场下的限定论比规范违反说立场下的限定论，导致处罚范围的扩大。根据规范违反说，要求先前行为具有义务违反性才产生作为义务，但法益侵害说不要求如此的限定，仅就这一点，就可以说明在规范违反说立场之下，国民拥有更大的（不作为的）自由。虽说结果无价值论另外地通过“支配”这一概念来限定作为义务的产生，但如前所述，“支配”无法推导出义务，义务只能由规范所赋予。① 先前行为正是因为其违反了规范预设的行为基准，使得法益面临着在常态化的秩序中所不具有的危险，为维持、确证规范效力才赋予行为人作为义务。使秩序恢复常态的作为义务，这本身与行为人是否支配法益侵害危险无关。如果事实性的支配会产生作为义务，反倒是在规范预设之外另外创设了义务，从而限制自由的范围，不利于人权保障。

3. 规范违反说的贯彻

综上所述，先前行为之作为义务的根据在于其规范（义务）违反性，因此对其限定也只能围绕该点来展开。有学者认为，义务违反说不能提供一个明确的标准，②的确如此，因此问题也就在于——如何将义务违反性这一标准明确化。

本文认为规范违反说的核心思想在于，遵守了规范所预设的行为基准，就不需要承担额外的义务。在法益侵害说看来，对行为是否被允许的判断基准是个别利益的衡量，而不是规范本身，因此当行为遵守了

---

① 认为先前行为产生作为义务与行为人具有对因果关系的支配无关，相同观点参见潘樾：《论不作为犯产生作为义务的条件》，载《法学杂志》2006 年第 3 期；认为义务观念无法由事实状态来推导，相似观点参见廖北海：《犯罪事实支配理论之适用范围》，载《北方法学》2011 年第 5 期。

② 参见张明楷：《行为无价值论与结果无价值论》，北京大学出版社 2012 年版，第 99 页。

行为基准但仍然创造出对利益的(紧迫)危险时,从保护利益必要性的角度出发,仍要对行为人科以义务。但规范违反说却认为,规范本身就值得遵守,遵守了规范,就实现了最大的功利。这一点可以由拉兹的"通常证立命题"(normal justification thesis)得以说明,即对遵守一项权威性指令的证立方式,在于同个人尝试自己直接权衡(或遵守)义务相比,如果他遵守了权威者的指令,那么他就更容易系统性地遵守那些适用于自己的义务。[①] 遵守了行为基准却仍例外性产生对利益的危险,法律放弃对这部分利益的保护所产生的"不功利"被通过系统性地遵守规范所带来的功利所覆盖,此也可谓基于整体法秩序的思考。

根据规范违反说,对逾越整体法秩序所确立之行为基准的行为予以否定评价。在先前行为的场合,就首先否认先前行为只需要对构成要件结果具有纯粹的因果关系的观点。[②] 在规范上,行为人只能对可以归责于自己的危险承担消除的义务。这里主张了一种"归责"的观念,也就不再将先前行为之作为义务的依据仅仅依赖于事实的因果性,而是从规范违反说出发,将作为义务的产生根据规范化。

在具体的限定路径上,客观归责理论的思考方式在先前行为论中可以被转用。因为先前行为破坏了规范塑造的秩序,创造了非常态化的法益危险,所以赋予其恢复秩序的保证人地位,从这一角度来讲,如果只是创造了法秩序所允许的危险,并不会使先前行为产生保证人地位,这一点与客观归责理论是一致的。当秩序要求个人自我管理自己的危险时,也不会因先前行为产生作为义务,这一点与客观归责理论的思考也一致。但是,将客观归责理论转用至先前行为的作为义务判断上来,要特别注意其与作为构成要件结果归责于行为的客观归责本身的区别,两者属于不同范畴。实际上在判断先前行为之作为义务后,基

---

① 参见[美]马默:《法哲学》,孙海波、王进译,北京大学出版社 2014 年版,第 67 页。

② 参见[德]罗克辛:《德国刑法学总论(第 2 卷)》(犯罪行为的特别表现形式),王世洲等译,法律出版社 2013 年版,第 573 页。

于此作为义务的不作为就得以识别，[①]该不作为与构成要件结果之间的客观归责判断仍然是独立于此的判断步骤。所以，将客观归责理论转用至先前行为之作为义务的判断，只是转用其规范性的判断方法，而不是要取代行为的结果归责这一判断步骤，不可将两者混同。

留有疑问的是，既然先前行为创设了法益的危险，为什么不把该危险现实化的结果直接归责于先前行为本身，而是归责于不作为呢？本文认为，这仍然可以视为一个规范评价的问题，当把结果直接归责于先前行为，如果不足以对法益侵害的事实做到充分评价，就应该将该结果归责于不作为；反之，如果将结果归责于先前行为，能够对法益侵害事实做到充分评价，就可以将其直接归责于先前行为。在规范评价上，既要做到充分的评价，也要避免重复的评价，这也是规范评价上的逻辑统一性问题。最后，从法秩序统一性原理出发，要求刑法上对“规范”遵守的要求与其他法域对“规范”遵守的要求不存在评价上的矛盾，特别是与民法上对不作为侵权的处理达成体系上的和谐，达到规范评价体系上的统一。所以，本文将客观归责理论的转用、规范评价的逻辑统一性、规范评价的体系统一性作为对规范违反说在先前行为论上具体贯彻的具体方案，在下文予以展开。

三、规范性限定方案

（一）客观归责理论的转用

客观归责理论自 20 世纪 70 年代渐次发展以来，目前在德国刑法学中已经是极具影响力的学说。然而，与其说客观归责理论是一种具体的学说或者教义，倒不如说是规范评价的方法之一，一种思考框架而已。运用客观的归责理论，可能发展出多种路径。所谓客观的归责，重点在于根据某种价值标准对不法进行分配，其不仅可以在构成要件符

① 在行为人什么都不做的场合，难以直接认定存在不作为，只有首先肯定作为义务，而行为人未予履行的，才能说该行为人存在一个不作为。

合性阶段对结果不法进行规范性的分配,在构成要件中其他要素的判断上也可以运用。在先前行为之作为义务的场合,作为“归责”判断,实际上是对先前行为进行的规范性限定(过滤),确定哪些导致了危险的先前行为在法规范视角下产生作为义务。

罗克辛教授在其教科书中将客观归责理论适用于先前行为的限定,首先是基本原则:先前行为必须是对行为人在客观上可归责的,亦即先前行为与其造成的法益侵害危险仅仅具有存在论意义上的因果关系是不够的,而是必须经过规范的评价;具体的规则是:(1)当先前行为处于允许的范围之内时,没有保证人地位;(2)先前行为处在允许的范围之外,就是违背了谨慎义务,但这还不够,还必须是,这个先前行为必须正好创设了这个危险,而这个危险恰是那个被违反规范所要防止的;(3)通过先前行为招来的危险存在于受威胁者自我答责范围(或他人答责领域)之中,没有保证人地位;(4)危险的创设通过正当防卫得到正当化时,没有保证人地位;(5)先前行为通过紧急避险得到正当化的,就肯定保证人地位;(6)一个得到正当化的先前行为借助持续效果在事后丧失正当性条件时,就肯定保证人地位。[①] 王莹博士也认为先前行为的限定需要运用客观归责理论,并认为德国学说史上运用“义务违反性”的标准过于抽象,其可操作性值得怀疑。本文认为,“义务”与“规范”本来就是一个概念的两种表达,“义务违反性”与“规范违反性”并没有区别,以“义务违反性”作为限定的指针,本来就需要在其之下具体地创设下位规则,客观归责理论与义务违反性并不矛盾,两者存在衍生关系。王莹博士认为先前行为产生保证人地位的条件有三:(1)先前行为必须是危险创设或升高的行为;(2)危险关联:不作为犯的危险实现须在先前行为违反的规范保护目的的范围之内;(3)行为创设危险或升高危险,但是危险实现为被害人自我危险行为,不产生作

① 参见[德]罗克辛:《德国刑法学总论(第2卷)》(犯罪行为的特别表现形式),王世洲等译,法律出版社2013年版,第573页。

为义务。[①] 上述罗克辛教授归纳的方法有过于繁杂之嫌,各具体规则间并未形成一个清晰的体系。王莹博士的方法是对罗克辛教授方法的简化,但在具体细节上并非没有问题。最明显的一点是,在危险关联这一点的论述上,王莹博士认为:“只有在先行为创设的危险与损害之间存在关联,才有理由将此视为先行行为,要求其承担不作为责任。”[②]这里混淆了客观归责理论适用于不作为的结果归责和其适用于先前行为限定,先前行为只是创设法所不允许的危险而产生作为义务,损害(实害)结果不是归责于先前行为而是归责于不作为本身,因此将危险的实现在此处考虑并不妥当。同样,在危险属于被害人答责的场合也存在问题,危险的实现应该是构成要件符合性阶段的结果归责问题,而因先前行为产生的危险本身由被害人自我答责才是客观归责理论适用于先前行为限定的问题。本文在上述文献基础上,承认客观归责理论能够转用于先前行为之作为义务的限定,对其下位规则予以明确。

先前行为导致了对构成要件结果的危险,该危险的消除有必要依赖于行为人对作为义务的承担。因此,存在“先前行为→作为义务→不作为→构成要件结果”实现这样的构造。在此讨论的只是在“先前行为→作为义务”这一环节,不涉及“不作为→构成要件结果”的归责判断。先前行为因其规范违反性而产生作为义务,所以首先要求先前行为必须是违反规范、破换社会常规的行为(先前行为突破了法所允许的范围);其次,作为义务的承担在于消除某种法益的危险,应当要求该危险恰好由违反规范的先前行为的导致,而且必须与先前行为违反的规范有关(先前行为制造的危险与行为基准的规范目的关联);最后,也应当保证该危险可以归责于先前行为,在危险可归责于被害人或第三人的场合,应当否定先前行为的作为义务(危险非属于

① 参见王莹:《先行行为作为义务之理论谱系规整及其界定》,载《中外法学》2013年第2期;相似观点也参见王莹:《论犯罪行为人的先在行为保证人地位》,载《法学家》2013年第2期。

② 王莹:《论犯罪行为人的先在行为保证人地位》,载《法学家》2013年第2期。

他人答责范围)。

1. 先前行为突破了法所允许的范围

先前行为是否突破允许的范围,是客观的价值判断,判断的基准正是规范所确立的行为基准。与客观构成要件的归责判断一致,降低危险、没有制造法律上显著危险、制造允许的危险的先前行为均不会产生作为义务。这三项排除规则尽管在事实类型上是不同的范畴,但都遵循同一个规范标准,即没有逾越行为基准。(1)降低危险的先前行为本身就不受法的非难,没有逾越行为基准,不产生刑法上的作为义务。例如在以下这个熟悉的教学案例中,一块石头飞向被害人甲的头部,乙却推了一下甲,使得甲其他身体部位被石头击中而受到较轻微的伤害,乙的这一行为不会产生作为义务,即使此后甲因被石头击中存在生命、身体的危险且乙对此处于支配地位,乙也不承担救助的义务。(2)先前行为尽管是制造了法益的危险,但该危险如果属于日常生活危险,不是被法所特别关注的显著危险,也不产生作为义务。原因在于,法秩序并不能防范所有的日常生活危险,而只能避免法益受到非常态化的侵害。例如,乙劝甲去乘坐某航班出差并为其购买机票,在甲登机前一小时突然得知该飞机上被安放了炸弹,尽管可以联系到甲使其不再登机,却没有任何作为,导致甲因飞机失事而死亡。由于劝人乘坐航班属于日常生活行为,没有制造法律上显著的危险,不产生作为义务。但如果乙具有特别认知,即明知飞机上有炸弹而劝甲乘坐该飞机,就不属于日常生活行为,该特别认知影响到了对行为不法性的评价。但是在这个场合,可以直接将甲的死亡结果归责于劝说行为(故意的犯罪行为),不再需要归责于不作为(该将在后文详细展开)。在德国联邦法院判例“饭店老板案I”中,饭店老板向三位顾客出售酒精饮料,在顾客喝醉后建议他们打车回家,但被害人没有听从建议,在驾驶过程中受伤,判例认为酒店老板只要不是向显然已经醉了的顾客出售酒精饮料就不会产生作为义务,因为该出售行为是社会所容忍的危险。但在酒店老板从外部迹象看出顾客显然已经醉了的场合,该出售行为就属于法律上显著的危险,会产生救助的义务。[①] 对该判例的区分标准仍留有探讨余地,但在判断危险是否被允许时考虑行为人特别认知,值得认可。(3)先前行为制造了一个显著的危险,但如果该危险被法秩序所允许,也不产生作为义务。典型事例是正当防卫,在不法侵害人因正当防卫而产生生命、身体损害的危险,因为正当防卫行为是法秩序所允许的行为,防卫人不会因此而产生作为义务。德国联邦最高法院在“酒友案”中指出,“让被侵害人负有保证人地位,将违反正当防卫的真义,因为那样一来侵害者将会比那些自己和他人都无罪责的不幸者受到更多的保护”,[②]由此认为正当防卫行为不产生作为义务。

综上,在先前行为降低危险、未制造法律上显著的危险、仅制造法所允许危险的场合,不产生作为义务。核心理由在于,该些类型的先前行为没有突破法规范设定的行为基准,没有破坏法秩序,不产生恢复法秩序的义务。

2. 先前行为制造的危险与行为基准的规范目的关联

规范目的关系也被称为义务违反关系或者保护目的关系,该观点主张,结果的发生必须是行为人违反的规范所要排斥的危险的实现,否则所发生的结果不归责于行为人,是客观归责理论的下位规则之一。[③]“法规范旨在塑造法秩序,而规范作为人的理性作品,在任何法律规范后面都隐藏着服从特定目的的、立法者的、法政策学的形成意志。”[④]某个行为违反规范,就是与立法者的目的相违背。经过第一个阶段的检验,先前行为只有突破法允许的范围才产生作为义务,但仅有这一点还不足够,还必须保证逾越行为基准的先前行为造成了法所不允许的危险,该危险必须是在先前行为所逾越的那个行为基准的规范保护目的之内,这一点可以确保法益的危险正好是违反规范的那个先前行为所

① 参见[德]罗克辛:《德国最高法院判例:刑法总论》,何庆仁等译,中国人民大学出版社2012年版,第243页。

② 同上书,第254页。

③ 参见黄荣坚:《基础刑法学》(第3版),中国人民大学出版社2008年版,第229页。

④ [德]魏德士:《法理学》,丁晓春、吴越译,法律出版社2005年版,第121页。

导致,而非由日常生活危险导致。强调规范保护目的在客观归责理论中的意义,理由在于,刑法中所涉及的是透过禁止规范的一般预防效力来防止侵害,只有当结果归责本身能够放入一般预防装置时,刑法上的结果归责在刑事政策上才有意义,[①]即通过禁止法所不允许的行为来保护法益在刑事政策上是最佳方案。

该阶段的检验在以下三类案件中具有作用:(1)乙超速驾驶撞上了被害人甲,但事后证明,即使乙没有超速也不能避免事故的发生,在甲受伤存在死亡危险时,乙不具有作为义务。因为通过事后的检验,乙逾越的禁止超速的行为基准在该案件中已经不能产生一个有效的义务,无论如何危险都会产生。换言之,禁止超速的规范的保护目的在本案中已经不可能实现,通过禁止超速不能达到避免危险产生的一般预防效果。实际上,在这种场合,法益的危险是来自超速行为之外的其他状况,而不是由先前行为逾越行为基准而造成的(因为结果无论如何都会发生)。(2)乙入户盗窃被主人甲发现,甲为追赶乙而跌落楼梯,在甲负伤而产生生命、身体危险之际,乙不具有作为义务。虽然甲的盗窃行为逾越了关于财产秩序的行为基准,属于法所不允许的危险,并且也因果性地导致甲为了追赶他而受伤,但乙所逾越的行为基准的规范目的是保护财产法益(禁止非法占有他人财物),其并不包含人身法益的保护。从一般预防的角度来讲,通过财产秩序规范来保护人身法益也不是刑事政策上实现一般预防目的之最佳方案。(3)乙故意伤害致甲受轻伤,但甲在被送往医院治疗的过程中发生意外的车祸受到重伤,乙没有作为义务。理由在于,在道路交通中发生车祸是并不是乙违反规范的行为造成的,此时的危险被交通事故“切断”,与乙的先前行为没有危险关联。在规范保护目的上,禁止伤害他人的规范并不包括防止被害人在送往医院过程中遭遇车祸这个规范目的,要求实施伤害的行为人对偶然的交通事故负责也不会具有刑事政策上的效果。

综上,在违反了一个无效的规范、造成了规范保护目的之外的危

---

① 参见许玉秀、陈志辉合编:《不移不惑献身法与正义——许迺曼教授刑事法论文选辑》,春风旭日学术基金2006年版,第551页。

险、危险经历异常的因果流程这三种情形中,都可以统摄到先前行为制造的危险与行为基准的规范目的没有关联这一阶段的检验之下,而否定作为义务的产生。这里的根本理由是,危险的产生与先前行为人违反的规范失去了关联,先前行为人违反规范所生产的义务与此处的危险不存在对应关系。这种义务关联性的要求也可从刑法一般预防的刑事政策目的导出,①因为禁止这些先前行为不具有一般预防的实际效果。

3. 危险非属于他人答责范围

在完成上述两个阶段的检验之后,如果得出肯定的结论,也不能径直肯定作为义务。在先前行为产生的危险属于被害人自我答责或者第三人答责的范围之内时,先前行为不产生作为义务,处于危险之中的法益有赖于被害人的自救(在不能自救的情形下则自己承担损害的发生)和第三人的救助行为。

在被害人自我答责的情形,例如乙向甲提供毒品,甲吸食后陷入身体机能的异常,乙不产生作为义务;或者乙向甲提供致命的毒药,使甲可以顺利地自杀,甲食用毒药后产生紧迫的生命危险,乙不产生作为义务。在被害人对该先前行为及其产生的危险具有充分认知的场合,允许先前行为的发生进而也接受了由此可能产生的危险,意味着被害人自主地愿意承受法益的侵害,如果法律还要赋予先前行为人以作为义务去救助法益,就忽略了被害人对危险的自主答责。② 该理论的正当

① 关于刑事政策与刑法体系构建的关系,特别是在客观归责理论上的贯彻,参见[德]罗克辛:《刑事政策与刑法体系》,蔡桂生译,中国人民大学出版社 2010 年版,第 70 页。

② 如果被害人对危险没有充分的认知,则不属于自我答责范围,先前行为人仍有可能产生作为义务,例如下列案例:甲乙因恋爱产生矛盾,甲将硫酸倒入水杯,欲把其泼到乙身上。甲乙见面后发生争执,此时甲已经忘记了泼硫酸的计划,乙见甲身上带有水杯,以为是清水,因情绪失控将水往自己身上泼,甲没有阻拦,导致乙被硫酸灼伤,此时乙对甲先前行为(携带危险物质)的危险没有认知,甲因其先前行为将产生阻止义务。案例引自刘京川:《杨某某故意伤害案—明知先行行为会引发危害后果而不予以防止的行为构成故意犯罪》,载《刑事审判参考 1999—2008 分类集成之三侵犯公民人身、民主权利罪》,法律出版社 2009 年版,第 356 页。

性同样可以通过刑法的一般预防目的得以证成,即与其将救助法益的义务赋予先前行为人,还不如将其赋予被害人,如此更能有效地保护法益。更为基础的理由是,当被害人自主性地承受法益侵害时,该受损的利益已经不再具有"法益"的品质,法秩序从个人自主的角度已经放弃对该部分利益的保护。①

在第三人答责的情形,当先前行为介入了第三人的故意行为,即第三人对危险具有明确认知并予以接管的场合,否认先前行为产生作为义务。例如,在德国联邦最高法院判例"奸夫案"中,被告人在一起离婚诉讼中通过对其婚外关系的否认而导致对证人的调查,在证人S作伪证的时候,没有阻止S的伪证行为,罗克辛教授认为S必须为自己的陈述答责,被告人不产生作为义务。② 该观点就有合理性,虽然被告人的行为因果性地导致了S的伪证行为,但S作为具有对伪证行为完全的答责能力,法秩序应当将该义务(不作伪证的义务)赋予S,而不是将阻止伪证的义务赋予被告人。再者,在一系列的教唆和帮助的共犯类型中,因为正犯对犯罪法益侵害的事实处于答责的地位(故意地接管了危险),共犯不因其先前的教唆行为或者帮助行为产生作为义务。例如,乙教唆甲对被害人丙进行伤害行为,在甲实施伤害行为之后,丙面临着生命的危险,此时乙不具有救助义务。第三人答责排除先前行为人的作为义务,理由在于法秩序已经将作为义务赋予第三人,如果也同时将作为义务赋予先前行为人,会导致将正犯行为与教唆、帮助行为同等对待,忽略两者在法规范上和事实上的不同构造。该点可以从共犯的脱离的场合得到印证,狭义的共犯(教唆犯和帮助犯)只要切断其与构成要件结果之间的心理或物理的因果性就不必为正犯的不法承担责任,没有必要去防止结果的发生,而正犯则必须避免结果的发生才不

① 该理论也可以从被害人教义学的角度得以证成,参见申柳华:《德国刑法被害人信条学研究》,中国人民公安大学出版社2011年版,第223页;运用组织管辖理论予以论证,参见姚诗:《先前行为归责模式评述》,载陈兴良主编:《刑事法评论》(第28卷),北京大学出版社2011年版,第381页。

② 参见[德]罗克辛:《德国最高法院判例:刑法总论》,何庆仁等译,中国人民大学出版社2012年版,第241页。

承担责任,狭义的共犯与正犯在规范上和事实上均存在不同构造。

综上,如果先前行为产生的危险由被害人或者第三人答责,先前行为人不产生作为义务。这里拒绝了一种纯粹因果性的思想,在因果性的基础上对先前行为产生的危险进行规范上义务的分配,从而实质地限定了先前行为之作为义务。

4. 小结

先前行为产生作为义务的根据在于其义务违反性,因此只能将具有义务违反性的先前行为纳入作为义务来源。客观归责的思维方式与义务违反性的判断合致。转用客观归责理论,只有满足突破了法所允许的范围、制造的危险与行为基准的规范目的关联、危险非属于他人答责范围这三项要求时,先前行为才产生作为义务。

(二)规范评价之逻辑统一性

通过对先前行为规范违反性的认定,得出了一个广泛的先前行为之作为义务范围,一般的违法行为、过失犯罪行为、故意犯罪行为均处于这一范围之内。现在学说上,对一般违法行为之作为义务没有争议,当一个被法秩序否定的先前行为造成了刑法所保护法益的危险,根据前述先前行为之作为义务的法理根据,不难肯定其作为义务。有争议的是犯罪行为,也即过失犯罪行为和故意犯罪行为是否会产生作为义务的问题。[①] 按照规范违反标准,既然一般违法行为能够产生作为义务,那么比之更严重的同样违反规范的犯罪行为就更应该产生作为义务。但是,如果先前行为本身是犯罪行为,符合分则各罪的构成要件,

---

① 具体参见许成磊:《不纯正不作为犯研究》,人民出版社2009年版,第284～289页;许玉秀:《当代刑法思潮》,中国民主法制出版社2005年版,第666页;张明楷:《不作为犯中的先前行为》,载《法学研究》2011年第6期;王莹:《论犯罪行为人的先在行为保证人地位》,载《法学家》2013年第2期;潘樾:《论不作为犯产生作为义务的条件》,载《法学杂志》2006年第3期;任媛媛:《不作为犯先行行为研究》,河南大学2012年硕士学位论文,第23页;兰宏:《不作为犯罪中的先行行为研究》,兰州大学2010年硕士学位论文,第30页;陈培培:《先行行为探讨》,华东政法大学2013年硕士学位论文,第21页。

那么为什么不直接将构成要件结果归责于先前行为,而需要将其归责于不作为呢?这涉及规范评价的充分性和避免重复评价的问题,下文分别就过失犯罪行为和故意犯罪行为展开论述。

1. 过失犯罪行为之作为义务

否定说认为,将过失犯罪视为作为义务来源,违反禁止重复评价的原则。[①] 根据否定说,将构成要件结果直接归责于过失行为即可,无需归责于不作为。但是将构成要件结果归责于过失行为可能无法实现对不法的充分评价。(1)在过失行为造成法益侵害的危险后,行为人明知自己的救助行为会使法益免受侵害,因为行为人明知而意欲(或放任)构成要件结果的发生,实现了一个比过失不法更严重的故意不法。故意、过失是违法要素,基于故意引起的法益侵害比基于过失的法益侵害,在确定度上具有差异性的存在,[②]故意行为对规范的违反程度远重于过失犯,因此值得更重的违法性评价。[③] 所以,将构成要件结果归责于故意的不作为才能实现对不法的充分评价,在将结果归责于不作为之后,对于过失的先前行为来说,此时就不存在相应构成要件结果的归责,因为我国刑法只处罚造成严重结果的过失行为,该过失行为也就不进入不法的评价,不存在重复评价的问题。这种对不法事实充分评价的方法是规范违反说的固有思考,法益侵害说对不法进行纯客观的判断,过失造成的损害与故意造成的损害在法益侵害的评价上没有差异,因此将结果归责于过失的先前行为也没有导致对法益侵害的不充分评价。只有按照规范违反说,故意、过失作为行为要素影响对不法的评价,将结果归责于过失的先前行为不同于将结果归责于故意的不救助行为。(2)在过失行为造成法益侵害的危险后,行为人过失地不去救助法益,因为在不救助阶段的主观违法要素仍是过失,没有产生比先前

---

① 参见齐文远、李晓龙:《论不作为犯中的先行行为》,载《法律科学》1999 年第 5 期。

② 参见[日]川端博:《刑法总论:集中讲义》,于振华译,台北:元照出版社 2008 年版,第 123 页。

③ 参见周光权:《法治视野中的刑法客观主义》,法律出版社 2013 年版,第 319 页。

行为更严重的不法，因此直接将构成要件结果归责于过失的先前行为即可。[①]

否定说还认为，先前行为是过失犯罪行为的场合，救助的期待可能性较小，故不产生作为义务。[②] 但是以期待可能性理论否定过失先前行为之作为义务存在两点疑问：第一，过失行为后，行为人采取积极措施避免更重的罪责，基于人趋利避害的本性，期待可能性并非不可能；[③]第二，更为本质性的是，期待可能性属于责任要素，从体系的角度看不会影响作为违法要素的作为义务，这一点不仅在过失的犯罪行为这里适用，在后述故意的犯罪行为那里也同样适用。

因此，为了实现对不法事实的充分评价，应当认为过失犯罪行为能够产生作为义务。但是必须注意的是，过失的犯罪行为产生作为义务的前提必须是经过前述客观归责理论的检验。例如，看守所警卫乙在执勤期间疏于防范，使得在押犯甲、乙从通风窗逃跑，其中甲在往下跳时被钢筋挂住而摔伤。对于该案可以认为虽然乙具有过失行为，制造了法所不允许的危险，但甲对该危险自我答责，乙不产生作为义务。

2. 故意犯罪行为之作为义务

争议更多聚集在故意犯罪行为这里。否定说认为，先前行为本来就是符合故意犯构成要件，构成要件结果归责于故意的先前行为即可，没有考虑不作为的必要，如德国学者 Otto 指出，肯定说将导致不法的重复评价。[④] 的确，既将构成要件结果归责于故意先前行为，又将其归责于不作为，是重复评价，但也不都是如此，而且重复评价的问题可以

---

① 实际上此时也可以认为过失的先前行为产生了一个作为义务，将结果归责于过失的不作为，然后如同后述故意的不作为一样运用竞合理论处理。但由于过失的不作为犯不产生共同犯罪的问题，如此复杂的处理并没有实际的意义。

② 参见［日］山中敬一：《刑法总论》，成文堂 2008 年版，第 234 页，转引自张明楷：《不作为犯的先前行为》，载《法学研究》2011 年第 6 期。

③ 张明楷教授正确地指出，是否具有履行义务的期待可能性，不取决于先前行为是否可罚，而是取决于履行义务时的附随情况，参见张明楷：《不作为犯中的先前行为》，载《法学研究》2011 年第 6 期。

④ 参见王莹：《论犯罪行为人的先在行为保证人地位》，载《法学家》2013 年第 2 期。

通过竞合理论得以解决。首先,在仅将结果归责于故意先前行为就无法做到对这部分不法的充分评价的场合,将超过部分归责于不作为,不存在重复评价的问题。例如,乙盗伐林木,将大树砍到后压住了被害人甲的场合,由于盗伐林木罪的保护法益仅仅是环境资源,不将死亡结果归责于不作为,就遗漏了对生命法益受侵害的不法评价。所以,由于盗伐林木罪本来就没有包含对生命法益侵害的评价,将生命法益的侵害归责于之后的不作为,不存在重复评价的问题。可能存在的疑问是,既然禁止先前行为的规范(禁止盗伐林木)的保护目的不包含生命法益,按照前述先前行为制造的危险与行为基准的规范目的关系的检验,似乎要否定先前行为之作为义务。但是,将大树砍倒的行为一方面违反了禁止盗伐的规范,另一方面该行为在特定场合也逾越了对人生命不得造成危险的规范,从违反后一规范的角度可以承认义务关联,进而肯定作为义务,此时,实际上回归到了由过失犯罪行为产生作为义务的模式,即乙将大树砍倒压住被害人甲,本身就有可能是一个过失犯罪行为,其产生对由此造成的危险的作为义务。所以,在先前行为侵害的法益与不作为侵害的法益没有重合关系的场合,对作为和不作为分别评价,如果两个行为都符合各自的构成要件,应该进行数罪并罚,此时并不存在对同一法益侵害事实的两次评价,并不存在重复评价的问题。其次,将构成要件结果归责于故意的先前行为足以做到充分评价的场合,直接将结果归责于故意的先前行为。上述盗伐林木的情形,如果乙砍倒大树时,对大树可能会压死甲存在明知和放任,那么就可以把死亡结果归责于砍树的行为,认定作为的故意杀人(实行行为是砍树的行为)而做到充分评价。此时虽说没有必要为乙另外创设一个作为义务,但是为了实现对共同犯罪中第三人参与甲的不作为的处罚,比如在乙即将要救助甲,丙教唆乙不去救助的场合,还是有必要在观念上赋予乙一个作为义务。[①] 如此乙的砍伐行为既符合作为的故意杀人罪的构

---

① 参见[德]罗克辛:《德国刑法学总论(第 2 卷)》(犯罪行为的特别表现形式),王世洲等译,法律出版社 2013 年版,第 583 页;相同观点见张明楷:《不作为犯中的先前行为》,载《法学研究》2011 年第 6 期。

成要件(该行为与盗伐林木罪想象竞合),又符合不作为的故意杀人罪(在过失不救助的场合,就是过失致人死亡),但由于终归只侵犯了同一个法益,且适用同一个构成要件,作法条竞合的处理即可。法条竞合(法条单一)由于法条之间的排斥关系,只适用一个构成要件去评价行为,不违反禁止重复评价的原则。

否定说的第二个理由是,肯定说有悖于刑法关于犯罪中止的规定,法律设立中止规定,是为犯罪人回归法秩序架设金桥,而非施加作为义务。但是,作为义务不是由中止犯规定规定赋予的,而是因其违反规范的先前行为而产生,在中止犯的场合,可以说是因行为人自动恢复法秩序而获得恩赏,而恢复法秩序的表现正好为履行救助义务的行为,如此理解也未尝不可。所以,认为犯罪行为产生作为义务,与中止犯的规定并不矛盾。

否定说第三个理由是期待可能性理论,认为不可期待一个故意犯罪的行为人去救助法益。关于这一点在前述过失行为的讨论中已经论及,核心理由是,作为义务是违法要素,在体系上不依赖于作为责任要素的期待可能性。

所以,在故意犯罪行为产生作为义务的问题上,本文采取广泛的肯定态度,只要经过客观归责理论的检验,故意犯罪行为均产生作为义务。只不过在可以将构成要件结果直接归责于故意的先前行为足以做到充分评价时,与其不作为犯罪构成法条竞合,从而避免重复的评价;在将构成要件结果直接归责于故意行为不足以做到充分评价时,基于先前行为具有多重规范违反的属性(前述盗伐林木的情形),基本可以还原为过失先前行为的模式。

3. 小结

为了达成规范评价上的逻辑统一性,从规范违反说对不法评价的固有思考出发,为了实现充分评价,一般违法行为、过失犯罪行为、故意犯罪行为均可以产生作为义务,在故意犯罪行为的场合,当将构成要件结果归责于先前行为也可以做到充分评价时,与基于此成立的不作为犯罪运用法条竞合理论处理,以避免重复评价。

(三)规范评价之体系统一性

在侵权法上同样会探讨不作为侵权的法理依据,探讨作为义务来源的问题。其中民法上的交往安全义务在文献上也曾被列为刑法上的作为义务来源,[①]与先前行为之作为义务来源也颇有渊源。在民法学说上,先前行为产生作为义务,这一点没有争议。[②] 从文献上,民法学者论述先前行为之作为义务时,存在与刑法学者相似的论述,比如在论及作为义务来源的法理依据时,“行为人直接介入他人包括非财产性及财产性生活资源之变动,因先前行为而衍生他人生活资源发生良性变动的作为义务”。[③] 但也存在不同的论述,如“先前行为引起作为义务的发生,最终的法理依据在于团体和公序良俗原则、诚实信用原则”。[④] 这一点与强调法与伦理严格区分的刑法理论存在明显不同。强调与侵权法的关联,是出于法秩序统一性的要求。但是,由于刑法与民法本来的规制目的不同,所以,应当允许两者在具体问题上存在必要的差异。本文认为,原则上还是应该求诸于法秩序的统一,因为民法和刑法本来就应该统合在宪法之下;如果认为应该存在两者间的差异,就需要特别地说明理由,而这种理由也应该是规范性的,由于存在这种规范性的理由,使得刑法和民法对同一事项的不同处理不存在体系性的矛盾。

首先需要说明刑法与民法的规制目的之差异,民事法律关涉的主要是所受损害事后合理的分配问题,所以法的平衡功能具有支配地位,

---

① 参见[德]罗克辛:《德国最高法院判例:刑法总论》,何庆仁等译,中国人民大学出版社2012年版,第250页。

② 参见蔡唱:《不作为侵权行为研究》,法律出版社2009年版,第169页。

③ 曾世雄:《损害赔偿法原理》,中国政法大学出版社2001年版,第64~65页,转引自蔡唱:《不作为侵权行为研究》,法律出版社2009年版,第169~170页。

④ 蔡唱:《不作为侵权行为研究》,法律出版社2009年版,第170页。

相对地，在刑法中涉及的是透过规范的一般预防效力来防止侵害。[①]所以，刑法上的作为义务根据不需要从属于民法的规定，从而拒绝形式的法义务论，从实质违法性的角度独立地讨论先前行为之作为义务的根据就成为可能。在德国侵权法上交往安全义务的发展中，确立了"若只有行为人才处于可除去危险状况的支配领域中，行为人就防止危险之发生负有义务"[②]这个原则，通过判例的累积，形成"每一个参与社会生活的行为都意味着某个应被除去或防止的危险源被开启，故将此种避免可能发生损害的抽象危险之义务置于民事不作为责任中，以与刑法上不作为犯理论相区别"的观点。[③] 由此可以看出，民法上出于衡平的考量，将一般安全义务无限扩大，但同时强调支配观念。在仅凭借支配就使先前行为人负有作为义务这一点上，类似于前述基于法益侵害说对先前行为的限定方法，但是基于支配只能说明行为人处于保护法益的最佳地位，在保护法益的功利性上具有优点，正因为此点，民法才将支配作为衡平的考量要素。但是刑事责任还具有非难的性质，欠缺规范违反性而仅凭支配产生作为义务，显然无法与这一点契合。所以，刑法上的归责判断，必须在考量一般预防的需要下，附加罪责非难的限制，在先前行为论中发展出与民法不同的理论体系。需要注意的是，在对不法评价的充分和不重复这一原则上，由于民事责任重视客观损害之填补，不问加害人为故意或过失，均应负全部损害赔偿责任，[④]将结果归责于先前行为还是不作为意义并不大，很多场合可以直接将结果归责于一般安全义务之不履行，这也是民法上一般安全义务范围宽广的原因。

其次，一个不承担民法上不作为侵权责任的先前行为，有没有承担刑法上的作为义务的可能？本文认为，从法秩序统一性的角度，又考虑

① 参见许玉秀、陈志辉合编：《不移不惑献身法与正义——许迺曼教授刑事法论文选辑》，春风旭日学术基金 2006 年版，第 551 页。

② 杨根红：《不作为侵权责任之比较研究》，法律出版社 2012 年版，第 82 页。

③ 林美慧：《侵权法上交易安全义务之研究》，台湾大学法律学研究所 1999 年博士学位论文。

④ 参见曾隆兴：《详解损害赔偿法》，中国政法大学 2004 年版，第 2 页。

刑法具有最后手段性,在其他法域不产生作为义务的场合,原则上不应该产生刑法上的作为义务。但也并非没有例外,比如根据我国《侵权责任法》第34条:"用人单位的工作人员因执行工作任务造成他人损害的,由用人单位承担侵权责任。"在工作人员的职务行为造成他人损害时,虽然损害赔偿责任由用人单位承担,但在刑法的作为义务判断上,还是应该由工作人员承担作为义务,这是由刑法上的个人责任原则决定的,民法规定雇主承担责任,更多考虑的是雇主具有更好地履行损害赔偿能力,以达到利益补偿的目的。

综上,刑法上先前行为之作为义务与不作为侵权责任的范围总是存在差异,但这并不是法秩序内部的矛盾,而是由刑法和民法各自的规制目的决定的,刑法虽说是民法的保护法,但不具有民法的从属性。

四、结　　语

先前行为之作为义务的根据,是刑法学教义学上的一个"幽暗领域"。空洞的形式法义务论只能使该领域更加幽暗,只有立足于实质法义务论,才能看到解决问题的曙光。从先前行为规范违反的特性,从规范效力的维持、确证出发,要求先前行为人负有去消除自己创出的法益危险的义务,此点可以证立先前行为产生作为义务的法理根据。进而,带有浓厚规范评价意味和融合一般预防思想的客观归责理论,可以转用至对先前行为之作为义务的限定论中。经过客观归责理论的限定,得出逾越了法秩序所设定的一般基准的危险创出行为,在可归责于先前行为人的条件之下,要求先前行为人基于此而承担作为义务。但仅凭此可能会导致对不法事实的评价不足或重复评价,就要求从规范评价的逻辑统一性的角度,创设另外的归责模式。一般违法行为、过失犯罪行为、故意犯罪行为均可以产生作为义务,在故意犯罪行为的场合,当将构成要件结果归责于先前行为也可以做到充分评价时,与基于此成立的不作为犯罪运用法条竞合理论避免重复评价。同时,在力求保持法秩序统一性的法解释中,也要考虑刑法与其他法域规制目的之差异,否定刑法上作为义务判断的民法、行政法从属性。

另外，如果考虑保护法益的周延和规范情感，在立法论上，本文对我国刑法设置如德国刑法 323c 条的见危不救罪持赞成态度。见危不救罪的设置，一方面，可以避免在解释学上为了实现利益的保护而不断扩大不真正不作为犯的处罚范围；另一方面，该条款可以在一个轻微的法定刑的威慑之下，将保证人范围扩大，在实现法益保护的同时又避免科处过重的刑罚，也可为刑法解释学划定明确的范围。

The Basis of Action Obligation Stems from Previous Act and Definition about Its Scope

Chen Wentao

[内容摘要] 产生作为义务的先前行为具有规范违反的特性，应从规范效力的维持、确证出发，证成先前行为人具有消除自己创出的法益危险的作为义务。规范违反说和客观归责的理念，实现了与先前行为之作为义务根据的联动，可以转用至对先前行为之作为义务范围的限定论中。为了充分评价，过失犯罪行为和故意犯罪行为均可以产生作为义务，但需要运用竞合理论避免重复评价。从刑法与民法规制的不同规制目的以及刑法责任主义的要求，刑法和侵权法上对先前行为之作为义务范围的不同界定并不违背规范评价的统一性。

[关键词] 先前行为；作为义务；规范违反；客观归责理论；法条竞合；法秩序统一性

Abstract: Form the characteristics of the norms violation of the previous act, the request of the maintenance and corroboration of norms validity, require the actors to eliminate the interest risk which created by themselves. The theory of norms violation and the objective imputation theory, achieve the linkage to the basis of oblation, can be used to definition of the scope of action obligation based on previous act. To full evaluation, both negligence and the intentional action can generate the obligation, however need the articles competition theory to avoid repeatable evaluation. From the regulation of criminal law and civil law and the principle of responsibility in criminal law, it does not violate the unity of the normative judgement when the scope in criminal law and the tort law based on the previous act is not same.

Key words: Previous Act; Action Obligation; Norms Violation; Objective Imputation Theory; Articles Competition; the Unity of the Law Order

〔刑事执行法〕

刑事司法中的风险调查与评估
——以审前释放为视角*

史立梅** 周 洋***

目 次

刑事司法的过程充满了各种风险,其中最集中的体现莫过于审前释放所引起的犯罪嫌疑人、被告人脱逃、隐匿毁灭罪证、威胁证人甚至再次实施违法犯罪行为。避免这种风险最妥当的方法是将所有的犯罪嫌疑人、被告人羁押在法定场所直至作出生效判决。然而,现代刑事司法所秉持的无罪推定原则否定了这种方法的正当性。正如《公民权利与政治权利国际公约》第9条第3款明确规定的,"等候审判的人受监

---

* 本文为北京市社科基金项目"未成年人刑事司法的社会支持机制研究"(14FX8010)、中央高校基本科研业务费专项资金项目"刑事诉讼审前释放风险的调查、评估与控制机制研究"(SKZZY2015079)的中期成果。

** 北京师范大学刑事法律科学研究院教授,博士生导师。

*** 法学硕士,广东省珠海市人民检察院干部。

禁不应作为一般规则,但可规定释放时应保证在司法程序的任何其他阶段出席审判,并在必要时报到听候执行判决"。该规定表明,审前释放才是刑事司法的常态,而羁押则应成为例外。如此一来,对审前释放的风险进行准确预测并采取有针对性的风险防范措施就成为现代刑事司法必然要面对的重要课题。正如有学者所言:"既然制度所制造出的现实的社会风险已经酿成,并且民众从情感上已经排斥、反对该风险之存在,法学家关注的重点应该是法律是否干预这种社会风险,以及如何以合理的法律规范反应、规避这些风险。"①然而,我国长期以来的刑事司法实践却习惯于在审前程序中对犯罪嫌疑人、被告人适用拘留、逮捕等羁押性强制措施,导致审前羁押率居高不下、刑罚被"透支"。根据我国学者开展的实证研究,在影响缓刑适用的众多预测因子中,逮捕和取保候审甚至成为对中国法官是否作出缓刑裁判影响最大的两个变量,而够罪即捕的实践状况大大压缩了缓刑的适用空间。② 相应地,高逮捕率使得有关审前释放风险的预测和防范问题因其不必要而在我国远未受到应有的重视。虽然现行刑事诉讼法规定了逮捕的羁押必要性审查制度,但实践中这种审查极其粗疏,缺乏足够的背景资料调查和科学的评估方法,审查人员基本上凭借自己的办案经验和主观印象作出是否应当继续羁押嫌疑人的决定。因此,在我国贯彻羁押例外原则仍是一个任重而道远的话题。但是,现实不能成为阻碍我国法治进步的借口,精准的审前释放风险预测与评估是我国刑事司法摆脱高审前羁押率、迈向现代化和文明化的必经之路。在这方面,欧美等法治发达国家已经经历了长时期的探索并形成了一整套包括审前释放风险的调查、评估和防范等在内的行之有效的做法。这些先进的经验对于我国刑事司法制度改革具有相当重要的启发和借鉴价值。

---

① 姜涛:《风险刑法的理论选择——兼及转型中国的路径选择》,载《当代法学》2014年第1期。

② 参见赵兴洪:《缓刑适用的中国图景——给予裁判文书大数据的实证研究》,载《当代法学》2017年第2期。

一、审前释放风险的调查与评估主体

审前释放风险的调查主体与评估主体常常是重合的,因为对审前释放风险的评估是对风险调查阶段收集到的信息的加工与利用,一般会继续由负责风险调查的有权主体完成。在域外的刑事司法实践中,相对常见的模式是由审前释放决定主体身体力行,包揽了审前释放风险的调查与评估工作,从而将风险调查、评估程序与审前释放的相关决定程序紧密衔接;别具特色的模式则是将审前释放风险的调查与评估工作交给第三方社会支持主体,由其独立完成并出具专项分析报告,供审前释放的决定主体斟酌参考。

(一)由审前释放的决定主体兼任的模式

对形成是否适用审前羁押替代措施然后予以释放的结论而言,审前释放风险的调查与评估是必不可少的中间环节,可以很自然地理解为审前释放决定主体的应有职责,由审前释放的决定主体自行完成该项工作,容易理顺各个职能主体之间的关系,在现有审前程序中以风险防控为切入点实现"羁押例外"原则。所以,将审前释放风险的调查与评估交由审前释放的决定主体自行完成,在某种意义上,是将审前释放的决定程序整体置于一个由刑事追诉主体、法官各自或共同组成的"闭合回路"中,提高审前程序运转效率的效果不言自明。不过也应当认识到,该模式中审前释放决定主体一人扮演了多个角色,而审前释放风险的调查与评估具有相当的专业性,更为严重的是,当刑事追诉主体与审前释放主体存在交叉时,审前释放风险的调查与评估就有流于形式的危险,甚至异化为滥用审前释放决定权的工具。

由于各国在审前阶段对权力的配置具有多样性,审前释放的决定主体可以区分为一元主体、二元主体和多元主体三种模式。相应地,选择了由审前释放决定主体自行完成审前释放风险调查、评估的国家,在具体的调查、评估主体上表现出了一定差异性。在一元主体模式下,审前羁押与采取相应替代措施均被视为是需要在同一个程序中解决的问题,后者只适用于那些刑事追诉主体认为存在羁押理由,但缺乏审前羁押必要性的犯罪嫌疑人、被告人,由不参与案件审理的法官独享审前释放的决定权,负责对审前释放的风险予以调查和评估。例如,德国要求检察官、警察在逮捕犯罪嫌疑人之后,应当毫无延迟地于第二日将犯罪嫌疑人提交法庭,由法官决定是否羁押。根据德国《刑事诉讼法》第116条,若不采取羁押措施,也足以达到羁押待审之目的,法官应当命令延期执行仅依据逃亡之虞而签发的逮捕令,并可以考虑采取责令被指控者定期赴指定部门报到、提供额外的担保等措施。① 在二元主体模式下,由刑事追诉主体(警察、检察官或预审法官)对比较简单、轻微、犯罪嫌疑人危险性较小的案件行使审前释放的决定权,其余案件则需要由法官决定,审前释放风险的调查、评估在不同案件中分别由刑事追诉主体和法官实施。例如,审前释放在法国可能会导致"司法监督"这一替代措施的适用,根据该国《刑事诉讼法》第138条,预审法官以及自由与羁押法官均有权决定实施司法监督。② 二者均自主评判对犯罪嫌疑人、被告人实施司法监督的适当性,并在裁定中说明理由。在多元主体模式下,警察、检察官、法官等在侦查、起诉或审判过程中均可依职权决定是否适用羁押替代措施予以审前释放,上述各主体在各自职权范围内自行调查、评估审前释放的风险。多元主体模式的代表国家是俄罗斯,根据该国《刑事诉讼法》第97条,如果调查人员、侦查员、检察长及法院有足够的根据认为犯罪嫌疑人、被告人躲避调查、初步侦查或审判,或者可能继续从事犯罪活动,或者可能威胁证人或刑事诉讼的其他参加人,毁灭证据或以其他方式妨碍刑事案件的进行,在其职权范围内有权对犯罪嫌疑人、被告人选择法律规定的一种强制处分。③

① 参见《世界各国刑事诉讼法》编辑委员会编译:《世界各国刑事诉讼法(欧洲卷·上)》,中国检察出版社2016年版,第276页。

② 参见《世界各国刑事诉讼法》编辑委员会编译:《世界各国刑事诉讼法(欧洲卷·上)》,中国检察出版社2016年版,第589页。

③ 参见《世界各国刑事诉讼法》编辑委员会编译:《世界各国刑事诉讼法(欧洲卷·上)》,中国检察出版社2016年版,第412页。

(二)由第三方社会支持主体专职的模式

与由审前释放决定主体自行完成的模式相比,该模式另辟蹊径,将较为繁琐复杂的审前释放风险调查与评估工作,从审前释放的整个决定程序中剥离开来,转而由第三方社会支持主体在政府相关部门的参与、指导下完成审前释放风险的调查、评估工作,并向审前释放的决定主体出具专项考察报告和释放建议,供其定夺。通过考察各国的相关制度设计,美国的审前服务机构(Pretrial Service Agency,PSA)和英国的英格兰、威尔士地区专门针对未成年犯罪嫌疑人、被告人设立的青少年犯罪小组(Youth Offending Teams,YOTs)需要在此分析介绍。

审前服务机构(PSA)的建立可以追溯到1974年《快速审判法案》(Speedy Trial Act of 1984)。依据该法案,国会要求在联邦的十个司法管辖区建立审前服务机构,由这些机构负责收集、评价并向法官汇报有关每一个受到刑事指控的被告人的审前释放的信息,向法官提出合适的释放条件,并监督获得释放的被告人。基于这十个试点的成功经验,国会于1982年进一步制定了《审前服务法案》(Pretrial Service Act of 1982),要求自本法案制定之日起,除了哥伦比亚特区,美国联邦法院每一个司法管辖区均应建立审前服务体系,并且对审前服务机构的设立、组织机构和管理、职能和权力等问题进行了规定,至此审前服务制度正式在联邦层面得以建立。1984年《保释改革法案》(Bail Reform Act of 1984)为审前服务提供了更为广阔的生存和发展空间,随着越来越多的法官在审前羁押与释放问题上依赖审前服务,美国的审前服务体系得到迅速的发展和壮大。① 在1982年《审前服务法案》出台以来的二十

---

① 1984年《保释改革法案》要求法官在做出审前羁押决定时须明确:没有任何条件可以保证释放被告人的安全性。如果存在一个条件或者几个条件的组合可以保证被告人出庭、保证他不会危害他人及社会,此时的羁押决定就是不必要的、违法的。法官作出如此判断既不能单纯要求辩方举证,也不能完全依靠检察官的举证,更不能仅凭法官的主观好恶,而只能建立在审前服务机构提供的审前报告的基础之上。

几年里,审前服务机构已遍布联邦法院的全部94个司法管辖区,并且在300多个县、市也得以建立①。

根据上述法律以及美国审前服务机构联合会(NAPSA)制定的第三版《审前释放准则》(Standards on Pretrial Release, Third Edition)等规定,审前服务机构在审前释放风险的调查、评估中承担的主要职责有:(1)调查、收集被告人的有关信息和资料。在被告人初次到庭(first appearance)之前,审前服务机构应当完成对被告人的相关背景资料的调查、收集工作。(2)向法官提交审前服务报告。在调查、收集资料的基础上,审前服务机构应当制作书面报告,并至少应包括两部分内容:对收集到的信息进行汇总以及在此基础上做出风险评价,以及向法官提出的羁押或释放建议以及须附加的释放条件。其中,书面报告中所列举的信息应有助于判断释放被告人的安全性,并在上述信息的基础上对被告人不出庭或者危及社会及他人的危险性进行评价并提出释放或羁押建议。② (3)出席初次到庭或羁押听证会。③ 出席初次到庭或听证会的审前服务人员届时需向法官提交有关审前释放风险的书面报告,同时将报告的副本提供给辩方的律师,并且回答法官、检察官、辩护律师针对报告所提出的任何问题。在法官作出释放决定的情况下,审前服务人员还需向被告人解释所附加的释放条件以及违反这些条件将要面临的制裁,确认拘留所已经收到释放命令,联系被告人在释放期间负有监督责任的任何个人或者组织等。如果在初次到庭中,检察官提

---

① See Marie, VanNostrand & Gena Keebler, Our Journey TowardsPretrial Service, 71 *Federal Probation*, 2007, pp. 20 - 25.

② See Tomas J. Wolf, What United States Pretrial Services Officers Do, 61 *Federal Probation*, 1997, pp. 19 - 24.

③ 根据美国的刑事诉讼程序,初次到庭是被逮捕的被告人面临的一个极为重要的环节,一般应当在被告人被逮捕之后的24小时内举行。在这个程序中,法官将审查对被告人的指控是否存在合理根据,并且在确认指控有合理根据的情况下做出是否释放被告人的决定。由于这一程序对于被告人的命运具有分水岭的作用,因此美国的法律赋予被告人许多诉讼权利,这包括得到辩护律师的帮助、在到庭前有足够的机会与辩护律师交流、在庭审中保持沉默以及与律师交换意见等。

出羁押被告人的动议,法官则应当安排日期召开羁押听证会。同样,审前服务机构仍需派员出席听证会并对是否羁押被告人提供意见。

青少年犯罪小组(YOTs)是英国青少年刑事司法发展的产物,赢得1997年竞选的英国工党提倡基于"管理主义"的青少年司法理念,强调在未成年人刑事司法中应当解决的是如何对未成年人犯罪和犯罪行为从整体上进行适当的管理。青少年犯罪小组是一个全国性的未成年人刑事司法服务网络,基于1998年《犯罪与违反秩序法》(Crime and Disorder Act of 1998)第39条和第41条的要求而建立,每一个青少年犯罪小组至少应包括以下成员:1名缓刑委员会的官员、1名地方政府社会服务局的社会工作人员、1名警察、1名本地区医疗机构指定的人员、1名本地区教育局长指定的人员以及地方政府在与警察局、缓刑委员会或者医疗机构协商后选派的其他人员。① 尽管没有全国统一的机构,但是在英格兰和威尔士地区设有"青少年司法委员会"(Youth Justice Board,YJB)负责全面指导和监督各个青少年犯罪小组依法开展工作。"青少年司法委员会"由英国内政部指派的10到12名人员组成,其中应当包括具有青少年司法相关经验的人员。②

青少年犯罪小组在审前阶段负有提供保释信息或者保释监督或支持的责任,以帮助未成年人尽可能获得保释。如果警察认为需要羁押犯罪嫌疑人,应当在合理时间内将案件提交治安法院,由治安法官决定是否予以羁押或保释。因此,青少年犯罪小组对审前释放风险开展调查与评估,主要发生在警察可能拒绝保释,以及未能获得警察保释后召开还押申请听证两种情况下。③ 一方面,当出现警察可能拒绝保释的

---

① See Section 39(1)-(6) of *Crime and Disorder Act* 1998, Accessed Sept 16, 2016. http://www.legislation.gov.uk/ukpga/1998/37/section/39.

② See Section 41(1)-(5) of *Crime and Disorder Act* 1998, Accessed Sept 16, 2016. http://www.legislation.gov.uk/ukpga/1998/37/section/41.

③ 青少年犯罪小组在保释和还押阶段主要承担三项职责:(1)提供合适成年人(appropriate adult);(2)防止警察拒绝作出保释决定;(3)当出现警察有证逮捕、被拘禁的未成年人在警察局过夜、被警察当场拒绝保释的未成年人被移交到当地青少年拘押中心等三种情形时,参加听证会,促成治安法官决定适用审前羁押替代措施。

情形时,青少年犯罪小组在收到合适成年人提供的相关信息后,应立即联系拘禁警官并提出有利于保释的意见。为说服警察做出保释决定,青少年犯罪小组应当就未成人的情况进行评估,包括建立该未成年人之前犯罪或者保释的历史档案、确认该未成年人是否在青少年犯罪小组或其他相关机构有过接触记录、确认保释地址的适当性和稳定性,以此为基础向警察提出保释适当的建议、提供促使警察做出保释决定的信息、提出为确保未成年人出庭而采取的可能支持和措施,并使警察相信所有相关选择都已被充分考虑。另一方面,当出现警察有证逮捕、被拘禁的未成年人在警察局过夜、被警察当场拒绝保释的未成年人被移交到当地青少年拘押中心三种情形时,青少年犯罪小组会出席治安法官为此举行的听证会,帮助治安法官在广泛获取信息的基础上做出决定,并提升其适用以社区为基础的羁押替代措施的信心,还需与检察官、律师、治安法院的书记官保持联络,一旦出现检察官反对保释或者担心嫌疑人违反保释决定、重新犯罪或者逃避庭审以至于治安法官也有可能拒绝保释的情况,青少年犯罪小组必须进一步提供审前释放风险评估,防止未成年嫌疑人被不必要或不适当的羁押。为了履行该项职责,青少年犯罪小组会在听证举行之前针对未成年犯罪嫌疑人的个人及家庭基本情况、与指控犯罪有关的事实、被害人的详细情况、逮捕警官的详细情况、保释被拒绝的原因等信息展开深入而细致的调查和评估,必要时邀请专业人员介入,提供教育、医疗等方面的专业意见。

毋庸置疑,从风险管理的角度而言,由第三方社会支持主体专职负责审前释放风险的调查、评估的这一模式优点较为明显。第三方社会支持主体在刑事诉讼程序中处于中立的立场,既有利于避免审前释放决定主体"当局者迷",帮助其尽可能地对个案中的审前释放风险形成全面、客观的认识,同时也便于从人员配置、工作方法等方面入手进行更加专业化、精细化的操作,有利于增强审前释放风险调查、评估工作的稳定性和科学性。当然,该模式的生根发芽也需要具备一些必要条件,一定程度上会增加刑事诉讼程序运行的成本。在已有的刑事司法体系之外另行设置这样的第三方主体,除了需要考虑工作流程的理顺,以及与审前释放决定程序的对接等制度改革成本,所需要额外投入的人、财、物等也不容小觑。即便在美国,承担审前释放风险的调查、评估任务的审前服务机构也呈现出了“精简化”的特征,大部分只有不超过10名工作人员,约50%的机构中只有不超过5名工作人员,更是有10%的机构中仅有1名员工,拥有超过50名工作人员的审前服务机构不足10%。[①] 换言之,如何分摊其中的成本、解决其中派生的问题,是一国在考虑由第三方社会支持主体实施审前释放风险的调查、评估工作之前应当率先解决的问题。

二、审前释放风险的调查内容

“审前释放风险”这一概念,涵盖了对犯罪嫌疑人、被告人以逃脱、隐藏等方式来规避刑事追诉,阻碍刑事司法程序和候审期间再次犯罪三方面的考量,可以理解为是站在风险把控的角度,重新认识处于刑事诉讼审前程序中的犯罪嫌疑人、被告人,域外各国提出的调查内容无不围绕以上三方面展开,涉及案内外的多种风险要素。其中,一些风险要素所反映的是既成事实,被时间固定了下来而难以再发生改变,即静态风险要素;另一些风险要素反映的则是犯罪嫌疑人、被告人最近的生活方式、行为特征等,通过外部干预可能会发生变化,即动态风险要素。风险的本质是令人感到不安的不确定性,静态风险要素为审前释放风险中蕴含的这种不确定性奠定了基础,而动态风险要素则更多地决定了它的高低大小。区分不同类型的风险要素有助于选择有针对性的调查方法、避免遗漏重要信息,并对后续的评估工作提供指引。此外,针对上述两类四种风险要素的调查不同于对案件的侦查取证,前者是为了调查犯罪嫌疑人、被告人的人身危险性和逃避诉讼的可能性,后者则是为了发现犯罪行为的实施者并收集能够证明其犯罪行为的证据,因此对审前释放风险的调查不能通过讯问、搜查强制性侦查手段进行,而

① See John Clark and D. Alan Henry, *Pretrial Services Programming at the Start of the 21st Century: A Survey of Pretrial Services Programs*, Accessed Sept 16. 2016, http://www.ncjrs.gov/pdffiles1/bja/199773.pdf.

只能通过访谈(在征得犯罪嫌疑人及相关人员同意的情况下)、查阅前科记录、医疗记录或者到侦查机关了解涉案的具体情况等方式来完成。

(一)静态风险要素

1. 涉案情况

犯罪嫌疑人、被告人的涉案情况是应当被率先调查的静态风险要素。一方面,犯罪嫌疑人、被告人积极或消极地规避刑事追诉的动机之强烈与否,受其对判决结果的主观预期的影响。涉嫌实施某些特定犯罪行为的犯罪嫌疑人、被告人,在一定条件下会被法律推定为具有较高的诉讼风险而不允许适用羁押替代措施。例如,根据《日本刑事诉讼法》第 89 条的规定,所犯系法定刑为死刑、无期或最低刑期为 1 年以上的惩役、禁锢刑之罪的被告人,或者所犯系法定最高刑期为 3 年以上的惩役、禁锢刑之罪的"惯犯",都会面临因存在法定除外事由而无法获得权利保释的情况,只能寄希望于法院依职权或依裁量批准其保释。[①] 英国《1976 年保释法》附件 1"有保释权利的人:补充条款"第 2 条也有近似规定,对于因为至少一项可能被处以监禁的行为受到指控或顶罪的被告人,若法庭有足够的理由相信其在保释期间会再度犯罪,可以拒绝保释请求。[②] 相比之下,《德国刑事诉讼法典》第 112 条(3)对于犯罪嫌疑人、被告人的再犯风险的认识就要相对谨慎,将需要以羁押的方式预防发生的犯罪行为局限于纵火、强奸、抢劫、盗窃、重伤害和毒品犯罪等几类重罪。[③] 另一方面,与候审期间再度犯罪可能性密切相关的个体反社会性,也能够通过分析犯罪嫌疑人、被告人在案件中的具体表现

---

① 参见《世界各国刑事诉讼法》编辑委员会编译:《世界各国刑事诉讼法(亚洲卷)》,中国检察出版社 2016 年版,第 327 页。

② See *Bail Act* 1976, http://www.legislation.gov.uk/ukpga/1976/63/schedule/1, 最后访问日期:2016 年 9 月 17 日。

③ See *The German Code of Criminal Procedure* Section 112 [Admissibility of Remand Detention; Grounds for Arrest], Accessed Sept 19. 2016. http://www.gesetze-im-internet.de/englisch_stpo/englisch_stpo.html#p0860.

加以刻画，主要包括犯罪嫌疑人、被告人是否系初犯、累犯？是否系过失犯罪或间接故意犯罪？在共同犯罪中发挥了怎样的作用？是否完成了涉嫌犯罪的行为？等等。①

2. 事后表现

犯罪嫌疑人、被告人在实施涉嫌犯罪的行为后的表现对审前释放风险的影响主要通过两种途径实现：一是造成预期刑罚的严厉性在某一幅度内发生波动，从而改变犯罪嫌疑人、被告人逃避刑事追诉或破坏、隐匿证据、威胁证人的机会成本，最终影响其在候审期间的行为取向；二是事后行为所折射出的人身危险性和主观恶性，在很大程度上决定了犯罪嫌疑人、被告人会以怎样的态度对待即将到来的审判。

以评估审前释放风险为目的调查犯罪嫌疑人、被告人在实施涉嫌犯罪的行为后的表现，域外刑事司法实践关注的具体内容主要有：(1)犯罪嫌疑人、被告人有无具有自首、立功。自首、立功建立于犯罪嫌疑人、被告人对自身行为已经产生了正确认识的基础之上，是其主动争取从宽处理的结果。当案件的其他情况基本相同或相似时，自首、立功情节的存在可以有效削弱犯罪嫌疑人、被告人的主观恶性，表明其实施妨碍刑事诉讼顺利进行的行为之可能性较小。(2)犯罪嫌疑人、被告人是否主动悔过并坦白作案经过。(3)犯罪嫌疑人、被告人是否积极向被害人及其家属进行经济赔偿，以及犯罪嫌疑人、被告人是否取得了被害人或其家属在情感上的谅解。积极认罪悔过的犯罪嫌疑人、被告人的主观恶性以及人身危险性通常较低，而且因为会比较容易得到被害人一方的谅解，有利于从根本上化解当事人之间的矛盾、修复被破坏的社会关系，缓解其可能导致其逃避、干扰刑事追诉的心理焦虑。

① 一个人的个性特征如果不通过行为表现出来，我们无从知道、理解和分析，但一旦通过行为人的外部言行不断表现出来，我们就可以据以推断其个性，而犯罪人的反社会性最明显的表现莫过于通过犯罪行为所表现出的个性，因此，犯罪中的表现就成为评价犯罪人再犯可能性最重要的根据。参见王奎：《论人身危险性的评价因素》，载《政治与法律》2007 年第 3 期。

(二)动态风险要素

1. 品格证据

品格,被解释为“关于某人一般的人格特质或倾向性,以及公众在一定社会范围内对其个人品质、道德方面的评价”。[①] 由于品格证据所带来的证明效果与其可能会误导裁判者、带来对被告人的偏见、泄露被告人的隐私等弊端相比甚为渺小,该类证据在刑事审判中的用途被严加限制甚至被彻底否定,但是这并不意味着品格证据在审前程序也难有用武之地。在美国南德克萨斯法学院教授 Peter Murphy 看来,“品格”一词在法律语境下包含了三层意思:(1)某人在其所居住社区环境中的声誉(reputation);(2)某人以特定方式实施某种行为的倾向性(disposition);(3)某人过去曾经经历的特定事件,如被法院定罪等(previous convictions)。[②] 可见,品格证据具备反映犯罪嫌疑人、被告人在涉案前的一贯表现的功能。而一个人在日常生活中所表现出的一般做事风格及其进一步反映出的性格倾向,会对其是否选择逃避刑事追诉、干扰刑事诉讼进程和在等候审判期间再度犯罪产生基础而深远的影响。

在域外,审前释放风险的调查主体在收集犯罪嫌疑人、被告人的品格证据时,关注较多的是以下三个领域:(1)犯罪嫌疑人、被告人的性格特点、为人处世和生活作风。犯罪嫌疑人、被告人具有基本的是非观念、在生活中尚能遵守一般的道德规范,表明其正确认识自己的涉案行为的性质、主动认罪伏法的概率较大,潜逃或干扰证人作证、毁灭证据的概率较小;为人诚实可靠,与同事、邻里关系较为融洽,则意味着其通常能够遵守保释或其他羁押替代性措施所要求的义务,并且在等待审

① See Garner B. A., *Black's Law Dictionary* (*The Ninth Edition*), West Group, 2009, p. 636.

② See Peter Murphy, *Murphy On Evidence*, Oxford: Oxford University Press, 2003, p. 116.

判期间就可以逐步回归社会。(2)犯罪嫌疑人、被告人有无不良嗜好。对毒品使用和犯罪之间的关系研究在早些时候便指出,使用毒品的人比不使用毒品的人更可能涉入犯罪行为。① 吸毒成瘾、滥用精神药品、长期酗酒都很容易造成精神障碍和人格分裂,即便犯罪嫌疑人、被告人在医学意义上已经戒断,其自制力也往往不及他人;若有赌博的恶习,则难以保证在审前获得有条件释放的情况下不会因此而实施盗窃、抢劫等侵财类犯罪行为。(3)犯罪嫌疑人、被告人有无因相同或类似行为受到过刑事追诉或处罚,以及严重违反被适用审前羁押替代措施所应履行的义务的经历。英国《1994年刑事司法及公共秩序法》第25条规定,受到谋杀、蓄意谋杀、过失杀人、强奸、蓄意强奸指控的人,如果具有实施其中任何一种犯罪的前科(被判处过失杀人罪或杀人罪的,还需符合受到了监禁或者专门针对年轻罪犯的长期羁押的处罚),则法官不得允许其在本案中获得保释。② 该国《2003年刑事司法法》第14条还规定,18岁以上的被告人曾在其他案件中因犯有新的罪行的而被撤销保释决定的,应当推定为在本案中不予保释,除非法院认为该被告人在保释期间不存在重新犯罪的明显危险。③

2. 监管条件

犯罪嫌疑人、被告人在被附条件释放等待审判期间的行为取向,是其主观心态与之所处的客观环境相互作用的结果,两者也共同决定了审前释放风险的高低。在犯罪嫌疑人、被告人被释放后,卓有成效的监管基本上能够消除他们违反审前释放义务的行为基础,进一步稳定其认罪悔过、回归社会的积极心态。相反,敷衍了事的监管却很可能会强化犯罪嫌疑人、被告人逃避刑事诉讼的侥幸心理,甚至诱发新的犯罪行为,即使前面几项要素发挥了降低审前释放风险的功效,审前释放的整

---

① See Christry A. Visher, "Pretrial Drug Testing", National Institute of Justice, U. S. Department of justice, Office of Justice Programs, 1992, p. 5.

② See *Criminal Justice and Public Order Act* 1994, Accessed Sept 17. 2016. http://www.legislation.gov.uk/ukpga/1994/33/section/25.

③ See *Criminal Justice Act* 2003, Accessed Sept 17. 2016. http://www.legislation.gov.uk/ukpga/2003/44/section/14.

体风险仍可超出预期可控范围。通过对域外经验的考察,一般认为监管条件的优劣主要由三方面共同决定:

(1)能否提出适格的保证人,或支付足额保证金、提供财产担保。对于以缴纳一定数额的现金或者抵押某些不动产、对一定价值的贵重物品设定质权作为担保的财产型羁押替代措施,能够令犯罪嫌疑人、被告人真正产生经济利益上的牵挂,是合理控制审前释放风险的前提。为了在达到"牵挂"之效果的同时,又不会对犯罪嫌疑人、被告人获得审前释放的权利造成变相剥夺,个案中用于担保的财产金额要与犯罪嫌疑人、被告人自身的财富保有量保持协调,是各国较为一致的取向。① 财产型羁押替代措施的担保方式可以区分为提供现金担保和提供财物担保,提供现金担保又有全额支付、按一定比例代替支付和非实际交付三种具体形式。② 除全额支付外,均需通过事先查询银行账户、不动产登记,或要求提供相关财产证明等方式掌握犯罪嫌疑人、被告人的净资产情况,以便确定合理的担保金额以及是否需要综合运用多种担保方式。

---

① 例如,在Stack v. Boyle案中,大法官Fred M. Vinson在代表美国联邦最高法院发布的声明中指出"如果设置的保释金额高于经过合理计算出来的足以实现目的的金额,根据宪法第八修正案,即为'过高'",参见342 U.S. 1.72S. Ct. 1,96 L. Ed,3 (1951);英国1998年《犯罪与妨害治安法》(Crime and Disorder Act1998)第54条恢复了以提供一定数量金钱为承诺的个人具结的保释方式,该法案虽允许有权决定保释的法官或警察自行裁量保证金的数额,但受1689年《权利法案》中"Excessive Bail"条款的约束,收取过高保释金的行为同样是被禁止的,参见http://www.legislation.gov.uk/ukpga/1998/37/section/54,http://www.legislation.gov.uk/aep/WillandMarSess2/1/2/introduction,最后访问日期:2016年9月21日。

② 例如,在美国,犯罪嫌疑人、被告人可能通过全额缴纳现金获得保释(cash bail),也可能被要求缴纳全额保释金的10%(deposit bail),在宾夕法尼亚州还可能无需担保即可保释(release on unsecured bail bond),犯罪嫌疑人、被告人只需要与法院签署书面协议,承诺若违反保释期间的规定即将承担相应罚金。在加拿大,一是无保证人但附条件的保证书保释方式,类似于美国的无需担保即可保释,保证书即为被告人与检察官签订的数额明确的债务合同;二是需要实际交付保证金的保释,运用于前一种保释方式难以完全防控审前释放风险的情形,要求实际交付现金或有价实物。参见史立梅等:《刑事诉讼审前羁押替代措施研究》,中国政法大学出版社2015年版,第32~34页。

对于以保证人信用作担保的非财产型羁押替代措施，保证人则是控制审前释放风险的重要阀门。一方面，保证人利用与犯罪嫌疑人、被告人的特殊关系，对其实行精神上和心理上的牵制，使其不致逃避或妨碍侦查、起诉和审判；另一方面，保证人监督犯罪嫌疑人、被告人在候审期间的行为举止，要求其遵守法纪，并履行为了适用审前羁押替代措施而做出的承诺。有鉴于此，适格的保证人首先应当是可以信赖的，其道德品质没有瑕疵，也没有故意犯罪的前科或者违反审前羁押替代措施规定的义务的劣迹。其次，适格的保证人应当是称职的：一是保证人与犯罪嫌疑人、被告人的居住地相距较近，便于其随时监督、提醒，及时发现诉讼风险升高的迹象；二是保证人与犯罪嫌疑人、被告人的关系亲密，在对方心中有较强的威信，能够产生足够强的控制力；三是保证人与犯罪嫌疑人、被告人不存在直接的利害关系，履行担保承诺时不会投鼠忌器。最后，适格的保证人还应当能够承担万一犯罪嫌疑人、被告人违反审前羁押替代措施附带的义务，其自身可能被司法机关处以罚款的经济负担。

(2)在当地有无稳定的社会关系。此处的"社会关系"指的是犯罪嫌疑人、被告人通过工作、学习、生活与身边环境之间形成的各种关联，美国《1984 年联邦保释改革法》第 2 条(C)认为可以通过犯罪嫌疑人、被告人的就业情况、收入来源、在本社区的社交关系以及居住时间等要素加以评判。[①] 对社会关系的调查与评估，源于犯罪嫌疑人、被告人的心理或行为依赖感对审前释放风险的影响，社会关系愈是稳定，个体对其所处社会环境的依赖感则愈强。如果犯罪嫌疑人、被告人在当地有稳定的职业或住所，说明其学习、工作和生活的社会关系相对固定，对当地的自然和人文环境表现出较强的依赖心理，故而其在短时间内频繁更换职业或住所的可能性较低，不易逃出监管视线，而且违反审前释放条件可能招致的审前羁押将会彻底打破由这些稳定的社会关系支撑的安定生活，在使犯罪嫌疑人、被告人遭受心理或精神创伤之外，还可

① See *Federal Bail Reform Act of* 1984, 18 U. S. Code § 3142 (g) (2006), Accessed Sept 21, 2016. https://www.law.cornell.edu/uscode/text/18/3142.

能面临其他经济和现实方面的巨大困难。英国关怀与安置犯罪人协会(National Association for the Care and Resettlement of Offenders)通过访谈3449名犯罪人(男女比例8:2)后发布的研究报告表明,在曾经被予以审前羁押处遇的犯罪人中(约占全部样本的1/3),约2/5的人为此不得不面对家庭破碎的苦恼,超过1/3的人(35%)由于未能获得审前释放而陷入了被迫丢掉工作的困境。①

(3)有无相应的社会支持条件。一方面,当嫌疑人、被告人系不能提出保证人,又无力交纳保证金的外来人口,在犯罪地也缺乏稳定职业或者固定居所时,是否存在相应的社会支持条件,如有第三方机构可以代为履行保证人职责或者交纳保证金,并对犯罪嫌疑人、被告人开展有效监管,对降低审前释放风险的意义重大。另一方面,良好的社会支持条件创造让犯罪嫌疑人、被告人正确认识涉案行为性质的客观环境,有助于进一步降低审前释放的风险。适格的犯罪嫌疑人、被告人在提出保证人或者缴纳保证金、提供财产担保后,便回到其在案发前生活、工作过的或者保证人所在的社区等待审判。在此期间当地基层社会组织、社区管理机构给予生活上的扶持,社会工作者时常进行教育开导,既分担了保证人的监管压力、弥补了单纯依靠没收个人财产的约束的不足,又促进了犯罪嫌疑人、被告人反社会心理的化解。

三、审前释放风险的评估方法

评估审前释放风险,简言之,就是在时限明确的侦查、起诉阶段,对一个简单而又复杂的问题做出正面回答:在审前羁押替代措施的有限约束下,犯罪嫌疑人、被告人究竟会有多大可能选择潜逃、毁灭证据、干扰证人或者借机再次实施其他犯罪行为?在域外的实践中,评估主体为了得到该答案,可能会借助建立在文本分析之上的权衡、假设,或者以运用数理统计工具分析后得出的百分比作为参考,我们可以从中发

① SeeMichael Zander, *Cases and Materials on the English Legal System*. Cambridge University Press, 2007, p. 274.

现定性评估法与定量评估法的分野。无论是定性评估还是定量评估，前提都是已经划定了需要考虑的因素(变量)的范围，目的都是在试图解决多变量(多因素)对决策结果的影响问题。① 事实上，刑事司法领域中对风险评估的探索从未止步，而对人身危险性的评估则一直是其中的重头戏。其侧重于判断犯罪嫌疑人、被告人再次实施涉嫌犯罪的行为的可能性，与审前释放风险所担心的问题存在一定交叉，所表现出的评估方法之代际更新，为从操作方式的角度进一步梳理分析域外审前释放风险评估经验提供了新思路。②

① 参见史立梅等:《刑事诉讼审前羁押替代措施研究》，中国政法大学出版社 2015 年版，第 192 页。

② 风险的识别、评估、预防和管理，是西方犯罪政策、实践和研究中的一大难题。根据加拿大卡尔顿大学的 D. A. Anderews 教授、加拿大公共安全与应急准备中心(PSEPC)的主任 James A. Bonta 和萨省大学的司法心理学教师 J. Stephen Wormith 梳理出的历史脉络，人身危险性的评估方法前后共经历了四个发展阶段：第一代方法以临床评估(clinical judgement)为主，初期基本依靠专家的职业判断、直觉和内在感觉，后来虽以大量实践经验为基础强化了评估的系统性和结构性，但仍属于主观评估的范畴；第二代方法以精算风险评估(actuarial instruments)为主，强调统计学的运用，源于司法经验而非理论推断，以相似环境中其他个体的可能性行为，或者其他在过去被证明确实有风险的个体的相似行为等作为参照，被纳入量表的要素仍以静态的为主；第三代方法将统计精算要素与动态社会要素相结合，以"成本—效益"理论为指导，主张将有限的资源投入到与犯罪有直接关联的要素上，突出了对犯因性需要(criminogenic needs)的识别，将社会性、动态性的要素(如教育、就业、社交、家庭等状况)引入评估体系，属于计分式的结构化专家评估；第四代方法增加了对犯罪嫌疑人、被告人的优点的评价，并尽可能地借助这些优点来控制犯因性需要，同时强调对应原则(the responsivity principle)，在风险评估基础上提供风险干预的结构性计划(service planning)，根据前期干预的效果调整风险估值并决定后期的干预措施，进一步区分不同个体以及同一个体在不同阶段的具体风险，从而给予极具针对性的风险防控方案。大部分第三代评估方法经过改进并与个案的风险管理相关联后，便可以升级为第四代评估方法。See D. A. Andrews, James Bonta&J. Stephen Wormith, "The Recent Past and Near Future of Risk and/or Need Assessment", 52 *Crime & Delinquency*, 2006, pp. 7 – 27.

(一)临床评估

临床评估方法历史悠久、使用广泛,几乎每个国家都有过自觉或不自觉地利用此种方式评估审前释放风险的经历,并且至今在全球还有相当的市场。它几乎与审前羁押替代措施,以及由其所带来的对审前释放风险加以评估的客观需求一起诞生,属于犯罪与刑事司法领域的第一代风险评估方法。在该评估方法下,审前释放风险评估结论的产生更多地基于评估主体自身的主观判断。其运行过程可以概括如下:在各项影响审前羁押替代措施诉讼风险的因素被逐一出示后,负责评估的相关人员结合自己的专业知识、生活常识甚至思维习惯对其进行一系列的综合考量,然后直接对在审前阶段释放该犯罪嫌疑人、被告人的风险给出一个明显偏高、接近安全临界值或可以接受的定性化判断结果。

临床评估方法简便易行,从感性经验的角度上预测犯罪嫌疑人、被告人在审前释放阶段的行为倾向,一方面,对某些特殊类型的案件有重要意义,如在目前令各国头痛不已的涉嫌恐怖主义犯罪案件中,犯罪嫌疑人在归案之前的身份大多变换不定,某些与其相关的文件由于具有较高的密级而不便查阅,临床评估方法则能够以评估主体自身丰富的经验和阅历克服相关资料欠缺所带来的困难,从而为"羁押例外"原则在各种类型案件中得以贯彻提供了技术保障;另一方面,由于高度依赖评估主体的业务素质、品行修养等,运用临床评估方法得出的审前释放风险评估结论在准确定和稳定性方面受到了诟病。对此,临床评估方法自身也经历了从单纯的直觉判断向相对定型化的评估工具发展的历程,以期尽可能地减少评估主体的个人情况给审前释放风险的判断所带来的不确定性。目前域外大部分国家对审前释放风险的临床评估,均从制度的层面给予了一定的结构化规范,对评估主体需要考虑的风险要素范围加以框定。

以英国为例,警察有权在逮捕现场即给予犯罪嫌疑人"街头保释",或将其迅速带至警察局予以留置调查;如果犯罪嫌疑人在警察局的留置期限届满(一般为24小时,若可能犯有一项以上的"严重的可捕罪",则经警察局局长批准可延长至36小时),仍被认为有羁押必要的,则警方应当在合理时间内将案件提交治安法院来审查决定,故而该国的警察和治安法官都会面临如何评估审前释放风险的问题。当执行逮捕任务的警官依据《1984年警察与刑事证据法》第30条的有关规定,将犯罪嫌疑人带至警察局处理时,警察局的羁押官评估保释的审前释放风险,表现为快速审查有无须要审前羁押的充分条件:(1)姓名、住址不详或无法查实;(2)有必要借助刑事拘留来保护犯罪嫌疑人自身以及他人的生命财产安全;(3)犯罪嫌疑人可能不按时出庭,或者干扰证人作证、妨害司法公正。[①] 在治安法院的第一次听审中,若被告人申请保释或者取消、变更警方附加的限制条件,法官须依据指控罪名的严重程度,有无犯罪前科和"脱保"的经历,个人背景信息等来分析是否存在不按要求出庭、再次犯罪、干扰证人等审前释放的三种法定例外。与警察局的羁押官相比,治安法官对审前释放风险的评估中少了一些可以直观判断的成分,多了一些需要借助经验来间接推断的选项。为了约束自由裁量权在这种临床评估中的发挥,英国的警察局羁押官、治安法官作出有关保释的决定连同理由都会被记录在事先印制好的保释书中,附条件保释或拒绝保释所依据的法定例外以表格的形式印刷于其中,需要说明时在对应的选项上打钩即可。但是实际上,此举并未能改变临床评估的固有特点,即以评估主体的经验认识为基础,甚至带有某些主观偏见,不少治安法官会如同例行公事一般在三种法定保释例外的选项上打钩然后拒绝保释,更有相当一部分治安法官习惯于采用某一种或几种保释的例外,而根本不对案件的具体情况予以认真分析和推测。[②]

---

① The rights of defendants, Bail, Accessed Octo 15, 2016. http://www.yourrights.org.uk/yourrights/the-rights-of-defendants/bail.html.

② 其中"继续犯罪的危险"(risk of further offence)可能已成为使用最为频繁的保释例外。参见[英]麦高伟、杰弗里·威尔逊主编:《英国刑事司法程序》,姚永吉等译,法律出版社2003年版,第114~124页。

(二)精算评估

纯粹的精算评估属于第二代风险评估方法,其运行基础在于量化表达风险大小、掌握用于参照的统计数据和建立数学模型,最初被保险行业用于预测投保标的遭受意外损失之可能性,以便使保费与风险保持正比例关系。随着强调针对犯罪机会和风险分布进行管理,而非对个别犯罪人和行为实施管理的“精算司法”(actuarial justice)概念在上世纪末出现,该评估方法逐渐在一些域外国家的审前羁押领域崭露头角。它以一定的数学模型为基本分析工具,并在统计学意义上排除其他风险要素的干扰,以缺少某一风险要素的理想情形为对照,考察这一要素的存在对审前释放风险产生了怎样的影响,并依此分配该要素在评估过程中所对应的权重,然后将量化后的各项风险要素输入选定的数学模型,最终得到一个可以反映审前释放风险高低的数值。精算评估将审前释放风险以数值的形式更为清晰地展现出来,避免了对每一个风险因素的主观判断的模糊性被多次叠加,缩小了风险评估结论与客观事实之间的偏差。

审前释放风险的精算评估在北美地区得到较快的发展,以美国为例,目前其 93 个联邦司法区的审前服务机构所使用的审前服务风险评估工具(Pretrial Services Risk Assessment Tool, PTRA)便属于这一范畴,由其司法部下属的联邦拘留理事会办公室(the Office of Federal Detention Trustee)于 2009 年委托科研机构研发并向全境推广。PTRA 本身以 Logistic 回归方程①为基础分析模型,再输入联邦刑事司法系统

---

① Logistic 回归分析方程不仅有助于判断哪些因素对审前羁押替代措施诉讼风险有显著影响,还可以通过已建立的概率模型计算在这些因素的共同影响下诉讼风险的发生概率,其数学表达式为 $\mathrm{Logit}\ P/(1-P)=A+B_1X_1+B_2X_2+\cdots\cdots+B_nX_n$,转换为指数方程后得出 $P=1/\{1+e[1\times(A+B_1X_1+B_2X_2+\cdots\cdots+B_nX_n)]\}$。在该方程中,P 值的高低可反映审前释放风险的大小,e 为自然对数的底,A 为常数项,表示当所有变量取值取 0 时审前释放风险的大小;$X_1,\cdots,X_n$ 为具体的变量;$B_1,\cdots,B_n$ 为各个变量的回归系数。正回归系数代表该变量与审前释放风险有正相关关系,系危险因素,负回归系数代表该变量与审前释放风险有负相关关系,系安全因素。

2001年至2007年记录的犯罪数据展开分析，各项参与评估的因素与审前释放风险的多对一关系继而被浓缩为一个庞大的指数方程，涵盖了被指控的犯罪情况、因重罪或轻罪被逮捕的前科、酗酒和滥用麻醉品的劣迹等9类共计26项变量。每项变量对应的情况存在则根据严重程度记为1或2，不存在则记为0，美国的审前服务人员需要做的就是根据个案情况对号入座，然后进行一次指数方程运算便可得到具体的审前释放风险值。

这些数值基本上按照大小被均匀地划分为五类，从低到高分别对应五种风险等级。尽管这种没有考虑其他因素的简单五分法略显粗糙，但是对审前释放风险表现出了良好的区分功能，使区分出的五级风险大致呈阶梯状有序分布。调研结果显示：被纳入审前释放风险最高的第五等级的犯罪嫌疑人不按时出庭、危害社区的比例比第四等级的高3.7%，第四等级的比被认为审前释放风险水平适中的第三等级的犯罪嫌疑人高2.6%，第三等级的比第二等级的高2.8%，第二等级的比审前释放风险最低的第一等级犯罪嫌疑人高3.7%，可见，审前释放风险从第一到第五等级基本上在匀速增大。① 对每一风险等级所对应的情况，联邦拘留理事会办公室还分别提出了处理建议，即绝大多数仅具备第一和第二等级风险的犯罪嫌疑人应当被予以无条件保释（也被称为“具结保释”），如果附加除强制精神医疗之外的其他条件或义务，反而会增加其不按时出庭、危害所在社区的可能性；具备第三和第四等级审前释放风险的犯罪嫌疑人最适合予以附条件保释，应当根据其自身可能导致保释失败的消极因素（如有吸毒等恶习）有针对性地采取审前释放风险控制措施；倘若犯罪嫌疑人被评估为存在最高等级的释放风险，法院仍然可以批准其获得保释，但是需要同步采取有效措施严密防控。在此意义上，由于PTRA在美国的司法实践中已经和个别化的风险控制方案相挂钩，一并呈现在审前羁押决定者的面前，表明它已经不再是完全依靠精算方法识别风险的第二代风险评估工具，其设计

① See VanNostrand, Marie&Gena Keebler. “Pretrial Risk Assessment in the Federal Court”, 73 *Federal Probation*, 2009, pp. 3 – 29.

理念更加先进,而有理由被纳入第三代风险评估工具的范畴。

除了评估过程更加简便易行,通过与审前释放后的实际情况对比,精算评估在风险评估精度方面具有提升。仍以美国的 PTRA 精算评估工具为例,该国刑事案件审前程序研究所(Pretrial Justice Institute)的助理研究员 David Levin 博士分析了 1500 多名被附条件保释的犯罪嫌疑人的候审情况后,认为精算评估方法的进步是明显的,经过 PTRA 评估后被有条件释放的犯罪嫌疑人违反保释义务的数量,只是依靠临床评估方法作出保释决定的 1/40。① 但是我们也应当冷静地认识,精算评估方法也并非完美,很重要的一个原因便是该方法是基于群体统计数据而建立的,要通过对特定嫌疑人、被告人信息的评估而将其归类到与他(她)具有类似特征的群体之上,因而在司法实践中应当注意以下三方面问题。

其一,在有利于做出风险的趋势性描述的同时,精算评估也容易忽略个案中犯罪嫌疑人、被告人的某些特殊情况,需要运用其他评估方法加以修正。根据苏格兰风险管理权威 Risk Management Authority (RMA)的要求,精算评估量表应当与结构性专家评估量表结合使用。② 无独有偶,精算评估的典型工具 PTRA 也意识到了这一点,它附带了一套由 8 项定性判断指标组成的评估表,涉及犯罪嫌疑人、被告人目前的饮酒状况、海外关系状况等,这些指标无须参与审前释放风险值的运算,只需标记为"是"或"否"来供风险评估者参考,以便其在指数方程得出的风险数值的基础之上合理调整对审前释放风险的预期。不过,这 8 项定性判断指标对审前释放风险精算评估结论的实际修正效果可能是缺乏统计学意义的,因为从当地学者对 2011 年曾被利用 PTRA 考察过的 3 万余名犯罪嫌疑人、被告人的统计研究结果来看,有

---

① See Levin, David Joshua, and Atlanta Criminology, *Examining the Efficacy of Pretrial Release Conditions, Sanctions and Screening with State Court Processing Statistics Dataseries*, PJI, Pretrial Justice Institute, 2007.

② See Risk Management Authority, Standards and Guidelines for Risk Assessment, Accessed Nove. 1. 2016. http://www. rmascotland. gov. uk/files/9213/6213/1511/Standards_and_Guidelines_for_risk_assessment. pdf.

无这些定性判断指标所关心的情况对保释失败的比例一般不会产生影响。① 申言之,如何使精算评估方法能够更加贴近每个案件的实际情况,目前仍在探索之中。

其二,精算评估在涉嫌某些类型犯罪的案件中的表现欠佳。精算评估并不能满足所有类型案件的审前释放风险评估需求,这同样是由于其所仰仗的统计学方法固有的特点所导致的,即要将犯罪嫌疑人、被告人的个体数据与同类既往案件中的群体数据进行比较,以群体数据中已知的阻碍刑事诉讼程序、再次犯罪等风险行为的发生概率("基础比率")作为预测该个体被释放后的行为之关键。如果在统计群体数据的过程中,涉嫌某一类型犯罪的案件所占比例较低,那么当以精算评估方法预测该类案件的审前释放风险时,便会面临基础比率较低的困境,得出的结论很可能是不可靠的。所以,用于参照的群体数据应当具备一定的规模和代表性,而且在将精算评估工具适用于本国或本地区以往较少登记在册的案件时,则需要警惕低基础比率对风险评估结论造成的干扰,注意突出其他风险评估方法的修正作用。

其三,精算评估的精度具有一定时效性,基于该方法设计的审前释放风险精算评估工具(评估量表)需要持续维护,其中用以作为参照的群体统计数据也需要不断更新。确切地说,如果精算工具不能很好地变化和调整就会很快过时。② 恰如保险公司会依据近期出现的新情况,如全球的厄尔尼诺现象正在形成、投保人接连因酒后驾车被处罚等,来修改其对风险事件发生概率的评估量表一样,审前释放风险的精算评估工具也需要依据本地治安状况的变化,甚至是由于城市化进程加快、移动互联网普及等带来的生活习惯的改变而加以调整,它所使用的群体统计数据应当能够反映同类型案件中犯罪嫌疑人、被告人在最

① See Cadigan, Timothy P., James L. Johnson, Christopher T. Lowenkamp, "Re-Validation of the Federal Pretrial Services Risk Assessment (PTRA)". 76 *Federal Probation*, 2012, pp. 3-9.

② 参见[英]海泽尔·肯绍尔:《解读刑事司法中的风险》,李明琪等译,中国人民公安大学出版社2009年版,第81页。

近连续的一段时期内较为稳定的被释放后行为特征,过时的群体数据非但不能发挥参照作用,更会渲染出审前释放风险畸高或畸低的假象。

(三)结构性专家评估

该方法属于第三、四代风险评估方法,主张客观地理解犯罪嫌疑人、被告人在本案中的行为,利用动态风险要素发现可能会诱使其违反审前释放义务的需求(以下简称越轨性需求),并尝试通过寻找潜在的积极因素、设计有针对性的监管方案来加以抑制,诠释了"风险——需求——回应"原则(Principles of Risk-Need-Responsivity,RNR)。具体而言,首先,在对原始评估材料的表达、分析上综合了临床评估和精算评估的操作方法,结构性专家评估并不认为对每一个风险要素在一定范围内进行赋值打分即为理想的风险表达形式,为了更加直观反映某些越轨性需求的细节,应当允许评估主体对风险要素予以多元化描述,而非"有或无""1或0"的两极化简易判断,当然上述多元化描述也是在统一评价标准下完成的,以便减小评估者自身语言习惯等外部干扰。其次,结构性专家评估关注越轨性需求与违反审前释放义务行为之间的联系,强调以其生存的特定社会环境、亚文化氛围为背景,而非孤立地分析和解释犯罪嫌疑人、被告人的行为特征。因而有学者指出,结构性专家评估与精算评估方法最大的不同在于结构性专家评估是建立在个体资料上的.而不是群体资料上。① 此外,结构性专家评估以因案施策的个别化监管方案回应业已识别的风险,同时放大评估过程中发现的积极因素对越轨性需求的抑制作用,引导犯罪嫌疑人、被告人在候审阶段的表现向正面预期靠拢。上述特点共同决定了结构性专家评估是一种需要以详尽的资料为基础,对参与评估的专家在犯罪社会学、心理学等专业理论以及人生阅历方面要求较高的审前释放风险评估方法。

谈到审前释放风险的结构性专家评估,不得不提的便是英格兰和

---

① 参见文姬:《人身危险性评估方法研究》,中国政法大学出版社2014年版,第39页。

威尔士地区的“青少年司法委员会”(YJB)于2014年上半年逐步在各地青少年犯罪小组(YOTs)中推广使用的新型审前释放风险评估工具——AssetPlus。它在青少年犯罪小组早在21世纪初即开始使用的结构化风险评估工具Asset的基础之上研发,而Asset被认为已经与当地的社会发展相脱节且与多起审前羁押场所意外伤亡事件有关。① AssetPlus主要由风险要素的收集与描述、行为分析与风险评价、释放后的干预和监管建议三个模块构成,允许各个模块中的内容独立更新,强调根据最新掌握的信息持续开展未成年犯罪嫌疑人、被告人的专业化审前释放风险评估,即所谓的“end to end framework”。

在风险识别维度上,除了酗酒者测试(AUDIT)需使用数值化的风险要素描述方式之外,AssetPlus包含的评估均采用定性化描述,并且设置了比Asset更为丰富的、成体系的定性评价选项供评估专家选用,例如在深入描述未成年犯罪嫌疑人、被告人的居住条件时,就有“临时性的”“过于拥挤的”“与其他有违法行为者共同居住”等九个选项,并要求在对该项风险要素的定性评价后面附上尽可能详尽的有关细节或代表性事例加以佐证,帮助评估专家尽快“进入角色”。在发现越轨性需求的维度上,考察未成年犯罪嫌疑人、被告人的成长环境、身心发育状况、对未来的打算以及对反社会行为、青少年犯罪小组的释放监管的态度等等一系列动态风险要素是AssetPlus的主要手段,根据近年来对青少年心理的研究,这一结构性专家评估工具还增加了对语言沟通、社会交往方面的需求分析,以回应备受关注的未成年人团伙犯罪问题。在回应风险的维度上,AssetPlus除了抑制越轨性需求,还坚持了恢复性司法(restorative justice)的理念,注重运用未成年犯罪嫌疑人、被告人自身的积极因素降低审前释放风险。一方面,它内置了一套由未成年犯罪嫌疑人、被告人完成的审前释放风险自测(self-assessment),引

① See Youth Justice Board, *AssetPlus Model Document* (*Version* 1.1), Accessed Nove. 10, 2016. https://www.gov.uk/government/publications/assetplus-assessment-and-planning-in-the-youth-justice-system/assetplus-assessment-and-planning-in-the-youth-justice-system.

导其重新认识自我,主动参与干预和监管建议的制定。另一方面,AssetPlus通过对具体风险要素予以准确、清晰的表述,探寻在本案以及未成年犯罪嫌疑人、被告人的成长经历中,有无可以促进其在被释放后作出积极改变的因素和机会,同时又存在哪些消极因素会阻碍这些积极改变的发生。在提出干预和监管建议时,则首先考虑充分利用那些积极的因素和机会,为其提供生存土壤,同时借助电子监控、心理辅导等外部措施尽量压缩那些消极因素发挥作用的空间,把有限的监管资源配置到真正需要关注的领域,尽量提升对审前释放风险的容忍度,从而扩大审前羁押替代措施的适用人群。

作为一种第四代风险评估工具,AssetPlus十分注重审前释放风险评估与释放监管之间的密切配合。英格兰和威尔士地区"青少年司法委员会"(YJB)规定,运用AssetPlus进行审前释放风险评估必须建立在与未成年嫌疑人交谈和广泛信息的基础上,必要时还要进行教育或者医疗等方面的专业评估。一旦此项评估完成,青少年犯罪小组应当依据对审前释放风险的预期,得出以下结论中的一项或几项:青少年犯罪小组不予介入;附条件保释(保释条件包括宵禁、禁止接触某些场所或者人群等);保释监督与监视计划;特别的监督监视措施;还押在地方的拘禁中心;志愿者支持计划等。上述评估应以一定的格式制作成报告提交给法官,并包含要求法院对未成年人施加的保释条件。报告制作完成之后,青少年犯罪小组需要再一次会见未成年嫌疑人,对评估结果及法院可能做出的裁决进行讨论。上述报告应以书面形式与辩护律师提出的保释申请一起向法官提交,同时向检察官、辩护律师、治安法院的法律顾问和治安法官提交复印件,同时留存一份复印件在青少年犯罪小组。

四、结　　语

降低刑事诉讼审前羁押的比例是我国刑事司法改革的方向之一,完善审前释放风险的调查与评估为其指出了一条具体的实现路径。深入剖析域外国家在这条道路上的实践经验,当然不仅仅是为了"临渊而羡鱼”。通过对域外审前释放风险调查与评估机制的初步研究，在调查评估的主体层面，区分风险调查评估主体与审前释放决定主体，由第三方社会支持主体承担审前释放风险的调查评估工作的模式可以考虑给予更多关注。在调查评估的内容层面，对静态风险要素和动态风险要素的划分是一种值得借鉴的做法，动态风险因素固然可以帮助我们聚焦个案中审前释放风险的浮动范围，但是也应当认识到静态因素发挥的奠基作用对动态因素形成了牵制，在司法实践中究竟哪些静态因素可以具有近乎“一票否决”的效果值得深思。在评估方法层面，可知以目前的认知水平，尚不能设计出一种既对评估所需信息和操作主体要求低又预测准确、适用范围广的完美方法，风险评估技术的代际更迭反映出的也更多是域外对审前释放风险不同评估方向的尝试，因此，将若干种风险评估方法进行搭配组合，根据个案的实际情况限定必选评估方法，再以其他评估法辅助，不失为一种较好的选择。

Risk Investigation and Assessmentin Criminal Justice

——From the Perspective of Pretrial Release

Shi Limei & Zhou Yang

[**内容摘要**]审前释放风险指的是犯罪嫌疑人、被告人处于非羁押状态下等待审判时，可能毁灭证据、威胁证人、逃避刑事追诉等现实危险的概率与程度之综合，深刻影响着“羁押例外”原则在刑事司法实践中的贯彻程度，针对它开展的调查与评估工作在域外刑事司法实践中积攒了一定经验。审前释放风险的调查主体与评估主体常常重合，由审前释放的决定主体兼任和由第三方社会支持主体专职是域外的两种基本模式。依据通过调查所获取的风险要素是否可以在外界干预下发生改变的判断标准，审前释放风险的调查可以分为对静态风险要素的调查和对动态风险要素的调查，二者分别对应了涉案情况、事后表现和品格证据、监管条件四项具体调查内容。审前释放风险的评估方法有基于主观经验判断的临床评估，依靠数理统计技术开展的精算评估，以及关注动态风险要素、强调风险预测与释放后的监管相结合的结构性

专家评估。

[**关键词**]审前释放风险;风险调查;风险评估;审前羁押;保释

Abstract: The risk of pretrial release is the probability and degree that suspects or defendants destroy evidence, intimidate witnesses and disturb criminal proceedings. It has a profound influence on the implementation of the principle of "custody is the exception" in judicial practice. Meanwhile, the risk investigation and assessment of pretrial release have accumulated some experience in other foreign countries. The risk investigation subject and the risk assessment subject are overlapped in many cases, pretrial release determiners or third-party social support organizations play such a role means two models at abroad. Based on the standards that whether the risk factors could be changed under the outside intervention, the pretrial release risk investigation could be divided into the investigation of static risk factors and the investigation of dynamic risk factors. Accordingly, the former focuses on suspects or defendants' behaviors in the cases and their performance in hindsight, while the latter concentrates on the character evidence and supervision conditions. For specific methods of pretrial release risk assessment, clinical assessment performs its functions by subjective experience, actuarial assessment depends on the mathematical statistics technology, and the structured professional judgment pays more attention to dynamic risk factors and strengthens the combination of pretrial release risk predictions and the supervision after release.

Key words: Risk of Pretrial Release; Risk Investigation; Risk Assessment; Pretrial Detention; Bail

〔犯罪学与刑事政策〕

犯罪功能论再议

——从犯罪的哲学根基谈起

林毓敏[*]

目　　次

犯罪给人们造成伤害了吗？毋庸置疑，这个答案是肯定的；至少特定的犯罪如杀人会给被害人及其家属造成不可逆的伤害。但是，媒体依旧津津乐道于报道犯罪，许多经典电影以犯罪为题材，犯罪推理小说则是一种重要的体裁，公众对连环杀手的热情始终如一，在这些报道、电影、小说和热情里，"物伤其类"的感情成分微乎其微。美国作家哈罗德·谢克特（Harold Schechter，1948—）将这种普遍现象称之为"文化狂热"，再形象不过。狂热的背后是什么？我们似乎无法从这种狂热中感知人类对于同类受难的同情，那么狂热是因为人类对世界的猎奇心理、对人性的求知欲或是对他人的窥伺欲吗？有种说法，同样也是

* 北京大学法学院法学院 2013 级刑法学博士生。通讯地址：北京市海淀区颐和园路 5 号，北京大学畅春新园 3 号楼 668，邮编：100871，邮箱：yumin1631@163.com。

饱含争议的解释,认为犯罪:“发挥某种社会功能,能满足我们最强烈的报复心,却无须我们真的实行报复行为,就算杀手被抓住了,我们也不必感到愧疚。”[①]学术界对于犯罪是否具有“社会功能”,同样一直存在争议。

一、对犯罪功能论的争议及其原因

(一)犯罪功能论的经典论述

犯罪功能论起源于迪尔凯姆(Émile Durkheim,1858－1917)对犯罪积极作用的论述,他认为犯罪具有一定的社会功能;犯罪学界有关犯罪功能的阐述也多围绕迪尔凯姆的思想观念展开。迪尔凯姆并未对犯罪功能有系统的理论总结,他对犯罪功能的看法散见于他的若干重要著作中。归纳迪尔凯姆的犯罪功能论,包括以下论述:

(1)犯罪是一种必然的、[②]普遍的、正常的社会现象(所谓正常的社会现象是指具有普遍形态、即常态的事实)。[③]

(2)犯罪促进社会团结,因为它聚集了人们的正义感,帮助人们形成强烈的集体意识,加强社会整合。[④]

(3)犯罪推动社会道德与法律的进化,没有犯罪,法律就不会进步。[⑤] 因为犯罪处于由包含法律、道德在内的多种基本要素联结而成

---

① Michael Bond,“Why are · we · eternaly fascinated by serial killers? ”, Accessed Mar. 15, 2017. http://www. bbc. com/future/story/20160331-why-are-we-eternally-fascinated-by-serial-killers? winzoom = 1.

② 参见[法]E. 迪尔凯姆:《社会学方法的准则》,狄玉明译,商务印书馆1995年版,第87页。

③ 参见[法]E. 迪尔凯姆:《社会学方法的准则》,狄玉明译,商务印书馆1995年版,第84页。

④ 参见[法]E. 迪尔凯姆:《社会学方法的准则》,狄玉明译,商务印书馆1995年版,第85～86页。

⑤ 参见[法]E. 迪尔凯姆:《社会学方法的准则》,狄玉明译,商务印书馆1995年版,第87～88页。

的社会网络之中。这些基本要素互相影响,推动社会的发展变化,没有犯罪,这些基本要素也就无从发生改变,无从推动社会发展。①

(二)对犯罪功能论的争议

我国学者中对犯罪功能论推崇者有之,储怀植教授在《刑事一体化概要》一书中,认为犯罪是社会类似有机体进行新陈代谢的主要排泄物,并旗帜鲜明肯定犯罪的积极作用,②刘建宏教授的《犯罪功能论》一书对迪尔凯姆的犯罪功能论加以理论与事实的双重论证,③两人均认为犯罪功能论具有重大的研究意义。

还有学者留有余地地说,如果坚持迪尔凯姆的两个基本假设(一是刑罚是犯罪的共同特征,二是犯罪是对强烈集体意识的违背)的前提下,迪尔凯姆的犯罪功能思想并不存在逻辑的断裂和矛盾,在他的逻辑框架中演绎出的"犯罪有益"的结论也可以接受。但是,该学者同时强调,这是在"置现实考察、价值分析于不顾"的前提下分析得出的结论。④

还有学者直言,犯罪是一种恶的极端形式,⑤对迪尔凯姆相关学说进行梳理,对"犯罪有益论"中的"功能观"予以彻底否定与批判。⑥ 持否定意见的学者认为,"评价犯罪"是社会的道德义务,"犯罪功能论"把"犯罪引发的社会反应看作是犯罪的积极作用",不符合"功能"一词的原义,是对功能的"泛化";对犯罪可以进行功能分析,但这种功能分

① 参见[法]E. 迪尔凯姆:《社会学方法的准则》,狄玉明译,商务印书馆 1995 年版,第 85 ~ 87 页。

② 参见储槐植:《刑事一体化论要》,北京大学出版社 2007 年版,第 189 ~ 191 页。

③ 参见刘建宏:《犯罪功能论》,人民出版社 2011 年版。

④ 参见苏明月:《犯罪功能论再考——一个对迪尔凯姆犯罪概念的语义与逻辑分析》,载《政法论坛》2007 年第 3 期。

⑤ 参见于志刚:《论犯罪的价值》,北京大学出版社 2007 年版,第 1 页。

⑥ 参见于志刚:《论犯罪的价值》,北京大学出版社 2007 年版,第 230 ~ 256 页。

析必须以“犯罪是对社会结构障碍的反应”为前提。[①]

(三)对犯罪功能论的争议根源

在社会语境下,“犯罪”一词本身即包含事实与价值两重语义:犯罪是一种社会事实,这是第一重语义;其第二重语义则是负面的价值判断。但进入我们视野的,往往先是犯罪的第二重语义。对大众来说,犯罪首先是恶的,其次才是其具体的行为。反对者对“犯罪功能论”加以批判,正是因为犯罪业已呈现出来的道德色彩,使犯罪丧失了功能性,即一个恶的东西具有好的功能,这不符合道德逻辑。

笔者同意反对者的道德逻辑,在同一道德评价体系中,对已被评价为“恶”的东西再次评价为“善”,这种前后矛盾的价值判断,会导致逻辑上的混乱。但笔者认为,社会科学所研究的犯罪应当是被剥离道德评价的、裸的社会事实本身,而对单纯的社会事实加以功能性的评价并不违反道德逻辑。[②] 此外,犯罪功能论有其合理逻辑,逻辑前提在于,犯罪不能被简单粗暴地视为是对“善”的违反或损害。

那么,如果剥离犯罪语义中价值评价的部分,裸的犯罪事实将会是如何?马克斯·韦伯(Max Weber,1864－1920)曾提出著名的“价值无涉原则”,强调社会科学“价值关联”与“价值中立”的重要区别。尽管从事社会科学研究者不可避免都会带着经验性的价值判断,但是社会科学研究的不应该是这些价值判断或者对这些价值判断的再评价。社会科学所关注和研究的应该是事实判断的那一部分;这也正是社会科学与自然科学迥异的地方,即社会科学研究者不可避免地对研究对象

---

① 参见宋浩波:《犯罪功能分析评述》,载《中国人民公安大学学报》(社会科学版)2005年第6期。

② 另外,社会对犯罪的道德评价并不总是先于犯罪的。当法律精神或者统治者思想超前于社会道德伦理,将某些行为认定为犯罪时,社会可能会渐渐对犯罪形成否定性道德评价,这其实是因为该行为被标定为犯罪,而不是因为该行为与既有的大多数人的道德伦理相悖,比如醉驾入罪。总之,因为社会对犯罪的否定性道德评价否认犯罪功能论,是不合理的。

有价值判断,而自然科学则不存在价值判断,社会科学所努力的方向正是去除价值判断对研究的影响。[①] 站在价值中立的立场上看待犯罪行为,还原犯罪作为一种社会事实的存在,对于重新认识与评价犯罪极其重要。为更为全面且正确地重新认识犯罪,就应该先洗去犯罪中"负面"的价值成分,肯定犯罪的事实成分。而以往长期对犯罪做负面道德评价的根源,在于理论哲学对犯罪本质的认定是"虚无的",犯罪被视为对"法"等美德形式的损害,因此在本质上是不存在的,所以犯罪呈现在公众面前的,往往首先是、甚至全部是负面的价值判断部分。

二、犯罪功能论的争议解决——推翻犯罪的"虚无性"

为确保犯罪功能理论的正当性与合理性,首先就必须推翻理论哲学对犯罪的"虚无性"论断。

(一)对犯罪"虚无性"的哲学解释

在起源于西方的理论哲学中,犯罪是虚无的。"哲学的任务在于理解存在的东西,因为存在的东西就是理性。"[②]黑格尔(Georg Wilhelm Friedrich Hegel,1770—1831)还说,"凡是合乎理性的东西都是现实的;凡是现实的东西都是合乎理性的",[③]但犯罪并非合乎理性的现实的东西,也就是犯罪并不是一种存在,因为"犯罪总是要引起某种变化的,事物便在这种变化中获得实存,但是这种实存是它本身的对立物,因而在本身中乃是虚无。其虚无性在于作为法的法被摒弃了,但是作为绝对的东西的法是不可能被抛弃的,所以实施犯罪其本身是虚无的,而这种虚无性便是犯罪所起作用的本质……犯罪行为不是最初的、

---

① 参见[德]马克斯·韦伯:《社会科学方法论》,韩水法、莫茜译,商务印书馆2013年版,第158~166页。

② [德]黑格尔:《法哲学原理》,范杨、张启泰译,商务印书馆2011年版,"序"第14页。

③ [德]黑格尔:《法哲学原理》,范杨、张启泰译,商务印书馆2011年版,"序"第12页。

肯定的东西”。[①] 在上述论述中,犯罪其实是一种对法的“摒弃”,也就是对“法益”的损耗;犯罪不是一种自有的、合理的、独立的存在。这种认知对犯罪学、刑法学产生了深远的影响。无独有偶,宗教哲学对“恶”也有类似的评价,即认为“恶”是“善”的不足,即不具独立的存在形式。而犯罪“虚无性”的哲学根基也正源于此。

在西方文明体系中,罪从一开始就是一个宗教的命题,其与恶是分不开的,犯罪的渊源可追溯至宗教中的原罪(sin)与罪恶(guilt)。[②] 正是人生来都有原罪,即带有道德缺陷,因此在面临诱惑时,意志不坚定者即容易滑入罪恶的深渊,犯下罪行,这是宗教对于人为何会犯罪的经典解释。因此,在宗教哲学中,犯罪首先是一种“恶”。宗教哲学对“恶”的讨论始于对伊壁鸠鲁(Epicurus,公元前341—前270年)有关上帝存在的悖论。伊壁鸠鲁曾用著名的善恶悖论否认神的存在。在基督教兴起之后,该悖论也被无神论者用于反驳上帝的存在。[③] 该悖论由以下论述构成:

(1)上帝存在且一定是全能全善的;

(2)世界有恶的存在;

---

① [德]黑格尔:《法哲学原理》,范杨、张启泰译,商务印书馆2011年版,第115页。

② 西方的宗教传统使得“犯罪”(crime)与“罪孽”(sin)甚至一直无法在刑法实践中区分,到贝卡利亚这里,区分“犯罪”与“罪孽”(实际上是区分社会法与自然法,亦即“人与人之间的关系”和“人与上帝的关系”,参见[意]贝卡利亚:《论犯罪与刑罚》,黄风译,北京大学出版社2008年版,第20~21、99页。)才开始为大家所接受。贝卡利亚认为,“一切犯罪,包括对私人的犯罪都是在侵犯社会”,进而将犯罪区分为三类:“有些犯罪直接地毁伤社会或社会的代表;有些犯罪从生命、财产或者名誉上侵犯公民的个人安全;还有一些犯罪则属于同公共利益要求每个公民应做和不应做的事情相违背的行为”。另外,他将第二种视为最广泛和严重的行为。贝卡利亚还给犯罪行为下了一个定义:“……人们就能找到一个由一系列越轨行为构成的阶梯,它的最高一级就是那些直接毁灭社会的行为,最低一级就是对于作为社会成员的个人所能犯下的、最轻微的非正义行为。在这两极之间,包括了所有侵害公共利益的、我们称之为犯罪的行为,这些行为都沿着这无形的阶梯,从高到低顺序排列。”(参见[意]贝卡利亚:《论犯罪与刑罚》,黄风译,北京大学出版社2008年版,第23、22、18页。)贝卡利亚对犯罪的界定,与犯罪“虚无性”的逻辑也是相吻合的,一样是对“美德之形式”(在贝卡利亚这里是正义)的损害。

③ 参见陈波:《有关上帝的悖论》,载《哲学分析》2013年第5期。

(3)如果上帝是全能全善的,将不会有恶存在;

(4)既然恶存在,全能的上帝就应该知道恶,并且阻止恶,但上帝不能阻止,那么上帝不是全能的;

(5)既然恶存在,全善的上帝就应该知道恶,并且阻止恶,但上帝没有阻止,那么上帝不是全善的;

(6)换言之,上帝不存在。

上述悖论对宗教教义的打击无疑是釜底抽薪的,宗教哲学为解决这一悖论,对恶的命题有长篇累牍的论述。神学家们纷纷做出不同的回应,尝试解开这个纠缠不清的死结。总体而言,可以分成三类:一是自由意志论,即说上帝不仅创造出了人类,而且给了人类以自由意志。上帝的初衷是为了让人类自愿的听从上帝的话,但是人类滥用了自由意志;二是恶的否定论,这种观点认为恶本质是一种缺乏,在上帝看来没有恶的存在。我们以为是恶的东西,也许上帝并不这么认为;三是善恶二元论,这是摩尼教所持的观点。摩尼教义认为善恶是相生的,有善必有恶。[①] 确切地说基督教宗教哲学对于恶的认识限于前两类。

① 善恶二元论则与恶的否定论截然相反,它承认恶的存在而不是虚无,其经典论述见于摩尼教义的善恶二神论,善与恶其实是平等的存在。这是颠覆性的大逆不道的观点,无怪乎摩尼教被基督教的正统神学斥为异端。不过在基督教宗教哲学中,早可见善恶二元论的影子。在奥古斯丁之后,阿奎那(St. Aquinas,1225—1274 年)同样主张邪恶并非事物的本质,而是缺乏善的状态。当一种存在缺乏善的本质或目的,恶即产生。恶的产生需要有善的主体供其依赖,也就是说,必须有善的存在,才有可能变恶;而从某种程度上说,善是恶产生的原因。而且,一种恶的存在相对另一种存在可能是善,例如树木被砍伐相对树木是恶,但对于人们是善,因为它提供建造了房屋的原料。由于阿奎那坚持的是一神论,所以在阿奎那的叙述中,善恶其实是一体的,在上帝的眼中,善也可以是恶,恶也可以是善。而摩尼教徒则认为善恶都是实在的,二者是相生的,有善必有恶。根据摩尼教的教义,善和恶是世界上存在的两种永恒对立的本源,前者化身为光明之神,后者化身为黑暗之魔,彼此力量相当,两者处在一种永恒的争斗状态,是一种彼消此长却都不会消灭的关系,而人世间的一切事物也由此分离成善恶两方:美德与罪恶,灵魂与肉体,物质与精神,爱与恨,正与邪。(参见芮传明:《古代"度人"信仰之渊源探讨》,载《社会科学》2003 年第 9 期。)不过这种善恶二元论导向了一个宿命的结局。既然,善与恶本来就是在永恒的争斗之中,似乎现实中与恶的战役没有了终极意义,因为恶永远不会消亡,而且世俗看见的善也只是表象的,只是暂时的;当恶再度获得胜利,先前的善也就失去其意义。

有关自由意志论的论证首推圣·奥古斯丁(St. Augustine,354—430 年)。奥古斯丁认为,美德的力量是很强大的,邪恶本身并不能使美德屈服,只有人的心灵的自由选择才能使人转向邪恶,这就是奥古斯丁的"美德心灵论证",以证明自由意志的存在。而自由意志存在的合理性就是上帝的善:上帝希望人类是出于自由意志选择了他,选择了美德。举例说,一个母亲希望孩子听她的话不去碰燃烧的蜡烛,她有两种方式:一是告诫孩子不能去碰,就像摩西的十诫,然后放任孩子行动;二是将孩子绑在椅子上,剥夺他的自由。第一种情况,孩子可能会违背母亲,选择去碰蜡烛,这就是恶的产生;第二种情况,孩子虽然不会碰蜡烛,但那是因为他无从选择。而上帝的做法正是母亲予以孩子自由选择的做法。奥古斯丁在《三位一体》中提出原罪论,他论证说,上帝将世界任意地分成道德与不道德,或者说善与恶。人类有自由意志选择善或是恶。而恶的出现就是为了惩罚人类伊始亚当与夏娃屈从撒旦的诱惑,最初的屈从诱惑就是如今一切恶的根源,或者说原罪。中世纪的安瑟尔谟(St. Anselmus,1033—1109 年)被称为"经院哲学之父"。他进一步对自由意志论进行改造与阐发。他将自由意志看成是上帝的恩典,而意志的选择倾向于是一种功能,而意志的选择自由则是一种行善能力,即"自由的能力","任何自由都是一种能力,选择的自由是为了正当本身而保持意志正当的能力"。[①] 那么问题来了,按照奥古斯丁的逻辑,恶是因为人类的自由意志使人类选择屈从诱惑而出现,那么恶的终极来源是从何而来的?仍然是上帝创造的。在该解释体系中,仍无法正面回应对上帝全善全能的质疑。值得说明的是,黑格尔在论证犯罪的虚无性时,一个重要的论点正是自由意志的虚无。

恶的否定论则将恶描述为一种不足的状态,即"乏善",奥古斯丁在早期也持该观念。在奥古斯丁之前,就有普罗提诺(Protino,204—270 年)对恶作了"缺乏"的定义。该观点直接否定伊壁鸠鲁悖论的前提,即"(2)世界有恶的存在"。这里有必要提及柏拉图(Plato,公元前 427 年—公元前 347 年)。虽然,柏拉图先于耶稣基督降生在这个世

① 赵敦华:《基督教哲学 1500 年》,人民出版社 1994 年版,第 249 页。

界,但是他的许多哲学观点和论证方法与耶稣基督都有着莫大的关系。在柏拉图的宇宙观中,构成世界的东西是形式与理念(也有人说是形式与质料)。[①] 理念,诸如美德、品质等;而形式则是造物主为这些理念设定的某些基本状态,譬如说人类、植物、动物,或更具体地说:女人、狮子、月桂树等等。另外,他又认为,这些基本状态其实都只源于一种基本形式,即善之形式,或者说美德之形式。而"缺乏"不是一种实质的存在,而是介于形式与质料之间的过渡,类于一种虚无,所以说,"恶不存在"。奥古斯丁说:"我自己的经验告诉我:同样的面包,患病的上颚食之无味,健康的上颚啖之可口;同样的光线,疼痛的眼睛视之痛苦,明亮的眼睛视为欢乐,这一切原不足为奇。"[②]所谓的恶,岂不是善之缺乏吗?在动物的身体里,遭受疾病和伤痛的打击岂不是健康的缺乏吗?因为,当疗效起作用时,并不意味着这些表现出来的恶(那些疾病和伤痛)退走了或到别处去了,他们只是没有了。因为伤痛或疾病并不是实体,而是肉身实体的缺陷。实体当然是好东西,实体就是肉身本身,它的偶性就是上述的恶,就是所谓"健康"这种善的缺乏。与此相似,灵魂里的恶乃是自然之善的缺乏。当他们被医治后,并没有转移到别的地方去。既然他们不在健康灵魂的任何地方,就哪儿也不在。[③] "我还清楚地认识到,会朽坏的东西也是善的。如果是至善,它们便不会朽坏,但若绝对不善,它们也无从朽坏。如果是至善,它们就不可能朽坏,如果丝毫没有善,也就没有可朽坏之处了。因为朽坏是一种破坏,若非破坏善,也就谈不上破坏。所以,或者是朽坏并不破坏,但这不可能;或者是所有被朽坏的东西都被剥夺了某种善,而这是朽坏的必然证据。然后假如它们被剥夺了某种善,而这是朽坏的必然证据。然而假如它们被剥夺了所有的善,它们也再不会存在。如果它们仍然存在,且再也

---

① 这有点像卡尔·马克思的现象与本质论,但实际上差别很大。照理说,形式相当于现象,是不稳定的,是表面的,但柏拉图视其为永恒的、不变的、预定的。

② [古罗马]奥古斯丁:《忏悔录》,任晓晋等译,光明日报出版社2007年版,第195页。

③ [美]沙伦·M.凯、保罗·汤姆森:《奥古斯丁》,中华书局2002年版,第23页。

不会被朽坏,它们就会比初始状态更善,因为从此它们将永再不坏。如果说失去了所有的善,事物却会更善,还有什么比这更荒唐的呢?如果它们被剥夺了所有的善,它们就会全部成为虚无。因而只有它们仍然存在,它们就是善的。由此,凡是存在着的都是善的,而我正在求证其根源的罪恶并非实体,因为若是实体,它就是善的。"①总而言之,奥古斯丁认为,罪恶并非自有自在的,只是善的不在场,可以说,罪恶其实就是虚无。②

在恶的命题上,否定论在宗教哲学史上至少占有半壁江山,如果尚不能称执牛耳。宗教哲学对西方文明的影响是毋庸置疑的。恶的否定论,对犯罪观的影响就是犯罪的虚无性。正如恶是善、美德的缺乏,相应地,犯罪也被视为"道德、法、规范、法益"的损害。有关犯罪的定义,千差万别,但综观犯罪学经典理论对犯罪的定义,诸如从"契约违反说""社会危害说""法益侵害说"到"失范论""越轨论""反规范论",大都难逃"虚无性"的框架,必然会被看成是"'病态的'和行为的反常现象,是对风俗和习惯的背离"。③ 在这种逻辑框架中,犯罪并不是独立的存在,更不可能有积极的意义;认为犯罪有益或是犯罪具有社会功能,是惊世骇俗的且不能为大家所接受的观点。

(二)对犯罪的另一种哲学解释

当我们回溯中国的哲学史,会发现中国的先哲们对于犯罪的看法是迥异的。中国古典哲学中。"罪"与"恶"并非紧密相连,"罪"之为"罪",非因其"恶",乃因其他。这与中西哲学的差异相关。西方哲学发端于探究世界的本原,比如亚里士多德、柏拉图等无不是在探索物质

① [古罗马]奥古斯丁:《忏悔录》,任晓晋等译,光明日报出版社 2007 年版,第 192 页。

② [古罗马]奥古斯丁:《忏悔录》,任晓晋等译,光明日报出版社 2007 年版,第 62 页。

③ 严景耀:《中国的犯罪问题与社会变迁的关系》,北京大学出版社 1986 年版,第 1 页。

的终极形式,因而是理想主义的,多属于理论哲学;而中国的古典哲学则发端于对社会治理理念的思索,即使看似超脱的老子也热衷于提出治国理念,因而中国哲学其实是实用主义的,多属于政治哲学。在中国文明的话语体系中,西方哲学是出世的,中国古典哲学则是入世的。中国哲学家与思想家对犯罪的看法也多从社会治理的角度出发,并不纠结于犯罪的本质问题,也很少界定什么行为是犯罪,但大都热衷于探究犯罪发生的原因,并提出预防犯罪的良策,这也许是我国犯罪学发展之初尤其看重犯罪成因学与犯罪预防学的历史文化渊源。综观我国思想家对犯罪的看法,大致有如下几类。

一是标签论。主要见于道家与墨家的思想。墨子认为"罪,犯禁也。不在禁,惟害无罪""罚,上报下之罪也"。① 所以,犯罪是因为其行为犯禁,如果不在律法禁止之列,即使造成伤害,也以无罪论。刑罚则是统治者惩罚平民犯罪的手段。此外,老子和庄子认为犯罪其实是社会风气尤其是政治制度变化的后果,法令多了,限制多了,犯罪当然也多了。"天下多忌讳,而民弥贫;人多利器,国家滋昏;人多伎巧,奇物滋起;法令滋彰,盗贼多有。"②庄子更是认为犯罪(盗窃)与政治只是相对而言,"彼窃钩者诛,窃国者为诸侯,诸侯之门而仁义存焉"。③ 时代习俗的变化,会导致社会对行为的评价也发生变化,"争让之礼,尧桀之行,贵贱有时,未可以为常也。……帝王殊禅,三代殊继。差其时,逆其俗者,谓之篡夫;当其时,顺其俗者,谓之义徒"。④ 在道家思想中,"何谓犯罪"其实是不可说的,因为社会对犯罪的评价是极具弹性的,犯罪一定程度上即是社会习俗尤其是统治者标定的后果。

二是政治后果论。在诸子百家中,道家宣扬"无为",看似最温和,实际上最为激进,"无为"思想颇有无君论或无政府主义的意味。道家对世俗中的仁义道德十分反感,认为犯罪其实是统治者(君人)的昏聩

① 《墨子·经说上》。
② 《老子·德经·第五十七章》。
③ 《庄子·胠箧》。
④ 《庄子·外篇·秋水》。

与社会智识(圣人)的虚伪所致,世俗的仁义道德、法律规范、文化智识才是破坏大道、造成社会混乱的根源。“古之君人者,以得为在民,以失为在己;以正为在民,以枉为在己;故一形有失其形者,退而自责。今则不然。匿为物而愚不识,大为难而罪不敢,重为任而罚不胜,远其途而诛不至。民知力竭,则以伪继之,日出多伪,士民安取不伪!夫力不足则伪,知不足则欺,财不足则盗。盗窃之行,于谁责而可乎?”①老子说:“大道废有仁义;慧智出有大伪;六亲不和有孝慈;国家昏乱有忠臣。”②庄子更是将圣人视为争夺天下的利器,而非明天下的先知,“彼圣人者,天下之利器也,非所以明天下也。故绝圣弃知,大盗乃止;擿玉毁珠,小盗不起;焚符破玺,而民朴鄙;掊斗折衡,而民不争;殚残天下之圣法,而民始可与论议”“圣人不死,大盗不止。”③

三是相对剥夺论。诸子百家中持该观点的有很多,但该观念主要见于儒家和法家的思想。两家都十分重视充实民众的仓廪,认为贫穷是导致犯罪的根源,防止犯罪需要做到:一是民众有足够的财富,二是社会贫富均匀。孟子说:“有恒产者有恒心,无恒产者无恒心。苟无恒心,放辟邪侈,无不为已。及陷于罪,然后从而刑之,是罔民也。”④可见家无恒产是民众“放辟邪侈”的根源,待百姓陷于罪再施以刑罚,是不公的,是坑害百姓。韩非子则说,“古者丈夫不耕,草木之实足食也,妇人不织,禽兽之皮足衣也。不事力而养足,人民少而财有余,故民不争。是以厚赏不行,重罚不用,而民自治。今人有五子不为多,子又有五子,大父未死而有二十五孙。是以人民众而货财寡,事力劳而供养薄,故民争,虽倍赏累罚而不免于乱”。⑤ 汉朝王充虽为道家,他同样认为贫穷是百姓为恶行的根源,“夫世之所以为乱者,不以贼盗众多,兵革并起,民弃礼义,负畔其上乎?若此者,由谷食乏绝,不能忍饥寒。夫饥寒并

① 《庄子·杂篇·则阳》。
② 《老子·道经·第十八章》。
③ 《庄子·肱箧》。
④ 《孟子·滕文公上》。
⑤ 《韩非子—五蠹》。

至,而能无非者寡。然则温饱并至,而能不为善者希。传曰:'仓廪实民知礼节,衣食足民知荣辱。'让生于有余,争起于不足。谷足食多,礼义之心生;礼丰义重,平安之基立矣。故饥岁之春,不食亲戚;穰岁之秋,召及四邻。不食亲戚,恶行也;召及四邻,善义也。为善恶之行,在于岁之饥穰;礼义之行,在谷足也"。[①] 此外,儒法两家也都认为统治者与民争利,是民众走向犯罪的一大诱因,所谓"不患寡而患不均"。季康子患盗,问于孔子。孔子对曰:"苟子之不欲,虽赏之不窃。"[②]孟子说,"夫物之不齐,物之情也;或相倍蓰,或相什百,或相千万。子比而同之,是乱天下也。"[③]商鞅说:"善为国者,仓廪虽满,不偷于农;国大民众,不淫于言,则民朴壹。民朴壹,则官爵不可巧而取也,不可巧取则奸不生,奸不生则主不惑。"[④]管仲说:"善为政者……仓廪实而囹圄虚;不能为政者……囹圄实而仓廪虚。"[⑤]汉朝的董仲舒也认为:"民不乐生,尚不避死,安能避罪。此刑罚之所以蕃,而奸邪不可胜者也。"[⑥]儒、法两家的相对剥夺论即"统治者剥削民众会导致犯罪"与道家的政治后果论即"统治者导致犯罪"的说法看似相同,但有本质区别。前者虽认为统治者为君不当会导致犯罪,但仍希望拥立明君,老子或庄子则崇尚无为,希望回归混沌原始的太古社会,有没有君主都不甚重要。

四是利害冲突论。墨家即持这样的观念,认为犯罪体现人之间的冲突,根源在于人们不能"兼相爱,交相利",[⑦]而兼相爱,则可避免"天下祸篡怨恨""视人之国,若视其国;视人之家,若视其家;视人之身,若视其身……凡天下祸篡怨恨,可使毋起者,以相爱生也。是以仁者誉与"。[⑧] 若是人与人彼此爱护,看重别人的东西像看待自己的东西一

---

① 《论衡·问孔篇》。
② 《论语·颜渊篇》。
③ 《孟子·滕文公上》。
④ 《商君书·农战》。
⑤ 《管子·五辅》。
⑥ 《汉书·董仲舒传》
⑦ 《墨子·非命上》。
⑧ 《墨子·兼爱中》。

样,自然不会有怨恨祸端,不会有冲突,也就不会产生犯罪。

五是人性利己论。同样多见于儒、法两家,荀子与韩非子都认为人性是利己的,因此才有争夺,有争夺,就有犯罪。该观点与墨家的利害冲突论有些相似,不过走得更远,墨家认为人之间的冲突在于不能相爱。人性利己论则认为冲突的根源在于人性生而好利。荀子说,"今人之性,生而有好利焉",①爱好并追逐利益是人天生的本能。韩非子作为荀子的学生,继承了荀子人性本利己的观念,认为人都是趋利而不惜害人的,人即使为善行,也非出于美德,而是出于利己,人喜欢一样东西,也是因为该东西可以为人带来利益,如果不能为人带来利益,人在利己的驱使下,就会倾向于消灭不能给人带来利益的东西。倾向于追逐能给人带来利益的东西。比如儿子和女儿都出自父母,但是对于生男生女,父母的反应却不一样,如果生的是男孩子,父母就争相庆贺;如果生的是女儿,就杀了女婴。原因就在于,杀掉女婴,给父母带来更大的便利,杀掉女婴比较符合父母的利益。② "故王良爱马,越王勾践爱人,为战与驰。医善吮人之伤,含人之血,非骨肉之亲也,利所加也。故舆人成舆,则欲人之富贵,匠人成棺,则欲人之夭死也。非舆人仁而匠人贼也,人不贵则舆不售,人不死则棺不买,情非憎人也,利在人之死也。"③不过,荀子与韩非子认为趋利的人性虽是天生的,但可以引导之,通过赏罚分明的管理与律法予以疏导,从而定分止争。

六是律法不足论。即法令不明,赏罚不当,名分未定,争夺乃起。该观念主要见于推崇以法治国的法家思想。管子说:"法者所以兴功惧暴也,律者所以定分止争也,令者所以令人知事也。"④商鞅说:"一兔走,百人逐之,非以兔可分以为百也,由名分之未定也。夫卖兔者满市,而盗不敢取,由名分已定也。故名分未定,尧、舜、禹、汤且皆如骛焉而逐之;名分已定,贪盗不取……名分定,则大诈贞信,民皆愿悫,而自治

① 《荀子 · 性恶》。

② 《韩非子 · 六反》。

③ 《韩非子 · 备内》。

④ 《管子 · 七主七臣》。

也。姑夫名分定,势治之道也;名分不定,势乱之道也。"[①]韩非子觉得赏罚不当就会导致非与乱(犯罪)的发生:"赏无功,则民偷幸而望于上。不诛过,则民不惩而易为非。此乱之本也。"[②]因此,定分止争极其重要,而方法之一就是运用律法,通过法律规定东西的所有权,这样大家就不会因为争抢而导致犯罪。

综上所述,我国古典哲学甚少对犯罪做道德评价,大都将犯罪归责于社会,认为民众犯罪是统治者或圣人等社会精英阶层治理社会不当的过错。其中不少有关犯罪的看法,如墨子认为的"罪,犯禁也。不在禁,惟害无罪",即使放在今天,也显得相当激进,有关贫富悬殊导致犯罪的相对剥夺论更是与马克思主义犯罪学殊途同归。即使是认为人性本利己的荀子与韩非子,对这种利己主义也未如后世般直接予以"恶"的评价,而是认为人性利己是正常的现象;韩非子更是直言所谓善行也只是因为有"利所加也"。此外,虽然韩非子将儒家认为是五蠹之首,"其学者,则称先王之道以籍仁义,盛容服而饰辩说,以疑当世之法,而贰人主之心",[③]但从二者对犯罪的看法中,可以窥得儒、法两家的思想其实是相通的,只是儒家稍显慈和,故后世统治策略多讲求"儒为表,法为里"。

(三)犯罪哲学根基的新选择

那么,我们对犯罪概念的哲学根基应当选择西方理论哲学预设道德评价的"虚无性",还是我国政治哲学中不做道德评价的"存在性"?

犯罪学的本土化,不应只是将西方犯罪学理论拿来就用,西方犯罪学理论有其值得借鉴的部分,运用西方的犯罪学理论分析我国本土的犯罪问题,并非不当,但应多加思考。根植于我们文化土壤的"犯罪"的概念其实与西方是迥异的,它更类似马克思所说的"孤立的个人反

① 《商君书·定分》
② 《韩非子·难二》。
③ 《韩非子·五蠹》。

对统治关系的斗争”,[1]即阶级斗争的产物。从这个角度来看,中国在面临历史剧变时选择以马克思主义为指导,其实在一定程度上暗合了自己的文化土壤。不独西方经典犯罪学理论,西方的刑事法与我国的刑事法也有着根本性的区别,前者与其说是用来遏制犯罪人,不如说是用于遏制国家的。[2] 但我国的刑事法律并不是这样的,至少从有刑事律法至今,不是这样。从封建时代到帝制时代,律法刑民不分,因为律法只是为了明赏罚、定分止争,直白了说,制定律法就是为了惩罚犯罪人,维护君主统治。当代新中国建立以后,吸收西方的法治思想,但并没有将西方的社会文化完全移植过来。法律虽然实现民刑二分,行政法也以单独形式出现,但是刑事法律的目的与任务仍是维护社会秩序的稳定。我国现行《刑法》开宗明义,就说明刑法是为了“惩罚犯罪,保护人民”,刑法的制定是基于已有的与犯罪斗争的经验和情况,刑法的任务是“是用刑罚同一切犯罪行为作斗争”。[3] 可见,我们法律的形式改了,但法律的内涵并未变革,而且法律的文化传统也并未改变。

正如费正清曾说过,一些西方学者在对比新旧中国之后,认为中国人不再崇敬祖先、取消了宗教仪式、妇女们不再使用化妆品、古典文学戏剧也已消失、看不到浓重的婚丧仪式,但是所有这些发现,现在看来都不够准确,应当将“所有中国人”改作“一些中国人”才符合事实。他还同时指出,尽管有了这些变化,人们对中国的前景还是有两种不同的预测,一种是,中国只是现代化起步较为缓慢,但一旦开始就会像其他国家那样工业化,就会出现与工业化相伴随的成就和弊病;第二种理论,也是大多数中国专家一贯的看法,中国会保持其特点,他将永远不会变得像其他国家一样。[4] 如今看来,这两种预测都是准确的。中国既走向工业化,也面临着与工业化如影随形的社会弊病,如青少年犯罪

---

① 参见《马克思、恩格斯全集》第3卷,第379页。

② 参见李海东:《刑法原理入门:犯罪论基础》,法律出版社1998年版,“代自序”第4页。

③ 《中华人民共和国刑法》第1条、第2条。

④ 参见李银河:《生育与村落文化》,内蒙古大学出版社2009年版,第214页。

与女性犯罪;但另外,中国的文化特色仍在那里,传统的乡土观念在自给自足的乡土经济瓦解之后仍然在延续,而有关法律的文化传统也在普通民众中继续。为权利而斗争者时而有之,但以法律为信仰者则鲜为可见,法官的社会威信与西方更难相较。①

与西方器物的实用相反,西方哲学、西方的法律思想其实反而是理想主义的,朴素的法感情根植于其文化土壤中。对西方而言,没有法律的社会是无法想象的,即使是理想中的社会也必然要有完备的律法。在莫尔(St. Thomas More,又作 Sir Thomas More,1478—1535)的《乌托邦》一书中,法律极其重要,整个乌托邦是以公有制为基础、靠精妙的法律制度运转的。“他们认为,不仅所有私人间的协议应该被遵守,并且,所有关于如何分配生活便利品的正当性法律都应该被遵守。”②而在我国的大同社会里,“大道之行也,天下为公,选贤与能,讲信修睦。故人不独亲其亲,不独子其子,使老有所终,壮有所用,幼有所长,鳏、寡、孤、独、废疾者皆有所养,男有分,女有归。货恶其弃于地也,不必藏于己;力恶其不出于身也,不必为己。是故谋闭而不兴,盗窃乱贼而不作,故外户而不闭,是谓大同”。③ 不难发现,在中国文明话语体系的乌托邦里,“讲信修睦”,但是难见法的踪影,而在西方话语体系中,法律是以明晰权利义务为内容、以限权为目的的。尽管中国历史上也有律法,但是律法在中国的文化中是以政治实用为上的,意在维护统治秩序、保持社会安定。因此,在法律文化、哲学思想迥异的中西文明中,有关犯罪的哲学也必然是不同的。西方犯罪学家认为的犯罪违反的“社会契约”“社会规范”“集体意识”或是“社会公益”,其内涵与本质和中国“罪,犯禁也”的“禁”是迥异的,尽管二者的形式都可能体现为法律。

那么中西两种迥异的法律文化有高低之分吗?笔者认为是没有的。

---

① 拉德布鲁赫的名言“诗人是从法学院逃逸的学生”,与当代中国的法学教育十分贴切。当代中国的法学教育其实是偏西式的,法学院的学生大都带有深刻的法感情,法律至上的理念深植于心。有关法律制度理想与现实的冲突感,他们体会颇深。

② [英]托马斯·莫尔:《乌托邦》,李灵燕译,西北大学出版社 2016 年版,第 58 页。

③ 《礼记·礼运》。

在西方,有过一场长达数十年的有关文化是不断进化抑或只是相对的争论。19 世纪末,以摩尔根(Lewis Henry Morgan,1818—1881)、斯宾塞(Herbert Spencer,1820—1903)、泰勒(Edward Burnett Tylor,1832—1917)等为代表的文化进化论(cultural evolutionism)曾兴旺一时。文化进化论认为人类历史是按线性序列不断进化,社会进化过程,是一个统一的、渐进的和不断进步的(uniform,gradual and progressive)过程,是一个从低级到高级、从不完善到完善的"进步"过程,就像生物进化一样。而现有的原始部落或落后文化,是目前处于较高级阶段的文化的早期缩影,代表欧洲文化以前经历过的阶段,今日欧洲文化或白人社会代表着人类社会进化迄今为止所已经达到的最高阶段。[①] 以人类学家博厄斯(Franz Boas,1858—1942)为首、他的一群弟子共同构成的学术群体,则站在文化相对主义立场上,对文化进化论展开长达数十年的批判。文化相对论者认为,世界上的各种文化没有程度高低之分,而文化进化论者则认为,社会是可以根据发展进化的高低程度加以划分的。我国受马克思主义发展观(五阶段论)的影响,人们比较容易接受文化进化一派的观点。"五四"运动以来的启蒙运动中,中国知识界所有对传统的批判,其实都可以划归文化进化论的范畴。整个思想学术界沉浸在一种乐观主义的气氛之中,虽然不免流于肤浅,但有一点同仇敌忾的味道。人们也不深究,只是把所有传统的东西,冠之以"封建主义"痛加批判。[②] 就像希尔斯(Edward Shils,1910—1995)在《论传统》一书中以极为不满的口吻所说的那样:"争取光明,反对黑暗的进步主义派有着一段光辉的历史,它为人类做出了许多成就。可是,近来它走进了死胡同……然而,尽管持进步主义观点的党派开始屡遭挫败,但它培育起来的理性主义和科学主义的庸俗主义,一听到'传统'一词

---

① 参见方朝晖:《从文化相对论与文化进化论之争》,载爱思想网:http://www.aisixiang.com/data/50002.html,最后访问日期:2017 年 7 月 15 日。

② 参见李银河:《生育与村落文化》,内蒙古大学出版社 2009 年版,第 213 ~ 214 页。

就怒不可遏。"①

本文持文化相对论。不同的民族群体,构筑其不同的社会文化,文化之间是没有高低之分的。不同的文化沿着社会发展变迁的轨迹,产生着新的变化。但并不能说,这新的变化就导致一种新的、更为高级的文化或者文明出现。至于社会的发展变迁,我理解为历史的演进。历史平稳向前时,社会变迁不停滞地、温和地渐进;历史出现剧变时,社会变迁也必然是翻天覆地的。渐变与剧变在时间和空间上交替进行,存在类似经济周期的间隔。渐变意味着社会问题的暂时消沉(并非不存在,只是不为大众所感知),冲突与矛盾蓄势待发,人们对幸福的关注并不迫切,文学与艺术作为一个风向标,在这个阶段也不会很辉煌;发生剧变的征兆则是社会基础领域的受挫,如经济发展速度的明显放缓、政治氛围的紧张或昏暗,紧接着是文明的倒退,社会在文明倒退带来的阵痛中寻找新的出路,直至出现经济复苏,政治趋于清明。社会变迁直接导致了社会制度的嬗变,尤其是法律制度的演变。

这里涉及制度移植的问题,尤其是法律制度的移植。社会变迁在更多的时候仅指社会剧变,如社会转轨或社会转型。社会转轨带来的剧痛让我们不得不人为地寻找一种更具主观能动性的方式以期更早地结束这场阵痛,而不是寄希望于历史的自然演进。因此在社会发生巨变时,人类往往更具创造性。但闭门造车颇为耗时耗力,而且往往不会有成果,所以在创新的同时,我们会适时地回顾历史,承继一些祖宗的遗产,也放眼看世界,借鉴一些别人的东西。社会转型过程中的借鉴,多是社会制度的移植。一直以来,学者都倾向于将制度移植的成功或失败归因于社会思想和文化的相似或差异。制度移植涉及到了盘根错节的各种各样的问题,如技术上的、思想上的。技术上的问题类似于语言的"翻译"技术,翻译时候是否作一些变更,关乎不同社会形态的制度文化比较。制度文化与之前所说的社会思想和文化是相通的。在制度移植时,对制度文化的考虑意味着反思制度原生地区或继受地区与

---

① [美]爱德华·希尔斯:《论传统》,傅铿、吕乐译,上海人民出版社2009年版,第8页。

所涉制度的关联性比较。当我们有意引进外来制度时,我们会思考众多因素:该制度在原生地区的发展历程,人们对制度的遵从程度,谁在执行并保证其实施,实施的成本与收益分别有多少,制度指向的是怎样的社会问题,该制度受其他社会制度的影响程度,民众居于何种原因和心理服从该社会制度,诸如此类问题,都是制度文化指向的内容。日本是最为典型的有着浓厚法律移植传统的国家。日本民族对社会制度移植有着天生的热情。社会制度本身就是社会各种环境因素的产物,关乎政治、经济、宗教、教育等。通过制度移植,日本在奈良时代将自己改造为汉唐的小模型,在明治时代创造了一个略显畸形的大和民族。值得我们思考的是:为何明知维新后的日本不会成为西方的复制品?"二战"后,麦克阿瑟带领日本几乎走向全盘西化,但今天反观日本,仍会看到儒家传统复苏的景象。总而言之,社会文化与社会制度本身并无优劣之分,彼此间的差别并非糟糠米面的实质差距。特定的国家与社会只需要适合本土的社会制度。并非说制度移植不可取,只是其代价有时花费太过巨大;对原有制度的修正尽管耗时,然而会比直接的继受更为安全,更得心应手,也更符合自己的社会文化发展轨迹。

我国犯罪学研究面临的是一个复杂的局面,犯罪行为是中式的,规制犯罪的法律是半中半西的,犯罪学理论则是西式的。正如制度移植一样,我们需要的往往并非最新兴的理论,而应该是最适合自己的犯罪学理论。当代我国刑法所惩罚的犯罪变了,但是犯罪的人群却没有变,犯罪的社会土壤也没有变;在这种情况下,对犯罪的认识也应该不发生改变。因此,我们对犯罪所做的评价不应该是"虚无"的,而应该是"存在"的。在中国古典哲学根基上,研究我国的犯罪,更具本土化的意义。

三、犯罪功能论的内涵

解决犯罪概念的哲学根基问题后,我们可以承认:犯罪是一种存在,有其独立的价值和意义。因此,即使在道德逻辑中,认为犯罪具有社会功能也是合理的。在对迪尔凯姆的犯罪功能理论进行解读后,我们还可以得出以下结论。

(一)犯罪边界是流动的

在寓言里,农夫诅咒在他的玉米地里旺盛生长的牵牛花,认为他们是魔鬼的创造物;他的小女儿兴奋地将牵牛花编成花环,惊叹它的美丽,认为它是上帝的伟大创造。① 犯罪也同样如此。同一行为,与当时的社会秩序相安无事时,就是正常的行为;与当时的社会秩序出现冲突时,就是犯罪行为。比如,大义灭亲、为父报仇的杀人行为,在传统社会中就是被赞许的正义行为,在当代社会中,无疑是犯罪行为。

时移俗易,社会秩序总是从新生趋于成熟又走向动荡,这个周期可长可短,因社会生产方式、劳动分工、文化教育、政治生态等的变化而变化。罪与非罪的界限也不是固定不变的,一些过去被认为是犯罪的行为会从现代刑法典中消失,如巫蛊、通奸等行为;有些过去不认为是犯罪的行为,人们今天反而会认为它们不只是违背最重要的伦理,还严重违反了法律,如溺婴、买卖人口等。甚至在自然犯罪范畴中的一些行为,也在罪与非罪的界限中徘徊,比如大义灭亲的杀人行为。但这些行为仍然具有研究的价值。"在原始社会被非难为犯罪,而后来不再被这样认为的行为,与今天我们仍在继续惩治的行为完全一样,对这个社会而言是地地道道的犯罪。"②我们研究的犯罪是社会中的犯罪,社会与犯罪都在不断变化,如果只研究那些不变的犯罪行为,犯罪学研究也不再是对社会的研究,也会失去它独特的学术价值。

在我国的法律传统语境下,犯罪边界及其流动性还可以引发对其他问题的思考。比如,家庭中发生剧烈冲突在什么情况下算是犯罪?宗法与国法之间的界限在哪里?宗法惩治的行为算不算犯罪行为?等等。

---

① 参见[美]保罗·卡鲁斯:《魔鬼史》,王月瑞译,文汇出版社 2006 年版,第 248 页。

② [法]E.迪尔凯姆:《社会学方法的准则》,狄玉明译,商务印书馆 1995 年版,第 59 页。

(二)偶发的犯罪强化社会秩序

特定历史时期,犯罪作为当时社会秩序的对立面,更鲜明地突出社会秩序本身。正如老子说:“天下皆知美之为美,斯恶矣;皆知善之为善,斯不善矣。”[①]上帝之所以为正义,是因为魔鬼的存在;正义之所以为正义,是因为邪恶的存在。[②] 所以,善之为善,亦是因为有恶的存在。如果恶不存在,善恶标准也将失去其存在的意义,善恶的分别也将无所谓。同样地,如果没有犯罪,也无所谓社会秩序的存在。

每一次的犯罪行为,对当时的社会秩序而言,都是一种力度或大或小的打击;刑罚,正是社会秩序抵抗犯罪打击的方式。偶然性的犯罪行为,并不会对社会秩序造成损害,反而会强化社会秩序。偶然性的犯罪行为明晰了犯罪与非犯罪的界限,向社会成员再次强调了社会秩序的存在。另外,偶然性的犯罪行为给了社会系统从容的时间来组织刑罚,刑罚的及时性与刑罚本身的威慑功能,都在提醒社会成员不能对抗社会秩序,深化社会秩序在社会成员集体意识中的印记,甚至培养出社会成员遵从秩序的潜意识。

(三)频发的犯罪促进社会更迭

正如战争推动社会发展一样,犯罪也可能推动社会进步。[③] 频繁的爆发性的犯罪行为推动社会秩序发生改变。一方面,短期内频发的犯罪说明当前社会秩序已不能正常满足人们的需求,犯罪频发作为一个信号会促使社会公众反思既定的社会秩序。正所谓法不责众,频繁的犯罪行为,说明社会秩序正在惩罚社会成员中的多数人,这也可能引发公众对犯罪人的同情,以及公众对当前社会秩序的不满。另一方面,

---

① 《老子 · 道经 · 第二章》。

② 参见[美]保罗 · 卡鲁斯:《魔鬼史》,王月瑞译,文汇出版社 2006 年版,第 268 页。

③ 参见储槐植:《刑事一体化论要》,北京大学出版社 2007 年版,189 ~ 190 页。

犯罪频发时,社会系统就无法像正常情况一样从容及时地组织刑罚反应,从而导致刑罚不及时或是有罪漏罚,刑罚作为维持社会秩序的重要强制手段,其力量衰弱,此消彼长下,同类犯罪将更多地发生,瓦解着与社会秩序相配套的道德伦理观念,瓦解着当前的社会秩序。

频发的犯罪是对社会秩序的重大打击。因此,综观历史,犯罪频发的时代,往往会紧接着一个发生巨大变革的时代。而变革之后的社会秩序也会发生新的变化,犯罪的具体内涵随之发生变化。因此当我们把犯罪主体的需求与彼时的社会秩序进行交叉比较,如果发现哪些需求遭受过分抑制,就可以推断出彼时社会中多发的犯罪行为以及社会秩序所应调整的方向。

(四)犯罪圈扩大会形成新社会秩序

在一些新思想的影响下,社会秩序制定者可能会调整社会秩序,将一些行为入罪。当法律精神或者统治者思想超前于社会道德伦理,某些行为被入罪,在新法律执行的初期,社会也会面临爆发的该类犯罪行为。这时,就需要社会系统集中力量,及时有效地组织刑罚反应。

如果刑罚组织得从容有效,道德伦理会渐渐对该犯罪形成否定评价,新的社会秩序也会为公众所接受并趋于稳定。比如醉驾入罪时就曾引发争论,因为酒文化是我国一贯的传统,醉驾也是较为普遍的行为。但新法实施后,国家对醉驾犯罪行为予以及时严惩与适当报道,今天醉驾行为明显变少,社会公众也普遍接受安全驾驶的观念,认为醉驾就是应当予以谴责的犯罪行为。①

但如果社会系统在对针对新认定的犯罪行为组织刑罚反应时,明

---

① 参见刘仁文、敦宁:《醉驾入刑五年来的效果、问题与对策》,载《法学》2016 年第 12 期;杜晓:《传统酒文化对依法治理醉驾影响几何》,载法制网:http://www.legaldaily.com.cn/legal_case/content/2011-06/13/content_2742549.htm?node=30190,最后访问日期:2017 年 3 月 15 日;蒋菱枫:《公安交管部门整治酒驾醉驾成效明显》,载公安部官网:http://www.mps.gov.cn/n2254098/n4904352/c5394252/content.html,最后访问日期:2017 年 3 月 15 日。

显力不从心,长期以往,社会秩序就会处于动荡之中;且可以说明,新的犯罪认定不合理,应予以反思甚至予以推翻。举个例子,如果国家忽然颁布法律,将吃肉的行为认定为犯罪,这与一贯的传统严重违背,那么大家必然会继续吃肉,司法机关根本无法处理这么多吃肉的犯罪行为;说明将吃肉定罪的新秩序是不合理的,应该被推翻,否则社会秩序就会处于长期的动荡而无法趋于稳定。

On Function of Crime

——From the Philosophical Foundation of Crime

Lin Yumin

[**内容摘要**] 犯罪功能论引发了学者争议。争议的根源在于,哲学上对犯罪的主流认识是犯罪的"虚无性",即将犯罪视为对"善"的损害,因而犯罪是"法"的缺乏或虚无。犯罪功能论的逻辑前提,应该是犯罪本身具有存在性。因此,需要去除犯罪的"虚无性",剥离对犯罪道德评价的部分,将犯罪还原为具有存在性的裸的社会事实。在这个哲学根基上,犯罪具有社会功能则是水到渠成的结论。

[**关键词**] 犯罪;犯罪功能;虚无性;存在性

Abstract: The theory of function of crime has aroused controversy among scholars. The controversy stems from that mainstream understanding of crime in philosophy is the "nihility" of crime, that crime is regarded as damage to good and absence of law. The theory of criminal function should generate from logical premise that crime itself is in existence. Therefore, it is necessary to remove the " nihility" of crime, peel off the part of moral evaluation of crime, and restore the crime to the bare social fact in existence. On the basis of this philosophical cognition, we could come to conclusion naturally that crime does have social function.

Key words: crime; function of crime; nihility; existence

企业犯罪风险防控策略研究*

——以 C 市为样本

么　宁**

目　　次

近年来中国经济形势增长放缓，发展面临国内外诸多矛盾叠加、风险隐患交汇的严峻挑战，①世界经济增长态势亦持续低迷。与此相对应，企业生产经营难度增大、经济金融风险凸显，"经济的急速发展与社会关系的高度分化使社会呈现出风险的特征，刑事立法不得不紧跟社会形势频繁扩张，以应对风险社会隐藏的巨大危险"。② 一些企业和企业家犯罪时有发生，不仅给企业自身的发展乃至生存造成了巨大影

* 本文是作者主持的重庆市科学技术委员会 2017 年年度技术预见与制度创新项目"企业犯罪风险防控策略研究"的前期研究成果。

** 北京师范大学在站博士后，诉讼法学博士。通讯地址：重庆市两江新区黄山大道中段 70 号，邮编：401121，电话：13908391121，邮箱：13908391121@139.com。

① 参见 2015 年、2016 年、2017 年《中国政府工作报告》，载中国政府网：http://www.gov.cn/guowuyuan/baogao.htm。

② 高铭暄：《风险社会中刑事立法正当性理论研究》，载《法学论坛》2011 年 7 月第 4 期。

响,也给市场经济平稳运行带来危害。研究企业犯罪风险防控,寻找有效降低风险的策略机制,有助于企业形成良好合规的运营模式。当前理论界对企业及企业家犯罪的学术研究百花齐放,对企业及企业家犯罪的特征和规律进行了充分的理论研究,并发现了企业家犯罪风险高发的重点领域。本课题拟在此基础上以个别地区为例证展开区域性研究,以期进一步揭示企业及企业家犯罪的地域特征,并试图为企业及企业家犯罪风险防控寻求策略。"制度的最大优势在于抑制人际关系中的机会主义行为,而且这种持续性的抑制还会逐渐凝结成共识,形成社会秩序并增进这种秩序",①探索建立符合企业自身发展战略的风险防控制度,并使其形成为社会普遍接受的企业行为模式,正是本课题的研究价值所在。

一、企业犯罪研究的样本选择

(一)企业犯罪研究概况

根据我国《刑法》第 30 条规定,企业是单位犯罪最重要的主体。从企业创建开始进行工商登记,到企业生产运营、投资融资,甚至到最终的破产清算,均可能因企业自身行为或者企业所属工作人员的行为而发生犯罪风险。当前,我国是世界上发展最快的经济体之一,随着国门的逐步打开和市场经济体制不断向前推进,企业犯罪呈现快速、多发的发展态势,并日趋复杂化。企业犯罪已经成为我国法学理论和实践中无法回避的严重社会问题。

针对当前我国企业犯罪发展现状,我国已有多家研究机构成立了企业家犯罪研究中心,围绕企业、企业家犯罪及预防展开专门性研究。近年来,部分研究机构还定期针对企业及企业家犯罪发布研究报告,较具代表性的如法制日报社中国公司法务研究院发布的年度《中国企业家犯罪报告》和北京师范大学中国企业家犯罪预防研究中心发布的年

---

① 姜伟:《全面深化改革与全面推进依法治国论纲》,载《中国法学》2014 年第 6 期。

度《中国企业家刑事风险报告》。

据《2016 年度中国企业家犯罪报告》显示，近年来，企业家犯罪数量持续增长，国有企业犯罪或者涉嫌犯罪的案件高于民营企业，民营企业家涉案的绝对数和所占比例同比有所上升。从涉案罪名来看，与2015 年相比，贪污贿赂类犯罪仍然是国有企业家涉案的主要罪名，而就民营企业家而言，融资类犯罪数量则处于高位。值得注意的是，在民营企业家犯罪案件中，事故类犯罪案件较往年明显增多。此外，随着互联网的快速发展，与网络技术等手段结合的犯罪案件数量呈现增长趋势，最为典型的是互联网金融相关犯罪。

与上述报告略有区别，《中国企业家刑事风险分析报告(2016)》统计的国有企业家犯罪数量(203 件)明显低于民营企业家犯罪(1255 件)。从涉案罪名来看，总体而言，企业家触犯最多的犯罪是“破坏社会主义市场经济秩序罪”，有 1035 次，占 51.5%，其次是“侵犯财产罪”，有 439 次，占 21.9%，再次是“贪污贿赂罪”，有 399 次，占 19.9%。其中，国有企业家涉案罪名为 33 种，罪名集中在贪污贿赂罪中，数量最多的五种犯罪分别为受贿罪(34.8%)、贪污罪(25.9%)、挪用公款罪(9.2%)、私分国有资产罪(4.4%)和职务侵占罪(3.8%)；民营企业家触犯的罪名高达 70 种，数量最多的五种犯罪分别为虚开增值税专用发票罪(16.3%)、非法吸收公众存款罪(13.5%)、职务侵占罪(12.3%)、合同诈骗罪(6.2%)和骗取贷款罪(3.5%)。

(二)样本城市的特征

C 市是我国西部内陆地区，改革开放初期，受地理位置限制，以传统重工业为经济支柱。借助我国“全面提高开放型经济水平”重大战略部署和西部大开发过程中国家政策的扶持，C 市经济迅速转型，优化产业结构，大力发展新兴产业和第三产业，推动工业结构向高端化、集群化和绿色低碳化发展。目前，C 市第三产业占比超过工业，成为经济的第一大产业，并已形成国家重要的现代业制造基地。2017 年 C 市全市生产总值达到 17,559 亿元，三次产业结构比为 7.4∶44.2∶48.4，一般公共预算收入达到 2228 亿元。支柱产业持续发力，新兴产业接续成长,汽车、电子制造业产值分别增长 11.7%、17.7%,战略性新兴制造业产值超过 2700 亿元、增长 50% 以上。服务业增加值占 GDP 比重达到 48.4%,战略性新兴服务业快速发展。自由贸易试验区获准设立,中新战略性互联互通示范项目启动建设。国家自主创新示范区获批创建,全社会研发经费支出增长 20%,占 GDP 比重达到 1.7%。经济的持续稳定增长使得 C 市成为西部地区重要的经济增长极,并一跃成为我国较具代表性的现代城市之一。

(三)样本企业的特征

C 市的企业中民营经济占了较大比重,2016 年 C 市民营经济增加值为 8760.5 亿元,增长 12.1%,高出全市 GDP 增速 1.4 个百分点,占 GDP 比重为 49.9%,民营经济对全市经济增长贡献率达到 59.2%,带动经济增长 6.3 个百分点。C 市非公有制经济纳税 1620.8 亿元,增长 16.1%,占全市税收总收入的 64.8%。此外,数据显示,截至去年,C 市民营市场主体已达 207.2 万户,占全市市场主体 96.6%。其中私营企业 62.8 万户,增长 15.4%;个体工商户 144.4 万户,增长 9%。值得注意的是,私营企业增速已连续 6 年领先个体工商户,在 C 市民营经济市场主体中占比从 2011 年的 21.2% 提升至 2016 年的 30.3%。截至 2016 年,C 市共有各类市场主体 214.45 万户,比上年增长 10.7%。其中,内资企业 66.49 万户,外资企业 0.60 万户,个体工商户 144.41 万户,农民专业合作社 2.95 万户。2016 年新发展微型企业 9.05 万户,年末微型企业达 52.06 万户,增长 16.8%。

本文所选样本企业从规模来看,既包括中大型以上企业,又包括微型企业和个体工商户;从经营内容来看,既包括汽车摩托车制造、装备制造、石油天然气化工、材料工业等传统企业,又包括电子信息、互联网金融等新型企业;从所有制形式来看,包括国有企业和民营企业两种;从涉及人员范围来看,既包括企业高级管理人员,又包括普通工作人员。其中,企业高级管理人员,包括董事长、总经理或者法定代表人等主要负责人、实际控制人、股东、党群负责人、董事、监事、财务负责人、技术负责人、负责销售、采购及其业务的高级管理人员。上述人员在企业创建、经营管理、工作过程中,实施的与企业相关的活动,纳入本课题的研究范围。

二、近年C市企业犯罪概况①

(一)犯罪基本情况

1. 犯罪数量

2014年至2016年,C市各级人民法院共审理企业犯罪案件889起,被告人(包括单位,下同)1460名。其中:2014年,286起案件,440人;2015年,355起案件,548人;2016年,248起案件,472人(具体分布见图1)。

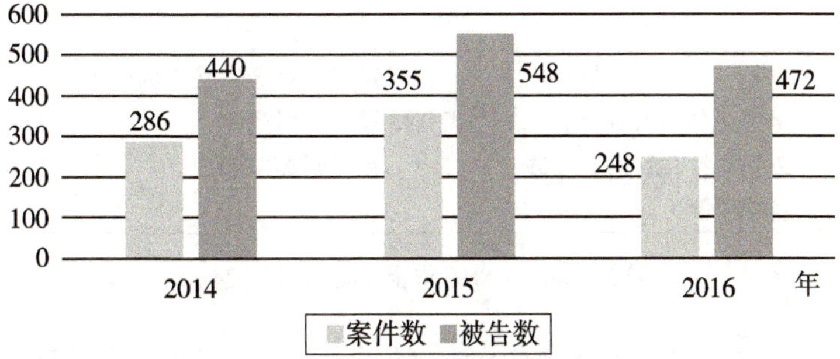

图1　2014~2016年犯罪数量变化

如图1所示,近3年C市企业犯罪数量基本稳定,2015年案件数量增长两成左右,而2016年案件数量出现回落,但共同犯罪、集团犯罪数量有所上升,被告数量与案件数量之比则呈现出上升趋势。由此可

① 本文基于2014年、2015年、2016年C市各级人民法院做出的关于企业家犯罪的裁判文书的文本分析,案例来源为中国裁判文书网、无讼网等网站,鉴于法院司法习惯是将前一年度的12月25日作为当年的结案时间,故报告中所引数据年度截止日期均为12月25日。此外,为了全面展现企业犯罪情况,为企业内部管理提供启示和参考,本报告统计的犯罪主体包括企业及企业的股东、高管、企业员工。

见,近三年 C 市企业犯罪数量基本保持在较为稳定的状态,存在小幅涨落,而犯罪人数相比于案件数量则呈现出更为明显的上升趋势。

2. 犯罪罪名

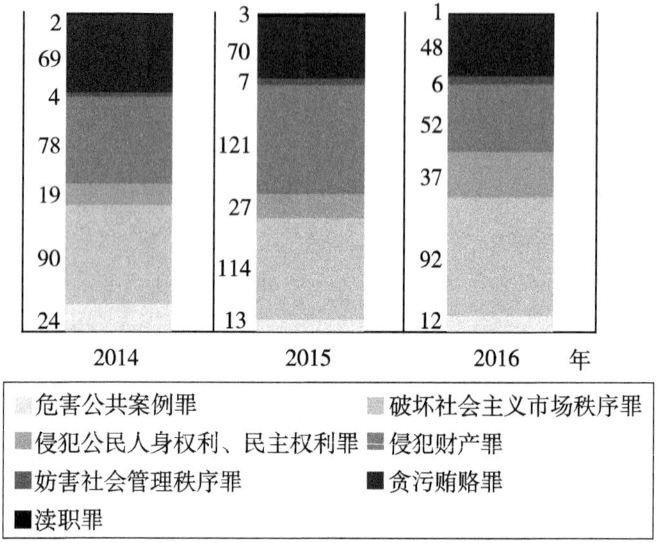

图 2　2014～2016 年企业犯罪罪名变化

近三年 C 市企业犯罪罪名分布较广,涵盖刑法分则所规定的大部分罪名,但各个章节罪名分布极为不均(具体分布见图 2)。

如图 2 所示,C 市企业犯罪触犯罪名概率由高至低依次是:破坏社会主义市场秩序罪→侵犯财产罪→贪污贿赂罪→侵犯公民人身权利、民主权利罪,余下危害公共安全罪、妨害社会管理秩序罪、渎职罪时有发生但保持在较低的比例。该统计与《中国企业家刑事风险分析报告(2016)》显示的全国企业犯罪触犯罪名类型和频率相一致。

从宏观上来看,2014 年破坏社会主义市场秩序罪在总案件数中占比 31%,侵犯财产罪占比 27%,贪污贿赂罪 24%;2015 年破坏社会主义市场秩序罪在总案件数中占比 34%,侵犯财产罪占比 32%,贪污贿赂罪 20%;2016 年破坏社会主义市场秩序罪在总案件数中占比 37%,

侵犯财产罪占比 21%，贪污贿赂罪 19%（具体分布见图 3）。如下图所示，破坏社会主义市场秩序罪占比持续上升，侵犯财产罪占比回落幅度较大，而贪污贿赂罪虽发生率有所降低，但总体持平。

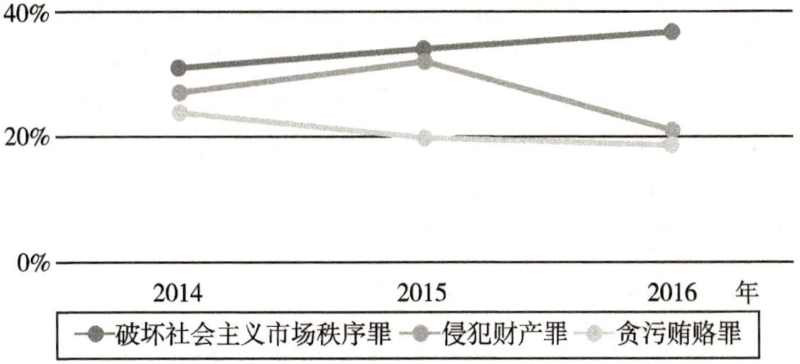

图 3　2014～2016 年三类犯罪的变化

从微观上来看，以 2016 年为例，2016 年 C 市各级人民法院共审理企业犯罪 248 起案件，其中破坏社会主义市场秩序案件 92 起，此类犯罪中发生概率最高的分别是非法吸收公众存款罪（37 件）、合同诈骗罪（12 件）、非国家工作人员受贿罪（8 件），分别在总案件数中占比 15%、5%、3%；侵犯财产罪 52 件，此类犯罪中发生概率最高的是职务侵占罪（20 件）、诈骗罪（18 件）、挪用资金罪（12 件），分别在总案件数中占比 8%、7%、5%；贪污贿赂罪 48 件，此类犯罪中发生概率最高的分别是受贿罪（26 件）、贪污罪（12 件）、单位行贿罪（4 件），分别在总案件数中占比 10%、5%、2%。

3. 刑罚适用

近三年对于企业人员的刑罚适用总体呈现出轻缓趋势。从刑罚种类来看，2014 年至 2016 年，犯罪企业人员所适用的刑种包括管制、拘役、有期徒刑、无期徒刑、死刑五种主刑，以及罚金、没收财产、剥夺政治权利三种附加刑。其中，尤其以 5 年以下有期徒刑的短期自由刑适用为主。据统计，2014 年被判处有期徒刑 5 年以下（不包括 5 年）的案件数量有 237 件（占比 83%），其中缓刑率 56%，被判处有期徒刑 5 年以上 10 年以下的案件数量有 31 件(占比 11%),被判处有期徒刑 10 年以上的案件数量有 18 件(占比 6%);2015 年被判处有期徒刑 5 年以下的案件数量 288 件(占比 81%),其中缓刑率 52%,被判处有期徒刑 5 年以上 10 年以下的案件数量有 42 件(12%),被判处有期徒刑 10 年以上的案件数量有 25 件(7%);2016 年被判处有期徒刑 5 年以下的案件数量 220 件(占比 89%),其中缓刑率 49%,被判处有期徒刑 5 年以上 10 年以下的案件数量有 12 件(5%),被判处有期徒刑 10 年以上的案件数量有 16 件(6%)。具体分布见图 4。

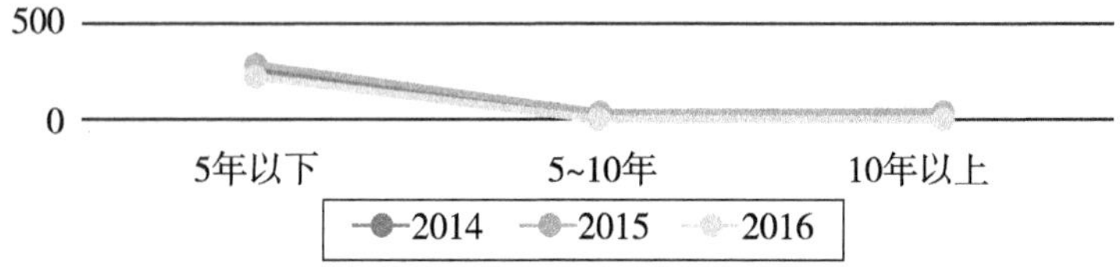

图 4 2014~2016 年刑罚分布图

需注意的是,近 3 年来 C 市对于国有企业贪污贿赂犯罪的打击力明显增强,国有企业高管贪污贿赂犯罪案件数量出现波动增长趋势。以受贿罪为例,2014 年受贿案件共计 26 件,其中收受贿赂的金额在人民币 5 万元到 20 万元的案件共计 14 件,而被判处有期徒刑以下以及宣告缓刑的案件就有 11 件,轻缓率高达 79%;2015 年贿赂犯罪案件 30 件,收受贿赂在上述金额区间的案件共计 18 件,而被判处有期徒刑以下或者宣告缓刑的案件有 9 件,轻缓率 50%;而 2016 年的情况则有所不同,2016 年贿赂犯罪案件共有 26 件,其中收受贿赂金额在上述区间的案件共有 16 件,而刑罚在有期徒刑以下或者宣告缓刑的只有 6 件,轻缓率 38%。由此可见,在国家反腐倡廉的大背景下,随着党和国家反腐工作力度的进一步加强,国有企业贪污贿赂犯罪数量将逐渐减少,但在未来一段时间内,案件数量可能会出现波动增长趋势。与此同时,对于国有企业内部的贪污腐败犯罪的打击力度也将越来越大,收受贿赂 20 万元以下被判处缓刑的概率呈明显降低趋势。

(二)犯罪特点

1. 融资犯罪成为企业犯罪重灾区

资本是企业在市场经济中得以存在的基本条件。然而,由于我国市场经济发展尚不成熟,相关融资制度和机制尚未完全建立,企业合理的融资需求得不到充分满足,从而使部分民间融资行为超过法律限度,从而构成融资犯罪。从近年来C市企业涉及的融资犯罪情况来看,主要的罪名集中在非法吸收公众存款罪:2014年C市各级法院审理企业犯罪中有非法吸收公众存款案件20件,涉案人数29人;2015年审理57件,涉案人数103人;2016年审理37件,涉案人数83人。非法吸收公众存款罪以涉案人数之众、涉案金额之高、被害人数之多、影响范围之广、增长幅度之大高居企业犯罪之首。从涉案金额最高值来看,2014年非法吸收公众存款数额最高的是由C市Y区人民法院一审的李某某案,被告人非法向共计2152人募集资金7874.1161万元。2015年数额最高的是C市N区人民法院一审的戴某某案,被告人非法吸收的存款金额甚至达到22.75亿元。2016年数额最高的是由C市Y区人民法院审理的姚某某案,被告人向4000余人吸收公众资金累计80,520.0706万元。从案件金额的分布情况来看,2014年非法吸收公总存款1000万以上的案件有3件,占比15%;2015年千万以上的案件有22件,占比39%;2016年千万以上的案件有19件,占比51%。可见三年来,非法吸收公众存款案无论的案件数量还是金额数量都存在明显的上升趋势,融资犯罪已成为企业犯罪的重灾区。

2. 企业贪腐犯罪高居不下

综合近三年企业犯罪触犯罪名的情况来看,贪污腐败犯罪表现出高发、稳定的特点(具体见表1)。其中又以受贿案件占据比例最高,贪污罪次之,挪用公款罪时有发生。

表 1 近 3 年企业贪腐犯罪情况

年度	贪污案件	受贿案件	挪用公款案件	总计
2014	8 案 16 人	26 案 26 人	5 案 6 人	39 案 48 人
2015	8 案 8 人	30 案 31 人	1 案 2 人	39 案 41 人
2016	12 案 15 人	26 案 28 人	3 案 3 人	41 案 46 人

党的十八大以来,党中央对贪腐犯罪采取高压打击之势,以零容忍态度推行反腐败斗争,相应地被查处的企业犯罪贪腐犯罪也呈现出上升趋势,如表 1 所示。近年 C 市贪污腐败犯罪比较具有代表性的有,2014 年原国网 C 市招标有限公司(国网 C 市电力公司的全资子公司)招标主任王某某收受贿赂 815 万,被判处有期徒刑 13 年;2015 年原 C 市电力公司沙坪坝供电局局长陈某某收受贿赂 1042.995 万元,被判处有期徒刑 11 年;2016 年原 C 市渝电工程监理咨询有限公司总经理黄某收受贿赂 209.5 万元,被判处有期徒刑 3 年 11 个月。值得注意的是,从企业家受贿金额来看,2014 年认定收受贿赂超过 20 万元的有 10 件,2015 年认定收受贿赂超过 20 万元的有 12 件,而 2016 年认定收受贿赂在 20 万元以上的则有 9 件,综合 3 年贪腐数额分布情况,受贿数额区间在 5 万元以上 20 万元以下的约占 70%。

3. 传统财产类犯罪仍占据一定比例

除上述非法吸收公众存款罪、贪污贿赂罪以外,传统财产类犯罪在企业犯罪总数中仍占据着一定的比例。2014 年 C 市各级人民法院审理的企业犯罪中职务侵占罪 49 件 102 人;挪用资金罪 18 件 20 人;诈骗罪 8 件 11 人,此三类罪名占企业犯罪案件总数 26%,占犯罪总人数 30%。2015 年审理职务侵占罪 64 件 128 人;挪用资金罪 22 件 22 人;诈骗罪 32 件 48 人,此三类罪名占企业犯罪案件总数 33%,占犯罪总人数 33%。2016 年审理职务侵占罪 20 件 29 人;挪用资金罪 12 件 12 人;诈骗罪 18 件 104 人,此三类罪名占企业犯罪案件总数 20%,占犯罪总人数 31%。值得注意的是,近 3 年诈骗罪的数额增长十分迅速,2014 年诈骗犯罪的总金额在几千万左右,及至 2016 年诈骗罪的总金额已上亿。且诈骗犯罪重刑率相当高,具有一定代表性的案例如2014年某日用品有限公司法定代表人刘某、王某、董某共同诈骗6958.56万元,三人皆被判处有期徒刑10年以上;2016年某投资管理有限公司负责人李某某等11人共同诈骗2176.06万元,被判处有期徒刑15年不等;2016年某电子商务有限公司副总邬某诈骗1200余万元,被判处有期徒刑12年。综上所述,传统侵犯财产类犯罪发生率较高、犯罪影响较大、犯罪数额较高,已成为企业犯罪中重要的构成部分。

(三)犯罪的一般规律

1.企业管理漏洞成为犯罪发端

通过近三年裁判文书的梳理和分析,不难发现,企业在采购、工程发包和财务管理这三个环节的漏洞成为企业犯罪的高发点。采购、工程发包、财务管理等环节容易滋生商业犯罪,除了这些领域聚集经济利益是逐利犯罪天然追求的目标之外,更重要的还在于企业管理存在漏洞使得犯罪有机可乘。从近年被查处的案例来看,涉及犯罪的企业往往在内部管理制度上疏于防范,在商业合作过程或日常经营管理活动中个人行为缺乏监管,使得企业正常发展商机沦为个人追逐非法利益的窠巢。以采购为例,大部分受贿罪被告人都是在某公司担任采购部分主管期间,其他企业或个人为了获得签约的机会,在采购采样过程中向其行贿,如2014年某百货大楼股份有限公司采购部经理陈某某在采购过程中收受他人好处费34万元,构成非国家工作人员受贿罪。同样,工程的发包承揽也成为企业犯罪的多发区域,部分公司为了顺利承包工程或者在工程拨付款中得到便利,也极易向该工程管理人员行贿,如2014年园林工程有限公司法定代表人唐某某,为公司谋取不正当利益,向国家工作人员行贿302万元。而财务管理、会计、出纳等职务也成为贪污罪、挪用公款罪、挪用资金罪的高发领域,被告人往往利用担任上述职务的便利条件,钻企业资金管理的空子,从而将企业资金当做个人私有财产加以使用、占有甚至侵吞。如2016年某天然气股份有限公司C销售分公司财务处处长朱某利用职务之便,采取虚假报账的方式侵占公司财物共计72万元,又如2014年某百货连锁店会计王某挪用单位资金130余万元归个人使用。

2. 犯罪涉众化趋势日益明显

从宏观上来看,2014年被告数与案件数之比为15∶10,比例指数为1.5,2015年被告数与案件数之比同样为15∶10,比例指数1.5,2016年被告数与案件数之比则增长到19∶10,比例指数1.9。也就是说,2014年、2015年平均每10个案件有15个被告,而2016年则增长为平均每10个案件就有19个被告,可见共同犯罪案件数量的增长导致被告人数增多从而拉大了被告数与案件数之比。从微观上来看,在所有罪名中,犯罪人数增长最为明显的罪名主要是非法吸收公众存款罪与诈骗罪,2014年C市各级人民法院审理非法吸收公众存款罪案件20件,涉案29人,被告数与案件数的比例指数为1.45,诈骗罪8件,涉案11人,比例指数为1.375;2015年审理非法吸收公众存款罪案件57件,涉案98人,比例指数为1.71,诈骗罪案件32起,涉案48人,比例指数为1.5;2016年审理非法吸收公众存款罪案件37件,涉案83人,比例指数为2.24,诈骗罪18件,涉案104人,比例指数为5.78。可知近三年来,非法吸收公众存款罪与诈骗罪共同犯罪指数直线上升,此两种罪名单位犯罪比例逐渐升高。因此,不管从宏观还是微观上看,企业犯罪涉众化已成为日益凸显的趋势。

三、C市企业犯罪成因分析

以C市为借鉴,当前,我国企业犯罪呈现出常见、高发、复杂化发展态势,对企业和市场经济整体发展带来严重的负面影响。特别是一些涉众型经济犯罪案件的发生,更容易演化成社会问题,严重影响社会秩序的安定。究其原因,不仅有经济、社会发展等外部因素,还包括企业管理及风险防控等内部因素。

(一)外部因素

1. 企业运营负担过重

如果将经济生态比作一个有机体,那么企业就是这个有机体内最小的细胞,有机体的滋养使企业能够发展壮大,同样,企业所释放的能量也能反哺经济。但是经济是多个行业、环节、领域构成的集合体,其中任何一环的变化都会对企业发展带来或多或少的影响。根据C市工商联2015年组织对当地500家民营企业作出的调查报告显示,“C市种类繁多的费,特别是各种预缴税和保证金,占用了企业大量的流动资金,加重了企业负担,这在目前国内经济下行压力持续加大,部分行业的民营企业生产经营苦难加剧的前提下,削弱了企业的自救能力”。① 2016年,C市出台了专门文件帮助企业平稳发展。② 从2017年初C市政府工作报告的情况来看,收效甚好,但也还存在“非金融企业债务负担较重,一些企业经营困难,潜在风险仍在累积”的问题。③ 在世界经济疲软和国内经济下行压力下,运营成本过高无疑使企业生存环境更加艰难。个别企业为维系生存发展,以破坏企业诚信为代价,乃至做铤而走险,实施违法犯罪行为。在一定程度上,企业运营负担过重已经成为了企业犯罪的外部诱因之一。

2. 民营企业融资困难

目前,我国正处于经济转型期,市场经济发育尚不成熟,配套制度未完全建立,经济制度设计中不可避免地向国有企业倾斜,民营企业在市场准入、获取信贷、经营范围等方面都受到极大的限制。当正规的制

---

① 程维:《重庆民企负担调查:困境下的“税多费重”》,载《21世纪经济报道》2016年2月22日,第10版。

② 程维:《重庆民营企业困境加剧 政府出台30条措施急救》,载《21世纪经济报道》2016年2月17日,载财新网:http://finance.huanqiu.com/zcjd/2016-02/8552133.html,最后访问日期:2017年5月24日。

③ 《2017年重庆市政府工作报告》,载中国发展门户网:http://cn.chinagate.cn/reports/2017-02/17/content_40307688_5.htm,最后访问日期:2017年5月24日。

度性融资渠道受阻后,民营企业迫于"生存"压力不得不进行非正规手段的制度性融资或者非制度性融资,而这些融资手段或途径往往有触犯刑事法律的风险。在2014~2016年C市企业犯罪案件所涉罪名中,融资类犯罪所占的比例相当大。在统计的889起案件中,非法吸收公众存款罪和集资诈骗罪的案件数达到了116件,占企业犯罪案件总数的13%。而值得注意的是,这两类案件的犯罪人全都是民营企业家。事实上,企业融资类犯罪并不仅限于非法吸收公众存款罪和集资诈骗罪,还包括大量以合同诈骗罪定罪的融资类犯罪,以及票据诈骗罪、骗取贷款罪、贷款诈骗罪、保险诈骗罪、挪用资金罪、金融凭证诈骗罪等与企业融资问题紧密相关的犯罪。如果这类罪名也纳入统计范围,融资类犯罪将在企业犯罪罪名中位列第一。从这一结果不难看出当前民营企业融资的困难程度。

融资难首先体现在民营企业融资的渠道较为狭窄。融资渠道一直是制约民营企业发展的一大瓶颈。正规金融内控制度日趋严格,信贷业务规模压缩,融资门槛高、审批时间长,部分民营企业因得不到国有商业银行的贷款,只能依靠民间信贷。就C市而言,该市民营企业整体规模较小,以中小型企业为主,而由于我国金融证券市场设立的"硬性指标",民营企业想通过上市、发行债券等方式获得融资非常困难。因此银行贷款融资成为了中小企业融资的重要渠道。然而由于民营企业管理制度仍相对落后,财务公开不足,财务报表存在虚假信息等原因,在信用评定时会造成一些困难。因此,银行更倾向于向国有企业发放大额贷款,"从盈利能力来看,私营企业的净资产收益率(Rate of Return on Common Stockholders' Equity,ROE)均值最大,国有企业的净资产收益率 均值最小;然而从融资成本角度出发,私营企业的融资成本(interest)均值最大,国有企业的融资成本(interest)均值最小。这些差异说明了私营企业具有获取高利润的能力,但却没有国有企业的融资优势"。①

① 蔡竞、董艳:《区域性银行的发展与中小企业融资——基于中国工业企业统计数据的实证研究》,载《中国经济问题》2017年3月第2期(总第301期)。

其次,民企融资难还体现在民间融资的法律风险较高。如前所述,民营企业由于缺乏制度性融资的渠道的有力支撑,因此存在较大的社会融资需求。随着经济的快速发展,民营经济所需要的资金量越来越大,根据中国人民银行的统计,“3 月末,C 市社会融资规模存量 3.83 万亿元,同比增长 8.31%。一季度,全市社会融资规模增量实现 1251.2 亿元”。单纯的熟人之间的融资已经无法满足需要,从而进一步出现了累积风险的间接融资方式。在这种融资方式中,一旦资金链中的某一个环节出现问题,便会引起连锁反应,甚至造成区域性的金融风险,而一些企业人员也因此可能触犯刑罚。因为目前在我国,非制度性的融资并没有取得完全合法的地位,一旦非制度性融资如民间借贷等扰乱了现有的金融秩序,便极易招致打击。同时由于缺乏规范性和法律的保障,非制度性融资往往具有很大的风险。民营企业家不仅要支付高昂的利息,还可能导致诸如涉黑涉毒、暴力讨债、非法经营等违法犯罪行为。

(二)内在原因

1. 企业管理治理结构松散

企业内部管理控制机制不健全或者失灵是造成企业经营策略失效或者个别企业违法犯罪的重要原因。C 市位于我国西南地区,地理位置不甚优越,相比东部沿海地区经济发展较晚,主要仍以传统的制造业为支柱产业,在发展质量上仍存在诸多结构性、机制性痼疾。其中企业法人的管理制度就是制约经济优化升级的主要障碍之一。首先,国有产业仍然是国民经济的中流砥柱,虽然民营企业在经济发展中已经占据了较大比重,但国有企业仍然是政府支持和辅助的主要对象,有的大型国有企业甚至就是由原来的政府部门转化而来。而在政府部门和企业法人转化的过程中,大量行政性因素被带入国有企业中,国有企业的公司制改造不够彻底,导致国有企业的产业架构较为混乱,政企职能存在一定程度的混同。政企不分所带来的弊端就是企业内部管理体制松散,部分人员因为行政职权享有与其职务不相对应的“特权”,内部审计在防错纠错、监督管理上的功能萎缩,也成为滋生贪污、受贿等犯罪的温床。

其次,民营企业与国有企业治理系统没有合理地划分开来,多元化的企业产权结构建设也尚处于起步阶段。以公有制为主体,多种所有制经济共同发展是当前社会主义市场经济的基本经济制度之一,与之相对应的,对于不同性质的经济组成体应当根据其特点实行具有针对性的监管体制。如西方国家在其经济发展的过程中寻找到了以市场主导型模式和银行导向型为代表的,适应本国经济发展状况的公司法人治理结构。反观我国对企业法人的治理现状,国资委、证监会、银监会对于企业法人的监管虽然力度不断增强,对规范企业行为也取得了一定的成效。但是上述监管机构的职权范围尚不足以涵盖企业法人经营活动中的诸多关键环节。某些重要领域和环节尚需法律充当最后的调控者甚至诉诸刑法,法律作为市场经济自我规整之外调控手段,其效果自然不如由企业内部和经济体内部的自发调控来得高效、合理。因此,健全、有序、自足企业监管体系的建立还需被放在更为重要的位置。

最后,企业内部管理控制机制缺失。控制是指企业组织在实现目标的决策过程中,将企业原定的生产目标、标准与企业的经营活动实际情况进行对比,找出偏差,分析原因、采取措施,消除和调整各种因素的干扰,并防止其再度发生的一系列管理活动。控制是保证和检验企业按照既定目标发展的关键,也是管理发挥作用的重要手段。对现代企业而言,内部管理控制机制既是直接关系影响企业未来发展兴衰成败的关键因素,又是外界判定企业管理经营能力的重要标尺。只有各部门间相互制约、相互监督,形成有效制衡,才能最大限度地发挥企业经营者、决策者的互动性,极大提高职工的工作积极性。但从研究的企业犯罪案例来看,企业重大决策集体审批等制度流于形式,主要负责人独断专行。内部管理控制机缺失,权力严重集集中于少数人手中,不仅将导致“一言堂”现象发生,还将使内部风险控制流于形式,放纵部分领导干部和重要岗位人员以权谋私或者串通作案,从而加重了企业违法犯罪的风险。

2. 企业风险防控意识不足

追逐利益是经济人的追求,也是经济人的本性,追求利益的最大化作为企业生存发展之道无可厚非,但是在逐利过程中被利益驱使作出违背道德甚至法律之举却是得不偿失。经营企业一定意义上讲是在经营风险,就像航行不可能不遇风浪,在风险中突破,在不平衡中取得动态平衡是企业经营的要义。中国企业面临的多为成长性问题,成长就必有动力和阻力,卓越的企业往往能够在正确把握战略思维的基础上从容面对危机与阻力。从某种意义上讲,企业的任何行为最终都需要接受法律的评价,一切的经营风险都体现为某种程度的法律风险。

社会学中存在一个"社会失范"概念,即当一个社会处在制度转型时期,处于新旧形态转换的过程中时,原有的包括观念和制度在内的社会调控机制失去作用,而新的具有普适性的调控机制又尚未建立起来,那么违规、违法的现象就会激增。这种情况用来解释当前企业犯罪是极为贴切的。许多具有一定发展历史的企业其创始管理人文化素养较为薄弱,法律知识储备更是缺乏。在上个世纪创业初期的特殊社会环境下,虽然这些创业者凭借自己的社会经验可以支撑企业的经营和管理,但随着时代的发展以及企业经营规模的日益扩大,科学技术、社会法制对企业家的硬件和软件都提出了新的要求。然而某些思想陈旧的企业人员对于企业发展缺乏前瞻性,法律意识淡薄,风险防控意识不足,在企业经营中一遇到问题首先想到的不是遵循相关规则解决问题,而是通过暴力、隐瞒欺骗甚至官商勾结、寻租权力等投机取巧的方式消解企业运行中存在的问题。

从统计的相关裁判法律文书来看,部分企业人员价值观严重扭曲,奉行个人利益至上原则,法律观念非常淡薄,在金钱等诱惑面前,毫无抵御能力;部分企业人员把经济效益作为企业追求的唯一目标,为了达到该目标无所不用其极;部分企业人员将金钱和权力凌驾于法律之上,一切拿钱开道,通过行贿等手段拉拢腐蚀政府官员以获得资源配置上的优势;更有甚者,在犯罪后仍然不知道自己的行为触犯了刑法。这些错误的价值观均将企业和企业人员引向犯罪的深渊。根据裁判文书统计数据显示,C 市 2014 年至 2016 年的贪污罪、受贿罪共计 110 起案件,涉案124人,占案件总数的12.3%,这在一定程度上反映了官商利益输送的真实情况。民营企业在发展的过程中,最重视的是企业的经营规模、盈利指标等经济概念,但对经营活动中可能遇到的刑事法律风险却不够重视,抱有侥幸心理,认为犯罪和刑罚离自己很远,对于企业的刑事风险很容易忽视,直到事发之后才想到聘请刑事律师。事实上,企业在经营过程中稍有不慎就会触犯法网,企业的经营活动和纠纷解决行为都具有违法犯罪的可能性。有关企业经营的方式和范围、企业纠纷解决的渠道与方式、企业获取资源与资金的手段、企业内部管理的方式和手段、企业与公职人员交往的限度等,稍有不慎就可能触及犯罪的"雷区"。法治精神是市场经济的应有之义,企业应当秉持法治精神,遵守法律法规和行业规章制度。运用法治思维做出决策、解决纠纷,是民营企业在法治轨道上良好运行的根本保障。

(三)法律原因

1. 民事诉讼角色之错位

随着《公司法》等民商事法律的陆续修改,为公司的注册大开方便之门,各类中小型企业如雨后春笋般纷纷成立运营。但由于当前我国融资环境尚未成熟,部分中小型企业在资金周转上存在一定短缺,通货膨胀以及利益诱惑又不断驱使着企业拉长其资金链。在通过银行贷款求助无门和扩大经营、资金周转双重压力的挤压和拉扯下,很多中小企业选择通过民间借贷进行融资。当前,民间借贷纠纷在C市民事案由中占据着相当大的比例。相较于审判环节民间借贷纠纷法律事实关系的证明,财产保全环节和执行环节的双方拉锯更为明显。债权人和债务人的角色定位甚至发生错位,往往是债权人在不辞辛劳地奔走,收集财产线索,而债务人则两手一摊,甚至拒不执行,也就是俗话所称的"老赖"。在此过程中,民事诉讼的乱象丛生,有的债权人为争取早日得到清偿,不惜越过国法的界限,花费重金"讨好"执行法官;有的债务人虚构债务偷偷隐匿、转移资产;甚至有的债权人与债务人相互勾结制造虚假诉讼损害相关第三人的合法权益。可以说民事诉讼中民间借贷纠纷中执行不到位的现象较为普遍，由此滋生中小企业融资“借贷——欠款——为偿还欠款而借贷——还款——借贷”的恶性循环，因民事诉讼诉讼期限过长、执行不到位等问题加剧了中小企业的经济危机。在此情况下，有的中小企业濒临倒闭，而有的则逐渐走上违法犯罪的道路。

2. 行政制裁之缺位

对于破坏市场经济秩序的行为，首先应当纳入行政机关的监管中，如生产销售伪劣商品、侵犯知识产权以及危害税收征管等行为，行政机关在监管过程中一经发现应当先适用行政法规进行处罚，对可能构成刑事犯罪的则移交刑事司法机关处理。然而在此过程中却存在一定的问题，有许多上述类似侵犯市场经济秩序的行为因为法律规定和实践操作中的问题，表现出既符合行政制裁标准的违反行政法的特征，又符合《刑法》分则第三章所规定罪名的犯罪构成的特征，在此情况下，办案单位往往倾向于进行犯罪化处理，首先用刑法对这些行为进行评价，而忽略了行政制裁在违法和犯罪间的缓冲作用，导致原本可以优先适用行政法规加以处理的行为被适用刑事法律加以惩处。除去前文重点论述过的非法吸收公众存款罪，C市企业人员触犯《刑法》分则第三章罪名的仍保持在较高的比例，近年此类罪名占企业犯罪总数量的数据分别是：2014年占比24%，2015年占比19%，2016年占比22%。这其中既有法律体系内部不协调的原因，也有目前行政制裁方式和手段相对于刑事司法较为紧缩，缺位于市场经济秩序的监管等问题。简单犯罪化的处理方式不仅不利于企业的生存和发展，而且也增加了企业的刑事法律风险。

3. 刑事司法之越位

谦抑性作为刑法的基本特征之一，旨在突出刑法是国家司法的最后一道防线，在拥有强大权力的同时应当审慎运用，以免破坏了法律关系的合理结构。然而，由于目前我国法制尚未健全，民事诉讼、行政执法和刑事司法的衔接机制还需进一步完善，在某些特殊情形下，作为最后防线的刑法却被放置在了最显要的位置。如曾经引起巨大轰动的吴英案，一夜暴富的商业传奇人物瞬间跌落谷底，锒铛入狱。面对高达

3.89 亿余元的指控,从刑法关于集资诈骗罪的规定来看,吴英似乎只有死刑这一条道路。然而这样的刑罚却引得社会公众对于刑法条文非议纷纷,从普通公民到法学学者对于吴英案判决的议论甚嚣尘上,最终对吴英的判决由死刑执行刑改为了死缓。吴英案的判决从法律角度来看,符合以事实为根据以为法律准绳的要求,判决无可厚非,且为我国法制完善提供了良好启发和警示。因为此类企业人员犯罪的诱因归根结底既有我国民间融资环境艰难等经济、社会因素,更有诸如经济法、民商法等企业活动规范在企业经营中没有积极发挥指引和规范作用的因素。"刑罚作为抗制犯罪的法律手段,也与药品具有同样的效果,它必须地对社会及个体具有某种程度的不良作用。"①"刑法至上""刑罚万能"的观念和做法对市场经济中企业的正常经营行为进行过度干预,使得刑事司法在一定程度上突破了刑法谦抑原则,对企业违规违法行为直接做犯罪化处理,治标不治本,反而使某些情节较为轻微的企业人员身陷囹圄。对于某些企业犯罪高压打压甚至对于民营企业家犯罪具有一定打击偏好的做法无异于揠苗助长,必将给企业带来不可挽回的损失,扼杀了企业发展和市场的活力,从而影响整个市场经济的健康发展。某些冲突和纠纷本应先由民商事规范予以调整,再由行政执法进行规制和制裁,最后再由刑法介入,但在某些案件中却直接进行犯罪化处理,同时也造成了国家法律适用的失衡。

四、企业犯罪风险防控机制建议

2016 年 11 月 27 日,中共中央国务院发布的《关于完善产权保护制度依法保护产权的意见》明确指出,对于企业家涉案,应慎用强制手段,维护企业和企业家的合法权益,厘清企业财产和企业家个人财产的界限。该意见的发布对于企业及企业家生存环境的进一步完善具有积极意义。为防范企业犯罪风险,推动企业持续健康发展,我们建议应当建立企业家犯罪风险防控机制,因地制宜、综合施策,全面预防、减少企

① 马克昌:《犯罪通论》,武汉大学出版社 1999 年版,第 197 页。

业犯罪。

(一)建立企业家犯罪风险防控机制的必要性

1. 反腐形势的必然要求

党的十八大以来,党中央厉行反腐,保持高压态势惩治腐败,一批贪污腐败的官员纷纷落马。但当前反腐形势仍不容乐观,反腐工作也绝非一日之功。三年来高压反腐深刻改变了国内政治生态。2016 年 1 月 12 日,在十八届中央纪委六次全会上,习近平总书记明确强调“让正风反腐给老百姓带来更多获得感”。2016 年 11 月 8 日,中共中央办公厅发布《关于在北京市、山西省、浙江省开展国家监察体制改革试点方案》,意味着“监察委员会”这一地位空前、职权空前、能效空前的国家监察机构,将深刻影响我国的反腐败工作格局。

对于企业而言,承担社会责任,是企业和政府、社会的共同义务,也是全面加强社会主义经济建设、政治建设、文化建设与和谐社会建设的重要体现。企业作为国民经济的支柱和主导力量,作为市场竞争和经济增长的主体,在迎接“社会责任”挑战时,必然要走在前列,引领社会现代化的建设进程。因此,反腐形势必然要求同样需要培养企业人员的法律意识,打造知法守法的企业文化,健全企业风险防控机制,防止企业内部腐败。

2. 企业持续发展的内在需求

如果商业环境“潜规则”盛行,显规则旁落,则会让暗箱操作的企业牟取大量非法利益,守法守规的企业反而得不到发展的机会,这对市场公平竞争无疑是极大的破坏。只有构建起良好的市场规则,让企业将发展重心放在提高产品质量和服务竞争力上,通过公平的市场竞争获胜,这才是一个地区乃至一个国家的企业可持续发展的根本。企业的竞争力,是指“在竞争性市场中,一个企业所具有的能够持续地比其他企业更有效地向市场(消费者,包括生产性消费者)提供产品或服务,并获得盈利和自身发展的综合素质"。[①] 企业综合素质中一项很重要的内容就是企业的管理水平,这需要企业"在竞争中通过持续的管理改进和创新而培育起来",[②]只有管理能力不断更新升级,企业才能实现现代公司治理和内部控制目标。

企业风险防控机制正是有效提升企业管理水平的重要保障,只有建立科学完善的企业内部风险防范和控制制度,才能堵住权钱交易的渠道,让企业家不再抱有通过依附权贵、寻找靠山来开拓市场的念头,从而培养企业人员逐渐形成法律思维,运用法律管理企业事务,解决发展过程中遇到的难题,只有这样才能从根本上控制企业犯罪风险,从而使企业获得长久健康发展。

3. 法治经济的应有之意

社会主义市场经济本质上是法治经济,是一种契约经济,一种平等主体之间的交易关系。"法律对市场经济的作用体现在:一是法律为经济运行提供了一个相对稳定的制度环境。在稳定的法律制度环境下,市场中所有交易者都必须遵守相同的规则和秩序,市场主体对每一项投入产出都能形成稳定的预期,市场经济才能正常运行。二是法律有助于降低经济活动的交易成本,提高市场运转效率。法律规定了所有经济活动参与者的权利和义务,平衡了各方的利益,减少了谈判成本,市场经济能够更有效率的运行。三是法律制度的良好执行即法治保护了市场主体的合法权益。市场经济的基本特征是自由和平等,经济活动的参与者可以通过自己对市场的判断去分配资源,个人利益最大化有时会损害到他人的合法权益,法律为市场主体的合法权益提供了保障。"[③]在经济领域中出现的产权侵犯、商业贿赂、垄断、不公平竞争,都为良法与善治所难以容忍,法治经济必然涵盖企业依法经营、依

---

① 张雯玥:《中国、日本世界500强企业竞争力比较分析》,载《金融经济》2017年第2期。

② 许云峰:《跨越中等收入陷阱,关键在企业竞争力》,载第一财经网:http://www.yicai.com/news/5291633.html,最后访问日期:2017年5月24日。

③ 胡宗义、解俊杰、刘亦文:《金砖国家经济增长源泉的异质性及强度研究——基于互联网、金融发展和法治水平的视角》,载《统计与信息论坛》2017年第4期。

法治理等内容,因此,刑事风险防控机制作为企业依法经营的保障制度,自然就成为了法治经济的应有之意。

(二)构建企业犯罪风险防控机制的具体建议

1. 根据不同重点领域因地制宜开展防控

(1)建设领域

当前,我国正处于安全生产事故易发、多发、高发期,安全生产事故一旦发生,不仅使相关企业及责任人陷入法律责任追究的漩涡,更将给人民群众的生命、财产安全带来巨大的危害。受自身经营实力等因素的影响,安全生产肇事企业多为民营企业,根据对近年C市相关裁判文书的分析,C市建设领域犯罪涉及范围较广,其中不乏安全生产事故犯罪。为防范安全生产事故,相关企业应提高安全生产意识,严格落实安全生产责任。此外,对于建设领域的风险防控还可从几个方面展开:第一,着重培养企业人员尤其是管理层的法律意识,聘请专业的刑事法律顾问,在劳务分包、物资采购、工程分包等方面严格按照企业制度和法律规定进行,杜绝收取好处费、回扣等现象。第二,完善工程管理制度,在进行工程的分包、转包过程中要严格把关,选择符合资质要求的单位,落实安全生产、作业,建立全面的安全管理体系。同时要对企业从业人员进行安全教育,完善必要的安全措施。第三,在工程项目招投标过程中加大与审计、纪检、检察工作配合的力度,强化监督制约,有效预防腐败犯罪的发生。

(2)金融领域

目前在金融领域,非法吸收公众存款、集资诈骗等犯罪行为发生频率较高,P2P金融理财成为金融犯罪重灾区。其中,非法吸收公众存款案件高发,涉案数额大,被害人众多,影响范围大是金融领域企业犯罪的突出特点。其背后所隐藏的深层次原因是民营企业融资环境恶劣,融资借贷、担保信托等配套产业发展程度低,与目前我国大量中小企业生存发展的巨大需求不相匹配。传统高利润行业行将结束暴利时代,前期粗放式、大幅度的扩张造成投资短时期内难以收回,再加上银行抽逃资金,资金链断裂,企业尤其是民营企业将面临严峻的融资难题。在这种情形下,非法吸收存款、集资诈骗、贷款诈骗等一系列金融犯罪高发、频发。市场经济的发展需要完备的金融体制以及良好的法治环境与之相配套。① 因此,政府应当着力改善民营企业的融资难问题。一方面,政府可以调整现有的融资制度,加大银行等金融机构对民营企业的信贷扶持力度,降低制度性融资体系对于民营企业设置的苛刻标准,提高民营企业融资在制度性融资中的比例;另一方面,政府应该加快改革融资借贷市场,使民间融资贷款市场走向规范化、制度化,并给予市场一定的自主权,通过民间融资来弥补制度性融资的缺陷。

2. 提高企业犯罪风险防控意识

现代社会,企业面临的风险是必然存在,且不可能完全消除的。在市场经营活动中,企业除可以享受自身利益增长带来的便利之外,还应当承受由其经营决策行为的失控和受外部环境的影响所带来的包括刑事法律风险在内的所有风险。② 这就要求,随着社会主义法治社会的建设进程深入推进,每个企业人都应把知法、懂法、守法作为一种必备素养。在此背景下,无论是企业整体的方针决策还是企业人员的职务行为都应当在国家法律的框架下作出。但由于自身能力和个人素质良莠不齐,有的企业人员法律意识淡薄,在处理业务时仍倾向于采取一些投机取巧、走捷径、钻空子的手段来达成自身目的,这些行为甚至成为其津津乐道的"生存手段"。对此,企业应当从以下三个方面全面提高企业犯罪风险防控意识:一是加强企业经营者和决策者的犯罪风险防范意识培养。企业犯罪风险防控能否落实到位关键在于企业经营者和决策者,应当全方位、多渠道向其普及基本法律知识,培养敬畏法律、遵守公正、公平的市场规则、积极运用法律规则指导、管理企业的基本理念,树立刑事法律风险防范意识,提高企业犯罪风险认知能力。二是加强内部人员的法律知识培训,清晰划分企业人员行为规范的红线,革除

① 《2014中国企业家犯罪(媒体样本)研究报告》,载《法人》2015年第3期。

② 马微:《企业刑事法律风险防控的基本理念与路径探究》,载《铁道警察学院学报》2015年第5期。

企业人员遇事首先考虑“走后门”的不正之风，摒弃将腐败当做企业发展“润滑剂”的错误认识，重塑企业人员的职业道德和商业伦理。三是重塑企业法律文化。除应从物质层面打造企业文化之外，企业还应从制度精神层面重塑企业法律文化，将法律纳入到企业文化建设之中，提高企业人员的法律意识，贯彻诚实信用和依法依规经营的基本理念，培养企业构建法律风险防范氛围，推动企业持续健康发展。

3. 健全企业财务和内部审计制度

目前企业犯罪集中在企业融资、财务管理、资金结算等领域，而贪污、贿赂、挪用资金等犯罪也常见于企业资金往来中，财物管理环节犯罪多发的原因归根结底在于企业内部没有建立健全财务管理和内部审计制度，内部财务关系混乱。为此，首先，企业应当严格执行财务会计制度，依法进行信息披露，提高数据的真实性、准确性和完整性，为企业决策和监管提供科学参考。其次，企业财务管理部门与企业决策领导应加强沟通，建立财务监督制约机制，防止企业决策领导一人独断的局面产生。再次，企业人员不管是高管股东还是普通职员，在接触企业资金和企业账簿的时候都应进行详细登记，完善企业金库的监控管理和出入审查，核算审查企业资金的出入账情况。最后，财务管理也应实现负责任的分立与制衡，大笔资金的管理应当经负责人的共同决议才可拨付，资金的管理和决定的作出也应有不同人员负责。如此方可使企业内部会计制度和审计制度在采购、供销、借贷、招投标等容易引发犯罪的经营环节中充分发挥查错纠错职能，同时妥善进行账簿管理，防止企业人员趁虚而入进行平账、销账、涂改等行为，保障企业资金和账簿安全。

4. 建立刑事风险评估与预警机制

风险一词来自于意大利语的 risco 和法语的 risque，是指在某一特定环境下，在某一特定时间段内，某种损失发生的可能性。风险是由风险因素、风险事故和风险损失等要素组成。美国项目管理协会(PMI)的项目管理知识体系指南(PMBOK Guide)(第3版)中提到：风险是指能够对项目目标产生负面或正面影响的不确定性。法律风险作为风险，不同于法律责任。法律责任是行为人由于不当行为或者由于法律规定而应承受的某种不利的法律后果。法律风险中包含了法律责任的不利后果因素,但这种责任本身仍然仅是可能性。法律风险也不同于法律问题,法律问题是法律风险发生的现实状态,而这种状态仅仅是法律风险发生的基础。法律风险是指在法律实施过程中,由于行为人作出的具体法律行为不规范导致的,与其所期望达到的目标相违背的法律不利后果发生的可能性。①

构建刑事风险评估与预警机制是企业发展壮大的根本保障。有的企业正是因为刑事风险的预见不足,才导致企业在不经意间触犯了法律的"雷区",因此,建立注重刑事风险的预见和控制机制具有重要的意义。建立刑事风险评估与预警机制,应当注意防与控结合,即做好事前的防范和事中的控制。首先,大企业可以特聘专业的刑事律师入驻法务部,以审查企业日常经营中可能遭遇的刑事风险,而中小企业则可以定期将财务报表、合同条款等文件交给合作的律师事务所的刑事律师审查,以听取刑事律师的意见。其次,对于企业人员建立行为跟踪评估机制,如若作出违规违法行为则对其进行警示和惩戒,并对潜在的刑事风险加以分析;同理,对于企业决策中存在的刑事风险也要提前介入和把控,尽早发现企业决策可能带来的刑事犯罪风险,修正其中存在的不合理之处。最后,建立风险等级预警机制,为了最大程度保障企业经营自主化、盈利化,需要根据不同风险等级采取针对性的处理措施,如果风险较低则及早修正企业决策中潜在的风险因素,如果风险较高则应及时终止该行为,另选既符合法律规定又能保障企业利益的方式。在此过程中,企业利益可能需让位于法律规定,但唯有如此才能保障企业决策的正确性以及合理性。

5. 获取专业知识支撑

现代法律服务业是服务经济社会发展的法治保障基础。随着经济快速发展,新兴产业不断崛起。这些产业对投资、金融、环保、知识产权等领域的高度法律服务需求非常旺盛。事实上,不管何种规模的企业,也不管何种领域的经营者都不可避免地存在林林总总的法律问题。从

---

① 参见向飞、陈友春:《企业法律风险评估》,法律出版社2006年版,第19~21页。

合同的签订到条款的履行，从公司上市到破产清算，从企业合并与分立到法人的转制和重组，从融资借贷到担保抵押，各式各样的法律问题始终伴随着企业的经营与发展。而企业人员主要擅长于经济领域的事务，因此需要通过获取专业力量支撑来弥补法律领域的知识盲区。

随着法律服务专业化的发展，越来越多的律师将专业集中在一至两个领域发展，过去“万金油”式的法律服务方式已逐渐弱化。这是因为企业涉及的法律问题诸如公司兼并与收购、金融机构的资本运作、工业知识产权的交易等都需要专业化程度非常高的法律知识，这就要求法律服务的提供者不仅要精通法律专业知识，还要精通与之相关行业的专业知识，因此法律服务的专业性价值日益凸显。对企业而言，仅仅凭一两个律师是提供不了全面精确的法律服务的，需要有不同专业知识的法律服务人士组成团队，利用团队优势配合互补，从而获取高质量的法律服务。譬如建立内部法律事务工作部门、法律咨询和法律顾问机构，以专业团队、专职人员和专家顾问的形式在机构设置上，大型企业应当建立专门的法务部门以审查企业法律事务，中小企业也应当外聘专业人员以防范企业在经营中所存在的法律风险。在职责分工上，相关法务部门负责建立健全企业法律风险管理机制、对企业重大决策进行风险评估、处理企业法律纠纷等事务，确保将企业法律风险降低到最低程度。

6. 建立定期风险评估报告制度

鉴于企业犯罪对社会主义市场经济危害较大，而且涉及面较广，为加强政府对市场经济的宏观调控，可以尝试建立定期风险评估报告制度，对企业刑事犯罪情况进行专门考察，对查找出的问题进行有的放矢的治理。对企业风险的定期总结和分析，在国务院国资委制定的《中央企业全面风险管理指引》（以下简称《指引》）中早已有相关要求①，虽然该规定仅适用于央企，但对于不同所有制类型的企业同样有借鉴

① 参见关于印发《中央企业全面风险管理指引》的通知，载中国网：http://www.china.com.cn/finance/txt/2006-06/21/content_6249943.htm，最后访问日期：2017 年 6 月 11 日。

意义。在《指引》中明确要求企业围绕总体经营目标,通过在企业管理的各个环节和经营过程中执行风险管理的基本流程,培育良好的风险管理文化,建立健全全面风险管理体系,包括风险管理策略、风险理财措施、风险管理的组织职能体系、风险管理信息系统和内部控制系统,从而为实现风险管理的总体目标提供合理保证的过程和方法。而企业风险管理的重要策略之一就是进行风险评估,并定期总结和分析已制定的风险管理策略的有效性和合理性,结合实际不断修订和完善。

在风险评估报告具体制度构建层面,可以由地方人大常务会委托第三方机构进行调研,并听取调研形成的专项报告。如果在调研报告中发现相关问题应当由政府加以解决的,人大常委会可以通过询问等方式监督政府开展工作。之所以作出这样的制度建议,一方面是因为企业风险管控涉及的政府职能部门众多,如财政部、国资委、经信委、发改委等机构均对企业有不同的管辖职权,如果将企业风险评估报告交由政府组成部门实施,容易出现一家之言难以服众的现象。另一方面也是基于人民代表大会制度是我国根本政治制度的考量,人民代表大会具有依法行使权利,服务经济社会发展的重要职能,人大工作涉及经济建设、政治建设、文化建设、社会建设、生态文明建设等各个方面,是保障和促进地方经济社会科学发展的重要力量。因此在预防企业犯罪、维护经济良好发展等方面,人民代表大会能够积极行使职能,发挥重要的指导作用。

Research on the Risk Reduction and Control Strategy of Crime involving Enterprise

Yao Ning

[**内容摘要**]企业是市场经济的重要参与主体。涉及企业和企业家的犯罪是多方面原因造成的,对特定时空内的企业和企业家犯罪情况进行梳理分析,从犯罪学的角度厘清涉企犯罪基本情况,归纳涉企犯罪普遍性、规律性特点,可以分析涉企犯罪在外部环境、内部管理和法律层面上的主要成因。同时,通过探索建立符合企业自身发展战略的

风险防控制度,并使其形成为社会普遍接受的企业行为模式,从制度上强化对这一类犯罪的有效预防和科学惩治。

[**关键词**] 企业犯罪;风险防控机制

Abstract: Enterprise is an important participant of market economy. Due to many reasons, a lot of crimes were committed by enterprises and their staff in specific time and spaces. In order to analyze the main causes of crimes involving enterprises in external environment, internal management and legal aspects, research should be conducted from the angle of criminology, including studying the universal rules of crimes involving enterprises. By exploring establishing risk control system of enterprises, the behavior patterns of enterprises are expected to be accepted by society and to fulfill the strategic benefits of enterprises itself. Thus, the system of prevention and punishment for crimes involving enterprises can be reinforced.

Keywords: crimes involving enterprises ; risk control system of enterprises

图书在版编目（CIP）数据

刑法论丛. 2017年. 第4卷：总第52卷／赵秉志主编. -- 北京：法律出版社，2018
ISBN 978 -7 -5197 -2087 -2

Ⅰ. ①刑… Ⅱ. ①赵… Ⅲ. ①刑法－文集 Ⅳ. ①D914.04 -53

中国版本图书馆CIP数据核字（2018）第055019号

刑法论丛（2017年第4卷·总第52卷）
XINGFA LUNCONG (2017 NIAN DI 4 JUAN · ZONG DI 52 JUAN)

赵秉志 主编

责任编辑 屈 瑶
装帧设计 李 瞻

出版 法律出版社
总发行 中国法律图书有限公司
经销 新华书店
印刷 北京虎彩文化传播有限公司
责任校对 王沁陶
责任印制 陶 松

编辑统筹 学术·对外出版分社
开本 A5
印张 17.625
字数 516千
版本 2018年5月第1版
印次 2018年5月第1次印刷

法律出版社／北京市丰台区莲花池西里7号（100073）
网址／www.lawpress.com.cn
投稿邮箱／info@lawpress.com.cn
举报维权邮箱／jbwq@lawpress.com.cn
销售热线／010 -63939792
咨询电话／010 -63939796

中国法律图书有限公司／北京市丰台区莲花池西里7号（100073）
全国各地中法图分、子公司销售电话：
统一销售客服／400 -660 -6393
第一法律书店／010 -63939781/9782
西安分公司／029 -85330678
重庆分公司／023 -67453036
上海分公司／021 -62071639/1636
深圳分公司／0755 -83072995

书号：ISBN 978 -7 -5197 -2087 -2
定价：86.00元